Der Management Approach in der IFRS-Rechnungslegung

Münsteraner Schriften zur Internationalen Unternehmensrechnung

Herausgegeben von Peter Kajüter

Band 6

PETER LANG
Frankfurt am Main · Berlin · Bern · Bruxelles · New York · Oxford · Wien

Martin Merschdorf

Der Management Approach in der IFRS-Rechnungslegung

Implikationen für Unternehmen und Investoren

PETER LANG
Internationaler Verlag der Wissenschaften

Bibliographic Information published by the Deutsche Nationalbibliothek
The Deutsche Nationalbibliothek lists this publication in the Deutsche Nationalbibliografie; detailed bibliographic data is available in the internet at http://dnb.d-nb.de.

Zugl.: Münster (Westfalen), Univ., Diss., 2012

D 6
ISSN 1868-7687
ISBN 978-3-631-62370-1

www.peterlang.de

Geleitwort

In der IFRS-Rechnungslegung soll das Ziel, entscheidungsnützliche Informationen für die Abschlussadressaten bereitzustellen, u.a. dadurch erreicht werden, dass für Zwecke der Bewertung und Publizität auf intern vorliegende Informationen aus dem Controlling zurückgegriffen wird. Zudem dienen die internen Organisationsstrukturen und das Berichtswesen als zentrale Informationsquellen für die Rechnungslegung, wie z.B. bei der Bildung von Cash Generating Units für den Impairment Test nach IAS 36 oder bei der Segmentberichterstattung nach IFRS 8. Das hierbei zugrunde liegende Rechnungslegungskonzept wird als Management Approach bezeichnet. Den Abschlusserstellern ermöglicht es einen effizienten Rückgriff auf intern vorliegende Daten, den Adressaten bietet es einen Einblick in die Art und Weise, wie das Management das Unternehmen intern steuert, sie können also das Unternehmen „through the eyes of management" betrachten.

Obgleich das Konzept des Management Approach in vielen IFRS Anwendung findet, wird es vom IASB weder im Conceptual Framework noch in einem Rechnungslegungsstandard definiert. Auch in der betriebswirtschaftlichen Forschung wurde der Management Approach bislang nur punktuell im Zusammenhang mit einzelnen Rechnungslegungsvorschriften betrachtet, vor allem im Zusammenhang mit der Segmentberichterstattung. Ebenso mangelt es an empirischen Befunden zu den Implikationen einer auf dem Management Approach beruhenden Finanzberichterstattung für die Akteure des Controllings als Informationsbereitsteller und die Investoren am Kapitalmarkt als Informationsempfänger.

In seiner Arbeit führt Martin Merschdorf neben einer umfassenden konzeptionellen Betrachtung zwei empirische Studien durch. Auf der Unternehmensebene untersucht er in einer explorativen, vergleichenden Fallstudie, wie die Organisationsstruktur und das Berichtswesen, das Planungssystem, das Chancen- und Risikomanagementsystem und das Projektcontrolling hinsichtlich der Berichterstattung nach dem Management Approach ausgestaltet sind und welche Auswirkungen sich hierbei für die beteiligten Akteure ergeben. Die zweite Studie stellt ein Experiment dar, an welchem Studierende die Rollen von privaten Investoren einnehmen. Hierdurch untersucht Herr Merschdorf die Auswirkungen der Berichterstattung nach dem Management Approach auf die Entscheidungsnützlichkeit von Abschlussinformationen.

Bei der Berichterstattung nach dem Management Approach konnte Herr Merschdorf in den Fallstudien eine Ausweitung des Arbeitsprofils einzelner Akteure und prozessuale Veränderungen im Controlling sowie Gestaltungsspielräume feststellen. Durch organisationale Aspekte kann die Subjektivität jedoch begrenzt werden. Im Rahmen des Experiments konnte vor allem ein höheres Vertrauen der Investoren in eigene Entscheidungen bei einem Rückgriff auf interne Planungsrechnungen festgestellt werden. Die gewonnenen Erkenntnisse haben insbesondere für berichterstattende Unternehmen, Wirtschaftsprüfer sowie Standardsetter und Enforcementinstitutionen Bedeutung.

Die Arbeit von Herrn Merschdorf bietet einen umfassenden Einblick in das Thema Management Approach und leistet einen wichtigen Beitrag zur Forschung auf dem Gebiet der externen Rechnungslegung. Ich wünsche ihr daher, dass sie einen großen Anklang und eine Vielzahl von Lesern in Wissenschaft und Praxis findet.

Münster im April 2012 Prof. Dr. Peter Kajüter

Vorwort

Die vorliegende Arbeit zum Thema Management Approach entstand während meiner Zeit als wissenschaftlicher Mitarbeiter am Lehrstuhl für BWL, insb. Internationale Unternehmensrechnung an der Westfälischen Wilhelms-Universität Münster. Sie wurde im Januar 2012 von der Wirtschaftswissenschaftlichen Fakultät als Dissertation angenommen.

Die Anfertigung einer Dissertation stellt einen umfangreichen und anspruchsvollen Prozess dar und es ist mir daher ein besonderes Anliegen, mich bei all jenen zu bedanken, die mich dabei auf unterschiedlichste Weise unterstützt haben. Vor allem danke ich meinem akademischen Lehrer und Doktorvater, Herrn Prof. Dr. Peter Kajüter. Er gewährte mir die Möglichkeit zur Promotion und trug durch seine Diskussionsbereitschaft und seine fachlichen Hinweise wesentlich zum Gelingen der Arbeit bei. Ich möchte mich zudem bei Herrn Prof. Dr. Hans-Jürgen Kirsch für die Übernahme des Zweitgutachtens bedanken. Herrn Prof. Dr. Christian Müller sei für die Prüfertätigkeit im Rahmen der Disputation gedankt.

Im Rahmen dieser Arbeit wurden eine Fallstudie und ein Experiment durchgeführt. Beides wäre nicht ohne die Unterstützung der Ansprechpartner in der Unternehmenspraxis und ohne die Experimentteilnehmer möglich gewesen. Ihnen gebührt mein Dank für ihre Zeit und Auskunftsbereitschaft.

Einen besonderen Dank möchte ich meinen Kolleginnen und Kollegen des Lehrstuhls aussprechen. Sie trugen sowohl durch ihre fachliche als auch persönliche Unterstützung zum Gelingen dieser Arbeit bei. Ich möchte mich vor allem bei Frau Christina Voets bedanken, die wesentliche Teile der Arbeit kritisch durcharbeitete und wertvolle Hinweise gab. Herrn Dr. Kristian Bachert möchte ich für seine Unterstützung bei der Durchführung des Experimentes danken. Auch bei meiner ehemaligen Kollegin Frau Charlotte Kaiser bedanke ich mich für die Untersützung im Rahmen meiner Fallstudie. Gedankt sei außerdem den studentischen Hilfskräften des Lehrstuhls für ihre unterstützende Literatur- und Kopierarbeiten. Einen ganz besonderen Dank möchte ich an Frau Leila Prousch, Herrn Daniel Blaesing und Herrn Thomas Poplat aussprechen, die mir als Freunde und Kollegen nicht nur fachlich, sondern auch persönlich zur Seite standen.

Schließlich bedanke ich mich bei meiner Familie. Meine Eltern Edeltraudt und Peter Merschdorf haben mich auf meinem bisherigen Lebensweg stets und selbstlos unterstützt. Ohne sie wäre mein Ausbildungsweg nicht möglich gewesen. Genauso möchte ich mich bei meiner Freundin Amelie bedanken, die mir in guten und schlechten Zeiten meiner Promotionszeit immer beistand. Meinen Eltern und meiner Freundin widme ich diese Arbeit.

Münster im Mai 2012 Martin Merschdorf

Inhaltsübersicht

Inhaltsverzeichnis

Abbildungsverzeichnis

Tabellenverzeichnis

Tabellenverzeichnis (Anhang)

Abkürzungsverzeichnis

Abb.	Abbildung
ABI.EG	Amtsblatt der Europäischen Gemeinschaften
Abs.	Abschnitt
AC	Actual Value
AcSB	Accounting Standard Board
AG	Aktiengesellschaft
AICPA	American Institute of Certified Public Accountants
AIMR	Association for Investment Management and Research
AktG	Aktiengesetz
ANOVA	Analysis of Variance
APB	Accounting Principles Board
Aufl.	Auflage
außerplanm.	außerplanmäßig
AV	Abhänige Variable
BC, BCZ	Basis for Conclusions
BilReG	Bilanzrechtsreformgesetz
BWL	Betriebswirtschaftslehre
bzw.	beziehungsweise
ca.	circa
CEO	Chief Executive Officer
CGU	Cash Generating Unit
CICA	Canadian Institute of Chartered Accountants
CODM	Chief Operating Decision Maker
COO	Chief Operating Officer
COSO	Committee of Sponsoring Organizations of the Treadway Commission
CPA	Certified Public Accountant
CPM	Critical Path Method
CV	Cost Variance
DAX	Deutscher Aktienindex
DCF	Discounted Cashflow
d.h.	das heisst
DIN	Deutsche Institut für Normung e. V.
Diss.	Dissertation

DRS	Deutscher Rechnungslegungsstandard
DRSC	Deutsches Rechnungslegungs Standards Committee e. V.
DSR	Deutscher Standardisierungsrat
DW	Durbin-Watson-Koeffizient
EBIT	Earnings Before Interest and Taxes
ECTS	European Credit Transfer System
ED	Exposure Draft
EG	Europäische Gemeinschaft
ERM	Enterprise Risk Management
ESCP	École Supérieure de Commerce de Paris
et al.	et alii
etc.	et cetera
ETH	Eidgenössische Technische Hochschule
EU	Europäische Union
EURIBOR	Euro InterBank Offered Rate
EV	Earned Value
f.	folgende
F&E	Forschung & Entwicklung
FASB	Financial Accounting Standards Board
gem.	gemäß
ggf.	gegebenenfalls
GuV	Gewinn- und Verlustrechnung
H	Hypothese
Habil.	Habilitationsschrift
HFA	Hauptfachausschuss
h.M.	herrschende Meinung
HDAX	Hundred Deutscher Aktienindex
HFM	Hyperion Financial Management
HGB	Handelsgesetzbuch
http	hyper transfer protocol
Hrsg.	Herausgeber
IAS	International Accounting Standards
IASB	International Accounting Standards Board
IDW	Institut der Wirtschaftsprüfer
i.d.R.	in der Regel

IFRS	International Financial Reporting Standards
IGC	International Group of Controlling
IOSCO	International Organization of Securities Commissions
IQR	Interquartilsabstand
IT	Informationstechnologie
i.V.m	in Verbindung mit
Jg.	Jahrgang
KonTraG	Gesetz zur Kontrolle und Transparenz im Unternehmensbereich
M&A	Mergers & Acquisitions
MC	Management Commentary
MD&A	Management Discussion and Analysis
MDAX	Midcap Deutscher Aktienindex
Mio.	Million
MPM	Metra Potencial Method
Mrd.	Milliarde
m.w.N.	mit weiteren Nachweisen
NEMAX	Neuer Markt Aktienindex
No.	Number
Nr.	Nummer
OECD	Organisation for Economic Co-operation and Development
o.Jg.	ohne Jahrgang
OUA	Operative Untereinheit
o.V.	ohne Verfasser
PC	Personal Computer
pdf	Portable Document File
PERT	Project Evaluation and Review Technique
POC	Percentage-of-Completion
Prof.	Professor
PS	Practice Statement
PSP	Projektstrukturplan
PV	Planned Value
RK	Rahmenkonzept
Rn.	Randnummer

ROI	Return on Investment
RS	Reporting Standard
Rz.	Randziffer
S.	Seite
SAP BW	SAP Business Warehouse
SAP PS	SAP Projektsystem
SDAX	Smallcap Deutscher Aktienindex
SEC	United States Securities and Exchange Commission
Sec.	Section
Seg.	Segment
SFAS	Statement of Financial Accounting Standards
SGE	strategische Geschäftseinheit
SGF	strategisches Geschäftsfeld
sog.	sogenannte
Sp.	Spalte
SPSS	Statistical Package of the Social Sciences
Std.	Stunde
SWOT	Strengths (Stärken), Weaknesses (Schwächen), Opportunities (Chancen) und Threats (Bedrohungen)
Tab.	Tabelle
TecDAX	Technologie Deutscher Aktienindex
Techn.	Technisch(e)
Tsd.	Tausend
TV	Time Variance
Univ.	Universität
US	United States
US-GAAP	United States Generally Accepted Accounting Principles
USA	United States of America
UV	unabhänige Variable
vgl.	vergleiche
VIF	Varianzinflationsfaktor
VW	Volkswagen
www	world wide web
z.B.	zum Beispiel

zugl.	zugleich
zul.	zuletzt

1 Einleitung

1.1 Problemstellung und Zielsetzung

Die externe Finanzberichterstattung im Konzernabschluss kapitalmarktorientierter Unternehmen in Deutschland hat sich vor allem im letzten Jahrzehnt durch die verpflichtende Einführung internationaler Rechnungslegungsstandards stark verändert. Die International Financial Reporting Standards (IFRS) sind durch eine ökonomische Perspektive gekennzeichnet und unterscheiden sich dadurch wesentlich von den durch den Gläubigerschutz geprägten Vorschriften des deutschen Handelsgesetzbuches (HGB). Der *International Accounting Standards Board* (IASB) setzt zunehmend auf die Verwendung von unternehmensinternen Informationen, die originär für Managementzwecke generiert wurden. Obwohl dieses Konzept seine Wurzeln bereits in früheren empirischen Studien zu Informationsbedürfnissen von Investoren und in der US-amerikanischen MD&A-Berichterstattung[1] hat, wurde es erst Ende der 1990er Jahre im Zusammenhang mit der Segmentberichterstattung als **Management Approach** bekannt.[2] Dem Konzept liegt die zentrale Annahme zugrunde, dass Informationen, die vom Management zur Entscheidungsfindung eingesetzt werden, auch Investoren im Rahmen ihrer Anlageentscheidungen unterstützen können.[3] Das Konzept entstand aus einem Prozess heraus, in dem von normativer Seite aus das zunehmende Bedürfnis von Investoren nach zukunftsorientierten und entscheidungsnützlichen Informationen erfüllt werden sollte.

Ausgehend von einem Veränderungsprozess, der in den späten 1960er Jahren begann, stellte der *Trueblood* Report 1973 eine erste Studie dar, die eine Bereitstellung von entscheidungsnützlichen Informationen unter anderem für die Prognose forderte.[4] Parallel dazu fand eine Entwicklung in der US-amerikanischen MD&A-Berichterstattung statt, in der beispielsweise 1974 erste Freiräume für unternehmensindividuelle, zukunftsorientierte Darstellungen eröffnet wurden[5] und diese durch die Einführung der Safe Harbor Rule[6] im Zeitraum von 1979–1981 bekräftigt wurden. Schließlich wurde im Financial Reporting Release No. 36 explizit darauf hingewiesen, dass die MD&A-Berichterstattung den Investoren einen Blick auf das Unternehmen mit den Augen des Managements gewähren sollte:

> *„MD&A is intended to give the investor an opportunity to look at the company through the eyes of management by providing both a short and long-term analysis of the business of the company.“*[7]

Basierend auf den Erkenntnissen einer weiteren Studie, dem *Jenkins* Report,[8] und Untersuchungen des *Financial Accounting Standards Board* (FASB) und des *Canadian Institute*

---

1 Vgl. *Hambleton et al.* (2004), S. 66; *Hüfner* (2007), S. 295.

2 Vgl. *Weißenberger* (2007b), S. 324; *Weißenberger* (2007a), S. 169; *Maier* (2009), S. 11.

3 Vgl. *Weißenberger/Maier* (2006), S. 2077.

4 Vgl. *AICPA* (1973).

5 Vgl. *Bryan* (2003), S. 6.4.

6 Vgl. die Securities Act Releases No. 33-6084, *SEC* (1979), und No. 33-7101, *SEC* (1994).

7 Vgl. *SEC* (1989).

8 Vgl. *AICPA* (1994).

of Chartered Accountants (CICA) kam es 1997 zur Überarbeitung der US-amerikanischen Segmentberichterstattung.[9] In den Vorarbeiten wurde nicht nur die Bedeutung der Segmentberichterstattung als zentrales Analyseinstrument für Investoren hervorgehoben, sondern auch eine umfangreichere und mit den internen Managementberichten konsistente Berichterstattung gefordert.[10] Aus diesem Grund entschloss sich das FASB, die interne Organisationsstruktur und das Berichtswesen als Grundlage der externen Segmentberichterstattung zu definieren:

> *„The method the Board chose for determining what information to report is referred to as the management approach. The management approach is based on the way that management organizes the segments within the enterprise for making operating decisions and assessing performance."*[11]

Trotz der ursprünglichen Vorbehalte[12] der Vorgängerorganisation des *IASB* wurde im Rahmen des Short Term Convergence Project 2006 mit IFRS 8 ein neuer Standard präsentiert, der die Regelungen des SFAS 131 fast wörtlich übernimmt.[13] Doch bereits zuvor wurde damit begonnen, die Grundidee des Management Approach in verschiedenen Standards zu verankern, so dass zum heutigen Zeitpunkt ein breites Anwendungsspektrum besteht. Mit verschiedenen Verbesserungsprojekten sollte die Entscheidungsnützlichkeit der Informationen („decision usefulness") erhöht werden.[14] Darüber hinaus hat der *IASB* unlängst im Jahr 2010 mit dem IFRS Practice Statement „Management Commentary" ein – allerdings unverbindliches – Pendant zum deutschen Lagebericht geschaffen, in dem aus der Sicht der Unternehmensleitung über fünf verschiedene Themenfelder (z.B. Ziele und Strategien, Geschäftsergebnis und -aussichten) berichtet werden soll.[15] Gleichwohl wird – insbesondere von der Seite der Standardsetter – der Management Approach bislang kaum als eigenständiges Rechnungslegungskonzept gesehen.

Die **Relevanz des Themas** Management Approach stieg in der EU insbesondere durch die Einführung der IFRS.[16] Doch, da sich der *IASB* eine weltweite Konvergenz der Rechnungslegungssysteme zum Ziel gesetzt hat, wurden auch mit dem *FASB* eine enge Zusammenarbeit vereinbart („Norwalk Agreement").[17] Nach diversen Roundtable Diskussionen hat die US-amerikanische *Securities and Exchange Commission* (SEC) im Dezember 2007 ihre ablehnende Haltung gegenüber den IFRS aufgegeben und erkennt mittlerweile

---

[9] SFAS No. 131 stellte das Ergebnis der gemeinsamen Bemühungen von *FASB* und des kanadischen Accounting Standard Board (AcSB) dar, die Segmentberichterstattung zu überarbeiten.

[10] Vgl. SFAS 131.46–54.

[11] SFAS 131.4.

[12] Vgl. *Haller/Park* (1999), S. 61.

[13] Vgl. *Kajüter/Barth* (2007b), S. 428.

[14] Vgl. ausführlich Kapitel 2.1.4.

[15] Vgl. *Kajüter/Guttmeier* (2009), S. 2334f.; *Fink/Kajüter* (2011), S. 177–180.

[16] Mit der Verordnung (EG) Nr. 1606/2002 des Europäischen Parlaments und des Rates vom 19.07.2002 betreffend die Anwendung internationaler Rechnungslegungsstandards, ABl.EG Nr. L 243 vom 11.09.2002 wurde die Anwendung der IFRS im Konzernabschluss kapitalmarktorientierter Mutterunternehmen in der EU Pflicht. Für Konzernabschlüsse und Einzelabschlüsse nicht kapitalmarktorientierter Unternehmen haben die Mitgliedstaaten ein Wahlrecht.

[17] Vgl. *Pellens et al.* (2011), S. 91f.

IFRS-Abschlüsse von ausländischen Emittenten an.[18] Darüber hinaus wurde am 14. November 2008 eine „Roadmap for the potential use of financial statements prepared in accordance with International Financial Reporting Standards by U.S. issuers"[19] veröffentlicht, in der die Möglichkeit der verpflichtenden Anwendung der IFRS für US-amerikanische Unternehmen eröffnet wird. Sofern die in der Roadmap definierten Anforderungen an IFRS-Abschlüsse erfüllt sind, würde die *SEC* ab dem Jahr 2014 IFRS-Abschlüsse von US-Unternehmen anerkennen.[20]

Durch die steigende Relevanz der IFRS rückt das Konzept Management Approach immer stärker in den Vordergrund. Auch durch die Vielzahl der Anwendungsgebiete und die damit verbundenen umfassenden Implikationen steigt die Relevanz des Management Approach.

In einer übergreifenden Betrachtung lässt sich das Konzept des Management Approach in **zwei Teilbereiche** differenzieren:[21] Einerseits werden unternehmensinterne Daten für die Bewertung und Publizität herangezogen (z.B. Impairment Test) und andererseits orientiert sich die Bewertung und Publizität an unternehmensinternen Organisationsstrukturen und dem Berichtswesen (z.B. Segmentberichterstattung).

Die Berichterstattung nach dem Management Approach im Rahmen dieser genannten Teilbereiche erfordert, dass diese Informationen bereits im Rahmen der internen Unternehmensberichterstattung erhoben wurden.[22] Andernfalls liegt eine separate und ausschließlich für Bilanzierungszwecke erforderliche Informationserstellung vor.[23] Da die für das Management entscheidungsnützlichen Informationen durch das Controlling bereitgestellt werden (z.B. operative Planung, internes Berichtswesen),[24] kommt diesem folglich eine Mitverantwortung für die Abschlusserstellung zu. Hierdurch bestehen umfangreiche Implikationen auf der **Unternehmensebene**. Denn der Management Approach kann sich als problematisch erweisen, wenn das Controllingsystem eines Unternehmens aufgrund mangelhafter Ausgestaltung nicht die erforderlichen Daten bereitstellen kann.[25] Außerdem werden mit dem Konzept des Management Approach eine Reihe von Ermessens- und Gestaltungsspielräumen in Verbindung gebracht.[26] Eine Einschränkung der Verlässlichkeit wird einerseits bei einer bewussten und durch das Top-Management initiierten Manipulation gesehen, und andererseits bei einer Manipulation von Informationen durch dezentrale Entscheider, die an das Management berichten.[27] Obwohl die Möglichkeiten zur Manipulation der berichteten Informationen durch den Management Approach stei-

[18] Vgl. *Vater* (2007), S. 427; *Pellens et al.* (2011), S. 53. Vgl. den Securities Act Release No. 33-8879 *SEC* (2007).

[19] Vgl. *SEC* (2008), S. 9–11.

[20] Vgl. *Pellens et al.* (2011), S. 53.

[21] Vgl. ausführlich zur Konzeption des Management Approach die Kapitel 2.2 und 2.3.

[22] Vgl. *Weißenberger/Maier* (2006), S. 2077. Die Autoren fassen auch die Modifikation der bereits erhobenen Informationen unter das Konzept des Management Approach.

[23] Vgl. *Lopatta* (2008), S. 408; *Velte* (2008), S. 134.

[24] Vgl. *Weber/Schäffer* (2011), S. 9–13.

[25] Vgl. *Weißenberger/Maier* (2006), S. 2082.

[26] Vgl. *Velte* (2008), S. 135.

[27] Vgl. *Weißenberger/Maier* (2006), S. 2082f.

gen, begrenzt die Tatsache, dass diese Manipulation am unternehmenseigenen Steuerungssystem vorgenommen werden müsste, die Anreize hierfür.[28] Vor diesem Hintergrund stellt sich die Frage nach der Ausgestaltung der Controllingsysteme im Hinblick auf die Informationsbereitstellung sowie die hierbei auf Unternehmensebene bestehenden Implikationen für die daran beteiligten Akteure (z.B. Kommunikationsprozesse, Umgang mit Subjektivität). Durch den Rückgriff auf unternehmensinterne, zur Steuerung verwendete Informationen (z.B. Cashflow-Planungen), die im Rahmen der externen Berichterstattung an (potenzielle) Investoren kommuniziert werden, erlangt der Management Approach auch auf der **Kapitalmarktebene** an Bedeutung. Die Informationen, die bereits dem Management als Entscheidungsgrundlage dienten, können auch von Investoren im Rahmen ihrer (Anlage-)Entscheidungen herangezogen werden. Durch die genannten Ermessens- und Gestaltungsspielräume besteht jedoch die Gefahr, dass die durch den Management Approach bezweckte höhere Entscheidungsnützlichkeit konterkariert wird.

Bisherige Betrachtungen zum Thema Management Approach erfolgten größtenteils aus konzeptioneller Sicht. Empirische Untersuchungen liegen hauptsächlich zu den einzelnen Teilthemen des Management Approach vor, insbesondere zur Segmentberichterstattung. In anderen Bereichen, wie z.B. der Prognoseberichterstattung, werden teilweise nur deskriptive Aussagen getroffen oder der Management Approach nicht explizit betrachtet. Insbesondere die Auswirkung des Konzeptes auf die Entscheidungsnützlichkeit von Informationen sowie die Implikationen und die Ausgestaltung auf Unternehmensebene sind aus empirischer Sicht bislang kaum analysiert worden.

Die bisherigen Ausführungen untermauern die zunehmende Relevanz des Konzeptes Management Approach. Trotz dessen Bedeutungszuwachs liegen nur vereinzelt Erkenntnisse über die Auswirkungen auf den Kapitalmarkt und die Implikationen für berichterstattende Unternehmen vor. Diese stellen daher die **Problemstellung** der vorliegenden Arbeit dar. Anhand von zwei empirischen Teilstudien soll das Konzept des Management Approach aus zwei Perspektiven beleuchtet werden: Thema der ersten Teilstudie ist die Umsetzung des Management Approach aus Unternehmenssicht. Zum einen steht die Ausgestaltung der Controllingsysteme im Hinblick auf die Bereitstellung der erforderlichen Informationen im Vordergrund (z.B. ob die Cashflowplanung für den Impairment Test für alle Bezugsobjekte, also die Cash Generating Units, vorliegt). Zum Anderen werden auch Implikationen analysiert, die sich aus der Informationsbereitstellung für Akteure des Unternehmens ergeben, wie z.B. intersubjektive Kommunikationsprozesse, der Umgang mit Subjektivität und potenziellen Gestaltungsspielräumen. Die zweite Teilstudie widmet sich den Auswirkungen der Berichterstattung nach dem Management Approach auf Kapitalmarktteilnehmer. Hierbei wird untersucht, ob die Berichterstattung nach dem Management Approach zu einer Verbesserung der Entscheidungsnützlichkeit der berichteten Informationen führt.

Aus der vorstehend formulierten Problemstellung leitet sich das **Forschungsziel** der vorliegenden Arbeit ab, die Berichterstattung nach dem Management Approach konzeptionell auszuarbeiten und deren Umsetzung in der Unternehmenspraxis sowie deren Impli-

---

[28] Vgl. *Kirsch et al.* (2010), S. 201–203.

kationen für das Controlling und den Kapitalmarkt empirisch zu analysieren. Hieraus lassen sich drei Teilziele formulieren:

1. Das **erste Teilziel** umfasst die Erarbeitung einer Konzeption für die Berichterstattung nach dem Management Approach. Ausgehend von der historischen Entwicklung und den Anwendungsgebieten sollen auf Basis der Anforderungen durch die IFRS-Standards die relevanten Informationsquellen identifiziert werden. Auf der entwickelten Konzeption bauen die beiden folgenden Teilziele auf.
2. Das **zweite Teilziel** besteht darin, die Implikationen des Management Approach auf der Unternehmensebene zu analysieren. Dies erfordert die Beschreibung sowohl der Ausgestaltung der Controllingsysteme im Hinblick auf die Informationsbereitstellung als auch der hierbei für die beteiligten Akteure entstehenden Implikationen (intersubjektiven Kommunikationsprozesse, Umgang mit Subjektivität). Zudem umfasst die Analyse eine Interpretation der Befunde, um die Geeignetheit des Konzeptes Management Approach aus Unternehmenssicht zu beurteilen.
3. Das **dritte Teilziel** beinhaltet die empirische Untersuchung des Management Approach auf Kapitalmarktebene. Dabei soll analysiert werden, wie sich eine Berichterstattung nach dem Management Approach auf die Entscheidungsnützlichkeit von Informationen für private Investoren auswirkt.

Das Forschungsziel der Arbeit erfordert die Anwendung einer empirischen Forschungsstrategie. Aufgrund der Spezifika der beiden Untersuchungsfelder (Unternehmens- und Kapitalmarktebene) und der unterschiedlichen Erkenntnisstände in diesen Bereichen müssen unterschiedliche **Forschungsmethoden** angewandt werden, um die in der Problemstellung aufgeworfenen Fragen beantworten zu können: Auf der Unternehmensebene wird eine explorative, vergleichende Fallstudie eingesetzt, die methodisch auf der Grounded Theory fundiert. Anhand von drei Fällen wird untersucht, wie die Organisationsstruktur und das Berichtswesen, das Planungssystem, das Chancen- und Risikomanagementsystem und das Projektcontrolling hinsichtlich der Berichterstattung nach dem Management Approach ausgestaltet sind. Da nur wenige Befunde zu den Auswirkungen der Berichterstattung nach dem Management Approach auf der Unternehmensebene vorliegen, ist eine explorative Vorgehensweise angebracht. Zudem wird durch die Vielzahl der Anwendungsgebiete und die organisatorische Komplexität auf der Unternehmensebene eine standardisierte quantitative Vorgehensweise erschwert. Insbesondere die im Zentrum der Analyse stehende Mitverantwortung des Controllings für die Abschlusserstellung und der Umgang mit potenziellen Gestaltungsspielräumen erfordert eine reaktive und interpretative Vorgehensweise.

Die zweite Teilstudie auf der Kapitalmarktebene wird mittels eines Experimentes realisiert. Experimentteilnehmer sind fortgeschrittene BWL-Studierende, welche die Rollen von privaten Investoren einnehmen. Durch die Analyse der von den Teilnehmern abgegebenen Umsatz- und EBIT-Schätzungen, deren Vertrauen in diese, dem Investitionsverhalten und der Einschätzung von IFRS-nahen Kriterien wird beurteilt, ob die nach dem Management Approach berichteten Informationen eine höhere Entscheidungsnützlichkeit aufweisen, als Informationen, die nicht nach dem Management Approach berichtet werden. Die experimentelle Forschungsmethodik wird angewandt, da zum einen die an den

Kapitalmarkt kommunizierten Management Approach Informationen nicht in Datenbanken oder Geschäftsberichten zugänglich sind. Zudem wäre eine Isolation des Effektes von berichteten Management Approach Informationen (z.B. bei der Veröffentlichung eines Geschäftsberichts) von anderen Effekten nicht möglich. Die bewusste Isolation des zu untersuchenden Zusammenhangs begründet auch die Beschränkung des Experimentes auf jeweils wenige Anwendungsgebiete der beiden Teilbereiche (unternehmensinterne Daten für die Bewertung und Publizität und Orientierung der Bewertung und Publizität an unternehmensinternen Organisationsstrukturen und dem Berichtswesen). Stellvertretend für den ersten Teilbereich wurde die Prognoseberichterstattung und der Impairment Test ausgewählt. Der zweite Teilbereich wird von der Segmentberichterstattung abgedeckt. Die experimentelle Untersuchung wird quantitativ und hypothesengestützt durchgeführt. Abb. 1-1 fasst die beiden untersuchten Themenfelder und die angewandten Forschungsmethoden grafisch zusammen.

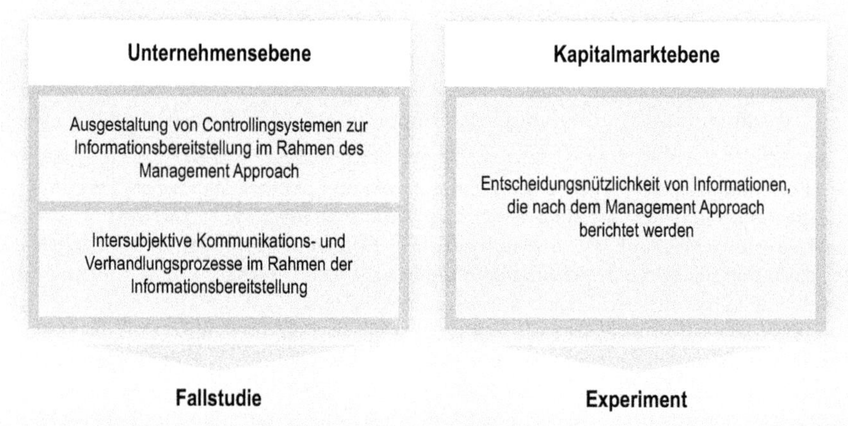

Abb. 1-1: Forschungsfelder der Arbeit

Aufgrund dieser Problemstellung und Zielsetzung sowie der gewählten Forschungsmethoden differenziert sich die vorliegende Arbeit deutlich von bisherigen Untersuchungen. Hiermit soll ein übergreifender Beitrag zum Thema Management Approach geschaffen werden, der empirisch sowohl die Perspektive berichterstattender Unternehmen als auch die des Kapitalmarktes einschließt. Die Ergebnisse der Arbeit erlangen daher einerseits für die Unternehmenspraxis eine Relevanz, da Verbesserungen in Controllingsystemen realisiert werden können. Andererseits sind die empirischen Befunde insbesondere für Standardsetter von Interesse, da Umsetzungsprobleme in der Unternehmenspraxis aufgezeigt werden können und die Auswirkungen auf die Entscheidungsnützlichkeit der berichteten Informationen analysiert werden. Daneben könnten auch der Berufsstand der Wirtschaftsprüfer und die DPR im Rahmen des Enforcements an der Umsetzung des Management Approach auf Unternehmensebene interessiert sein, da möglicherweise vorliegende Ermessens- und Gestaltungsspielräume in entsprechenden Prüfungen analysiert werden könnten.

Nachdem die bisherigen Ausführungen den inhaltlichen Bogen der Arbeit gespannt haben, wird im nachfolgenden Abschnitt der Gang der Untersuchung geschildert. Im Anschluss daran wird das Forschungsprojekt in die Wissenschaftstheorie eingeordnet.

1.2 Gang der Untersuchung

Der Aufbau der Arbeit orientiert sich am Ablauf des Forschungsprozesses und ist in sieben Kapitel unterteilt (vgl. Abb. 1-2). Im Anschluss an diese Erläuterungen erfolgt in **Kapitel eins** außerdem eine Bestimmung der wissenschaftsheoretischen Position der vorliegenden Arbeit. Hierdurch wird das methodische Rüstzeug für den weiteren Forschungsprozess bereitgestellt.

Kapitel zwei stellt den konzeptionellen Bezugsrahmen der Arbeit dar. Hierzu wird zuerst auf die historische Entwicklung des Management Approach eingegangen. Anschließend soll der abstrakte Begriff des Management Approach sprachlich und thematisch festgelegt werden. Die eindeutige Definition erfordert darüber hinaus die Begriffsdefinition weiterer im Zusammenhang stehender Begriffe und eine Abgrenzung von der Konvergenz von externer und interner Unternehmensrechnung. Diese Ausführungen münden schließlich in eine umfassende Konzeption des Management Approach, die sowohl die Anwendungsgebiete im Controlling als auch in der internationalen Rechnungslegung umfasst.

Gegenstand des **dritten Kapitels** ist die Untersuchung des Forschungsstandes zum Thema Management Approach. Im ersten Teilabschnitt werden konzeptionelle Studien dargestellt, welche themenübergreifend das Konzept Management Approach analysieren, Anschließend werden empirische Studien dargestellt, die den Management Approach auf Unternehmensebene und auf Kapitalmarktebene thematisieren. In einem kurzen Zwischenfazit wird die Forschungslücke dargelegt.

Es schließt sich der theoretische Bezugsrahmen der Arbeit in **Kapitel vier** an. Hierin werden die Grundzüge der Strukturationstheorie erarbeitet, die als Grundgerüst und Interpretationswerkzeug für die explorative Fallstudie auf der Unternehmensseite fungiert. Darüber hinaus wird die Prinzipal-Agent-Theorie thematisiert, welche die Theoriebasis für die experimentelle Untersuchung auf der Kapitalmarktebene bildet. Aus ihr werden schließlich Hypothesen abgeleitet.

Kapitel fünf umfasst die erste empirische Teilstudie, welche die Implikationen des Management Approach auf der Unternehmensebene untersucht. In einem ersten Schritt werden hierbei die Grundlagen der Fallstudienforschung und der Grounded Theory erschlossen. Im Anschluss daran erfolgt die Festlegung des Forschungsdesigns, das die Fallauswahl sowie die Methoden der Datenerhebung und der Datenanalyse umfasst. Nach der Darstellung der Ergebnisse, werden diese kritisch diskutiert und interpretiert, sowie die Implikationen und Limitationen der Untersuchung aufgezeigt.

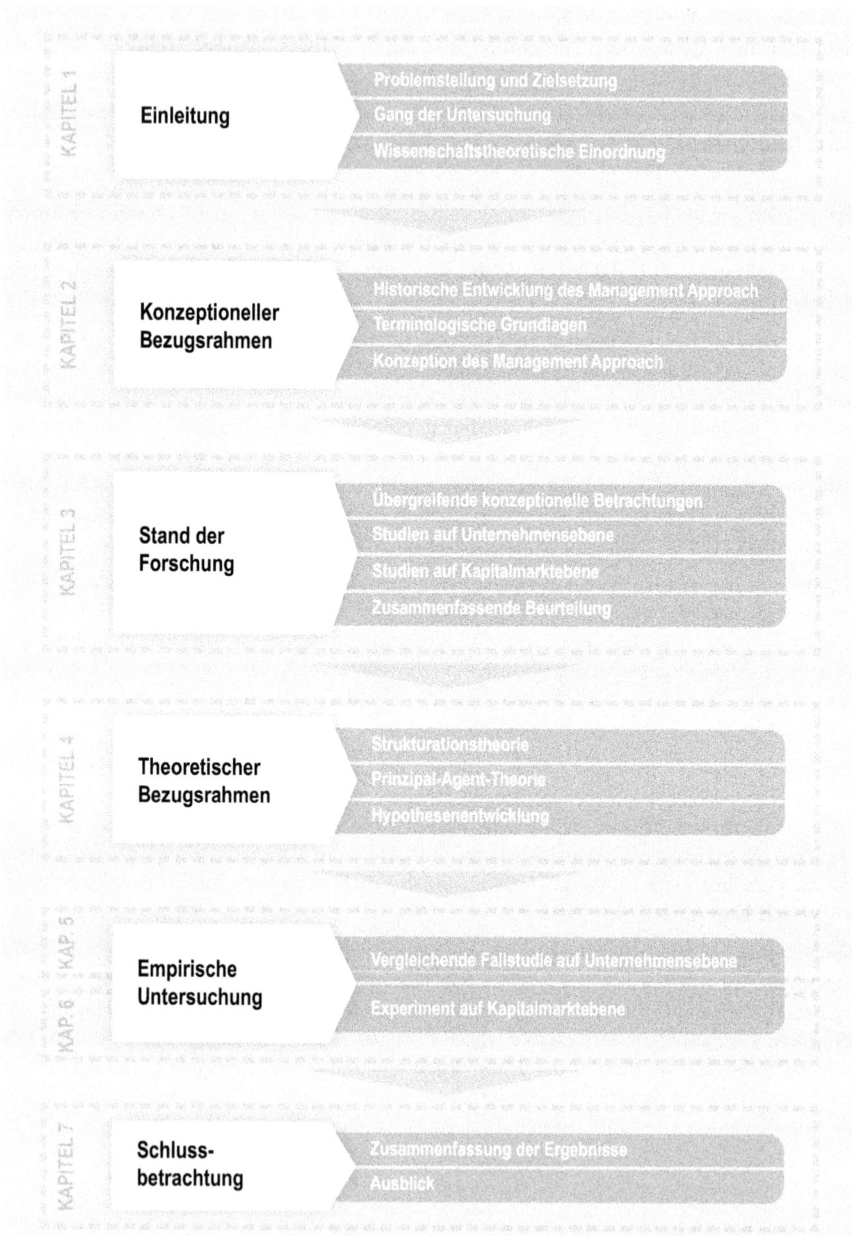

Abb. 1-2: Gang der Untersuchung

In **Kapitel sechs** schließt sich die zweite empirische Teilstudie an. Hierbei wird die Auswirkung der Berichterstattung nach dem Management Approach mittels eines Experimentes auf die Entscheidungsnützlichkeit der berichteten Informationen für Investoren analysiert. Nachdem die Grundlagen der experimentellen Forschung erarbeitet wurden, wird das Forschungsdesign – bestehend aus dem Versuchsplan, dem Experimentdesign und den operationalisierten Hypothesen – festgelegt. Ferner werden die angewandten Auswertungsmethoden betrachtet. Schließlich können die Ergebnisse des Experimentes präsentiert werden: Einer grundlegenden Analyse der Experimentteilnehmer schließen sich deskriptive Analysen sowie uni- und multivariate Auswertungen an. Es folgen eine kritische Würdigung der Ergebnisse sowie eine Diskussion der Implikationen und Limitationen der Teilstudie.

Die Arbeit endet mit einer Schlussbetrachtung im **siebten Kapitel,** welche die wesentlichen Erkenntnisse zusammenfasst und einen Ausblick gibt. Darüber hinaus wird der weitere Forschungsbedarf auf dem Themengebiet Management Approach dargelegt.

1.3 Wissenschaftstheoretische Einordnung

Während im frühen kaufmännischen Schrifttum lediglich das Wissen der Kaufleute zusammengetragen wurde, versteht sich die heutige Betriebswirtschaft als Wirtschaftswissenschaft.[29] Für die Ausübung einer Wissenschaft sind jedoch „methodische Spielregeln" unabdingbar – denn sie bilden die Leitlinien des Forschungsprozesses.[30] Unterschiedliche methodische Ansätze, Annahmen oder Begriffe in wissenschaftlichen Arbeiten können zu unterschiedlichen Ergebnissen führen.[31]

Daher sollen im Folgenden die für diese Arbeit notwendigen wissenschaftstheoretischen Grundlagen erarbeitet werden. Insbesondere die Ausführungen zur Forschungsstrategie bzw. Methodologie bilden das Fundament für die spätere Beurteilung des Forschungsstandes und für das Forschungsdesign der Arbeit.

1.3.1 Erkenntnis- und wissenschaftstheoretische Grundpositionen

Wissenschaft erhebt den Anspruch, die Ergebnisse ihrer Tätigkeit nicht nur vom jeweiligen Schöpfer anzuerkennen, sondern ebenso von der Allgemeinheit.[32] Eine transparente und nachvollziehbare Gestaltung der wissenschaftlichen Tätigkeit erfordert eine Disziplin, welche sich systematisch mit den Aspekten wissenschaftlicher Erkenntnis beschäftigt.[33]

Anhaltspunkte für eine solche Aufgabe können in der Philosophie gefunden werden: Die Erkenntnistheorie (Epistemologie) und die Wissenschaftstheorie stellen Teildisziplinen der Philosophie dar und sind zum Teil Metawissenschaften zu den Einzelwissenschaften

---

[29] Vgl. *Fülbier* (2005), S. 15f.
[30] Vgl. *Chmielewicz* (1994), S. 6.
[31] Vgl. *Lingnau* (1995), S. 124.
[32] Vgl. *Schnell et al.* (2008), S. 49.
[33] Vgl. *Schurz* (2006), S. 11.

(= Substanzwissenschaften).[34] Die **Erkenntnistheorie** beschäftigt sich mit den Möglichkeiten, Bedingungen und Grenzen von Erkenntnis und Wissen – sie geht den Fragen „Wie ist Erkenntnis möglich?“ und „Was können wir wissen?“ nach.[35] Aus ihr hat sich im 19. und 20. Jahrhundert durch das Aufkommen der modernen Naturwissenschaften die **Wissenschaftstheorie** entwickelt, die vor allem die Methoden, Voraussetzungen, Ziele und Ergebnisse der Einzelwissenschaften behandelt.[36] Durch die Untersuchung der Rahmenbedingungen wissenschaftlicher Forschung kann sie eine Anleitung für die angemessene Konzeption, Durchführung und Auswertung eines Forschungsvorhabens geben.[37] Als Lehre von der Wissenschaft bzw. als Wissenschaftswissenschaft stellt sie das Rüstzeug für wissenschaftliches Arbeiten bereit.[38]

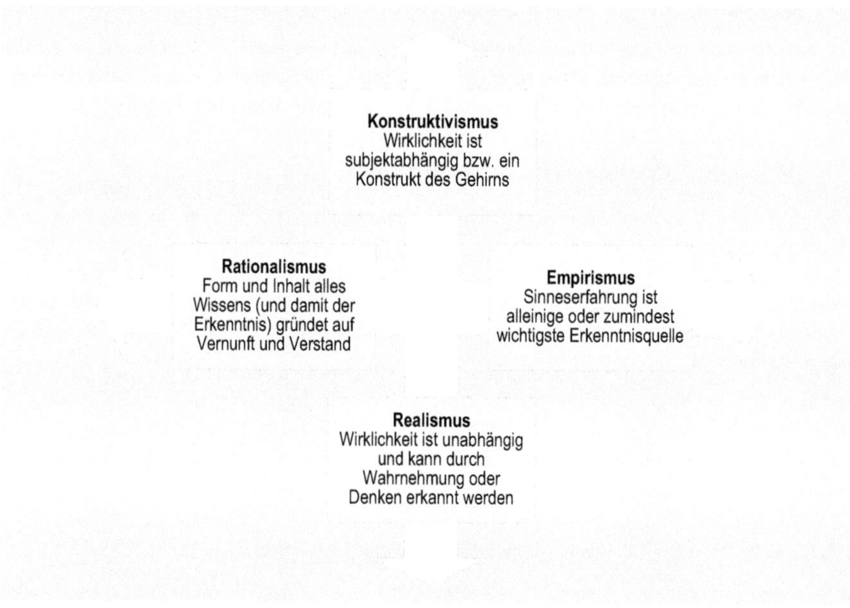

Abb. 1-3: Vereinfachte Darstellung wesentlicher erkenntnistheoretischer Grundpositionen
Quelle: In Anlehnung an *Westermann* (1987), S. 6; *Willimczik* (2002), S. 15; *Kornmeier* (2007), S. 31.

[34] Vgl. ausführlich *Leinfellner* (1980), S. 11–13. Die Wurzeln der Erkenntnistheorie reichen bis in die griechische Antike zurück, vgl. *Westermann* (1987), S. 5–6.

[35] Vgl. *Westermann* (2000), S. 29.

[36] Vgl. *Westermann* (1987), S. 5. In vielen Bereichen überlappen sich jedoch Erkenntnis- und Wissenschaftstheorie, vgl. *Leinfellner* (1980), S. 11; *Schurz* (2006), S. 11, S. 26–29.

[37] Vgl. *Frank* (2007), Sp. 2010.

[38] Vgl. *Raffée* (1974), S. 17. *Schnell et al.* bezeichnen die Wissenschaftstheorie daher auch als „Methodologie“, vgl. *Schnell et al.* (2008), S. 50.

In der Wissenschaftstheorie existiert eine Reihe wissenschaftstheoretischer Schulen, die in einem wenig versöhnlichen Verhältnis zueinander stehen.[39] Diese Divergenz lässt sich vor allem auf unterschiedliche erkenntnistheoretische Grundpositionen zurückführen, die den einzelnen Schulen zugrunde liegen. Stark vereinfacht können vier erkenntnistheoretische Grundpositionen ausgemacht werden, die sich grob in einem zweidimensionalen Koordinatensystem darstellen lassen (vgl. Abb. 1-3):[40] Auf der vertikalen Achse stehen sich Realismus und Idealismus (in einer weiteren Betrachtung ersetzt *Kornmeier* diesen mit dem nahegelegenen[41] Konstruktivismus)[42] entgegen, auf der horizontalen Achse bilden Rationalismus und Empirismus das Gegensatzpaar.

Während die Positionen auf der vertikalen Achse vor allem über den Wirklichkeitsbegriff argumentieren, begründen die Positionen der horizontalen Achse ihre Annahmen über die Art und Weise des Erkenntnisgewinns. Im **(naiven) Realismus**[43] wird von einer Identität der wahrgenommenen und der tatsächlichen Welt ausgegangen – Dinge, Phänomene oder Ereignisse in der als unabhängig angenommenen Realität können danach vollständig oder größtenteils erkannt werden.[44] Unter der Bezeichnung **Konstruktivismus** wird eine Reihe von Ansätzen gefasst, welche die Welt nicht als objektiv gegeben sehen, sondern als Konstruktion(en) (z.B. des Gehirns).[45] Der klassische **Rationalismus** hat seine Wurzeln in der antiken Wissenschaft.[46] Nach ihm gründet Erkenntnis auf Verstand und Vernunft, völlig unabhängig von Erfahrungen.[47] Folglich dominiert im Rationalismus die strenge Deduktion, wonach eine Erkenntnis sich aus der anderen ableitet (vom Allgemeinen zum Besonderen).[48]

> *„Der **Empirismus** entstand zu einer Zeit, als in der Philosophie nicht die Erkenntnisgewinnung im Mittelpunkt stand, sondern die Begründung christlicher Glaubenswahrheiten. Er trennte die Verbindung von Glauben und Wissen, leitete den großen Aufschwung der Naturwissenschaften ein und kennzeichnete den Übergang vom Mittelalter zur Neuzeit.“*[49]

---

39 Vgl. *Frank* (2007), Sp. 2010.

40 Vgl. hierzu ausführlich *Westermann* (1987), S. 6. Ergänzend mit grafischer Abbildung *Willimczik* (2002), S. 14–18.

41 Nach *Westermann* vertreten Konstruktivisten ebenfalls eine idealistische und instrumentalistische Auffassung, vgl. *Westermann* (2000), S. 35.

42 Vgl. *Kornmeier* (2007), S. 31.

43 Der kritische Realismus hingegen nimmt zwar eine objektive Existenz der Realität an, schließt jedoch nicht die fehlbare menschliche Wahrnehmung aus, vgl. *Frank* (2007), Sp. 2012.

44 Vgl. *Frank* (2007), Sp. 2012; *Kornmeier* (2007), S. 31.

45 Vgl. *Frank* (2007), Sp. 2012; ausführlich *Flick* (2008a), S. 150–155. Die den konstruktivistischen Ansätzen unterliegende Skepsis führt folglich dazu, dass nicht nur die Theorien des Wissenschaftlers und der Begriffsumgang im Alltag überprüft werden müssen, sondern vielmehr die Begriffsbildungsprozesse beim Wissenschaftler und beim Untersuchungsteilnehmer (Konstruktionsprozesse), vgl. *Flick* (2009), S. 56.

46 Vgl. *Fülbier* (2005), S. 21.

47 Vgl. *Kornmeier* (2007), S. 35.

48 Vgl. *Fülbier* (2005), S. 21.

49 *Behrens* (1993), Sp. 4764.

Im Empirismus wird die sinnliche Wahrnehmung (also die Erfahrung) als die Hauptquelle der Erkenntnis angesehen – es rückt also die Induktion, der Schluss von Einzelfällen auf ein zugrunde liegendes Gesetz (vom Besonderen zum Allgemeinen), in den Vordergrund.[50] Aus dem Empirismus heraus entwickelte sich der **Positivismus und der Neopositivismus** (auch Logischer Positivismus oder Logischer Empirismus genannt).[51]

> *„Die divergierende Bewertung epistemologischer Grundpositionen wie auch des Wahrheitsbegriffs hat zu der Entwicklung einer Reihe wissenschaftstheoretischer Schulen geführt. Zu den wichtigsten gehören der Kritische Rationalismus, die Kritische Theorie und der Konstruktivismus der Erlanger Schule.“*[52]

In der Betriebswirtschaftslehre haben sich insbesondere der kritische Rationalismus und der Konstruktivismus der Erlanger Schule durchgesetzt.[53] Der **kritische Rationalismus** wurde vor allem von *Karl Popper* geprägt und entwickelte sich aus den gegensätzlichen Positionen des klassischen Rationalismus und des Neopositivismus.[54] Im Gegensatz zum deduktiv vorgehenden Rationalismus, geht der kritische Rationalismus von einer menschlichen Fehlbarkeit (Fallibilismus) aus.[55] Nach *Popper* ist die Verifikation, also eine sichere Begründung von Aussagen, wie sie beispielsweise im Neopositivismus vorherrscht, nicht haltbar, da erstens eine sichere, theorieunabhängige Beobachtungsbasis und zweitens eine Rechtfertigung für Induktionsschlüsse vorausgesetzt wird.[56] Wissen ist folglich nur vorläufig, da es sich in jeder weiteren Betrachtung als fehlerhaft herausstellen kann. Auch wenn nicht „die“ Wahrheit gefunden werden kann, rät *Popper* vom Pessimismus ab, da „wir von unseren Fehlern lernen“ und uns der Wahrheit annähern können.[57]

Der Erkenntnisgewinn nach dem kritischen Rationalismus folgt einem dreistufigen Schema:[58] Erst werden für einen erklärungsbedürftigen Kausalzusammenhang (Problem) Hypothesen formuliert (Lösung). Anschließend werden diese durch eine empirische Überprüfung zumindest teilweise wieder eliminiert. Ziel hierbei ist es, möglichst allgemeine Hypothesen[59] zu bilden, die an der Realität getestet werden können. Diese Hypothesen müssen folglich so aufgestellt werden, dass sie falsifizierbar sind. Dadurch entsteht

---

50 Vgl. *Kornmeier* (2007), S. 36f.

51 Vgl. *Behrens* (1993), Sp. 4764.

52 *Frank* (2007), Sp. 2012.

53 Vgl. *Fülbier* (2005), S. 22.

54 Vgl. *Kornmeier* (2007), S. 39. Vgl. zum kritischen Rationalismus allgemein *Albert* (1976), Sp. 4674–4692; *Popper* (1994); *Lingnau* (1995), S. 124f.; *Ulrich/Hill* (1979), S. 175.

55 Vgl. *Fülbier* (2005), S. 22.

56 Vgl. *Westermann* (1987), S. 13.

57 Vgl. *Popper* (1994), S. XXV.

58 Vgl. *Fülbier* (2005), S. 22.

59 Aufgrund des komplexen Untersuchungsobjektes besteht in den Sozial- bzw. Wirtschaftswissenschaften eine besondere Schwierigkeit in der Formulierung von generellen Aussagen, vgl. detailliert *Bartel* (1990), S. 56–58.

ein Wechselspiel aus Hypothesenbildung und Hypothesenelimination. Schlussendlich können sich dadurch Gesetzesaussagen bewähren (sog. nomologische Hypothesen[60]).

Im **Konstruktivismus der Erlanger Schule** findet sich der rationalistische Begründungsanspruch in einer wesentlich stärkeren Form:[61] Die Erkenntnis besteht aus dem Ergebnis von Argumentationsleistungen sachverständiger Fachvertreter. Anstatt Hypothesen durch eine Vielzahl von Falsifikationsversuchen zu Gesetzesaussagen reifen zu lassen, leiten Vertreter dieser Schule in rationalistischer Tradition deduktiv Tendenzaussagen aus argumentativen Schlussfolgerungen ab. Da in diesem Ansatz die Fehlbarkeit menschlicher Argumentationsleistungen anerkannt wird, gelten diese Aussagen jedoch nicht als unumstößlich – zuweilen wird auch von einem eingeschränkten Fallibilismus gesprochen.[62]

Es ist jedoch wenig ratsam, sich lediglich auf die kritisch rationalistische Forschung zu beschränken – der von ihr geforderte Methodenmonismus würde die Betriebswirtschaftslehre unnötig einengen.[63] Auch eine Kombination der beiden Ansätze ist insbesondere in der Rechnungslegungsforschung denkbar. Während aus positivistischer Sicht z.B. die Wirkung von Rechnungslegungsnormen auf den Kapitalmarkt untersucht werden kann, ist es zusätzlich möglich, aus konstruktivistischer Sicht die Entwicklung neuer Vorschriften zu diskutieren.

Die erkenntnistheoretischen Positionen lassen sich – wie im nachfolgenden Abschnitt verdeutlicht – auch wissenschaftlichen Paradigmen zuordnen. Die Einteilung nach Paradigmen ist von besonderer Bedeutung für diese Arbeit, da zwei Forschungsansätze unterschiedlicher Paradigmen kombiniert werden.

1.3.2 Wissenschaftliche Paradigmen, Pragmatismus und Mixed Methods

Kuhn stellte 1962 die These auf,[64] wissenschaftlicher Fortschritt erfolge dann, wenn sich neue Sichtweisen durchsetzen – sogenannte Paradigmenwechsel.[65] Den Begriff des Paradigma kann man wie folgt verstehen:

> *„Ein Paradigma formuliert die Maximen und Grundsätze, an denen sich die wissenschaftliche Praxis einer Disziplin orientiert. Unter anderem steckt ein Paradigma den Rahmen der zulässigen Forschungsmethode ab."*[66]

Von den bisher aufgeführten erkenntnistheoretischen Grundpositionen wird insbesondere der kritische Rationalismus dem **„normativen Paradigma"**[67] zugeordnet, das sich durch

---

[60] Nomologische Hypothesen oder auch Gesetzeshypothesen sind „generelle Sätze" und zeichnen sich dadurch aus, dass sie immer (kein Zeitbezug) und überall (kein Raumbezug) gelten, vgl. *Lingnau* (1995), S. 125.

[61] Vgl. zu den folgenden Ausführungen *Fülbier* (2005), S. 23.

[62] Vgl. *Raffée/Abel* (1979), S. 6.

[63] Vgl. zu den folgenden Ausführungen *Fülbier* (2005), S. 24.

[64] Vgl. *Kuhn* (1962).

[65] Dies geht jedoch mit der Vernachlässigung des Entdeckungszusammenhangs einher, vgl. *Flick* (2009), S. 49.

[66] *Meuser* (2006), S. 92f.

[67] Der Begriff „normativ" kann irreführend sein. Es geht nicht um ein normatives Wissenschaftsverständnis, sondern um ein normatives Wirklichkeitsverständnis, vgl. *Lamnek* (2005), S. 34.

die folgenden Unterstellungen auszeichnet:[68] Es wird davon ausgegangen, dass erstens der Forscher die Untersuchungswelt hinreichend kennt, um Hypothesen für seine Untersuchung aufstellen zu können und zweitens das Alltagswissen von Forscher und Untersuchtem (z.B. der Untersuchungsteilnehmer) identisch ist. Kreuzt beispielsweise ein Untersuchungsteilnehmer im Fragebogen die Antwort „stimme völlig zu“ an, so wird unterstellt, dass er damit das Gleiche wie der Forscher meint. Das normative Paradigma bzw. der kritische Rationalismus ist im Wesentlichen die erkenntnistheoretische Grundlage quantitativer Forschungsmethoden.[69]

Als Gegenstück zum normativen Paradigma entwickelte *Wilson* 1973 das **„interpretative Paradigma“**,[70] das verschiedene Theorien und Ansätze qualitativer Forschungsmethodik umfasst.

> *„Das interpretative Paradigma begreift die soziale Wirklichkeit […] als durch Interpretationshandlungen konstituierte Realität. Gesellschaftliche Zusammenhänge, die einer soziologischen Analyse unterworfen werden können, sind daher nicht objektiv vorgegebene und deduktiv erklärbare soziale Tatbestände, sondern Resultat eines interpretationsgeleiteten Interaktionsprozesses zwischen Gesellschaftsmitgliedern.“*[71]

Im Gegensatz zum normativen Paradigma kann also nicht das Verständnis eines Gegenstandes seitens des Forschers problemlos auf den Untersuchungsteilnehmer übertragen werden, da[72]

- Subjekte auf unterschiedliche Art und Weise Gegenstände, Ereignisse und Erfahrungen mit Bedeutung versehen und
- die Regelungen des Handelns nicht eindeutig feststehen und in einheitlicher Weise angewendet werden, sondern in alltäglichen Interpretations- und Aushandlungsprozessen von den Beteiligten festgelegt werden. Hierbei spielt Routine (Eingespieltheit dieser Prozesse) eine große Rolle.

Die Forschung im interpretativen Paradigma setzt folglich an der Rekonstruktion dieser subjektiven Sichtweisen und an den Aushandlungsprozessen für die Regelungen des Handelns an. Ansätze des interpretativen Paradigmas sind beispielsweise der Symbolische Interaktionismus und die Ethnomethodologie.[73]

In der Vergangenheit haben sich die „paradigm warriors“[74] vielfach darüber auseinandergesetzt, welche der jeweiligen Positionen und der damit verbundenen Forschungsmethoden gegenüber der anderen Position überlegen ist. Vertreter beider Lager haben zugleich die Unvereinbarkeit (sog. Inkompatibilitätsthese[75]) der epistemologischen Grundpositio-

---

[68] Vgl. zu diesen Ausführungen *Flick* (2009), S. 50f.
[69] Vgl. zur quantitativen und zur qualitativen Forschungsmethodik Abschnitt 1.3.4.
[70] Vgl. *Wilson* (1973).
[71] *Lamnek* (2005), S. 34.
[72] Vgl. zu den folgenden Ausführungen *Flick* (2009), S. 51f.
[73] Vgl. *Meuser* (2006), S. 93.
[74] *Kelle* (2001), Abs. 1.
[75] Vgl. *Howe* (1988), S. 10.

nen betont, die der jeweiligen Forschungstradition zugrunde liegen.[76] Dennoch wurden in der empirischen Sozialforschung vielfach Studien mit einem gemischten qualitativ-quantitativen Forschungsdesign (sog. **Mixed Methods**[77]) ohne methodologische Kontroversen durchgeführt.[78] Dies nimmt *Howe* zum Anlass, eine Kompatibilitätsthese aufzustellen.[79] Die Mixed Methods Bewegung fundiert aus philosophischer Sicht im Wesentlichen auf dem von *Charles Sanders Peirce* begründeten **Pragmatismus.**[80] Dort steht nicht die „richtige" wissenschaftliche Methode im Vordergrund, sondern die Beantwortung der Forschungsfrage:

> *„Pragmatist researchers consider the research question to be more important than either the method they use or the paradigm that underlies the method."*[81]

Die vorliegende Arbeit ordnet sich in diese Position ein, da eine qualitative Fallstudie mit einem quantitativ durchgeführten Experiment kombiniert wird. Neben den erkenntnis- und wissenschaftstheoretischen Positionen sind auch die gesetzten Wissenschaftsziele und die gewählte Forschungsstrategie bzw. -methode für die Ausgestaltung eines Forschungsprojektes von Bedeutung. Diese sollen daher in den folgenden beiden Abschnitten dargestellt werden.

1.3.3 Wissenschaftsziele in der betriebswirtschaftlichen Forschung

Wissenschaft wird „nicht um ihrer selbst willen"[82] betrieben, sondern um bestimmte Ziele zu verfolgen und zu erreichen. Für die Betriebswirtschaft als Realwissenschaft[83] haben sich vier Wissenschaftsziele herausgebildet:[84]

- Das **deskriptive Wissenschaftsziel** ist das Fundamentalziel einer Realwissenschaft. Es geht also um die präzise Beschreibung der realen Betrachtungsgegenstände. Dies ist zugleich die Grundaufgabe jeder Wissenschaft und stellt die Voraussetzung für nachfolgende Analysen dar. Die Beschreibung von betriebswirtschaftlichen Elementen soll deren Merkmale so darstellen, dass sie durch Beobachtung oder Messung wahrgenommen werden können. Die Anforderungen an deskriptive Aussagen sind daher Zweckmäßigkeit, Einfachheit und Exaktheit – nicht jedoch Wahrheit und empirischer Gehalt.

---

76 Vgl. *Kelle* (2001), Abs. 1.

77 Vgl. detailliert zu den Möglichkeiten des Methodenmix Abschnitt 1.3.4.

78 Vgl. *Tashakkori/Teddlie* (2003), S. 5–7.

79 Vgl. *Howe* (1988), S. 10.

80 Vgl. *Howe* (1988), S. 10; *Johnson/Onwuegbuzie* (2004), S. 16f. Vgl. auch das Begründungswerk zum Pragmatismus *Peirce* (1878).

81 *Tashakkori/Teddlie* (2003), S. 21.

82 *Schweitzer* (1978), S. 2.

83 Vgl. zu einer Einteilung der einzelnen Wissenschaften *Chmielewicz* (1994), S. 30–34.

84 Vgl. zu den folgenden Ausführungen *Schweitzer* (1978), S. 1–14.

- Darüber hinaus besteht das **theoretische Wissenschaftsziel** in der Erklärung und in der Prognose des Betrachtungsgegenstands.[85] Daher müssen theoretische Aussagen als Hypothesen formuliert werden. Sie stellen Wenn-Dann-Sätze dar, die eine Bedingung mit einem Tatbestand verknüpfen (z.B. „Wenn ein Schwan weiß ist, dann wird er nachts besser gesehen."). Dabei sollte die Wenn-Komponente möglichst allgemein, die Dann-Komponente möglichst präzise sein.
- Soll die betriebswirtschaftliche Forschung auch Entscheidungshilfen bereitstellen, so wird ein **pragmatisches Wissenschaftsziel** verfolgt. Durch prognostische Funktionen einer Theorie können Entscheidungs- oder Gestaltungsmaßnahmen abgeleitet werden. Die somit ausgesprochenen Empfehlungen sind jedoch nicht mit Wertungen verbunden.
- Bei einem **normativen Wissenschaftsziel** besteht ein Austausch von Wissenschaft und Praxis, da neben Erkenntnissen auch Wertungen abgegeben werden. Diese Aussagen haben keinen empirischen Wahrheitsanspruch und keinen empirischen Gehalt.

Das formulierte Forschungsziel und die daraus abgeleiteten Teilziele dieser Arbeit differenzieren sich in deskriptive, theoretische und pragmatische Wissenschaftsziele. Die Ausgestaltung von Controllingsystemen und der intersubjektiven Kommunikationsprozesse im Rahmen der Berichterstattung nach dem Management Approach sowie die dabei getroffenen Investorenentscheidungen und -einschätzungen zu beschreiben, stellen die deskriptiven Wissenschaftsziele dar. Die Analyse der Berichterstattung nach dem Management Approach im Hinblick auf die Entscheidungsnützlichkeit der Informationen stellt ein theoretisches Wissenschaftsziel dar. Im Rahmen des pragmatischen Wissenschaftsziels sollen Gestaltungshinweise für die Unternehmenspraxis abgeleitet werden.

1.3.4 Forschungsstrategie und Forschungsmethode

Um bestimmte wissenschaftliche Ziele mit dem Forschungsprozess zu erreichen, ist eine geeignete **Forschungsstrategie** zu wählen. Für die Betriebswirtschaftslehre können nach Grochla drei Ansätze unterschieden werden:[86]

- Die sachlich-analytische Forschungsstrategie versucht, komplexe Zusammenhänge durch eine „gedankliche Simulation der Realität"[87] zu untersuchen. Somit sollen Zusammenhänge abgebildet und Handlungsempfehlungen abgeleitet werden. Die somit formulierten Aussagen sind auf der deskriptiven Ebene interpretierend-deskriptiv und auf der explanatorischen Ebene hypothetisch-spekulativ. Bei dieser Vorgehensweise wird vor allem Informativität, auf keinen Fall jedoch eine empirische Bestätigung der Aussagen angestrebt.

---

[85] Teilweise wird auch das deskriptive Wissenschaftsziel unter das theoretische Wissenschaftsziel gefasst, vgl. dazu z.B. *Kubicek* (1975), S. 29–31 m.w.N.; *Chmielewicz* (1994), S. 17f. m.w.N. Aus den Arbeiten zum Kausalitätsbegriff schließt *Rost* sogar, dass die Absicherung einer Kausalinterpretation eine hinreichend detaillierte Deskription darstellt, vgl. *Rost* (2003), Abs. 13f.

[86] Vgl. zu den folgenden Ausführungen *Grochla* (1978), S. 67f. und 72–93.

[87] *Grochla* (1978), S. 72.

- Mit einer formal-analytischen Forschungsstrategie sollen reale Problemstrukturen vereinfacht und mehr oder weniger abstrakt beschrieben werden. Durch diese Abstraktion findet auf der deskriptiven Ebene eine Modellbildung statt. Das Realproblem wird folglich auf ein Formalproblem übertragen. Auf der explanatorischen Ebene wird dann nach einer modellanalytischen Problemlösung gesucht. Indem Lösungen für einzelne, generalisierte Entscheidungsprobleme der Realität gesucht werden, zielt diese Vorgehensweise auf eine entscheidungstechnische Verwendbarkeit der Ergebnisse ab.
- Eine empirische Forschungsstrategie strebt nach dem Verständnis von Grochla einen systematischen Erfahrungsgewinn und eine Überprüfung von Aussagen an der Realität an. „Diese Erfahrungsgewinnung richtet sich in der Regel nach bestimmten Methoden, die vorwiegend im Bereich der empirischen Sozialforschung bzw. der induktiven Statistik niedergelegt sind.[88] Er unterscheidet zwischen real-deskriptiven Aussagen, die Realitätsbereiche auf der deskriptiven Ebene abbilden und zwischen empirisch-kognitiven Aussagen, die auf der explanatorischen Ebene Zusammenhänge von Variablen anhand von kausalen Annahmen beschreiben sollen. *Grochla* beschränkt folglich die empirische Forschungsstrategie bei seiner Betrachtung auf eine rein funktionalistische und quantitativ orientierte Herangehensweise. Die empirische Forschungsstrategie kann jedoch **in einem breiteren Verständnis** begriffen werden: Mit ihr wird Wissen durch die Auseinandersetzung mit der Realität gefunden und durch Beobachtung der Realität abgesichert.[89]

Die vorliegende Arbeit bedient sich einer empirischen Forschungsstrategie, um die in Abschnitt 1.1 genannten Probleme zu untersuchen und die entsprechenden Ziele zu verfolgen. Die empirische Forschungsstrategie soll hierbei insbesondere vor dem Hintergrund der bereits erläuterten unterschiedlichen paradigmatischen Auffassungen in einem breiteren Verständnis aufgefasst werden.[90]

In der empirischen Sozialforschung haben sich zwei eigenständige **Forschungsmethoden** entwickelt:[91] Die qualitative und die quantitative Forschung. Beide Forschungsmethoden zeichnen sich indes durch unterschiedliche Grundannahmen und Ziele aus:[92]

- Bei der Anwendung der quantitativen Forschungsmethodik wird zumeist von einem Konzept ausgegangen, das in einem theoretischen Konstrukt ausformuliert ist. In einer Untersuchung werden anschließend die darauf aufbauend formulierten Hypothesen überprüft. Hierzu werden in einer empirischen Untersuchung die einzelnen Aspekte des theoretischen Konzepts in operationalisierter Form als Indikatoren gemessen. Die Forschungsmethodik ist aufgrund der vergleichend-statistischen Auswertung auf eine standardisierte Datenerhebung angewiesen (z.B. in Form eines Fragebogens mit fest vorgegebenen Antwortmöglichkeiten).[93] Gütekri-

88 *Grochla* (1978), S. 78.
89 Vgl. *Kromrey* (2006), S. 29.
90 Vgl. Abschnitt 1.3.2.
91 Vgl. *Flick et al.* (2008), S. 24.
92 Vgl. zu den folgenden Ausführungen *Flick* (2009), S. 22–25.
93 Vgl. *Flick et al.* (2008), S. 25.

terien der quantitativen Forschung sind Reliabilität (Zuverlässigkeit der Messung), Validität (Erklärbarkeit des Kausalzusammenhangs und Generalisierbarkeit) und Objektivität (Unabhängigkeit der Ergebnisse z.B. vom Forscher).

- Die qualitative Forschungsmethodik geht in der Regel nicht von einem theoretischen Modell und den damit einhergehenden weiteren Forschungsschritten aus. Die Untersuchungsgegenstände oder -personen werden hier gezielt nach dem Kriterium der Relevanz ausgewählt. Anhand von offenen Fragen soll die umfassende Rekonstruktion des untersuchten Falls erreicht werden. Die qualitative Forschungsmethodik strebt daher nicht Generalisierbarkeit und die Untersuchung von Ursache-Wirkungszusammenhängen an, sondern die Entdeckung von Neuem und die Entwicklung von Theorien. Je nach vertretener Auffassung können entweder alternative Gütekriterien für die qualitative Forschung entwickelt,[94] die Kriterien für die quantitative Forschung analog angewendet oder diese gänzlich abgelehnt werden.[95] In der vorliegenden Arbeit wird die Auffassung vertreten, dass eine Adaption der Kriterien der quantitativen Forschung sinnvoll ist. So kann beispielsweise eine intersubjektive Nachvollziehbarkeit durch Offenlegung der Interpretationsleistung die Objektivität, die Diskussion der Datenanalyse mit anderen Forschern die Validität und mehrfaches Codieren die Reliabilität erhöhen.[96]

In voranstehenden Erläuterungen[97] wurden bereits die Grundlagen für die Kombination von quantitativer und qualitativer Forschungsmethodik (sog. Mixed Methods) geschaffen. Eine solche Kombination ist entweder in Form einer Triangulation möglich oder in einer unabhängigeren Variante, bei der beispielsweise unterschiedliche Aspekte eines Phänomens untersucht werden, um ein umfassenderes Bild eines Gegenstandsbereichs zu erhalten.[98] Die Triangulation (Betrachtung eines Forschungsgegenstandes von mindestens zwei Perspektiven) ist auf *Denzin*[99] zurückzuführen, der vier Formen unterscheidet.[100] Die methodische Triangulation stellt *Denzins* zentrales Konzept dar und kann entweder als Within-Method- oder als Between-Method-Triangulation erfolgen.[101] Eine Kombination von qualitativer und quantitativer Forschungsmethodik ist eine Between-Method-Triangulation und wird häufig in der betriebswirtschaftlichen Forschung als sequentielles

94 Vgl. z.B. *Steinke* (2008), S. 323–331.

95 Vgl. *Osann* (2010), S. 80f.

96 Vgl. ausführlich *Osann* (2010), S. 81f.

97 Vgl. Abschnitt 1.3.2.

98 Bei der Triangulation wird eine kumulative Validierung von Forschungsergebnissen angestrebt, bei der unabhängigen Variante nicht. Teilweise wird jedoch auch diese Variante als Triangulation angesehen, vgl. *Kelle/Erzberger* (1999), S. 515; *Lamnek* (2005), S. 283; *Kelle* (2008), S. 50f.

99 Vgl. *Denzin* (1978).

100 Dabei handelt es sich um Daten-, Investigator-, Theorien- und Methoden-Triangulation, vgl. dazu ausführlich *Flick* (2008b), S. 310–317.

101 Vgl. *Flick* (2008b), S. 312f. Eine Between-Method-Triangulation kann auch zur Verbindung von qualitativer und quantitativer Forschung genutzt werden, vgl. *Mayring* (2001), Abs. 25.

Forschungsdesign angewendet, bei dem eine qualitative Vorstudie theoriebildend fungiert.[102]

Wie in Abschnitt 1.1 bereits dargestellt, kommt im Rahmen dieser Forschungsarbeit eine empirische Forschungsstrategie zum Einsatz, die sich sowohl der qualitativen als auch der quantitativen Forschungsmethodik bedient. Hierbei wird ein auf dem Pragmatismus beruhendes **Mixed Methods Design** angewandt. Es handelt sich dabei jedoch nicht um eine typische Methodentriangulation – vielmehr werden die zwei verschiedenen Teilaspekte des Phänomens Management Approach in zwei separaten Teilstudien untersucht: In einer qualitativen Fallstudie werden die Implikationen des Management Approach auf der Unternehmensebene betrachtet, während das quantitativ angelegte Experiment die Auswirkungen auf den Kapitalmarkt untersucht.

[102] Vgl. *Mayring* (2001), Abs. 22, der das sog. Vorstudienmodell als klassische Variante quantitativ orientierter Vorgehensweisen sieht.

2 Das Konzept des Management Approach

Eine empirische Untersuchung erfordert ein einheitliches und klares Begriffsverständnis des Untersuchungsgegenstandes. Daher verfolgt dieser Abschnitt das Ziel, die terminologischen und konzeptionellen Grundlagen für den Untersuchungsgegenstand Management Approach zu schaffen. Hierfür wird systematisch an der historischen Entwicklung der Kernidee und an den damit in Verbindung stehenden Begriffen der Unternehmensrechnung angeknüpft.

2.1 Historische Entwicklung des Management Approach

Im Kontext der Rechnungslegung tritt der Begriff Management Approach erstmals 1997 wörtlich in Erscheinung.[103] Im Rahmen der Diskussion um die Neugestaltung der US-amerikanischen Segmentberichterstattung wurde das Konzept in den neuen Standard SFAS 131 implementiert. Doch die Zielsetzung des Konzepts, die Sicht der Unternehmensleitung in die externe Rechnungslegung einfließen zu lassen, bestand schon zuvor. In verschiedenen Investorenstudien wurde bereits sehr früh die Forderung nach entscheidungsnützlicheren und zukunftsgerichteten Informationen seitens der Investoren deutlich. Diese Forderung versuchte man mit dem Konzept des Management Approach zu erfüllen, indem (zukunftsgerichtete) Informationen, die dem Management als Entscheidungsgrundlage dienten, auch im Rahmen der externen Rechnungslegung verwendet werden (Zweitverwendung). Hierdurch fließt auch die Sicht des Managements in die externe Finanzberichterstattung ein (z.B. bei der Verwendung von Cashflow-Planungen). Auch die US-amerikanische MD&A-Berichterstattung wandte sich im Laufe der Zeit von der retrospektiven Berichterstattung ab und integrierte mehr und mehr den Management Approach. Parallel dazu lässt sich ebenfalls eine Übernahme des Konzeptes in verschiedene IFRS-Standards beobachten. Neben den genannten und im Folgenden ausführlicher dargestellten historischen Ursprünge des Management Approch im US-amerikanischen Raum lässt sich auch schon in der Rechnungslegung nach HGB eine Zweitverwendung von internen Informationen nachweisen: Bei der Bestandsbewertung erfolgt ein Rückgriff auf die Kostenrechnung.

2.1.1 Investorenstudien

Bereits in den späten 1960er Jahren begann ein kontinuierlicher Prozess, in dem die **Informationsbedürfnisse von Abschlussadressaten** immer mehr ins Rampenlicht gerückt wurden.[104] Drei Einflussfaktoren können hierfür ausgemacht werden:[105] Da die Kapitalmärkte unter anderem durch eine Verschiebung von reinen Dividendenanlagen zum Aktienhandel einen Bedeutungszuwachs erfuhren, wuchs auch die Anzahl von Finanzanalysten und die Forderung nach vergleichbaren Finanzberichten.[106] Darüber wurde 1959 vom *American Institute of Certified Public Accountants* (AICPA), dem größten US-

[103] So auch *Weißenberger* (2007b), S. 324; *Weißenberger* (2007a), S. 169; *Maier* (2009), S. 11.
[104] Vgl. *Wolk et al.* (2004), S. 162.
[105] Vgl. *Young* (2006), S. 583–586; *Maier* (2008), S. 110f.
[106] Vgl. *Young* (2006), S. 583.

amerikanischen Berufsverband der Wirtschaftsprüfer, mit dem *Accounting Principles Board* (APB) – Vorgängerorganisation des *Financial Accounting Standards Board* (FASB) – ein neuer Standardsetter eingesetzt, der durch die Verbindung von Forschung und Praxis den Standardsetting-Prozess verbessern sollte.[107] Schließlich nahmen Entscheidungswissenschaften (wie z.B. die Spieltheorie) zunehmend Einfluss auf die Wirtschaftswissenschaften und stellten die Frage nach den Zielen der Rechnungslegung.[108]

So wurde 1966 durch die *American Accounting Association* mit dem „Statement of Basic Accounting Theory" und 1970 durch das *APB* mit dem APB Statement 4 die Adressatenorientierung hervorgehoben.[109] Vom *AICPA* wurde anschließend im Jahr 1971 das nach seinem Vorgesetzten (*Robert M. Trueblood*) benannte *Trueblood Committee* gegründet, das sich mit der Zielsetzung von Jahresabschlüssen befassen sollte. Die Ergebnisse wurden 1973 in der Studie „Objectives of Financial Statements" (**Trueblood Report**) veröffentlicht.[110]

Das Trueblood Committee machte insgesamt zwölf Ziele aus, welche die finanzielle Berichterstattung erfüllen sollte.[111] Insbesondere sollte die Berichterstattung Informationen bereitstellen, die für ökonomische Entscheidungen nützlich sind. Dabei stehen Adressaten im Vordergrund, die nur über begrenzte Ressourcen verfügen (im Hinblick auf die Informationserlangung). Der Trueblood Report richtet sich dabei vor allem an Adressaten, die das Ziel haben, die Ertragskraft von Unternehmen zu prognostizieren, zu vergleichen und zu bewerten.

Von Investorenseite wurde 1993 von der *Association for Investment Management and Research* (**AIMR**) eine Studie veröffentlicht, die den Titel „Financial Reporting in the 1990s and Beyond" trägt.[112] Dieser Verband von Finanzanalysten macht in dem Positionspapier eine Reihe von Empfehlungen, wie die Rechnungslegung verbessert werden könnte.[113] In dem Bericht wird auch explizit die hohe Bedeutung von Segmentinformationen betont, da „[...] disaggregated financial data [...] is vital, essential, fundamental, indispensable and integral to the investment analysis process."[114]

Das *AICPA* reagierte auf die zuvor vielfach geäußerte Kritik an dem Berufsstand der amerikanischen Wirtschaftsprüfer,[115] den *Certified Public Accountants* (CPA), mit umfangreichen Reformen und schließlich mit der Gründung des *Special Committee on Financial Reporting* im April 1991 (ebenfalls nach seinem Vorsitzenden, *Edmund L. Jenkins*, benannt: *Jenkins Committee*). Die Einrichtung des Committees hatte vor allem den Zweck, dem financial reporting mehr Relevanz und mehr Verlässlichkeit für die Entscheidungen

---

[107] Vgl. *Young* (2006), S. 584.
[108] Vgl. *Young* (2006), S. 584–586.
[109] Vgl. hier und im Folgenden *Maier* (2008), S. 111.
[110] Vgl. *AICPA* (1973).
[111] Vgl. ausführlich zu den im Folgenden genannten Zielen *AICPA* (1973); *Schroeder et al.* (2011), S. 40f.
[112] Vgl. *AIMR* (1993).
[113] Vgl. *Fey/Mujkanovic* (1999), S. 262; *Miller/Bahnson* (2002), S. 98; *Riahi-Belkaoui* (2004), S. 29.
[114] Vgl. *AIMR* (1993), S. 57.
[115] Aufgrund von Zusammenbrüchen geprüfter Unternehmen, fachlichen Fehlern im Berufsstand und Betrugsaffären geriet der Berufsstand der CPA mehrfach heftig in Kritik, vgl. *Lück/Holzer* (1993), S. 237.

von Investoren zu verleihen.[116] 1994 wurden die Ergebnisse in der Studie mit dem Titel „Improving Business Reporting – A Customer Focus: Meeting the Information Needs of Investors and Creditors" veröffentlicht.[117] Häufig wird diese Studie auch als **Jenkins Report** oder Comprehensive Report bezeichnet.

Im Comprehensive Report stellt das *Jenkins Committee* die zentrale Forderung, die Informationsbedürfnisse der Investoren als Hauptadressaten der externen Finanzberichterstattung zu befriedigen. Entsprechend ihrer Erkenntnisse aus der Untersuchung erfordert dies, zusätzlich auch nicht-finanzielle Informationen zu berichten. Diese Erweiterung des traditionellen „financial accounting" wurde auch unter dem Begriff des „business reporting" bekannt.[118] Das *Jenkins Committee* stellt die folgenden Anforderungen an ein Business Reporting:

> *„To meet users' changing needs, business reporting must:*
>
> *a) Provide more information with a forward-looking perspective, including management's plans, opportunities, risks, and measurement uncertainties.*
>
> *b) Focus more on the factors that create longer term value, including non-financial measures indicating how key business processes are performing.*
>
> *c) Better align information reported externally with the information reported to senior management to manage the business."*[119]

Diese Anforderungen umschreiben praktisch die Idee des Management Approach – das Unternehmen „through management's eyes"[120] darzustellen. Indem sich das *Jenkins Committee* sprachlich und konzeptionell nahe am Management Accounting bewegte, belebte es die Idee einer Konvergenz des Financial Accounting mit dem Management Accounting.[121]

Die einzelnen Vorschläge des Committees werden auch unter dem Begriff des „Comprehensive Business Reporting Model" zusammengefasst. Die nachfolgende Abb. 2-1 zeigt die angestrebte Entwicklung in Richtung nicht-finanzieller und zukunftsorientierter Daten grafisch auf.

Das *AICPA* hat das „Comprehensive Business Reporting Model" mit Einschränkungen versehen, um die Berichterstattungskosten gering zu halten. Hierzu zählen vor allem die Folgenden:[122] Das Committee empfiehlt, Informationen außerhalb der Fachkompetenz des Managements nicht in das Business Reporting zu übernehmen.[123] Darüber hinaus sollte das Management nicht gezwungen sein, Informationen zu berichten, welche die

[116] Vgl. *Berndlmaier/Klein* (1997), S. 1089.

[117] Vgl. *AICPA* (1994). Nach dreijähriger Arbeit wurde der Comprehensive Report der Öffentlichkeit zugänglich gemacht.

[118] Ein Vergleich des business reporting mit der traditionellen Informationsfunktion des HGB nimmt *Böcking* vor dem Hintergrund des steigenden Kapitalmarktdrucks vor, vgl. *Böcking* (1998), S. 44f.

[119] *AICPA* (1994), S. 5.

[120] *Martin* (1997), S. 29.

[121] Vgl. *Ansari/Euske* (1995), S. 40–43.

[122] Vgl. zu den folgenden Ausführungen *AICPA* (1994), S. 54–57.

[123] Hierzu zählt das Committee vor allem „non-company-specific information".

Wettbewerbsposition des Unternehmens schädigen würden. Diese Anforderung nimmt eine besondere Rolle im Rahmen der Segmentberichterstattung ein, da dort disaggregierte Informationen berichtet werden.[124] Wie in Abb. 2-1 ersichtlich, soll das Management auch keine „financial forecasts" erstellen, sondern stattdessen Informationen bereitstellen, welche den Adressaten helfen, selbst Prognosen zu erstellen.

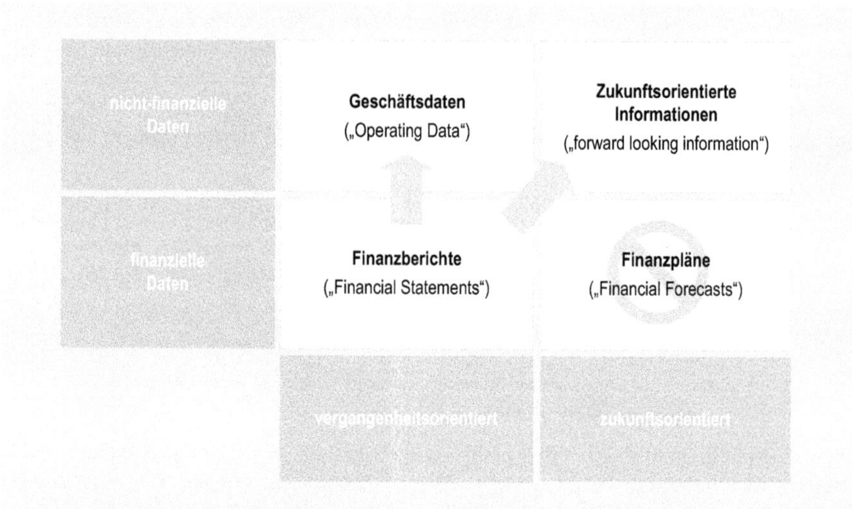

Abb. 2-1: Die Erweiterung um nicht-finanzielle Daten im Comprehensive Business Reporting Model
Quelle: In Anlehnung an *Noll/Weygandt* (1997), S. 59

Um die Empfehlungen des Jenkins Reports nicht in Vergessenheit geraten zu lassen, setzte das *AICPA* ein Nachfolgekomitee (*Financial Reporting Coordinating Committee*) ein, die Zukunft der Finanzberichterstattung auf einem Business Reporting Symposium im Oktober 1996 zu diskutieren.[125] Der Jenkins Report war schließlich ein ausschlaggebender Impuls für die Neugestaltung der US-amerikanischen Segmentberichterstattung (vgl. Abschnitt 2.1.3).

Die aufgeführten Studien machten im Zeitverlauf die Bedürfnisse von Investoren deutlich, qualitative und zukunftsorientierte Informationen zu erhalten. Ein zentraler Aspekt stellt hierbei die Sicht des Managements dar, der Investoren eine zentrale Bedeutung beimessen. Implizit werfen die Studien folglich die Forderung nach dem Management Approach auf. Eine ähnliche Entwicklung durchlief das US-amerikanische Pendant zum deutschen Lagebericht, die MD&A. Diese Entwicklung wird im nachfolgenden Abschnitt dargestellt.

[124] Vgl. auch die Ausführungen in Abschnitt 2.1.4.
[125] Vgl. dazu *Noll/Weygandt* (1997), S. 59f.

2.1.2 US-amerikanische MD&A-Berichterstattung

Mit den „Guides for Preparation and Filing of Registration Statements“ wurde 1968 erstmals eine MD&A im Rahmen der *SEC*-Registrierung verlangt und somit der Grundstein für die MD&A-Berichterstattung gelegt.[126] Nach diesen Regelungen waren zusätzliche Erläuterungen zum Jahresabschluss in Form einer Analyse der Gewinn- und Verlustrechnung erforderlich.[127] So mussten die Unternehmenserfolge („summary of earnings“) zusammenfassend offengelegt und auf ungewöhnliche Bedingungen („unusual conditions“) eingegangen werden, welche diese Ergebnisse beeinflussten.[128]

Die heutigen Regelungen sind damit nicht mehr vergleichbar. Denn, die MD&A-Berichterstattung, die mittlerweile auch als Eckpfeiler der US-amerikanischen Unternehmensberichterstattung gesehen wird,[129] wandelte sich durch eine Reihe von Veränderungen von der rein retrospektiven Sichtweise ab. Lange Zeit lehnte die *SEC* zukunftsorientierte Informationen aufgrund der Manipulierbarkeit und der möglichen Irreführung von Investoren ab.[130] In den 1970er Jahren kamen jedoch vermehrt zukunfts- und prognoseorientiere Informationsbedürfnisse auf,[131] was die *SEC* dazu veranlasste, die bestehenden Guidelines 1974 zu erweitern und durch Festlegung der MD&A als eigenständigen Bestandteil der jährlichen Berichterstattung deren Bedeutung zu erhöhen.[132] Die Ausweitung betraf vor allem die Berichterstattung über wesentliche Trends („material changes“), die sich auf den unternehmerischen Erfolg auswirken.[133]

Allerdings erwiesen sich die neugefassten Regelungen als problematisch, da die *SEC* aus Flexibilitätsgründen keine spezifischen Themen festlegte, auf die sich die Berichterstattung erstrecken sollte.[134] Es war intendiert, dem Management einen gewissen Freiraum für unternehmensindividuelle Berichterstattung zu lassen und eine standardisierte Darstellung („boilerplate presentation“) zu vermeiden.[135] Hierin zeigten sich schon die **ersten Grundformen** des Management Approach Konzeptes. In der Folge herrschte in der Berichterstattungspraxis allerdings eine mechanische Darstellung prozentualer Erfolgsveränderungen ohne Diskussion der Gründe vor, so dass sich die *SEC* zu erneuten Veränderungen gezwungen sah.[136]

Die erste bedeutende Änderung bestand in der Einführung der sogenannten **Safe Harbor Rule** im Jahre 1979.[137] Durch die Safe Harbor Rule soll das Risiko potenzieller Schadens-

---

[126] Vgl. *Dieter/Sandefur* (1989), S. 64; *Hüfner* (2007), S. 293. Zu den Regelungen vgl. *SEC* (1968).
[127] Vgl. *Selchert* (1999), S. 222.
[128] Vgl. *Croft* (1994), S. 479.
[129] Dieser Auffassung ist *Harvey Pitt*, ehemaliger Chairman der SEC, vgl. *Hüfner* (2007), S. 290.
[130] Vgl. *Zeff* (1995), S. 59; *Dobler* (2008), S. 749.
[131] Vgl. zu den Investorenstudien Abschnitt 2.1.1. *Dobler* sieht detaillierte Prognosen von GuV-Posten im Abschluss der Fuqua Industries Inc. von 1972 als Katalysator, vgl. *Dobler* (2008), Fn. 6 m.w.N.
[132] Vgl. *SEC* (1974); *Bryan* (2003), S. 6.4; *Hüfner* (2007), S. 293.
[133] Vgl. *Croft* (1994), S. 480; *Hüfner* (2007), S. 293.
[134] Vgl. *Bryan* (2003), S. 6.4; *Hüfner* (2007), S. 293.
[135] Vgl. *Bryan* (2003), S. 6.4.
[136] Vgl. *Dieter/Sandefur* (1989), S. 64; *Hüfner* (2007), S. 293.
[137] Vgl. den Securities Act Release No. 33-6084, der die Safe Harbor Rule einführt *SEC* (1979) und den Security Act Release No. 33-7101, der den Haftungsschutz erweitert *SEC* (1994).

ersatzklagen[138] aufgrund von Prognoseangaben reduziert werden, die sich im nachhinein als unzutreffend herausstellen.[139] Die Regel schließt eine Haftung von Unternehmen und deren Managern aus, wenn sich die ex post als falsch erweisende Prognose gewissenhaft auf vernünftigen Grundlagen („reasonable basis") und gutgläubig („good faith") abgegeben wurde.[140] Im Jahr 1980 kam es dann zu einer **weiteren großen Veränderung**, in welcher die MD&A von Grund auf neu entworfen und in die bis heute geltende Form nach Regulation S-K, Item 303 gebracht wurde.[141] Anstatt lediglich einer Zusammenfassung der Unternehmenserfolge wurde nun die **gesamte Finanzberichterstattung** in den Fokus gerückt.[142] Unternehmen haben dabei in einer Rückschau über die Liquidität („liquidity"), die Kapitalausstattung („capital ressources"), den Erfolg der Unternehmenstätigkeit („result of operations") und darüber hinaus über weitergehende Informationen („other information") verbal zu berichten.[143] Insbesondere wurde der die Finanzberichterstattung ergänzende Charakter der MD&A und die Förderung der Verständlichkeit für Investoren herausgestellt sowie zur Abgabe von prognoseorientierten Angaben ermutigt.[144]

Es folgten weitere Veränderungen: 1981 wurde ein Release veröffentlicht, der neben Konkretisierungen und Beispielen auch die Berichterstattung von segmentspezifischen Informationen empfiehlt.[145] Darüber hinaus wurde 1987 ein Conceptual Release veröffentlicht, der die besondere Bedeutung der MD&A für Investoren hervorhebt und durch die Aufnahme von neuen Berichtszielen (Kurz- und Langfristanalyse der Geschäftstätigkeit, Diskussion der Geschäftsdynamik und Analysen von Finanzinformationen) dem Investor die bessere Beurteilung der wirtschaftlichen Lage des Unternehmens ermöglichen soll.[146]

Im Jahr 1989 verabschiedete die *SEC* den ersten Interpretative Release No. 33-6835 (teilweise auch als „**MD&A Project**", „MD&A Release" oder „Financial Reporting Release No. 36 bezeichnet),[147] der das Ergebnis einer breiten Bestandsaufnahme der MD&A-Berichterstattungspraxis von über 530 Unternehmen war.[148] Diese Untersuchung veranlasste die *SEC* jedoch nur zusätzliche Interpretationen und Anleitungen zu verabschieden – nicht jedoch Änderungen der MD&A-Vorschriften.[149] Die Offenlegung von zukunftsgerichteten Informationen als Berichtsziel wurde weiter vorangetrieben:[150] Insbesondere direkt prognoseorientierte Informationen sind erwünscht – jedoch nur verpflichtend,

138 Für unwahre Aussagen und unterlassene Informationen sieht Rule 10b-5 eine strenge Haftung vor, da in diesen Fällen ein Betrugstatbestand vorliegt und somit Schadensersatzansprüche begründet sind, vgl. *Bryan* (2003), S. 6.4; *Dobler* (2008), S. 749, Fn. 1.

139 Vgl. *Haller/Dietrich* (2001), S. 169; *Hüfner* (2007), S. 293f.

140 Vgl. *Hüfner* (2007), Fn. 18; *Dobler* (2008), S. 750.

141 Vgl. *Dieter/Sandefur* (1989), S. 64; *Bryan* (2003), S. 6.4; *Hambleton et al.* (2004), S. 66.

142 Vgl. *Dieter/Sandefur* (1989), S. 64.

143 Vgl. *Hüfner* (2007), S. 294.

144 Vgl. *Schroeder/Gibson* (1990); *Hüfner* (2007), S. 294.

145 Vgl. detaillierter *Bryan* (2003), S. 6.3; *Hüfner* (2007), S. 294.

146 Vgl. *Hüfner* (2007), S. 294f.

147 Vgl. *Alvarez* (2004), S. 168; *Hüfner* (2007), S. 295.

148 Vgl. *Hüfner* (2007), S. 295.

149 Vgl. *Dieter/Sandefur* (1989), S. 68; *Kopp* (2002), S. 662; *Hüfner* (2007), S. 295.

150 Vgl. ausführlich *Dieter/Sandefur* (1989), S. 68; *Hüfner* (2007), S. 295.

wenn dem Management Trends, Sachverhalte, Unsicherheiten oder Verpflichtungen bekannt sind („presently known") und eine hinreichende Sicherheit („reasonably likely") für einen wesentlichen Einfluss auf die Finanz- und Ertragskraft des Unternehmens vorliegt.

In diesem Release ist die – insbesondere im Zusammenhang mit dem Management Approach – sehr häufig zitierte Formulierung „**through the eyes of management**" enthalten.[151] Durch die in wesentlich höherem Umfang erforderliche Berichterstattung über prognoseorientierte Informationen mit einem großen Anteil an qualitativen Informationen und die Integration der Management-Sicht wurde somit der Management Approach in die Vorschriften implementiert. Zwar wurden die Regelungen zur MD&A-Berichterstattung in der Folge mehrfach weiterentwickelt – jedoch ohne weiteren Bezug zum Konzept des Management Approach.[152]

Die Integration der Sicht des Managements in die MD&A eröffnete bereits ab den späten 1980er Jahren die weitere Verbreitung des Management Approach. Wenige Jahre später wurde die US-amerikanische Segmentberichterstattung aufbauend auf einer Untersuchung von Investorenbedürfnissen reformiert. Der folgende Abschnitt stellt diese Entwicklung dar.

2.1.3 US-amerikanische Segmentberichterstattung

Der *FASB* reagierte schließlich auf die anhaltende Kritik – insbesondere durch die in Abschnitt 2.1.1 aufgeführten Studien des *AICPA* und des *AIMR* – an dem damaligen Standard für die Segmentberichterstattung SFAS 14[153] durch die Implementierung des Management Approach in den neuen Standard SFAS 131, der 1997 veröffentlicht wurde. Der zuvor gültige „Industry Approach"[154], der nur unzureichend präzisierte Definitionskriterien für die Segmentabgrenzung aufwies und nach dem sich viele Unternehmen als Einsegmentunternehmen darstellten, wurde durch den Management Approach ersetzt.[155]

Basierend auf den Vorarbeiten der genannten Berufsverbände und des *FASB* fand die Überarbeitung der Regelungen zur US-amerikanischen Segmentberichterstattung in der ersten Hälfte der 1990er Jahre gemeinsam mit dem *Accounting Standard Board* (AcSB) des kanadischen *Canadian Institute of Chartered Accountants* (CICA) statt.[156] Auch das (damalige) *IASC* schloss sich den Überarbeitungsbemühungen an, konnte sich jedoch nicht zur vollständigen Übernahme des Management Approach entschließen.[157] Während das *FASB*

---

[151] *SEC* (1989); Vgl. außerdem *Hambleton et al.* (2004), S. 66.

[152] Aufgrund von Bilanzierungsskandalen kam es in 2001/2002 im Rahmen des Sarbanes-Oxley Act zu einer Erweiterung der zentralen Vorschriften in Regulation S-K, Item 303, und Form 20-F, Item 5. Eine weitere umfassende Bestandsaufnahme führte 2003 zu einem zweiten Interpretative Release, der nur wenige zusätzlich Berichtsobjekte erforderlich macht oder bestehende konkretisiert, vgl. *Hüfner* (2007), S. 296–298.

[153] Einen Überblick liefert *Haller/Permanschlager* (2002), S. 1411f. Eine Studie des *FASB* über ca. 7.000 Unternehmen stellte fest, dass annähernd 75 % der Unternehmen nur in einem Segment tätig sind, vgl. *Albrecht/Chipalkatti* (1998), S. 49.

[154] *Berger/Hann* (2003), S. 164.

[155] Vgl. *Weißenberger/Franzen* (2011), S. 323.

[156] Vgl. *Haller/Park* (1999), S. 60f.; *Weißenberger/Franzen* (2011), S. 327f.

[157] Vgl. hier und im Folgenden *Weißenberger/Franzen* (2011), S. 328.

und *AcSB* im Juni 1997 SFAS 131 veröffentlichten, verabschiedete das *IASC* den überarbeiteten IAS 14 im August 1997, der einen „management approach with a risk-and-rewards safety net" enthielt. Erst 2006 übernahm der *IASB* mit IFRS 8 fast wörtlich die Regelungen von SFAS 131.[158]

In SFAS 131.4–5 erläutert der Standard sogar explizit das Konzept des Management Approach im Zusammenhang mit der Segmentberichterstattung:

> *„The method the Board chose for determining what information to report is referred to as the management approach. The management approach is based on the way that management organizes the segments within the enterprise for making operating decisions and assessing performance" (SFAS 131.4).*[159]

Die **Abgrenzung der Segmente** soll also auf derselben Einteilung basieren, die unternehmensintern vom Management zur operativen Entscheidungsfindung und Performancemessung zugrunde gelegt wird. Dabei ist auf sogenannte „operating segments" abzustellen – Unternehmensteile, die Aufwendungen und Ertäge erzielen und für die es ein internes Reporting gibt, das regelmäßig von einem Hauptentscheidungsträger überwacht wird (SFAS 131.10). „Operating segments" müssen bestimmte quantitative Kritieren erfüllen oder können aggregiert werden, um „reportable segments" zu bilden, die schließlich berichtet werden (SFAS 131.16–24).

Der Management Approach findet sich nicht nur in den Regelungen zur Segmentabgrenzung, sondern auch in denen zu den **veröffentlichenden Segmentdaten und den verwendeten Rechnungslegungsrundsätzen.**[160] Bei den zu veröffentlichenden Segmentdaten hat ein Unternehmen für jedes „reportable segment" eine Ergebnisgröße und das Vermögen zu veröffentlichen (SFAS 131.27). Wenn in der vom Hauptentscheidungsträger überwachten Ergebnisgröße andere Daten (z.B. kalkulatorische Elemente) enthalten sind, so sind diese auch zu veröffentlichen. Neben den Komponenten der Segmentdaten sind außerdem die intern verwendeten Bewertungs- und Bilanzierungsgrundsätze beizubehalten, auch wenn die Ergebnisgröße dann auf einer anderen Wertbasis ermittelt wurde.[161]

Neben der Integration in die MD&A- und die Segmentberichterstattung wurde der Management Approach Schritt für Schritt in eine Vielzahl von IFRS-Standards übernommen. Häufig liegen dabei die Regelungen des Management Approach nur implizit zugrunde, ohne dass dieser wörtlich im Standardtext oder der zugehörigen Fachliteratur genannt wird. Der nachfolgende Abschnitt stellt den Übernahmeprozess in die IFRS dar.

---

158 Vgl. *Kajüter/Barth* (2007b), S. 428. Vgl. zu IFRS 8 Abschnitt 2.3.2.3.1.

159 Der Standard spricht hier zwar nicht allgemein vom Management Approach, erläutert ihn aber in Bezug auf die Segmentberichterstattung. In SFAS 131.72 wird jedoch ebenfalls erwähnt, dass der neue Standard keinen reinen Management Approach beinhaltet, sondern, dass „...this Statement uses a modified management approach that includes both aggregation criteria and quantitative thresholds for determining reportable operating segments."

160 Vgl. *Haller/Park* (1999), S. 61f.

161 Vgl. *Haller/Park* (1999), S. 62.

2.1.4 Übernahme in die IFRS

Die heutigen IFRS haben eine historische Entwicklung durchlaufen, die vor allem durch größere Projekte vorangetrieben wurde: Mit dem 1987 begonnen Comparability Project beabsichtigte das damalige *IASC*[162], Wahlrechte zu eliminieren, um die von der *IOSCO* in Aussicht gestellte weltweite Anerkennung der Standards für die Börsenzulassung zu erhalten.[163] Die *IOSCO* erkannte jedoch nur IAS 7 an und forderte das *IASC* auf, ein „Core Set of Standards“ zu entwickeln – von 24 IAS sind letztlich 14 akzeptiert worden.[164] Im Gegensatz zu dem Ansatz des *IASC*, einem Kompromiss zwischen unterschiedlichen nationalen Rechnungslegungskulturen, der zu zahlreichen Wahlrechten führte, verfolgt der *IASB* den Ansatz eines wahlrechtsfreien und einheitlichen Rechnungslegungssystems.[165] Mit dem 2002 begonnenen Improvements Project beabsichtigte der *IASB*, zur internationalen Konvergenz von Rechnungslegungsnormen beizutragen und explizite Wahlrechte zu beseitigen.[166] Mit dem „Norwalk Agreement“ haben der *FASB* und der *IASB* 2002 beschlossen, bestehende Unterschiede zwischen IFRS und US-GAAP weitestgehend abzuschaffen und somit die Anerkennung einer gleichrangigen Qualität der Bilanzierung zu erreichen.[167]

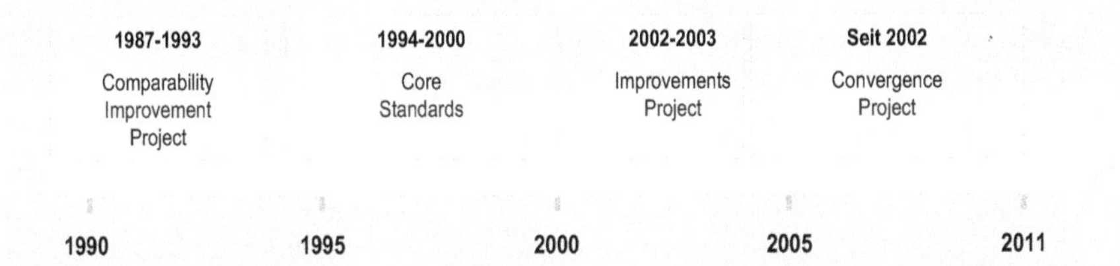

Abb. 2-2: Projekte des IASB

Das Konzept des Management Approach wurde im Rahmen der aufgeführten Projekte nach und nach in die IFRS implementiert. Nachfolgend soll ein historischer Überblick verschafft werden:[168]

IAS 2, der die Bilanzierung von Vorräten regelt, wurde in seiner ersten Version im Oktober 1975 verabschiedet. Die Vorschriften von IAS 2.12–14 enthalten einen produktionsbezogenen Vollkostenansatz zur Bestimmung der Herstellungskosten, der im Hinblick auf die Aktivierungsentscheidung auf den Zusammenhang der Kosten mit dem Produkt abzielt.[169] Die Regelungen implementieren daher den Management Approach, da ein Rück-

162 Das *IASC* ist die Vorgängerorganisation des *IASB*.
163 Vgl. *Hayn* (1994), S. 716; *Meyer* (2005), S. 37.
164 Vgl. *Pellens et al.* (2011), S. 89.
165 Vgl. *Pellens et al.* (2011), S. 91.
166 Vgl. *IASB*-Pressemitteilung vom 15. Mai 2002.
167 Vgl. *Pellens et al.* (2011), S. 92.
168 Die Anwendungsgebiete des Management Approach werden in Abschnitt 2.3.1 dargestellt. Die hier verwendeten Zeitangaben beziehen sich auf den jeweiligen Beschluss der Standards, nicht auf den Zeitpunkt des Inkrafttretens. Vgl. zum Zeitpunkt des Inkrafttretens http://www.iasplus.de.
169 Vgl. *Pellens et al.* (2011), S. 400.

griff auf die Kostenrechnung (z.B. entsprechend gegliederte Kostenstellen) notwendig ist.[170] IAS 2 wurde zwar 1993 und 2003 nochmals überarbeitet – jedoch ohne Änderungen an der grundlegenden Verankerung des Management Approach im Standard.

Im März 1979 wurde IAS 11 (Fertigungsaufträge) veröffentlicht, in dem eine Wahlmöglichkeit zwischen der Completed-Contract- und der Percentage-of-Completion-Methode gewährt wurde. Letztere erfordert den Rückgriff auf Daten des internen Berichtssystems und war bis dato zwar in kontinentaleuropäischen Ländern bekannt, aber unüblich, während sie in angelsächsischen Ländern bereits jahrelang im Einsatz war.[171] Allerdings thematisiert der ursprüngliche Standard nicht explizit den Management Approach, sondern geht lediglich auf die mit der Kostenschätzung verbundene Unsicherheit ein:

> *„The selection of a method of accounting for a construction contract depends on the view taken by the contractor in respect of the uncertainties attached to the estimates of contract costs and revenues." (IAS 11.29, Rev. 1980)*

Der im Mai 1992 überarbeitete Standard konkretisiert hingegen Anforderungen der verlässlichen Schätzbarkeit, indem für die Schätzung notwendige Controllingsysteme aufgeführt werden:

> *„It is also usually necessary for the entity to have an effective internal financial budgeting and reporting system." (IAS 11.29, Rev. 1995)*

Für Entwicklungsausgaben wurde im Dezember 1993 in den Vorgängerstandard von IAS 38[172] – in IAS 9 (Forschungs- und Entwicklungskosten) – eine Aktivierungspflicht bei Erfüllung bestimmter Kriterien eingeführt.[173] Die Dokumentation und der Nachweis der Aktivierungskriterien erfordern den Rückgriff auf Daten des internen Rechnungswesens und folgen somit dem Konzept des Management Approach.

Ebenfalls im Dezember 1993 wurde im Rahmen des Comparability Improvement Projects IAS 23 (Fremdkapitalkosten) basierend auf dem Exposure Draft E32 überarbeitet. Obwohl vorerst mit Exposure Draft E39 vorgesehen war, statt eines Wahlrecht zwischen Aktivierung und Aufwandsverrechnung von Fremdkapitalkosten eine Aktivierungspflicht zu implementieren, wurde letztlich mit E32 doch ein Wahlrecht gestattet, das die Aufwandsverrechnung als Benchmark-Methode betrachtet.[174] Eine Aktivierung von Fremdkapitalkosten kann nur erfolgen, sofern diese direkt der Anschaffung oder Herstellung eines qualifizierten Vermögenswertes zurechenbar sind, dem Unternehmen hieraus ein künftiger wirtschaftlicher Nutzen zukommt und die Kosten verlässlich ermittelt werden können. Durch die Aktivierung kommen entsprechende Dokumentations- und Nach-

---

[170] Vgl. *Weißenberger* (2007a), S. 394.

[171] Vgl. *Camfferman/Zeff* (2007), S. 115.

[172] IAS 38 ersetzte 1998 IAS 9 und enthält im Vergleich zu seinem Vorgängerstandard auf Regelungen für erworbene und sonstige selbst erstellte immaterielle Vermögenswerte, vgl. *Rossmanith/Heß* (2011), S. 190f.

[173] Mit dem Exposure Draft E32 sollte erst ein Wahlrecht zur Aktivierung eingeführt werden, das die im ursprünglichen Standard von 1978 enthaltene erfolgswirksame Verrechnung ersetzen sollte – letztlich setzten sich aber die Grundsätze der heutigen Aktivierungskonzeption (vgl. IAS 38) aus dem Exposure Draft E37 durch, vgl. *Burger et al.* (2006), S. 732f.

[174] Vgl. hierzu *Wagenhofer* (2005), S. 158.

weisaufgaben auf ein Unternehmen zu,[175] z.B. durch den Rückgriff auf Planungsrechnungen zum Nachweise des künftigen wirtschaftlichen Nutzens. Um eine Konvergenz mit den US-GAAP zu erreichen, wurde 2007 das in IAS 23 bestehende Wahlrecht zu einer Aktivierungspflicht umgewandelt, sofern die genannten Voraussetzungen erfüllt sind.[176]

Im Juni 1998 wurde mit IAS 35 (Aufgabe von Geschäftsbereichen) bereits ein Vorgängerstandard von IFRS 5 (Zur Veräußerung gehaltene langfristige Vermögenswerte und aufgegebene Geschäftsbereiche) erlassen. IAS 35 thematisierte den Management Approach durch die notwendige Planung (inklusive Genehmigung und Bekanntmachung) der Geschäftsbereichsaufgabe durch das Management (vgl. IAS 35.16(b)). Für die bekanntgemachten Aufgabepläne des Managements waren spezielle Angabepflichten erforderlich.[177]

Gleichzeitig wurde IAS 36 (Wertminderung von Vermögenswerten) erlassen, der ab dem 1. Juli 1999 Gültigkeit besaß. Nach IAS 36 dürfen Vermögenswerte nicht höher als mit ihrem erzielbaren Betrag in der Bilanz angesetzt werden. Der Standard enthält ein ökonomisches Kalkül zur Berechnung des erzielbaren Betrages, was unter anderem den Rückgriff auf unternehmensinterne Planungsrechnungen erfordert.[178] Darüber hinaus regelt der Standard die Abgrenzung von CGUs, die durch Orientierung an der internen Organisationsstruktur und dem Berichtswesen zu bilden sind.[179] IAS 36 wurde 2004 nochmals überarbeitet.

Im April 2000 beschloss das *IASC* IAS 40 (Als Finanzinvestition gehaltene Immobilien), der zugleich IAS 25 (Bilanzierung von Finanzinvestitionen) außer Kraft setzte. Während zuvor ein Wahlrecht bestand, Finanzimmobilien entweder nach IAS 16 wie Sachanlagevermögen oder nach IAS 25 wie langfristige Finanzinvestitionen zu bilanzieren, beabsichtigte das *IASC*, mit IAS 40 die Zeitwertbewertung mehr in den Vordergrund zu rücken.[180] Hierdurch wurde der Management Approach durch die Fundierung der Zeitbewertung anhand der internen Projektplanung integriert.[181]

Durch die Überarbeitung von IAS 38 sind seit März 2004 zusätzlich Aufgaben auf das Controlling hinzugekommen: Anstelle der widerlegbaren Vermutung von 20 Jahren für die Nutzungsdauer von immateriellen Vermögenswerten traten eine Unterscheidung von bestimmter und unbestimmter Nutzungsdauer und der „impairment-only approach".[182]

---

[175] Vgl. z.B. *Vater* (2009), Rz. 99f.

[176] Vgl. *Pellens et al.* (2011), S. 398f.; *Wagenhofer* (2009), S. 66f.

[177] Vgl. detailliert *Thiel/Peters* (2003), S. 2001.

[178] Vgl. Abschnitt 2.3.3.4.1.

[179] Vgl. Abschnitt 2.3.2.3.2.

[180] Während in IAS 25 Wertsteigerungen bei der Neubewertung noch erfolgsneutral im Eigenkapital verbucht wurden, verlangt IAS 40 die erfolgswirksame Berücksichtigung von Wertänderungen, vgl. *Wagenhofer* (2005), S. 198f.

[181] Vgl. *Weißenberger* (2007a), S. 492.

[182] Vgl. *Meyer* (2005), S. 311; *Wagenhofer* (2005), S. 216. Obwohl in der deutschen Übersetzung des Amtsblattes der EU die Begriffe „begrenzt" und „unbegrenzt" verwendet werden, sollte vor dem Hintergrund der Erläuterung in IAS 38.91 („the term ‚indefinite' does not mean ‚infinite'") die Begriffe „bestimmt" und „unbestimmt" verwendet werden, vgl. *Pellens et al.* (2011), S. 320.

Der ebenfalls im März 2004 verabschiedete IFRS 5 ersetzt seinen Vorgängerstandard IAS 35, um bestehende Unterschiede zu SFAS 144 zu verringern.[183] Im Vergleich zu IAS 35 wurden die Angabepflichten reduziert und es werden nur noch aufgegebene (und nicht zusätzlich auch aufzugebende) Geschäftsbereiche abgedeckt.[184] IFRS 5 erfordert an einigen Stellen Informationen aus dem Planungssystem (z.B. IFRS 5.15) oder die Orientierung an internen Organisationsstukturen und dem Berichtswesen (z.B. IFRS 5.31) und stellt somit ein Anwendungsgebiet des Management Approach dar.

Im Rahmen des Convergence Project wurde im November 2006 mit IFRS 8 (Geschäftssegmente) ein neuer Standard für die Segmentberichterstattung veröffentlicht, der die US-amerikanischen Regelungen des SFAS 131 und somit den Management Approach fast wörtlich übernahm. Der *IASB* ignorierte bei der Entwicklung von IFRS 8 jedoch eine zentrale Einschränkung der Berichterstattung, welche das *AICPA* im Rahmen des Jenkins Reports empfohlen hat:[185] Um die Berichterstattungskosten für Unternehmen gering zu halten, sollte das Management nicht gezwungen werden, Informationen zu berichten, welche die eigene Wettbewerbsposition schädigen könnten. Durch die Regelungen von IFRS 8 sind Unternehmen jedoch gezwungen, auf disaggregierter Ebene unternehmensinterne Angaben zu veröffentlichen.

Im Dezember 2010 wurde das IFRS Practice Statement „Management Commentary" veröffentlicht. Mit dem PS MC soll die Lücke in der Lageberichterstattung nach internationalen Standards geschlossen werden.[186] Die Regelungen, die allerdings unverbindlich sind, sehen vor, dass aus der Sicht der Unternehmensleitung über fünf verschiedene Themenfelder (Art der Geschäftstätigkeit, Ziele und Strategien, Ressourcen, Risiken und Beziehungen des Unternehmens, Geschäftsergebnis und -aussichten sowie Leistungsmaßstäbe und -indikatoren) berichtet werden soll.[187]

Die Ausführungen des vorstehenden Kapitels zeigen, dass in der Zeit zwischen den späten 1960er und den 1980er Jahren durch Investorenstudien und im Rahmen der MD&A-Berichterstattung das zentrale Bedürfnis von Investoren nach entscheidungsnützlichen und zukunftsorientierten Informationen aufkam. Insbesondere im Rahmen der MD&A-Berichterstattung wurde von normativer Seite aus versucht, dieses Informationsbedürfnis zunehmend durch Einbezug der Managementsicht zu erreichen. Ab Ende der 1980er Jahre wurde dann – beginnend mit dem MD&A Release – von einer Berichterstattung „through the eyes of management" gesprochen. Die Idee, Informationen, die dem Management als Entscheidungsgrundlage dienen auch in die Finanzberichterstattung einzubeziehen wurde schließlich im Rahmen der Überarbeitung der US-amerikanischen Segmentberichterstattung als „Management Approach" bekannt. Das Konzept Management Approach wurde im Laufe der Zeit in mehrere IFRS-Standards implementiert, ohne dieses jedoch wie bei der Segmentberichterstattung explizit zu benennen. Die historische Entwicklung des Management Approach spiegelt vor allem die Wahrnehmung des Kon-

[183] Vgl. *Epstein/Jermakowicz* (2010), S. 114.
[184] Vgl. *Wagenhofer* (2005), S. 442.
[185] Vgl. Abschnitt 2.1.1.
[186] Vgl. *Fink/Kajüter* (2011), S. 177.
[187] Vgl. *Kajüter/Guttmeier* (2009), S. 2334f.; *Fink/Kajüter* (2011), S. 177–180.

zeptes in der Literatur und der Standardsetzung wider: Zumeist wird der Management Approach lediglich im Zusammenhang mit der Segmentberichterstattung erwähnt, obwohl er sich über weit mehr Standards erstreckt. Aus diesem Grund soll der folgende Abschnitt ein umfassendes Verständnis des Konzeptes Management Approach erarbeiten.

2.2 Terminologische Grundlagen des Management Approach

2.2.1 Der Begriff des Management Approach

Der **Begriff Management Approach** entstammt aus dem Englischen und lässt sich in etwa mit „Ansatz/Vorgehensweise der Unternehmensleitung" übersetzen. Das Konzept zeichnet sich dadurch aus, dass Informationen, die das Management zur Unternehmenssteuerung verwendet, eine Zweitverwendung im Rahmen der externen Rechnungslegung erfahren.[188] Hierdurch soll dem Adressaten die Sicht der Unternehmensleitung vermittelt werden. Die Vielzahl der Anwendungsgebiete,[189] die sich durch die kontinuierliche Übernahme des Konzeptes in verschiedene Rechnungslegungsstandards ergaben,[190] können in zwei große Teilbereiche eingeordnet werden: Auf der einen Seite werden Informationen für die Bewertung und die Publizität herangezogen (Teilbereich 1) und auf der anderen Seite orientieren sich die Bewertung und die Publizität an internen Organisationsstrukturen und dem Berichtswesen (Teilbereich 2). Beispiele für Teilbereich 1 sind etwa Rückgriffe auf die Mittelfristplanung für die Ermittlung des erzielbaren Betrages im Rahmen des Impairment Tests (Bewertung) oder für die Ableitung von Prognosen in der Lageberichterstattung (Publizität). In Teilbereich 2 können beispielsweise die Einteilung der Cash Generating Units (CGUs) für den Impairment Test anhand interner Organisationsstrukturen und dem Berichtswesen (Bewertung) oder die Orientierung der Segmentberichterstattung an derselben (Publizität) genannt werden. Insgesamt können auf Unternehmensebene vier Kategorien von benötigten Informationen ausgemacht werden:[191] Informationen aus der Organisationsstruktur und dem Berichtswesen, aus der Planung, aus dem Chancen- und Risikomanagementsystem sowie aus dem Projektcontrolling.

Ziel einer solchen Vorgehensweise ist es, das Unternehmen „through management's eyes"[192] darzustellen. Dadurch, dass das Datenmaterial dem innerbetrieblichen Berichtssystem entstammt,[193] soll dem Adressaten der externen Berichterstattung ein zusätzlicher Nutzen zuteil werden. Hintergrund ist die Annahme, dass die auf diesem Wege bereitgestellten Informationen, welche vom Management bereits für seine Entscheidungen verwendet wurde, eine höhere Entscheidungsnützlichkeit aufweisen. Auf der Grundlage dieser Informationen sind Investoren dann in der Lage, ihre eigenen (Anlage-) Entscheidungen zu treffen.

---

[188] Vgl. *Weißenberger/Maier* (2006), S. 2077.
[189] Vgl. zu den Anwendungsgebieten Kapitel 2.3.1.
[190] Vgl. Abschnitt 2.1.
[191] Vgl. in etwa *Weißenberger/Maier* (2006), S. 2079–2082. Vgl. ausführlich Abschnitt 2.3.
[192] *Martin* (1997), S. 29.
[193] Vgl. *Fey/Mujkanovic* (1999), S. 263.

Vor dem Hintergrund der bisherigen Ausführungen wird **der Management Approach definiert** als ein Rechnungslegungskonzept, das sich durch die Heranziehung von für Steuerungszwecke verwendeten Informationen für die Bewertung und Publizität und durch die Orientierung der Bewertung und Publizität an internen Organisationsstrukturen und dem Berichtswesen auszeichnet. Dabei wird dem Adressaten die Sicht der Unternehmensleitung vermittelt.

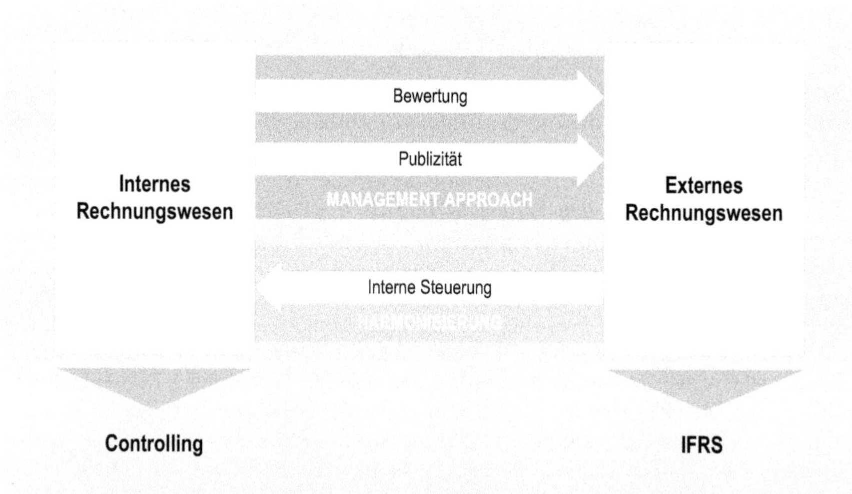

Abb. 2-3: Schnittstellen zwischen internem und externem Rechnungswesen
Quelle: In Anlehnung an *Kajüter* (2010), S. 43

Der Management Approach stellt eine Verbindung zwischen dem internen und dem externen Rechnungswesen her. Diese Verbindung ist konzeptionell als einseitig von dem internen zum externen Rechnungswesen hin zu sehen. Die Bereitstellung von Informationen zur Unternehmenssteuerung stellt eine zentrale Aufgabe des Controllings dar.[194] Somit kann es durch die Zweitverwendung dieser Informationen durch den Management Approach zu Implikationen für das Controlling kommen.[195] In der Literatur und in der Praxis wird der Management Approach häufig im Zusammenhang mit oder als spezielle Form der zweiten Schnittstelle gesehen – der Harmonisierung von internem und externem Rechnungswesen.[196] Abb. 2-3 verdeutlicht grafisch die Einordnung der beiden Schnittstellen.

Doch werden mit dem Konzept des Management Approach auch eine Reihe von Ermessens- und Gestaltungsspielräumen für das Management in Verbindung gebracht, welche die Verlässlichkeit der berichteten Informationen einschränken können.[197] Darüber hin-

194 Vgl. *Weißenberger/Maier* (2006), S. 2077; *Weber/Schäffer* (2011), S. 9–13.

195 Vgl. *Wagenhofer* (2006), S. 18.

196 Vgl. zur Abgrenzung des Management Approach von der Harmonisierung des Rechnungswesens Abschnitt 2.2.2.1

197 Vgl. *Velte* (2008), S. 135.

aus scheint eine Einschränkung der zwischenbetrieblichen und der intertemporalen Vergleichbarkeit[198] wahrscheinlich, da berichtete Rechnungslegungsinformationen nur in einem minimalen Ausmaß durch Normen strukturiert werden. Es könnte sogar zu einer Informationsüberflutung (z.B. bei der Lageberichterstattung) kommen, die sich negativ auf die Investoren auswirkt. Die Preisgabe von unternehmensinternen Informationen stellt außerdem zwangsläufig eine Benachteiligung des berichterstattenden Unternehmens dar, da somit ebenfalls konkurrierende Unternehmen Einblicke erhalten. Je nach Anwendungsfeld des Management Approach können sich weitere Vor- und Nachteile ergeben: So könnten sich z.B. bei der Segmentberichterstattung vermehrt für deutsche Unternehmen bei traditioneller Verwendung von kalkulatorischen Größen umständliche Erläuterungspflichten ergeben.[199]

Das Konzept des Management Approach wurde in unterschiedlicher Art und Weise in den einzelnen IFRS-Standards umgesetzt. Während teilweise Informationen unmittelbar im Rahmen der externen Berichterstattung verwendet werden (z.B. die Organisationsstruktur bei der Segmentberichterstattung), verlangen die Standards an anderer Stelle Modifikationen, durch welche die Informationen nur mittelbar in die Berichterstattung gelangen (z.B. bei der Ermittlung des Nutzungswertes beim Impairment Test).[200] Werden die Informationen unmittelbar, also ohne weitere Datenaufbereitung in die externe Berichterstattung übernommen, so werden die folgenden Vorteile im Zusammenhang mit dem Management Approach gesehen:[201]

- Erhöhte Entscheidungsrelevanz bzw. höhere Transparenz der Informationen für Investoren,[202]
- geringe oder keine Datenermittlungskosten, da diese bereits vorliegen[203] und
- geringer Koordinationsaufwand im Rahmen der Abschlussprüfung.

---

198 Im Fall der Segmentberichterstattung müssen bei einer Stetigkeitsdurchbrechung gem. IFRS 8.29 und 8.30 die Vorjahreszahlen angepasst werden.

199 Vgl. *Kajüter/Barth* (2007a), S. 115.

200 Vgl. *Weißenberger/Maier* (2006), S. 2077; *Lopatta* (2008), S. 407f; *Velte* (2008), S. 134

201 Vgl. *Lopatta* (2008), S. 407.

202 Investoren können z.B. bei der Segmentberichterstattung einen Einblick in unternehmensinterne Organisation und Steuerung erhalten, was die Transparenz erhöht, vgl. *Haller/Park* (1999), S. 63. Darüber hinaus ist bei der Segmentberichterstattung nach IFRS 8 von einer erhöhten internationalen Vergleichbarkeit auszugehen, die jedoch mit einer verminderten zwischenbetrieblichen Vergleichbarkeit verbunden ist, vgl. *Kajüter/Barth* (2007b), S. 433.

203 Vgl. *Hahn* (2000), S. 689.

Die konzeptionellen Literaturbeiträge zu den Themen Management Approach und Harmonisierung weisen häufig unterschiedliche Definitionen und Begriffsverständnisse auf. So wird die unternehmensinterne Datenquelle teilweise im internen Rechnungswesen gesehen,[204] teilweise im Controlling.[205] Im Folgenden werden die zugrunde liegenden Begriffe voneinander abgegrenzt, um im weiteren Verlauf eine Konzeption des Management Approach zu erarbeiten.

2.2.2 Mit dem Management Approach in Verbindung stehende Begriffe

Eine exakte Abgrenzung und Konzeption des Management Approach erfordert zudem die **Definition** der in diesem Zusammenhang verwendeten Begriffe. Hierbei stehen insbesondere die Begriffe des externen und internen Rechnungswesens sowie der Begriff des Controllings im Vordergrund. Für diese Begriffe existiert eine kaum überschaubare Fülle an Literaturbeiträgen, die zum Teil ein unterschiedliches theoretisches Verständnis aufweisen. Nachstehend erfolgt daher eine kurze Abgrenzung der genannten Begriffe im Hinblick auf ihre Bedeutung für das Konzept Management Approach.

2.2.2.1 Externes und internes Rechnungswesen

In Unternehmen bildet die Unternehmensrechnung das zentrale Informationsinstrument.[206] Es können – je nach gewählten Systematisierungskriterien – eine Reihe von Teilsystemen unterschieden werden.[207] Im Rahmen der vorliegenden Arbeit soll der Begriff Unternehmensrechnung neben dem Rechnungswesen auch die Finanz- und die Investitionsrechnung als Kernsysteme umfassen.[208] Wie die Ausführungen in Kapitel 2.2.1 zeigten, spielt für das Thema Management Approach insbesondere der Rechnungswesensbegriff eine Rolle. Das Rechnungswesen stellt einen Abbildungsprozess dar, mit dem

> *„die innerbetrieblichen ökonomischen Prozesse und die wirtschaftlich relevanten Beziehungen des Unternehmens zu seiner Umwelt quantitativ erfasst, dokumentiert, aufbereitet und ausgewertet werden [können].“*[209]

Gemäß den primären Adressaten können dabei die beiden Teilbereiche externes und internes Rechnungswesen unterschieden werden.[210] Das **externe Rechnungswesen** ist durch gesetzliche Vorschriften geprägt und richtet sich hauptsächlich an Adressaten außerhalb des Unternehmens.[211] Im Rahmen des deutschen handelsrechtlichen Einzelabschlusses

---

[204] Vgl. z.B. *Hachmeister* (2003), S. 446–447. *Lopatta* (2008), S. 407, sieht die „interne Unternehmensrechnung“ als unmittelbaren Informationslieferant.

[205] Vgl. *Wagenhofer* (2006), S. 3–4; *Weißenberger* (2007b), S. 325; *Velte* (2008), S. 133–134; *Maier* (2009), S. 12–14. *International Group of Controlling/Weißenberger* (2006), S. 29 und *Weißenberger* (2007a), S. 169–171 spricht von dem „Controllerbereich“ bzw. von dem „Controller“ als Informationsdienstleiser.

[206] Vgl. *Küpper* (2002), Sp. 2030.

[207] Vgl. ausführlich zu den verschiedenen Einteilungen *Küpper* (2002), Sp. 2036–2038.

[208] Vgl. zu dieser Auffassung *Küpper* (2002), Sp. 2039.

[209] *Eisele/Knobloch* (2011), S. 3.

[210] Vgl. *Brühl* (2009), S. 28.

[211] Vgl. *Hax* (2002), Sp. 759; *Franz/Winkler* (2006), S. 12; *Brühl* (2009), S. 28

unterliegt es einer Zweckpluralität und dient neben der Beurteilung der Vermögens-, Finanz- und Ertragslage (Informationsfunktion) auch als Basis für die Gewinnausschüttung und für die Steuerbemessung (Zahlungsbemessungsfunktion).[212] Das externe Rechnungswesen ist überwiegend vergangenheitsorientiert und hat seine Basis in der Finanzbuchhaltung.[213] Auf ihr bauen die typischen Rechenwerke Bilanz sowie Gewinn- und Verlustrechnung, Kapitalflussrechnung und Segmentberichterstattung auf.[214] Die Rechengrößen im externen Rechnungswesen sind Aufwendungen und Erträge (pagatorische Datenbasis).[215]

Durch die Werke von *Schmalenbach*,[216] der die Auffassung vertrat, der Zweck „Fundierung betrieblicher Entscheidungen" könne nicht durch das externe Rechnungswesen erreicht werden, entstand in Deutschland das **interne Rechnungswesen** als eigenständiges Teilgebiet.[217] *Schmalenbach* differenziert in seinen Arbeiten zur Kostenrechnung zwischen Aufwand und Kosten und entwickelte somit den wertmäßigen Kostenbegriff. Hierbei geht es um die Verwendung von kalkulatorischen Größen im internen Rechnungswesen (kalkulatorische Datenbasis). Durch die Weiterentwicklung der Kostenrechnung fokussierte sich das interne Rechnungswesen auf die Entscheidungsfundierung und später, Anfang der 1990er Jahre zusätzlich auf die Verhaltenssteuerung.[218]

Bedingt durch die Zweckpluralität entstand somit im deutschsprachigen Raum ein zweigeteiltes Rechnungswesen (Zweikreissystem), bei dem für das externe und das interne Rechnungswesen jeweils eine eigene Datenbasis besteht (Divergenz).[219] Diese Divergenz im deutschen Zweikreissystem löst sich jedoch seit einiger Zeit auf: Neben verschiedenen anderen Harmonsierungstreibern verstärken die IFRS durch ihre Nähe zum internen Rechnungswesen den „Trend" zur **Harmonisierung des Rechnungswesens**[220], der seit den 1990er Jahren in Deutschland existiert.[221] Diese Entwicklung beschränkt sich allerdings meist auf die Annäherung des internen Rechnungswesens an den Konzernabschluss, da einerseits das externe Rechnungswesen gesetzlichen Rechnungslegungspflichten nachkommen muss und da andererseits auf der Ebene des Konzernabschlusses Zweckidentität

---

212 Vgl. *Hax* (2002), Sp. 759; *Kajüter* (2008), S. 349.
213 Vgl. *Franz/Winkler* (2006), S. 12.
214 Vgl. *Franz/Winkler* (2006), S. 12–14.
215 Vgl. *Coenenberg* (1995), S. 2078; *Hax* (2002), Sp. 759; *Barth/Barth* (2008), S. 174.
216 Dies sind insbesondere *Schmalenbach* (1919) und *Schmalenbach* (1934). Eine detaillierte Auflistung der Werke von *Schmalenbach* im Zusammenhang mit der Divergenz findet sich bei *Schaier* (2007), S. 44f.
217 Vgl. hier und im Folgenden *Kajüter* (2008), S. 349.
218 Vgl. *Ewert/Wagenhofer* (2008), S. 6–11; *Kajüter* (2008), S. 349f.
219 Vgl. zur historischen Entwicklung des Rechnungswesens *Coenenberg* (1995), S. 2077f.; *Kajüter* (2008), S. 348–351.
220 Die Begriffe Konvergenz, Integration und Harmonisierung werden im Rahmen dieser Arbeit synonym verwendet.
221 Vgl. *Kajüter* (2008), S. 351–353.

herrscht (vgl. Abb. 2-4).[222] Die Harmonisierung des Rechnungswesens ist neben dem Management Approach als zweite Schnittstelle zwischen externem und internem Rechnungswesen zu sehen.[223]

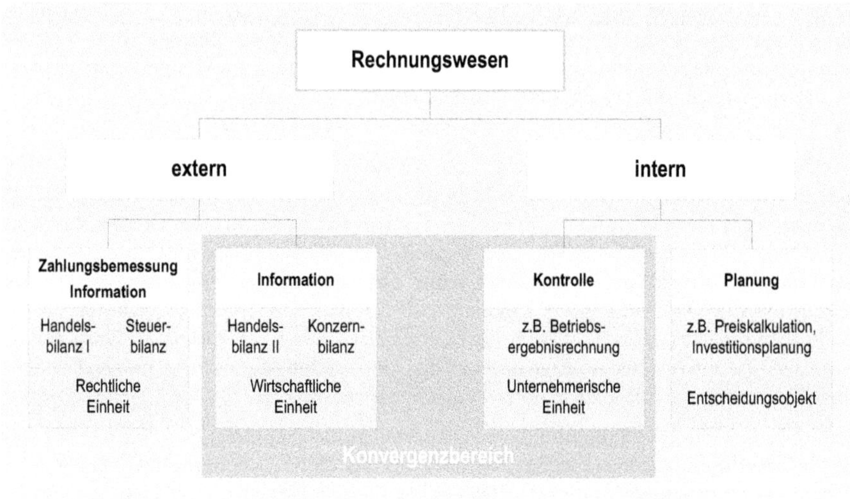

Abb. 2-4: Konvergenzbereich im Rechnungswesen
Quelle: In Anlehnung an *Klein* (1999), S. 69

Mit den vorstehend erläuterten Begriffen steht im deutschsprachigen Raum ein vielfältiges Vokabular für das Fachgebiet der Unternehmensrechnung zur Verfügung. In der internationalen – insbesondere in der **angelsächsischen** – wissenschaftlichen Literatur gliedert sich das Accounting in die zwei Teilbereiche Financial Accounting (entspricht dem externen Rechnungswesen) und Management Accounting (entspricht dem internen Rechnungswesen).[224] Im Gegensatz zum traditionellen deutschen Zweikreissystem greifen im angelsächsischen Raum sowohl das Financial Accounting als auch das Management Accounting auf eine einheitliche pagatorische Datenbasis (Einkreissystem) zurück.[225] Der Terminus „Controlling" hat seinen Weg mit dem deutschsprachigen Verständnis nicht in

[222] Vgl. *Franz/Winkler* (2006), S. 63f. Auch *Böcking/Benecke* sind der Meinung, Harmonisierung wäre nur im Bereich Business Reporting sinnvoll, da beim Financial Accounting die Ermittlung einer „harten Gewinngröße" im Vordergrund steht, vgl. *Böcking/Benecke* (1998), S. 94. Empirische Untersuchungen deuten außerdem an, dass durch die Harmonisierung angestrebten Vereinfachungen und Kosteneinsparungen nur bedingt erreicht werden, vgl. *Haring/Prantner* (2005), S. 152; *Müller* (2006), S. 244f.

[223] Teilweise wird der Management Approach in der Literatur als besondere Form der Harmonisierung dargestellt, vgl. *Benecke* (2000), S. 55; *Hachmeister* (2003), S. 446.

[224] Vgl. *Sheridan* (1995), S. 291–293.

[225] Nach *Kaplan/Atkinson* ist diese Entwicklung auf die höheren Kosten eines Zweikreissystems zurückzuführen, vgl. *Kaplan/Atkinson* (1989), S. 8f.

die internationale Diskussion finden können[226] – er wurde vermutlich von der frühen deutschsprachigen Controllingforschung „erfunden".[227]

2.2.2.2 Controlling

Etymologisch lässt sich der Begriff Controlling sowohl auf die französischen Wörter „contrerôle" (= Gegenrolle/Gegenspirale), „contre-roullour" (= Funktion am englischen Königshof im 15. Jahrhundert) und „compter" (= zählen) als auch auf das Wort aus dem mittelalterlichen Latein „contra rolatus" (= Gegenrolle) zurückführen.[228] In Deutschland ist der Begriff des Controllings erst ab der zweiten Hälfte der 1950er Jahre vor allem durch die Reiseerfahrungen von Praktikern bekannt und unterlag kontinuierlichen Veränderungen.[229]

Wie im vorstehenden Abschnitt bereits angedeutet, ist die terminologische Abgrenzung des Controlling-Begriffs schwieriger. Dies liegt zum einen vor allem an der historischen Entwicklung des Controllings:

> *„Controlling lässt sich primär als ein Praxisphänomen einordnen und die Fachvertreter im deutschsprachigen Controlling haben den Fokus traditionell stärker auf die Gestaltungs- als auf die Erklärungsaufgabe der Wissenschaft gelegt."*[230]

Zum anderen liegt eine Reihe von Controllingkonzeptionen vor, die mit unterschiedlichem Gewicht bereits seit über 25 Jahren diskutiert werden.[231] Davon haben sich insbesondere drei wesentliche Konzeptionen hervorgetan:[232] Vor allem frühe Controllingkonzeptionen sehen die Informationsversorgung der Unternehmensführung als zentrale Aufgabe des Controllings an (informationsorientierte Controllingansätze) und stellen das Rechnungswesen als Bezugspunkt dar.[233] Bei koordinationsorientierten Controllingansätzen steht hingegen die Koordination von unterschiedlichen Subsystemen der Unternehmensführung im Vordergrund.[234] Aufgrund einer kritischen Auseinandersetzung mit dem koordinationsorientierten Ansatz entwickelten *Weber/Schäffer* darüber hinaus die Auffassung, Rationalitätssicherung der Unternehmensführung sei die zentrale Aufgabe des Con-

---

[226] Vgl. *Küpper* (2008), S. 6.

[227] Dies vermutet zumindest *Deyhle* als seine Eigenleistung, vgl. *Weber/Schäffer* (2011), S. 9.

[228] Vgl. *Preißler* (2007), S. 15; *Horváth* (2009), S. 20.

[229] Vgl. *Reichmann* (2006), S. 1; *Horváth* (2009), S. 42f.

[230] *Weber/Schäffer* (2011), S. 3.

[231] Vgl. *Scherm/Pietsch* (2004), S. 11.

[232] Vgl. auch zu einer tabellarischen Übersicht *Friedl* (2003), S. 149.

[233] Vgl. *Eschenbach/Niedermayr* (1996), S. 57; *Schaefer/Lange* (2004), S. 106; *Reichmann* (2006), S. 13. Vgl. auch zur Bezugnahme *Harbert* (1982), S. 68f.; *Bannow* (1983), S. 22. Neben dem Konzept von *Reichmann* (2006) stellen auch die in *Hahn et al.* (2001) und in *Baum/Coenenberg* (1987) zu findenden Ansätze weitere Ausprägungen dar.

[234] Vgl. *Weber/Schäffer* (2011), S. 23. Vgl. hierzu insbesondere die beiden Varianten von *Küpper* (2008) und *Horváth* (2009). Das Begründerwerk stellt *Horváth* (1978) dar. Der Ansatz wurde zuerst von *Schmidt* modifiziert, vgl. *Schmidt* (1986), S. 56f. *Küpper* übernahm diesen leicht modifiziert, vgl. *Weber/Schäffer* (2011), S. 24. Obwohl die Mehrzahl der Wissenschaftler koordinationsorientiere Ansätze vertreten, lässt sich eine abnehmende Akzeptanz feststellen, *Franz* (2004), S. 275.

trollings.[235] Trotz des langwährenden Diskurses konnte bislang kein einheitliches Controllingverständnis erreicht werden. Einigkeit besteht jedoch in der Annahme, dass Controlling die Funktion hat, die Unternehmensführung bei der Erreichung der Unternehmensziele zu unterstützen und insbesondere Aufgaben bei der Zielbildung, Planung, Kontrolle, Koordination und Information wahrnimmt.[236] Es gibt darüber hinaus zahlreiche Auffassungen darüber, wie der Begriff des Controllings vom internen Rechnungswesen abzugrenzen ist – an dieser Stelle soll das interne Rechnungswesen als ein Aufgabenschwerpunkt und damit als ein Teilbereich des Controllings gesehen werden.[237]

In den Betrachtungen in der Literatur werden üblicherweise Funktion (Controlling aus funktionaler Sicht) und Organisation (Controlling aus institutionaler Sicht) des Controllings getrennt.[238] Insbesondere die dargestellten Controllingkonzeptionen befassen sich ausführlich mit den Aufgaben und Funktionen des Controllings. Die Umsetzung dieser Aufgaben und Funktionen bedarf allerdings einer Zuweisung auf einen oder mehrere Aufgabenträger. Hierbei besteht ein Gestaltungsspielraum hinsichtlich folgender beispielhaft aufgeführten Variablen:[239] So kann das Controlling zentral angesiedelt sein oder es können dezentrale Controller in Divisionen oder Funktionsbereichen arbeiten. Das Maß an Partizipation an der Führung oder der Grad der Standardisierung des Controllings stellen weitere Gestaltungsmöglichkeiten dar. In der Literatur werden häufig Kontextfaktoren wie z.B. die Unternehmensgröße oder die Komplexität ausgemacht, die einen Einfluss auf die Organisation des Controllings haben.[240] Für die vorliegende Arbeit ist die Unterscheidung von Funktion und Organisation des Controllings von Bedeutung, da im Rahmen der Fallstudie Akteure aus dem Controlling unter anderem zu der Wahrnehmung von Aufgaben befragt worden sind.

Nachdem vorstehend die terminologischen Grundlagen erarbeitet worden sind, wird im nachfolgenden Abschnitt eine umfassende Konzeption des Management Approach entwickelt.

2.3 Konzeption des Management Approach

2.3.1 Überblick

Wie in Abschnitt 2.2.1 dargestellt, wird bei der Berichterstattung nach dem Management Approach dem Adressaten aus der Sicht der Unternehmensleitung berichtet. Hierbei konnten zwei **Teilbereiche** identifiziert werden: Heranziehung von Informationen für die Bewertung und die Publizität (Teilbereich 1) und Orientierung der Bewertung und Publizität an internen Organisationsstrukturen und dem Berichtswesen (Teilbereich 2).

[235] Vgl. *Weber/Schäffer* (1998), S. V; *Weber/Schäffer* (1999), S. 734–738; *Weber/Schäffer* (2011), S. 26. Vgl. außerdem vertiefend zu den Controlleraufgaben *Weber et al.* (2001) und *Weber/Schäffer* (2011), S. 39–41.

[236] Vgl. *Freidank/Paetzmann* (2004), S. 901; *Hoffjan* (2009), S. 3; *Horváth* (2009), S. 127f.

[237] Vgl. *Weißenberger* (2002), S. 399; *Schaier* (2007), S. 70f.

[238] Vgl. hier und im Folgenden *Barth/Barth* (2008), S. 45.

[239] Vgl. hierzu ausführlich *Horváth* (2009), S. 757–786.

[240] Vgl. *Barth/Barth* (2008), S. 45–47; *Horváth* (2009), S. 750f.

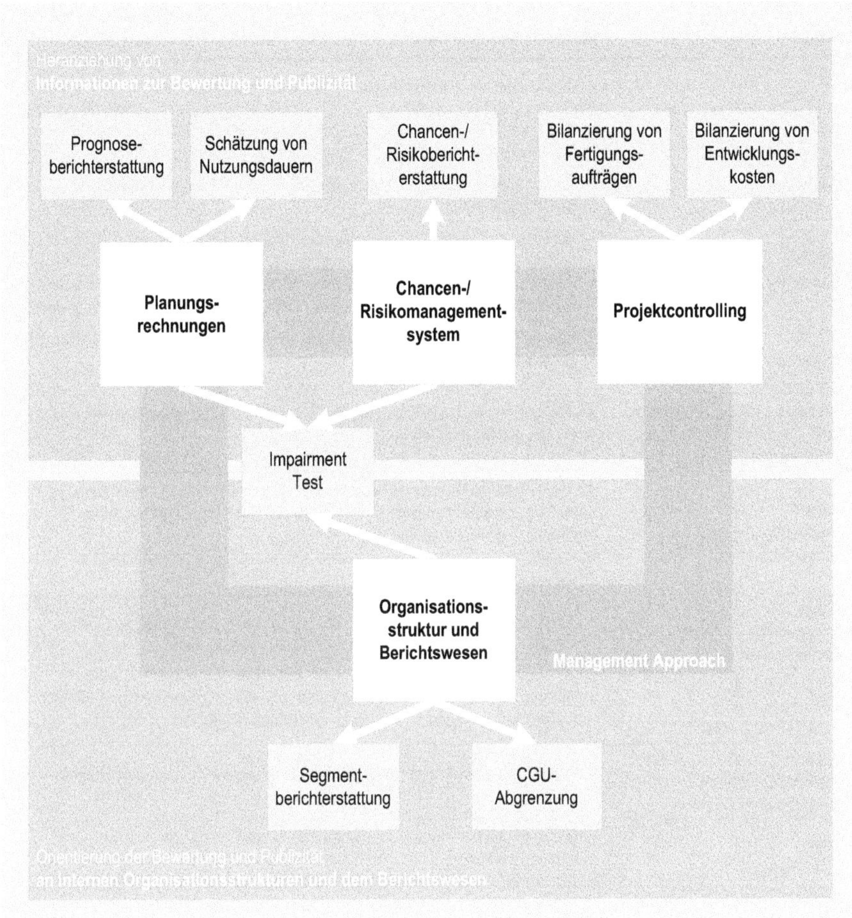

Abb. 2-5: Erforderliche Informationsquellen für die Anwendung des Management Approach
Quelle: In Anlehnung an *Weißenberger/Maier* (2006), S. 2080

Die für die Anwendung des Management Approach erforderlichen **Informationsquellen** können darüber hinaus in vier Kategorien differenziert werden:[241] Organisationstruktur und Berichtswesen, Planungsrechnungen, Chancen-/Risikomanagementsystem und Projektcontrolling. Abb. 2-5 verdeutlicht grafisch den Zusammenhang zwischen den vier erforderlichen Informationsquellen und einigen beispielhaften Anwendungsfeldern des Management Approach (vgl. zu einer umfassenden Darstellung der Anwendungsgebiete Tab. 2-1). In den nachfolgenden Abschnitten werden die konzeptionellen Grundlagen dieser vier Teilbereiche dargestellt.

---

[241] Vgl. *Weißenberger/Maier* (2006), S. 2079.

Standard	Beispielhafte Anwendung
IAS 2 (Vorräte)	• Rückgriff auf produktionsorientiert erfasste Herstellungskosten
IAS 11 (Fertigungsaufträge)	• Rückgriff auf Projektplanung und Projektkalkulation zur Ermittlung des Fertigstellungsgrades im Rahmen der Percentage-of-Completion-Methode
IAS 12 (Ertragsteuern)	• Rückgriff auf Ergebnisplanung zur Einschätzung der Werthaltigkeit aktiver Steuerabgrenzungen
IAS 16 (Sachanlagen)	• Verwendung von Informationen über die voraussichtliche Lebensdauer von abnutzbaren Sachanlagen bzw. deren Komponenten • Fundierung von Zeitwerten im Rahmen der Neubewertung durch in der Anlagenbuchhaltung für kalkulatorische Zwecke vorgehaltene Wiederbeschaffungswerte
IAS 18 (Erlöse)	• Rückgriff auf risikoorientierte Erfassung von Geschäftsvorfällen zur Bestimmung der realisierten Umsätze
IAS 24 (Angaben über Beziehungen zu nahe stehenden Unternehmen und Personen)	• Rückgriff auf separate Erfassung von Transaktionen mit nahestehenden Personen und Unternehmen
IAS 36 (Wertminderung von Vermögenswerten)	• Rückgriff auf Indikatoren zur unterjährigen Durchführung von Impairment-Tests • Bildung von Bewertungseinheiten (CGUs) auf Basis der Objektstrukturen in der Finanz-/Cashflow-Planung • Ermittlung des Nutzungswertes (value in use) auf Basis der mittelfristigen Finanz-/Cashflow-Planung
IAS 38 (Immaterielle Vermögenswerte)	• Rückgriff auf Projektplanung und -kalkulation zur Aktivierung selbsterstellten immateriellen Vermögens bzw. von Entwicklungsausgaben
IAS 39 (IFRS 9) (Finanzinstrumente) i.V.m. IAS 32 & IFRS 7	• Rückgriff auf interne Risikomanagementsysteme zur Dokumentierung von Sicherungszusammenhängen für Zwecke des Hedge-Accounting
IAS 40 (Als Finanzinvestition gehaltene Immobilien)	• Fundierung der Zeitbewertung von Renditeimmobilien durch interne Projektplanung
IFRS 3 (Unternehmenszusammenschlüsse)	• Rückgriff auf Indikatoren zur unterjährigen Durchführung von Goodwill-Impairment-Tests • Discounted-Cashflow-Bewertung goodwilltragender Einheiten auf Basis der mittelfristigen Finanz-/Cashflow-Planung zum Zweck eines Goodwill-Impairment
IFRS 5 (Zur Veräußerung gehaltene langfristige Vermögenswerte und aufgegebene Geschäftsbereiche)	• Rückgriff auf interne Abgrenzung stillzulegender operativer Bereiche
IFRS 8 (Geschäftssegmente)	• Anknüpfung der Segmentierung an interne Organisationsstrukturen und dem Berichtswesen und Offenlegung intern verwendeter Ergebnisgrößen
IFRS 13 (Bemessung des beizulegenden Zeitwertes)	• Fundierung der Zeitbewertung durch Planungsrechnungen
IFRS Practice Statement Management Commentary	• Berichterstattung aus Sicht der Unternehmensleitung („through the management's eyes")

Tab. 2-1: Anwendungsfelder des Management Approach
Quelle: In Anlehnung an *Weißenberger* (2006), S. 37

Wie in Abschnitt 2.2.1 bereits erläutert, ist der Management Approach in unterschiedlicher Art und Weise in den Anwendungsgebieten implementiert. Die Bandbreite reicht von einem minimalen Rückgriff bis hin zu der kompletten Übernahme elementarer Daten, ohne die eine Berichterstattung nicht möglich ist. Als Beispiel für eine sehr umfassende Umsetzung des Management Approach sei hier der Impairment Test genannt, bei dem nicht nur die Indikatoren zur Durchführung vom internen Rechnungswesen geliefert werden, sondern auch die Abgrenzung der CGU und die komplette Cashflow-Planung für die Ermittlung des Nutzungswertes. Wie bereits angedeutet,[242] kann die Datenübernahme beim Management Approach in zwei Ausprägungen vorliegen: unmittelbar oder mittelbar.[243] Während beispielsweise bei der Segmentberichterstattung, bei Sachanlagen (IAS 16) oder immateriellen Vermögenswerten (IAS 38) Daten ohne Veränderung in die externe Finanzberichterstattung übernommen werden (unmittelbar), kann z.B. beim Impairment Test (IAS 36) oder bei Fertigungsaufträgen (IAS 11) auch eine Überleitung (mittelbare Übernahme) von Daten erforderlich sein.

Nicht unter den Begriff Management Approach fallen hingegen Sachverhalte, in denen die Informationen für Bilanzierungszwecke durch das interne Rechnungswesen generiert werden müssen[244] (z.B. die Schätzung von Pensionsrückstellungen nach IAS 19 oder die Bewertung von Gewährleistungs- oder Drohverlustrückstellungen, IAS 37). An diesen Stellen dominiert die externe Berichtspflicht die interne Berichterstattung, da die Informationen lediglich aufgrund einer verpflichtenden Norm erhoben werden – jedoch originär nicht zur Information des Managements vorhanden waren.

Weißenberger ordnet die Anwendungsgebiete des Management Approach in das IGC-Controllerleitbild ein.[245] Dabei können einzelne Standards direkt mit den originären Aktionsfeldern verbunden werden (z.B. IAS 2 Vorräte mit dem Berichtswesen). Andere Anwendungsgebiete stellen Querschnittsaufgaben dar und betreffen sowohl originäre als auch derivative Aktionsfelder (z.B. IFRS 7 Finanzinstrumente, die auf das Risikomanagementsystem zurückgreifen).

Die vorstehenden Ausführungen machen deutlich, dass der Management Approach sich nicht nur über zwei Teilbereiche und vier Informationsquellen erstreckt, sondern dass sich einerseits durch die Informationsbereitstellung, z.B. durch das Controlling, Implikationen auf der **Unternehmensebene** und andererseits durch die an den Kapitalmarkt berichteten Informationen Implikationen für die **Kapitalmarktebene** ergeben. Aus diesem Grund wurden im Rahmen des vorliegenden Forschungsprojektes – wie bereits in der Problemstellung in Abschnitt 1.1 angedeutet – zwei empirische Teilstudien durchgeführt. Die erste empirische Teilstudie auf Unternehmensebene thematisiert die vier Informationsquellen anhand der Anwendungsgebiete des Impairment Tests, der Prognoseberichterstattung, der Segmentberichterstattung, der Chancen-/Risikoberichterstattung, der Bilanzierung von Fertigungsaufträgen und der Bilanzierung von selbst erstellten immateriellen Vermögenswerten. Die zweite Teilstudie auf Kapitalmarktebene thematisiert den Im-

---

[242] Vgl. Abschnitt 2.2.1.

[243] Vgl. hier und im Folgenden *Wagenhofer* (2006), S. 4; *Weißenberger/Maier* (2006), S. 2077.

[244] Vgl. *Lopatta* (2008), S. 408; *Velte* (2008), S. 134.

[245] Vgl. *Weißenberger* (2007a), S. 179–184.

pairment Test, die Prognoseberichterstattung und die Segmentberichterstattung. Aus diesem Grund werden in den folgenden Kapiteln die vier Informationsquellen und die genannten Anwendungsgebiete aus konzeptioneller Sicht detailliert betrachtet. Hierbei werden in den Kapiteln 2.3.2 bis 2.3.5 jeweils zunächst die Controllinggrundlagen der vier Teilbereiche dargestellt, die dann im Anschluss mit den Regelungen der betroffenen Standards einzelner Anwendungsgebiete verknüpft werden.

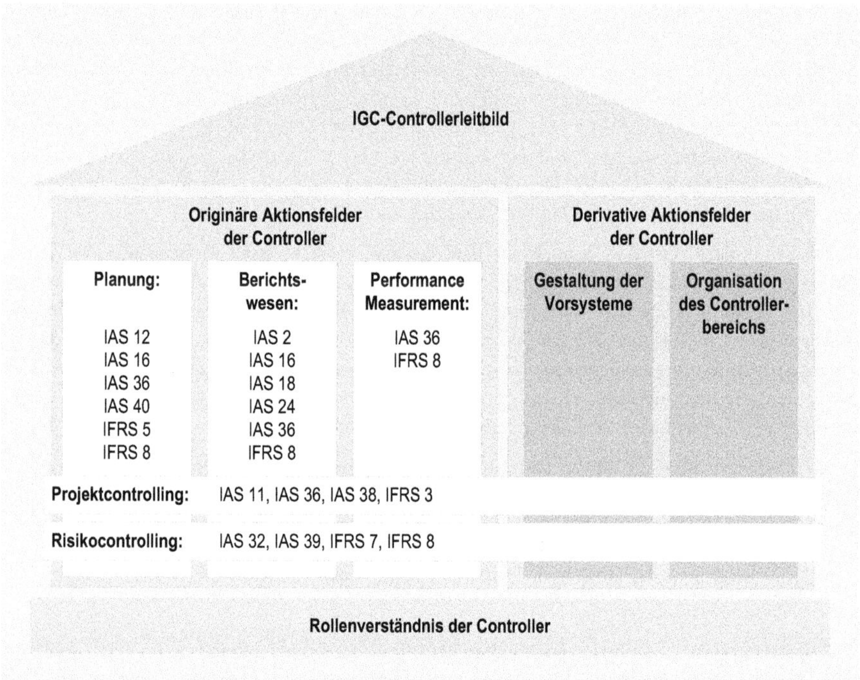

Abb. 2-6: Anwendungsgebiete des Management Approach eingeordnet in das IGC-Leitbild
Quelle: In Anlehnung an *Weißenberger* (2007a), S. 180

2.3.2 Organisationsstruktur und Berichtswesen

Die nachfolgenden beiden Abschnitte geben einen Überblick über die Möglichkeiten zur organisatorischen Strukturierung (Abschnitt 2.3.2.1) und über das Berichtswesen (Abschnitt 2.3.2.2). Anschließend wird anhand der Anwendungsgebiete der Segmentberichterstattung und der CGU-Abgrenzung analysiert, wie sich Bewertung und Publizität an internen Organisationsstrukturen und dem Berichtswesen orientiert (Abschnitt 2.3.2.3).

2.3.2.1 Möglichkeiten zur organisatorischen Strukturierung

Die Organisation des betrieblichen Leistungserstellungsprozesses umfasst zwei zentrale Gestaltungsentscheidungen:[246] Die der Arbeitsteilung (Entscheidung, welche Aktivitäten von welchen Akteuren wahrgenommen werden) und die der Koordination (Entscheidung darüber, wie die arbeitsteilig erbrachten Aktivitäten aufeinander abgestimmt werden). Die Entscheidung über die Arbeitsteilung mündet in der Aufbauorganisation – der formalen Zuweisung von Aktivitäten zu Stellen und Organisationseinheiten – und der Ablauforganisation – der Bestimmung der räumlichen und zeitlichen Abfolge der Aktivitäten. Neben dieser Unterscheidungsdimension spielt außerdem die Differenzierung in statutarische und führungsbezogene Organisation eine Rolle:[247] Während die statutarische Organisation die rechtliche Gliederung des Unternehmens (in rechtlich selbständige Unternehmen) umfasst, wird bei der führungsbezogenen Organisation eine Gliederung des Unternehmens nach betriebswirtschaftlichen Aspekten (in Anweisungs- und Berichtslinien) vorgenommen. Diese Unterscheidung ist vor allem im Hinblick auf die unten erläuterten Segmentierungs- und Organisationsmöglichkeiten und damit auch für die Segmentberichterstattung und die CGU-Abgrenzung nach dem Management Approach relevant.

Mit einem zunehmenden Leistungsspektrum ist in der Regel auch eine Differenzierung der **Organisationsstruktur** eines Unternehmens notwendig.[248] Dabei können vor allem Leitungssysteme und Strukturmodelle unterschieden werden:[249] Bei Einliniensysteme hat jeder Mitarbeiter lediglich einen Vorgesetzten, während bei Mehrliniensystemen die Stelleninhaber jeweils mehrere, auf bestimmte Funktionen spezialisierte Vorgesetzte hat.[250] Bei den (hierarchischen) Strukturmodellen werden Formen der Spezialisierung (Aufgabenstruktur) mit Leitungssystemen (hierarchische Struktur) kombiniert.[251] Funktionale Organisationsstrukturen orientieren sich an der Verrichtung, wodurch auf der zweiten Ebene Funktionsbereiche wie z.B. Beschaffung, Produktion oder Absatz entstehen.[252] Bei der divisionalen bzw. Spartenorganisation wird auf unabhängige, marktorientierte Teilbereiche abgestellt:[253] Die sogenannten Divisionen oder Geschäftsbereiche bilden die zweite Ebene in der Organisation. Die Geschäftsbereiche können Produkte bzw. Produktgruppen oder auch Regionen oder Länder darstellen und in der Regel nochmals in Funktionsbereiche differenziert werden (z.B. Beschaffung, Produktion, Absatz).[254] Schließlich können noch mehrdimensionale Strukturmodelle wie die Matrixorganisation vorliegen, bei

---

[246] Vgl. zu diesen Ausführungen *Ebers et al.* (2011), S. 171f.

[247] Vgl. *Macharzina/Wolf* (2010), S. 471. Daneben kann auch eine Unterscheidung von formaler und informaler Organisation stattfinden, bei der sich vom Management verbindlich festgelegte Regeln (formal) und die Gesamtmenge der Regeln einer Organisation (informal) gegenüberstehen, vgl. *Schulte-Zurhausen* (2005), S. 3; *Macharzina/Wolf* (2010), S. 471f.

[248] Vgl. ähnlich *Welge/Al-Laham* (2008), S. 458.

[249] Vgl. hier und im Folgenden ausführlich *Macharzina/Wolf* (2010), S. 479–484.

[250] Außerdem kann noch das Stab-Linien-System unterschieden werden, eine Variante des Einliniensystems, die zusätzlich ergänzende Leitungshilfen (Stäbe) vorsieht, vgl. *Macharzina/Wolf* (2010), S. 481.

[251] Vgl. *Macharzina/Wolf* (2010), S. 482.

[252] Vgl. *Schulte-Zurhausen* (2005), S. 259–262.

[253] Vgl. *Welge/Al-Laham* (2008), S. 458f.

[254] Vgl. *Macharzina/Wolf* (2010), S. 483f.

denen sich die Leitungssysteme in einer Weise überlagern, dass die Entscheidungs- und Weisungsbefugnisse von z.B. Funktionsbereichen und Regionen geteilt werden.[255]

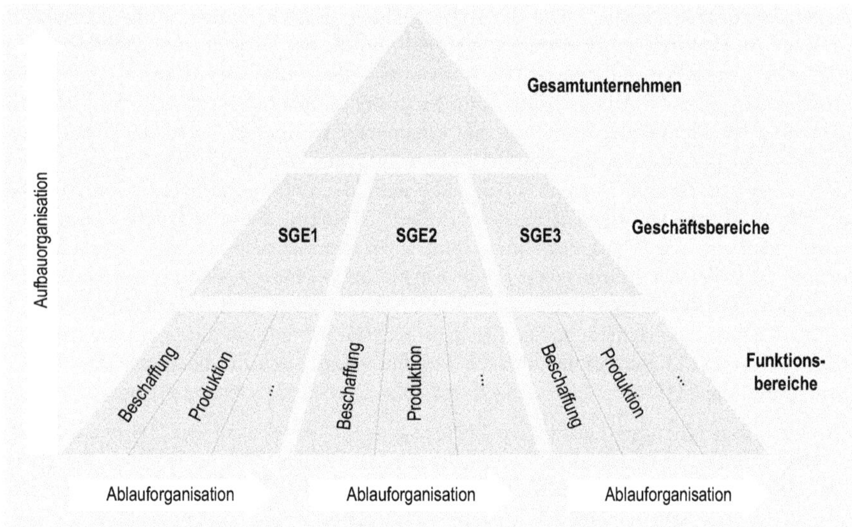

Abb. 2-7: Aufbau- und Ablauforganisation bei differenzierten organisatorischen Einheiten
Quelle: In Anlehnung an *Ebers et al.* (2011), S. 172 und *Welge/Al-Laham* (2008), S. 459

Mit den Worten „structure follows strategy" legte *Alfred Chandler* 1962 den Grundstein für das Konzept der **strategischen Geschäftseinheiten** (SGE).[256] Bei diesem Konzept orientiert sich die Segmentierung an strategischen Überlegungen, in dem mit SGE eigenständige Aktivitätsfelder abgegrenzt werden (Innensegmentierung), die als Ganzes Gegenstand von strategischen Entscheidungen sind.[257] Die SGE können z.B. in einer divisionalen Organisationsstruktur die zweite Ebene (Divisionen) bilden (vgl. Abb. 2-7). Bei der Abgrenzung von SGE ist es bedeutsam, diese von strategischen Geschäftsfeldern (SGF) zu unterscheiden.[258] Die Abgrenzung von SGF wird auch als Außensegmentierung bezeichnet und ist eine gedankliche Abgrenzung, die sich der Unternehmensumwelt orientiert (z.B. potenzielle Abnehmergruppen).

Vor allem im Controlling ist eine weitere Untergliederung der Primärorganisation verbreitet, bei der Erfolgsrechnungen in organisatorischen Einheiten der Aufbauorganisation

---

[255] Vgl. ausführlich *Macharzina/Wolf* (2010), S. 486–488.

[256] Vgl. *Chandler* (1962), S. 314. Seit den 1970er Jahren erlangt das SGE-Konzept zunehmend an Bedeutung. In der Unternehmenspraxis führte General Electric erstmals SGE ein, vgl. *Hacker* (2007), S. 36; *Welge/Al-Laham* (2008), S. 462.

[257] Vgl. *Welge/Al-Laham* (2008), S. 462. Die Autoren machen drei Abgrenzungskriterien für SGE aus: Marktaufgabe (SGE als Wettbewerber auf dem Absatzmarkt), Eigenständigkeit (Unabhängigkeit im Hinblick auf Entscheidungen) und Erfolgspotenzial (jede SGE leistet eigenständig einen Beitrag zur Steigerung des Erfolgspotenzials), vgl. *Welge/Al-Laham* (2008), S. 463.

[258] Vgl. hier und im Folgenden *Welge/Al-Laham* (2008), S. 464f.

implementiert werden können:[259] Die Bildung von **Responsibility Centern.**[260] Dabei können die Centertypen Cost Center, Revenue Center und Profit Center bzw. Investment Center unterschieden werden.[261]

Ein Cost Center ist eine organisatorische Einheit, bei der die Effizienz der Leistungserstellung durch den monetären Ressourcenverzehr (also in Form von Kosten) gemessen wird.[262] Der Verantwortungsbereich im Cost Center beschränkt sich also auf die kosteneffiziente Güterproduktion und umfasst nicht den Einfluss auf Art, Zahl und Preis der zu erstellenden Güter; es besteht kein Zugang zum Absatzmarkt, lediglich zum Beschaffungsmarkt.[263] Somit besteht auch keine Entscheidungskompetenz bezüglich der Erlösseite.[264] Revenue Center haben keinen Zugang zum Beschaffungsmarkt, sondern sind für den Absatzprozess zuständig.[265] Sie finden vor allem für Verkaufsabteilungen und Vertriebsgesellschaften Anwendung. Sowohl Cost Center als auch Revenue Center haben die Ausstattung an Betriebsmitteln und Kapitaleinsatz von zentraler Seite vorgegeben. Profit Center umfassen einen größeren Verantwortungsbereich, der sich auf die Kosten- und Erlösseite erstreckt (Saldo- bzw. Gewinnverantwortung).[266] Die Handlungsfreiheit kann sogar die Veränderung des Produktprogrammes umfassen.[267] Die Unternehmensleitung kann hierdurch eine größere Anreizwirkung erreichen und entscheidet lediglich über Betriebs- und Finanzmittelausstattung.[268] Schließlich kann auch der Entscheidungsspielraum auf Investitionen und Kapitalausstattung erweitert werden, indem Investment Center gebildet werden, die von der Art her einem unabhängigen Unternehmen entsprechen. Profit und Investment Center können im Zusammenhang mit SGE eingesetzt werden, indem sie entweder einen Teil oder eine komplette SGE bilden.[269]

Die vorstehenden Ausführungen haben gezeigt, dass die Organisationsstruktur eines Unternehmens in vielfältiger Weise ausgestaltet werden kann. Die Berichterstattung über die organisatorischen Einheiten an das Management ist eine zentrale Funktion des Berichtswesens, das somit eng an die Organisationsstruktur anknüpft.

---

[259] Vgl. *Weißenberger* (2003), S. 35f. Zu den Center-Konzepten vgl. auch *Siefke* (1999), S. 29–33; *Ewert/Wagenhofer* (2008), S. 401f.

[260] Vgl. z.B. *Seal et al.* (2006), S. 650, welche die drei Centertypen Cost Center, Profit Center und Investment Center zum Oberbegriff Responsibility Center zusammenfassen.

[261] Investment Center haben einen größeren Entscheidungsspielraum als Profit Center, da sie neben Einkauf, Produktion und Absatz ebenfalls für Investitionsentscheidungen zuständig sind. Darüber hinaus haben sie einen längerfristigen Verantwortungshorizont. Vgl. zur Abgrenzung detailliert *Küpper* (2008), S. 352f.

[262] Vgl. *Weißenberger* (2003), S. 36; *Ewert/Wagenhofer* (2008), S. 401. *Ewert/Wagenhofer* führen als Voraussetzung für ein Cost Center die Messbarkeit der angefallenen Kosten und die Angabe der Leistung an. Ist ein Zusammenhang von Input und Output nicht feststellbar, so können Expense Center gebildet werden.

[263] Vgl. *Siefke* (1999), S. 29f.

[264] Vgl. *Eigler* (2002), S. 95.

[265] Vgl. hier und im Folgenden *Siefke* (1999), S. 30.

[266] Vgl. *Eigler* (2002), S. 95.

[267] Vgl. *Macharzina/Wolf* (2010), S. 485.

[268] Vgl. hier und im Folgenden *Siefke* (1999), S. 30f.

[269] Vgl. *Finlay* (2000), S. 161; *Karatzoglou* (2006), S. 234; *Camphausen* (2007), S. 128.

2.3.2.2 Berichtswesen

Da die Informationsversorgung zu den wichtigsten Controllingaufgaben zählt, kommt dem Berichtswesen eine sehr hohe Bedeutung zu.[270] Hierbei steht insbesondere die Reduktion von Informationsasymmetrien, z.B. zwischen dem Top-Management und dem mittleren Management, im Vordergrund.[271] In der Literatur bestehen unterschiedliche Meinungen zur Abgrenzung des Berichtswesens. *Blohm* fasst „alle Einrichtungen, Vorschriften und Handlungen zur Erstellung, Verarbeitung, Weiterleitung und Auswertung von Informationen“[272] als Berichtswesen auf und hat daher ein relativ weitreichendes Begriffsverständnis. Hierunter würden alle Prozessschritte (Ermittlung des Informationsbedarfs, Informationsbeschaffung, Informationserzeugung, Informationsbereitstellung und -übermittlung sowie Informationsnutzung) der Informationsversorgung fallen.[273] Ein fokusierteres Verständnis findet sich bei *Koch*, der die Informationsbereitstellung und -übermittlung sowie die Informationsnutzung in den Vordergrund stellt.[274]

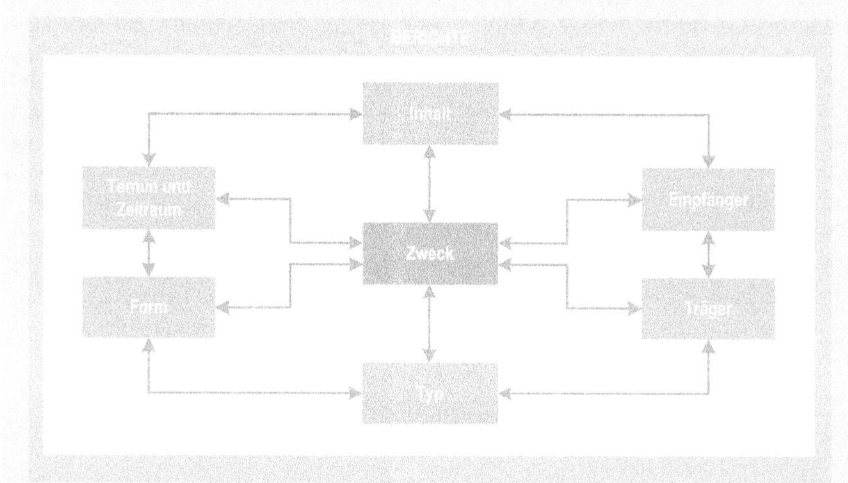

Abb. 2-8: Gestaltungsdimensionen von Berichten
Quelle: In Anlehnung an *Weber/Schäffer* (2011), S. 226.

Vor diesem Hintergrund kann man unter dem Berichtswesen „alle Personen, Einrichtungen, Regelungen, Daten und Prozesse verstehen, mit denen Berichte erstellt und weiterge-

---

[270] Vgl. *Weber/Schäffer* (2011), S. 225.
[271] Vgl. ausführlich zu Informationsasymmetrien im Rahmen der Berichterstattung nach dem Management Approach Abschnitt 4.3.6.
[272] *Blohm* (1974), S. 15.
[273] Vgl. *Horváth* (2008), S. 18.
[274] Vgl. *Koch* (1994), S. 53–56.

geben werden."[275] Das Berichtswesen kann hinsichtlich verschiedener Dimensionen ausgestaltet sein (vgl. Abb. 2-8).[276]

Der **Berichtszweck** stellt die Grundlage der Berichtsgestaltung dar und leitet sich aus dem Informationsbedarf ab.[277] Hierbei können – wie nachfolgend beispielhaft dargestellt – verschiedene Berichtszwecke unterschieden werden: Die Dokumentation ergibt sich zum einen aus gesetzlichen Anforderungen und Regelungen des externen Rechnungswesens (z.B. Nachweis gegenüber dem Finanzamt oder Wirtschaftsprüfer) und zum anderen aus der unternehmensinternen Notwendigkeit eines Rückgriffs auf historische Daten (z.B. zur Unterstützung der Planung). Daneben können Berichte im Rahmen der Planung zur Entscheidungsvorbereitung eingesetzt werden. Schließlich stellt die Kontrolle einen weiteren wichtigen Zweck dar (z.B. Einhaltung von Budgets).

Das berichtsauslösende Ereignis determiniert den **Berichtstyp**:[278] Standardberichte decken einen zuvor ermittelten Informationsbedarf ab und sind hinsichtlich Inhalt, Form und Erscheinungstermin normiert. Abweichungsberichte werden erstellt, wenn bestimmte Schwellen- oder Toleranzwerte überschritten werden. Ferner können Bedarfsberichte erstellt werden, wenn ein spezieller Informationsbedarf des Empfängers besteht. Der **Berichtsinhalt** lässt sich hinsichtlich seiner Strukturierung (z.B. zunehmende Spezialisierung im Berichtsverlauf), seines Informationsgegenstandes (z.B. Organisationseinheiten), seiner Informationsart (z.B. faktische Aussagen in Form von monetären Kennzahlen, explanatorische Aussagen in Form von Erklärungen) und seines Informationsbezuges (z.B. Vergleich mit Vergangenheits- oder mit Planwerten) charakterisieren.[279]

Die **Berichtsform** kann ebenfalls hinsichtlich verschiedener Merkmale variieren:[280] So können sich Umfang (z.B. Seitenzahl), Aufmachung (z.B. Layout), Darstellungsform (z.B. Diagramme, Tabellen) oder Übermittlungsmedium (digital oder Papierform) unterscheiden. Der **Berichtstermin** kann unregelmäßiger oder regelmäßiger Natur – in Verbindung mit einem gewählten Berichtszyklus (z.B. monatlich) – sein, während der **Berichtszeitraum** die zeitliche Spanne festlegt, für welche die enthaltenen Daten gelten (z.B. ein Jahr).[281] Der Ersteller eines Berichts (z.B. Controller) stellt den **Berichtsträger** dar, der **Empfänger** ist mindestens ein Mitarbeiter im Unternehmen (zumeist das Management). Die einzelnen Dimensionen des Berichtswesens sind im Hinblick auf den Management Approach im Rahmen der Segmentberichterstattung oder der CGU-Abgrenzung relevant. Denn an der Ausgestaltung des internen Berichtswesens orientiert sich die Bewertung und die Publizität, indem beispielsweise Berichtsinhalte (Organisationseinheiten als Informationsgegenstand) oder Berichtstermine Anahltspunkte liefern, welche Teileinheiten vom Management für die interne Steuerung eine besondere Bedeutung haben.

---

[275] *Küpper* (2008), S. 194.

[276] Vgl. auch *Blohm* (1974), S. 14, der die „Gestaltungsfragen des Informationsaustausches" entwickelte.

[277] Vgl. hier und im Folgenden *Weber/Schäffer* (2011), S. 226; außerdem *Blohm* (1974), S. 13; *Koch* (1994), S. 60; *Küpper* (2008), S. 194f.

[278] Vgl. hier und im Folgenden *Küpper* (2008), S. 195f.; *Weber/Schäffer* (2011), S. 226f.

[279] Vgl. ausführlich *Weber/Schäffer* (2011), S. 228f.

[280] Vgl. *Küpper* (2008), S. 201; *Weber/Schäffer* (2011), S. 229f.

[281] Vgl. hier und im Folgenden *Küpper* (2008), S. 201f.; *Weber/Schäffer* (2011), S. 237f.

Vorstehend wurden die Grundlagen der Organisationsstruktur und des Berichtswesens behandelt. Nachfolgend werden diese im Rahmen der Anwendungsgebiete der Segmentberichterstattung und der Abgrenzung von CGUs aufgegriffen.

2.3.2.3 Anwendungsgebiete in der internationalen Rechnungslegung

2.3.2.3.1 Segmentberichterstattung

Wie zuvor bereits erwähnt,[282] übernahm der *IASB* mit der Einführung von IFRS 8 den „full management approach" für die Segmentberichterstattung, nach dem sich sowohl die Segmentabgrenzung als auch die Angabe von Segmentdaten an der unternehmensinternen Organisationsstruktur und an dem Berichtswesen zu orientieren hat.[283] Hierdurch sind für die Segmentabgrenzung sämtliche Segmentierungskriterien zulässig, die intern verwendet werden – nicht nur wie zuvor nach IAS 14 Geschäftssegmente oder geographische Segmente.[284]

Die von der Unternehmensleitung abgegrenzten, sogenannten **Geschäftssegmente** („operating segments") zeichnen sich nach IFRS 8.5 (a)–(c) dadurch aus, dass aus ihrer Geschäftstätigkeit Erträge und Aufwendungen erzielt werden, dass deren operative Ergebnisse regelmäßig vom Hauptentscheidungsträger („chief operating decision maker", CODM)[285] im Hinblick auf die Ressourcenallokation und Performancemessung analysiert werden und dass dafür eigenständige Finanzdaten verfügbar sind.[286] Das Vorhandensein eines Segmentmanagers kann ein wichtiger Hinweis für das Vorliegen eines Geschäftssegments sein.[287] Auch das Berichtswesen liefert Anhaltspunkte für die Abgrenzung von Geschäftssegmenten. Liegen beispielsweise bestimmte Berichtstypen (Standardberichte) für organisatorische Teileinheiten (Berichtsinhalt) zu bestimmten Berichtsterminen (z.B. Monatsberichterstattung) an bestimmte Berichtsempfänger (Manager) vor, so kann davon ausgegangen werden, dass die organisatorische Teileinheit eine hohe Bedeutung im Rahmen der internen Steuerung einnimmt.

Die Segmentabgrenzung kann sich dabei an der statuarischen oder auch an der führungsbezogenen Organisation orientieren.[288] Während bei einer Segmentabgrenzung anhand der rechtlichen Struktur (statuarisch) die Organisationsstruktur als Grundlage für die Publizität dominiert, nimmt bei der Abgrenzung anhand der führungsbezogenen Struktur

[282] Vgl. die Abschnitte 2.1.3 und 2.1.4.

[283] Vgl. *Kajüter/Barth* (2007b), S. 428; *Weißenberger/Franzen* (2011), S. 326f.

[284] Vgl. *Haller* (2006), S. 162; *Wenk/Jagosch* (2008), S. 662; *Rogler* (2009), S. 501; mit Beispielen *Richter/Rogler* (2009), S. 76.

[285] Der Begriff des CODM stellt gemäß IFRS 8.7 keine bestimmte Person dar, sondern eine Funktion. Als Beispiele für Personen, die hierfür in Frage kämen, nennt der Standard den „chief executive officer" (CEO) oder den „chief operating officer" (COO). Durch die unspezifische Angabe können Ermessensspielräume entstehen, vgl. *Rogler* (2009), S. 501. Bei deutschen Aktiengesellschaften kommen der Vorstandsvorsitzende oder andere Vorstandsmitglieder in Betracht, vgl. *Wenk/Jagosch* (2008), S. 662.

[286] Nach IFRS 8.6 können jedoch nicht alle Teile eines Unternehmens operative Segmente darstellen. So sind z.B. die Konzernzentrale und Pensionspläne ausgeschlossen.

[287] Vgl. *Wenk/Jagosch* (2008), S. 662.

[288] Vgl. detailliert zu den Organisationsformen Abschnitt 2.3.2.

das Berichtswesen ein stärkeres Gewicht ein. Insbesondere bei in Großunternehmen durchaus üblichen Matrixorganisationen kann es aufgrund von Überschneidungen im Berichtswesen zu Schwierigkeiten bei der Segmentabgrenzung kommen:[289] In diesem Fall sind anhand der von IFRS 8.8 genannten Kriterien, wie die „Wesensart der Geschäftstätigkeit jedes Bereichs, das Vorhandensein von Führungskräften [z.B. Berichtsempfänger], die dafür verantwortlich sind, und die dem Geschäftsführungs- und/oder Aufsichtsorgan vorgelegten Informationen", Entscheidungen zu treffen.

Basierend auf den organisatorischen Grundlagen aus Kapitel 2.3.2.1 können bei Vorliegen einer divisionalen Organisationsstruktur die einzelnen Divisionen als Geschäftssegmente ausgemacht werden, wenn diese zum Beispiel Produktbereiche umfassen. Dies würde insbesondere zutreffen, wenn diese Geschäftsbereiche strategische Geschäftseinheiten darstellen. Im Rahmen einer internen Segmentierung durch Responsibility Center können das Profit Center oder das Investment Center als potenzielle Geschäftssegmente angesehen werden, da diese – wie vom Standard gefordert – eine Performancemessung anhand von Erträgen und Aufwendungen vorweisen.

An die Segmentabgrenzung schließt sich die Bestimmung der **berichtspflichtigen Segmente** („reportable segments") nach IFRS 8.11–19 an, bei der unter Umständen Geschäftssegmente mit vergleichbaren wirtschaftlichen Merkmalen zusammengefasst werden.[290] Die Berichtspflichtigkeit liegt nach IFRS 8.13(a)–(c) vor, wenn die quantitativen Schwellenwerte überschritten werden: So muss der Umsatz des Geschäftssegments mindestens 10% der internen und externen Umsätze aller Geschäftssegmente betragen. Außerdem muss der Segmentgewinn/-verlust mindestens 10% des absoluten Wertes des Gewinns aller profitablen Geschäftssegmente oder des Verlusts aller defizitären Geschäftssegmente ausmachen. Schließlich ist es erforderlich, dass die Vermögenswerte des Geschäftssegmentes mindestens 10% der kumulierten Aktiva aller Geschäftssegmente entsprechen. Zudem müssen gemäß IFRS 8.15 die so ermittelten berichtspflichtigen Segmente mindestens 75% der externen Umsatzerlöse des Untenehmens abdecken – ansonsten sind weitere Segmente zu bilden.

Auch die **Segmentangaben** unterliegen dem Management Approach und orientieren sich an internen Organisationsstruktren und dem Berichtswesen: Nach IFRS 8.22 sind allgemeine Informationen zur Identifizierung der berichtspflichtigen Segmente anzugeben. Diese umfassen auch „die Organisationsgrundlage (z.B. die Tatsache, ob sich die Geschäftsleitung dafür entschieden hat, das Unternehmen auf Grundlage der Unterschiede zwischen Produkten und Dienstleistungen, nach geografischen Regionen, nach dem regulatorischen Umfeld oder einer Kombination zu organisieren [...]" (IFRS 8.22(a)). Die Orientierung speziell am Berichtswesen wird vor allem bei den anzugebenden Informationen zu Gewinn bzw. Verlust und Vermögen sowie den Bewertungsmethoden deutlich:[291] Nach IFRS 8.23 sind für jedes berichtspflichtige Segment ein Segmentergebnis und weitere Angaben (z.B. externe Umsätze, Zinserträge und -aufwendungen etc.) anzu-

---

[289] Vgl. *Wenk/Jagosch* (2008), S. 662. Dies ist außerdem mit Ermessensspielräumen verbunden, vgl. *Rogler* (2009), S. 502.

[290] Vgl. *Weißenberger/Franzen* (2011), S. 328f. Vgl. ausführlich zu den Kriterien *Rogler* (2009), S. 502f.

[291] Vgl. *Weißenberger/Franzen* (2011), S. 329.

geben, wenn diese Angaben in der Segmentergebnisgröße enthalten sind und/oder wenn diese an einen Verantwortlichen regelmäßig berichtet werden. Auch Segmentvermögen und -schulden sind offenzulegen, sofern eine regelmäßige interne Berichterstattung erfolgt. Anhaltspunkte liefern folglich Standardberichte über die betroffenen organisatorischen Einheiten, die z.B. monatlich oder jährlich an den entsprechenden Leiter geliefert werden. Der Management Approach wird ebenfalls in den Regelungen zur Bewertungsmethoden deutlich:

> *„Der Betrag jedes dargestellten Segmentpostens soll dem Wert entsprechen, welcher der verantwortlichen Unternehmensinstanz übermittelt wird [...]." (IFRS 8.25)*

Somit beruht die Segmentberichterstattung auf den internen Bewertungsgrundsätzen und kann auch von Werten der Bilanz und GuV abweichen.[292] Um die Verständlichkeit für Adressaten zu erhöhen, sind Erläuterungen (IFRS 8.27) und Überleitungsrechnungen (IFRS 8.28) beizufügen. Kommen unternehmensintern mehr als eine Steuerungsgröße für die Ertragskraft zum Einsatz, verlangt IFRS 8.26 die Verwendung der Größe als Wertmaßstab, welche am ehesten mit dem IFRS-Abschluss konsistent ist.

Die Vorschriften zur Abgrenzung der Geschäftssegmente und zu den Angaben und der Bewertung verdeutlichen die Zielsetzung der Standardsetter auf der Kapitalmarktebene, die durch die Implementierung des Management Approach verfolgt wird: Die Adressaten der Berichterstattung – insbesondere die (potenziellen) Investoren – sollen in die Lage versetzt werden, das Unternehmen durch einen Einblick in steuerungsrelevanten, disaggregierten Informationen „through the eyes of management" zu sehen. Durch die Orientierung an internen Organisationsstrukturen und dem Berichtswesen sollen die Informationen, die zur Performancemessung an das Management berichtet werden, auch den Investoren zur Verfügung gestellt werden. Somit kommt der Segmentberichterstattung – wie auch dem Berichtswesen – die Funktion zu, Informationsasymmetrien (zwischen dem Management und den Investoren) zu reduzieren.[293] Im Hinblick auf die in Abschnitt 2.3.1 thematisierten Implikationen auf der Unternehmensebene, z.B. durch erforderliche Modifikationen im Rahmen der Informationsbereitstellung, ist bei der Segmentberichterstattung von keinem Zusatzaufwand auszugehen.

Neben der Segmentberichterstattung nach IFRS 8 ist der Management Approach in ähnlich starkem Ausmaß in die Regelungen zur Abgrenzung von CGUs implementiert. Die Strukturierung anhand dieser Einheiten ist vor allem im Rahmen des Impairment Tests und bei der Goodwillaufteilung bedeutend und weist zum Teil Überschneidungen mit der Segmentabgrenzung auf.

2.3.2.3.2 Identifikation von Cash Generating Units

Grundsätzlich ist der Impairment Test für einzelne Vermögenswerte zu bestimmen – es gilt der Grundsatz der Einzelbewertung.[294] Erzeugen Vermögenswerte nur im Verbund

---

[292] Vgl. *Rogler* (2009), S. 504.

[293] Vgl. ausführlich zu den Informationsasymmetrien bei der Berichterstattung nach dem Management Approach Abschnitt 4.3.6.

[294] Vgl. *Bartelheimer et al.* (2004), S. 23f.

mit anderen Vermögenswerten Zahlungsströme, so lassen sich diese Zahlungsströme nicht mehr direkt den einzelnen Vermögenswerten zurechnen – ein Nutzungswert[295] kann nur auf aggregierter Ebene bestimmt werden, was eine Abweichung vom Einzelbewertungsgrundsatz erfordert.[296] Gemäß IAS 36.66 ist dann der erzielbare Betrag der CGU zu bestimmen, zu welcher der Vermögenswert gehört. Eine zahlungsmittelgenerierende Einheit wird von IAS 36.6 definiert als

> *„die kleinste identifizierbare Gruppe von Vermögenswerten, die Mittelzuflüsse erzeugen, die weitestgehend unabhängig von den Mittelzuflüssen anderer Vermögenswerte oder anderer Gruppen von Vermögenswerten sind."*

Für die Abgrenzung bzw. die Identifizierung dieser einzelnen Gruppen greift der Standard auf den Management Approach zurück.[297] Eine Identifizierung von CGUs erfolgt anhand der Zusammenfassung von Vermögenswerten, die zur Erstellung bzw. Produktion von Dienstleistungen und Erzeugnissen erforderlich sind. Der Management Approach kommt in einer fast genauso starken Ausprägung wie im Rahmen der Segmentberichterstattung zum Einsatz.[298] In IAS 36.69 heißt es:

> *„Bei der Identifizierung [...] berücksichtigt ein Unternehmen verschiedene Faktoren einschließlich der Frage, wie das Management die Unternehmenstätigkeiten steuert (z.B. nach Produktlinien, Geschäftsfeldern, einzelnen Standorten, Bezirken oder regionalen Gebieten), oder wie das Management Entscheidungen über die Fortsetzung oder den Abgang der Vermögenswerte bzw. die Einstellung von Unternehmenstätigkeiten trifft."*

Die Anknüpfung an die interne Steuerung ist explizit die Intention des *IASB*.[299] Bei diesem Rückgriff spielt das von der Organisationsstruktur abhängige interne Berichtswesen eine Rolle. Dies ist insbesondere von Bedeutung, weil IAS 36 nur wenige und unkonkrete Abgrenzungshinweise bietet.[300] Durch diese Anknüpfung und aufgrund der unspezifischen Abgrenzungshinweise eröffnen sich jedoch auch bei der Abgrenzung der CGUs, bei der Verteilung des Goodwills auf CGUs und bei der Verteilung von gemeinschaftlichen Vermögenswerten bilanzpolitische Gestaltungsspielräume für das Management.[301]

Die in IAS 36.69 und IAS 36.130 (d)(i)[302] genannten Beispiele sollen im Folgenden näher betrachtet werden. Ähnlich wie bei der Segmentagrenzung kann sich die CGU-Abgrenzung an der statuarischen oder der führungsbezogenen Organisation orientieren

---

[295] Zur Bestimmung des Nutzungswertes vgl. Abschnitt 2.3.3.4.1.

[296] Vgl. *Bartelheimer et al.* (2004), S. 24; *Müller/Reinke* (2010), S. 229.

[297] Vgl. *Klingels* (2005), S. 56f.

[298] Vgl. zur Segmentberichterstattung Abschnitt 2.3.2.3.1.

[299] Das *IASB* kommentiert diese Vorgehensweise für den Goodwill Impairment Test in der BC: „The Board confirmed that its intention was that there should be a link between the level at which goodwill is tested for impairment and the level of internal reporting that reflects the way an entity manages its operations." (IAS 36.BC140 (rev. 2004)).

[300] Vgl. *Müller/Reinke* (2010), S. 229.

[301] Vgl. ausführlich *Müller/Reinke* (2009), S. 526f.; *Müller/Reinke* (2010), S. 234.

[302] Vgl. IAS 36.130 (d)(i) ergänzt die genannten Beispiele in IAS 36.69 um berichtspflichtige Segmente nach IFRS 8.

(vgl. Abschnitt 2.3.2.1). Bei der Orientierung an der statuarischen Organisation richtet sich die CGU-Abgrenzung nach **juristischen Bereichen**, also auf den einzelnen rechtlichen Einheiten eines Unternehmens.[303] Diese juristischen Bereiche können zum Beispiel Unternehmen, Teilbetriebe oder Betriebsstätten und Niederlassungen sein.[304]

Die führungsbezogene Organisation kann zu verschiedenen Möglichkeiten der CGU-Abgrenzung führen. Einen Anhaltspunkt für eine geeignete Weise zur Abgrenzung kann das Berichtswesen liefern, z.B. bei Vorliegen von regelmäßigen Standardberichten für organisatorische Teileinheiten. IAS 36.69 gibt beispielsweise einen Hinweis auf die Abgrenzungsmöglichkeit nach **Produkten** (bzw. Dienstleistungen)[305] oder nach Produktlinien, durch deren Veräußerung ein Unternehmen Mittelzuflüsse erwirtschaftet. Eine besondere Rolle nimmt hierbei das Kriterium des aktiven Marktes ein.[306] Werden in einem vertikal integrierten Unternehmen Vorprodukte erstellt, für die ein aktiver Markt vorliegt, muss der produzierende Vermögenswert einzeln bewertet werden[307] und kann nicht mit der nachfolgenden Produktionsanlage eine CGU bilden.[308]

Eine Abgrenzung anhand von **Geschäftsfeldern** wird von IAS 36.69 als weitere Möglichkeit vorgeschlagen. Ein Geschäftsfeld bzw. -bereich ist dabei als ein abgrenzbarer Unternehmensteil anzusehen, der „einzelne Produkte und Dienstleistungen oder eine Gruppe ähnlicher Produkte und Dienstleistungen erstellt bzw. erbringt."[309] Die Risiko- und Ertragsstruktur unterscheidet sich dabei von denjenigen anderer Geschäftsfelder.[310] Auch ein eindeutiger strategischer Handlungsplan kann ein Kriterium für ein Geschäftsfeld darstellen.[311] Diese Abgrenzungsform ist dem Risk and Reward Approach des vormals gültigen Standards für die Segmentberichterstattung (IAS 14) ähnlich. Die vom Standard vorgeschlagene Möglichkeit zur Abgrenzung von Geschäftsfeldern knüpft eng an die in Abschnitt 2.3.2.1 behandelten Segmentierungsformen an: Für die CGU-Abgrenzung anhand von strategischen Handlungsplänen oder bestimmten Aktivitätsfeldern, wie z.B. Produkte, liefert die Innensegmentiertung mit den gebildeten SGE entsprechende Anhaltspunkte. Darüber hinaus kann die Identifikation von Geschäftsfeldern im Rahmen der Außensegmentierung anhand der SGF erfolgen. Geschäftsfelder richten sich dann nach der Unternehmensumwelt und werden z.B. für Abnehmergruppen oder Gebiete mit ähnlichen Risiken gebildet.

Werden **Centerkonzepte** zur internen Steuerung eingesetzt so können auch diese eine Grundlage für die Abgrenzung der CGUs bilden. Da im Cost Center keine Einnahmen bzw. Einzahlungen ausgewiesen werden, können diese nicht eigenständig eine CGU bilden – allenfalls einen Teil davon, wenn sie mit entsprechenden Revenue Center zusam-

303 Vgl. *Müller/Reinke* (2010), S. 232.
304 Vgl. *Klingels* (2005), S. 153–167.
305 Auch immaterielle Güter sind hierunter zu fassen, vgl. *Klingels* (2005), S. 121.
306 Vgl. *Müller/Reinke* (2010), S. 232.
307 Nach IAS 36.70 reicht das Vorliegen eines aktiven Marktes bereits aus – unabhängig davon, ob das Vorprodukt dort tatsächlich abgesetzt wird.
308 Vgl. ausführlich mit Fallbeispielen *Klingels* (2005), S. 122–127.
309 *Müller/Reinke* (2010), S. 232.
310 Vgl. *Klingels* (2005), S. 168; *Müller/Reinke* (2010), S. 232.
311 Vgl. *Klingels* (2005), S. 167.

mengefasst werden.[312] Vielmehr ist im Rahmen des Management Approach auf Profit Center und Investment Center abzustellen.[313]

Darüber hinaus kann eine Differenzierung nach **geographischen Bereichen** erfolgen, in denen Produkte oder Dienstleistungen abgesetzt werden. *Müller/Reinke* schlagen auch hierfür die Verwendung der Abgrenzungskriterien des bis Ende 2008 verwenbaren IAS 14.9 vor:[314] gleichartige wirtschaftliche und politische Rahmenbedingungen, Beziehungen zwischen Tätigkeiten in unterschiedlichen geographischen Regionen, räumliche Nähe der Tätigkeiten, spezielle Risiken, die mit Tätigkeiten in bestimmten Regionen verbunden sind sowie Devisenbestimmungen und Wechselkursrisiken.[315] Schließlich kann nach IAS 36.130 (d)(i) ein **berichtspflichtiges Segment** nach IFRS 8 eine CGU darstellen.[316] Für die Aufteilung von Goodwill auf CGUs gilt nach IAS 36.80 ein berichtspflichtiges Segment gleichzeitig als Obergrenze.[317]

Wie bereits ähnlich für die Segmentberichterstattung in Abschnitt 2.3.2.3.1 dargestellt, kommt auch der CGU-Abgrenzung auf Basis des Management Approach die Funktion zu, die Informationsbasis auf der Kapitalmarktebene zu verbessern. Auf der Unternehmensebene sind die Implikationen durch eine Orientierung an bestehenden Organisationsstrukturen und dem Berichtswesen eher gering. Dadurch, dass berichtspflichtige Segmente die Obergrenze für CGUs darstellen und somit CGUs auch unterhalb dieser Ebene gebildet werden können, sind für solche Fälle jedoch mehr Implikationen z.B. für das Controlling zu erwarten.

Die Abgrenzung von Segmenten und CGUs stellen bedeutende Anwendungsgebiete des Management Approach dar, indem sie einen Rückgriff auf die Organisationsstruktur und das Berichtswesen eines Unternehmens verlangen.

2.3.3 Planungsrechnungen

Neben der zuvor dargestellten Informationsquelle Organisationsstruktur und Berichtswesen kann im Rahmen der Berichterstattung nach dem Management Approach auch auf Planungsrechnungen zurückgegriffen werden. Daher werden im Folgenden zunächst die Grundlagen der Planung, die Mittelfristplanung und die Budgetierung dargestellt (Abschnitte 2.3.3.1 bis 2.3.3.3) und anschließend die entsprechenden Anwendungsgebiete des Management Approach behandelt (Abschnitt 2.3.3.4).

---

[312] Vgl. *Siefke* (1999), S. 29; *Eigler* (2002), S. 95; *Maier* (2009), S. 115.
[313] Vgl. *Maier* (2009), S. 115f.
[314] Vgl. *Müller/Reinke* (2010), S. 233.
[315] Vgl. detailliert zu den Regelungen von IAS 14 *Auer* (2004), S. 8f.
[316] Vgl. zu den Regelungen von IFRS 8 Abschnitt 2.3.2.3.1.
[317] Vgl. detailliert *Velte* (2008), S. 266f.

2.3.3.1 Grundlagen der Planung

Der Begriff der Planung ist ein in der betriebswirtschaftlichen Literatur sehr häufig verwendeter Begriff. Obwohl er unscharf ist, besteht unter den Autoren weitgehende Einigkeit bezüglich nachfolgender Merkmale:[318]

- Planung ist ein bewusster Prozess, der sich an Zielen orientiert.
- Planung ist auf zukünftige Handlungen gerichtet.
- Planung stellt ein Informationsverarbeitungsprozess dar, der relevantes Wissen voraussetzt.

	Strategische Planung	Taktische Planung	Operative Planung
Entscheidungsebene	Unternehmensführung	Obere und mittlere Führungsebenen	Mittlere und untere Führungsebenen
Planungshorizont	Nach oben hin offen	3–5 Jahre	1 Jahr
Hierarchische Ordnung	Führungsentscheidung	Aus der strategischen Planung abgeleitet	Aus der taktischen Planung abgeleitet
Informationsgrundlage	Unsicher	Mittel	Relativ sicher
Risiko und Unsicherheit	Hoch	Mittel	Gering
Zielgrößen	• Überwiegend qualitative Zielgrößen • Erfolgspotenziale • Bestimmungsgrößen des Gewinns	• Eher quantitative Zielgrößen • Produktziele, Vermögens- und Kapitalstrukturziele • Mehrperiodige Erfolgsziele	• Quantitative Zielgrößen • Produktions- und Absatzziele, Sicherung der laufenden Finanzierung • Einperiodige und stückbezogene Erfolgsziele

Tab. 2-2: Merkmalskriterien und Bedeutung der Planungsebenen
Quelle: In Anlehnung an *Egger* (2002), Sp. 1453f.

In der klassischen Konzeption des Managementprozesses bildet die Planung den Ausgangspunkt, die als „das rationale Durchdenken und Formulieren von Gestaltungsproblemen, die Festlegung des gewollten Zustandes und die Auswahl der zu seiner Erreichung geeigneten Maßnahmen und Ressourcen“[319] verstanden werden kann. Planung kann sich nicht nur auf das eigene künftige Handeln gestaltend auswirken, sondern auch auf das anderer abhängiger Personen.[320] Bezüglich des Umfanges des Planungsbegriffs besteht in der Literatur unterschiedliche Auffassungen.[321] So unterscheiden *Hahn/Hungenberg* beispielsweise zwischen einer Planung im engeren Sinne, die den Prozess der Entscheidungsvorbereitung (Problemstellungsphase, Suchphase und Bewertungsphase) umfasst und eine

[318] Vgl. *Weber/Schäffer* (2011), S. 251.
[319] *Delfmann/Reihlen* (2002), Sp. 1440.
[320] Vgl. *Küpper* (2008), S. 105.
[321] Vgl. *Weber/Schäffer* (2011), S. 252.

Planung im weiteren Sinne, die zusätzlich noch die Entscheidungsfällung miteinbezieht.[322]

Da die Komplexität der Planung mit der Unternehmensgröße wächst, wird sie in der Praxis häufig in Teilbereiche differenziert (**Mehrebenenplanung**):[323] So kann eine Unterteilung nach inhaltlichen Aspekten (z.B. Finanz- und Ergebnisplanung), nach Unternehmensbereichen (z.B. Absatz- und Produktionsplanung) oder nach dem Planungshorizont (z.B. kurz-, mittel- und langfristig) vorgenommen werden.

Bei einer Einteilung in strategische, taktische und operative Planung handelt es sich um eine Mehrebenenplanung mit strenger hierarchischer Ordnung.[324] Die strategische Planung ist die oberste hierarchische Ebene des betrieblichen Planungssystems; die dort getroffenen Entscheidungen legen die langfristige Unternehmenspolitik fest und sollen Erfolgspotenziale schaffen (z.B. Aufbau von Marktpositionen). Aus diesen Gründen ist die strategische Planung der obersten Führungsebene vorbehalten und schlägt sich größtenteils in qualitativen Zielgrößen nieder. Ebenfalls charakteristisch sind der offene Planungshorizont, die unsichere Informationsgrundlage und ein hohes Maß an Risiko und Unsicherheit. Während die strategische Planung nicht an einen systematisch wiederkehrenden organisatorischen Ablauf gebunden ist, werden die taktische und die operative Planung in institutionalisierter Form jährlich zu bestimmten Zeitpunkten durchgeführt. Die durch die strategische Planung festgelegte Unternehmensausrichtung mündet in der taktischen Planung in eine mehrperiodige und weitestgehend quantitative Programm-, Kapazitäts- und Finanzplanung. Ebenso wie die taktische Planung ist auch die operative Planung an die Vorgaben der strategischen Planung gebunden. Mit der operativen Planung werden die Betriebsabläufe für das Planjahr festgelegt und in einer Planerfolgsrechnung, einer Planbilanz und dem Finanzplan quantifiziert. Einen zusammenfassenden Überblick über die hierarchischen Planungsebenen liefert Tab. 2-2. Anhand des Beispiels der Volkswagen AG verdeutlicht Abb. 2-9 die drei Planungsebenen.

Bei einer Einteilung nach dem Kriterium Fristigkeit, bei der die Planung in langfristige (i.d.R. über 5 Jahre), mittelfristige (3–5 Jahre) und kurzfristige Planung (1–3 Jahre) eingeteilt wird, gilt zwar auch der hierarchische Gedanke – dieser wird jedoch nicht systematisch angesprochen.[325] Zumindest für die Mittelfristplanung bzw. die taktische Planung kann die Einteilung auch synonym verwendet werden.[326]

Die Einteilung der Planung in Planungsebenen und nach dem Kriterium Fristigkeit hat eine besondere Relevanz für die Berichterstattung nach dem Management Approach. Denn bei der Heranziehung von Planungsinformationen für die Publizität stellen die relevanten Standards unterschiedliche Anforderungen an die einzubeziehenden Daten. So verlangt IAS 36 im Rahmen des Impairment Tests die Planwerte für einen Zeitraum von maximal fünf Jahren. DRS 15 sieht für die Prognoseberichterstattung Planwerte für zwei Geschäftsjahre vor.

[322] Vgl. *Hahn et al.* (2001), S. 45–47.
[323] Vgl. hierzu *Weber/Schäffer* (2011), S. 256. Einen weiteren Überblick liefert *Egger* (2002), Sp. 1450f.
[324] Vgl. hierzu und zu den folgenden Ausführungen *Egger* (2002), Sp. 1451–1453.
[325] Vgl. *Egger* (2002), Sp. 1450.
[326] Vgl. z.B. *Welge/Al-Laham* (2008), S. 817; *Hirsch et al.* (2005), S. 249.

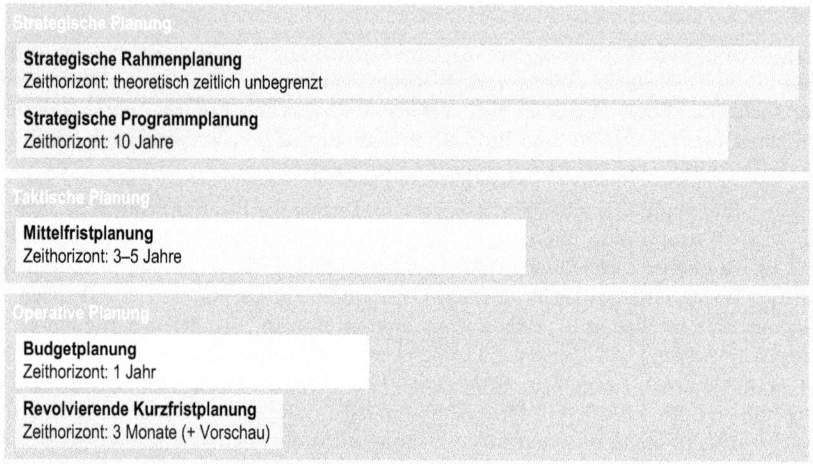

Abb. 2-9: Planungsebenen am Beispiel der Volkswagen AG
Quelle: In Anlehnung an *Adelt* (2003), S. 455

Nach *Weber/Schäffer* sind für die Ausgestaltung der Planung zwei Merkmale charakteristisch:[327] Einerseits kann sich die dem Plan zugrunde gelegte Datenbasis unterscheiden und andererseits spielt der Zentralisationsgrad der Planung eine Rolle. Die **Datenbasis** für die Inhalte der Planung kann entweder auf Erfahrungswerten beruhen (z.B. fortgeschriebene Vergangenheitswerte), durch Neuplanung erstellt werden oder eine Kombination von beidem darstellen. Für die Neuplanung können die Zielerreichung von Vergangenheitswerten, Prognosewerte (z.B. aus der Plankostenrechnung), Vergleichswerte (z.B. durch Benchmarking mit Konkurrenten) oder normativ festgelegte Zielwerte eine geeignete Grundlage darstellen.[328]

Für das zweite Merkmal, dem **Zentralisationsgrad** der Planung, ist es von Bedeutung, wie die Beteiligten der einzelnen hierarchischen Ebenen des Unternehmens in den Planungsprozess integriert werden. Bei einer Top-down-Vorgehensweise (retrograde Planung) werden die Grundsatzentscheidungen und Zielvorgaben vom Top-Management gesetzt, die anschließend die Hierarchie nach unten durchlaufen und hierbei ggf. (vom mittleren Management) konkretisiert werden.[329] Hierbei besteht die Problematik von Elfenbeinturmentscheidungen und von Motivationsproblemen. Vorteilhaft hingegen ist die

[327] Vgl. hier und im Folgenden *Weber/Schäffer* (2011), S. 257f., S. 286.

[328] Vgl. *Weber/Schäffer* (2011), S. 65–67. Bei den Zielen der Planung kann grundsätzlich zwischen Formalzielen und Sachzielen unterschieden werden. Formalziele beziehen sich auf monetäre Erfolgs- und Liquiditätsaspekte von Handlungsalternativen (z.B. Erreichen eines bestimmten Umsatzes), Sachziele weisen eine physische Ausprägung auf und beziehen sich auf reale Objekte und Aktivitäten (z.B. Herstellung einer bestimmten Stückzahl), vgl. *Kosiol* (1966), S. 212; *Hamprecht* (1996), S. 86f.

[329] Vgl. zu den Ausführungen zur Top-down-Vorgehensweise *Hamprecht* (1996), S. 128; *Macharzina/Wolf* (2010), S. 430.

stringente Umsetzung des Gesamtplans durch die Vorgaben des Managements. Dem entgegen steht die Bottom-up-Vorgehensweise (progressive Planung), bei welcher die Beteiligten der unteren Hierarchieebenen jeweils Entscheidungen für die eigenen Bereiche treffen und diese an Vorgesetzte weitergeben, die wiederrum die Teilpläne zusammenfassen und koordinieren.[330] Hierbei sind zwar neben hohen Identifikations- und Motivationswirkungen ein hohes Maß an Realitätsnähe zu erwarten – jedoch besteht die Gefahr den Gesamtplan nicht vollständig umzusetzen, da die Planungsbeteiligten der unteren Hierarchieebenen nicht zwangsweise übergeordnete Problemfelder kennen. Darüber hinaus kann versucht werden, mit dem Gegenstromverfahren die Vorteile beider Verfahren zu kombinieren:[331] Es kommt zu einem Nebeneinander von Top-down festgelegten Rahmenplänen oder Oberzielen und Bottom-up gerichteten Planungen von untergeordneten Instanzen, die anschließend in einen Gesamtplan integriert werden müssen. Nachteilig hierbei kann insbesondere der hohe Koordinations- und Zeitaufwand sein.

Auch die beiden genannten Kriterien spielen im Rahmen der Berichterstattung nach dem Management Approach eine Rolle. Denn die Art der Datenbasis und die Ausgestaltung des Planungsprozesses haben Einfluss auf die Prozessbeteiligten und die Interaktion zwischen diesen. Einige Rechnungslegungsstandards verlangen im Rahmen des Management Approach einen Rückgriff auf interne Planungsrechnungen.[332] Hierbei sind insbesondere die Mittelfristplanung und die Budgetierung betroffen. Daher sollen diese beiden Planungsinstrumente in den folgenden Abschnitten näher dargestellt werden.

2.3.3.2 Mittelfristplanung als Bindeglied zwischen strategischer und operativer Planung

Um die meist qualitativen Informationen aus der strategischen Planung in konkrete, operative Maßnahmen-, Budget- und Terminplanungen umzusetzen, bedarf es einer „Übersetzung", welche durch die taktische Planung erfolgt.[333] Die Mittelfristplanung als zentrales Element der taktischen Planung steht exakt zwischen den beiden anderen Planungsebenen.[334] Ihr kommt eine herausragende Bedeutung zu, da sie somit als Bindeglied zwischen der strategischen Planung und der Umsetzung operativer Ziele fungieren kann.[335] Teilweise wird auch die Programmplanung (z.B. Planung eines Produktprogramms) als ein weiterer Zweck der Mittelfristplanung gesehen.[336] Neben der Mittelfristplanung

---

[330] Vgl. zu den Ausführungen zur Bottom-up-Vorgehensweise *Hamprecht* (1996), S. 128f.; *Macharzina/Wolf* (2010), S. 431.

[331] Vgl. zu den Ausführungen zum Gegenstromverfahren *Hamprecht* (1996), S. 129f.; *Macharzina/Wolf* (2010), S. 431.

[332] Vgl. detailliert Abschnitt 2.3.3.4.

[333] Vgl. *Welge/Al-Laham* (2008), S. 817; *Weber/Schäffer* (2011), S. 329.

[334] Vgl. *Weber/Schäffer* (2011), S. 330f. Teilweise werden die Begriffe „taktische Planung" und „Mittelfristplanung" auch synonym verwendet, vgl. z.B. *Hirsch et al.* (2005), S. 249. In dieser Arbeit wird jedoch dem Begriffsverständnis von *Weber/Schäffer* gefolgt, die auch weitere Instrumente, wie z.B. die Investitionsrechnung, Target Costing oder Kostenschätzmodelle zur taktischen Planung (und Kontrolle) zählen, vgl. *Weber/Schäffer* (2011), S. 330, S. 359.

[335] Vgl. *Hirsch et al.* (2005), S. 249, S. 252f.

[336] Vgl. *Weber et al.* (2003), S. 9; *Hirsch et al.* (2005), S. 253.

kommt in der taktischen Planung auch der Investitionsrechnung[337] eine Bedeutung zu, mit der Maßnahmen und Programme bewertet werden.[338] Beide greifen meist ineinander, da sich die Auswirkungen beschlossener Maßnahmen auf das Unternehmen auch in der Mittelfristplanung niederschlagen.[339]

Da die Mittelfristplanung im ersten Planjahr (am „kurzen Ende") praktisch der Budgetplanung[340] entspricht und dort weitestgehend identische Plangrößen und Kennzahlen verwendet werden, ist die Überleitung der Mittelfristplanung in die Budgetierung eher weniger problematisch.[341] Hierdurch besteht gleichwohl die Gefahr einer Fortschreibung des Budgets für die Folgejahre.[342] Demgegenüber stellt die bereits angesprochene Verbindung zur strategischen Planung eine größere Herausforderung dar und kann grundsätzlich zwei Ausprägungen annehmen: Während bei einer laufenden und nicht expliziten strategischen Planung der Mittelfristplanung eine strategiebewertende und -bildende Funktion zukommt, dient diese bei einer vorgelagerten strategischen Planung eher der Strategieumsetzung, da eine Bewertung bereits zuvor stattfindet.[343]

Die Maßnahmenplanung und die Erstellung eines formalen Zahlengerüsts stellen den **Gegenstand** der taktischen Planung dar.[344] In der Mittelfristplanung dominieren in erster Linie GuV-Größen (von Umsatz bis Nachsteuergewinn).[345] Eine ebenso wichtige Rolle nehmen Cashflow-Größen, Investitionen und Mitarbeiterzahlen ein.[346] Cashflow-Größen sind in der Planung als Grundlage für wertorientierte Kennzahlen wichtig, Investitionen hingegen stellen die Wachstumspläne des Unternehmens dar. Absatzmengen und Bilanzgrößen werden in der Mittelfristplanung nicht von allen Unternehmen geplant.[347] Im Rahmen der Berichterstattung nach dem Management Approach ist es von Bedeutung, welche Größen im Rahmen der Mittelfristplanung geplant werden. Wie in Abschnitt 2.3.3.4.1 dargestellt, sind für den Impairment Test Cashflow-Größen erforderlich. Je nach Ausgestaltung der Planung können sich somit unterschiedliche Implikationen für das Controlling auf Unternehmensebene ergeben (z.B. Erstellung zusätzlicher Planungsrechnungen).

Die Organisationsstruktur eines Unternehmens stellt die Grundlage für die **Planungstiefe** der Mittelfristplanung dar.[348] Neben der Planung auf Konzernebene kann diese auch auf

[337] Vgl. ausführlich zu den verschiedenen Verfahren der Investitionsrechnung *Weber/Schäffer* (2011), S. 335–359.

[338] Vgl. *Weber/Schäffer* (2011), S. 329f.

[339] Vgl. *Weber/Schäffer* (2011), S. 330.

[340] Vgl. zur Budgetierung bzw. zur operativen Planung Abschnitt 2.3.3.3.

[341] Vgl. *Weber et al.* (2003), S. 11.

[342] Vgl. *Hirsch et al.* (2005), S. 253; *Weber/Schäffer* (2011), S. 330f.

[343] Vgl. ausführlich *Weber et al.* (2003), S. 11–15; *Weber/Schäffer* (2011), S. 331f. Vgl. ähnlich *Hirsch et al.* (2005), S. 254–256.

[344] Vgl. *Weber/Schäffer* (2011), S. 332.

[345] Vgl. *Hirsch et al.* (2005), S. 256.

[346] Vgl. hier und im Folgenden *Hirsch et al.* (2005), S. 256f.

[347] Vgl. *Hirsch et al.* (2005), S. 257; *Weber/Schäffer* (2011), S. 333. Die Planung von Bilanzgrößen kann z.B. Aufschlüsse über die Entwicklung der eigenen Ratingkennzahlen geben, vgl. *Weber/Schäffer* (2011), S. 333.

[348] Vgl. *Weber/Schäffer* (2011), S. 333.

dezentralen Unternehmensebenen stattfinden, wobei dort insbesondere die Ebenen „Land“, „Legaleinheit“ oder „Profit Center“[349] eine Rolle spielen.[350] Für den **Planungsprozess** kommen grundsätzlich die drei bereits angesprochenen Varianten Bottom-up-, Top-down- und Gegenstromverfahren in Frage.[351] In der Unternehmenspraxis ist häufig das Gegenstromverfahren etabliert, das sich in folgendem Prozessablauf niederschlägt (vgl. Abb. 2-10):[352] In einem ersten Schritt erfolgt eine Top-down-Eröffnung, in der die Zielvorgaben durch die Zentrale festgelegt werden. Anschließend werden dezentral die Teilpläne ausgearbeitet, die entweder funktional (z.B. Absatz- oder Produktionsplan), organisatorisch (z.B. nach Tochterunternehmen) oder in einer kombinierten Weise differenziert sein können. Anschließend werden die Teilpläne bottom-up kommuniziert und in einem Abstimmungsprozess von dezentralem und zentralem Controlling auf Plausibilität und Konsistenz überprüft, ergänzt und verdichtet. Nach einem abschließenden Vergleich mit den Zielvorgaben wird die Planung von der Unternehmensleitung verabschiedet.

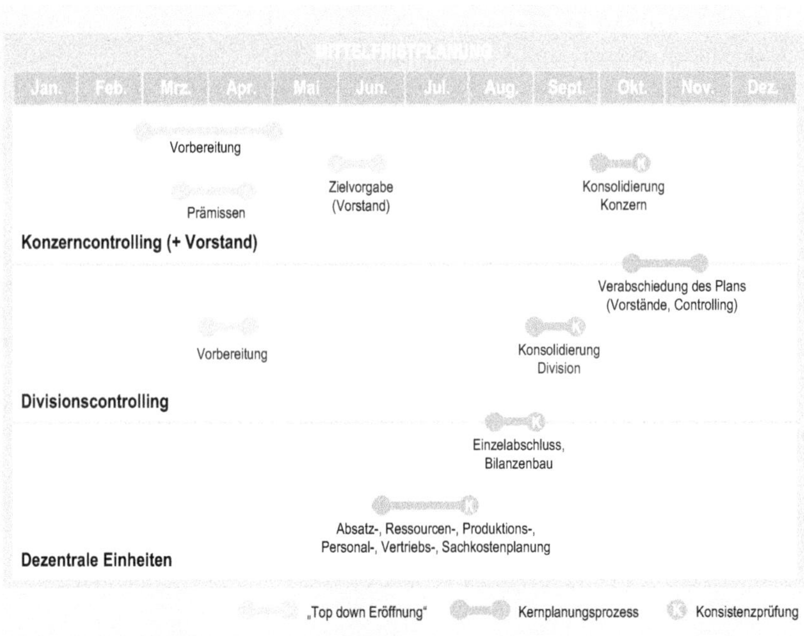

Abb. 2-10: Typischer Ablauf einer Mittelfristplanung
Quelle: In Anlehnung an *Hirsch et al.* (2005), S. 262; *Weber/Schäffer* (2011), S. 333

Die Mittelfristplanung bildet die Grundlage für die operative Planung, die in einem kürzeren Planungshorizont die Unternehmensziele noch konkreter festlegt. Ein wesentlicher

349 Vgl. zum Profit Center und zu weiteren Organisationsformen Abschnitt 2.3.2.1.
350 Vgl. *Hirsch et al.* (2005), S. 258; *Weber/Schäffer* (2011), S. 333.
351 Vgl. zu den Planverfahren Abschnitt 2.3.3.1.
352 Vgl. ausführlich zu diesen Ausführungen *Hirsch et al.* (2005), S. 261f.; *Weber/Schäffer* (2011), S. 333f.

Teilbereich der operativen Planung stellt die Budgetierung dar, die im nachfolgenden Abschnitt beleuchtet werden soll.

2.3.3.3 Budgetierung

Die operative Planung baut auf der taktischen Planung auf und dient ebenfalls – jedoch stärker präzisiert und mit einem Planungshorizont von einem Jahr – der Umsetzung der strategischen Planung und der Unternehmensziele.[353] In der operativen Planung wird jedoch im Gegensatz zur Mittelfristplanung von einem weitestgehend determinierten Potenzial ausgegangen (Produktionsanlagen, Produktpalette etc.).[354] Die operative Planung weist eine Trennung von Sach- und Formalzielplanung auf.[355] Produkt- und marktbezogene Absatz- und Umsatzpläne, die auf Marktforschungsdaten und Vergangenheitswerten beruhen, stellen den Ausgangspunkt der operativen Planung dar (vgl. das Grundschema der operativen Planung in Abb. 2-11).[356] Darauf aufbauend werden mittels einer jeweiligen Datenbasis (z.B. Arbeitsganglisten, Stücklisten) formalzielorientierte Pläne (Budgets) für die einzelnen Unternehmensbereiche erstellt.[357]

Die **Budgetierung** stellt den „Prozess der Erstellung, Verabschiedung und Kontrolle formalzielorientierter Pläne bzw. Budgets im operativen Bereich“[358] dar. Hierdurch definiert sie den monetären Handlungsrahmen (z.B. Kosten- oder Investitionsvolumen) für bestimmte Verantwortungsbereiche.[359] Neben dem Verbindlichkeits- und Vorgabecharakter des Budgets spielt auch dessen Kontrolle eine Rolle.[360]

Die einzelnen Budgets werden ausgehend vom Absatz über die Produktion in die drei Richtungen „budgetierte Erfolgsrechnung“, „budgetierte Finanzmittel“ und „budgetierte Bilanz“ verdichtet.[361] Wie bei der Mittelfristplanung kann der Planungsprozess in unterschiedlicher hierarchischer Richtung stattfinden (top-down, bottom-up oder im Gegenstromverfahren).[362]

Im Rahmen der Berichterstattung nach dem Management Approach erlangt die Budgetierung vor allem im Zusammenhang mit der Mittelfristplanung an Bedeutung. Beim Im-

---

[353] Vgl. *Weber/Schäffer* (2011), S. 283.

[354] Vgl. *Hahn et al.* (2001), S. 102; *Weber/Schäffer* (2011), S. 283.

[355] Vgl. *Weber/Schäffer* (2011), S. 284. Vgl. zu Sach- und Formalzielen Fußnote 328.

[356] Vgl. *Zyder* (2007), S. 12; *Weber/Schäffer* (2011), S. 286.

[357] Vgl. *Zyder* (2007), S. 12f.

[358] *Weber/Schäffer* (2011), S. 284. In der amerikanischen Literatur zum Management Accounting findet sich häufig das „Master Budget“, in periodenbezogener, finanzieller Gesamtplan, vgl. ausführlich *Bhimani et al.* (2008), S. 474f.; *Ewert/Wagenhofer* (2008), S. 408–417; *Weber/Schäffer* (2011), S. 289f.

[359] Vgl. *Weber/Schäffer* (2011), S. 283f.; *Weber et al.* (2009), S. 13.

[360] Vgl. *Göpfert* (1993), Sp. 589–591; *Zyder* (2007), S. 11. Die Kontrolle wird häufig als Zwillingsfunktion der Planung gesehen und bezweckt, durch Abweichungsanalysen (Soll versus Ist) den Grad der Normentsprechung und die Abweichungsursachen aufzudecken, vgl. ausführlich *Hahn et al.* (2001), S. 46–48; *Delfmann/Reihlen* (2002), Sp. 1440; *Lenz* (2002), Sp. 975f.; *Schweitzer* (2005), S. 74. Für einen Überblick über Planungs- und Kontrollinstrumente vgl. *Baier* (2008), S. 319.

[361] Vgl. *Horváth* (2009), S. 206.

[362] Vgl. *Weber/Schäffer* (2011), S. 286, die in einem Beispiel das Gegenstromverfahren für die Budgetierung veranschaulichen.

pairment Test und bei der Prognoseberichterstattung sind Rückgriffe auf Planungsrechnungen vorgesehen. Da der Impairment Test einen Detailplanungszeitraum vorschreibt, der in der Regel länger als ein Jahr ist, reicht ein bloßer Rückgriff auf die Budgetierung hierfür nicht aus. Gleichwohl kann die Budgetierung aufgrund ihres höheren Detaillierungsgrades als erstes Planjahr herangezogen werden. Die Prognoseberichterstattung im Lagebericht soll sich auf einen zweijährigen Prognosezeitraum erstrecken. Daher gelten die vorstehenden Ausführungen analog.

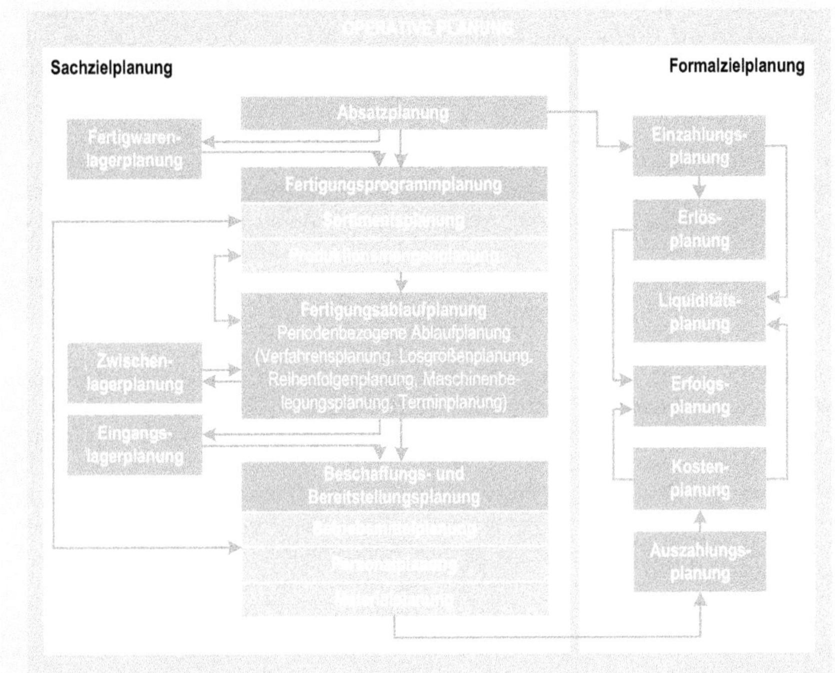

Abb. 2-11: Grundschema einer operativen Planung
Quelle: *Weber/Schäffer* (2011), S. 284

In diesem Abschnitt wurde der Grundbegriff der Planung sowie – mit Fokus auf die Anwendungsgebiete des Management Approach – vertiefend die Mittelfristplanung und die Budgetierung bzw. die operative Planung analysiert. Nachstehend werden die Anwendungsgebiete Impairment Test und Prognoseberichterstattung behandelt.

2.3.3.4 Anwendungsgebiete in der internationalen Rechnungslegung

2.3.3.4.1 Impairment Test auf Basis interner Planungsrechnungen

In der Rechnungslegung nach IFRS werden neben Wertminderungen, die planmäßig auftreten und erfasst werden (planmäßige Abschreibungen) auch außerplanmäßige Abschreibungen (Impairments) durch den Eintritt eines Risikos anfällig.[363] Dabei ist „die Notwendigkeit, Wertminderungen bei Vermögenswerten zu erfassen, [...] eine Konsequenz des aus dem Imparitätsprinzip abgeleiteten Niederstwertprinzips."[364] Zielsetzung des Werthaltigkeitstests (Impairment Test) ist es zu verhindern, dass der Buchwert eines Vermögenswertes in der Bilanz mit einem höheren Buchwert als dessen erzielbaren Betrages ausgewiesen wird.[365]

Der relevante Standard für den Impairment Test ist IAS 36, der die bilanzielle Erfassung von Wertminderungen im Anlagevermögen regelt.[366] IAS 36.2 verlangt die Anwendung auf alle Vermögenswerte mit einigen Ausnahmen (Negativabgrenzung), z.B. der Vorräte, der Fertigungsaufträge oder latenter Steueransprüche. Bedeutend sind die Regelungen vor allem für das immaterielle Anlagevermögen (inklusive Goodwill), für das Sachanlagevermögen und für Beteiligungen. Nach IAS 36.7 finden die Bestimmungen darüber, wann eine Überprüfung auf Werthaltigkeit durchzuführen ist, nicht nur für einzelne Vermögenswerte, sondern auch für CGUs Anwendung.

Generell kann zwischen dem obligatorischen, an den Zeitverlauf gebundenen und dem anlassbezogenen Impairment Test unterschieden werden:[367] Der obligatorische, an den Zeitverlauf gebundene Impairment Test muss jährlich durchgeführt werden – allerdings nicht zwangsweise zum Abschlussstichtag.[368] Davon sind nach IAS 36.10 immaterielle Vermögenswerte, die noch nicht nutzungsbereit sind oder eine unbestimmte Nutzungsdauer aufweisen sowie der erworbene Goodwill betroffen. Anlassbezogene Werthaltigkeitstests sind bei Vorliegen von bestimmten Anhaltspunkten (sog. Triggering Events) durchzuführen (IAS 36.9).

Der Impairment Test erfolgt in einem zweistufigen Schema:[369] Im ersten Schritt ist für Vermögenswerte zu überprüfen, ob Anhaltspunkte für das Vorliegen einer Wertminderung vorliegen. Diese können sich auch auf Ebene einer CGU ergeben (Orientierung der Bewertung und Publizität an internen Organisationsstrukturen und dem Berichtswesen).[370] Falls Anhaltspunkte gegeben sind, so werden in einem zweiten Schritt Informati-

---

363 Während bei planmäßiger Nutzung ein „gewollter" Wertverzehr vorliegt, kommt es bei einem Risikoeintritt zu einem „ungewollten" Wertverzehr, vgl. *Tanski* (2005), S. 148f.

364 *Pellens et al.* (2011), S. 286.

365 Vgl. *Ballwieser* (2009), S. 109; *Ruhnke/Canitz* (2010), S. 13.

366 Darüber hinaus gilt für deutsche Unternehmen IDW RS HFA 16 (Bewertung bei der Abbildung von Unternehmenserwerben und bei der Werthaltigkeitsprüfung nach IFRS), vgl. *IDW* (2005), S. 1415; *Kasperzak* (2011), S. 3.

367 Vgl. *Reinke* (2010), S. 77; *Ruhnke/Canitz* (2010), S. 13; *Pellens et al.* (2011), S. 288.

368 Vgl. *Ruhnke/Canitz* (2010), S. 13f.; *Pellens et al.* (2011), S. 288.

369 Vgl. hier und im Folgenden *Wirth* (2005), S. 8–11; *Wöhrmann* (2009), S. 68; *Kajüter* (2010), S. 44.

370 Vgl. zur Bildung von CGUs Abschnitt 2.3.2.3.2.

onen (Planungsrechnungen) zur Bewertung und Publizität herangezogen, um den Wertminderungsbedarf zu überprüfen und zu quantifizieren.[371] Der Impairment Test stellt somit ein Anwendungsgebiet mit starker Ausprägung des Management Approach dar, das sich über dessen beide Teilgebiete erstreckt.[372]

Diese Überprüfung und Quantifizierung des Wertminderungsbedarfs erfolgt nach IAS 36.8 durch den Vergleich des Buchwertes mit dem **erzielbaren Betrag** eines Vermögenswertes (vgl. Abb. 2-12). Sofern der Buchwert höher ist, liegt ein Wertminderungsbedarf in Höhe der Differenz der beiden Werte vor. Gemäß IAS 36.6 entspricht der erzielbare Betrag eines Vermögenswertes oder einer CGU dem höheren Betrag der beiden Beträge aus beizulegendem Zeitwert abzüglich Veräußerungskosten (Fair Value abzüglich Veräußerungskosten) und Nutzungswert. Sinn dieses Vergleichs ist ein ökonomisches Kalkül:[373] IAS 36 unterstellt, dass das Management den Vermögenswert verkaufen würde, wenn der Nettoveräußerungspreis größer ist als der Nutzungswert.

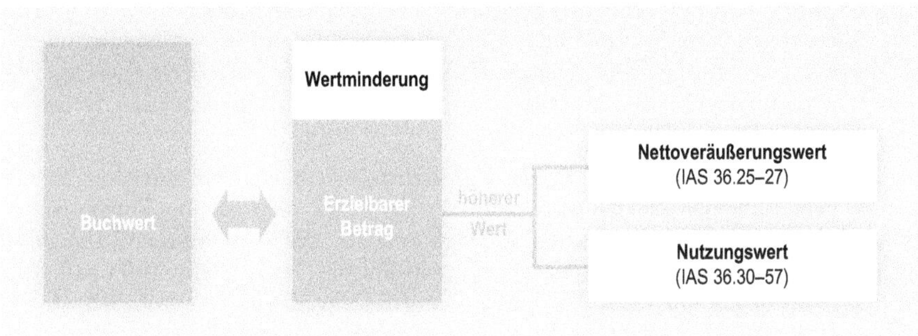

Abb. 2-12: Berechnung der Wertminderung
Quelle: In Anlehnung an *Kajüter* (2010), S. 45

Für die Bestimmung des **Nettoveräußerungswerts** (beizulegender Zeitwert abzüglich der Veräußerungskosten)[374] sieht IAS 36.25–27 ein hierarchisches Ermittlungsschema vor, dem das Konzept eines hypothetischen Marktpreises unterliegt.[375] Der Standard sieht im festgelegten Preis eines bindenden Kaufvertrages zwischen unabhängigen Geschäftspartnern den „bestmögliche[n] substanzielle[n] Hinweis für den beizulegenden Zeitwert abzüglich der Verkaufskosten". Liegt kein solches Angebot vor, so ist der Wert auf der nächstniedrigeren Stufe der Ermittlungshierarchie als Marktpreis auf einem aktiven Markt zu ermitteln.[376]

> *„Wenn kein bindender Verkaufsvertrag oder aktiver Markt für einen Vermögenswert besteht, basiert der beizulegende Zeitwert abzüglich der Verkaufskosten auf der Grundlage der besten verfügbaren Informationen" (IAS 36.27).*

---

[371] Vgl. z.B. *Bartelheimer et al.* (2004), S. 24.
[372] Vgl. zu den Teilgebieten Abschnitt 2.2.1.
[373] Vgl. *Ruhnke/Canitz* (2010), S. 13.
[374] Vgl. *Wirth* (2005), S. 9.
[375] Vgl. *Kuhner/Hitz* (2009), Rn. 34.
[376] Vgl. detailliert zu den Kriterien eines aktiven Marktes *Wagenhofer* (2009), S. 368.

Unternehmen können auf ähnliche Transaktionen innerhalb derselben Branche aus der jüngeren Vergangenheit zurückgreifen. In der Praxis wird der Wert jedoch in der Regel über ein Barwertkalkül bestimmt.[377]

Dem beizulegenden Zeitwertes abzüglich Veräußerungskosten ist der **Nutzungswert** gegenüberzustellen, der sich nach IAS 36.30–57 durch ein zahlungsstromorientiertes Unternehmensbewertungsverfahren errechnet (DCF-Methode). Es handelt sich dabei um einen subjektiven Unternehmenswert,[378] dem das Konzept des Management Approach zugrunde liegt. Diese Konzeption wurde vom (damaligen) *IASC* einer marktbezogenen Fair Value Konzeption vorgezogen, da „an enterprise may have information about future cash flows that is superior to the information available in the marketplace" (IAS 36.BCZ17(a)).[379] Die Berücksichtigung des Risikos im Rahmen der Nutzungswert-Ermittlung kann gemäß IAS 36.32 entweder durch Diskontierung der Zahlungsreihe mit einem risikoadäquaten Zinssatz (traditional approach) oder durch Berichtigung der Cashflows (expected cashflow approach) erfolgen.[380] Die genannten Vorschriften des IAS 36 erstrecken sich auf beide Schritte und stellen dabei durch die enthaltenen und im Folgenden dargestellten Vorgaben Restriktionen des Management Approach dar, um die Subjektivität der zugrundeliegenden Annahmen zu begrenzen (z.B. Begrenzung der Detailplanungsphase).

In den Vorschriften zur Ermittlung der Zahlungsströme für den Nutzungswert ist der Management Approach am stärksten verankert. So haben die Cashflow-Prognosen auf Annahmen aufzubauen, die „management's best estimate" der ökonomischen Rahmenbedingungen wiederspiegeln (IAS 36.33(a)). Gleichwohl sind auch externe Informationen, wie z.B. Statistiken, einzubeziehen.[381] Der Standard sieht ähnlich wie bei einer Unternehmensbewertung die **Einteilung des Prognosezeitraums** in zwei Phasen vor:[382]

1. Im Detailplanungszeitraum, der sich auf einen Zeitraum von maximal fünf Jahren[383] erstrecken sollte, wird auf die jüngsten, vom Management genehmigten Finanzpläne zurückgegriffen (IAS 36.33(b)).

---

377 Vgl. *Freiberg/Lüdenbach* (2005), S. 479.

378 Vgl. *Wirth* (2005), S. 29 m.w.N. Während dem beizulegenden Zeitwert abzüglich Veräußerungskosten die externe Marktperspektive zugrundliegt, stellt der Nutzungswert die interne Unternehmensperspektive dar, vgl. *Müller/Reinke* (2010), S. 230.

379 Das IASC nennt in IAS 36.BCZ17(b) und (c) als weitere Gründe für die Bevorzugung der unternehmensspezifischen Wertkonzeption die möglicherweise höheren Cashflows aus dem Betrieb des Vermögenswertes als aus einem Verkauf sowie die Synergieeffekte mit anderen Vermögenswerten.

380 Vgl. *Wirth* (2005), S. 53–62; *Haas* (2009), S. 123–125.

381 Vgl. *Haas* (2009), S. 119.

382 Vgl. *Wirth* (2005), S. 42; *Lienau/Zülch* (2006), S. 312.

383 In begründeten Fällen (wenn das Management aus Erfahrung sicher ist, dass die Prognosen sicher sind) kann der Detailplanungszeitraum auch länger sein (IAS 36.33(b) i.V.m. IAS 36.25), vgl. auch *Wirth* (2005), S. 43.

2. Für den Fortschreibungszeitraum ist eine Extrapolation der Prognosen aus den genannten Finanzplänen mit einer angemessenen Wachstumsrate vorzunehmen (IAS 36.33(c)).[384]

Gemäß IAS 36.34 hat das Management die Angemessenheit der den Cashflow-Planungen zugrunde liegenden Annahmen zu beurteilen. Der Standard empfiehlt hierzu den Einsatz von Kontrollrechnungen, z.B. durch den Soll-Ist-Vergleich mit Ergebnissen aus der Vergangenheit. Hierdurch soll die Prognosegüte und damit die Verlässlichkeit der Informationen erhöht werden.[385]

Durch die Beschränkung des **Detailplanungszeitraums** auf fünf Jahre stellen im Wesentlichen die Mittelfristplanung und die Budgetierung (ggf. als erstes Jahr der Mittelfristplanung) den Ansatzpunkt für den Rückgriff dar.[386] Je nach den vom Unternehmen geplanten Größen (Ergebnisgrößen, wie z.B. Jahresüberschuss, EBIT oder Cashflow-Größen) ist eine Herleitung der Zielgröße des freien Cashflows (free cashflow) notwendig.[387] Ausgehend vom EBIT[388] sind nicht zahlungswirksame Aufwendungen und Erträge (z.B. Ab- und Zuschreibungen), Veränderungen des Nettoumlaufvermögens und Bruttoinvestitionen herauszurechnen.[389] Die Ermittlung der Cashflows hat auf Basis der fortgesetzten Nutzung des Vermögenswertes bzw. der CGU zu erfolgen, was unter Umständen die Einbeziehung von Wartungs- und Instandhaltungsausgaben erfordert (IAS 36.39(a)–(b)).[390] Ebenfalls bedeutsam ist die Voraussetzung des gegenwärtigen Zustandes für die Bewertung (IAS 36.44), was die Bereinigung um Restrukturierungen, zu denen das Unternehmen noch nicht verpflichtet ist, sowie um Erweiterungsinvestitionen erforderlich macht.[391] Sind entsprechende Aufwendungen in der Mittelfristplanung enthalten oder nicht enthalten, so ist es erforderlich, die Planungsrechnungen für den Impairment Test zu modifizieren. Somit würde keine unmittelbare Form des Management Approach vorliegen, sondern eine mittelbare Datenübernahme.

Für den **Fortschreibungszeitraum** bedeutend ist dessen Länge: Ausschlaggebend hierfür ist die Nutzungsdauer des betrachteten Bewertungsobjektes.[392] Diese kann begrenzt oder unbegrenzt sein.[393] Im Falle einer unbegrenzten Nutzungsdauer berechnet sich der Restwert auf Grundlage der ewigen Rente,[394] wie es im Rahmen der internen Steuerung und

[384] Es sind gleich bleibende oder rückläufige Wachstumsraten zu verwenden, außer eine steigende Wachstumsrate kann gerechtfertigt werden, vgl. IAS 36.33(c).
[385] Vgl. *Maier* (2009), S. 45.
[386] Vgl. *Haas* (2009), S. 237; *Hoffjan* (2009), S. 211f.
[387] Vgl. *Wirth* (2005), S. 44; *Bartels/Jonas* (2009), Rz. 68.
[388] Gemäß IAS 38.50 dürfen keine Mittelzu-/-abflüsse aus Finanzierungstätigkeit und keine Ertragsteuereinnahmen oder -zahlungen enthalten sein.
[389] Vgl. *Wirth* (2005), S. 45; *Buhleier* (2011), S. 495f.
[390] Vgl. ausführlich *Haas* (2009), S. 247.
[391] Vgl. *Castadello et al.* (2006), S. 1035.
[392] Vgl. *Wohlgemuth* (2007), S. 245.
[393] Vgl. *Beyhs* (2002), S. 117. Vgl. außerdem *Wirth* (2005), S. 65f., der die unbegrenzte Nutzungsdauer in diesem Fall ablehnt und stattdessen eine bewusste Durchbrechung des Management Approach vom Standardsetter sieht.
[394] Vgl. *Reinke* (2010), S. 116.

der Unternehmensbewertung üblich ist.[395] Bei Annahme einer begrenzten Nutzungsdauer ist der Liquiditätserlös am Ende der Nutzungsdauer zu berücksichtigen.[396]

Wird anstatt des Nutzungswertes der **Nettoveräußerungswert** mittels eines Barwertkalküls berechnet, so ist auf die Ermittlung eines hypothetischen (um Veräußerungskosten geminderten) Verkaufspreises abzustellen, den ein potenzieller Käufer bei Annahme einer operativen Verwendung des Vermögenswertes in seinem Unternehmen ermitteln würde.[397] Für die Berücksichtigung von Erweiterungsinvestitionen und Restrukturierungen ist ebenfalls auf einen hypothetischen Käufer abzustellen und zu beurteilen, ob ein solcher diese Maßnahmen durchführen würde.[398] In der Unternehmenspraxis dürfte eine solche Ermittlung vor allem durch die Trennung von unternehmens- und marktspezifischen Annahmen problematisch sein.[399] Streng genommen liegt bei dieser Ermittlungsform kein Management Approach vor.

Vorstehend wurde der Rückgriff auf unternehmensinterne Planungsrechnungen im Rahmen des Impairment Test behandelt. Weitere Aspekte des Impairment Tests finden sich in den weiter unten folgenden Abschnitten zur Organisationsstruktur und dem Berichtswesen sowie zum Chancen- und Risikomanagement. Der nachfolgende Abschnitt stellt den Einsatz von Planungsrechnungen bei der Prognoseberichterstattung im Lagebericht dar.

2.3.3.4.2 Prognoseberichterstattung im Lagebericht

Investoren können aus verschiedenen Informationsquellen und in verschiedener Periodizität (regelmäßig, z.B. Jahresfinanzbericht, Quartalsbericht; anlassbezogen, z.B. Ad-hoc Mitteilung, Pressemitteilung) Prognoseinformationen von Unternehmen beziehen.[400] Insbesondere im Rahmen der jährlichen Finanzberichterstattung kommt der Prognoseberichterstattung eine hervorgehobene Bedeutung zu. Nach § 290 Abs. 1 HGB ist der Lagebericht nicht Bestandteil des Abschlusses, sondern ein eigenes Berichtsinstrument[401] – die „zweite Säule" der Berichterstattung.[402] Im Rahmen des BilReG[403] wurde die Lageberichterstattung deutlich erweitert und erfordert mit den neu gefassten §§ 289, 315 HGB eine Analyse des Geschäftsverlaufs und der Unternehmenslage, die der Unternehmenstätigkeit angepasst ist.[404] Der **Lagebericht** hat gemäß §§ 289 Abs. 1 Satz 4, 315 Abs. 1 Satz 5 HGB über die voraussichtliche Entwicklung mit deren wesentlichen Chancen und Risiken zu informieren.

---

395 Vgl. *Wirth* (2005), S. 65.
396 Vgl. *Wirth* (2005), S. 66.
397 Vgl. *Castadello et al.* (2006), S. 1033.
398 Vgl. *Brücks et al.* (2005), S. 5f.; *Kasperzak* (2011), S. 9.
399 Vgl. *Brücks et al.* (2005), S. 6.
400 Vgl. *Barth* (2009), S. 30.
401 Vgl. *Barth* (2009), S. 30 m.w.N.
402 Vgl. *Krawitz/Hartmann* (2006), S. 1267.
403 Vgl. zum BilReG BGBl. I 2004, S. 3166.
404 Vgl. *Fink/Keck* (2005), S. 137f.

Die Berichterstattung über die **„voraussichtliche Entwicklung"** ist vom Gesetzgeber nicht im Detail geregelt, kann jedoch dahingehend interpretiert werden, dass durch die Zugehörigkeit von Satz 4 zu Abs. 1 die Berichterstattung über Geschäftsverlauf, Geschäftsergebnis und die Lage der Gesellschaft zu verstehen ist.[405] Dies beinhaltet die Erläuterung der Vermögens-, Finanz- und Ertragslage und weitere wesentliche Eckdaten sowie die Erwartung der Geschäftsleitung über die allgemeine wirtschaftliche Entwicklung (global und in Branchen). Da die voraussichtliche Entwicklung beurteilt und erläutert werden soll, werden verbale Ausführungen als ausreichend betrachtet.[406]

Der vom *DSR*[407] am 7. Dezember 2004 verabschiedete Deutsche Rechnungslegungsstandard Nr. 15 (**DRS 15**) konkretisiert die Anforderungen an die Konzernlageberichterstattung.[408] Gem. DRS 15.3 soll der Konzernlagebericht den Adressaten „entscheidungsrelevante und verlässliche Informationen zur Verfügung stellen, die es ihnen ermöglichen, sich ein zutreffendes Bild von Geschäftsverlauf und Lage des Konzerns zu machen." Ähnlich wie bei der US-amerikanischen MD&A-Berichterstattung ist auch nach DRS 15.28 „den Adressaten die Sicht der Unternehmensleitung zu vermitteln."[409] Dies stellt – wie im Folgenden ausführlich erläutert – ebenfalls die Verankerung des Management Approach Konzeptes dar.[410] DRS 15 wurde zusammen mit DRS 5 am 5. Januar 2010 durch den *DSR* überarbeitet.[411] In einem zweiten Schritt wurde am 14. Dezember 2011 E-DRS 27 herausgegeben, ein Standardentwurf, der DRS 15, DRS 5 und die branchenspezifischen Standards DRS 5-10 (Risikoberichterstattung von Kredit- und Finanzdienstleistungsinstituten) und DRS 5-20 (Risikoberichterstattung von Versicherungsunternehmen) ersetzen soll. Nach E-DRS 27 müssen kapitalmarktorientierte Unternehmen verpflichtend über Ziele und Strategien berichten. Während der Prognosezeitraum auf ein Jahr verkürzt wurde, ist eine Konkretisierung der Prognoseangaben vorgesehen.[412]

Zwar war im Gesetzesentwurf zum BilReG und im Standardentwurf des DRS 15 eine explizite Berichterstattung über die Ziele und Strategien des Managements vorgesehen,

---

405 Vgl. hier und im Folgenden *Ellrott* (2010), Rz. 38f.; *Kajüter* (2011a), Rz. 87–90.

406 Vgl. *Ellrott* (2010), Rz. 38f.; *Kajüter* (2011a), Rz. 89f.

407 Das *DRSC* ist ein privatrechtlich organisiertes, nationales Rechnungslegungsgremium, das vom *BMJ* als privater Standardsetter anerkannt wurde. Unter seinem Dach war der *DSR* für die Entwicklung von Empfehlungen zur Anwendung der Grundsätze der Konzernrechnungslegung zuständig, vgl. *Fink/Keck* (2005), S. 138. Aufgrund von Finanzierungsproblemen drohte eine Auflösung des *DRSC*. Mit einer am 20.07.2011 verabschiedeten neuen Satzung konnte jedoch eine breitere Mitgliederbasis und somit eine weitere Finanzierung sichergestellt werden, *o.V.* (2011), S. 391. Vgl. zur Satzung http://www.drsc.de/docs/drsc/satzung/110720_Satzung.pdf (zul. geprüft am 05.09.2011). Am 19./20.12.2011 haben der DSR und das RIC ihre Facharbeit an die neu geschaffenen beiden Fachausschüsse (IFRS- und HGB-Ausschuss) übergeben, vgl. *DRSC* (2011), S. 27.

408 Vgl. *Fink/Keck* (2005), S. 138f.; *Barth* (2009), S. 42.

409 DRS 15.28. Vgl. ähnlich *Fink/Keck* (2005), S. 140. Vgl. zur MD&A-Berichterstattung Abschnitt 2.1.2.

410 Vgl. *Weißenberger/Maier* (2006), S. 2079.

411 Vgl. ausführlich *Withus* (2010), S. 68–73. Im Vorfeld wurde eine Studie zur Anwendungspraxis durchgeführt, vgl. *Kajüter et al.* (2010).

412 Vgl. ausführlich den Standardentwurf, der bis zum 30.04.2012 kommentiert werden kann http://www.standardsetter.de/drsc/docs/press_releases/2011/111214_LB_E-DRS27_website2.pdf (zul. geprüft am 25.01.2012).

allerdings wurde dieser Gedanke im Verlauf des Gesetzgebungsverfahren wieder gestrichen.[413] Dennoch hat nach DRS 15.34 die zukunftsorientierte Berichterstattung „die bestehenden **Planungen und Erwartungen der Unternehmensleitung** hinsichtlich der nächsten zwei Geschäftsjahre“ zu umfassen. Hierin kann die Darstellung der strategischen Ausrichtung des Konzerns gesehen werden.[414] Die Norm greift dabei auf den in DRS 15.86 verankerten Prognosezeitraum von mindestens zwei Jahren zurück.[415]

Nach DRS 15.38 hat das Unternehmen das intern „eingesetzte **Steuerungssystem** anhand der quantitativen Maßstäbe darzustellen und zu erläutern.“ Dies kann beispielsweise ein wertorientiertes Steuerungssystem sein:

> *„Im Mittelpunkt unserer Unternehmenspolitik steht die nachhaltige Steigerung des Unternehmenswertes. Zur wertorientierten Steuerung des Gesamtunternehmens sowie der einzelnen Geschäftsfelder setzen wir ein konzernweit einheitliches Planungs- und Controllingsystem ein, das die effiziente Verwendung unserer Finanzmittel gewährleistet.“*[416]

Die von DRS 15.148–152 empfohlene Quantifizierung der „im Konzern für die Unternehmenssteuerung verwendeten **Kennzahlen**“ (DRS 15.148) erfordert ebenfalls einen Rückgriff auf unternehmensinterne Planungen.[417] Dies wird im Standard noch weiter konkretisiert, in dem empfohlen wird, „Planwerte für das nächste Geschäftsjahr“ (DRS 15.148) anzugeben.

Die Anforderungen bzw. Empfehlungen des DRS 15 erfordern einen umfangreichen **Rückgriff auf die unternehmensinterne Planung**. Zentrale Steuerungskennzahlen, wie z.B. EBIT oder Umsatz, werden im Rahmen der Budgetierung für das Folgejahr und im Rahmen der Mittelfristplanung für einen mehrjährigen Zeitraum geplant und können somit für die Prognoseberichterstattung im Lagebericht herangezogen werden.[418] Da die operative und taktische Planung unter Einbezug von dezentralen Einheiten abläuft, müsste die von DRS 15.152 geforderte Bereitstellung der Angaben auf Segmentebene möglich sein. Globalere Erwartungen und Ziele, insbesondere wenn diese qualitativer und langfristiger Natur sind, können aus der strategischen Unternehmensplanung abgeleitet werden. *Knauer/Wömpener* sehen aus konzeptioneller Sicht neben der operativen und strategischen Planung auch die Investor Relations für die Informationsbereitstellung geeignet.[419] Diese Bereitstellung erfolgt im Zusammenspiel mit dem Vorstand und dem Abschlussprüfer und ist in Abhängigkeit von den vorherrschenden unternehmenspolitischen Machtverhältnissen und den Anforderungen des Abschlussprüfers ausgestaltet.

Mit dem IFRS Practice Statement **Management Commentary** (PS MC) hat das IASB am 8. Dezember 2010 eine allerdings unverbindliche Leitlinie für die Managementberichter-

---

[413] Vgl. *Müßig* (2008), S. 197f.
[414] Vgl. *Weißenberger/Maier* (2006), S. 2079. Vgl. außerdem *Weißenberger et al.* (2011), S. 255f.
[415] Dieser entspricht dem in der Literatur h.M., vgl. *Fink/Keck* (2005), S. 145; *Barth* (2009), S. 47 m.w.N.
[416] *E.ON AG*, Geschäftsbericht 2010, S. 25.
[417] Vgl. ähnlich *Weißenberger/Maier* (2006), S. 2079.
[418] Vgl. zur Mittelfristplanung Abschnitt 2.3.3.2.
[419] Vgl. hier und im Folgenden *Knauer/Wömpener* (2011), S. 484.

stattung nach internationalen Standards erlassen.[420] Nach PS MC.24 ist über die folgenden fünf Kernelemente zu berichten:[421]

- Art der Geschäftstätigkeit;
- Ziele und Strategien;
- Ressourcen, Risiken und Beziehungen des Unternehmens;
- Geschäftsergebnis und -aussichten;
- Leistungsmaßstäbe und -indikatoren.

Dem im PS MC verankerten Grundsatz der Darstellung aus Sicht der Unternehmensleitung („management's view") liegt der Management Approach zugrunde, da er die Verwendung von Informationen erfordert, auf welche die Unternehmensleitung regelmäßig im Rahmen der internen Steuerung zurückgreift.[422] Da die Regelungen des PS MC nur unverbindlichen Charakter haben, ist nicht zu erwarten, dass der deutsche Gesetzgeber die Aufstellung eines MC anstelle des Lageberichts ermöglicht.[423] Doch dürfte angesichts des allgemeinen Charakters des PS MC die Aufstellung eines „dualen Managementberichts" ohne großen Mehraufwand möglich sein.[424] Insbesondere im Bereich der Ziele und Strategien bietet das PS MC Verbesserungsimpulse für die deutsche Lageberichterstattung – allerdings kann eine solche Strategieberichterstattung bei kapitalmarktorientierten Konzernen vermehrt beobachtet werden.[425]

Das vorstehende Kapitel umfasst den Rückgriff auf Planungsrechnungen im Rahmen der Berichterstattung nach dem Management Approach. Ein weiteres Anwendungsgebiet bei der Berichterstattung nach dem Management Approach stellt die Verwendung von Daten aus dem unternehmensinternen Chancen- und Risikomanagement dar.

2.3.4 Chancen- und Risikomanagementsysteme

Im folgenden Abschnitt werden zunächst die Grundlagen von Chancen- und Risikomanagementsystemen dargestellt und anschließend die Anwendungsgebiete Impairment Test und Chancen- und Risikoberichterstattung im Lagebericht behandelt.

2.3.4.1 Grundlagen von Chancen- und Risikomanagementsystemen

Aufsehenerregende Krisen und Insolvenzen führten 1998 mit dem KonTraG zu einer Konkretisierung der in § 93 AktG kodifizierten allgemeinen Sorgfaltspflicht des Vorstands von Aktiengesellschaften.[426] Der in § 91 AktG neu eingefügte Abs. 2 begründet die Verpflichtung, „geeignete Maßnahmen zu treffen, insbesondere ein Überwachungssystem einzurichten, damit den Fortbestand der Gesellschaft gefährdende Entwicklungen früh

[420] Vgl. *Fink/Kajüter* (2011), S. 177.
[421] Vgl. ausführlich zu den Inhalten des MC *Fink/Kajüter* (2011), S. 179f.
[422] Vgl. *Kajüter* (2011), S. 222f.
[423] Vgl. *Kajüter* (2011), S. 224.
[424] Vgl. detailliert *Kajüter* (2011), S. 224f.
[425] Vgl. *Fink/Kajüter* (2011), S. 181 m.w.N.; *Weißenberger et al.* (2011), S. 263.
[426] Vgl. *Fiege* (2009), S. 302; *Kajüter* (2009), S. 313; *Kajüter* (2012).

erkannt werden“ (§ 91 Abs. 2 AktG). Nach h.M. ist demnach ein **Risikomanagementsystem** einzurichten, das aus einem Risikofrüherkennungssystem und aus einem internen Überwachungssystem besteht.[427] Auch die Berichterstattung über die Risiken der künftigen Entwicklung im Lagebericht (Risikobericht) wurde im Rahmen des KonTraG durch die Änderung des § 289 Abs. 1 HGB eingeführt.[428]

Eine zentrale Rolle für die empirische Untersuchung eines Risikomanagementsystems spielt der Risikobegriff. Risiken im unternehmerischen Geschehen entstehen dadurch, dass Auswirkungen von Entscheidungen und externen Faktoren unvollständig prognostiziert werden können und somit das Erreichen unternehmerischer Ziele gefährden.[429] Für den Risikobegriff hat sich im Laufe der Zeit in der Theorie und in der Praxis eine Reihe von Definitionen herauskristallisiert.[430] In jüngerer Literatur ist verstärkt die Dichotomie von **Chance und Risiko** zu finden, da sie als zwei Seiten derselben Medaille gelten.[431] Dementsprechend können vermögensmehrende Ausprägungen künftiger Entwicklungen als Chancen (Gewinnmöglichkeiten) und Gefahren ungünstiger künftiger Entwicklungen als Risiken (Verlustmöglichkeiten) bezeichnet werden.[432]

> *„Risiko kann als negative Abweichung eines zukünftig realisierten, mit einer bestimmten Wahrscheinlichkeit eintretenden Wertes bzw. Geschehnisses, vom ursprünglich erwarteten Wert verstanden werden, welche nicht nur durch Aktivität sondern auch durch bloße Passivität hervorgerufen werden kann.“*[433]

Aufgrund dieser Dichotomie kann auch zwischen einem Risikomanagement im engeren Sinne und einem Risikomanagement im weiteren Sinne differenziert werden:[434] Während Ersteres der Versicherungsindustrie entstammt und sich auf die Absicherung von reinen Risiken ohne gegenüberstehende Gewinnchancen beschränkt, umfasst das Risikomanagement im weiteren Sinne den Umgang mit allen Risiken aus den Führungs- und den Durchführungsprozessen von Unternehmen, was die Einbeziehung von Chancen unverzichtbar macht.

Während, wie bereits erläutert, zwei **Subsysteme** (Risikofrüherkennungs- und internes Überwachungssystem) eines Risikomanagementsystems aus den Anforderungen des § 91 Abs. 2 AktG abgeleitet werden können, lässt sich das Erfordernis des dritten Subsystems, dem Risikobewältigungssystem, aus den allgemeinen Sorgfaltspflichten des § 93 Abs. 1 AktG begründen (vgl. zu den drei Teilbereichen Abb. 2-13).[435] Für die zentralen Anwendungsgebiete des Management Approach im Bereich des Chancen- und Risikomanagementsystems spielt das Risikobewältigungssystem keine Rolle. Auch die Prüfung nach § 317 Abs. 4 HGB bei börsennotierten Aktiengesellschaften erstreckt sich nur auf die im

[427] Vgl. jeweils m.w.N. *Freidank/Paetzmann* (2003), S. 312; *Fiege* (2006), S. 54; *Ossadnik/Lange* (2008), S. 325; *Kajüter* (2009), S. 313; *Kajüter* (2012), S. 28.

[428] Vgl. *Fiege* (2006), S. 19f. Vgl. ausführlich zur Risikoberichterstattung Abschnitt 2.3.4.2.2.

[429] Vgl. m.w.N. *Diederichs* (2010), S. 8f.

[430] Vgl. hierzu ausführlich und m.w.N. *Fiege* (2009), S. 37–51; *Diederichs* (2010), S. 9.

[431] Vgl. *Fiege* (2009), S. 43; *Diederichs* (2010), S. 9.

[432] Vgl. *Diederichs* (2010), S. 9f.

[433] *Diederichs* (2010), S. 10.

[434] Vgl. *Fiege* (2009), S. 51–53.

[435] Vgl. *Kajüter* (2009), S. 314.

Rahmen von § 91 Abs. 2 AktG geforderten Subsysteme Risikofrüherkennungs- und internes Überwachungssystem.[436] Die folgende Betrachtung fokussiert sich aufgrund seiner Relevanz für das Management Approach Konzept auf das Risikofrüherkennungssystem.

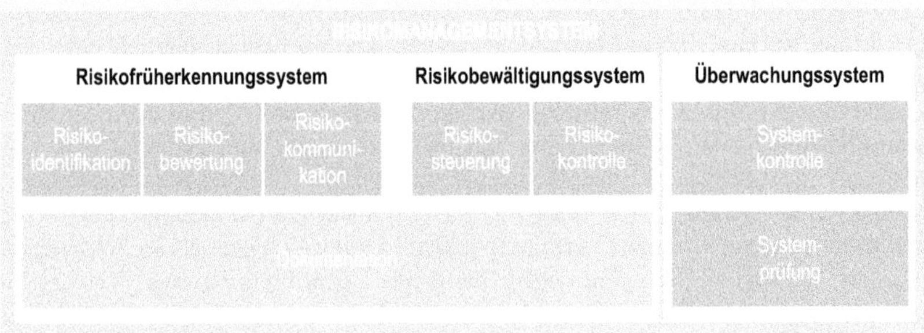

Abb. 2-13: Teilbereiche eines Risikomanagementsystems
Quelle: In Anlehnung an *Kajüter* (2009), S. 314

Die gesetzlichen Vorschriften stellen die zwingende Anforderung an das **Risikofrüherkennungssystem**, dass eine frühzeitige Erkennung von bestandsgefährdenden Risiken gewährleistet werden muss.[437] Dabei ist es de facto erforderlich, nicht nur Risiken zu erfassen, die für sich isoliert den Unternehmensfortbestand gefährden, sondern systematisch wesentliche Einzelrisiken zu identifizieren, zu bewerten und zu kommunizieren, die kumuliert oder in einer Wechselwirkung existenzgefährdend sein können.[438] Die gesetzlichen Regelungen des KonTraG verlangen hingegen nicht, Chancen – als Kehrseite der Medaille – mit in das Risikomanagementsystem einzubeziehen, was sich im Hinblick auf „Vermeidungsstrategien" negativ auswirken kann.[439]

Die **Risikoidentifikation** erfordert eine Festlegung einer Zielvariablen bzw. das Bestehen von Erwartungen und Zielen, die in der Regel im Rahmen der Planung vom Management festgelegt wurden.[440] Positive Abweichungen von diesem Zielwert stellen Chancen, negative Abweichungen Risiken dar.[441] Risiken können hierbei unterschiedlich eingeteilt werden, beispielsweise in permanente und stichtagsbezogene oder in unternehmensinterne und unternehmensexterne Risiken. Auch sachverhaltsbezogene (z.B. Geschäftsrisiken, Finanzrisiken, rechtliche Risiken), funktionsbereichsbezogene (z.B. ist Einkaufsrisiko, Produktionsrisiko) oder adressatenbezogene Kategorisierungen sind möglich.[442] Zur Risikoidentifizierung in den Geschäftsbereichen können unterschiedliche Techniken, wie z.B.

---

436 Vgl. *Diederichs* (2010), S. 42f.
437 Vgl. *Diederichs* (2010), S. 31.
438 Vgl. *Kajüter* (2009), S. 314 m.w.N.
439 Vgl. *Weber et al.* (1999), S. 1711; *Diederichs* (2010), S. 32.
440 Vgl. *Gebhardt* (2002), Sp. 1716; *Rapp* (2010), S. 236.
441 Vgl. *Rapp* (2010), S. 236.
442 Vgl. z.B. *Gebhardt* (2002), Sp. 1716f; *Rapp* (2010), S. 238; *Rapp/Wullenkord* (2011), S. 96f.

Interviews, Risikochecklisten oder Risikoinventuren eingesetzt werden.[443] Im Rahmen der **Risikobewertung** ist die Eintrittswahrscheinlichkeit und die potenzielle Schadenshöhe bei Risikoeintritt zu bestimmen, die sich in eine Brutto- und eine Nettoschadenshöhe differenzieren lässt:[444] Während die Brutto-Schadenshöhe die zu erwartende Schadenshöhe ohne Berücksichtigung bereits ergriffener Maßnahmen (wie z.B. Versicherungen) angibt, wird die Wirkung dieser Maßnahmen bei der Netto-Schadenshöhe mit einbezogen. Auch eine Klassifizierung hinsichtlich Schadenshäufigkeit und Schadenshöhe (hoch/mittel/selten bzw. hoch/mittel/gering) ist empfehlenswert.[445] Innerhalb der **Risikokommunikation** hat die Weiterleitung von risikorelevanten Informationen und Tatbeständen an entsprechende Entscheidungsträger zu erfolgen.[446] Mittels einer Risikoberichterstattung werden Informationen über unbewältigte Risiken entscheidungsebenenbezogen und in nachweisbarer Form zur Verfügung gestellt. Durch Festlegung von Schwellenwerten für die definierten Klassifizierungen, bei deren Überschreitung eine Berichtspflicht ausgelöst wird, kann sichergestellt werden, dass auch nachrangige Risiken berücksichtigt werden können, die sich bestandsgefährdend im Verbund mit anderen Risiken auswirken. Schließlich erhöht eine Ad-hoc-Berichterstattung über kurzfristig auftretende Risiken die Flexibilität, da hierbei ein Berichtsweg über mehrere Hierarchieebenen unterbleibt.

2.3.4.2 Anwendungsgebiete in der internationalen Rechnungslegung

2.3.4.2.1 Triggering Events beim Impairment Test

Für die anlassbezogene Durchführung von Impairment Tests stellt IAS 36 auf das Vorliegen bestimmter Anhaltspunkte („**Triggering Events**") ab (IAS 36.9). Demnach ist vom Unternehmen an jedem Abschlussstichtag zu prüfen, ob solche Anhaltspunkte vorliegen und sodann gegebenenfalls einen Impairment Test durchzuführen. Dies gilt gleichermaßen für Vermögenswerte, die jährlich auf Werthaltigkeit geprüft werden.[447] IAS 36.12 teilt die Triggering Events danach ein, ob deren Informationsgrundlage sich außerhalb oder innerhalb des Unternehmens befindet. Die Überprüfung, ob ein Anhaltspunkt vorliegt, kann durch das Risikomanagementsystem des Unternehmens erfolgen.[448] Dieser Rückgriff stellt eine weitere Verankerung des **Management Approach** in IAS 36 dar.

Eine beispielhafte, jedoch nicht abschließende Auflistung von Triggering Events, deren Informationsgrundlage außerhalb des Unternehmens (unternehmensexterne Indikatoren) zu finden ist, liefert IAS 36.12(a)–(d):

- In der Berichtsperiode ist der Marktwert des Vermögenswertes stärker gesunken, als dass dies durch den Zeitablauf oder die normale Nutzung des Vermögenswertes zu erwarten wäre. Dieser Anhaltspunkt entfällt in der Regel für goodwill-tragende

[443] Vgl. *Gebhardt* (2002), Sp. 1717.
[444] Vgl. *Rapp/Wullenkord* (2011), S. 97.
[445] Vgl. *Gebhardt* (2002), Sp. 1720.
[446] Vgl. hier und im Folgenden *Diederichs* (2010), S. 45f.
[447] Vgl. *Pellens et al.* (2011), S. 288.
[448] Vgl. *Weißenberger/Maier* (2006), S. 2078.

CGU, da für diese keine Markt- oder Börsenwerte existieren.[449] Dennoch wäre das Eintreten dieses Triggering Event möglich, wenn beispielsweise dauerhaft unerwartet hohe Absatzrückgänge in einem Geschäftsbereich auftreten. Dies wäre allerdings mit mindestens einem weiteren Triggering Event (siehe nachfolgender Punkt) verbunden.

- Es sind signifikante nachteilige Veränderungen im technischen, marktbezogenen, ökonomischen oder gesetzlichen Unternehmensumfeld bzw. für den Vermögenswert relevanten Markt eingetreten oder werden in naher Zukunft eintreten. Diese Aspekte können mittels entsprechender Instrumente im Rahmen des strategischen Controllings überprüft werden, wie z.B. der Branchenstrukturanalyse nach Porter oder der SWOT-Analyse.[450] Hierzu erfolgt ein Rückgriff auf das Risikomanagementsystem: Die Überwachung der Umfeldinformationen ist aus konzeptioneller Sicht dem Risikofrüherkennungssystem zuzuordnen.[451]
- Die Marktzinssätze, die für die Diskontierung im Rahmen der Nutzungswertermittlung herangezogen werden, haben sich erhöht. Dieser Indikator hat eine besondere Relevanz, wenn sich der Buchwert in der Nähe des zuletzt ermittelten Nutzungswerts befindet.[452] Sofern sich in einem solchen Fall die Umfeldinformationen nicht verändert haben, können Sensivitätsanalysen eingesetzt werden, um den Bedarf einer neuen Nutzungswertermittlung zu bestimmen.
- Das Eigenkapital („Buchwert des Nettovermögens“) des Unternehmens ist größer als seine Marktkapitalisierung.

Ferner listet IAS 36.12(e)–(f) – ebenfalls nicht abschließend – weitere, unternehmensinterne Indikatoren auf:

- Es können substanzielle Hinweise für Überalterung oder physische Beschädigung des Vermögenswertes ausgemacht werden. Auch dieses Kriterium erhält nur für Sachanlagen eine Relevanz.[453] Gleichwohl kann bei wertmäßig umfangreichen Sachanlagen das Risikomanagement des Konzerns eine entsprechende Risikoidentifikation implementieren (z.B. für einen Hochofen).
- Es haben sich nachteilige Veränderungen im Umfang oder der Weise ergeben, wie der Vermögenswert (voraussichtlich) genutzt wird, z.B. durch Stilllegung oder Restrukturierung. Auch die Überprüfung dieses Indikators ist aus konzeptioneller Sicht durch einen Rückgriff auf das Risikofrüherkennungssystem eines Unternehmens möglich.
- Aus dem internen Berichtswesen kann entnommen werden, dass die Ertragskraft des Vermögenswertes schlechter ist oder sein wird, als erwartet. Für diesen Indikator spezifiziert IAS 36.14(a)–(d) relevante Faktoren, wie z.B. erhöhte Kosten für den Betrieb bzw. Unterhalt eines Vermögenswertes, Verluste oder geringere Ge-

[449] Vgl. *Haas* (2009), S. 224.
[450] Vgl. *Haas* (2009), S. 222 m.w.N.
[451] Vgl. *Haas* (2009), S. 222f.
[452] Vgl. hier und im Folgenden *Haas* (2009), S. 223.
[453] Vgl. *Haas* (2009), S. 224.

winne als erwartet, die aus der Nutzung eines Vermögenswertes resultieren. Die Überprüfung des Indikators kann durch entsprechende Abweichungsanalysen (Kontrollrechnungen) vorgenommen werden.[454]

Wird im Risikomanagement eine Kategorisierung nach unternehmensinternen und unternehmensexternen Risiken vorgenommen, so liegt eine große Ähnlichkeit zwischen den von IAS 36.12 genannten Indikatoren und der unternehmensintern verwendeten Kategorisierung vor.[455] Sofern ein Unternehmen die Vermögenswerte bzw. CGUs in das Risikomanagement implementiert, ist eine unmittelbare Nutzung der Informationen im Rahmen des Management Approach möglich.

2.3.4.2.2 Chancen- und Risikoberichterstattung im Lagebericht

Wie bereits dargestellt, ist die Berichterstattung im Lagebericht über die voraussichtliche Entwicklung „mit ihren wesentlichen Chancen und Risiken" in den §§ 289 und 315 HGB geregelt.[456] Im Vergleich zu den vor dem BilReG geltenden Regelungen wurden daher der Risikobericht zu einem Risiko- und Chancenbericht aufgewertet und in Verbindung mit dem Prognosebericht gestellt.[457] Konkretisierende Regelungen finden sich in DRS 5 und DRS 15.[458] Während DRS 5 die Risikoberichterstattung regelt, gilt DRS 15 im Allgemeinen für den Lagebericht und verweist in DRS 15.91 auf den erstgenannten Standard.

DRS 5.1 bestimmt, dass die Berichterstattung über **Risiken** im Lagebericht den Adressaten „entscheidungsrelevante und verlässliche Informationen zur Verfügung stellt, die es ihnen ermöglichen, sich ein zutreffendes Bild über die Risiken der künftigen Entwicklung des Konzerns zu machen." Ein Risiko wird dabei von DRS 5.9 als „Möglichkeit von negativen künftigen Entwicklungen der wirtschaftlichen Lage des Konzerns" definiert. Es sind solche Risiken einzubeziehen, welche die finanziellen Entscheidungen der Adressaten beeinflussen könnten (DRS 5.10). Bedeutsam ist die Berichterstattung über Risikokonzentrationen und bestandsgefährdende Risiken (DRS 5.13, DRS 5.15) sowie die geforderte Systematisierung mittels Risikokategorien (DRS 5.16).[459] Nach Möglichkeit sollen die Risiken quantifiziert werden (DRS 5.20) und auf einem Prognosezeitraum von zwei Jahren basieren (DRS 5.24).

Nach DRS 15.92 kann die Berichterstattung über **Chancen** entweder getrennt oder gemeinsam mit der Risikoberichterstattung im Lagebericht erfolgen. Gemäß DRS 5.26 und DRS 15.12 dürfen Chancen und Risiken nicht gegeneinander aufgerechnet werden. Eine Chance wird dabei von DRS 5.9 als „Möglichkeit von positiven künftigen Entwicklungen

[454] Vgl. ähnlich *Haas* (2009), S. 223f.
[455] Vgl. hier und im Folgenden *Maier* (2009), S. 146.
[456] Vgl. detailliert zu den gesetzlichen Grundlagen die Ausführungen zur Prognoseberichterstattung in Abschnitt 2.3.3.4.2.
[457] Vgl. *Kajüter/Esser* (2007), S. 382.
[458] Vgl. auch *Kajüter/Esser* (2007), S. 382, die sich allerdings auf die Rechtslage vor der Überarbeitung der beiden Standards im Januar 2010 beziehen. Vgl. isoliert jeweils zur Risiko- und zur Chancenberichterstattung *Eisenschmidt* (2011a), S. 203f.; *Eisenschmidt* (2011b), S. 351f.
[459] Vgl. *Eisenschmidt* (2011a), S. 203.

der wirtschaftlichen Lage des Konzerns" definiert. Darüber hinaus können weitere, allgemeine Anforderungen an die Chancenberichterstattung aus den Grundsätzen zur Lageberichterstattung nach DRS 15 abgeleitet werden, wie z.B. dem der Vollständigkeit oder der Verlässlichkeit.[460]

Über DRS 15.28 ist auch in der Risiko- und Chancenberichterstattung durch die Forderung, die „Sicht der Unternehmensleitung zu vermitteln", der **Management Approach** verankert. Von besonderer Bedeutung ist hierbei der in DRS 5.16 geforderte Rückgriff auf die interne Risikokategorisierung:[461]

> *„Dabei hat sich das Unternehmen an der für Zwecke des Risikomanagements intern vorgegebenen Risikokategorisierung zu orientieren." (DRS 5.16)*

Ferner ist gem. DRS 5.28f. das eingesetzte Risikomanagementsystem „in angemessenem Umfang zu beschreiben" und dabei insbesondere „auf die Strategie, den Prozess und die Organisation" einzugehen. Hierdurch sollen Adressaten die Risiken des Konzerns besser einschätzen können (DRS 5.28).

Auch für die Chancen- und Risikoberichterstattung kann auf die Neuerungen durch den PS MC verwiesen werden.[462] Gemäß PS MC.29–33 ist auch im **Management Commentary** über wesentliche Chancen und Risiken zu berichten.[463]

2.3.5 Projektcontrolling

Die vierte Informationsquelle im Rahmen der Berichterstattung nach dem Management Approach stellt das Projektcontrolling dar. Zunächst werden in Abschnitt 2.3.5.1 die Grundlagen des Projektcontrollings erarbeitet, um diese anschließend mit den relevanten Anforderungen der IFRS-Standards IAS 38 (Kapitel 2.3.5.2.1) und IAS 11 (Kapitel 2.3.5.2.2) zu verknüpfen.

2.3.5.1 Grundlagen des Projektcontrollings

2.3.5.1.1 Einordnung des Projektcontrollings

Ein Projekt zeichnet sich vor allem durch die folgenden Merkmale aus:[464] Im Gegensatz zu Routineaufgaben im Unternehmen sind Projekte zeitkritisch und besitzen definierte Anfangs- und Endtermine. Projekte haben spezifische Ziele, zu deren Erreichen begrenzte finanzielle und personelle Kapazitäten zur Verfügung stehen. Darüber hinaus können unterschiedliche Fachbereiche und Teams beteiligt sein. Außerdem kann das Vorhaben von Risiken und Unsicherheiten geprägt sein. DIN 69901 („Projektmanagement – Projektmanagementsysteme") liefert sogar eine normierte Definition des Projektbegriffs, nach

---

[460] Vgl. ausführlich *Eisenschmidt* (2011b), S. 351.

[461] Vgl. auch *Weißenberger/Maier* (2006), S. 2079, die sich allerdings auf die Rechtslage vor der Überarbeitung der beiden Standards im Januar 2010 beziehen.

[462] Vgl. ausführlich die Ausführungen in 2.3.3.4.2.

[463] Vgl. ausführlich *Kajüter* (2011), S. 224.

[464] Vgl. zu den Merkmalen ausführlich *Fiedler* (2008), S. 2–4. Ähnlich *Krüger* (2002), Sp. 1582.

welcher dieses „ein Vorhaben [ist], das im Wesentlichen durch die Einmaligkeit der Bedingungen in ihrer Gesamtheit gekennzeichnet ist.“

Projekte besitzen mit dem Projektmanagement ein eigenes, projektbezogenes Führungssystem, das Planungs- und Kontrollmethoden, Informationssysteme sowie Instrumente der Aufbau- und Ablauforganisation und der Mitarbeiterführung umfasst.[465] Das **Projektcontrolling** stellt eine auf die Anforderungen des Projektmanagements ausgerichtete Form des Controllings dar, welches das Projektmanagement koordinierend unterstützt.[466] Auch nach DIN 69901 steht beim Projektcontrolling das Erreichen des Projektziels im Vordergrund.[467] In der Literatur findet sich eine Reihe von Aufgabenabgrenzungen, denen jedoch gemein ist, dass Projektcontrolling nicht nur auf die Planung und Kontrolle von Kosten beschränkt ist.[468] Neben der Unterstützung des Projektmanagements bei strategischen und operativen Projektmanagementaufgaben und bei der Projektplanung und der Projektkontrolle stellt das Projektcontrolling auch die Verbindung zum Unternehmenscontrolling her.[469] Ein herausragendes Merkmal des Projektcontrollings ist dabei die Multifunktionalität:[470]

> *„Das Projekt-Controlling bezieht sich nicht nur auf die Überwachung einzelner Projekte, sondern umfasst das gesamte Projektportfolio eines Unternehmens. Das Projekt-Controlling ist demnach die koordinierte Überwachung und analytische Bewertung für Steuerungsmaßnahmen des gesamten Projektportfolios mit dem Ziel, geplante und vereinbarte Ergebnisse sicherzustellen, die Erfolgsfaktoren zu realisieren und organisatorische Reibungsverluste zu minimieren.“*[471]

Diese Ausführungen sind vor dem Hintergrund des Management Approach von Bedeutung, da sich auf der Unternehmensseite unterschiedliche Implikationen ergeben können. Je nach organisatorischer Aufgabenverteilung (Zentralcontrolling versus Projektcontrolling) und Aufgabenwahrnehmen (multifunktionales Projektcontrolling versus Einzel-Projektcontrolling) können unterschiedliche Akteure in die Berichterstattung nach dem Management Approach einbezogen sein.

---

[465] Vgl. *Krüger* (2002), Sp. 1582.

[466] Vgl. *Krüger* (2002), Sp. 1582.

[467] Nach DIN 69901 erfolgt dies durch Soll-Ist-Vergleiche, durch Feststellung der Abweichungen, durch Bewerten der Konsequenzen und Vorschlagen von Korrekturmaßnahmen sowie durch Mitwirkung bei der Maßnahmenplanung und Kontrolle der Durchführung. Vgl. *Fiedler* (2008), S. 11.

[468] Vgl. *Fiedler* (2008), S. 11–13.

[469] Vgl. *Fiedler* (2008), S. 13–16.

[470] Vgl. auch *Krüger* (2002), Sp. 1586f.

[471] *Koreimann* (2005), S. 20.

Kriterien	Klassisches Controlling	zusätzliche Implikationen für das Projektcontrolling
Ursprung der Basisdaten	Rechnungswesen	Leistungsdaten der Projekte
Rechengrößen	Kosten, Gewinn, Verlust	Nutzen, Qualität, Funktion
Planungshorizont	Kalendarisch	Projektlaufzeit
Planungszyklus	Monatlich bis jährlich	Phasen, Meilensteine
Zielgrößen	z.B. Gewinn, Cashflow, Rendite	(strategische) Erfolgsfaktoren, Nutzen
Gegenstand	Leistungsprozesse	Produkte und Projektprozesse
Methodik	Vergangenheitsorientiert und prognostisch	Prognostisch
Organisation	Zentralistisch	Multifunktional

Tab. 2-3: Implikationen für das Projektcontrolling
Quelle: In Anlehnung an *Koreimann* (2005), S. 21.

Im Vergleich zum klassischen Controlling kommt es jedoch aufgrund der spezifischen Merkmale von Projekten zu einer Reihe von weiteren Implikationen für das Projektcontrolling (vgl. Tab. 2-3). Das Projektcontrolling bezieht seine Daten beispielsweise nicht nur aus dem Rechnungswesen (z.B. aus der Kostenrechnung). Es ist erforderlich, dass Leistungsdaten der Projekte hinzugezogen werden.[472] Auch für die Projektplanung ergeben sich Konsequenzen. Der Planungshorizont richtet sich nicht am Kalenderjahr aus, sondern an der Projektlaufzeit. Der Planungszyklus orientiert sich an den Projektphasen und an den Meilensteinen.

Um das Erreichen des Projektziels sicherzustellen, kann das Projektcontrolling auf eine Reihe von **Instrumenten** zurückgreifen. Diese Instrumente können anhand eines Projektablaufschemas eingeordnet werden (vgl. Abb. 2-14). Nach der Projektdefinition folgt die erste entscheidende Phase, die Projektplanung.[473] Bei der Projektplanung sind vor allem der Projektstrukturplan und die Termin- und Kostenplanung von Bedeutung. Im Rahmen der Projektdurchführung nimmt die Projektkontrolle eine entscheidende Rolle ein. Termin-, Aufwands- bzw. Kostenkontrollen und Fortschrittskontrollen fließen in die Dokumentation und Berichterstattung ein. Nach der Produktabnahme erfolgen eine abschließende Analyse und eine Erfahrungssicherung, bevor das Projekt aufgelöst wird.

---

[472] Auch im klassischen Controlling können Leistungen bzw. Erlöse herangezogen werden, vgl. *Hoitsch/Lingnau* (2007), S. 20; *Schweitzer/Küpper* (2011), S. 47f.

[473] Vgl. *Burghardt* (2007), S. 76.

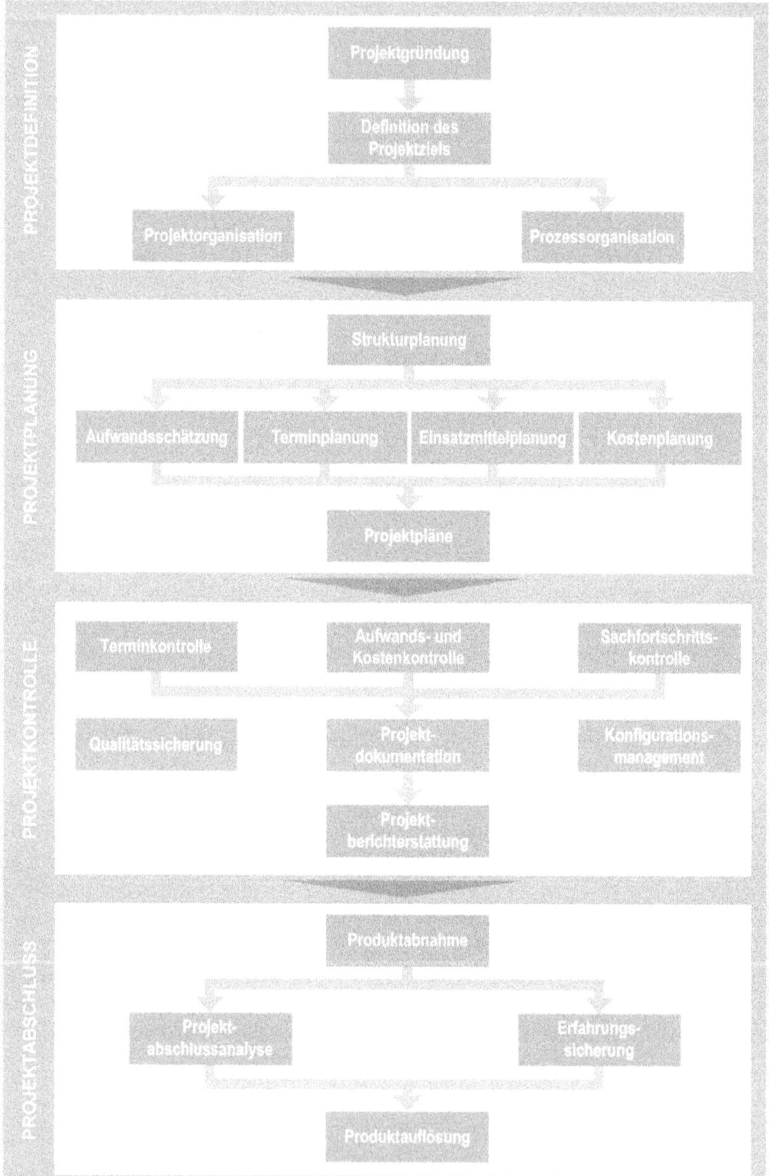

Abb. 2-14: Projektmanagementaufgaben im Projektablauf
Quelle: In Anlehung an *Burghardt* (2007), S. 12

Insgesamt kann der gesamte Prozess durch Projektabwicklung – insbesondere bei der Entwicklung von neuen Produkten – durch ein Stage-Gate-Sytem nach *Cooper* gestützt sein.[474] Hierbei werden fünf „Gates“ vorgesehen. Ein Projekt kann nur in die nächste Phase („Stage“) gelangen, wenn die Vorhergehende abgeschlossen wurde und das sich an deren Ende befindende Gate öffnet. Die fünf Phasen im Stage-Gate-System sind eine vorläufige Einschätzung („Preliminary Assessment“), eine detaillierte Ausarbeitung („Detailed Investigation“, „Business Case“), die Entwicklung („Development“), die Überprüfung („Testing & Validation“) und schließlich die Produktion und der Verkaufsbeginn („Full Production & Market Launch“). Die Projektabwicklung durch ein Stage-Gate-System kann im Rahmen der Berichterstattung nach dem Management Approach hilfreich für die Einteilung in eine Forschungs- und Entwicklungsphase sein.[475]

Im Folgenden sollen anhand des Ablaufschemas in Abb. 2-14 einige zentrale Instrumente des Projektcontrollings dargestellt werden. Zuerst soll der Fokus auf der Projektplanung liegen, um im Anschluss daran entsprechende Kontrollinstrumente zu analysieren.

2.3.5.1.2 Planungsinstrumente im Projektcontrolling

Grundlegend können im Rahmen der Vorselektion von Projekten **Machbarkeitsstudien** eingesetzt werden.[476] Bei der Betrachtung steht im Vordergrund, ob das Projekt aus der Sicht des Betrachtungszeitpunktes durchführbar ist. Neben technischen und wirtschaftlichen können auch rechtliche, ökologische und soziale Kriterien eine Rolle spielen. Aufbauend auf diesen Kriterien können entsprechende Teilstudien durchgeführt werden (z.B. technische Studie, Wirtschaftlichkeitsstudie).[477]

Können anhand der Machbarkeitsstudien realisierbare Projekte ausgemacht werden, so kann das Projekt im Rahmen der Projektdefinition durch einen **Businessplan** konkretisiert werden.[478] Ein Businessplan stellt eine wichtige Entscheidungsgrundlage dar und ermöglicht es, das Projekt zu bewerten.[479] Er umfasst neben qualitativen Planungselementen unter anderem auch eine quantitative Finanzplanung, die Erträge und Aufwendungen gegenüberstellt.[480]

Voraussetzung für eine erfolgreiche Projektabwicklung ist die Zerlegung des Projektes in überschaubare Teile.[481] In einem Produktstrukturplan werden alle Produkt- und Leistungskomponenten technisch strukturiert und hierarchisch dargestellt.[482] Darauf aufbauend kann ein **Projektstrukturplan** mit Arbeitspaketen (PSP oder Work Breakdown Structure) erstellt werden, der eine vollständige hierarchische Auflistung aller zur Projekt-

474 Vgl. zu den folgenden Ausführungen *Cooper* (1990), S. 46, S. 50–53.
475 Vgl. hierzu Abschnitt 2.3.5.2.1.
476 Vgl. zu den folgenden Ausführungen *Bea et al.* (2008), S. 86f.
477 Vgl. ausführlich *Bea et al.* (2008), S. 88–91.
478 Vgl. *Mensel* (2004), S. 167.
479 Vgl. *Nagl* (2010), S. 13f.
480 Vgl. ausführlich *Nagl* (2010), S. 17f.; S. 71–88.
481 Vgl. *Burghardt* (2007), S. 77.
482 Vgl. *Schmolke* (2002), Sp. 1604; *Burghardt* (2007), S. 77.

durchführung erforderlichen Aufgaben (Arbeitspakete) enthält.[483] Schließt sich an die Produkt- und Projektstrukturierung zusätzlich noch eine Kontenstrukturierung an, spricht man von einem integrierten Projektmanagement.[484] Der Projektstrukturplan kann top-down oder bottom-up geplant werden:[485] Während beim top-down-Ansatz in mehreren Stufen das globale Projektziel in kleinere, operationale Teilprojekte heruntergebrochen wird, müssen beim bottom-up-Ansatz zuerst die operationalen Arbeitspakte gebildet und anschließend zu übergeordneten Elementen verdichtet werden. Projektstrukturpläne werden meist funktions-, objekt- oder ablauf- bzw. phasenorientiert gegliedert – oder in einer Mischform.[486]

Die Strukturierung eines Projektes in Arbeitspakete stellt den ersten Schritt im Projektmanagement dar, an den sich die Planung der Ablaufstruktur des Projektes anschließt.[487] Die **Ablaufplanung** wird in Übereinstimmung mit der Termin-, Ressourcen- und Kostenplanung erstellt, welche wiederrum von der Projektstrukturierung geprägt sind (vgl. auch Abb. 2-14).[488] Zur Erstellung der Ablaufstruktur – insbesondere komplexer Projekte – wird in der Regel auf die Netzplantechnik zurückgegriffen, da sie die genannten Einflussfaktoren berücksichtigen kann.[489] Die **Netzplantechnik** entstand in den 1950er Jahren, wobei insbesondere drei Techniken im Vordergrund standen, die mittlerweile vielfach modifiziert wurden:[490] Die Critical Path Method (CPM), die Project Evaluation and Review Technique (PERT) und die Metra Potencial Method (MPM).[491] Netzpläne bestehen aus Vorgängen und Ereignissen.[492] Nach DIN 69900 („Netzplantechnik") ist ein Vorgang ein Ablaufelement, das ein zeiterforderndes Geschehen mit definiertem Anfang und Ende darstellt, wohingegen ein Ereignis ein Ablaufelement ist, welches das Eintreten eines definierten Zustandes beschreibt.[493] Ereignisse, die eine besondere Bedeutung für den Projektablauf haben, werden Meilensteine genannt und sind die Eckpfeiler für Planung, Steuerung und Kontrolle.[494] Bei einer computergestützten Projektplanung kann der Projektstrukturplan über den Netzplan verwaltet werden:[495] Werden den Vorgängen des Netzplans die eindeutigen Identifikationsnummern der Aufgaben aus dem Projektstrukturplan zugeordnet, so lässt sich der Projektstrukturplan automatisch aus dem Netzplan erstellen. Neben der Netzplantechnik ist der **Meilensteinplan** ein weiteres Werkzeug zur

---

483 Vgl. *Schmolke* (2002), Sp. 1604; *Fiedler* (2008), S. 108; *Burghardt* (2007), S. 77.

484 Vgl. *Burghardt* (2007), S. 77f.

485 Vgl. *Ehlers* (1997), S. 55.

486 Vgl. *Fiedler* (2008), S. 108; *Burghardt* (2007), S. 79. *Ehlers* führt die ablauf- bzw. phasenorientierte Gliederung auf, vgl. mit Beispielen *Ehlers* (1997), S. 55.

487 Vgl. *Ehlers* (1997), S. 56.

488 Vgl. *Schmolke* (2002), Sp. 1606.

489 Vgl. *Ehlers* (1997), S. 57, 64; *Schmolke* (2002), Sp. 1606; *Domschke/Drexl* (2005), S. 97.

490 Vgl. *Domschke/Drexl* (2005), S. 96; *Schwarze* (2010), S. 28.

491 Die CPM und die PERT wurden 1956 in den USA entwickelt. Letztere entstand bei der Entwicklung der Polarisrakete. Die MPM kam erstmals 1957 in Frankreich zum Einsatz. Vgl. *Domschke/Drexl* (2005), S. 96.

492 Vgl. *Domschke/Drexl* (2005), S. 96.

493 Vgl. *Domschke/Drexl* (2005), S. 96; *Bea et al.* (2008), S. 164.

494 Vgl. *Domschke/Drexl* (2005), S. 97; *Bea et al.* (2008), S. 164.

495 Vgl. *Burghardt* (2007), S. 83.

Grobterminplanung.[496] Anhand von Meilensteinplänen kann auch der Fertigstellungsgrad eines Projektes gemessen werden.[497]

Wie bereits dargestellt, erfolgt die **Ressourcen- und Kapazitätsplanung** in enger Abstimmung mit der Termin- und Ablaufplanung. Dabei werden alle Einsatzmittel geplant, die zur Durchführung benötigt werden.[498] Diese können Personal, Sachmittel, Material oder Finanzmittel sein.[499] Der Ressourcenbedarf wird pro Arbeitspaket nach Art, Menge und Zeit aus den Arbeitsplänen, Stücklisten oder der Aufwandsplanung abgeleitet.[500] Anschließend wird die zur Verfügung stehende Kapazität ermittelt und im dritten Schritt mit dem Ressourcenbedarf verglichen.[501] Schließlich wird eine Ressourcenoptimierung durchgeführt, die entweder terminorientiert (Einhaltung eines geplanten Termins) oder kapazitätsorientiert (möglichst geringes Budget) sein kann.[502]

Ein weiteres Planungsinstrument stellt die **Kostenplanung** dar. Die Kostenplanung stellt den letzten Schritt der Projektplanung dar und baut auf anderen Planungskomponenten, wie dem Projektstrukturplan oder der Ressourcenplanung auf.[503] Mittels verschiedener Verfahren können entweder ausgehend vom Gesamtprojekt (Top-down) oder ausgehend von einzelnen Arbeitspaketen (Bottom-up) die Kosten geplant werden.[504] So können beispielsweise Erkenntnisse aus vergleichbaren Projekten (Analogiemethode, Multiplikatormethode) oder Expertenmeinungen (Schätzungen) herangezogen werden.[505] Darüber hinaus kann im Anschluss an die Kostenplanung die **Budgetierung** als weiteres Planungsinstrument zum Einsatz kommen.[506] Die Budgetierung ist von der Kostenplanung unabhängig, kann jedoch auf diese zurückgreifen, um Kostenwerte für die Budgets zu übernehmen.[507] Die am Projekt beteiligten leitenden Mitarbeiter erhalten im Rahmen der Budgetfestlegung für die einzelnen Arbeitspakete oder Teilprojekte Kostenvorgaben, die periodenübergreifend und projektbezogen sind.[508] Anhand dieser Kostenvorgaben ist eine spätere Kontrolle möglich.[509]

Als Bestandteil der Projektkalkulation[510] kann schließlich die **Vorkalkulation** zu Planungszwecken herangezogen werden. Hierbei kann zwischen der Angebotsvorkalkulation und der Auftragsvorkalkulation unterschieden werden.[511] Die Angebotsvorkalkulation

---

[496] Vgl. *Keßler/Winkelhofer* (2002), S. 240f.; *Schreckeneder* (2005), S. 111f.; *Köster* (2010), S. 68f.
[497] Vgl. *Sasse* (2005), S. 376; *Fiedler* (2008), S. 109.
[498] Vgl. *Bea et al.* (2008), S. 189.
[499] Vgl. *Bea et al.* (2008), S. 190.
[500] Vgl. *Aichele* (2006), S. 132f.; *Bea et al.* (2008), S. 190; *Seiß* (2009), S. 31.
[501] Vgl. *Bea et al.* (2008), S. 190
[502] Vgl. *Bea et al.* (2008), S. 190, S. 195f.
[503] Vgl. *Bea et al.* (2008), S. 138f.
[504] Vgl. detailliert zu den einzelnen Verfahren *Zimmermann et al.* (2010), S. 15–19.
[505] Vgl. *Fiedler* (2008), S. 117; *Zimmermann et al.* (2010), S. 15f., S. 17f.
[506] Vgl. *Litke* (2007), S. 127.
[507] Vgl. *Burghardt* (2007), S. 310.
[508] Vgl. *Gleich* (2002), Sp. 1598.
[509] Vgl. *Lachnit et al.* (1994), S. 43.
[510] Die mitlaufende Kalkulation sowie die Nachkalkulation werden im Rahmen der Kontrollinstrumente in Abschnitt 2.3.5.1.3 behandelt.
[511] Vgl. zu den folgenden Ausführungen *Lachnit et al.* (1994), S. 40.

dient der Preisfindung und ermittelt näherungsweise die Stückkosten eines Projektes auf der Basis von unvollständigen Informationen und von Erfahrungswerten. Die Auftragsvorkalkulation findet nach Auftragserteilung statt und kann auf Basis der endgültigen Auftragsspezifikation detaillierte Mengendaten miteinbeziehen. Idealerweise besteht zu diesem Zeitpunkt bereits ein Projektstrukturplan.[512] Die Vorkalkulation dient im Projektverlauf als Vergleichsgröße der mitlaufenden Kalkulation und wird bei Planänderung aktualisiert.[513]

2.3.5.1.3 Kontrollinstrumente im Projektcontrolling

Mittels der **Projektkostenrechnung**, die sowohl ein Kontroll- als auch ein Planungsinstrument darstellt, können die angefallenen Kosten erfasst werden und dem Projekt oder einem seiner Arbeitspakete zugeordnet werden.[514] Die Projektkostenrechnung kann in die Kostenarten-, Kostenstellen- und Kostenträgerrechnung differenziert werden.[515] In der Kostenartenrechnung werden Auftragskosten in Abhängigkeit von ihrer Zurechenbarkeit in Einzel- und Gemeinkosten unterschieden.[516] Einzelkosten werden dem Kostenträger (z.B. Arbeitspaket oder Projekt) direkt zugerechnet. Nicht direkt zurechenbare Gemeinkosten werden mittels der Kostenstellenrechnung auf Kostenstellen (z.B. Vertrieb) erfasst.[517] Anschließend erfolgt eine beanspruchungsgerechte Verrechnung oder eine Verteilung nach pauschalen Schlüsselungen auf die Kostenträger.[518]

Die **mitlaufende Kalkulation** stellt ein zentrales Instrument dar, mit dem über die aktuelle Projektlage informiert werden kann, indem die bereits angefallenen Kosten und die voraussichtlichen Gesamtkosten des Projektes aufgeführt und mit der aktualisierten Vorkalkulation verglichen werden.[519] Im Vergleich mit dem vereinbarten Umsatz ist auch der Erfolg des Gesamtprojektes erkennbar.[520] Auch können durch den Einsatz von Abweichungsanalysen die Ursachen für einen Kostenanstieg identifiziert werden.[521] Das grundsätzliche Vorgehen bei der mitlaufenden Kalkulation ist die Gegenüberstellung der angefallenen, disponierten sowie noch zu erwartenden Kosten mit den aktualisierten Soll- und Plan-Kosten der Auftragsvorkalkulation.[522]

Nach der Produktabnahme erfolgt eine abschließende Projektanalyse, in welcher nicht nur das Auftragsergebnis abschließend ermittelt wird, sondern auch die Erfahrungssicherung gewährleistet wird.[523] Die kostenmäßige Überprüfung des Projektes erfolgt in Form

---

512 Vgl. *Gleich* (2002), Sp. 1597.
513 Vgl. *Lachnit et al.* (1994), S. 45.
514 Vgl. *Gleich* (2002), Sp. 1592.
515 Vgl. *Burghardt* (2007), S. 148.
516 Vgl. allgemein *Götze* (2010), S. 27.
517 Vgl. *Hofmann et al.* (2003), S. 1163f.
518 Vgl. allgemein *Fandel et al.* (2004), S. 131–137.
519 Vgl. *Lachnit et al.* (1994), S. 45f.; *Aichele* (2006), S. 135.
520 Vgl. *Lachnit et al.* (1994), S. 46.
521 Vgl. *Hay et al.* (1993), Sp. 1639; *Aichele* (2006), S. 135.
522 Vgl. *Lachnit et al.* (1994), S. 46f.; *Gleich* (2002), Sp. 1598f.; *Seiß* (2009), S. 38.
523 Vgl. *Gleich* (2002), Sp. 1599; *Burghardt* (2007), S. 12.

einer **Nachkalkulation**.[524] Der Gesamterfolg bemisst sich aus der Differenz zwischen Gesamtauftragserlösen und Gesamtauftragskosten. Durch die Verbindung mit Abweichungsanalysen und der Analyse der organisatorischen Projektabwicklung können Soll-Ist-Abweichungen und Verantwortlichkeiten erklärt werden.[525] Die dokumentierten Erkenntnisse aus der mitlaufenden Kalkulation und aus der Nachkalkulation stellen die Projekterfahrung dar und können für Angebote bei neuen Projekten herangezogen werden.

Für die Projektkontrolle können **Abweichungsanalysen** zur Untersuchung der Termin-, Kosten- und Leistungstreue eingesetzt werden.[526] Die Terminkontrolle kann mittels einfachen Terminübersichten, bei mehrfacher Verzögerung einzelner Arbeitspakete mit Termintrendanalysen (Plan-Plan-Vergleiche) oder mit Meilensteintrendanalysen erfolgen (zu jedem Berichtstermin wird der Planungstermin vermerkt, sodass eine grafische Beurteilung möglich ist).[527] Die traditionelle Abweichungsanalyse zur Kostenkontrolle ist die einfache bzw. isolierte Projektkostenanalyse.[528] Hierbei wird die Gesamtabweichung durch die Differenz von Ist- und Budget- bzw. Plan-Kosten berechnet.[529]

$$\textit{Gesamtabweichung} = \textit{Ist-Kosten} - \textit{Plan-Kosten} \tag{2.1}$$

Problematisch bei der isolierten Projektkostenanalyse ist die mangelnde Interpretierbarkeit: Eine negative Budgetabweichung kann sowohl Zeitverzug als auch effizienter Umgang mit Ressourcen bedeuten.[530] Eine mögliche Ergänzung der Ist-Plan-Abweichung kann die Verknüpfung mit der Terminkontrolle sein, die grafisch z.B. in einem Kosten-Termin-Diagramm dargestellt werden kann.[531]

Die integrierte Kosten- und Leistungsanalyse hingegen formuliert die Kosten als Funktion der Zeit (anstatt des Outputs) und teilt damit die Gesamtabweichung in eine Mengen- und eine Wertkomponente.[532] Die Mengenkomponente berechnet sich aus der Differenz von Ist-Kosten und Soll-Kosten, die Mengenkomponente aus Soll-Kosten und Plan-Kosten:

$$\textit{Gesamtabweichung} = (\textit{Ist-Kosten} - \textit{Soll-Kosten}) + (\textit{Soll-Kosten} - \textit{Plan-Kosten}) \tag{2.2}$$

Die Wertkomponente gibt die Effizienz der eingesetzten Ressourcen an, die Mengenkomponente verdeutlicht den Projektfortschritt im Vergleich mit dem ursprünglichen

[524] Vgl. *Lachnit et al.* (1994), S. 48.
[525] Vgl. zu den folgenden Ausführungen *Lachnit et al.* (1994), S. 49.
[526] Vgl. *Coenenberg et al.* (2009), S. 482.
[527] Vgl. *Burghardt* (2007), S. 173–176.
[528] Vgl. *Hofmann et al.* (2004), S. 387.
[529] Vgl. *Coenenberg et al.* (1992), S. 768f. *Hofmann et al.* (2004), S. 387.
[530] Vgl. *Hofmann et al.* (2004), S. 387.
[531] Vgl. *Burghardt* (2007), S. 192f.
[532] Vgl. *Hofmann et al.* (2004), S. 388f.; *Sasse/Riedrich* (2004), S. 561.

Zeitplan.[533] Die Soll-Kosten berechnen sich durch Multiplikation der Ist-Kosten eines Arbeitspaketes mit dem jeweiligen Fertigstellungsgrad.[534]

Schließlich stellt die Earned-Value-Methode ein zuverlässiges Instrument der Fortschrittsmessung und Steuerung dar.[535] Sie ermöglicht neben der Fortschrittsmessung auch Kosten- und Zeit-Abweichungsanalysen sowie eine Gesamtkosteneinschätzung.[536] Zur Anwendung der Methode müssen zwingend ein Projektstrukturplan mit Arbeitspaketen sowie Start- und Endzeitpunkte derselben vorhanden sein.[537] Die Summe der Soll-Kosten der zum Betrachtungszeitpunkt abgeschlossenen Arbeitspakete stellt den Earned Value dar (EV; entspricht dem Projektfortschritt).[538] Der Planned Value (PV) hingegen umfasst die Plan-Kosten der zum Betrachtungszeitpunkt gemäß Plan abgeschlossenen Leistung (Soll-Leistung).[539] Daneben besteht der Actual Costs (AC) aus den tatsächlich zum Betrachtungszeitpunkt angefallenen Kosten.[540] Hieraus lassen sich die Kostenabweichung (Cost Variance, CV) aus der Differenz von EV und AC sowie die Zeitabweichung (Time Variance, TV) durch Differenz von EV und PV ermitteln.[541] Anhand dieser Kennzahlen lassen sich Ursachen für Abweichungen analysieren sowie ein Projektfortschritt zum aktuellen Betrachtungszeitpunkt ermitteln.[542]

Nachdem vorstehend verschiedene Instrumente des Projektcontrollings betrachtet wurden, steht im Folgenden der Rückgriff auf diese im Rahmen der internationalen Rechnungslegung im Vordergrund. Zunächst wird das Projektcontrolling bei der Entwicklung selbst erstellter immaterieller Vermögenswerte (Kapitel 2.3.5.2.1) dargestellt, woran sich das Projektcontrolling bei Fertigungsaufträgen (Kapitel 2.3.5.2.2) anschließt.

2.3.5.2 Anwendungsgebiete in der internationalen Rechnungslegung

2.3.5.2.1 Projektcontrolling bei der Entwicklung immaterieller Vermögenswerte

Die Bilanzierung von selbst erstellten immateriellen Vermögenswerten ist in IAS 38 geregelt. Da eine Abgrenzung vom originären Goodwill des Unternehmen, der nicht aktivierungsfähig ist (vgl. IAS 38.48), vor allem bei der Ermittlung von Herstellungskosten schwierig ist, fordert der Standard in IAS 38.52 die **Einteilung des Erstellungsprozesses in zwei Phasen**:[543] Eine Forschungsphase und eine Entwicklungsphase. Nach IAS 38.8 ist Forschung „die eigenständige und planmäßige Suche mit der Aussicht, zu neuen wissenschaftlichen oder technischen Erkenntnissen zu gelangen" und Entwicklung „die Anwen-

533 Vgl. *Coenenberg et al.* (1992), S. 769f.; *Hofmann et al.* (2004), S. 388.
534 Vgl. *Coenenberg et al.* (1992), S. 772; *Hofmann et al.* (2004), S. 389.
535 Vgl. *Hofmann et al.* (2004), S. 391; *Sasse* (2005), S. 375.
536 Vgl. *Hoffmann/Renner* (2008), S. 48; *Sasse/Riedrich* (2004), S. 565.
537 Vgl. *Hofmann et al.* (2004), S. 391.
538 Vgl. *Sasse* (2006), S. 588.
539 Vgl. *Langmann/Gräf* (2011), S. 78.
540 Vgl. *Hofmann et al.* (2004), S. 391; *Langmann/Gräf* (2011), S. 78.
541 Vgl. *Hofmann et al.* (2004), S. 392.
542 Vgl. *Hofmann et al.* (2004), S. 392. Vgl. außerdem zur Möglichkeit der Prognose des Projekterfolgs S. 393.
543 Vgl. *Pellens et al.* (2011), S. 316f.

dung von Forschungsergebnissen oder von anderem Wissen auf einen Plan oder Entwurf für die Produktion von neuen oder beträchtlich verbesserten Materialien, Vorrichtungen, Produkten, Verfahren, Systemen oder Dienstleistungen" (IAS 38.8). Durch die Verwendung dieser Begriffe bestehen Ähnlichkeiten mit der von der *OECD* gewählten Einteilung in Grundlagenforschung, angewandte Forschung und Entwicklung.[544] Allerdings lässt der *IASB* den Bereich der angewandten Forschung außen vor, was zu Anwendungsproblemen in der Praxis führen kann.[545] Eine Hilfe stellen dennoch die vom Standard aufgeführten Beispiele dar: Forschung kann z.B. eine Aktivität zur Erlangung neuer Erkenntnisse oder die Suche nach Alternativen für Materialien oder Verfahren sein (vgl. IAS 38.56), Entwicklung hingegen beispielsweise der Entwurf, die Konstruktion und das Testen von Prototypen, der Entwurf von Werkzeugen o.Ä. oder der Entwurf, die Konstruktion und der Betrieb von Pilotanlagen (vgl. IAS 38.59). Die Unterscheidung ist von besonderer Relevanz, da Forschungskosten ausnahmslos und direkt erfolgswirksam als Aufwand in der GuV zu erfassen sind und somit ein Aktivierungsverbot vorliegt (IAS 38.55).[546]

Der *IASB* hält aufgrund der größeren Markt- und Produktnähe von Entwicklungsprojekten einen Nutzenzufluss aus Entwicklungskosten hingegen für wahrscheinlicher.[547] Daher besteht aufgrund IAS 38.57 ein **Aktivierungsgebot für Entwicklungskosten**, sofern die folgenden Voraussetzungen kumulativ erfüllt sind (vgl. IAS 38.57(a)–(f)):

- Technische Realisierbarkeit der Fertigstellung des Projektes zur anschließenden Vermarktung oder Nutzung;
- Absicht des Unternehmens zur Fertigstellung und zur Vermarktung des Projektes;
- Fähigkeit des Unternehmens zur Vermarktung oder Nutzung des Projektes;
- Nachweis des künftigen ökonomischen Nutzenzuflusses durch das Projekt;
- Verfügbarkeit von adäquaten technischen, finanziellen und sonstigen Ressourcen, um die Entwicklung abzuschließen und eine Vermarktung oder Nutzung zu erreichen;
- Fähigkeit zur verlässlichen Ermittlung der Entwicklungskosten.

Die Erfüllung der sechs Kriterien muss gem. IAS 38.57 durch das Unternehmen nachgewiesen werden. Hierdurch ergibt sich ein erheblicher **Ermessens- und Gestaltungsspielraum** für das Management.[548] Dies wird insbesondere durch den in der Praxis meist nicht linearen F&E-Prozess, der vielmehr durch Rückkopplungen und Überlappungen geprägt ist, sowie den notwendigen subjektiven Schätzungen für den Nachweis der sechs Kriterien gefördert.[549]

Aufgrund der genannten Anforderungen bei der Bilanzierung von selbst erstellten immateriellen Vermögenswerten hat IAS 38 auf der Unternehmensebene auch **Implikationen**

[544] Vgl. *OECD* (1993), S. 68–70.
[545] Vgl. *Burger et al.* (2006), S. 732.
[546] Vgl. *Burger et al.* (2006), S. 729; *Pellens et al.* (2011), S. 317.
[547] Vgl. *Burger et al.* (2006), S. 730.
[548] Vgl. *Burger et al.* (2006), S. 734; *Wagenhofer* (2009), S. 221; *Baetge/von Keitz* (2010), Rz. 61–69.
[549] Vgl. ausführlich *Burger et al.* (2006), S. 732–734.

für das Controlling: Die Unterscheidung der beiden Phasen sowie die Datenlieferung für den Nachweis der genannten Kriterien fällt in das Aufgabengebiet des F&E-Controllings.[550] Dies entspricht dem Management Approach und ist im Standard wie folgt verankert:

> *„Die Kostenrechnungssysteme eines Unternehmens können oftmals die Kosten für die Selbstschaffung eines immateriellen Vermögenswertes verlässlich ermitteln“ (IAS 38.62).*

Zur Erfüllung der Kriterien aus IAS 38 eignen sich verschiedene Projektcontrollinginstrumente, die im Folgenden dargestellt werden (vgl. Tab. 2-4). Ein Projektstrukturplan ist die Grundlage für die Trennung der Forschungs- von der Entwicklungsphase. Hierbei erfolgt die Zuordnung einzelner Arbeitspakete zu einer der beiden Phasen.[551] Die Trennung zwischen Forschungs- und Entwicklungsphase kann sich auch an Netz- und Meilensteinplänen des Projektes oder an den Phasen des Stage-Gate-Prozesses orientieren, sofern ein solcher implementiert ist. Anhand der Meilensteine bzw. der Gates oder den Phasen kann auch die Erfüllung weiterer Ansatzkriterien, wie z.B. die technische Realisierbarkeit, überprüft werden. Die technische Realisierbarkeit der Fertigstellung kann darüber hinaus mit einer Machbarkeitsstudie nachgewiesen werden. Annahmegemäß dürften in der Praxis Projekte abgelehnt werden, die im Rahmen dieser Analyse als nicht „machbar“ gekennzeichnet werden. Machbarkeitsstudien können auch die Absicht des Unternehmens zur Fertigstellung untermauern. Ferner spielt hierfür auch ein Businessplan eine Rolle, da dort ein möglicherweise erwarteter Mittelzufluss aus dem Projekt geplant wird.

Anhand eines solchen Businessplans, der möglichst mit einem Projektstrukturplan fundiert ist, kann auch der künftige ökonomische Nutzen nachgewiesen werden. Der Nachweis des künftigen ökonomischen Nutzens ist gemäß IAS 38.60 durch die analoge Anwendung der Regelungen von IAS 36 (Impairment of Assets) zu erbringen.[552] Hierbei ist auf die Ermittlung des Nutzungswertes abzustellen und ggf. das Konzept der CGUs zu verwenden.[553] Wird im Rahmen der Machbarkeitsstudie eine Wirtschaftlichkeitsanalyse durchgeführt, so können sich auch hieraus Anhaltspunkte für den künftigen Nutzen ergeben. Mittels des Projektstrukturplans lässt sich auch die Verfügbarkeit von adäquaten technischen, finanziellen und sonstigen Ressourcen nachweisen. Darüber hinaus ist ein Rückgriff auf die Kostenplanung oder auf die im Rahmen der Budgetierung festgelegten Budgets möglich. Denn die Festlegung von Kostenvorgaben durch die Unternehmens- oder Projektleitung ist aus kaufmännischer Sicht nur sinnvoll, wenn die entsprechenden finanziellen Ressourcen verfügbar sind.

Eine wichtige Rolle bei der Bilanzierung der Entwicklungskosten nimmt die verlässliche Erfassung und Zurechnung der Entwicklungskosten ein. Die Entwicklungskosten umfas-

---

[550] Vgl. *D'Arcy* (2006), S. 219.

[551] Vgl. *Kirsch* (2005), S. 34.

[552] Vgl. *Pellens et al.* (2011), S. 317. Vgl. auch zur Bereitstellung von Cashflow-Planungen in diesem Zusammenhang *Kirsch* (2005), S. 34f.

[553] Vgl. zur Ermittlung des Nutzungswertes Abschnitt 2.3.3.4.1 und zu den CGUs Abschnitt 2.3.2.3.2.

sen nach IAS 38.65–67 zwei Kostenarten:[554] Direkte Kosten (Projekteinzelkosten), wie z.B. Material, Fremdleistungen, Löhne und Gehälter, und indirekte Kosten (zurechenbare Projektgemeinkosten, ohne allgemeine Gemeinkosten). Für die Unterscheidung der Kostenarten ist der Einsatz einer Projektkostenrechnung sinnvoll.[555] Nicht zu den Entwicklungskosten gehören Kosten der allgemeinen Verwaltung, des Vertriebes und von Ineffizienzen (z.B. unwirtschaftlicher Materialverbrauch), Schulungskosten (IAS 38.67) und kalkulatorische Kosten. Diese müssen separat von der Projektkostenrechnung erfasst werden.

Anforderung des IAS 38	**geeignetes Projektcontrolling-Instrument**
Trennung der Forschungs- von der Entwicklungsphase	• Projektstrukturplan (mit Arbeitspaketen) • Stage-Gate-Prozess • Ablauf-, Zeit- und Terminplanung (inkl. Netz- und Meilensteinpläne)
Technische Realisierbarkeit der Fertigstellung	• Machbarkeitsstudie • Projektstrukturplan (mit Arbeitspaketen)
Absicht des Unternehmens zur Fertigstellung und Vermarktung bzw. Nutzung, sowie Fähigkeit dazu	• Machbarkeitsstudie • Businessplan
Nachweis des künftigen Nutzenzuflusses	• Machbarkeitsstudie (Wirtschaftlichkeitsanalyse) • Businessplan • ggf. Projektstrukturplan (mit Arbeitspaketen)
Verfügbarkeit adäquater technischer, finanzieller und sonstiger Ressourcen	• Projektstrukturplan (mit Arbeitspaketen) • Kostenplanung, Budgetierung
Fähigkeit zur zuverlässigen Ermittlung der Entwicklungskosten	• Projektkostenrechnung • mitlaufende Kalkulation

Tab. 2-4: Projektcontrolling-Instrumente zur Erfüllung der Anforderungen des IAS 38

Auch die Gliederung der Kostenstellen ist in diesem Zusammenhang von Bedeutung: Der F&E-Bereich kann im Rahmen der Kostenstellenrechnung in Abhängigkeit von Unternehmensgröße, F&E-Programm, der Organisationsstruktur und dem Informationsbedürfnis nach den folgenden Gliederungsarten eingeteilt sein:[556] Funktional (z.B. Konstruktion, Prüfstand), erzeugnisbezogen (z.B. Produkt 1, Produkt 2 bzw. Geschäftsfeld 1, Geschäftsfeld 2, etc.), F&E-stufenorientiert (Grundlagenforschung, angewandte Forschung, Entwicklung) oder projektorientiert (Projekt 1, Projekt 2, etc.). Für die Aktivierung von Entwicklungskosten bietet sich eine F&E-stufenorientierte Gliederung an (Forschungs- und Entwicklungskostenstellen), die möglicherweise an Arbeitspaketen ausgerichtet ist.[557] Schließlich ist eine Verrechnung der Kosten auf das Entwicklungsprojekt,

[554] Vgl. dazu auch *Pellens et al.* (2011), S. 318 m.w.N. Vgl. allgemein zu Projekteinzel- und Projektgemeinkosten im F&E-Bereich *Schmeisser et al.* (2006), S. 85–88.
[555] Vgl. *Kirsch* (2005), S. 36f.; *Weißenberger/Maier* (2006), S. 2079.
[556] Vgl. hierzu *Schmeisser et al.* (2006), S. 106.
[557] Vgl. ähnlich *Kirsch* (2005), S. 36.

den Kostenträger, möglich, indem Projekteinzelkosten direkt zugeordnet werden und Projektgemeinkosten über Schlüssel verrechnet werden.[558]

Ein Rückgriff auf das Projektcontrolling im Rahmen des Management Approach erfolgt nicht nur bei der Bilanzierung selbst erstellter immaterieller Vermögenswerte. Auch bei Fertigungsaufträgen kommt dem Projektcontrolling – wie nachfolgend dargestellt – eine hohe Bedeutung zu.

2.3.5.2.2 Projektcontrolling bei Fertigungsaufträgen

Bei Unternehmen, die im Hoch- und Tiefbau, dem Anlagenbau oder dem Flugzeug- und Schiffbau tätig sind, liegt oft zwischen dem Produktionsbeginn und der Auftragsübergabe ein erheblicher Zeitraum, der sich über mehrere Perioden erstreckt.[559] Aus Sicht der Bilanzierung besteht das Hauptproblem in der periodischen Zuordnung der Auftragserlöse und -kosten.[560] Wäre der Zeitpunkt der Rechnungsstellung für die Ertragsrealisation maßgeblich, so würde der Ergebnisausweis von Unternehmen der genannten Branchen erheblichen Schwankungen unterliegen.[561] Aus diesem Grund nimmt sich IAS 11 der Problematik an.[562]

Ein Fertigungsauftrag ist ein Vertrag über die kundenspezifische Fertigung einzelner oder mehrerer Gegenstände, „die hinsichtlich Design, Technologie und Funktion oder hinsichtlich ihrer endgültigen Verwendung aufeinander abgestimmt oder voneinander abhängig sind“ (IAS 11.3).[563] Der Standard differenziert dabei zwischen zwei verschiedenen **Vertragstypen**: Festpreisverträge, bei denen der Auftraggeber einen festen Preis (insgesamt oder pro Outputeinheit) bezahlt und Kostenzuschlagsverträge, bei denen die Kosten zuzüglich eines prozentualen oder fixen Zuschlages vergütet werden.[564] Die Art der Vertragsgestaltung ist hinsichtlich der Anforderungen der verlässlichen Schätzung des Auftragsergebnisses und des Fertigstellungsgrades von Bedeutung, da diese von der Art des Fertigungsauftrages abhängen können.[565]

Die **verlässliche Schätzung** des Auftragsergebnisses wird von IAS 11.23f. an die Erfüllung bestimmter Kriterien gekoppelt, die sich für die beiden Vertragstypen unterscheiden: Bei Festpreisverträgen müssen die gesamten Auftragserlöse verlässlich bewertet werden können, der Nutzenzufluss aus dem Vertrag wahrscheinlich sein, am Bilanzstichtag die bis zur Fertigstellung noch anfallenden Kosten und der Fertigstellungsgrad verlässlich bestimmt sowie die zurechenbaren Auftragskosten verlässlich bewertet werden können. Für Kostenzuschlagsverträge müssen lediglich zwei Kriterien erfüllt sein: Der Nachweis des

---

558 Vgl. *Schmeisser et al.* (2006), S. 120f.

559 Vgl. *Pellens et al.* (2011), S. 246. Zu einer Auflistung von solchen Unternehmen vgl. *Arnegger/Hofmann* (2007), S. 134f.

560 Vgl. *Selchert/Lorchheim* (1998), S. 5.

561 Vgl. *Pellens et al.* (2011), S. 260.

562 Vgl. auch die Zielsetzung von IAS 11.

563 Vgl. auch zu den verschiedenen Vertragsarten *Guserl* (1996), S. 520–523.

564 Daneben können auch Mischverträge vorliegen, vgl. IAS 11.6.

565 Vgl. *Pellens et al.* (2011), S. 261.

wahrscheinlichen Nutzenzufluss und die verlässliche Bewertung der zurechenbaren Auftragskosten.

Sind die genannten Kriterien erfüllt und somit das Auftragsergebnis verlässlich schätzbar, so sieht IAS 11.25 zwingend eine Gewinnrealisierung nach dem Leistungsfortschritt vor (sog. Percentage-of-Completion-Methode).[566] Andernfalls ist gemäß IAS 11.32 die sog. modifizierten Completed-Contract-Methode anzuwenden, nach welcher der Fertigungsauftrag nur in Höhe der bereits angefallenen Kosten zu bilanzieren ist, die durch wahrscheinliche Erlöse gedeckt sind, sodass die Gewinnrealisierung erst bei Vertragserfüllung in der Abnahmeperiode erfolgt.[567] Für die **Bestimmung des Fertigstellungsgrades** im Rahmen der Percentage-of-Completion-Methode schreibt IAS 11 kein Verfahren vor, nennt jedoch in IAS 11.30(a)–(c) Hinweise für die Ausgestaltung.[568] Generell kann hierbei zwischen input- und outputorientierten Verfahren unterschieden werden (vgl. Abb. 2-15):[569]

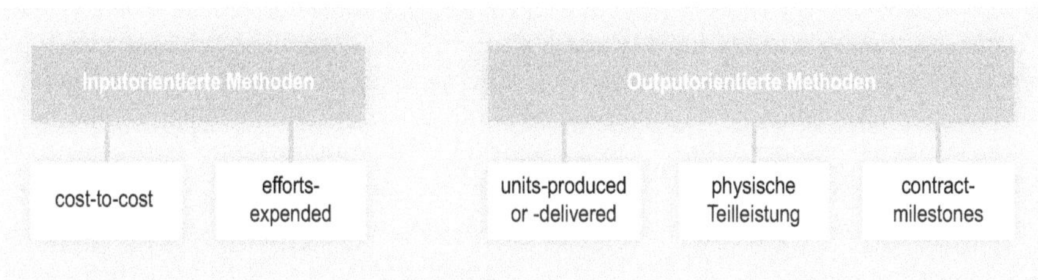

Abb. 2-15: Verfahren zur Bestimmung des Fertigstellungsgrades
Quelle: In Anlehnung an *Lüdenbach* (2010), S. 203

Inputorientierte Verfahren schätzen den Fertigstellungsgrad anhand von eingesetzten Faktoren, während outputorientierte Verfahren auf das Verhältnis der bereits erbrachten Leistung zur geschuldeten Gesamtleistung abstellen. Inputorientierte Verfahren unterstellen eine proportionale Beziehung zwischen Input- und Outputgrößen.[570] Das in der Praxis aus Praktikabilitätsgründen dominierende inputorientierte Verfahren ist die cost-to-cost-Methode, nach welcher das Gesamtergebnis im Verhältnis der angefallen Kosten zu den geschätzten Gesamtkosten auf die einzelnen Perioden verteilt wird.[571] Daneben besteht mit der efforts-expended-Methode die Möglichkeit, den Fertigstellungsgrad anhand des Anteils bereits aufgewendeter Bemühungen (z.B. Arbeits- oder Maschinenstunden) zu ermitteln.[572] Bei den outputorientierten Verfahren wird eine lineare Beziehung zwischen

[566] Vgl. *Bieg et al.* (2009), S. 345.
[567] Vgl. *Krain* (2008), S. 121; *Riese* (2009), Rz. 68; *Epstein/Jermakowicz* (2010), S. 294; *Pellens et al.* (2011), S. 273.
[568] Vgl. *Pellens et al.* (2011), S. 265.
[569] Vgl. *Bieg et al.* (2009), S. 347f.; *Lüdenbach* (2010), S. 202.
[570] Vgl. *Lüdenbach* (2011), Rz. 31. Hierdurch kann auch Effizienz (z.B. durch Lernkurveneffekte) den Fertigstellungsgrad beeinflussen, vgl. *Grau* (2002), S. 157.
[571] Vgl. *Pellens et al.* (2011), S. 265; *Mansch* (2002), Sp. 1451f.
[572] Vgl. *Lüdenbach* (2011), Rz. 29. Dies kann bei lohn- oder anlagenintensiven Tätigkeiten sinnvoll sein, vgl. *Lüdenbach* (2010), S. 202.

den Outputgrößen vorausgesetzt (über den gesamten Auftrag gleichbleibende Leistungsart, wie z.B. Straßenkilometer), was in der Praxis häufig nicht vorliegt.[573] Im Rahmen der units-produced- oder der units-delivered-Methode wird auf die bereits produzierten oder bereits ausgelieferten Einheiten abgestellt, die in das Verhältnis zu den insgesamt zu liefernden Einheiten gesetzt werden.[574] Ferner kann die Erbringung physischer Teilleistungen (z.B. Brückenabschnitte) oder vertraglich festgelegter Meilensteine in outputorientierten Methoden zum Einsatz kommen.[575] Abb. 2-15 fasst die Verfahren zur Bestimmung des Fertigstellungsgrades nochmal grafisch zusammen.

Durch die Forderung nach der verlässlichen Schätzung des Auftragsergebnisses zur Ermittlung des Fertigstellungsgrades stellt IAS 11 auch **Anforderungen an das Controlling** von Unternehmen. Demnach ist es notwendig, „dass das Unternehmen über ein wirksames internes Budgetierungs- und Berichtswesen verfügt" (IAS 11.29). Diese Annahme verankert den Management Approach in IAS 11. Insbesondere stellt der Standard hierbei auf das Vorhandensein eines Projektcontrollings ab, das durch Instrumente wie die Projektkostenrechnung und die mitlaufende Kalkulation die verlässliche Schätzung der Gesamtauftragskosten und weitere Analysen zur Überwachung und Anpassung (z.B. Restkostenschätzung) ermöglicht.[576] Nachfolgend wird der Rückgriff auf die zuvor in Abschnitt 2.3.5.1 dargestellten Instrumente des Projektcontrollings im Detail erörtert (vgl. Tab. 2-5).

Um die Anforderung der verlässlichen Ermittlung der gesamten Auftragserlöse[577] zu erfüllen, kann ein Rückgriff auf die Projektkalkulation oder auf Businesspläne die benötigten Informationen liefern:[578] Vor der Auftragserteilung liefert die zur Preisfindung eingesetzte Angebotsvorkalkulation basierend auf pauschalen Verfahren und Erfahrungswerten einen groben Überblick über die anfallenden Kosten. Nach der Auftragserteilung dient die Auftragsvorkalkulation als detailliertere Informationsgrundlage, da sie kundenspezifische Vereinbarungen berücksichtigt und auf der Kostenplanung beruht. Die Zuverlässigkeit der Projektkalkulation kann durch die Zugrundelegung eines Projektstrukturplans erhöht werden.[579] Falls Business Pläne angefertigt werden, eignen auch diese sich zur Ermittlung der Auftragserlöse, da hierbei die erwarteten Umsätze den geplanten Kosten gegenüber gestellt werden. Im weiteren Projektverlauf stellt die mitlaufende Kalkulation das zentrale Instrumentarium dar, da dort die aktualisierten Auftragskosten enthalten sind.[580] Sie ist insbesondere von Bedeutung, wenn es zu Veränderungen des ursprünglich vereinbarten Leistungsumfangs, z.B. durch Kundenwünsche, kommt (vgl. IAS 11.12). Die Nachkalkulation dient nicht nur der abschließenden Ermittlung des Auftragsergebnisses, sondern vor

[573] Vgl. *Lüdenbach* (2010), S. 203.

[574] Vgl. *Lüdenbach* (2010), S. 203; *Petersen et al.* (2011), S. 168.

[575] Vgl. *Lüdenbach* (2010), S. 203.

[576] Vgl. *Kirsch* (2003), S. 15; *Riese* (2009), Rz. 66.

[577] Die Auftragserlöse umfassen nach IAS 11.11–15 den vertraglich vereinbarten Erlös, Erhöhungen und Minderungen sowie Prämien. Vgl. ausführlich *Pellens et al.* (2011), S. 262.

[578] Vgl. zur Projektkalkulation und dem Business Plan detailliert Abschnitt 2.3.5.1.2, darüber hinaus zur mitlaufenden Kalkulation Abschnitt 2.3.5.1.3.

[579] Vgl. *Hofmann et al.* (2004), S. 385.

[580] Vgl. ähnlich *Hofmann et al.* (2004), S. 385; *Velte* (2006b), S. 227.

allem der Pflege der Erfahrungsdatenbank, die für die Vorkalkulation von Folgeaufträgen bedeutsam ist.

Anforderung des IAS 11	geeignetes Projektcontrolling-Instrument
Verlässliche Bestimmung der gesamten Auftragserlöse	• Businessplan • Projektkalkulation (Angebotsvorkalkulation, Auftragsvorkalkulation, mitlaufende Kalkulation, Nachkalkulation) • ggf. Projektstrukturplan (mit Arbeitspaketen)
Nachweis des künftigen Nutzenzuflusses	• Machbarkeitsstudie • Businessplan • ggf. Projektstrukturplan (mit Arbeitspaketen) • Projektkalkulation (Angebotsvorkalkulation, Auftragsvorkalkulation)
Verlässliche Ermittlung des Fertigstellungsgrades	• Projektstrukturplan (mit Arbeitspaketen) • Ablauf-, Zeit- und Terminplanung (inkl. Netz- und Meilensteinpläne) • Kostenplanung, Budgetierung • Earned Value Analyse
Verlässliche Bestimmung der dem Vertrag zurechenbaren direkten und indirekten Kosten	• Projektkostenrechnung • mitlaufende Kalkulation

Tab. 2-5: Projektcontrolling-Instrumente zur Erfüllung der Anforderungen des IAS 11

Auch beim Nachweis des zukünftigen Nutzenzuflusses können grundlegend Machbarkeitsstudien und Businesspläne eingesetzt werden. Die Ermittlung von geplanten Erlösen und geplanten Kosten macht jedoch weitere Instrumente der Projektkalkulation erforderlich. So kann beispielsweise die Angebotsvorkalkulation vor der Auftragserteilung eingesetzt werden, um den Nutzenzufluss nachzuweisen.

Die verlässliche Ermittlung des Fertigstellungsgrades erfordert eine detaillierte Projektplanung,[581] die vor allem einen Projektstrukturplan (mit Arbeitspaketen) und eine Ablauf-, Zeit- und Terminplanung umfasst,[582] die in Netz- oder Meilensteinplänen konkretisiert sind. Da der Auftrag in einzelne plan- und kontrollierbare Teilprojekte zerlegt wird, kann der aktuelle Projektfortschritt anhand von diesen festgestellt werden. Auch die Kostenplanung und die Budgetierung kann für die Gewichtung im Rahmen der Aggregation von Teilprojekt-Fertigstellungsgraden eingesetzt werden.[583] Das Instrument der Earned Value Analyse,[584] das bisher kaum in Verbindung mit IAS 11 im Schrifttum untersucht wird,[585]

581 Vgl. zu den Projektplanungsinstrumenten detailliert Abschnitt 2.3.5.1.2.
582 Vgl. *Kirsch* (2005), S. 30.
583 Vgl. *Kirsch* (2005), S. 31; *Kirsch* (2006), S. 53f.
584 Vgl. zur Earned Value Analyse detailliert Abschnitt 2.3.5.1.2.
585 Eine Ausnahme stellt z.B. der Beitrag von *Velte* dar, vgl. *Velte* (2006a), S. 565–569.

deckt sich mit den Anforderungen des Standards und ist daher ebenfalls geeignet, um den Fertigstellungsgrad zu ermitteln.[586]

Schließlich kann zur verlässlichen Bestimmung und Zurechnung der Gesamtkosten auf die Projektkostenrechnung zurückgegriffen werden.[587] Nach IAS 11.16–20 umfassen die Auftragskosten direkte (Auftragseinzelkosten, z.B. Materialkosten, Fertigungslöhne, planmäßige Abschreibungen, etc.), indirekte (Auftragsgemeinkosten, z.B. Versicherungsprämien, Fertigungsgemeinkosten auf Basis der Normalkosten, etc.) und sonstige Kosten (z.B. Verwaltungs- oder Entwicklungskosten, sofern diese in Rechnung gestellt werden können).[588] Die Projektkostenrechnung muss dieser Einteilung entsprechen und darüber hinaus in der Lage sein, nicht zurechenbare Kosten zu erfassen (z.B. Verwaltungs-, Vertriebs-, F&E-Kosten, vgl. IAS 11.20, außerdem: Leerkosten und kalkulatorische Kosten).[589] Überhöhten Kosten (z.B. unwirtschaftlicher Materialverbrauch) und Leerkosten (z.B. planmäßige Abschreibungen auf Anlagen die für den Auftrag „reserviert" sind) können nach dem IDW nur Bestandteil der Auftragskosten sein, wenn sie direkt (im Sinne von IAS 11.16(a)) dem Fertigungsauftrag zugeordnet werden können – ansonsten sind diese sofort aufwandswirksam.[590] Auch die mitlaufende Kalkulation kann der Ermittlung der Gesamtkosten dienen, da sie zum aktuellen Zeitpunkt die bereits entstandenen und die noch anfallenden Kosten auflistet.[591]

Bei der Bewertung von Fertigungsaufträgen wird in zweifacher Hinsicht von einem erheblichen Gestaltungsspielraum für das Management ausgegangen:[592] Verneint das Management die Anforderungen des IAS 11, so kann keine Percentage-of-Completion-Methode angewendet werden. Der Fertigungsauftrag muss dann unter Beachtung des Imparitätsprinzips mit den angefallenen Kosten angesetzt werden. Darüber hinaus besteht auch Gestaltungsspielraum bei der verlässlichen Schätzung von Auftragserlösen, -kosten oder des Fertigstellungsgrades. Die Schätzungen unterliegen der Subjektivität der beteiligten Akteure des Managements bzw. des Controllings.

Mit der Analyse der Management Approach Berichterstattung innerhalb der vier vorstehend behandelten Themengebiete Organisationsstruktur und Berichtswesen, Planungsrechnungen, Chancen- und Risikomanagement sowie Projektcontrolling wurden die konzeptionellen Grundlagen der Arbeit geschaffen. Im Anschluss wird in Kapitel 3 der Forschungsstand untersucht.

---

586 Vgl. *Hofmann et al.* (2004), S. 391, S. 393f.
587 Vgl. hierzu *Hofmann et al.* (2003), S. 1163f.; *Hofmann et al.* (2004), S. 385.
588 Vgl. die Beispiele der Kostenarten *Pellens et al.* (2011), S. 262f.
589 Vgl. *Hofmann et al.* (2003), S. 1163f.
590 Vgl. *Lüdenbach* (2011), Rz. 61.
591 Vgl. *Hofmann et al.* (2003), S. 1163.
592 Vgl. hierzu *Kirsch* (2006), S. 53 m.w.N.

3 Forschungsstand zum Thema Management Approach

Um eine fundierte Forschungskonzeption zu entwickeln, ist eine umfassende Analyse und Auswertung der bestehenden Literaturbeiträge notwendig. Auf dieser Grundlage können dann die vorliegenden Erkenntnisse und Forschungslücken identifiziert werden und in einen geeigneten Untersuchungsaufbau einfließen. Mit diesem Ziel findet daher im Folgenden eine Analyse des Forschungsstandes zum Thema Management Approach statt.

Die Aufarbeitung des Forschungsstandes ist differenziert anzugehen: Da der Management Approach eine Reihe von **Anwendungsgebieten** umfasst, stellt sich zunächst die Frage nach anwendungsgebietübergreifenden Beiträgen. Dieser Bereich wurde bislang jedoch nur in sehr geringem Maße bearbeitet. Es existieren zwar einige konzeptionelle Beiträge, allerdings nur eine empirische Studie. Bei isolierter Betrachtung der einzelnen Themengebiete kann festgestellt werden, dass sich zwar viele Studien z.B. zur Segmentberichterstattung oder zur Goodwill-Bilanzierung finden, diese allerdings meist nicht den Management Approach und dessen Auswirkung auf die Entscheidungsnützlichkeit untersuchen.

Neben der Unterscheidung nach Anwendungsgebieten kann auch zwischen Studien differenziert werden, die den Management Approach auf der **Unternehmensebene und auf der Kapitalmarktebene** untersuchen. Die bereits erwähnte empirische Studie, die den Management Approach über mehrere Anwendungsgebiete hinweg untersucht, ist gleichzeitig die einzige Studie, die sich auf die Unternehmensebene fokussiert. Auf der Kapitalmarktebene findet sich außer dem *Jenkins* Report keine empirische Studie, die den Management Approach konkret und umfassend analysiert. Wie zuvor bereits erwähnt sind einzelne Anwendungsgebiete auf der Kapitalmarktebene zwar in einigen empirischen Beiträgen thematisiert – allerdings ohne Bezugnahme auf den Management Approach.

In einem ersten Schritt werden nachstehend die übergreifenden konzeptionellen Beiträge aufgeführt. Die Auswahl der anschließend untersuchten empirischen Literaturbeiträge wurde anhand der zweiten Unterscheidungsmöglichkeit (Unternehmensebene/Kapitalmarktebene) selektiert. Auf der Kapitalmarktebene wurden nur empirische Beiträge zu den Anwendungsgebieten ausgewählt, die auch im Rahmen der experimentellen Studie dieser Arbeit thematisiert sind (Segmentberichterstattung, Impairment Test, Prognoseberichterstattung). Anschließend soll eine zusammenfassende Beurteilung die Aufarbeitung des Forschungsstandes abschließen.

3.1 Übergreifende konzeptionelle Beiträge

Ansari/Euske sehen in einer konzeptionellen Betrachtung Konvergenzpotential zwischen dem Financial Reporting und dem Managerial Accounting, da im *Jenkins* Report konzeptionelle und sprachliche Ähnlichkeiten mit dem Managerial Accounting bestehen.[593] Demgegenüber wurden diese Untersuchungsergebnisse in der deutschsprachigen betriebswirtschaftlichen Literatur nur zögerlich wahrgenommen. 1997 beschäftigten sich

[593] Vgl. *Ansari/Euske* (1995), S. 40f.

Berndlmaier/Klein mit der Thematik. Sie geben einen groben Überblick über den *Jenkins* Report, ohne allerdings vom Management Approach zu sprechen.[594]

Eine Reihe von **konzeptionellen Beiträgen** betrachtet übergreifend einige Teilgebiete des Management Approach. *Benecke* untersuchte sowohl die Segmentberichterstattung als auch die Bilanzierung von derivativen Finanzinstrumenten.[595] Insbesondere für die Segmentberichterstattung identifiziert *Benecke* aus konzeptioneller Sicht den Management Approach als geeignetes Konzept – sensibilisiert jedoch auch für umfangreiche Prüfungs- und Offenlegungspflichten bei Sachverhalten, die Bilanz und GuV betreffen und somit dem Grundsatz der „reliability" in besonderem Maße unterliegen. *Hachmeister* kommt zum Schluss, dass Teilbereiche des Controllings im Rahmen des Management Approach zum Gegenstand der Abschlussprüfung werden.[596] Er nennt hierfür die Bereiche Marktbewertung von Finanzderivaten, Segmentabgrenzung sowie die Abgrenzung und Zuordnung des Goodwills auf CGUs. Auch *Weißenberger/Maier* grenzen aus konzeptioneller Sicht das Thema Management Approach ab.[597] Die Autoren erarbeiten die erste umfassende Darstellung der Anwendungsgebiete und führen zudem eine theoretische Analyse des Konzeptes durch. Sie identifizieren hierbei zwei theoretische Effekte, die bei der Management Approach Berichterstattung auftreten können: Von dem Top-Management initiierte, bilanzpolitisch motivierte Manipulationen fallen unter den Zirkularitätseffekt, von dezentralen Entscheidern vorgenommene Manipulationen in der bottom-up Berichterstattung hingegen unter den Manipulationseffekt.[598] Während der Zirkularitätseffekt die Verwendung von bewusst manipulierten Daten im Rahmen der eigenen Unternehmenssteuerung umfasst, wird unter dem Manipulationseffekt eine Informationsverzerrung dezentraler Entscheider in der bottom-up Kommunikation an das Top-Management aus opportunistischen Motiven verstanden.[599] *Kirsch et al.* beleuchteten das Konzept des Management Approach aus Sicht der Prinzipal-Agent-Theorie und führten eine detaillierte konzeptionelle Analyse beim Anwendungsgebiet des Impairment Tests durch.[600] In dem Beitrag wurde vor allem die Auswirkung auf die Verlässlichkeit anhand eines verhaltenswissenschaftlichen Konzeptes analysiert.[601] Hierbei stellte sich heraus, dass durch den Management Approach zwar die Möglichkeiten zur Manipulation steigen, die Anreize hierfür jedoch tendenziell sinken, da eine Manipulation des eigenen Steuerungssystems vorgenommen werden müsste.

3.2 Studien auf der Unternehmensebene

Eine übergreifende **empirische Untersuchung** führte *Maier* durch, beschränkte sich jedoch auf die unternehmensinterne Sichtweise und die Perspektive der Wirtschaftsprü-

---

594 Vgl. *Berndlmaier/Klein* (1997), S. 1090–1095.
595 Vgl. *Benecke* (2000).
596 Vgl. *Hachmeister* (2003), S. 437–456.
597 Vgl. *Weißenberger/Maier* (2006).
598 Vgl. ausführlich *Weißenberger/Maier* (2006), S. 2082f.
599 Vgl. detailliert zu dem Zirkularitäts- und dem Manipulationseffekt Abschnitt 4.3.6.
600 Vgl. *Kirsch et al.* (2010), S. 200–207.
601 Vgl. *Kirsch et al.* (2010), S. 201–203.

fung.[602] *Maier* untersuchte die Teilgebiete Segmentberichterstattung, Lageberichtserstellung, Chancen- und Risikoberichterstattung, Allokation des Goodwill auf CGUs, Goodwill Impairment Tests und die Bilanzierung selbsterstellter immaterieller Vermögenswerte in einer schriftlichen Befragung. *Maier* bezog dabei die Unternehmen des Prime Standards zum 1. August 2005 ein und schloss sowohl Banken, Versicherungen und Finanzdienstleister als auch ausländische Emittenten aus. 67 Unternehmen der Grundgesamtheit von 286 IFRS-Anwendern beantworteten den Fragebogen (Rücklaufquote: 23,4%). Im Wesentlichen kommt *Maier* zu den folgenden Erkenntnissen:[603] Zwar bestehen Unterschiede im Umsetzungsgrad des Management Approach, jedoch erfolgte die Umsetzung insgesamt in einem großen Umfang. Insbesondere im Bereich der Segmentberichterstattung und des Risikomanagements kann die Umsetzung umfassend erfolgen. Außer beim Goodwill Impairment Test kommt es zu keinem Mehraufwand, aber auch zu keinen wesentlichen Kosteneinsparungen. *Maier* sieht den Management Approach als Konvergenztreiber. So stellt er fest, dass es bei der Allokation des Goodwill auf CGUs zu einer Annäherung des externen an das interne Rechnungswesen kommt. Auch im Bereich der selbsterstellten immateriellen Vermögenswerte konnte er Konvergenzpotential festgestellen. Weiterhin fand Maier heraus, dass Wirtschaftsprüfer im Rahmen der Abschlussprüfung in einem durchaus umfangreichen Maß auf Steuerungsinformationen der Unternehmen zurückgreifen.

Aufgrund der von *Maier* gewählten Datenerhebungsmethodik mittels Fragebogen und der von ihm untersuchten Teilgebiete konnte die Betrachtung nur auf einem hohen Aggregationsgrad erfolgen. Insbesondere konnte *Maier* nicht untersuchen, welche Implikationen der Management Approach auf individueller Ebene für die Akteure im Controlling hat (z.B. die Auswirkung auf Kommuniktionsprozesse, Umgang mit Subjektivität).

Da die Arbeit von *Maier* den einzigen empirischen Beitrag zum Thema Management Approach auf der Unternehmensebene darstellt, wird im Folgenden selektiv der Forschungsstand auf der Kapitalmarktebene zu den Anwendungsgebieten Segmentberichterstattung, Impairment Test und Prognoseberichterstattung betrachtet. Meist werden die Themen ohne Bezug zum Management Approach untersucht – eine Ausnahme hiervon bildet das Teilgebiet Segmentberichterstattung.

3.3 Studien auf der Kapitalmarktebene

Auf der Kapitalmarktebene stellt der sogenannte *Jenkins* Report den Ausgangspunkt dar und ist gleichzeitig die einzige übergreifende Betrachtung. Das *AICPA* führte eine umfassende Betrachtung von Informationsbedürfnissen von Investoren durch und leitete auf Basis der identifizierten Informationsbedürfnisse (z.B. der Segmentberichterstattung, zukunftsbezogene Informationen, Managementeinschätzungen etc.) Verbesserungsvorschläge ab, die im Kern die Idee des Management Approach enthalten.[604] Hierzu wurde eine Befragung von ca. 1.200 Kapitalmarktteilnehmern (Analysten, Banken, etc.) zum Informationsbedarf für die Beurteilung von Unternehmen durchgeführt. Als zentrales Ergebnis

602 Vgl. *Maier* (2009), S. 7f.
603 Vgl. *Maier* (2009), S. 387–396.
604 Vgl. *AICPA* (1994).

entwickelte das *AICPA* ein comprehensive business reporting model, das eine zukunftsbezogene Unternehmensberichterstattung umfasst.

3.3.1 Studien zur Segmentberichterstattung

Durch die Einführung von Statement of Financial Accounting Standards (SFAS) 131 eröffnete sich für die US-amerikanische Forschung ein neues Untersuchungsfeld. Da in der EU die Anwendung des IFRS 8 erst ab dem 1. Januar 2009 verpflichtend ist, dominieren die englischsprachigen Beiträge die Literatur.

Maines et al. untersuchten 1997 in einer experimentellen ex ante Studie zu SFAS 131 die allgemeine Vorteilhaftigkeit von segmentierten gegenüber aggregierten Daten.[605] Dazu wurden die Einschätzungen von Finanzanalysten für unterschiedliche Formen der Segmentberichterstattung eines fiktiven Unternehmens untersucht. Einer kongruenten internen und externen Segmentierung wurde dabei eine höhere Zuverlässigkeit zugesprochen. In einer Value Relevance Study untersuchte *Thomas*, ob eine geografische Segmentierung nach SFAS 14 wertrelevante Informationen beinhaltet.[606] Anhand von 1.912 Beobachtungen von 1984 bis 1994 konnte er zeigen, dass die Ergebnisse geografischer Segmente wertrelevant sind und erwägt, dass diese Informationen nach SFAS 131 nicht mehr zur Verfügung stehen könnten. *Herrmann/Thomas* analysierten die Segmentberichterstattung von 100 der 250 größten US-Unternehmen des Fortune 500 Listing[607] im Jahr der erstmaligen Anwendung von SFAS 131 und im Jahr zuvor.[608] Als Ergebnisse stellten sie einen Anstieg der berichteten Segmente und der ausgewiesenen Segmentinformationen fest. Mehr als zwei Drittel der Unternehmen haben ihre primären Segmente neu definiert. Dabei ist auch die Konsistenz der Segmentinformationen mit dem Jahresabschluss deutlich gestiegen. Zu ähnlichen Ergebnissen kamen *Street et al.*[609], *Haller/Permanschlager*[610], *Berger/Hann*[611] und *Paul/Largay*[612].

In einer Untersuchung im deutschsprachigen Raum kamen *Hacker/Dobler* zum Ergebnis, dass trotz der normativen Diskrepanz der Segmentberichterstattung nach HGB und nach internationalen Standards (IAS 14 und SFAS 131) im Offenlegungsumfang ein eher einheitliches Bild vorliegt.[613] Viele HGB-Anwender lehnen sich an IAS 14 an und legen freiwillige Zusatzinformationen offen.

605 Vgl. *Maines et al.* (1997), S. 1–24.
606 Vgl. *Thomas* (2000), S. 133–155.
607 Fortune 500 ist eine jährliche Auflistung der Top 500 US-Unternehmen gemessen am Bruttoergebnis, die das Fortune Magazine herausgibt. *Herrmann/Thomas* verwendeten für ihre Untersuchung die Fortune 500 Auflistung von 1998, vgl. *Herrmann/Thomas* (2000), S. 289.
608 Vgl. *Herrmann/Thomas* (2000), S. 287–302.
609 Vgl. *Street et al.* (2000), S. 259–285.
610 Vgl. *Haller/Permanschlager* (2002), S. 1411–1417.
611 Vgl. *Berger/Hann* (2003), S. 163–223.
612 Vgl. *Paul/Largay* (2005), S. 303–310.
613 Vgl. *Hacker/Dobler* (2000), S. 811–819.

Autoren	Methode	Zentrale Ergebnisse
Maines et al. (1997)	Experiment mit 56 Finanzanalysten in den USA, das die Einschätzungen zur Segmentberichterstattung nach IAS 14 (risk and reward approach) und SFAS 131 (management approach) abfragt.	Bei Übernahme der internen Organisationsstruktur wird der Segmentberichterstattung eine höhere Zuverlässigkeit zugesprochen. Bei inkongruenter Berichterstattung sehen die Analysten eine Gruppierung ähnlicher Produkte als verlässlicher an.
Thomas (2000)	Value Relevance Study, ob durch die Einführung von SFAS 131 wertrelevante Informationen aus der geografischen Segmentierung von SFAS 14 nicht mehr zur Verfügung stehen (1.912 Beobachtungen von 1984–1994).	Der Autor zeigt, dass die Ergebnisse geografischer Segmente wertrelevant sind und erwägt, dass mit der Segmentberichterstattung nach SFAS 131 wichtige wertrelevante Informationen nicht mehr zur Verfügung stehen könnten.
Herrmann/Thomas (2000)	Inhaltsanalyse zum Vergleich der Segmentberichterstattung nach SFAS131 und SFAS 14 von 100 der 250 größten US-Unternehmen der Fortune 500 Liste von 1998.	Sowohl die Anzahl der Segmente als auch die Anzahl der ausgewiesenen Segmentpositionen hat sich erhöht. Mehr als zwei Drittel der Unternehmen hat die primären Segmente neu definiert.
Street et al. (2000)	Inhaltsanalyse zum Vergleich der Segmentberichterstattung nach SFAS 131 und SFAS 14 von 160 Unternehmen der Global 1000 Liste von 1997.	Die Anzahl der berichteten Segmente (von durchschnittlich 2,7 auf 3,7) und die Konsistenz der Segmentinformationen mit anderen Teilen des Abschlusses hat sich signifikant erhöht.
Hacker/Dobler (2000)	Inhaltsanalyse zur Untersuchung der Segmentberichterstattung der DAX 100 Unternehmen von 1998 ohne Finanzdienstleister (64 Unternehmen).	Obwohl sich der Offenlegungsumfang von HGB und internationalen Standards unterscheidet, herrscht ein eher einheitliches Bild, da viele HGB-Bilanzierer sich an IAS 14 anlehnen und freiwillige Segmentinformationen publizieren. Teilweise erfüllen Unternehmen, die nach internationalen Standards publizieren nicht die Pflichtangaben.
Haller/ Permanschlager (2002)	Inhaltsanalyse zum Vergleich der Segmentberichterstattung nach SFAS 14 und SFAS 131 bei US-GAAP-Bilanzierern in den USA, Deutschland, Österreich, Frankreich und Großbritannien.	Deutlicher Anstieg der Anzahl publizierter Segmente und Rückgang der Anzahl von Unternehmen, die keine Segmentierung berichten. Keine Zunahme der berichteten Segmentinformationen.
Behn et al. (2002)	Bewertungsmodell zur Untersuchung der Prognoseeignung von geografischen Segmentdaten nach SFAS 131 im Vergleich zu SFAS 14 bei 172 Unternehmen aus der Global 1000 und der Fortune 500 Liste von 1997.	Geographische Daten der Segmentberichterstattung nach SFAS 131 eignen sich besser für Umsatzprognosen als die geographischen Daten aus SFAS 14. Im Wesentlichen ist dies auf die Abgabepflichten von SFAS 131 von Inland, Ausland und einzelnen wesentlichen Ländern zurückzuführen.
Berger/Hann (2003)	Vergleich von historischen SFAS 14 Segmentberichterstattungen mit manuell generierten SFAS 131 Segmentberichterstattungen aus den historischen Daten.	Die Segmentberichterstattung nach SFAS 131 erhöht die Anzahl der berichteten Segmente und liefert mehr disaggregierte Informationen.

– wird fortgesetzt –

Autoren	Methode	Zentrale Ergebnisse
Alvarez/Fink (2003)	Inhaltsanalyse zur Untersuchung der Segmentberichterstattung der DAX 100 und NEMAX 50 Unternehmen von 2000 (39 Unternehmen).	Insbesondere im NEMAX zeigen sich erhebliche Diskrepanzen zwischen theoretischem Anspruch und praktischer Realität. Unternehmen, die nach SFAS131 bilanzieren, scheinen implizit geforderte Segmentangaben zu umgehen.
Paul/Largay (2005)	Inhaltsanalyse zur Untersuchung der Segmentberichterstattungen von 30 Dow Jones Industrial Average Unternehmen.	Die Anzahl der berichteten Segmente ist angestiegen. Außerdem berichten nach SFAS 131 mehr Unternehmen die erforderlichen Segmentinformationen als nach SFAS 14.
Ettredge et al. (2005)	Bewertungsmodell zur Untersuchung der Prognoseeignung der Segmentberichterstattung nach SFAS 131 für die Prognose der Unternehmensgewinne.	Bei Unternehmen, die bereits zuvor mehrere Segmente berichteten, erhöhte sich die Prognoseeignung unabhängig davon, ob nun mehr Segmente berichtet werden.
Berger/Hann (2007)	Untersuchung, ob aus agency-basierten Kostenmotiven eine Vorenthaltung von Segmenten bzw. Segmentgewinnen erfolgt. Die Betrachtung erfolgt anhand von manuell generierten SFAS 131 Segmentberichterstattungen.	Die „neuen“ Segmente zeigen in der Tendenz geringere außerordentlich hohe Gewinne als „alte“ Segmente.

Tab. 3-1: Empirische Studien zur Segmentberichterstattung

Behn et al. analysierten die Prognoseeignung von geografischen Segmentdaten US-amerikanischer Unternehmen nach SFAS 131 im Vergleich zu SFAS 14.[614] Die Autoren stellten eine bessere Prognoseeignung fest und führen dies hauptsächlich auf die neuen Vorschriften zurück. *Alvarez/Fink* stellten in einer Untersuchung in Deutschland erhebliche Diskrepanzen zwischen theoretischem Anspruch und praktischer Realität bei der Segmentberichterstattung fest.[615] Vor allem die US-GAAP-Anwender scheinen die von SFAS 131 implizit geforderten Segmentangaben zu umgehen.

Ettredge et al. untersuchten die Eignung der Segmentberichterstattung nach SFAS 131 für die Prognose von Unternehmensgewinnen.[616] Dabei stellten die Autoren fest, dass Unternehmen, die bereits zuvor mehrere Segmente berichteten, erhöhte Prognoseeignung aufweisen – unabhängig davon, ob die Anzahl der berichteten Segmente erhöht wurde. *Berger/Hann* fanden in einer weiteren Untersuchung heraus, dass auch Aspekte aus der Prinzipal-Agent-Theorie (Vorenthaltung von Segmentinformationen aus Informationskostengründen)[617] eine Rolle spielen (vgl. *Berger/Hann* (2007)).[618] In einer manuell nachkon-

[614] Vgl. *Behn et al.* (2002), S. 31–44.
[615] Vgl. *Alvarez/Fink* (2003), S. 275–288.
[616] Vgl. *Ettredge et al.* (2005), S. 773–804.
[617] Vgl. zur Prinzipal-Agent-Theorie detailliert Abschnitt 4.3.
[618] Vgl. *Berger/Hann* (2007), S. 869–906.

struierten Segmentberichterstattung nach SFAS 131 aus SFAS 14-Daten zeigten die „neuen“ Segmente in der Tendenz geringere außerordentliche Gewinne.

Die genannten Untersuchungen zeigen auf verschiedene Weise (z.B. durch die Anzahl der Segmente), dass sich die Informationsgrundlage der Abschlüsse durch die Einführung des SFAS 131 verbessert hat. Obwohl die Studien auch Aspekte des Management Approach berücksichtigen, stehen zumeist die erhöhte Anzahl der Segmente, nicht jedoch die Entscheidungsnützlichkeit im Vordergrund. Lediglich die experimentelle Studie von *Maines et al.* zielt verstärkt auf die Entscheidungsnützlichkeit der Segmentberichterstattung bei Kongruenz der externen Segmentberichterstattung mit der internen Segmenteinteilung ab. Allerdings wird der Management Approach nicht isoliert betrachtet, da der Risk-and-Reward-Approach des ehemaligen Standards IAS 14 mit einbezogen wird. Tab. 3-1 fasst die Studien zur Segmentberichterstattung zusammen.

3.3.2 Studien zum Impairment Test

Im Rahmen des Impairment Tests nach IAS 36 ist der Management Approach an einigen Stellen anzuwenden. So verlangt der Standard zum einen, Cashflow-Planungen für die Bewertung heranzuziehen, und zum anderen, interne Organisationsstrukturen und das Berichtswesen für die Abgrenzung von CGUs zu verwenden. Darüber hinaus können Impairment-relevante Ereignisse anhand von Informationen des Risikomanagementsystems identifiziert werden, die auf ein potenzielles Impairment hinweisen. Empirische Studien, welche sich mit Implikationen des Impairment Tests für den Kapitalmarkt oder für Investoren befassen, sind selten. Die vorhandenen Studien befassen sich fast ausschließlich mit dem Goodwill-Impairment-Test. Die Beiträge betrachten die jeweiligen Sachverhalte zumeist unabhängig vom Konzept des Management Approach. Dies scheint nicht verwunderlich, da beim Impairment Test insbesondere die im Rahmen des Management Approach verwendeten Informationen wie Cashflow-Planungen nicht im Abschluss offengelegt werden. Aus diesem Grund wurden für die Analyse des Forschungsstandes einerseits Studien ausgewählt, die sich quantitativ mit einer möglichen Kapitalmarktwirkung der Goodwill-Impairment-Test-Berichterstattung befassen. Andererseits wurden auch Studien herangezogen, die qualitative Informationen (z.B. im Anhang) beim Impairment Test auswerten. Die nachfolgenden Studien stellen daher ein Spektrum an angrenzenden Untersuchungen dar, die nur zum Teil Bezug auf den Management Approach nehmen.

Epstein et al. befragten 2005 schriftlich IFRS- und US-GAAP-Anwender des Prime Standards zur Behandlung des Goodwill.[619] Die deskriptive Studie erzielte eine Rücklaufquote von 20,3% (65 Antworten). Es stellte sich heraus, dass der Großteil der Unternehmen die CGUs auf Segmentebene (nach IAS 14) oder auf der Ebene unterhalb der Segmente bildet.[620] Da die Mehrzahl der Befragten lediglich null bis fünf CGUs verwendet, gehen die Autoren von einer abweichenden Anzahl von unternehmensintern eingesetzten Steuerungseinheiten aus (was dem Gedanken des Management Approach widersprechen würde). Für die Durchführung des Goodwill Impairment Tests zeigte sich, dass die Mehrzahl der Unternehmen ein Brutto-Discounted-Cashflow-Verfahren zur Bewertung des Nut-

---

[619] Vgl. *Epstein et al.* (2005), S. 3.

[620] Vgl. zu den folgenden Ausführungen *Epstein et al.* (2005), S. 4–17.

zungswertes einsetzt. Der Nettoveräußerungswert konnte nur selten ermittelt werden. Die organisatorische Verantwortung lag meist beim Controlling und beim externen Rechnungswesen. *Kirsch et al.* führten eine Untersuchung der Anhangangaben zum Impairment Test von 23 Unternehmen im DAX 30 in den Geschäftsjahren 2005 und 2006 durch.[621] Es zeigt sich ein sehr heterogenes Bild mit zum Teil unzureichenden Angaben zur Wachstumsrate und zum Diskontierungsfaktor.[622] Die Wesentlichkeitsgrenzen für einen Impairment Test werden ebenfalls sehr unterschiedlich ausgelegt.[623] Die Autoren halten dies vor allem beim Goodwill als wesentliche Position in der Bilanz für bedenklich.

Die genannten Studien befassen sich mit dem Impairment Test und nicht direkt mit dem Management Approach. Meist stehen die Publizitätsanforderungen des IAS 36 im Vordergrund und weniger der Rückgriff auf interne Planungsrechnungen. Eine Umsetzung auf Unternehmensebene und insbesondere die Betrachtung von Implikationen für das Controlling bleibt aus.

Autoren	**Methode**	**Zentrale Ergebnisse**
Brown et al. (1999)	Value Relevance Study im Zeitraum 1979–1997 zur Untersuchung, ob außerplanmäßige Abschreibungen eine Wertrelevanz besitzen (9.496 Betrachtungen).	Kein signifikanter Zusammenhang zwischen Goodwill Impairment und den Renditen der Wertpapiere.
Chatraphorn (2001)	Value Relevance Study im Zeitraum 1985–1995 zur Untersuchung, ob außerplanmäßige Abschreibungen eine Wertrelevanz besitzen.	Kein signifikanter Zusammenhang zwischen Goodwill Impairment und dem Börsenkurs.
Chen et al. (2004)	Value Relevance Study zur Untersuchung, ob sich die Wertrelevanz des Goodwills durch die Einführung von SFAS 142 geändert hat.	Signifikanter positiver Zusammenhang zwischen Goodwill und Börsenkurs jeweils vor und nach Einführung von SFAS 142.
Epstein et al. (2005)	Befragung von 65 IFRS- und US-GAAP-Anwendern des Prime Standards zur Behandlung des Goodwill befragt (Rücklaufquote: 20,3%).	Der Großteil der Unternehmen bildet CGUs auf Segmentebene (nach IAS 14) oder auf der Ebene unterhalb der Segmente. Die Autoren gehen von einer abweichenden internen Überwachung aus. Die Mehrzahl der Unternehmen setzt ein Brutto-DCF-Verfahren beim Goodwill-Impairment-Test ein.
Kirsch et al. (2008a) und *Kirsch et al.* (2008b)	Inhaltsanalyse zur Untersuchung der Anhangangaben zum Impairment Test von 23 Unternehmen im DAX 30 in 2005 und 2006.	Es zeigt sich ein sehr heterogenes Bild mit zum Teil unzureichenden Angaben zur Wachstumsrate und zum Diskontierungsfaktor. Die Wesentlichkeitsgrenzen für einen Impairment Test werden ebenfalls sehr unterschiedlich ausgelegt.

Tab. 3-2: Empirische Studien zum Impairment Test

621 Vgl. *Kirsch et al.* (2008a) und *Kirsch et al.* (2008b).
622 Vgl. *Kirsch et al.* (2008a), S. 91f., S. 94f.
623 Vgl. *Kirsch et al.* (2008b), S. 188–190.

Neben den bisher aufgeführten Studien, welche die Inhaltsanalyse und die Befragung als Datenerhebungsmethode einsetzten, existiert eine Reihe von empirischen Kapitalmarktstudien, die sich vor allem auf verschiedene Goodwill-Bilanzierungsmethoden und Standardänderungen fokussieren. Teilweise wird auch die Wertrelevanz von bestimmten Aspekten der Goodwill-Bilanzierung untersucht. So analysierten *Brown et al.*, ob außerplanmäßige Abschreibungen des Goodwill und die Renditen der Wertpapiere der Unternehmen signifikant zusammenhängen – dies ist nicht der Fall.[624] Zum gleichen Ergebnis kommt *Chatraphorn.*[625] *Chen et al.* können jedoch eine Wertrelevanz des Goodwill feststellen.[626] Die Autoren weisen einen signifikanten Zusammenhang zwischen der Goodwill-Position und dem Börsenkurs nach. Dies ist wenig erstaunlich in Anbetracht der Bedeutung des Goodwill. In Tab. 3-2 werden die aufgeführten Studien und die darin gewonnenen Erkenntnisse in tabellarischer Form zusammengefasst.

Bislang untersuchte jedoch keine kapitalmarktorientierte Studie die Auswirkungen eines Rückgriffs auf interne Planungsrechnungen für den Kapitalmarkt, z.B. in Form von Wertrelevanz oder Auswirkungen auf den Aktienkurs. Dies ist sicherlich auf die beschränkte Datenverfügbarkeit zurückzuführen (Planungsrechnungen finden sich nicht in Geschäftsberichten oder Datenbanken).

3.3.3 Studien zur Prognoseberichterstattung

Die Prognoseberichterstattung stellt ebenfalls ein Anwendungsgebiet des Management Approach dar. Um über die voraussichtliche Entwicklung des Unternehmens zu berichten und z.B. Umsatz- oder Ergebnisprognosen zu publizieren, ist ein Rückgriff auf das Planungssystem des Unternehmens erforderlich. Zur Prognoseberichterstattung liegt eine Reihe von Studien vor. Im Folgenden werden Studien analysiert, welche die Qualität der Prognoseberichterstattung vor dem Hinblick der entsprechenden Normen untersucht. Meist wird diese Untersuchung von den Autoren nicht explizit vor dem Hintergrund der Entscheidungsnützlichkeit vorgenommen.

Ballwieser untersuchte im Geschäftsjahr 1995 die Lageberichte der DAX30-Unternehmen vor dem Hintergrund der Grundsätze ordnungsmäßiger Lageberichterstattung, also noch vor der Einführung von DRS 15.[627] *Ballwieser* stellte allgemein für den Lagebericht eine Vielzahl von Verstößen gegen die Grundsätze ordnungsmäßiger Lageberichterstattung fest, wie z.B. fehlende Abgrenzungen von einzelnen Berichtsteilen oder Probleme, den Prognosebericht als solchen zu erkennen.[628] Bei der Berichterstattung über die voraussichtliche Entwicklung war der Planungshorizont teilweise nicht erkennbar und betrug ansonsten nur ein Jahr.[629] Der Autor konnte nur bei fünf Unternehmen quantifizierte Umsatz- und Ergebnisprognosen feststellen. Zwar reflektiert der Autor seine Befunde nicht hinsichtlich der Entscheidungsnützlichkeit der Informationen, dennoch kann auf-

---

[624] Vgl. *Brown et al.* (1999).
[625] Vgl. *Chatraphorn* (2001).
[626] Vgl. *Chen et al.* (2004).
[627] Vgl. *Ballwieser* (1997).
[628] Vgl. *Ballwieser* (1997), S. 165–168.
[629] Vgl. zu diesen Ausführungen *Ballwieser* (1997), S. 172–182.

grund der genannten Verstöße von einer geringen Entscheidungsnützlichkeit ausgegangen werden.

Schmidt/Wulbrand werteten die Lageberichte von 28 der DAX30-Unternehmen im Geschäftsjahr 2003 vor dem Hintergrund der Änderungen durch das BilReG und DRS 15 aus.[630] Dazu wurde ein aus DRS 15 und aus Literaturbeiträgen entwickeltes Erhebungsraster verwendet. Die Autoren stellten fest, dass das BilReG und DRS 15 zur formalen Verbesserung und zur Ausweitung des Umfangs des Lageberichts beigetragen haben. Allerdings fallen trotz Aufwertung der Prognoseberichterstattung die publizierten zukunftsorientierten Informationen nur sehr allgemein aus. Anstatt konkrete finanzielle Zielsetzungen mit einem Zeitrahmen zur Zielerreichung anzugeben, werden häufig nur komparative Aussagen veröffentlicht. Generell kommen die Autoren zum Schluss, dass bei der Vermittlung von Informationen aus Managementsicht erhebliche Schwächen vorliegen.[631] Nach *Schmidt/Wulbrand* besteht eine „geringe Auskunftsfreude der Unternehmen", die aus konzeptioneller Sicht zu einer Verschlechterung der Entscheidungsnützlichkeit führt.[632]

Eine ähnliche Untersuchung führten *Dietsche/Fink* durch, die jedoch die HDAX Unternehmen analysierten.[633] Der Beitrag zeigt, dass die Normenkonformität im Lagebericht gemessen an den Anforderungen des DRS 15 bereits relativ hoch ist.[634] Dies betrifft insbesondere klassische Bereiche wie den Risikobericht und Nachtragsbericht. Es bestehen dennoch einige Qualitätsunterschiede zwischen den Unternehmen. Die Autoren stellen die Vermutung auf, dass die Berichtsqualität mit der Unternehmensgröße zusammenhängt. Insbesondere bei der Prognoseberichterstattung konnten die Autoren jedoch eine sehr hohe Streuung der Ergebnisse und nur eine mittelmäßige Berichterstattungsqualität ausmachen.

Quick/Reus analysieren speziell die Prognoseberichterstattung der DAX30-Unternehmen in 2005.[635] Es werden die Prognoseprämissen, das Prognoseverfahren, der Prognosehorizont und die Prognoseaussage untersucht. Die Prognoseprämissen werden zwar mehrheitlich angegeben, jedoch folgt nur ein Unternehmen vollständig den gesetzlichen Anforderungen. Kein Unternehmen berichtet über das angewandte Prognoseverfahren. Obwohl DRS 15 einen Prognosehorizont von mindestens zwei Jahren fordert, wurden die meisten Prognosen nur für das folgende Geschäftsjahr getroffen. Insgesamt finden sich eher qualitative als quantitative Prognosen. *Quick/Reus* kommen zum Schluss, dass die Qualität der Prognoseberichterstattung nicht überzeugend ist.[636] Es liegen zwar keine gesetzlichen Verstöße vor, allerdings sehen die Autoren aufgrund der mangelnden Qualität der Prognoseberichterstattung deren Nutzen für Investoren als vermindert an. Zwar gehen die Autoren nicht konkret auf den Management Approach ein, doch kann anhand der Ergebnisse der Studie vermutet werden, dass in den Fällen mit verminderter Qualität der Prognosebe-

630 Vgl. *Schmidt/Wulbrand* (2007).
631 Vgl. *Schmidt/Wulbrand* (2007), S. 425.
632 Vgl. *Schmidt/Wulbrand* (2007), S. 426.
633 Vgl. *Dietsche/Fink* (2008).
634 Vgl. zu den Ergebnissen ausführlich *Dietsche/Fink* (2008), S. 253–260.
635 Vgl. zu den folgenden Ausführungen *Quick/Reus* (2009), S. 18–32.
636 Vgl. *Quick/Reus* (2009), S. 32.

richterstattung der Management Approach nicht konsequent umgesetzt ist. Allerdings bleibt unklar, ob die gewünschten Informationen, die dem jeweiligen Management als eigene Entscheidungsgrundlage dienen sollte, in den Unternehmen nicht vorhanden war oder ob diese die Informationen schlicht nicht zur Verfügung stellen wollten. Die Untersuchung kann zwar die Erfüllung von gesetzlichen Anforderungen beurteilen, nicht jedoch die Auswirkung der Prognoseberichterstattung auf den Kapitalmarkt.

Barth untersuchte die Entwicklung und Ausgestaltung der Prognoseberichterstattung der HDAX- und SDAX-Unternehmen von 2004–2006 sowie die Bestimmungsfaktoren und die Entscheidungsrelevanz der publizierten Prognosen.[637] Im Rahmen einer ersten Teilstudie setzte *Barth* eine Inhaltsanalyse mit einem Disclosure Index ein.[638] Die Autorin stellte fest, dass die Qualität der Prognoseberichterstattung sich nach der Einführung von DRS 15 verbessert hat und über den Untersuchungszeitraum hinweg zugenommen hat. Dies betraf auch die Prognosegenauigkeit und den Prognosehorizont. *Barth* konnte jedoch insbesondere im SDAX Defizite in Form von relativ vagen und wenig aussagekräftigen Ausführungen zur voraussichtlichen Entwicklung aufdecken. Als Bestimmungsfaktor des Publizitätsumfangs konnte die Unternehmensgröße ausgemacht werden. Im Rahmen einer zweiten Teilstudie (Ereignisstudie) konnte *Barth* signifikante Kursreaktionen rund um das Veröffentlichungsdatum von sowohl positiven als auch negativen Kursreaktionen feststellen.[639] *Barth* spricht den publizierten Prognosen daher einen Informationsgehalt für Investoren zu und bestätigt deren Entscheidungsrelevanz.[640] Im Vergleich zu anderen Studien analysiert *Barth* nicht nur die Einhaltung der Vorgaben des DRS 15, sondern ermittelt auch Bestimmungsfaktoren sowie die Auswirkungen der publizierten Managementinformationen auf den Kapitalmarkt.

Ruhwedel et al. analysierten den Umfang und die Präzision der Prognoseberichterstattung der DAX30-Konzerne im Zeitraum von 2006–2008.[641] Im Fokus standen dabei insbesondere die Auswirkungen des Krisengeschäftsjahres 2008. *Ruhwedel et al.* stellten fest, dass die durchschnittliche Länge der Prognoseberichte im Zeitablauf angestiegen ist.[642] Der vom *DSR* geforderte Prognosehorizont von mindestens zwei Jahren wurde nur in wenigen Fällen eingehalten. Darüber hinaus geben nur verhältnismäßig wenige Unternehmen quantitative Prognosen ab. Schließlich fanden die Autoren heraus, dass im Zeitvergleich von 2006 und 2007 auf 2008 Prognoseumfang und -präzision deutlich abnahmen. Sie vermuten eine bewusste Entscheidung der Unternehmensleitung zur Reduzierung der Prognosequalität. Es kann davon ausgegangen werden, dass die Kapitalmarktteilnehmer in einer solchen Situation eine höhere Risikoprämie fordern, da ein höheres Informationsrisiko besteht und die Frage aufgeworfen wird, auf welcher Informationsgrundlage das Management seine eigene Planung erstellt.[643] Aufgrund der gewählten Forschungsmethodik kann allerdings von den Autoren nicht belegt werden, ob eine solche

637 Vgl. *Barth* (2009).
638 Vgl. zu den Ergebnissen ausführlich *Barth* (2009), S. 137–193.
639 Vgl. hierzu *Barth* (2009), S. 210–222.
640 Vgl. *Barth* (2009), S. 228.
641 Vgl. *Ruhwedel et al.* (2009).
642 Vgl. ausführlich zu den Ergebnissen *Ruhwedel et al.* (2009), S. 1309–1312.
643 Vgl. *Ruhwedel et al.* (2009), S. 1313.

Vernachlässigung des Management Approach eine negative Auswirkung auf den Kapitalmarkt hat.

Knauer/Wömpener betrachten den Umfang und die Präzision der Prognoseberichterstattung im Prime Standard von 2005–2008.[644] Daneben stand ebenso die Treffgenauigkeit des Prognoseberichts im Vordergrund, die mit retrospektiven Soll-Ist-Vergleichen untersucht wurde. Die Autoren kommen zur Erkenntnis, dass der Umfang der Prognoseberichterstattung von 2005–2008 wächst und dieser gleichwohl mit der Bedeutung des jeweiligen Index zusammenhängt.[645] Auch *Knauer/Wömpener* zeigen, dass nur bei etwas mehr als der Hälfte der Unternehmen der Prognosehorizont länger als ein Jahr ist. Etwa zwei Drittel der Unternehmen konkretisieren Ergebniskennzahlen nicht – es werden nur qualitative oder komparative anstatt Punkt- oder Intervallprognosen angegeben. Für Umsatzprognosen konnten die Autoren ein ähnliches Bild feststellen, wenn diese auch etwas exakter prognostiziert sind. *Knauer/Wömpener* fanden heraus, dass ein beachtlicher Teil der Prognosen erfüllt wird (ca. 38–41%). Überraschenderweise verfehlen die Kapitalgesellschaften ihre Prognose jedoch eher als dass sie diese übertreffen. Mit ihrer Inhaltsanalyse können die Autoren zwar den Umfang und die Präzision der über den Management Approach berichteten Daten beurteilen – die Auswirkungen auf die Entscheidungsnützlichkeit bleiben jedoch unbekannt. Durch die retrospektive Beurteilung der Treffgenauigkeit geht die Studie jedoch weiter als andere Inhaltsanalysen und kann zumindest einen weiteren Qualitätsaspekt beleuchten.

Barth/Beyhs analysieren die Entwicklung und die inhaltliche Ausgestaltung der Prognoseberichterstattung im DAX30, MDAX, TecDAX und SDAX über einen Zeitraum von sechs Jahren (2004–2009) – beginnend im Jahr vor der Einführung des DRS 15.[646] Für ihre Inhaltsanalyse setzen die Autoren einen gewichteten Disclosure Index ein. Die Autoren bestätigen zum Teil die Erkenntnisse von *Ruhwedel et al.* (2009): *Barth/Beyhs* zeigen, dass die Qualität der Prognoseberichterstattung sich bis 2007 kontinuierlich verbessert hat.[647] Nach einem Qualitätsabfall in 2008 bedingt durch die Finanzmarktkrise, steigt diese in 2009 wieder an. Bei einer Vielzahl der Prognosen wurde der geforderte Zeithorizont von zwei Jahren nicht umgesetzt – zum Teil ist der Zeithorizont nicht ersichtlich. Kein Unternehmen erläutert die Prognoseverfahren und Schätzmodelle. Die Autoren gehen davon aus, dass Unternehmen mit unzureichender Prognoseberichterstattung mit einer erschwerten Kapitalmarktkommunikation zu rechnen haben.[648] Die Studie kann sich zwar durch das Einbeziehen von „verschiedene[n] Gruppen“[649] in die Gewichtung des Disclosure Index stärker auf die Implikationen für den Kapitalmarkt fokussieren – jedoch bleibt die tatsächliche Auswirkung auf die Entscheidungsnützlichkeit unklar.

Tab. 3-3 fasst die Ergebnisse der dargestellten Studien zur Prognoseberichterstattung abschließend zusammen. Alle Arbeiten befassten sich im Wesentlichen mit der Einhaltung

644 Vgl. *Knauer/Wömpener* (2010).
645 Vgl. zu den Ergebnissen ausführlich *Knauer/Wömpener* (2010), S. 87–91.
646 Vgl. *Barth/Beyhs* (2010).
647 Vgl. zu den folgenden Ausführungen *Barth/Beyhs* (2010), S. 564–568.
648 Vgl. *Barth/Beyhs* (2010), S. 569.
649 *Barth/Beyhs* (2010), S. 563.

von Grundsätzen oder Normen für die Lage- bzw. Prognoseberichterstattung. Die Auswirkungen auf die Entscheidungsnützlichkeit der im Prognosebericht veröffentlichten Informationen sind außer bei *Barth* (2009) meist nur am Rande oder aus konzeptioneller Sicht betrachtet worden. Darüber hinaus blieb bislang eine Analyse der Prognoseberichterstattung auf der Unternehmensebene aus. Es ist völlig unklar, ob und wie die Informationen aus dem Planungssystem in den Prognosebericht einfließen.

Autoren	Methode	Zentrale Ergebnisse
Ballwieser (1997)	Inhaltsanalyse der Lageberichte der DAX 30 Unternehmen in 2005 vor dem Hintergrund der Grundsätze ordnungsmäßiger Lageberichterstattung.	Es liegen zahlreiche Verstöße gegen die Grundsätze ordnungsmäßiger Lageberichterstattung vor. Große Schwankungen im Umfang des Lageberichts sowie Probleme, den Prognosebericht als solchen zu erkennen.
Schmidt/Wulbrand (2007)	Inhaltsanalyse von Lageberichten 28 der DAX 30 Unternehmen in 2003 und in 2005 nach BilReG und DRS 15) zur Untersuchung der Entscheidungsrelevanz und Wertorientierung.	BilReG und DRS 15 führen zur formalen Verbesserung und Ausweitung des Lageberichts. Insbesondere wird nun über wichtige Produkte und Absatzmärkte ausführlicher berichtet. Dennoch bleiben zukunftsorientierte Informationen nur sehr allgemein.
Dietsche/Fink (2008)	Inhaltsanalyse der Lageberichte der HDAX Unternehmen von 2005 zur Untersuchung von deren Qualität.	Die Konformität des Lageberichts gemessen an den Anforderungen des DRS 15 ist relativ hoch, insbesondere bei klassischen Bereichen wie Risikoberichterstattung und Nachtragsbericht. Bei der Prognoseberichterstattung bestehen große Unterschiede.
Quick/Reus (2009)	Inhaltsanalyse der Prognoseberichte der DAX 30 Unternehmen von 2005. Untersucht wurden Prognoseprämissen, das Prognoseverfahren, der Prognosehorizont und die Prognoseaussage.	Vor allem beim Prognoseverfahren und dem Prognosehorizont bestehen Defizite. Obwohl keine gesetzlichen Verstöße vorliegen, ist die Qualität der Prognoseberichterstattung nicht überzeugend.
Barth (2009)	Inhaltsanalyse der Prognoseberichte der Unternehmen des HDAX und SDAX von 2004–2006. Im Vordergrund der Analyse standen Entwicklung und Ausgestaltung der Prognoseberichterstattung sowie die Bestimmungsfaktoren und die Entscheidungsrelevanz der Berichterstattung.	Die Qualität der Prognoseberichterstattung hat sich seit der Einführung von DRS 15 verbessert und im Untersuchungszeitraum weiter zugenommen. Es bestehen aber auch Defizite. Die publizierten Prognosen haben Entscheidungsrelevanz.
Ruhwedel et al. (2009)	Inhaltsanalyse der Prognoseberichte der DAX 30 Unternehmen von 2006–2008. Analysiert wurden Umfang und Präzision.	Im Zeitablauf steigt die durchschnittliche Länge der Prognoseberichte und es dominieren Ergebnis- und Umsatzgrößen bei der Prognose unternehmensspezifischer Kennzahlen. Der zweijährige Prognosezeitraum wird kaum eingehalten und verhältnismäßig wenige Unternehmen kommunizieren quantitative Prognosen. Im Krisengeschäftsjahr 2008 liegt eine dramatische Abnahme von Prognoseumfang und -präzision vor.

– wird fortgesetzt –

Autoren	Methode	Zentrale Ergebnisse
Knauer/Wömpener (2010)	Inhaltsanalyse der Prognoseberichte der Unternehmen des Prime Standards von 2005–2008. Im Vordergrund der Untersuchung standen Umfang und Präzision der Prognoseberichte sowie die Treffgenauigkeit der Prognosen.	Der Umfang der Prognoseberichte steigt im Zeitablauf. Beim Prognosehorizont und bei der Konkretisierung der Prognose bestehen allerdings Defizite. Ein beachtlicher Teil der Prognosen wird erfüllt.
Barth/Beyhs (2010)	Inhaltsanalyse der Prognoseberichte der im DAX 30, MDAX, TecDAX und SDAX gelisteten Unternehmen von 2004–2009. Untersucht wurde die Entwicklung und inhaltliche Qualität vor dem Hintergrund von HGB und DRS 15 mittels eines gewichteten Disclosure Index.	Durch die Einführung von DRS 15 hat sich die Qualität der Prognoseberichterstattung bis 2007 verbessert. Durch die Finanzmarktkrise wurde die Berichterstattung vor allem 2008 negativ beeinflusst. 2009 war dieser Effekt wieder rückläufig. Eine Reihe von Anforderungen des DRS 15 werden dennoch nicht eingehalten (z.B. zweijähriger Prognosehorizont, Erläuterung der Prognoseverfahren und Schätzmodelle).

Tab. 3-3: Empirische Studien zur Prognoseberichterstattung

3.4 Zusammenfassende Beurteilung

Die vorangegangenen Ausführungen zeigen, dass das Thema Management Approach bislang nur oberflächlich bearbeitet wurde. Es liegen einige konzeptionelle Beiträge vor, die den Management Approach als übergreifendes Konzept analysieren. Die Auswirkungen des Management Approach auf Unternehmensebene wurden mit einer Ausnahme, der Arbeit von *Maier*,[650] bislang überhaupt nicht empirisch untersucht. Die Arbeit von Maier stellt jedoch eine quantitative Untersuchung mittels Fragebogen dar, die im Wesentlichen den Grad der Umsetzung des Management Approach untersucht. Aufgrund der gewählten Forschungsmethode kann der Autor die Themengebiete nur oberflächlich analysieren. Insbesondere die Auswirkungen auf die Akteure in den Unternehmen bleiben weitestgehend unklar (z.B. Kommunikationsprozesse, Umgang mit Subjektivität). Außerdem werden keine Erkenntnisse über die auf Unternehmensebene ablaufenden Prozesse im Rahmen der Management Approach Berichterstattung gewonnen. Die Vielzahl der Anwendungsgebiete des Management Approach führen ferner aus konzeptioneller Sicht zu einer Beteiligung von zahlreichen Akteuren in Unternehmen. Diese organisatorische Komplexität kann nach der hier vertretenen Auffassung nicht im Rahmen einer quantitativen und standardisierten Befragung abgedeckt werden. Zudem erfordert eine so umfassende Forschungslücke eine explorative Herangehensweise, um Anhaltspunkte für eine anschließende Hypothesenentwicklung zu generieren. Es besteht folglich die **erste große Forschungslücke** in einer explorativen, qualitativen Untersuchung der Implikationen des Management Approach auf Unternehmensebene.

Die Auswirkungen der Berichterstattung nach dem Management Approach auf die Entscheidungsnützlichkeit von Informationen wurden bislang empirisch nur am Rande un-

[650] Vgl. *Maier* (2009).

tersucht. Lediglich zu einzelnen Anwendungsgebieten existieren empirische Untersuchungen, die in unterschiedlichem Maße einen meist geringen Bezug zum Management Approach aufweisen. Im Bereich der Segmentberichterstattung wird am häufigsten noch auf das Thema Management Approach eingegangen. Die meisten Studien untersuchten die Auswirkungen der Einführung von SFAS 131. Die Untersuchung von *Maines et al.*[651] steht diesem Forschungsprojekt nahe, fokussiert sich jedoch zum einen auf die Investitionsbeurteilungen von Finanzanalysten und zum anderen auf den risk and reward approach. Die **zweite Forschungslücke** besteht in der (experimentellen) Untersuchung der Entscheidungsnützlichkeit des Management Approach für Investoren. Im Bereich der Prognoseberichterstattung untersuchen viele Studien zwar Umfang und Inhalt des Prognoseberichts, können mit der gewählten Datenerhebungsmethode jedoch nicht direkt eine Kapitalmarktwirkung nachweisen oder beschreiben. Der Beitrag von *Barth*[652] stellt insoweit eine Ausnahme dar, als dort auch die Entscheidungsrelevanz der publizierten Prognosen mittels einer Ereignisstudie untersucht wird. Der Forschungsbedarf lässt sich folglich dahingehend konkretisieren, dass die Auswirkungen der Prognoseberichterstattung nach dem Management Approach auf die Entscheidungsnützlichkeit für Investoren zu analysieren sind.

Das geplante Forschungsprojekt zielt darauf ab, diese beiden Forschungslücken zu reduzieren. Hierzu sollen zwei separate Teilstudien durchgeführt werden. Die erste Teilstudie untersucht die Ausgestaltung der unternehmenseigenen Controllingsysteme im Hinblick auf die Informationsbereitstellung sowie die hierbei auf Unternehmensebene ablaufenden Implikationen für die daran beteiligten Akteure (z.B. Kommunikationsprozesse, Umgang mit Subjektivität). Auf dieser Basis soll die Geeignetheit des Konzeptes Management Approach auf Unternehmensebene beurteilt werden. Weitere Rückschlüsse zur Eignung für die externe Berichterstattung könnten zwar ebenso auf Basis dieser Erkenntnisse möglich sein. Allerdings setzt an diesem Punkt die zweite Teilstudie an.

Im Rahmen eines Experimentes sollen die Auswirkungen von Controllinginformationen auf die Entscheidungsnützlichkeit in den beiden beschriebenen Teilbereichen analysiert werden:[653] Zum einen wird der Einfluss von Planungsrechnungen bei außerplanmäßigen Abschreibungen und bei der Prognoseberichterstattung und zum anderen von Organisationsstrukturen und dem Berichtswesen in Form der Segmentberichterstattung auf Aspekte der Entscheidungsnützlichkeit untersucht.

Um die beiden Teilstudien zielgerichtet durchführen zu können, wird im folgenden Kapitel ein geeignetes theoretisches Fundament erarbeitet. Für die erste Teilstudie auf Unternehmensebene wird die Strukturationstheorie herangezogen (Kapitel 4.2), für die Kapitalmarktebene hingegen die Prinzipal-Agent-Theorie (Kapitel 4.3).

---

651 Vgl. *Maines et al.* (1997).

652 Vgl. *Barth* (2009).

653 Die beiden Teilbereiche sind der Rückgriff auf Informationen zur Bewertung und Publizität sowie die Orientierung der Bewertung und Publizität an internen Organisationsstrukturen und dem Berichtswesen.

4 Theoretischer Bezugsrahmen und Hypothesenentwicklung

4.1 Verständnis und Ebenen gegenstandsbezogener Theorien

In diesem Kapitel werden **gegenstandsbezogene Theorien** analysiert, die dem strukturierten Ablauf des Forschungsprozesses als Fundament dienen. Sie sind nicht mit den in Abschnitt 1.3 behandelten Metatheorien zu verwechseln, die das grundlegende Verständnis von Erkenntnis und Wissenschaft liefern.[654] In der betriebswirtschaftlichen Literatur existiert eine Vielzahl von gegenstandsbezogenen Theorien, die oft sehr breit und interdisziplinär sind (z.B. bei den Organisationstheorien) und die meist kein einheitliches Erkenntnisinteresse aufweisen.[655] Diese Lage wird teilweise als willkommener Pluralismus, teilweise aber auch als Kinderkrankheit gesehen.[656] Das im vorliegenden Forschungsprojekt untersuchte Phänomen des Management Approach tangiert eine Reihe von Akteuren, die sich in unterschiedlichen Rollen befinden (z.B. Controller, Rechnungswesenmitarbeiter, Investoren) und die mitunter einem sozialen Gebilde angehören (z.B. Unternehmen, Kapitalmarkt).

Die in den folgenden Abschnitten analysierten Theorien sollen nun in verschiedene Theorieebenen eingeordnet werden. Hierzu wird die gängige Unterscheidung der Makro-, Meso- und Mikroebene herangezogen (Mehrebenenmodell):[657]

- **Makroebene:** Sowohl große soziale Einheiten und gesamtgesellschaftliche Prozesse als auch Austauschprozesse zwischen einzelnen gesellschaftlichen Teilsystemen, wie z.B. Wirtschaft, Politik, Bildung, werden auf der Makroebene analysiert.[658] Hierbei spielen Sozialstrukturen, stabilisierende Bedingungen, Wandlungsprozesse und Kultur eine Rolle.[659] Untersuchungsfeld der Makroebene stellt damit die Umwelt bzw. das Umfeld sozialer Gebilde (z.B. Organisationen) dar.[660] Typische Theorien der Makroebene sind beispielsweise die Systemtheorie oder die Konflikttheorie.[661]
- **Mesoebene:** Eine Zwischenebene bildet die Mesoebene, die sich mit sozialen Gebilden befasst. Die Untersuchungen auf der Mesoebene können sich im Einzelnen mit Strukturen und (Interaktions-)Prozessen in Organisationen oder auch informellen Prozessdynamiken und -strukturen beschäftigen.[662] Ein Kapitalmarkt, auf dem durch Interaktion Tauschprozesse stattfinden, wird hier ebenfalls als soziales Gebilde aufgefasst. Hierbei können auch Interaktionen zwischen Organisationen und Individuen stattfinden. Streng genommen stellt die Handlung einer Organisa-

---

654 Vgl. ausführlich zum Verhältnis von gegenstandsbezogener Theorien und Metatheorien *Kassner/Wassermann* (2005), S. 97f. m.w.N.

655 Vgl. *Grochla* (1978), S. 1.

656 Vgl. *Ortmann/Sydow* (2001), S. 424.

657 Vgl. *Esser* (1999), S. 112f.; *Weymann* (2007), S. 108; *Henecka* (2009), S. 34–36; *Osann* (2010), S. 51.

658 Vgl. *Henecka* (2009), S. 35f.

659 Vgl. *Henecka* (2009), S. 34, 36.

660 Vgl. *Osann* (2010), S. 51.

661 Vgl. *Henecka* (2009), S. 36.

662 Vgl. *Henecka* (2009), S. 35.

tion jedoch eine Interaktion von Organisationsteilnehmern (also ebenfalls von Individuen) dar.[663]

- **Mikroebene:** Auf der Mikroebene werden die individuellen Akteure, das soziale Handeln bzw. das Verhalten und die Interaktion betrachtet. Neben dem sozialen Nahbereich (face-to-face-Beziehungen) stellen auch Wahrnehmungs- und Interpretationsprozesse sowie die Aneignung und die Auseinandersetzung des Individuums mit der es umgebenden Kultur und gesellschaftlichen Rollen und Normen Untersuchungsgegenstand dar.[664] Eine typische Theorie der Mikroebene ist der symbolische Interaktionismus.[665]

Im vorliegenden Projekt kommt die auf allen Ebenen angesiedelte Strukturationstheorie zum Einsatz.[666] Die Strukturationstheorie wurde von *Anthony Giddens* als Grundlagentheorie entwickelt und wird in der Literatur zum Teil als Metatheorie betrachtet.[667] Aufgrund des der Strukturationstheorie fehlenden Regelsystems zur Erkenntnisgewinnung sind jedoch vom Forscher passende epistemologische Festlegungen selbst zu treffen.[668] Vor dem Hintergrund der hier vorgenommenen Unterscheidung zwischen gegenstandsbezogenen Theorien und Metatheorien mit explizitem erkenntnistheoretischem Erklärungsanspruch soll daher die Strukturationstheorie im Folgenden nicht als Metatheorie sondern als gegenstandsbezogene Theorie aufgefasst werden, die ihren Geltungsbereich und ihre Integrationskraft über die anderen Ebenen des oben dargestellten Mehrebenenmodells entfaltet[669] – sozusagen eine **Metaebene** im Mehrebenenmodell darstellt.[670]

Neben der Strukturationstheorie findet außerdem die Prinzipal-Agent-Theorie Anwendung, um auf der Mesoebene – insbesondere auf der Seite des Kapitalmarktes – Informationsasymmetrien zu analysieren.[671] Obwohl beiden Theorien in einigen Bereichen ein unterschiedliches Verständnis zugrunde liegt, können diese sich für den Untersuchungsgegenstand „Management Approach" mit seinen Implikationen für Unterneh-

---

663 Vgl. *Osann* (2010), S. 51.

664 Vgl. *Henecka* (2009), S. 35.

665 Vgl. *Weymann* (2007), S. 109; *Henecka* (2009), S. 35.

666 Vgl. *Gilbert* (2003), S. 99f.; *Walgenbach* (2006), S. 403. Zur Strukturationstheorie vgl. ausführlich Abschnitt 4.2.

667 Vgl. *Ortmann/Sydow* (2001), S. 427f.; *Gilbert* (2003), S. 99. Nach *Cappallo* ist die Strukturationstheorie ein Wissenschaftsprogramm, vgl. *Cappallo* (2006), S. 21.

668 Vgl. *Cappallo* (2006), S. 30. Nach *Gilbert* will die Strukturationstheorie auch nicht primär erkenntnistheoretische Fragestellungen beantworten, vgl. *Gilbert* (2003), S. 99.

669 Ähnlich *Ortmann/Sydow* (2001), S. 427f., die die Strukturationstheorie als Metatheorie auffassen, welche „eine Integrationskraft im Hinblick auf sozialwissenschaftliche Theorien unterhalb dieser Metaebene" entfaltet. Die Autoren lehnen einen Ableitungszusammenhang zwischen Meta- und Objekttheorie ausdrücklich ab und postulieren, „dass es auf der Objektebene zur Sache geht". *Dreyer* (2008), S. 49f., folgt dem Ansatz von *Ortmann/Sydow*.

670 Eine zusätzliche Metaebene findet sich z.B. bei *Henecka* (2009), S. 36, der dort jedoch gesamtgesellschaftlich übergreifende Norm- und Wertvorstellungen in einem ideologischen „Überbau" verankert.

671 Eine ähnliche Vorgehensweise findet sich z.B. bei *Dreyer* (2008), S. 49f., die ein Prozessmodell zur Gestaltung einer Public Private Partnership für den kommunalen Straßenunterhalt in der Schweiz entwickelt, das metatheoretisch auf der Strukturationstheorie basiert, zusätzlich jedoch Opportunismus zwischen den Akteuren auf Basis der Prinzipal-Agent-Theorie erfasst.

mens- und für Kapitalmarktebene ergänzen. Dies kann durch die Einordnung der beiden Theorien in einen Analyserahmen von *Goldbach* verdeutlicht werden,[672] der wiederrum an den soziologischen Analyserahmen von *Burrell/Morgan*[673] angelehnt ist. Der **Analyserahmen** kann in zwei Dimensionen differenziert werden (vgl. Abb. 4-1):[674] Die **erste Dimension** stellt die klassische Unterscheidung des Handlungsverständnisses in objektivistische und subjektivistische Positionen dar.[675] Das objektivistische Handlungsverständnis, das z.B. auf dem Strukturalismus oder dem Funktionalismus basiert, nimmt die Beherrschung des Subjektes (das menschliche Wesen bzw. der soziale Akteur) durch das Objekt (die Gesellschaft oder die Organisation) an.[676] Besonders betont wird der von Struktur ausgeübte Zwang, von dem das Handeln des Subjekts unabhängig existiert.[677] Die objektivistische Position kann beispielsweise in einigen Positionen des situativen Ansatzes gefunden werden.[678] Im subjektivistischen Handlungsverständnis – etwa auf Basis von interpretativen Ansätzen oder der Hermeneutik – stehen Handeln und Sinn im Vordergrund, weniger jedoch Strukturen und daraus resultierender Zwang.[679] So werden z.B. im symbolischen Interaktionismus soziale Rollen in Interaktionsprozessen ausgehandelt und interpretiert bzw. gedeutet.[680] Die **zweite Dimension** des Analyserahmens bildet das Rationalitätsverständnis, das sich „in eine über ökonomische Phänomene zugängliche ökonomische Rationalität einerseits und eine über soziale Phänomene erfassbare soziale Rationalität andererseits"[681] aufteilen lässt.

Da nach der Strukturationstheorie die Akteure einerseits auf die Strukturen (von sozialen Systemen) Bezug nehmen, diese jedoch gleichzeitig auch beeinflussen können und andererseits nicht nur auf Ressourcen (charakteristisch für die ökonomische Rationalität), sondern auch auf Regeln (charakteristisch für die soziale Rationalität) zurückgreifen, füllt diese Theorie alle vier Felder des Analyserahmens (vgl. Abb. 4-1).[682] Die Prinzipal-Agent-Theorie hingegen ist lediglich in das Feld objektivistisch-ökonomisches Verständnis einzuordnen, da zum einen die Handlungsumwelt der Akteure vorgegeben ist[683] und zum anderen ein ökonomisch rationales Verhalten der Nutzenmaximierung unterstellt wird.[684]

---

672 Vgl. *Goldbach* (2003), S. 216f.

673 Vgl. *Burrell/Morgan* (1979).

674 Vgl. hierzu *Goldbach* (2003), S. 216.

675 Vgl. *Burrell/Morgan* (1979), S. 1–9; *Walgenbach* (2006), S. 405.

676 Vgl. zu diesen Ausführungen detailliert *Walgenbach* (2006), S. 405.

677 *Walgenbach* spricht vom passiven Subjekt, von einem „Resultat, hilflose[n] Opfer übermächtiger, strukturell-gesellschaftlicher Kräfte", *Walgenbach* (2006), S. 405.

678 Dies ist durch die Wirkungskette „Situation der Organisation" – „Formale Organisationsstruktur" – „Verhalten der Organisationsmitglieder", vgl. *Walgenbach* (2006), S. 405.

679 Vgl. *Goldbach* (2003), S. 216; *Walgenbach* (2006), S. 405.

680 Vgl. *Neuberger* (1995), Sp. 983f.; *Walgenbach* (2006), S. 405.

681 *Goldbach* (2003), S. 216.

682 Vgl. *Goldbach* (2003), S. 217. Die Einzelheiten der Strukturationstheorie werden detailliert in Abschnitt 4.2 dargestellt.

683 Die Akteure können jedoch ihr Handeln untereinander gestalten.

684 Vgl. *Goldbach* (2003), S. 217. Die Einzelheiten der Prinzipal-Agent-Theorie werden detailliert in Abschnitt 4.3 dargestellt.

Abb. 4-1: Einordnungen der Theorien in einen Analyserahmen
Quelle: In Anlehnung an *Goldbach* (2003), S. 217

Für den zusätzlichen Einsatz der Prinzipal-Agent-Theorie – insbesondere für die Analyse des Teilbereichs Kapitalmarkt – spricht die im Vergleich zur Strukturationstheorie starke Fokussierung auf die beiden beteiligten Akteure Prinzipal und Agent. Die häufig kritisierte pauschale Verhaltensannahme des Opportunismus[685] und die zugrunde gelegte ökonomische Realität können jedoch auch Gründe für den Einsatz der Theorie bilden, wenn z.B. wie auf einem Kapitalmarkt das Handeln der Akteure primär durch ökonomische Motive geprägt ist. Gleichermaßen gilt dies für die Bindung der Prinzipal-Agent-Theorie an dyadische Beziehungen:[686] Es können zwar keine kollektiven Dynamiken erfasst werden, jedoch sind manche Situationen auch genau durch eine solche dyadische Beziehung gekennzeichnet (z.B. Investor und Unternehmen bzw. Management auf dem Kapitalmarkt).[687] Auch die möglichen Konsequenzen aus ungleich verteilten Informationen (Informationsasymmetrien) können durch die in der Prinzipal-Agent-Theorie explizite Thematisierung einfach beleuchtet werden.[688] Schließlich könnte unter gewissen Einschränkungen die Prinzipal-Agent-Theorie als Spezialfall der Strukturationstheorie angesehen werden, der auf Objektivismus und ökonomische Phänomene reduziert wird.[689] Nichtsdestotrotz muss bedacht werden, dass die Prinzipal-Agent-Theorie – neben den bereits erläuterten Kritikpunkten – „Handeln als deterministisch durch Struktur bestimmt betrachtet"[690] und somit ihr Gestaltungspotenzial auf Symptome aus der Handlungsumwelt

685 Vgl. z.B. *Becker* (2004b), S. 96.
686 Zur Kritik vgl. *Schreyögg* (2008), S. 362.
687 Vgl. auch *Dreyer* (2008), S. 69f.
688 Vgl. *Goldbach* (2003), S. 219.
689 Diese Auffassung vertritt *Goldbach* (2003), S. 225.
690 *Goldbach* (2003), S. 218.

beschränkt, ohne jedoch deren eigentlichen strukturellen Ursachen auf den Grund gehen zu können.[691]

Im Folgenden sollen erst die Strukturationstheorie und die Prinzipal-Agent-Theorie im Detail dargestellt und analysiert werden. Die Theorien werden hierbei jeweils mit den konzeptionellen Aspekten des Management Approach verbunden. Im Anschluss daran werden für die experimentelle Untersuchung auf Kapitalmarktebene Hypothesen aufgestellt. Das Kapitel endet mit einem Zwischenfazit.

4.2 Strukturationstheorie

4.2.1 Entwicklung und Grundkonzept

Die Strukturationstheorie wurde in einer mehrjährigen Schaffensphase vom britischen Soziologen *Anthony Giddens* entwickelt und von ihm im Wesentlichen in drei Werken festgehalten.[692] Das jüngste der drei Werke stellt das Hauptwerk dar, welches die Strukturationstheorie am umfassendsten beschreibt.[693] In der Organisations- und Managementforschung fand die Strukturationstheorie bereits ein sehr breites Anwendungsfeld.[694] *Giddens* hat die Theorie als allgemeine Sozialtheorie formuliert:[695]

> *„Social theory has the task of providing conceptions of the nature of human social activity and of the human agent which can be placed in the service of empirical work. The main concern of social theory is the same as that of the social sciences in general: the illumination of concrete processes of social life."*[696]

Die Strukturationstheorie ermöglicht es, im Gegensatz zu anderen organisationstheoretischen Ansätzen, die **Dichotomie von Objektivismus und Subjektivismus** zu überwinden.[697] In den einleitenden Ausführungen des Begründungswerkes erwähnt *Giddens*, dass sein Buch im Endeffekt eine ausführliche Reflexion eines populären und oft zitierten Satzes von *Marx* ist:[698]

> *„Die Menschen machen ihre eigene Geschichte, aber sie machen sie nicht aus freien Stücken, nicht unter selbstgewählten, sondern unter unmittelbar vorgefundenen, gegebenen und überlieferten Umständen."*[699]

In diesem Zusammenhang sind die objektivistischen Positionen (wie z.B. der Strukturalismus oder der Funktionalismus) zu sehen, in denen das Objekt (die Gesellschaft oder Organisation) Beherrschung durch Zwang mittels vorgegebener Struktur auf das passive

---

691 Vgl. *Goldbach* (2003), S. 218. Zur Kritik an der Prinzipal-Agent-Theorie vgl. außerdem *Schreyögg* (2008), S. 362.

692 Vgl. *Müller* (2008), S. 120. Die drei Werke sind *Giddens* (1976), *Giddens* (1979) und *Giddens* (1984).

693 Vgl. *Giddens* (1984).

694 Vgl. *Sydow/Ortmann* (2001), S. 18; *Becker* (2004a), S. 756; *Cappallo* (2006), S. 20.

695 Vgl. *Becker* (2004a), S. 756.

696 *Giddens* (1984), S. xvii.

697 Vgl. *Ortmann/Sydow* (2001), S. 426f.; *Dreyer* (2008), S. 49.

698 Vgl. *Giddens* (1984), S. xxi.

699 *Marx* (1960), S. 115.

Subjekt (das menschliche Wesen) ausübt.[700] Auch in einigen Fassungen des situativen Ansatzes ist diese Position zu finden, in denen sich Situation bzw. Kontext und Struktur auf das Verhalten von Organisationsmitgliedern auswirken.[701] In subjektivistischen Ansätzen (Hermeneutik, interpretative Ansätze) hingegen spielen strukturelle Konzepte eine geringe Rolle und Zwang ist kaum vorhanden.[702] Vielmehr stehen das Handeln und der Sinn im Vordergrund.[703] Der symbolische Interaktionismus[704] stellt eine solche Position dar, in der das Verhalten der Akteure wechselseitig und aufeinander bezogen ist und seine Grundlage in der durch soziale Aktion entstehenden Bedeutung von Symbolen (z.B. Vorgänge oder Gegenstände) hat.[705]

Giddens will mit seinem Werk diesen „empire-building endeavours" ein Ende setzen.[706] Er verbindet die stets als unvereinbar angesehenen Aspekte Struktur und Handeln auf eine Weise, dass sie nicht mehr einzeln, sondern nur noch im Zusammenhang analysierbar sind.[707] Mit dem Konzept der **Dualität von Struktur** konstituiert *Giddens*,[708] dass

> *„[…] the structural properties of social systems are both medium and outcome of the practices they recursively organize."*[709]

Anstatt sich entgegenzustehen, setzen sich menschliches Handeln und Struktur voraus,[710] da durch das Handeln Struktur produziert und reproduziert wird – diese gleichzeitig jedoch das Handeln ermöglicht.[711] Dieser interdependente Zusammenhang wird daher auch als Denkfigur der Rekursivität bezeichnet.[712] Für *Giddens* stehen dabei soziale Praktiken im Vordergrund,[713] die von Akteuren in ihrem Handeln angewendet werden.[714] Diese sozialen Praktiken begründen sich auf Strukturen und werden an unterschiedlichen Orten und/oder zu unterschiedlichen Zeiten reproduziert.[715] Wie bereits in Abschnitt 4.1 erläutert, wird die Strukturationstheorie aufgrund dieses umfassenden, integrierten Ansatzes in der Literatur teilweise als Metatheorie und als Wissenschaftsprogramm aufgefasst.

Um die zentralen Bestandteile der Strukturationstheorie mit dem Forschungsgegenstand dieser Arbeit in Verbindung zu bringen, ist eine detaillierte Analyse dieser Elemente not-

---

700 Vgl. *Giddens* (1984), S. 1; *Walgenbach* (2006), S. 405.

701 Vgl. *Walgenbach* (2006), S. 405; *Kieser* (2006), S. 218.

702 Vgl. *Giddens* (1984), S. 2.

703 Vgl. *Walgenbach* (2006), S. 405.

704 Der symbolische Interaktionismus ist als substanztheoretische, soziologische Auffassung zu verstehen und nicht als Metatheorie, vgl. *Lamnek* (2005), S. 34, 37. Vgl. zur Unterscheidung von Substanz- und Metatheorie die grundlegenden Ausführungen in Abschnitt 1.3.

705 Vgl. ausführlich *Lamnek* (2005), S. 37–42. Ähnlich in Bezug auf organisationales Handeln *Schultz* (1994), S. 75–78.

706 Vgl. *Giddens* (1984), S. 2.

707 Vgl. *Weik* (2003), S. 76.

708 Vgl. *Giddens* (1984), S. xxf.

709 *Giddens* (1984), S. 25.

710 Vgl. *Sewell, Jr.* (1992), S. 4.

711 Vgl. *Walgenbach* (2006), S. 406.

712 Vgl. *Ortmann/Sydow* (2001), S. 426; *Dreyer* (2008), S. 51.

713 Vgl. *Giddens* (1984), S. 2.

714 Vgl. *Cohen* (1989), S. 26.

715 Vgl. *Cappallo* (2005), S. 87f.; *Walgenbach* (2006), S. 412.

wendig. Im nachfolgenden Abschnitt sollen daher die Begriffe Struktur, Handeln und soziale Praktiken genauer betrachtet werden, um im Anschluss daran Controllingaspekte aus strukturationstheoretischer Perspektive zu analysieren.

4.2.2 Zentrale Begriffe in der Strukturationstheorie

Zunächst ist anzumerken, dass sich der Begriff der Struktur in der Strukturationstheorie von dem in der Betriebswirtschaft üblichen Gebrauch unterscheidet,[716] da die **Struktur** als Ordnung sozialer Systeme nur im Handeln oder Wissen von Akteuren existiert.[717] Sie stellt eine „virtuelle Ordnung"[718] dar und ist den Akteuren als Erinnerungsspuren („memory traces") gegenwärtig.[719] *Giddens* betont ausdrücklich, dass Struktur nicht in einer aktiven Form selbst auf das soziale Leben Einfluss nimmt, sondern erst durch das Handeln der Akteure:

> *„In my usage, structure is what gives form and shape to social life, but it is not itself that form and shape – nor should ‚give' be understood in an active sense here, because structure only exists in and through the activities of human agents."*[720]

Nach *Giddens* umfasst die Struktur eines sozialen Systems Regeln und Ressourcen,[721] auf die sich die Akteure im Moment ihres Handelns beziehen.[722] Regeln sind dabei allgemeine Techniken oder generalisierbare Prozeduren und drücken das Wissen aus, wie soziale Praktiken ausgeübt werden[723] – „to know how to go on"[724]. Regeln können differenziert werden in Regeln der Legitimation und Regeln der Signifikation. Anhand von Regeln der Legitimation können soziale Akteure „korrektes" Handeln normativ beurteilen.[725] Die Regeln der Signifikation hingegen sind sinnkonstituierend und ermöglichen es den Akteuren, Sachverhalte mit Bedeutungen zu versehen.[726] Der neben den Regeln im Strukturbegriff ebenfalls enthaltene Ressourcenbegriff ist im Zusammenhang mit dem Handeln der Akteure zu betrachten:[727] Das Eingreifen der Akteure in das soziale Geschehen bedarf einer gewissen Handlungsfähigkeit, die sich zum einen aus dem Wissen über Regeln und zum anderen aus einem gewissen Machtaspekt zusammensetzt. Macht ist selbst keine Ressource, sondern die „Ressourcen sind das Medium, durch das Akteure Macht in der sozialen Interaktion ausüben können."[728] Es wird daher auch von den Ressourcen der Herrschaft gesprochen.[729]

---

[716] Vgl. *Becker* (2004a), S. 757.
[717] Vgl. *Giddens* (1984), S. 21.
[718] *Walgenbach* (2006), S. 411.
[719] Vgl. *Giddens* (1984), S. 25; *Walgenbach* (2006), S. 407; *Müller* (2008), S. 124f.
[720] *Giddens* (1989), S. 256.
[721] Vgl. *Giddens* (1984), S. 25.
[722] Vgl. *Müller* (2008), S. 123.
[723] Vgl. *Müller* (2008), S. 125.
[724] *Giddens* (1979), S. 67.
[725] Vgl. *Giddens* (1984), S. 28f.; *Becker* (2004a), S. 757.
[726] Vgl. *Giddens* (1984), S. 28f.; *Becker* (2004a), S. 757.
[727] Vgl. zu diesen Ausführungen detailliert *Müller* (2008), S. 127.
[728] *Müller* (2008), S. 127.
[729] Vgl. *Becker* (2004a), S. 757.

Der Ressourcenbegriff kann ebenfalls differenziert werden:[730] Es existieren autoritative und allokative Ressourcen. Während autoritative Ressourcen die Herrschaft über andere Menschen ermöglichen (z.B. in Form von Organisations- oder Kontrolltechniken), gestatten allokative Ressourcen die Herrschaft über materielle Dinge, wie z.B. Geld oder Produktionsmittel.[731] Obwohl manche Formen von allokativen Ressourcen eine reale Existenz aufweisen können, sind diese im Sinne der Struktur als „virtuelle Ordnung" zu begreifen.[732] Erst durch das Einbeziehen in Strukturationsprozesse werden sie zu Ressourcen.[733] *Giddens* stellt Struktur anhand von drei Dimensionen dar, in welche die Regeln und Ressourcen eingeordnet werden (vgl. auch Abb. 4-2): Signifikation („signification"), Herrschaft („domination") und Legitimation („legitimation").[734]

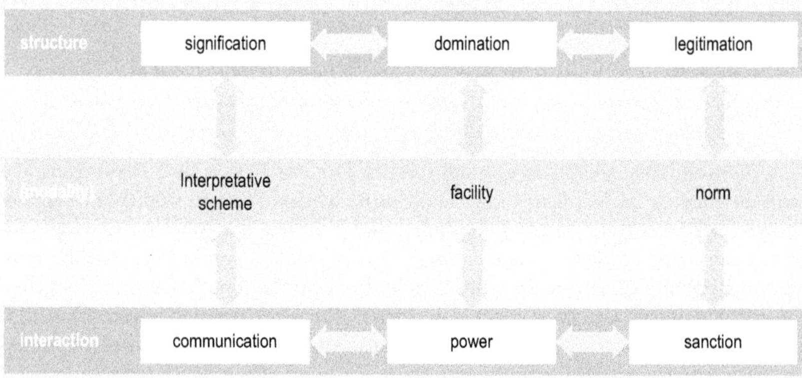

Abb. 4-2: Dualität der Struktur
Quelle: In Anlehnung an *Giddens* (1984), S. 29

Da Struktur und Handeln in der Realität aufgrund der Dualität der Struktur eine Einheit bilden, verwendet *Giddens* eine analytische Hilfestellung, um diese in seiner Theorie abzubilden – das Konzept der **Modalitäten** („modalities").[735] Modalitäten stellen die verbindenden Elemente zwischen Struktur und Handeln dar (vgl. auch Abb. 4-2).[736]

> *„Als Modalitäten werden die Regeln und Ressourcen in ihrer Anwendung im situierten Handeln bezeichnet."*[737]

---

[730] Vgl. *Giddens* (1984), S. 33.
[731] Vgl. *Becker* (2004a), S. 757.
[732] Vgl. *Walgenbach* (2006), S. 411.
[733] Vgl. *Giddens* (1984), S. 33. *Ortmann* verdeutlicht dies an dem Mauerbeispiel: „Eine Ansammlung von Steinen und Beton ist noch keine Mauer, eine Mauer allein noch keine Grenze, wie man in Berlin 1989 sehen konnte", *Ortmann* (1994), S. 156.
[734] Vgl. ausführlich *Giddens* (1984), S. 29–34.
[735] Vgl. *Müller* (2008), S. 136.
[736] Vgl. *Giddens* (1979), S. 81; *Becker* (2004a), S. 758.
[737] *Becker* (2004a), S. 758.

Interpretationsschemata („interpretative schemes“) können beispielsweise Weltanschauungen oder kognitive Ordnungen sein.[738] Sie repräsentieren gemeinsame Wissensbestände im Handeln, auf die sich Akteure beziehen, um bestimmten Dingen einen Sinn zu verleihen.[739] In einer Sprechhandlung beispielsweise stellt die Sprache die Struktur dar, die durch kognitive Schemen der Syntax und Semantik das Verständnis im Rahmen der Kommunikation erfährt – gleichzeitig ist jedoch die Sprache wiederrum das Ergebnis der Sprechhandlung.[740] Ein Eingriff in die soziale Welt durch eine Handlung erfordert die Ausübung von Macht mithilfe von Machtmitteln („facilities“).[741] Diese sind in der Herrschaftsordnung repräsentiert, einer Kombination der autorativen und allokativen Ressourcen.[742] Regeln der Legitimation werden in Handlungen durch Normen („norms“) konkretisiert, die sowohl Moralvorstellungen als auch Auffassungen von Rechten und Pflichten umfassen können.[743]

Die Unterscheidung der drei Ebenen Struktur („structure“), Modalitäten („modalities“) und Handeln bzw. Interaktion („interaction“) ist jedoch rein analytischer Natur – soziale Interaktionen finden auf allen drei Ebenen zugleich statt.[744] Dies gilt im übrigen auch für die Unterscheidung der drei Dimensionen auf der Horizontalen (Signifikation, Herrschaft und Legitimation).

Auch das **Handeln** bzw. die Interaktion der Akteure kann analytisch in Kommunikation („communication“), Macht („power“) und Sanktion („sanction“) differenziert werden (vgl. Abb. 4-2). Kommunikation ist eine selbstverständliche Form des Handelns bzw. der Interaktion von Akteuren, mittels welcher sie (unter Rückgriff auf Interpretationschemata) die Regeln der Signifikation weitergeben. In jeder Handlung ist zwangsläufig ein Machtaspekt enthalten.[745] Nach *Giddens* Auffassung hätte der Akteur stets die Möglichkeit gehabt, anders zu handeln.[746] Ein Akteur ist daher auch niemals vollständig machtlos.[747] Selbst in Organisationen, in denen ungleiche Ressourcenverteilung herrscht, ist dies nicht der Fall, da bereits im Zusammenspiel eines mächtigeren mit einem weniger mächtigeren Akteur eine beiderseitige Wirkung vorliegt (z.B. im Nicht-Anerkennen der Machtposition des Stärkeren).[748] *Giddens* nennt dies die „dialectict of control“.[749] Die Akteure bewerten jeweils Handlungen anderer Akteure, mit denen sie interagieren durch positive oder negative Sanktion.[750] Dabei greifen sie – wie bereits dargestellt – auf Nor-

[738] Vgl. *Müller* (2008), S. 139.
[739] Vgl. *Giddens* (1979), S. 83; *Becker* (2004a), S. 758.
[740] Vgl. *Macintosh/Scapens* (1990), S. 460.
[741] Vgl. *Becker* (2004a), S. 758.
[742] Vgl. *Müller* (2008), S. 140.
[743] Vgl. *Becker* (2004a), S. 759; *Müller* (2008), S. 140.
[744] Vgl. *Becker* (2004a), S. 759.
[745] Vgl. *Becker* (2004a), S. 760.
[746] Vgl. *Giddens* (1984), S. 9.
[747] Vgl. *Müller* (2008), S. 143.
[748] Vgl. *Becker* (2004a), S. 760; *Müller* (2008), S. 143.
[749] Vgl. *Giddens* (1984), S. 374.
[750] Vgl. *Walgenbach* (2006), S. 412; *Müller* (2008), S. 140.

men zurück, um die Regeln der Legitimation anzuwenden. Durch die Interaktion bzw. die Handlung in Form der Sanktion wird die legitime Ordnung zugleich reproduziert.[751]

In der Strukturationstheorie ist das Zusammenspiel von Wissen und Handeln (bzw. Handlungssteuerung) von besonderer Bedeutung. Für beide Aspekte existieren jeweils miteinander verbundene Schichtenmodelle.[752] Die Handelnden verfügen über ein bestimmtes **Wissen**, auf welche sie sich im Handeln und bei der Reproduktion von Struktur beziehen.[753] In diesen Wissensbeständen sind die (vermeintlichen) Kenntnisse über die eigenen oder fremden Handlungsumstände enthalten.[754] Sie lassen sich in zwei Bereiche unterteilen:[755] Die Unterbewusstheit und die Bewusstheit. Das Unterbewusstsein („unconsciousness") stellt das „basic security system"[756] dar, das im Rahmen alltäglicher Routineinteraktionen eingesetzt wird und dem Akteur Sicherheit und Vertrauen vermittelt.[757] Das Bewusstsein lässt sich in das diskursive Bewusstsein und das handlungspraktische Bewusstsein unterteilen, wobei die Grenze durchlässig und veränderlich ist.[758] Während das diskursive Bewusstsein („discursive consciousness") in Zusammenhang mit Erinnerungen steht und die Akteure dazu befähigt, ihr Wissen über das Handeln in Worte zu fassen, ist der Großteil des Wissens auf einer impliziten Ebene angesiedelt, dem handlungspraktischen Bewusstsein („practical consciousness").[759]

> *„What agents know about what they do, and why they do it – their knowledgeability as agents – is largely carried out in practical consciousness. Practical consciousness consists of all the things which actors know tacitly about how to ‚go on' in the contexts of social life without being able to give them direct discursive expression."*[760]

Die **Handlungssteuerung** wird von *Giddens* im Schichtenmodell des Handelnden („stratification model of the agent") dargestellt und kann darin auf drei Ebenen ablaufen (vgl. auch Abb. 4-3).[761] Die Akteure unterziehen ihren Handlungsstrom und dessen sozialen und physischen Kontext einer kontinuierlichen reflexiven Überwachung des Handelns („reflexive monitoring of action") und erwarten dasselbe von anderen Akteuren.[762] Somit machen sie sich fortlaufend ein reflektiertes Bild über das Geschehen und stellen ihr Tun implizit darauf ab.[763] Die reflexive Handlungssteuerung erfolgt also auf der Ebene des handlungspraktischen Bewusstseins.[764] Beispiele hierfür sind:

---

[751] Vgl. *Becker* (2004a), S. 759.
[752] Vgl. *Cappallo* (2008), S. 109.
[753] Vgl. *Walgenbach* (2006), S. 406f; *Müller* (2008), S. 144.
[754] Vgl. *Giddens* (1984), S. 375.
[755] Vgl. *Cappallo* (2005), S. 22f.
[756] *Giddens* (1976), S. 117; *Giddens* (1979), S. 218.
[757] Vgl. *Cappallo* (2005), S. 22; *Müller* (2008), S. 146.
[758] Vgl. *Giddens* (1976), S. 7; *Cappallo* (2005), S. 24; *Müller* (2008), S. 145.
[759] Vgl. *Walgenbach* (2006), S. 407; *Müller* (2008), S. 145.
[760] *Giddens* (1984), S. xxiii.
[761] Vgl. *Giddens* (1984), S. 5f.; *Cappallo* (2008), S. 110.
[762] Vgl. *Giddens* (1984), S. 5.
[763] Vgl. *Cappallo* (2008), S. 110; *Müller* (2008), S. 147.
[764] Vgl. *Becker* (2004a), S. 760.

„Schließt mein Handeln gut an das des anderen an? [...] Das muss ich das nächste Mal anders machen! [...] Was werden die anderen tun?“[765]

Unter der Rationalisierung des Handelns („rationalization of action“) ist die Fähigkeit der Akteure zu verstehen, ihr Handeln theoretisch zu verstehen und zu begründen.[766] Der Prozess läuft zwar häufig auf der Ebene des handlungspraktischen Bewusstseins ab,[767] jedoch können die Teilnehmer auf Nachfrage ihre Handlungsgründe meist benennen.[768] Die Handlungsmotivation ist mehr im Unterbewusstsein angesiedelt und eröffnet ein Handlungsspektrum, durch den ein Akteur seine grundlegenden Bedürfnisse befriedigen kann.[769]

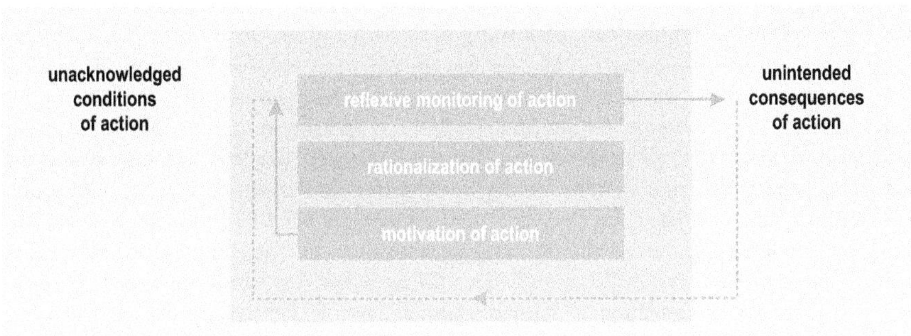

Abb. 4-3: Schichtenmodell des Handelnden
Quelle: In Anlehnung an *Giddens* (1984), S. 5

Die durch die Handlungssteuerung geleiteten Handlungen werden von einem Bedingungsrahmen umfasst, welcher von Akteuren diskursiv und handlungspraktisch wahrgenommen wird.[770] Handlungsbedingungen („conditions of action“) können daher erkannt oder unerkannt sein, während Handlungsergebnisse („consequences of action“) hingegen intendiert oder unintendiert sind und sich auf die zukünftigen Handlungen auswirken (vgl. Abb. 4-3).[771] Trotzdem sieht *Giddens* die **sozialen Akteure** als mit Reflexionsmächtigkeit und Intentionalität ausgestattete Wesen an.[772] Der Großteil des alltäglichen Geschehens läuft allerdings auf impliziter Ebene handlungspraktisch ab.[773]

Nach der Strukturationstheorie sollten nicht Erfahrungen einzelner Akteure oder Formen von gesellschaftlichen Totalitäten im Vordergrund stehen. Vielmehr geht es um **soziale Praktiken**, die über Raum und Zeit geregelt sind:

[765] *Ortmann et al.* (2000), S. 318.
[766] Vgl. *Giddens* (1984), S. 5; *Becker* (2004a), S. 760.
[767] Vgl. *Müller* (2008), S. 147.
[768] Vgl. *Giddens* (1984), S. 6.
[769] Vgl. *Cappallo* (2008), S. 110.
[770] Vgl. *Cappallo* (2008), S. 110.
[771] Vgl. *Cappallo* (2008), S. 110; *Müller* (2008), S. 149.
[772] Vgl. *Walgenbach* (2006), S. 406; *Cappallo* (2008), S. 110.
[773] Vgl. *Cappallo* (2008), S. 110.

> *„The basic domain of study of the social sciences, according to the theory of structuration, is neither the experience of the individual actor, nor the existence of any form of societal totality, but social practices ordered across space and time.“*[774]

Werden also Handlungen an verschiedenen Orten und zu verschiedenen Zeiten in ähnlicher Art und Weise reproduziert, so spricht man von (sozialen) Praktiken.[775] Soziale Praktiken stellen eine besondere Form des Handelns dar,[776] da die Akteure sich mit ihnen als „regularized types of acts“[777] auf die virtuelle Struktur beziehen.[778]

> *„Diese sozialen Praktiken begründen soziale Systeme, die zu Institutionen werden, wenn die Systeme eine sehr große raum-zeitliche Ausdehnung erreichen.“*[779]

Soziale Systeme stellen also ein „patterning of social relations across time-space, understood as reproduced practices“[780] dar, ein Set an Mustern sozialer Beziehungen, die als Praktiken reproduziert werden. Die das System konstituierenden sozialen Praktiken können auch von den Akteuren als „mutual knowledge“ geteilt werden.[781] Die Kontinuität des sozialen Systems ist allein durch die Reproduktion der sozialen Praktiken durch die Akteure gegeben.[782] Soziale Systeme weisen außerdem kein kollektives Handeln auf – dieses wird heruntergebrochen auf den einzelnen Akteur, wobei allerdings eine Gleichrichtung der Handlungen durch die Struktureigenschaften des Systems gefördert werden kann.[783] Systeme mit sehr großer räumlicher und zeitlicher Ausdehnung werden von *Giddens* als Institutionen bezeichnet.[784] Organisationen, wie z.B. Unternehmen, stellen soziale Systeme dar. In Organisationen nehmen Mitglieder häufig bestimmte Rollen (**soziale Positionen**) mit formalisiertem Charakter wahr.[785]

Wie anfangs angedeutet[786] sind Strukturen zugleich Medium und Resultat von sozialen Praktiken. Durch die Anwendung von sozialen Praktiken beziehen sich die Akteure in ihrem Handeln auf die Struktur des sozialen Systems und reproduzieren diese gleichzeitig:[787] Die Regeln und Ressourcen, welche die Regelhaftigkeit der sozialen Praktiken konstituieren und deren Anwendung dadurch ermöglichen, werden durch den Vollzug der Praktiken dem Grunde nach bestätigt. Es handelt sich um eine Rekursivität von sozialen Praktiken bzw. einer „rekursive[n] Einbettung von Struktur in die Reproduktion eines

---

[774] *Giddens* (1984), S. 2.
[775] Vgl. *Cappallo* (2008), S. 111.
[776] Vgl. *Müller* (2008), S. 129.
[777] *Giddens* (1976), S. 75.
[778] Vgl. *Cappallo* (2005), S. 87f.; *Walgenbach* (2006), S. 411; *Müller* (2008), S. 125.
[779] *Cappallo* (2008), S. 111.
[780] *Giddens* (1984), S. 377.
[781] Vgl. *Müller* (2008), S. 129.
[782] Vgl. *Cohen* (1989), S. 123.
[783] Vgl. *Müller* (2008), S. 132.
[784] Vgl. *Giddens* (1984), S. 17.
[785] Vgl. *Müller* (2008), S. 169.
[786] Vgl. Abschnitt 4.2.1.
[787] Vgl. *Becker* (2004a), S. 757.

sozialen Systems."[788] *Giddens* bezeichnet diesen Prozess als **Strukturation.**[789] Die Strukturation ermöglicht sowohl Kontinuität als auch Veränderung, Unterbrechen oder Fehlschlagen.[790]

Im Folgenden soll das grundlegende Konzept der Strukturationstheorie auf das Controlling und die Aspekte des Management Approach angewendet werden. Insbesondere die Konzepte der reflexiven Handlungssteuerung und der sozialen Praktiken spielen dabei eine bedeutende Rolle.

4.2.3 Strukturationstheorie, Controlling und Management Approach

Da die Strukturationstheorie nicht als fertige Theorie unverändert auf konkrete Gegenstände (wie z.B. Controlling oder Rechnungswesen) anwendbar ist,[791] soll im Folgenden eine Übertragung auf das Untersuchungsgebiet der vorliegenden Arbeit stattfinden. Hierzu sind zunächst einige Ausführungen notwendig, die im Allgemeinen das Handeln in Organisationen betreffen.

Unternehmen als Organisationen stellen formalisierte soziale Systeme dar, deren Reproduktionsprozesse reflexiv gesteuert werden.[792] Strukturen der Organisation sind als die formalen Merkmale derselben zu verstehen,[793] als gemeinsames Set von Regeln und Ressourcen, das im Handeln der Akteure existiert.[794] Beispiele hierfür sind Abteilungsgrenzen, Arbeitsteilung, formale Regeln und Prozeduren sowie Zentralisierungs- und Integrationsgrad.[795] Die drei Dimensionen Signifikation, Herrschaft und Legitimation sind im Kontext der Organisation wie folgt zu verstehen:[796] Regeln der Signifikation bilden die kognitive Ordnung der Organisation (z.B. Organisationsvokabular, Symbole, Mythen, etc.) und umfassen Aspekte der Interpretation, die als Handlungsgrundlage dient. Allokative Ressourcen bestehen in der Verfügung über materielle Mittel, wie z.B. Produktionsfaktoren, Produkte, Geld oder Technologie. Autoritative Ressourcen beziehen sich auf die Machtausübung gegenüber Menschen, wie z.B. durch die Definition von Arbeitsabläufen und -zeiten, durch Anreizgestaltung oder Entlohnung oder durch Partizipation. Regeln der Legitimation schließlich sind die Grundlage der normativen Ordnung der Organisation (z.B. Organisationskultur, formelle Konfiguration). Regeln (insbesondere die der Legitimation) sind nicht mit den verbal formulierten Regelwerken (= „codified interpretation of rules"[797], z.B. Gesetzesbücher, Organisationsanweisungen) gleichzusetzen, sondern finden im Handeln der Akteure statt.[798]

---

788 *Becker* (2004a), S. 758.
789 Vgl. *Giddens* (1984), S. 376.
790 Vgl. *Becker* (2004a), S. 758.
791 Vgl. *Ortmann et al.* (2000), S. 343.
792 Vgl. *Becker* (2004a), S. 761.
793 Vgl. *Pattloch* (2003), S. 55.
794 Vgl. *Ortmann et al.* (2000), S. 317.
795 Vgl. *Ortmann et al.* (2000), S. 317, S. 324; *Pattloch* (2003), S. 55.
796 Vgl. zu den folgenden Ausführungen *Ortmann et al.* (2000), S. 320f., mit weiteren Beispielen *Pattloch* (2003), S. 109.
797 *Giddens* (1984), S. 21.
798 Vgl. *Ortmann et al.* (2000), S. 329.

Die Steuerung von Organisationen stellt eine Anwendung von Managementpraktiken dar, also von spezifischen Praktiken der Steuerung, die eine Art Metapraktiken darstellen.[799] Das Rechnungswesen und das Controlling (Führungsunterstützung) stellen ebenfalls Praktiken dar.[800]

> *„In strukturationstheoretischer Perspektive geht man davon aus, dass Controlling als Set von Praktiken der Steuerung von Organisationen, die auf bewertende und quantifizierende Techniken zurückgreifen, beschreibbar ist.“*[801]

Durch die strukturationstheoretische Betrachtung kann im Vergleich zur konventionellen, überwiegend positivistischen Rechnungswesen- und Controlling-Forschung die Subjektivität der Akteure (Rechnungswesen-/Controlling-Mitarbeiter sowie Nutzer der Informationen aus dem Rechnungswesen), die Kontextualität und die Politikhaltigkeit von Rechnungswesen und Controlling mit berücksichtig werden.[802] Im Rahmen der Rechnungswesen- und Controlling-Praktiken stellen die zum Einsatz kommenden Systeme (Rechnungswesensystem oder Controllingsystem) Modalitäten in den drei Dimensionen Signifikation, Herrschaft und Legitimation dar.[803] Trotz der bereits dargestellten unterschiedlichen Zwecksetzung von externem und internem Rechnungswesen[804] wird im Rahmen der weiteren Analyse – insbesondere vor dem Hintergrund der zunehmenden Konvergenz des Rechnungswesens – zusammenfassend von Rechnungswesen- und Controlling-Praktiken gesprochen.

Im Rahmen der **Signifikationsdimension** können Manager und andere Interessierte (z.B. Kapitelgeber) durch Accounting-Praktiken organisationale Sachverhalte und Ereignisse analysieren und diesen eine Bedeutung zuweisen (vgl. Abb. 4-4).[805] Die im Rechnungswesen- oder Controllingsystem beinhalteten finanziellen bzw. ökonomischen Konzepte oder Begriffe (Umsatz, Kosten, Gewinn etc.) ermöglichen es, organisationale Sachverhalte diskursiv verfügbar und interpretierbar zu machen, also durch Reflexion steuerungsrelevant zugänglich zu machen.[806] Gleichzeitig wird hierdurch die Verständigung zwischen organisationalen Akteuren ermöglicht oder verbessert.[807] Als Beispiel hierfür kann das interne Berichtswesen eines Unternehmens genannt werden: Durch die formale Ausgestaltung und den festgelegten Inhalt der Berichte wird die Interpretation der unternehmerischen Aktivitäten gefördert. Die Berichte bilden die Grundlage für die Kommunikation zwischen den Akteuren (z.B. Diskussion mit dem Vorstand).

---

799 Vgl. *Becker* (2004a), S. 761.
800 Vgl. für das Management Accounting *Macintosh/Scapens* (1990), S. 462.
801 *Becker* (2004a), S. 770.
802 Vgl. *Ortmann et al.* (2000), S. 348.
803 Vgl. *Macintosh/Scapens* (1990), S. 462.
804 Vgl. Abschnitt 2.2.2.
805 Vgl. *Ortmann et al.* (2000), S. 349.
806 Vgl. *Macintosh/Scapens* (1990), S. 460; *Becker* (2004a), S. 762.
807 Vgl. *Becker* (2004a), S. 762.

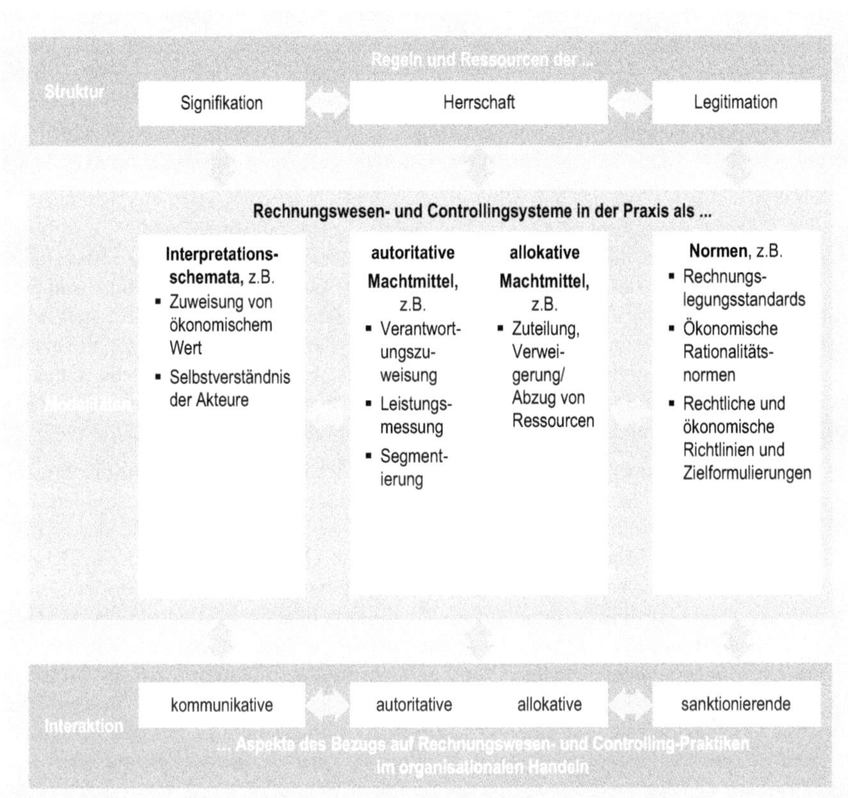

Abb. 4-4: Rechnungswesen, Controlling und die Modalitäten der Strukturation
Quelle: In Anlehnung an *Becker* (2004a), S. 763; *Schneidewind/Hübscher* (2005), S. 258

Mit Blick auf die **Herrschaftsdimension** sind die eingesetzten Rechnungswesen- und Controlling-Systeme bzw. -Instrumente Mittel zur Machtausübung.[808] Sie zielen auf die Beeinflussung der organisationalen Prozesse und des organisationalen Handelns.[809] Einerseits kann die Machtausübung auf organisationale Akteure stattfinden. Andererseits kann auch eine Machtausübung durch den Einfluss auf die Mittelallokation erfolgen. Beispiele für die Machtausübung durch Controllingsysteme sind die Implementierung einer Leistungsmessung oder Anreizgestaltung, die Verantwortungszuweisung im Rahmen der Segmentierung (Profit Center Bildung), das Wissen über Rationalisierungspotenziale[810] oder auch der Einfluss auf die Preisgestaltung (Deckungsbeitragsrechnung, Target Costing). Auch im Rahmen der Planung nimmt die Herrschaftsdimension eine Rolle ein,

[808] Vgl. *Ortmann et al.* (2000), S. 349.
[809] Vgl. zu den folgenden Ausführungen *Becker* (2004a), S. 762.
[810] Vgl. *Ortmann et al.* (2000), S. 349.

da durch die Festlegung einer Planung (z.B. Investitions- oder Produktionsplanung) Einfluss auf das zukünftige Handeln anderer Akteure genommen wird.[811] Speziell im Rahmen von Rechnungswesensystemen kann die Implementierung von Steuerungsgrößen bzw. -kennzahlen als Beispiel aufgeführt werden. So können z.B. im Rahmen der anreizkompatiblen Vergütung Gehälter und Bonuszahlungen an die neu eingeführten Kennzahlen geknüpft sein. Somit determiniert die Art der Kennzahl das zukünftige Handeln der Akteure.

In der **Legitimationsdimension** werden durch Rechnungswesen und Controlling-Systeme (insbesondere durch die Letztgenannten) Werte und Ideale darüber vermittelt, was im Unternehmen als richtig oder als falsch angesehen wird, was belohnt und was sanktioniert wird.[812] Sie umfassen die Normen des organisationalen Handelns, stellen die moralische Untermauerung der Signifikationsstruktur dar und legitimieren die finanzielle Verantwortungszuweisung.[813] Darunter kann auch die Etablierung von Zielen fallen.[814] Im Rahmen der Rechnungslegung spielen die gesetzlichen Normen eine Rolle, die als kodifizierte Interpretationen von Regeln in der Organisationsumwelt vorliegen.[815]

Da alle drei Dimensionen sich gegenseitig tangieren,[816] ist zusätzlich das subtile Zusammenwirken der drei Strukturdimensionen von Bedeutung:[817] Interessen können nur durchgesetzt werden, wenn Akteure sich sensibel auf die bestehenden Regeln der Signifikation (interpretative Schemata) und der Legitimation (Normen) beziehen. Ein Beispiel hierfür kann die Durchsetzung oder Genehmigung von Investitionen, Budgets oder Planwerten sein. Eine Bezugnahme auf die Signifikationsdimension würde für Akteure, die eine solche Durchsetzung oder Genehmigung bezwecken, in der Einschätzung der Wertvorstellungen anderer Beteiligter (und ggf. Vorgesetzten) bestehen, z.B. im Hinblick auf den Wert des Projektes oder die Angemessenheit der Investitions- oder Budgethöhe. Gleichwohl hängt dies im Rahmen der Legitimationsdimension z.B. mit den im Unternehmen definierten Prozessabläufen für die Projekt- oder Budgetbewilligung oder dem Verhältnis der genehmigten Summen zu bestimmten Kennzahlen (z.B. Ergebniskennzahlen) zusammen. Auch die entsprechenden hierarchischen Konstellationen sind vor dem Hintergrund der allokativen und autoritativen Machtmittel relevant. Abb. 4-4 fasst die vorstehenden Erläuterungen grafisch zusammen.

Auch auf Ebene der individuellen Akteure kann aus strukturationstheoretischer Perspektive angesetzt werden: Dadurch, dass sich die Akteure in ihrem Handeln auf rekursive Weise auf Strukturen beziehen und diese durch das Handeln (möglicherweise verändert) fortschreiben,[818] spielen Rechnungswesen- und Controlling-Praktiken eine besondere Rolle,

---

[811] Vgl. *Küpper* (2008), S. 105.

[812] Vgl. *Macintosh/Scapens* (1990), S. 462; *Ortmann et al.* (2000), S. 349.

[813] Vgl. *Macintosh/Scapens* (1990), S. 460.

[814] Vgl. *Becker* (2004a), S. 762.

[815] Vgl. ähnlich *Ortmann et al.* (2000), S. 349; *Schneidewind/Hübscher* (2005), S. 259.

[816] So hängen z.B. die Normen vom Weltverständnis (Deutungsmuster) ab und umgekehrt. Genauso können sich Begriffe und Situationsdefinitionen mit Macht etablieren, stellen aber gleichzeitig Machtmittel dar. Vgl. *Ortmann et al.* (2000), S. 324.

[817] Vgl. hierzu *Ortmann et al.* (2000), S. 344f.

[818] Vgl. *Ortmann et al.* (2000), S. 318.

denn sie haben eine Mittlerfunktion in diesem Strukturationsprozess. Darüber hinaus eröffnen die Rechnungswesen- und Controlling-Systeme Spielräume für interpretative Akte[819] und implizieren somit Subjektivität.

Im Rahmen der vorliegenden Problemstellung wird die Übernahme der in Rechnungswesen- und Controllingsystemen für Entscheidungszwecke herangezogenen Informationen analysiert. Die IFRS-Standards sind als kodifizierte Interpretationen von Regeln in der Legitimationsdimension anzusiedeln und fließen in die Rechnungswesen- und Controlling-Systeme mit ein. Dadurch könnten sie sich im Rahmen der dargestellten Vermittlung von Werten und Idealen auf die Organisation auswirken. Da sich die drei Dimensionen gegenseitig tangieren, können sich auch Auswirkungen auf die Bedeutungszuweisung und die Herrschaftsausübung durch Rechnungswesen- und Controlling-Systeme ergeben. So könnten sich Implikationen für die Beimessung von ökonomischem Wert ergeben: Im Rahmen von F&E-Projekten z.B. könnten F&E-Mitarbeiter – typischerweise Ingenieure – aufgrund der Überzeugung von ihren eigenen Projekten eine andere Wertvorstellung als Controller, die einen (finanziellen) Überblick über das Projektportfolio haben.[820] Auch die (Neu)Zuweisung von Verantwortungen ist denkbar. Controlling-Mitarbeiter, die bislang reine Controlling-Tätigkeiten (z.B. Planung oder Budgetierung) ausübten, könnten durch die Berichterstattung nach dem Management Approach auch in die Durchführung von Impairment Tests einbezogen werden. Hierdurch erhalten sie eine Mitverantwortung für die Abschlusserstellung. In diesem Zusammenhang könnte es auch zu der Definition von organisationalen Prozessen kommen, wenn z.B. Informationen für die externe Berichterstattung geliefert oder modifiziert werden müssen. Darüber hinaus kann dies zu Auswirkungen auf die Abteilungsabgrenzungen und die Rollenzuweisung führen. Die Umsetzung des Management Approach würde durch seine Konsequenzen für das Handeln eine Veränderung der sozialen Praktiken bedeuten. Veränderte soziale Praktiken, die reproduziert werden, spiegeln sich durch den Strukturationsprozess im sozialen System wieder und führen zu dessen Veränderung.

Schließlich ist anzumerken, dass trotz der Tatsache, dass viele betriebswirtschaftliche Fragestellungen die Wirkungsweise bestimmter Regulierungen z.B. auf Unternehmen untersuchen, eine umfassendere Betrachtung dieses Zusammenhangs aus Sicht der Strukturationstheorie möglich ist:[821] Institutionen und Regulationen sind als restringierendes und ermöglichendes Medium und Produkt des Handelns zu sehen. Für das vorliegende Thema Management Approach bedeutet dies, dass auch die Rechnungslegungsnormen als Produkt des organisationalen Handelns betrachtet werden müssen. Standards, die den Management Approach beinhalten, sind entstanden, da sich die Rechnungswesen- und Controlling-Praktiken für die Zwecke der Unternehmenssteuerung als geeignet erwiesen haben. Gleichwohl soll dieser Aspekt nur am Rande mit einfließen, da eine Untersuchung solcher Entwicklungen der Durchführung einer Längsschnittsstudie bedürfte.

---

[819] Vgl. *Boland, Jr.* (1993), S. 140.

[820] Vgl. *Schneidewind/Hübscher* (2005), S. 258.

[821] Vgl. hierzu ausführlich *Ortmann et al.* (2000), S. 328.

Die vorstehend erläuterten Aspekte der Strukturationstheorie sollen in das thematische Grundverständnis für die Fallstudie auf Unternehmensebene einfließen.[822] Sie dienen als „blueprint"[823] und als Interpretationshilfe. Im nachfolgenden Abschnitt werden die Grundzüge der Prinzipal-Agent-Theorie dargelegt, welche das zweite theoretische Standbein der Arbeit darstellt.

4.3 Prinzipal-Agent-Theorie

Die in der vorliegenden Arbeit herangezogene Prinzipal-Agent-Theorie entstammt aus der „Neuen Institutionenökonomie". Diese wiederum hat sich aus der Neoklassik heraus entwickelt, um deren Einschränkungen zu überwinden. Nachfolgend werden kurz diese beiden ökonomischen Perspektiven dargestellt, um anschließend die Probleme und Lösungsmöglichkeiten bei Prinzipal-Agent-Beziehungen zu analysieren.

4.3.1 Neoklassische Sichtweise und neue Institutionenökonomie

Aus klassischer ökonomischer Perspektive ist die Informationsbereitstellung im Rahmen der Unternehmenspublizität nicht notwendig. Die **Neoklassik** geht von vollkommenen und vollständigen Märkten[824] aus, auf denen rationale Marktteilnehmer ihr Wohlstandsmaximum erreichen.[825] Auf vollkommenen Märkten herrscht Planungsgleichgewicht mit vollständigem Wissen. Die Annahme kostenloser Transaktionen lässt die neoklassische Sichtweise die institutionellen Rahmenbedingungen des Wirtschaftsablaufes ausblenden:[826] Politische, rechtliche und moralische Institutionen werden zwar wahrgenommen, deren Effekt auf die Wirtschaft wird jedoch als neutral angenommen – sie gelten als allokationsneutral.

Viele Sachverhalte, die in der Realität beobachtet werden können, z.B. die Bereitstellung von Informationen durch Unternehmen, lassen sich jedoch nicht vollständig durch die neoklassische Sichtweise erklären.[827]

> *„Das neoklassische Denken unterstellt, dass das Wirtschaftsleben in einem bemerkenswert spezialisierten Umfeld, weit entfernt von der Realität stattfindet."*[828]

Denn die Realität ist durch Unvollständigkeit und durch Ungleichverteilung von Wissen geprägt. Zwar kann eine solche Abstraktion im Sinne einer Ausklammerung von Transak-

[822] Vgl. zur Verwendung von Theorie im Rahmen der Fallstudie in dieser Arbeit die Ausführungen in Abschnitt 5.2.

[823] *Yin* (2011), S. 28.

[824] In Bezug auf den Kapitalmarkt liegt ein vollkommener Markt vor, wenn keine Informationskosten, keine Transaktionskosten und keine Steuern existieren. Darüber hinaus existiert vollkommene Konkurrenz; alle Kapitalmarktteilnehmer haben den gleichen Marktzugang, handeln rational und maximieren ihren finanziellen Nutzen. Ein vollständiger Kapitalmarkt liegt vor, wenn jeder beliebige Zahlungsstrom unabhängig von Höhe und zeitlicher Struktur gehandelt werden kann. Vgl. *Laux* (2006), S. 119f.

[825] Vgl. *Jansen* (2005a), S. 55f.

[826] Vgl. *Richter/Furubotn* (2003), S. 13.

[827] Vgl. *Jansen* (2005b), S. 101f.

[828] *Richter/Furubotn* (2003), S. 13.

tionskosten oder Institutionen hilfreich sein, um logische Abhängigkeiten klarer zu erkennen, jedoch darf die Realitätsferne der Annahmen nicht zu leichtfertigen Schlussfolgerungen verleiten lassen.[829]

Die Unvollständigkeit und die Ungleichverteilung des Wissens erfordert die Existenz von Institutionen als Regelsysteme. Durch Institutionen kann das Handeln auf den Märkten und in Unternehmen koordiniert werden und eine Planbarkeit gewährt werden.[830] Daher entwickelte sich die **„Neue Institutionenökonomie“** mit dem Ziel, die Vernachlässigung von Institutionen in der Neoklassik zu überwinden.

Institutionen können „als ein System miteinander verknüpfter, formgebundener (formaler) und formungebundener (informeller) Regeln (Normen) einschließlich der Vorkehrung zu deren Durchsetzung“[831] angesehen werden. *North* unterscheidet dabei zwischen den Institutionen als Regelsystem und als Organisationen, welche neben Regeln auch Menschen einschließen, die nach diesen Regeln handeln.[832]

Die Neue Institutionenökonomie umfasst als zentrale Teilgebiete die Theorien der Transaktionskosten, der Verfügungsrechte und der Verträge bzw. Auftragsbeziehungen.[833] **Verfügungsrechte** räumen Personen Ansprüche auf materielle oder auch immaterielle Ressourcen ein.[834] Dabei kann zwischen absoluten Rechten und relativen Rechten unterschieden werden.[835] Absolute Rechte wirken gegenüber jedermann (erga omnes) und können z.B. Eigentumsrechte an Sachen oder Urheberrechte sein. Relative Verfügungsrechte entstehen aus Vertragsverhältnissen oder Richtersprüchen und entfalten ihre Wirksamkeit nur gegenüber den betroffenen Parteien (inter partes). **Transaktionskosten** entstehen durch Tauschprozesse (Transaktionen, bei denen Verfügungsrechte geschaffen oder übertragen werden) und wirken sich dadurch auf die wirtschaftlichen Tätigkeiten und die Vertragsgestaltung aus. Beispiele hierfür sind Such-, Informations-, Verhandlungs- und Entscheidungskosten.[836] In der **Vertragstheorie** steht die Institution des Vertrages und dessen Rolle in dyadischen Austauschbeziehungen im Vordergrund.[837] Es geht dabei vor allem um asymmetrisch verteilte Informationen zwischen den Vertragsparteien.[838] Ein wichtiger Bestandteil stellt dabei die sogenannte Prinzipal-Agenten-Theorie dar, die im Folgenden als die theoretische Fundierung der experimentellen Untersuchung des Management Approach auf der Kapitalmarktebene verwendet wird.

---

[829] Vgl. *Jansen* (2005a), S. 62.
[830] Vgl. *Jansen* (2005b), S. 103.
[831] *Richter/Furubotn* (2003), S. 7 m.w.N.
[832] Vgl. *North* (1992), S. 4–6.
[833] Vgl. *Reuter* (1998), S. 64.
[834] Vgl. *Jansen* (2005b), S. 105.
[835] Vgl. detailliert *Richter/Furubotn* (2003), S. 96–102.
[836] Vgl. detailliert *Richter/Furubotn* (2003), S. 40f.
[837] Vgl. *Ebers/Gotsch* (2006), S. 258.
[838] Vgl. *Richter/Furubotn* (2003), S. 215f.

4.3.2 Grundlagen der Prinzipal-Agent-Theorie

Die **Prinzipal-Agent-Theorie** (auch: Agenturtheorie oder Agency theory) entstand in den 1970er Jahren und stellt eine ökonomische Vertragstheorie dar, die aus der Institutionenökonomie kaum mehr wegzudenken ist.[839] Gegenstand der Theorie sind Prinzipal-Agenten-Beziehungen, unter denen „die vertragliche Beziehung zwischen zwei Personen (einem Auftraggeber und einem Beauftragten) verstanden [wird], bei der der Beauftragte gegen einen Entlohnungsanspruch die Verpflichtung zur Erfüllung einer Dienstpflicht für den Auftraggeber eingeht."[840] Charakteristisch für diese Beziehung ist die Delegation von Entscheidungskompetenzen durch den Auftraggeber (Prinzipal) an einen Beauftragten (Agent). Im Wirtschaftsalltag ist diese Konstellation sehr häufig zu beobachten, z.B. Beschäftigung von Arbeitnehmern, Beauftragung von Freiberuflern, Eigentümer-Geschäftsführer-Beziehung etc. Hintergrund dieser Beauftragung ist der Gedanke, dass der Prinzipal sich spezielle Fähigkeiten eines Agenten sichern will; durch entsprechende Vergütung des Agenten kommt es zu einer beiderseitigen Nutzensteigerung. Für die Erfüllung seiner Dienstpflicht hat der Agent Handlungsfreiheiten, die er jedoch auch für die Erreichung eigener Ziele ausnutzen kann.[841]

Die Literatur zur Prinzipal-Agent-Theorie weist zwei Richtungen auf: Während sich die normative Forschungsrichtung auf formal-analytische Modelle stützt, um Prinzipal-Agent-Probleme mathematisch zu lösen, versucht die positive Forschungsrichtung, diese empirisch zu beschreiben, zu erklären und Lösungsvorschläge zu unterbreiten.[842] Der positive Prinzipal-Agent-Ansatz weist dabei keine ausdrückliche mikroökonomische Fundierung auf.[843] Das vorliegende Forschungsprojekt baut aufgrund der gewählten empirischen Forschungsstrategie auf dem positiven Prinzipal-Agent-Ansatz auf.[844]

Bei Prinzipal-Agent-Beziehungen sind zwei Merkmale konstituierend:[845] Interessenkonflikte und asymmetrische Informationsverteilung. Die Prinzipal-Agent-Theorie versucht das Verhalten ausgehend von der Ebene einzelner Individuen zu erklären (methodologischer Individualismus).[846] Dabei wird das Menschenbild des homo oeconomicus unterstellt, das durch die Leitmotive rationales Verhalten und Nutzenmaximierung (Kosten-Nutzen-Kalkül) geprägt ist.[847] Aufgrund divergierender Nutzenvorstellungen können In-

---

839 Vgl. *Meinhövel* (2005), S. 65.

840 *Meinhövel* (2005), S. 67.

841 Vgl. *Mensch* (1999), S. 937.

842 Vgl. *Jensen* (1983), S. 334–336, der die beiden Forschungsrichtungen gegenüberstellt. *Ebers/Gotsch* (2006), S. 259, sprechen auch von einer normativen und einer deskriptiven Richtung.

843 Vgl. *Richter/Furubotn* (2003), S. 176.

844 In der empirischen Accounting-Forschung kommt häufig auch die sogenannte „Positive Accounting Theory" zum Einsatz. Der von den Autoren *Watts* und *Zimmermann* geprägt Ansatz untersucht in positivistischer Herangehensweise Rechnungslegungsphänomene, und bietet hierfür drei Basishypothesen an. Die Positive Accounting Theory fundiert selbst zu einem großen Teil auf der positiven Prinzipal-Agent-Theorie, vgl. *Barth* (2009), S. 86. Zur Positive Accounting Theory vgl. *Watts/Zimmerman* (1986).

845 Vgl. *Pfaff/Zweifel* (1998), S. 187.

846 Vgl. *Schumpeter* (1908), S. 88f. Die gesamte Organisation und ihre Umweltbeziehungen lassen sich in Vertragsbeziehungen zwischen Individuen disaggregieren, vgl. *Ebers/Gotsch* (2006), S. 260.

847 Vgl. *Osann* (2010), S. 53f.

teressenkonflikte entstehen – bei dem gleichzeitig herrschenden Informationsvorsprung beim Agenten ist die Gefahr für den Prinzipal gegeben, dass der Agent nicht mehr in seinem besten Interesse handelt.[848] Im Folgenden wird auf die beiden genannten Probleme in der Prinzipal-Agent-Theorie (Interessenkonflikte und Informationsasymmetrien) genauer eingegangen.

4.3.3 Probleme in der Prinzipal-Agent-Theorie

Interessenkonflikte entstehen, weil beide Parteien rational handeln und weil Prinzipal und Agent aufgrund ihrer jeweiligen Verfügungsrechtsposition unterschiedliche Nutzenvorstellungen haben.[849] Der Prinzipal strebt die Maximierung des Ergebnisses nach Vergütung des Agenten an, während dieser seinen eigenen Nutzen maximiert, der wiederrum vom Honorar, dem Arbeitsleid und nichtpekuniären Effekten abhängt.[850] Der Agent kann sich die nichtpekuniären Vorteile in seiner Agenten-Eigenschaft (z.B. luxuriöses Büro, repräsentativer Geschäftswagen und ähnliche geldwerte Vorteile) zukommen lassen und maximiert hierdurch seinen Nutzen auf Kosten des Prinzipals, da hierdurch das Ergebnis geschmälert wird.[851]

Neben dem Problem der Interessenkonflikte sind Prinzipal-Agent-Beziehungen von **Informationsasymmetrien** zwischen den beteiligten Akteuren geprägt. Der Prinzipal kann unter Umständen die Qualifikation oder die Diensterfüllung des Agenten nicht unmittelbar erkennen. Aufgrund dieser Informationsasymmetrie ist er nicht in der Lage, die Ausnutzung der oben aufgeführten Spielräume sofort zu bemerken und zu sanktionieren.[852] Es lassen sich die folgenden Konstellationen von Informationsasymmetrien unterscheiden (vgl. Tab. 4-1):[853]

- Informationsasymmetrie vor Vertragsabschluss (**adverse selection**):
  Vor Vertragsabschluss muss der Prinzipal Informationen über den Agenten einholen, z.B. über dessen Qualifikation oder Leistungsfähigkeit. Kann der Prinzipal allerdings diese Informationen nicht vollständig einholen und weiß dies der Agent, so kann es zu opportunistischem Verhalten kommen. Der Agent kann dann irreführende Angaben über seine tatsächliche Qualifikation machen. Die Informationsasymmetrie kann aufgrund von verborgenen Eigenschaften (**hidden characteristics**) oder verborgenen Absichten (**hidden intention**) bestehen.
- Informationsasymmetrie nach Vertragsabschluss (**moral hazard**):
  Der Prinzipal kann seinen Agenten nur begrenzt oder verbunden mit sehr hohen Kosten überwachen. Diese Situation kann vom Agenten aufgrund der ihm über-

848 Vgl. *Göbel* (2002), S. 100.
849 Vgl. *Göbel* (2002), S. 100.
850 Vgl. *Pfaff/Zweifel* (1998), S. 187. In der Prinzipal-Agent-Theorie findet sich ebenso wie bei der Verfügungsrechte- und Transaktionskostentheorie die Gewinnmaximierungshypothese aus der neoklassischen Theorie, vgl. *Macharzina/Wolf* (2010), S. 61.
851 Neben „consumption on the job“ stellt „shirking“, das Verringern der Arbeitsleistung zur Erreichung der Ziele des Prinzipals, eine weitere Möglichkeit des Opportunismus dar, vgl. *Elschen* (1991), S. 210.
852 Vgl. *Meinhövel* (2005), S. 68.
853 Vgl. ausführlich *Richter/Furubotn* (2003), S. 173–176; S. 218–222.

tragenen Entscheidungskompetenz zu seinem eigenen Vorteil ausgenutzt werden. Es lassen sich zwei Fälle von Opportunismus nach Vertragsschluss unterscheiden: Im ersten Fall ist der Prinzipal nicht in der Lage, die Tätigkeit des Agenten zu überwachen – also z.B. seine Arbeitsintensität (**hidden action**). Im zweiten Fall hat der Agent durch seine Tätigkeit einen höheren Informationsstand als der Prinzipal (**hidden information**).

Typischerweise nimmt die Prinzipal-Agent-Theorie die Position des Prinzipals ein und untersucht, wie er den Agent auswählen, disziplinieren oder motivieren kann, um die Wahrung seiner Interessen sicherzustellen.[854] Diese Vorgehensweise ist zwar legitim, muss jedoch bei der theoretischen Modellierung beachtet werden: Denn zum einen ist die Frage, wer Prinzipal und wer Agent ist, nicht immer eindeutig und zum anderen kann in der Realität entgegen der theoretischen Annahmen auch der Agent die Austauschbedingungen diktieren oder mitbestimmen.[855]

Problemtyp	Entstehungszeitpunkt	Problem
hidden characteristics	Vor Vertragsschluss	adverse selection
hidden action	Nach Vertragsschluss	Shirking, consumption on the job
hidden information	Nach Vertragsschluss	eigennützige Entscheidungen, z.B. zur Erzielung von „fringe benefits“
hidden intention	Vor/nach Vertragsschluss	adverse selection/hold up

Tab. 4-1: Überblick über Prinzipal-Agent-Probleme
Quelle: In Anlehnung an *Göbel* (2002), S. 100

Nachfolgend sollen Lösungsmöglichkeiten für Prinzipal-Agenten-Probleme analysiert werden. Diese können an den Problempunkten Interessenkonflikte, Informationsasymmetrie sowie dem unterstellten eigennützigen Verhalten anknüpfen. Schließlich können die Lösungsmöglichkeiten anhand der Agency Kosten bewertet werden.

4.3.4 Lösungsmöglichkeiten von Prinzipal-Agent-Problemen

Auf einem vollkommenen Markt – wie er in der neoklassischen Sichtweise angenommen wird[856] – würden keine Informationsasymmetrien bestehen. Daher können alle Maßnahmen zur Verbesserung der Markttransparenz zu einer Senkung dieser Problematik beitra-

[854] Vgl. *Göbel* (2002), S. 104.

[855] Vgl. *Göbel* (2002), S. 104, die darauf hinweist, dass dies z.B. bei Anwalt-Klienten-Verhältnissen oder bei vielen Arbeitsverträgen der Fall ist.

[856] Vgl. hierzu die Ausführungen in Abschnitt 4.3.1.

gen.[857] Die Maßnahmen zur **Reduktion der Informationsasymmetrie** können unterteilt werden in Maßnahmen vor Vertragsschluss und Maßnahmen nach Vertragsschluss.[858]

Mittels „Screening“ kann der Prinzipal vor Vertragsschluss die Eigenschaften des Agenten offenlegen, um einen geeigneten Kandidaten zu finden und die Gefahr einer Falschauswahl zu reduzieren.[859] Dies kann z.B. durch Einstellungsgespräche oder durch Überprüfung der Kreditwürdigkeit geschehen.[860] Die Informationsasymmetrie kann jedoch nicht nur durch den Prinzipal reduziert werden: Auch der Agent kann ein Interesse daran haben, den Prinzipal besser zu informieren. Beim „Signalling“ vermittelt der Agent dem Prinzipal glaubhaft ein Signal über seine Eigenschaft.[861] Dies kann z.B. durch Reputation oder durch Garantien erfolgen und ist allerdings nur dann effektiv, wenn das Vorgehen Kosten verursacht, deren Höhe Agenten ohne diese Fähigkeit nicht tragen würden.[862]

		Lösungsmöglichkeit durch	
Entstehungszeitpunkt	**Problemtyp**	**Prinzipal**	**Agent**
Vor Vertragsschluss	hidden characteristics	Screening	Signalling
Nach Vertragsschluss	hidden action hidden information	Monitoring	Reporting

Tab. 4-2: Überblick über Möglichkeiten zur Reduktion der Informationsasymmetrie
Quelle: In Anlehnung an *Göbel* (2002), S. 110

Nach Vertragsschluss besteht das naheliegendste Mittel zur Reduktion der Informationsasymmetrie seitens des Prinzipals in der Beobachtung bzw. Überwachung („Monitoring“).[863] Dies kann z.B. durch in Unternehmen eingerichtete Planungs- und Kontrollsysteme oder durch die Kostenrechnung geschehen – denkbar sind jedoch auch eigens hierfür eingerichtete Gremien, wie z.B. die Revision oder der Aufsichtsrat. Problematisch sind jedoch der mit der Kontrolle verbundene Zeit- und Kostenaufwand sowie möglicherweise vorliegende hidden information. Auch nach Vertragsschluss kann der Agent ein Eigeninteresse an der Reduktion der Informationsasymmetrie haben. Durch Dokumentation, Berichterstattung oder freiwillige Kontrollen („Reporting“) kann der Agent dem Prinzipal sein Handeln transparent machen und möglicherweise den Beweis erbingen, dass ein schlechtes Ergebnis nicht auf sein Handeln, sondern auf exogene Faktoren zurückzufüh-

---

[857] Vgl. *Göbel* (2002), S. 110.

[858] Teilweise werden die hier vorgestellten Maßnahmen unter dem Begriff „signalling theory“ zusammengefasst, vgl. z.B. *Velte* (2008), S. 103–105, S. 517; *Barth* (2009), S. 91f.

[859] Das Konzept des Screening geht auf *Stiglitz* zurück, vgl. *Stiglitz* (1975). Vgl. auch *Alparslan* (2006), S. 29f.

[860] Vgl. *Müller* (2006), S. 85f.

[861] Vgl. *Göbel* (2002), S. 111; *Bannier* (2005), S. 147–149.

[862] Vgl. *Müller* (2006), S. 85.

[863] Vgl. zu diesen Ausführungen *Göbel* (2002), S. 112f.

ren ist.[864] Die Lösungsmöglichkeiten von Prinzipal-Agent-Problemen durch die Reduktion von Informationsasymmetrien sind in Tab. 4-2 zusammengefasst.

Neben der Reduktion von bestehenden Informationsasymmetrien können Prinzipal-Agent-Probleme auch durch die **Auflösung von Interessenkonflikten** abgeschwächt werden. Dies lässt sich durch die Kopplung der Interessen von Prinzipal und Agent erreichen:[865] Mittels geschickter Vertragsgestaltung können die Ziele beider Parteien harmonisiert werden. In der Unternehmenspraxis kann dies vor allem anhand anreizkompatibler Vertragsgestaltungen in Führungspositionen nachvollzogen werden. Durch eine Beteiligung des Agenten (Manager) am Ergebnis seines Handelns, beispielsweise durch eine fixe und variable Vergütungskomponente, werden entsprechende Anreizstrukturen geschaffen.[866] Dennoch kann auch eine Gewinnbeteiligung des Agenten insbesondere im Hinblick auf die Bilanzierung zu opportunistischem Verhalten führen.[867] Die Vertragsgestaltung muss sich nicht nur auf die Belohnung des erwünschten Verhaltens beschränken, sondern kann auch eine Bestrafung unerwünschten Verhaltens umfassen.[868] Generell besteht bei der anreizkompatiblen Vertragsgestaltung das Problem, dass eine mögliche Risikoaversion des Agenten mit vergütet (Risikoprämie) und eine entsprechende Grundlage für die Leistungsbemessung gefunden werden muss.[869]

Schließlich kann **Vertrauensbildung** eine konfliktlösende Wirkung in Prinzipal-Agent-Konstellationen haben. Unter Vertrauen kann dabei eine freiwillige Vorleistung verstanden werden, die für den Erbringer aufgrund seines Verzichts auf Sicherungs- und Kontrollmaßnahmen riskant ist.[870] In der Prinzipal-Agent-Beziehung geht Vertrauen vom Prinzipal aus:[871] Er unterbreitet ein Vertrauensangebot, welches der Agent annehmen kann. Die Einbeziehung von Vertrauen verändert das Menschenbild des Homo Oeconomicus, indem der Nutzenbegriff erweitert wird und regelgeleitetes Handeln unterstellt wird.[872]

4.3.5 Agency Kosten als Bewertungskriterium für Lösungsmöglichkeiten

Eine Welt mit vollkommenen und kostenlosen Informationen würde eine „first best" Lösung darstellen, in der die Prinzipal-Agent-Probleme nicht auftreten würden.[873] Erwiesenermaßen sind auf dem Kapitelmarkt die Informationen weder vollständig noch kosten-

---

[864] Vgl. *Göbel* (2002), S. 113.

[865] Vgl. *Göbel* (2002), S. 113.

[866] Eine Studie von Kienbaum zeigt, dass diese Vorgehensweise in der Praxis weit verbreitet ist, vgl. *Pfaff/Zweifel* (1998), S. 186.

[867] Wenn die variable Vergütung an eine Berichtsgröße der externen Rechnungslegung anknüpft, so könnte das Management die Optimierung dieser Größe in den Vordergrund stellen, vgl. *Kirsch et al.* (2010), S. 202.

[868] Vgl. *Göbel* (2002), S. 114.

[869] Vgl. *Göbel* (2002), S. 115f.

[870] Vgl. ausführlich die Definition von *Ripperger* (1998), S. 45.

[871] Vgl. *Göbel* (2002), S. 118.

[872] Vgl. ausführlich *Göbel* (2002), S. 123–125.

[873] Vgl. *Müller* (2006), S. 87.

los.[874] Die Differenz zwischen der first best Lösung und der Situation mit Prinzipal-Agent-Problemen wird als „Agency Kosten" bezeichnet.[875] Drei verschiedene Komponenten können unterschieden werden, die in ihrer Summe die Agency Kosten darstellen:[876]

- Die „monitoring costs" sind die Ausgaben des Prinzipals, die er für die Überwachung des Agenten aufwenden muss (siehe „Monitoring" in Abschnitt 4.3.4).
- Die Ausgaben des Agenten, um die Informationsasymmetrie seinerseits abzuschwächen (vgl. die Lösungsmöglichkeiten „Signalling" und „Reporting" in Abschnitt 4.3.4) sind „bonding costs".
- Der „residual loss" stellt den Wohlfahrtsverlust für den Prinzipal dar, der sich aus der Differenz zwischen der für den Prinzipal besten Handlung und der tatsächlichen Handlung des Agenten ergibt.

Da zwischen den Kostenbestandteilen ein Trade-off besteht (z.B. Verringerung des „residual loss" ist nur durch eine stärkere Überwachung des Agenten und somit einer Erhöhung der „monitoring costs" möglich), ist eine effiziente Lösung diejenige mit den geringsten Agency Kosten.[877] Dies kann durch Fixierung des „residual loss" und der gleichzeitigen Suche nach Maßnahmen erfolgen, die mit wenig Aufwand das Ziel erreichen.[878]

Nachdem in den vorstehenden Abschnitten die Grundlagen der Prinzipal-Agent-Theorie dargelegt wurden, soll diese nachfolgend auf die Berichterstattung nach dem Management Approach angewandt werden. Ziel dieser Verknüpfung ist es, in Abschnitt 4.4.2 Hypothesen für die Untersuchung auf Kapitalmarktebene abzuleiten.

4.3.6 Prinzipal-Agent-Theorie und Management Approach

Die Beziehung zwischen Kapitalgebern (insbesondere Eigenkapitalgebern) und dem Management eines Unternehmens kann typischerweise als Prinzipal-Agent-Beziehung modelliert werden.[879] Ein Eigenkapitalgeber als Prinzipal, der einen oder mehrere spezialisierte Manager (Agenten) einstellt, um das Unternehmen im Sinne des Eigentümers zu leiten, erwartet diese Diensterfüllung in seinem Interesse. Das **externe Rechnungswesen** kann in dieser Prinzipal-Agent-Beziehung die vorhandene Informationsasymmetrie als Informations- („Reporting") oder als Überwachungs- und Kontrollinstrument („Monitoring") reduzieren.[880] Durch „Monitoring" und „Reporting" kann ausgehend von entweder dem Prinzipal oder dem Agent die Problematik abgeschwächt werden. Unstrittig ist, dass die Qualität der dem Prinzipal zur Verfügung gestellten Informationen ausschlaggebend für

874 Vgl. *Steiner/Bruns* (2007), S. 42f.
875 Vgl. *Jensen/Meckling* (1976), S. 308; *Müller* (2006), S. 87.
876 Vgl. ausführlich zu den folgenden Ausführungen *Jensen/Meckling* (1976), S. 308–310; *Fama/Jensen* (1983), S. 327; *Göbel* (2002), S. 125; *Richter/Furubotn* (2003), S. 177.
877 Vgl. *Göbel* (2002), S. 125; *Müller* (2006), S. 87f.
878 Vgl. *Göbel* (2002), S. 125.
879 Vgl. *Ewert/Wagenhofer* (2008), S. 367f.
880 Vgl. *Müller* (2006), S. 88.

die Reduktion der Informationsasymmetrie ist. Vor allem das Problem der „hidden information“ kann hierdurch verringert werden.[881]

Auch innerhalb von Unternehmen können Prinzipal-Agent-Beziehungen ausgemacht werden. So kann das Top-Management nicht nur wie soeben dargestellt als Agent fungieren, sondern auch als Prinzipal.[882] Agenten können dementsprechend z.B. Bereichs- und Abteilungsleiter sein. Das Top-Management kann die Handlungen in einzelnen Funktionsbereichen, wie z.B. dem Vertrieb oder der Produktion, nicht selbst durchführen und beauftragt daher Agenten. Zwischen dem Management und den Funktionsbereichen besteht demnach eine Prinzipal-Agent-Beziehung mit potenziellen Informationsasymmetrien und Interessenkonflikten. So hat das Management nicht den Überblick über alle Handlungen der Agenten in den Funktionsbereichen („hidden actions“) und ebenso keinen Einblick in sämtliche Informationen der Agenten („hidden information“). Das **interne Rechnungswesen** kann als Instrument eingesetzt werden, um diese Informationsasymmetrien zu reduzieren.[883] Denn Zweck des internen Rechnungswesens ist nicht nur die Entscheidungsfundierung, sondern auch die Verhaltenssteuerung.[884]

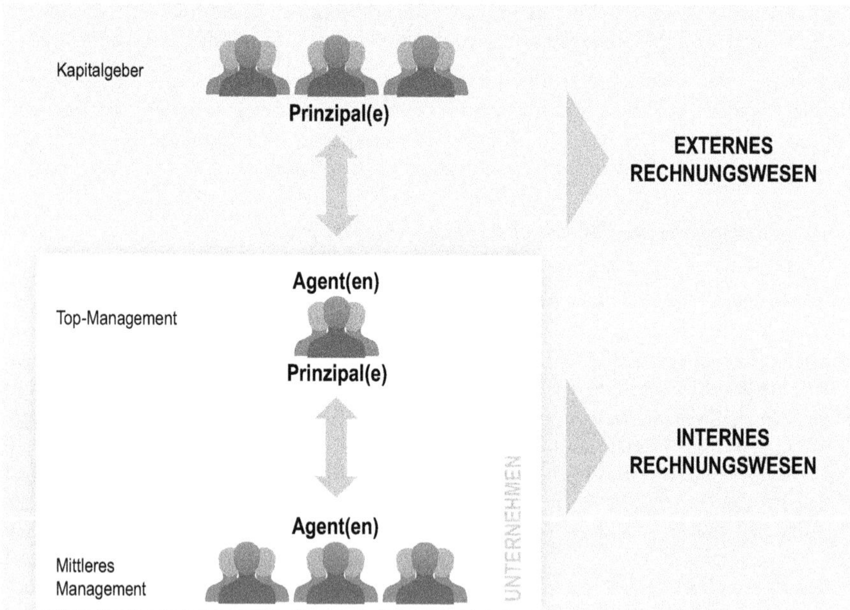

Abb. 4-5: Prinzipal-Agent-Beziehungen und Rechnungswesen
Quelle: In Anlehnung an *Müller* (2006), S. 89

[881] Vgl. *Müller* (2006), S. 88.
[882] Vgl. *Müller* (2006), S. 90–92; *Ewert/Wagenhofer* (2008), S. 367f.
[883] Vgl. *Müller* (2006), S. 89.
[884] Vgl. *Kajüter* (2008), S. 349.

Diese grundlegende, zweistufige Prinzipal-Agent-Beziehung (vgl. Abb. 4-5) bildet die Grundlage für die Analyse des Management Approach aus theoretischer Sicht. Hierzu sollen die konzeptionellen Erkenntnisse aus Kapitel 2 mit den oben dargestellten theoretischen Betrachtungen verknüpft werden.

Da durch die Berichterstattung nach dem Management Approach Informationen an den Investor als Prinzipal vermittelt werden, die das Top-Management als Agent mit dem Zweck einer besseren eigenen Entscheidungsgrundlage generiert hat, liegt aus theoretischer Sicht eine **Verbesserung des „Reportings“** vor. Der Management Approach setzt also an der oberen Stufe der Prinzipal-Agent-Beziehung an, dem Informations-, Überwachungs- und Kontrollinstrument externes Rechnungswesen. Es lässt sich die Vermutung aufstellen, dass die Berichterstattung nach dem Management Approach die Informationsasymmetrie zwischen Prinzipal und Agent stärker reduziert.[885] Denn die Informationen, die im Rahmen der Berichterstattung nach dem Management Approach dem Prinzipal zur Verfügung gestellt werden, können ein qualitatives „Mehr“ darstellen, da sie bereits dem Agent als Entscheidungsgrundlage dienten. Gleichwohl kann eine Bereitstellung solcher Informationen für den Prinzipal, die durch den Agenten initiiert ist, als „Signalling“ Maßnahme betrachtet werden.

Dennoch besteht aufgrund der Natur des Konzeptes auch ein Manipulationsspielraum:[886] Dadurch, dass unternehmensinterne Informationen und Strukturen für die externe Berichterstattung herangezogen werden, können diese vom Top-Management (Agent) aus bilanzpolitischen Gründen verändert werden.[887] Ein Beispiel hierfür könnte die bewusste Veränderung der Mittelfristplanung (durch Planung von unrealistisch hohen Cashflows) sein, um ein mögliches Impairment zu vermeiden. Die manipulierten Daten werden anschließend in die externe Berichterstattung übernommen – jedoch unter der Voraussetzung, dass diese auch für die interne Steuerung verwendet wurden. Hieraus entsteht ein **Zirkularitätsproblem**,[888] da das Top-Management auch in der Zukunft die manipulierten Daten verwenden muss. Aus konzeptioneller Sicht sind die Anreize für eine solche Vorgehensweise also nur begrenzt vorhanden.[889] Eine verbesserte Darstellung der wirtschaftlichen Lage würde es erfordern, diese zu verbessern. Somit kann dem Management Approach ein vermindernder Effekt auf den Manipulationsanreiz des Top-Managements und ein tendenziell positiver Effekt auf die Verlässlichkeit der externen Rechnungslegung zugesprochen werden.

Der Management Approach entfaltet aus theoretischer Sicht auch eine Wirkung auf die Prinzipal-Agent-Beziehung zwischen Top-Management und dezentralen Entscheidern, wie z.B. Funktionsbereichsleitern. Wie bereits dargestellt, hat das Top-Management nur aggregierte Daten zur Verfügung und keinen detaillierten Einblick in die Informationen und Handlungen der dezentralen Akteure. Ein **Manipulationsproblem** liegt vor, wenn

---

885 Vgl. Kapitel 2.

886 Vgl. *Kirsch et al.* (2010), S. 202.

887 Vgl. *Weißenberger/Maier* (2006), S. 2082f.

888 Zum Zirkularitätsproblem vgl. *Himmel* (2004), S. 138–140; *Weißenberger/Maier* (2006), S. 2082f.; *Maier* (2009), S. 238f.

889 Vgl. zu diesen Ausführungen *Kirsch et al.* (2010), S. 202.

nun dezentrale Entscheider in der bottom-up Kommunikation an das Top-Management aus opportunistischen Motiven Informationen verzerren („hidden action").[890] Dies könnte z.B. die bewusst falsche Abgabe von Planwerten (zu hoch/zu niedrig) im Rahmen der Mittelfristplanung sein, die zur Vergrößerung des eigenen Handlungsspielraums erfolgt. Werden die falschen Informationen nicht durch das Top-Management in seiner Funktion als Prinzipal erkannt (z.B. durch „Monitoring"), so werden diese in die externe Rechnungslegung übernommen und nach außen auf die zuvor dargestellte Prinzipal-Agent-Beziehung zwischen Investor und Top-Management übertragen. Es würde dann eine „hidden information" vorliegen.

Wie auch die theoretische Analyse des Management Approach aus Sicht der Strukturationstheorie[891] sollen die vorstehend erläuterten Aspekte der Prinzipal-Agent-Theorie in das thematische Grundverständnis für die Fallstudie[892] auf Unternehmensebene einfließen. Für die experimentelle Untersuchung des Management Approach auf Kapitalmarktebene werden hingegen, basierend auf den theoretischen Aspekten der Prinzipal-Agent-Theorie, Hypothesen abgeleitet. Im nachfolgenden Kapitel werden zuerst die Grundlagen für die Bildung von Hypothesen dargelegt (Kapitel 4.4.1). Im Anschluss daran wird auf Grundlage der vorstehenden Ausführungen eine zentrale Forschungshypothese gebildet (Kapitel 4.4.2.1), die anschließend anhand von verschiedenen Kriterien spezifiziert wird (Kapitel 4.4.2.2 bis 4.4.2.5).

4.4 Hypothesenentwicklung für die Untersuchung auf der Kapitalmarktebene

4.4.1 Grundlagen hypothesenprüfender Untersuchungen

Untersuchungen, die auf der wissenschaftstheoretischen Grundposition des kritischen Rationalismus fundieren, bedienen sich wie bereits in Abschnitt 1.3.1 dargestellt, einem dreistufigen Schema, das vor allem die Hypothesenbildung und -überprüfung umfasst. Diese sogenannten hypothesenprüfenden Untersuchungen erfordern jedoch (theoretische) Vorkenntnisse,[893] um überhaupt Hypothesen aufstellen zu können.[894] Nachdem die konzeptionellen und theoretischen Vorkenntnisse in Kapitel 2 und in den vorangegangenen Abschnitten des aktuellen Kapitels erarbeitet wurden, können im Folgenden die Hypothesen für die Untersuchung des Management Approach auf der Kapitalmarktseite aufgestellt werden. Zur Überprüfung dieser Hypothesen sollen im weiteren Verlauf eine Vielzahl empirischer Beobachtungen generiert werden, die anschließend mit uni- und multivariaten Verfahren ausgewertet werden (quantitative Untersuchung).

---

[890] Vgl. dazu *Weißenberger/Maier* (2006), S. 2083; *Maier* (2009), S. 247f.

[891] Vgl. Abschnitt 4.2.3.

[892] Vgl. zur Verwendung von Theorie im Rahmen der Fallstudie in dieser Arbeit die Ausführungen in Abschnitt 5.2.

[893] Alternativ könnten Hypothesen auch aus eigenen Beobachtungen oder Voruntersuchungen abgeleitet werden, beispielsweise aus einer vorgelagerten qualitativen Untersuchung (Vorstudienmodell), vgl. *Mayring* (2001), Abs. 22.

[894] Vgl. *Bortz/Döring* (2006), S. 490.

Sogenannte **Forschungshypothesen** sind allgemein formulierte Hypothesen, die nicht nur für die Stichprobenuntersuchung, sondern für alle Objekte und Ereignisse der Grundgesamtheit gelten; sie können wie folgt klassifiziert werden:[895]

- Mit Zusammenhangshypothesen kann ein Zusammenhang zwischen zwei Merkmalen überprüft werden (z.B. zwischen Mitarbeiterzufriedenheit und Fehlzeiten).
- Unterscheidungshypothesen ermöglichen es, Unterschiede zwischen zwei (oder mehreren) Populationen bezüglich einer (oder mehreren) abhängigen Variablen zu überprüfen (z.B. Kulturkreis A und Kulturkreis B unterscheiden sich hinsichtlich ihrer Risikoneigung).
- Anhand von Veränderungshypothesen können im Zeitablauf verändernde Ausprägungen von Variablen überprüft werden (z.B. wiederholte Werbung erhöht die Kaufbereitschaft).

Die allgemein aufgestellten Forschungshypothesen können anschließend in operationalisierten Hypothesen konkretisiert werden. Eine Operationalisierung stellt eine Anweisung dar, wie Sachverhalte gemessen werden können.[896]

> *„Mit der operationalen Hypothese prognostiziert der Forscher den Ausgang einer konkreten Untersuchung nach den Vorgaben der allgemeinen Forschungshypothese. Die operationale Hypothese resultiert aus der Untersuchungsplanung bzw. der Operationalisierung der unabhängigen und abhängigen Variablen.“*[897]

Die im nächsten Abschnitt entwickelten Hypothesen für die experimentelle Untersuchung des Management Approach auf der Kapitalmarktebene stellen Zusammenhangshypothesen dar. Eine Konkretisierung in Form von operationalisierten Hypothesen erfolgt in Abschnitt 6.2.3, nachdem im Forschungsdesign ein konkreter Versuchsplan für das Experiment entworfen wurde.

4.4.2 Management Approach und Entscheidungsnützlichkeit von Informationen

4.4.2.1 Zentrale Forschungshypothese

Das Konzept des Management Approach hat die Zielsetzung inne, entscheidungsnützliche Informationen für Investoren zur Verfügung zu stellen.[898] Im Sinne der vorstehend erläuterten Grundlagen der Hypothesenbildung (vgl. Abschnitt 4.4.1) wird vorerst eine zentrale Forschungshypothese (Zusammenhangshypothese) für die experimentelle Untersuchung auf der Kapitalmarktebene aufgestellt. Diese nimmt an, dass durch die Berichterstattung nach dem Management Approach die Entscheidungsnützlichkeit der berichteten Informationen erhöht wird:

---

[895] Vgl. ausführlich zu den folgenden Ausführungen *Bortz/Döring* (2006), S. 492.
[896] Vgl. *Schnell et al.* (2008), S. 127.
[897] *Bortz/Döring* (2006), S. 492.
[898] Vgl. ausführlich Kapitel 2.

Zentrale Forschungshypothese: Entscheidungsnützlichkeit

H_{ZF}: Die Entscheidungsnützlichkeit der berichteten Informationen für Investoren ist höher, wenn eine Berichterstattung nach dem Management Approach erfolgt.

In dieser sehr allgemeinen Form lässt sich die Hypothese jedoch nicht überprüfen, da zum einen der Anwendungsbereich des Management Approach zu groß ist. Zum anderen stellt die Entscheidungsnützlichkeit der berichteten Informationen für Investoren einen abstrakten Begriff dar, der eine Ausdifferenzierung erfordert. In den folgenden Abschnitten sollen daher geeignete Kategorien entwickelt werden, anhand derer die Entscheidungsnützlichkeit festgemacht werden kann. Hierbei muss im Hinblick auf die Operationalisierung der Hypothesen in Abschnitt 6.2.3 beachtet werden, dass die gewählten Variablen messbar sein müssen, da ansonsten die Durchführung von Hypothesentests nicht möglich ist.

Für die Entwicklung geeigneter Kategorien ist vor dem Hintergrund der in den vorstehenden Abschnitten behandelten Prinzipal-Agent Beziehung auf den Prinzipal (Investor) abzuzielen. Typischerweise beurteilen Investoren ihre (potenziellen) Anlagen (z.B. Aktienanlagen) und die damit verbundene Rendite und treffen dann eine Anlageentscheidung. Aus diesem Grund wird im Folgenden davon ausgegangen, dass sich die Berichterstattung von entscheidungsnützlicheren Informationen auf die Streung von Investorenschätzungen, auf die Investitionsbereitschaft und auf die Investitionshöhe auswirkt (Abschnitt 4.4.2.2 bis 4.4.2.4).[899] Neben den theoretisch abgeleiteten Kategorien liefern auch die IFRS geeignete Kategorien zur Beurteilung der Entscheidungsnützlichkeit (Abschnitt 4.4.2.5).

4.4.2.2 Streuung der Investorenschätzungen

In der Prinzipal-Agent-Beziehung zwischen Anteilseigner bzw. Investor und dem Unternehmen (bzw. dem Management als Agent) hängt der Informationsbedarf von Investoren mit der Erwartung von Zahlungsströmen zusammen, die vom Unternehmen an den Investor fließen (Gewinnausschüttung).[900] Die Zahlungsstromerwartungen sind generell als unsicher anzusehen.[901] Dies wird durch das in dieser Beziehung vorliegende Prinzipal-Agent-Problem der „hidden information“ untermauert. Investoren, insbesondere private Investoren, können aufgrund des fehlenden Zugangs zu unternehmensinternen Informationsquellen den Unternehmenserfolg (und die darauf basierenden Gewinnausschüttungen) nicht in gleicher Weise beurteilen, wie es das Management kann. Dies trifft insbesondere auf Informationen aus dem internen Berichtswesen zu, anhand welcher das Management z.B. die Abweichung von festgelegten Zielen feststellen kann.[902]

---

[899] Vgl. ähnlich *Akerlof* (1970); *Diamond/Verrecchia* (1991); *Gill et al.* (1998); *Irani/Karamanou* (2003); *Bushee/Leuz* (2005); *Hall et al.* (2007).

[900] Vgl. *Schildbach* (1975), S. 15; *Moxter* (2003), S. 224; *Koelen* (2009), S. 13.

[901] Vgl. *Moxter* (2003), S. 225.

[902] Vgl. zum internen Berichtswesen und zur Kontrolle die Ausführungen in Abschnitt 2.3.

Eine Lösungsmöglichkeit bei Vorliegen von Informationsasymmetrien stellt das „Reporting“ dar.[903] Mittels des Reporting kann der Agent durch zur Verfügung stellen von Informationen das Problem abschwächen. Es stellt sich allerdings vor dem Hintergrund der oben erwähnten Zahlungsstromerwartung die Frage, ob die nach dem Management Approach berichteten Informationen die „Reporting“-Möglichkeit verbessern. Dies wäre der Fall, wenn hierdurch der zu erwartende Zahlungsstrom des Unternehmens besser beurteilt werden könnte. Die berichteten Informationen müssten folglich eine Wert- oder Prognoserelevanz besitzen.[904]

Würden die nach dem Management Approach berichteten Informationen, die das Management für seine eigene Entscheidungsfindung nutzt, eine Reduktion der Informationsasymmetrie bewirken, müssten Investoren folglich auch Größen, die für den zukünftigen Zahlungsstrom relevant sind, besser prognostizieren können. Im Hinblick auf die Messbarkeit dieser verbesserten Prognostizierbarkeit wird auf die Streuung abgezielt. Es wird angenommen, dass sich eine geringere Informationsasymmetrie in einer geringeren Streuung zwischen den prognostizierten Erlös- und Ergebnisschätzungen verschiedener Investoren niederschlägt. Auch in der Literatur wird häufig die Streuung von Schätzungen – meist am Beispiel von Analysten („analyst forecast dispersion“) – als Proxy für Informationsasymmetrien herangezogen.[905]

Die vorstehenden Ausführungen bilden die Grundlage der ersten Hypothese für die Entscheidungsnützlichkeit. Nach dieser wird angenommen, dass sich die Berichterstattung nach dem Management Approach (unabhängige Variable) auf die Streuung der Investorenschätzungen (abhängige Variable) auswirkt. Wird nach dem Management Approach berichtet, so wird die Streuung als geringer angenommen.

Hypothese 1: Streuung der Investorenschätzungen

H_1: Die Streuung der Investorenschätzungen ist geringer, wenn eine Berichterstattung nach dem Management Approach erfolgt.

4.4.2.3 Vertrauen der Investoren in ihre Schätzungen

Aus Sicht der Prinzipal-Agent-Theory stellt das Ausmaß an Investorenvertrauen („investor confidence“) eine Konsequenz von Informationsasymmetrien dar.[906] Das heißt, dass durch Vorliegen einer Informationsasymmetrie eine Unsicherheit für Investoren vorliegt, z.B. bezüglich der Beurteilung einer Kapitalanlage oder einer Investitionsentscheidung. Somit sinkt das Vertrauen der Investoren und in einem nachgelagerten Schritt auch die Investitionsbereitschaft bzw. die Marktliquidität. Im Umkehrschluss kann bei Reduzierung der Informationsasymmetrie ein Anstieg des Vertrauens angenommen werden. Kann also z.B. durch „Reporting“ die Informationsasymmetrie verringert werden, so erhöht sich

---

[903] Vgl. Abschnitt 4.3.4.

[904] Vgl. ähnlich *Ruhwedel/Schultze* (2002), S. 605; *Koelen* (2009), S. 13; Vgl. generell zur Prognose-, Entscheidungs- und Bewertungsrelevanz *Möller/Hüfner* (2002), S. 412–421.

[905] Vgl. *Irani/Karamanou* (2003), S. 16.

[906] Vgl. zu diesen Ausführungen *Kosaiyakanont* (2011), S. 16.

folglich das Vertrauen der Investoren. Dies setzt allerdings voraus, dass die berichteten Informationen von den Investoren als verlässlich angesehen werden.[907]

Auch in der experimentellen Literatur wird davon ausgegangen, dass das Maß an zur Verfügung gestellten Informationen eine Auswirkung auf das Vertrauen („confidence") hat.[908] In Situationen, die von Unsicherheit und unvollständigen Informationen geprägt sind, können bestimmte Informationen das Vertauen bei Entscheidungen erhöhen. Dabei spielt vor allem die Art (Relevanz) und die Menge der Informationen eine Rolle.[909] Beide Faktoren reduzieren die Informationsasymmetrie und die Unsicherheit der Entscheidungssituation.

Wie bereits zuvor dargestellt, wird davon ausgegangen, dass durch die Berichterstattung nach dem Management Approach Informationsasymmetrien zwischen Investoren und dem Management reduziert werden, da eine Verbesserung des „Reporting" stattfindet. Denn, da die berichteten Informationen bereits dem Management als Entscheidungsgrundlage dienten, stellen diese für Investoren eine qualitatives „Mehr" dar. Somit müsste sich dies auch auf das Vertrauen der Investoren in eigenen, für das Unternehmen abgegebenen Erlös- und Ergebnisschätzungen positiv auswirken.

Folglich kann als zweite Hypothese ein Zusammenhang zwischen der Berichterstattung nach dem Management Approach und dem Vertrauen der Investoren in ihre Schätzungen postuliert werden. Der Zusammenhang wird also positiv angenommen.

Hypothese 2: Vertrauen der Investoren in ihre Schätzungen

H_2: Das Vertrauen der Investoren in ihre Schätzungen ist höher, wenn eine Berichterstattung nach dem Management Approach erfolgt.

4.4.2.4 Investitionsbereitschaft

Auch zwischen potenziellen Investoren und dem Management eines Unternehmens kann eine Informationsasymmetrie bestehen. Hierbei liegt eine Situation vor Vertragsabschluss vor, da potenzielle Investoren noch keine Eigentümer des Unternehmens sind. Im „adverse selection" Problem fehlen dem Prinzipal Informationen über den Agenten, wie z.B. dessen Qualifikation oder dessen Leistungsfähigkeit:[910] Zum einen können verborgene Eigenschaften („hidden characteristics") vorliegen. In der aufgeführten Prinzipal-Agent-Beziehung können potenzielle Investoren folglich nicht beurteilen, ob das Management in der Lage ist, das Unternehmen in ihrem Sinne zu führen. Investoren beurteilen auf den ihnen vorliegenden Informationen ihre Handlungsalternativen und treffen eine Entscheidung darüber – in diesem Fall eine Kapitalanlageentscheidung („buy"/„hold"/„sell").[911] Die dargestellte Informationsasymmetrie wirkt beeinträchtigend und kann dazu führen, dass Investoren einen bestimmten Wertpapierkauf meiden und eine alternative Anlage-

---

[907] Vgl. zum Kriterium der Verlässlichkeit die Ausführungen und die Hypothese in Abschnitt 4.4.2.5.
[908] Vgl. hier und im Folgenden *Gill et al.* (1998), S. 1109f.; *Hall et al.* (2007), S. 287–289.
[909] Vgl. *Botosan* (2006), S. 33.
[910] Vgl. Abschnitt 4.3.3.
[911] Vgl. *Koelen* (2009), S. 11f.

strategie suchen.[912] Darüber hinaus kann sich, wie bereits im vorstehenden Abschnitt dargestellt, das Investorenvertrauen („investor confidence“) als Folge einer Informationsasymmetrie auf die Investitionsbereitschaft bzw. die Marktliquidität auswirken (ein geringeres Vertrauen führt zu einer geringeren Investitionsbereitschaft).[913] Den bisherigen Ausführungen entsprechend kann im Umkehrschluss angenommen werden, dass die grundlegende Investitionsbereitschaft („willingness to invest“) steigt, wenn eine geringere Informationsasymmetrie besteht.[914]

Zum anderen kann die Informationsasymmetrie in der betrachteten Beziehung in verborgenen Absichten („hidden intention“) des Managements bestehen. Dies kommt dem zuvor bereits angesprochenen Zirkularitätseffekt nahe, nach welchem das Management eine bewusste bilanzpolitische Manipulation vornimmt.[915] Auch betrügerische Vorsätze bei der Unternehmensleitung können hierunter gefasst werden. Verborgene Absichten können allerdings auch nicht nach einer Berichterstattung nach dem Management Approach aufgedeckt werden. Aus diesem Grunde werden „hidden intentions“ nicht in die quantitative Analyse auf Kapitalmarktebene der vorliegenden Arbeit aufgenommen.

Neben den vorstehenden Ausführungen kann in der Literatur die Feststellung aus theoretischer und empirischer Sicht beobachtet werden, dass eine geringere Informationsasymmetrie bei einer Bereitstellung von zusätzlichen Informationen zu einer höheren Investitionsbereitschaft führt.[916] Im Rahmen des Management Approach werden nicht zwangsläufig quantitativ „mehr“ Informationen zur Verfügung gestellt. Jedoch können die Informationen – wie in Abschnitt 4.3.6 angedeutet – ein qualitatives „Mehr“ darstellen. Da die Informationen bereits dem Management als Entscheidungsgrundlage dienten, weisen sie einen höheren Entscheidungsgehalt auf. Insbesondere aus Sicht der Prinzipal-Agent-Theorie ist – wie dargestellt – von einer die Informationsasymmetrie abschwächenden Wirkung durch Einblicke in die Informationsgrundlage des Agenten auszugehen.

Basierend auf den vorstehenden Erläuterungen können zwei Hypothesen zur Investitionsbereitschaft aufgestellt werden. Die erste Hypothese nimmt an, dass der Management Approach (unabhängige Variable) zu einer höheren grundsätzlichen Bereitschaft führt, in ein Unternehmen zu investieren. Darüber hinaus wird angenommen, dass bei Vorliegen einer grundsätzlichen Investitionsbereitschaft auch die Investitionssumme höher ist, wenn nach dem Management Approach berichtet wird.

---

912 Vgl. *Gierga* (2008), S. 55, S. 79.

913 Vgl. *Kosaiyakanont* (2011), S. 16.

914 Vgl. die veranschaulichenden Ausführungen anhand der Marktliquidität bei *Gierga* (2008), S. 80f. Ein entsprechendes Modell wurde von *Baiman/Verrecchia* aufgestellt, vgl. hierzu *Baiman/Verrecchia* (1995); *Baiman/Verrecchia* (1996), S. 4–8.

915 Vgl. Abschnitt 4.3.6.

916 Vgl. *Akerlof* (1970); *Diamond/Verrecchia* (1991); *Bushee/Leuz* (2005); Eine entsprechende Hypothese wird auch von *Ding et al.* (2009), S. 9f. aufgestellt.

Hypothese 3: Investitionsbereitschaft

H3: Die Investitionsbereitschaft der Investoren ist höher, wenn eine Berichterstattung nach dem Management Approach erfolgt.

Hypothese 4: Investitionshöhe

H4: Der Betrag, den Investoren bereit sind zu investieren ist höher, wenn eine Berichterstattung nach dem Management Approach erfolgt.

4.4.2.5 IFRS-nahe Kriterien der Entscheidungsnützlichkeit

Die primäre Zielsetzung der IFRS ist es, entscheidungsnützliche Informationen zu vermitteln (RK.OB2, IAS 1.15). Aus ihr leiten sich die zwei Primärgrundsätze der IFRS-Rechnungslegung ab, die „Relevanz" und die „glaubwürdige Darstellung".[917] Beide Grundsätze erfuhren eine Veränderung im Rahmen der Phase A des Conceptual Framework Projects, der Konvergenzbemühung um ein einheitliches Framework von *FASB* und *IASB*.[918] Das Kriterium Relevanz wurde durch den Abschluss von Phase A im September 2010 weiter gefasst, indem auf eine mögliche Beeinflussung der wirtschaftlichen Entscheidung abgestellt wird.[919] Dies kann entweder über einen Prognosewert oder einen Bestätigungswert erfolgen (RK.QC7): Während der Prognosewert sich auf die Möglichkeit zur Beurteilung der zukünftigen Entwicklung erstreckt (RK.QC8), umfasst ein Bestätigungswert die Bestätigung oder die Korrektur von vergangenen Einschätzungen (RK.QC9). Das Kriterium „glaubwürdige Darstellung" ersetzt das bislang gültige Kriterium „Verlässlichkeit" und umfasst nunmehr die Unterkriterien „Vollständigkeit", „Neutralität" und „Freiheit von wesentlichen Fehlern" (RK.QC12–15).[920] Auch zuvor waren im Kriterium der Verlässlichkeit verschiedene Unterkriterien enthalten, wie z.B. die Freiheit von wesentlichen Fehlern und verzerrenden Einflüssen, die „glaubwürdige Darstellung", die „Vorsicht" oder die „Vollständigkeit".[921]

Aus konzeptioneller Sicht zielt der Management Approach auf beide Kriterien ab: Durch die Vermittlung von Informationen, die das Management zur Entscheidungsfindung heranzieht, sollen Investoren eine bessere Informationsgrundlage für eigene Anlageentscheidungen erhalten.[922] Somit würde den Informationen eine Relevanz für die Adressaten zukommen. Im Hinblick auf die glaubwürdige Darstellung bzw. speziell die Verlässlichkeit der Informationen kann der Management Approach zu positiven, aber auch zu negativen Auswirkungen führen.[923] Während bei bilanzpolitischen Manipulationen von einer ge-

[917] Vgl. *Pellens et al.* (2011), S. 123f., S. 128.
[918] Vgl. zum Conceptual Framework Projekt *Pellens et al.* (2011), S. 137f.
[919] Vgl. *Köhling* (2011), S. 12; *Pellens et al.* (2011), S. 123. Vgl. zur Begründung durch des IASB *Berentzen* (2010), S. 33.
[920] Vgl. z.B. *Lorson/Gattung* (2008), S. 556. Dieses Vorgehen stieß in den Comment Letters auf heftige Kritik, vgl. hierzu *Berentzen* (2010), S. 33.
[921] Vgl. ausführlich *Wagenhofer* (2009), S. 128–130.
[922] Vgl. *Fey/Mujkanovic* (1999), S. 263.
[923] Vgl. *Maier* (2009), S. 237f.

sunkenen Verlässlichkeit und keiner glaubwürdigen Darstellung auszugehen ist, kann die idealtypische Anwendung des Management Approach aufgrund der Annahme, vom Hauptentscheidungsträger des Unternehmens Informationen zu erhalten, auch eine positive Auswirkung auf die Verlässlichkeit zur Folge haben.

Vor dem Hintergrund der späteren Operationalisierung des zweiten Primärgrundsatzes „glaubwürdige Darstellung" wurde auf den zuvor gültigen Grundsatz der „Verlässlichkeit" abgestellt.[924] Denn die Abfrage einer Einschätzung der glaubwürdigen Darstellung erweist sich durch die abstrakte Begrifflichkeit als wesentlich schwieriger als die einer Einschätzung der Verlässlichkeit. Da nach Auffassung des *IASB* der neu gestaltete Grundsatz den früheren Grundsatz der Verlässlichkeit abdeckt,[925] wird dieses Vorgehen an dieser Stelle als unproblematisch gesehen.

Aufgrund vorstehender Ausführungen werden zwei weitere Hypothesen abgeleitet, welche die Auswirkung der Berichterstattung nach dem Management Approach auf IFRS-nahe Kriterien der Entscheidungsnützlichkeit umfassen. Hypothese 5 nimmt an, dass der Management Approach eine positive Auswirkung auf die Nützlichkeit einzelner Bestandteile der Finanzberichterstattung zur Abgabe von Schätzungen hat. Hypothese 6 orientiert sich an den qualitativen Anforderungen an IFRS-Abschlüsse und nimmt eine positive Auswirkung auf die Relevanz und die Verlässlichkeit an.

Hypothese 5: Nützlichkeit von Bestandteilen der Finanzberichterstattung

H_5: Die Nützlichkeit von einzelnen Bestandteilen der Finanzberichterstattung für die Abgabe von Erlös- und Ergebnisschätzungen ist höher, wenn eine Berichterstattung nach dem Management Approach erfolgt.

Hypothese 6: Entscheidungsnützlichkeit nach IFRS

H_{6a}: Die Relevanz der Informationen ist höher, wenn eine Berichterstattung nach dem Management Approach erfolgt.

H_{6b}: Die Verlässlichkeit der Informationen ist höher, wenn eine Berichterstattung nach dem Management Approach erfolgt.

4.5 Zwischenfazit

In Kapitel 2 wurden die konzeptionellen Grundlagen des Management Approach erarbeitet. Im Rahmen der Berichterstattung nach dem Management Approach wird auf unternehmensinterne Informationen zurückgegriffen, die ursprünglich zu Steuerungszwecken generiert wurden. Es zeigte sich, dass zwei große Teilbereiche ausgemacht werden können: Die Heranziehung von Informationen für die Bewertung und die Publizität (z.B. Impairment Test) und die Orientierung der Bewertung und die Publizität an internen Organisationsstrukturen und dem Berichtswesen (z.B. Segmentberichterstattung). Anschließend wurde in Kapitel 3 der Forschungsstand zum Thema Management Approach aufge-

[924] Vgl. z.B. *Zülch/Hendler* (2009), S. 81f.
[925] Vgl. *Berentzen* (2010), S. 33f. m.w.N.

arbeitet. Dabei stellte sich heraus, dass bislang zwar einige konzeptionelle Arbeiten vorhanden sind, jedoch nur eine empirische Arbeit existiert, die den Management Approach umfassend untersucht. Die Auswirkungen auf Unternehmens- und Kapitalmarktebene sind bislang nur spärlich erforscht. Es existieren lediglich Arbeiten zu einzelnen Teilbereichen, die jedoch nicht explizit den Management Approach thematisieren.

Ferner konnte im vorstehenden Kapitel ein theoretischer Bezugsrahmen für den empirischen Teil der Arbeit erstellt werden. Zum einen dient die Strukturationstheorie als Ansatz zur Beurteilung von Handlungen sozialer Akteure im Unternehmen als Organisation. Das zentrale Element der Strukturationstheorie ist die Dualität der Struktur, nach welcher sich sowohl die Struktur auf die Handlung auswirkt, als auch umgekehrt. Struktur und Handeln spielen sich in den drei Dimensionen der Signifikation, der Herrschaft und der Legitimation ab. Rechnungswesen und Controlling werden im Rahmen der Strukturationstheorie als Set von Praktiken verstanden, die zur reflexiven Steuerung des Unternehmens eingesetzt werden. Die dabei eingesetzten Rechnungswesen- und Controlling-Systeme fördern die diskursive Verfügbarkeit von organisationalen Sachverhalten. Die Berichterstattung im Rahmen des Management Approach setzt an diesen Rechnungswesen- und Controlling-Systemen an. Einerseits könnten sich aus theoretischer Sicht Veränderungen ausgehend von der Legitimationsdimension ergeben. Andererseits könnten auch auf individueller Ebene interpretative Spielräume bestehen, die Auswirkungen auf die externe Rechnungslegung haben.

Zum anderen stellt die Prinzipal-Agent-Theorie das zweite theoretische Standbein der Arbeit dar. Typischerweise liegt im Rahmen der Prinzipal-Agent-Theorie ein Vertragsverhältnis vor, in welchem der Prinzipal den Agenten mit der Durchführung einer Tätigkeit beauftragt. Charakteristisch ist – aufgrund der Annahmen der Theorie – dass zwischen Prinzipal und Agent Informationsasymmetrien und Interessenkonflikte vorliegen können. Im Rahmen der Berichterstattung nach dem Management Approach konnte eine zweistufige Prinzipal-Agent-Beziehung ausgemacht werden: Erstens sind Investoren oder Kapitalgeber Prinzipale, die das Top-Management (Agenten) mit der Führung des Unternehmens beauftragen. Diese sind jedoch innerhalb des Unternehmens selbst Prinzipale, wenn sie mit dezentralen Entscheidern zusammenarbeiten. Aus dieser Konstellation können sich Probleme ergeben, wenn Informationen von dezentralen Entscheidern oder vom Top-Management manipuliert werden.

Während beide Theorien in das thematische Grundverständnis der Fallstudie miteinfließen, wurden auf Basis der Prinzipal-Agent-Theorie Hypothesen für das Experiment abgeleitet. Außerdem wurden weitere IFRS-nahe Kriterien zur Hypothesenentwicklung herangezogen. Die folgenden Kapitel enthalten die beiden empirischen Teilstudien. Zuerst erfolgt die Untersuchung des Management Approach auf Unternehmensebene mittels einer Fallstudie (Kapitel 5). Daran schließt sich die Studie auf Kapitalmarktebene an, die mittels eines Experimentes realisiert wird (Kapitel 6). Die Ergebnisse beider Teilstudien werden in Kapitel 7 zusammengeführt.

5 Untersuchung des Management Approach auf der Unternehmensebene

5.1 Methodik der Fallstudienforschung

In der Rechnungswesen- und Controllingforschung erlangt die qualitative Forschungsmethodik seit den 1980er Jahren zunehmend an Bedeutung.[926] Allerdings dominieren immer noch quantitative Beiträge das Feld – was nicht zuletzt auf die teilweise äußerst konservative Publikationspolitik führender Journals zurückzuführen ist.[927] Fallstudien stellen dabei eine Untersuchungsform dar, welche primär der qualitativen Forschungsmethodik zuzuordnen ist.[928] Fallstudien haben den Vorteil, dass sie in besonders komplexen Forschungsfeldern eingesetzt werden können und dass sie auf sowohl explorative als auch auf deskriptive und erklärende Fragen eingehen können.[929] Insbesondere in Deutschland werden Fallstudien noch stiefmütterlich behandelt.[930] *Schäffer/Brettel* stellten in einer Untersuchung einiger deutscher Journals der Zeiträume 1990 bis 2003 lediglich einen Fallstudien-Anteil von 5% an den Gesamtbeiträgen zur Controllingforschung fest.[931]

Nähert man sich dem **Fallstudienbegriff**, lässt sich zunächst feststellen, was eine Fallstudie nicht ist: Eine Fallstudie ist keine Erhebungstechnik und eine Fallstudie durchzuführen muss nicht bedeuten, dass nur qualitative Daten verarbeitet werden.[932] Die Fallstudie ist zwischen der Ebene der konkreten Ergebungstechnik und der Ebene des methodologischen Paradigma angesiedelt und ist als Forschungsansatz zu begreifen.[933] Nach *Yin* ist eine Fallstudie

> *„1. [...] an empirical inquiry that*
>
> - *investigates a contemporary phenomenon in depth and within its real-life context, especially when*
> - *the boundaries between phenomenon and context are not clearly evident.*
>
> *[...]*
>
> *2. The case study inquiry*
>
> - *copes with the technically distinctive situation in which there will be many more variables of interest than data points, and as one result*

---

926 Vgl. *Brühl et al.* (2008), S. 301.

927 Vgl. *Berg* (2006), S. 362.

928 Vgl. *Meyer* (2003), S. 475. Vgl. zu einem Überblick über die Untersuchungsform Fallstudie außerdem *Yin* (2009). S. 46–60; *Kubicek* (1975); *Berg* (2006), S. 362; *Schnell et al.* (2008), S. 248–251; *Scapens* (1990), S. 264–277.

929 Bei quantitativen Methoden ist dies nicht immer der Fall. So kann z.B. Data Mining keine erklärenden Antworten liefern. Vgl. *Borchardt/Göthlich* (2007), S. 35.

930 Vgl. *Borchardt/Göthlich* (2007), S. 33.

931 Vgl. *Schäffer/Brettel* (2005), S. 43f.

932 Vgl. *de Vaus* (2001) , S. 10f.

933 Vgl. *Lamnek* (2005), S. 298.

- *relies on multiple sources of evidence, with data needing to converge in a triangulating fashion, and as another result*
- *benefits from the prior development of theoretical prepositions to guide data collection and analysis.*"[934]

Nach *Yins* Auffassung eignet sich folglich die Fallstudienuntersuchung in besonderem Maße, um ein Phänomen in seinem Kontext zu untersuchen.[935] Andere Methoden klammern bewusst den Kontext des Phänomens aus, um unter kontrollierten Bedingungen die Wirkungsweise einzelner Variablen untersuchen zu können (Experiment) oder können den Kontext aufgrund der aus Gründen der Durchführbarkeit nur begrenzten Variablenanzahl nicht vollständig erfassen (Feldstudien). Häufig lassen sich auch Phänomen und Kontext nur schwer voneinander trennen.

Hinsichtlich des Designs können Fallstudien in **Einzelfallstudien** (single-case studies) und **vergleichende Fallstudien** (multiple-case studies) differenziert werden.[936] *Yin* unterscheidet diese beiden Typen jeweils zusätzlich nach der Anzahl der Untersuchungseinheiten (units of analysis): Wird in einem Fall nur eine Untersuchungseinheit analysiert, so spricht man von einem „holistic"-Design, bei mehreren Untersuchungseinheiten pro Fall von „embedded"-Designs.[937] Einzelfallstudien konzentrieren sich auf extreme, einzigartige oder auch typische, repräsentative Fälle und weisen häufig Beobachtungen über einen längeren Zeitraum auf, um z.B. theoretische Erkenntnisse in Frage zu stellen oder um explorativ Erkenntnisse über neue Phänomene zu gewinnen.[938] In vergleichenden Fallstudien werden demgegenüber verschiedene Fälle (z.B. verschiedene Unternehmen einer Branche oder Unternehmen aus jeweils verschiedenen Branchen) betrachtet. Nach *Yin* nehmen in jüngster Vergangenheit Designs mit mehreren Fällen zu.[939] In ihrer Untersuchung deutschsprachiger Controllingbeiträge mit Fallstudiendesigns mussten *Schäffer/Brettel* im Jahr 2005 allerdings feststellen, dass sich die vergleichenden Fallstudien noch in der Unterzahl befinden.[940] Der Vorteil von vergleichenden Fallstudien liegt in der Möglichkeit, die gewonnenen Erkenntnisse im Hinblick auf Ähnlichkeiten und Unterschiede zwischen den Fällen zu vergleichen.[941] Die Ergebnisse werden daher häufig als überzeugender und robuster angesehen.[942] Die Nachteile der vergleichenden Fallstudie sind vor allem in dem höheren Zeitaufwand und den höheren Kosten zu sehen, der für die Durchführung notwendig ist.[943] Darüber hinaus liegt die Begründung für eine Einzel-

---

934 *Yin* (2009), S. 18.

935 Vgl. hierzu die Erläuterungen von *Yin* (2009), S. 18.

936 Vgl. *Yin* (2009), S. 46f.

937 Vgl. *Yin* (2009), S. 50–52, 59f.

938 Vgl. *Borchardt/Göthlich* (2007), S. 36.

939 Vgl. *Yin* (2009), S. 53.

940 Vgl. *Schäffer/Brettel* (2005), S. 45.

941 Vgl. *Borchardt/Göthlich* (2007), S. 36.

942 Vgl. *Herriott/Firestone* (1983), S. 16f.; *Eisenhardt* (1989), S. 541; *Borchardt/Göthlich* (2007), S. 36; *Yin* (2009), S. 53.

943 Vgl. *Borchardt/Göthlich* (2007), S. 37; *Yin* (2009), S. 53.

fallstudie oft gerade in der Auswahl eines einzelnen kritischen oder seltenen Falls, dessen Sachverhalt nicht durch eine vergleichende Fallstudie dargestellt werden kann.[944]

Aufgrund dieses relativ offenen und flexiblen Verständnisses von Fallstudien können diese vielseitig eingesetzt werden:[945] Obwohl sie dem interpretativen Paradigma entspringen, können sowohl theoriegeleitetes Vorgehen als auch quantitative Methoden zum Einsatz kommen. Allerdings stehen bei Fallstudien die umfassende Abbildung der sozialen Wirklichkeit durch Rekonstruktion und Verstehen unter Einbezug von verschiedenen Dimensionen im Vordergrund.[946] Obwohl Fallstudien streng genommen auch theorietestend eingesetzt werden können,[947] liegt ihr klassisches Anwendungsgebiet eher in der **Generierung von Theorien**.[948] Mit den Vorteilen und Besonderheiten dieses Forschungsansatzes gehen auch die **Limitationen** einher, die gleichwohl für die meisten interpretativen Ansätze gelten: Der statistische Induktionsschluss auf eine Grundgesamtheit (Generalisierbarkeit) ist im Vergleich zu quantitativen Methoden nicht möglich.[949] Dies ist jedoch auch nicht Ziel der fallstudienorientierten Forschung.[950] Insbesondere in der Controllingforschung scheint eine detaillierte Analyse der angewandten Praktiken weit eher sinnvoll zu sein:

> *„It is difficult to imagine how research in an applied discipline such as managerial accounting could evolve without the benefit of detailed examination of actual practices."*[951]

Im Rahmen der empirischen Sozialforschung können die **Datenerhebungsmethoden** Befragung, Beobachtung und Inhaltsanalyse unterschieden werden.[952] Jede dieser Methoden ist sowohl einzeln als auch in Kombination miteinander in der Fallstudienforschung anwendbar.[953] Die drei Methoden können insbesondere danach unterschieden werden, inwiefern sie Reaktionen bei den Untersuchungsobjekten hervorrufen:[954] Während die Befragung in jedem Fall eine Reaktion bei den befragten Personen hervorruft, ist die Beobachtung weit weniger und die Inhaltsanalyse nicht reaktiv.

---

944 Vgl. *Yin* (2009), S. 53.

945 Vgl. *Borchardt/Göthlich* (2007), S. 34f. Vgl. auch mit Beispielen *Eisenhardt* (1989), S. 535.

946 Vgl. *Eisenhardt* (1989), S. 534; *Lamnek* (2005), S. 299; *Borchardt/Göthlich* (2007), S. 36.

947 So zumindest *Borchardt/Göthlich* (2007), S. 35.

948 Nach *Berg* hat vor allem der Ansatz von *Eisenhardt* (1989) zur zunehmenden Popularität von Fallstudien in der betriebswirtschaftlichen Forschung beigetragen, da dieser ein grundlegendes Schema zur Generierung von Theorien aufwirft, vgl. *Berg* (2006), S. 362f.

949 Vgl. *Borchardt/Göthlich* (2007), S. 36. Die Autoren *Lukka* und *Mouritsen* gehen jedoch davon aus, dass eine gewisse Generalisierung durch eine Verknüpfung und Neuinterpretation der Ergebnisse von Einzelfallstudien möglich ist, bei der insbesondere Theorie eine Rolle spielt, vgl. *Becker* (2004a), S. 772. Im Rahmen einer „contextual generalization rhetoric" können einzelne Untersuchungen „be made to talk to each other", *Lukka/Mouritsen* (2002), S. 808. Vgl. zum Problem der Generalisierbarkeit und insbesondere zur „contextual generalization rhetoric" *Lukka/Kasanen* (1995).

950 Vgl. *Becker* (2004a), S. 772.

951 *Ittner/Larcker* (2002), S. 788.

952 Vgl. *Schnell et al.* (2008), S. 319.

953 Vgl. *Borchardt/Göthlich* (2007), S. 37.

954 Vgl. *Schnell et al.* (2008), S. 319f.

„Befragung bedeutet Kommunikation zwischen zwei oder mehreren Personen. Durch verbale Stimuli (Fragen) werden verbale Reaktionen (Antworten) hervorgerufen: Dies geschieht in bestimmten Situationen und wird geprägt durch gegenseitige Erwartungen. Die Antworten beziehen sich auf erlebte und erinnerte soziale Ereignisse, stellen Meinungen und Bewertungen dar.“[955]

Bei der Ermittlung von Fakten, Meinungen oder Bewertungen gilt die Befragung als Standardmethode der empirischen Sozialforschung.[956] Dennoch können bei der Befragung eine Reihe von Problemen bei der Deutung oder Bewertung sowie bei der Durchführung (z.B. zunehmende Ablehnung bei den Befragten) auftreten.[957] Neben dem persönlichen Interview zählen die schriftliche oder internetgestützte Befragung und das Telefoninterview zu den Befragungsmethoden.[958] Nach *Atteslander* kann bei der Befragung zwischen wenig strukturierten, teilstrukturierten und stark strukturierten Kommunikationsformen unterschieden werden.[959] Während Fragebogenuntersuchungen meist schriftlich oder internetgestützt und stark strukturiert erfolgen, sind Interviews häufig wenig strukturiert (z.B. Experteninterview) oder teilstrukturiert (z.B. halbstrukturiertes Leitfadeninterview). In qualitativen Forschungsdesigns werden häufig weniger strukturierte Befragungen durchgeführt, in quantitativen Untersuchungen werden hingegen strukturierte Befragungen bevorzugt, um statistische Auswertungen vornehmen zu können. Neben der Befragung stellt die Inhaltsanalyse eine weitere, verbreitete Datenerhebungsmethode dar.

„Mittels Inhaltsanalysen lassen sich Kommunikationsinhalte wie Texte, Bilder und Filme untersuchen, wobei der Schwerpunkt auf der Analyse von Texten liegt.“[960]

Die Inhaltsanalyse ist ein nicht-reaktives Datenerhebungsverfahren, das hinsichtlich des zu analysierenden Materials eine hohe Vielfältigkeit aufweist und das sich disziplinübergreifend einsetzen lässt.[961] Mit der sozialwissenschaftlichen Inhaltsanalyse sollen vor allem Textzusammenhänge ermittelt und gemessen werden, um soziale Sachverhalte aufzudecken[962] – wie z.B. den Wirkungszusammenhang von Inhalten zwischen Sender und Empfänger des Textes.[963] Auch Inhaltsanalysen können in qualitativen und quantitativen Forschungsdesigns zum Einsatz kommen. Deren Anwendung unterscheidet sich jedoch stark in beiden Fällen.[964] In qualitativen Inhaltsanalysen steht nicht die Hypothesenüberprüfung im Vordergrund, sondern das Erschließen des kompletten Bedeutungsinhaltes.[965] Im

955 *Atteslander* (2010), S. 109.

956 Vgl. *Schnell et al.* (2008), S. 321.

957 Vgl. *Atteslander* (2010), S. 109f.

958 Vgl. ausführlich *Schnell et al.* (2008), jeweils auf den angegebenen Seiten: Zum (standardisierten) Interview, S. 321–357, zur schriftlichen Befragung, S. 358–362, zum Telefoninterview, S. 363–376, zur internetgestützten Befragung, S. 377–385, zum Leitfadeninterview, S. 387–388, zum narrativen Interview, S. 388–389.

959 Vgl. *Atteslander* (2010), S. 133f.

960 *Atteslander* (2010), S. 195.

961 Vgl. *Schnell et al.* (2008), S. 407.

962 Vgl. *Atteslander* (2010), S. 197.

963 Vgl. ausführlich die drei von Harder aufgestellten Funktionen der Inhaltsanalyse *Harder* (1974), S. 226.

964 Vgl. *Atteslander* (2010), S. 196–198.

965 Vgl. *Atteslander* (2010), S. 198.

qualitativen Bereich existiert zwar kein allgemein anerkanntes Verfahren,[966] allerdings wird in der deutschsprachigen Literatur häufig auf das Verfahren der qualitativen Inhaltsanalyse von *Philipp Mayring* zurückgegriffen.[967] Dieses Verfahren stellt weniger eine reine Datenerhebungsmethode dar, sondern vielmehr einen regelgeleiteten Ansatz, der auch Auswertungsmethodik mit Kategorienentwicklung und -anwendung umfasst (ähnlich wie bei der Grounded Theory, vgl. hierzu Abschnitt 5.2).[968] Darüber hinaus können auch andere Datenerhebungstechniken, wie z.B. die Befragung, in den Ansatz integriert werden, in dem Gesprächsprotokolle als Inhalte behandelt werden.[969] Schließlich können Daten durch Beobachtungen erhoben werden:

> *„Unter Beobachtung verstehen wir das systematische Erfassen, Festhalten und Deuten sinnlich wahrnehmbaren Verhaltens zum Zeitpunkt seines Geschehens."*[970]

Beobachtungen können sowohl in qualitativen als auch in quantitativen Forschungsdesigns eingesetzt werden.[971] Bei qualitativen Beobachtungen wird jedoch meist auf vorab festgelegte Beobachtungsschemata und standardisierte Verfahrensweisen verzichtet.[972] Aufgrund der Integration des Forschers in die Beobachtungssituation liegt immer eine Teilnahme an der sozialen Situation vor.[973] Es kann jedoch zwischen einer passiven Teilnahme mit niedrigem Partizipationsgrad, in der sich der Beobachter streng auf seine Rolle als forschender Beobachter beschränkt, und einer aktiven Teilnahme mit hohem Partizipationsgrad unterschieden werden, bei welcher der Forscher mit intensivem Kontakt an der natürlichen Lebenswelt der Untersuchungsperson(en) teilnimmt.[974] Schließlich kann eine Beobachtung verdeckt oder offen für den Beobachteten erfolgen.[975]

Für die Durchführung qualitativer Studien in den Sozialwissenschaften besteht in breites **Methodenspektrum.**[976] Insbesondere bei der Entwicklung von Theorien oder Modellen bietet sich jedoch die Methode der Grounded Theory an. Sie stellt eine strukturierte Sammlung von Techniken zur Datenerhebung und Datenauswertung mit dem Ziel der Theorieentwicklung dar, die gleichwohl dem Forscher Freiheiten bei der Gestaltung des Forschungsprozesses lässt.[977] Im folgenden Abschnitt werden daher die Grundlagen der Grounded Theory dargestellt, um darauf aufbauend im weiteren Verlauf ein Forschungsdesign für die Untersuchung des Management Approach auf der Unternehmensebene zu entwickeln.

---

966 Vgl. *Atteslander* (2010), S. 198.
967 Vgl. *Mayring* (2000); *Mayring* (2008).
968 Vgl. *Mayring* (2000), Abs. 8–17.
969 Vgl. *Mayring* (2000), Abs. 4.
970 *Atteslander* (2010), S. 73.
971 Vgl. *Atteslander* (2010), S. 75.
972 Vgl. *Atteslander* (2010), S. 78.
973 Vgl. *Atteslander* (2010), S. 92.
974 Vgl. *Atteslander* (2010), S. 92f.
975 Vgl. ausführlich *Atteslander* (2010), S. 90–92.
976 Vgl. die umfangreichen Ausführungen zur Methodologie der qualitativen Sozialforschung bei *Lamnek* (2005), S. 83–273.
977 Vgl. *Strübing* (2004), S. 7, 14; *Osann* (2010), S. 70; *Schneider* (2011), S. 7.

5.2 Grundlagen der Grounded Theory

Die in der vorliegenden Arbeit durchgeführte Fallstudie basiert aus methodischer Sicht auf der Grounded Theory. Die Methode der Grounded Theory wurde Mitte der 1960er Jahre von *Barney Glaser* und *Anselm Strauss* begründet[978] und hat sich mittlerweile zu einem der in der qualitativ-interpretativen Sozialforschung am weitesten verbreiteten Verfahren entwickelt.[979] Mitunter verdankt die Grounded Theory ihre Beliebtheit dem breiten Anwendungsspektrum, das aus dem hohen Maß der Allgemeinheit der in diesem Konzept formulierten Verfahrensgrundsätze und Arbeitsprinzipien resultiert.[980] Die Grounded Theory kann verstanden werden „als eine konzeptuell verdichtete, methodologisch begründete und in sich konsistente Sammlung von Vorschlägen, die sich für die **Erzeugung gehaltvoller Theorien** als nützlich erwiesen haben."[981] Der Begriff „Grounded Theory" kann als „begründete Theorie", genauer gesagt als „in empirischen Daten gegründete Theorie", oder als „gegenstandsbezogene Theorie" übersetzt werden.[982] Hieraus wird der Sinn und Zweck der Methodik nochmals deutlich: Die Erarbeitung von in empirischem Datenmaterial begründeten Theorien.[983]

Bei der Anwendung der Grounded Theory ist zu beachten, dass in der Methodenliteratur kein einheitliches Bild vorliegt:[984] Das liegt zum einen daran, dass die erkenntnis- und wissenschaftstheoretischen Grundlagen der Methodik häufig in unterschiedlichem Ausmaß und oft nur vereinzelt behandelt werden. Zum anderen geht häufig unter, dass aufgrund eines Disputes zwischen *Barney Glaser* und *Anselm Strauss* seit 1978 eigentlich zwei verschiedene Varianten der Grounded Theory existieren.[985] *Glaser* lehnt in seiner sehr strengen Variante theoretisches Vorwissen heftig ab.[986] Er legt außerdem besonderen Wert darauf, dass sich der Forscher dem Feld ohne Forschungsproblem oder Fragestellung nähern sollte und ist der Meinung, dass dabei keine Notwendigkeit eines vorherigen

[978] Vgl. *Glaser/Strauss* (1967).

[979] Vgl. *Strübing* (2004), S. 7. Es wird sogar behauptet, die Grounded Theory habe den Status einer allgemeinen Methodologie in den Sozialwissenschaften erlangt, vgl. *Tiefel* (2005), S. 65.

[980] Vgl. *Strübing* (2004), S. 7.

[981] *Strübing* (2004), S. 7.

[982] Vgl. zu den verschiedenen Übersetzungen jeweils m.w.N. *Strübing* (2004), S. 13. *Lamnek* spricht darüber hinaus von „datenbasierter Theorie", vgl. *Lamnek* (2005), S. 100.

[983] Vgl. *Strübing* (2004), S. 13; *Osann* (2010), S. 70. Anzumerken ist weiterhin, dass der Titel des Begründungswerkes von 1967 „The Discovery of Grounded Theory" zu einem Missverständnis führen kann. Es ist nicht die Entdeckung von Theorien als Ergebnis des Forschungsprozesses gemeint, sondern vielmehr die Entdeckung des eigentlichen Verfahrens selbst, vgl. *Strübing* (2004), S. 12.

[984] Vgl. *Strübing* (2004), S. 8f.; *Osann* (2010), S. 75.

[985] Vgl. *Strübing* (2004), S. 9, und ausführlicher S. 65–78. Da sowohl *Glaser* als auch *Strauss* den offenen Arbeitsstil und die Anpassungsbedürftigkeit an das jeweilige Forschungsprojekt betont haben, ist die Grounded Theory keine kanonische Lehre, vgl. *Strübing* (2004), S. 66. Aus diesem Grund haben sich mittlerweile eine Reihe von Varianten und Neuinterpretationen der Grounded Theory gebildet, vgl. z.B. *Dey* (1999); *Clarke* (2004); *Charmaz* (2006).

[986] Vgl. *Strübing* (2004), S. 68.

Literaturstudiums bestünde.[987] *Glasers* induktivistische Position[988] ist vor allem vor seinem Ausbildungshintergrund zu sehen.[989] *Strauss* entwickelte teilweise alleine und teilweise gemeinsam mit *Juliet Corbin* seine pragmatistisch inspirierte Variante weiter.[990] Dieser Ansatz zeigt sich als ein „wesentlich differenzierteres und forschungslogisch besser begründetes Verfahren, das insbesondere in der Frage des Umgangs mit theoretischem Vorwissen“[991] besser ausgearbeitet ist. Dennoch sollte ein Aspekt aus *Glasers* Kritik stets im qualitativen Forschungsprozess Beachtung finden: Deutungsmuster und Handlungsorientierungen von Befragten sollten zur Geltung kommen, ohne von den theoretischen Konzepten des Forschers überblendet zu werden.[992] Ansonsten besteht die Gefahr, dass Daten in eine implizit schon vorher gedachte Theorie des Gegenstandes gezwungen werden.[993] Im Rahmen dieses Forschungsprojektes soll grundsätzlich der *Strausschen* Variante der Grounded Theory gefolgt werden. Ein theoretisches Vorverständnis soll explizit in den Forschungsprozess mit einfließen, ohne sich jedoch zwanghaft auf die Datenerhebung und -analyse auszuwirken.

> *„Theory is about the connections among phenomena, a story about why acts, events, structure, and thoughts occur. [...] It can have implications that we have not seen with our naked (or theoretically unassisted) eye.“*[994]

Theorie wird hier als eine Art „blueprint“[995] angesehen; mit ihrer Unterstützung soll sichergestellt werden, dass alle relevanten Aspekte des Untersuchungsgegenstandes berücksichtigt werden. Darüber hinaus dient sie als Interpretationshilfe, anhand welcher bestimmte Konzepte in den gewonnenen Daten identifiziert werden können. Die in den Kapiteln 4.2.3 und 4.3.6 aufgeführten theoretischen Aspekte des Management Approach sollen bei der Datenerhebung und -analyse als Grundgerüst dienen. Dennoch legt sich die Fallstudie nicht auf diese Aspekte fest, sondern rückt bei abweichenden Erkenntnissen auch davon ab.

Die Grounded Theory bietet dem Forscher eine strukturierte Sammlung heuristischer Schritte, mittels welcher er sich dem zu untersuchenden Forschungsbereich nähern und Theorien entwickeln kann.[996] Sie zeichnet sich vor allem dadurch aus, dass sie nicht eine Sequenz von einzelnen Prozessschritten im Forschungsprozess vorschreibt,[997] sondern eine „zeitliche Parallelität und wechselseitige funktionale Abhängigkeit der Prozesse von Da-

[987] Vgl. *Kelle* (2007), S. 43f.

[988] *Kelle* bezeichnet *Glasers* Aufassung als ein „aus dem frühen englischen Empirismus stammende[s] Konzept eines dogmatischen Rechtfertigungsinduktivismus“, *Kelle* (2007), S. 46.

[989] Vgl. *Strübing* (2004), S. 67f.

[990] Vgl. *Strübing* (2004), S. 9. Vgl. auch das gemeinsame Werk von *Strauss* und *Corbin Strauss/Corbin* (1990).

[991] *Strübing* (2004), S. 76.

[992] Vgl. *Kelle* (2007), S. 45.

[993] Vgl. *Strübing* (2004), S. 69.

[994] *Sutton/Staw* (1995), S. 378.

[995] *Yin* (2011), S. 28.

[996] Vgl. *Schneider* (2011), S. 7.

[997] Vgl. *Strübing* (2004), S. 7; *Schneider* (2011), S. 7.

tenerhebung, -analyse und Theoriebildung“[998] annimmt. Diese verdeutlicht *Strauss* an der besonderen zeitlichen und relationalen Anordnung der drei Arbeitsschritte (vgl. Abb. 5-1).[999] Zwar führt die Datenerhebung unmittelbar zur Kodierung und anschließend zum Schreiben von Memos – diese beiden Arbeitsschritte können jedoch jeweils zusätzliches Kodieren oder Schreiben von Memos zur Folge haben.[1000] Auch eine erneute Untersuchung der bereits analysierten Daten oder eine erneute Datenerhebung kann notwendig werden.

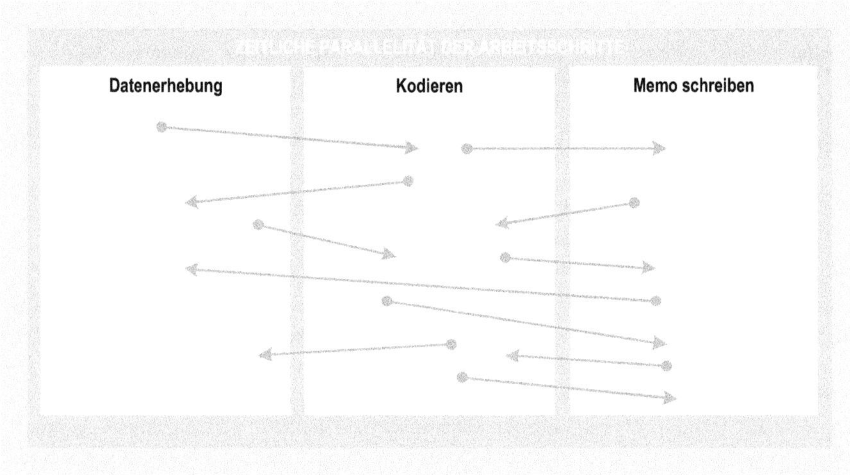

Abb. 5-1: Zeitliche Parallelität der Arbeitsschritte im Verfahren der Grounded Theory nach *Strauss*
Quelle: In Anlehnung an *Strauss* (1998), S. 46

Der Einsatz der Grounded Theory kann vor allem dann als sinnvoll erachtet werden, wenn der Untersuchungsgegenstand von Interaktion und Dynamik geprägt ist.[1001] Dies trifft insbesondere auf ein Unternehmen zu, das als Organisation von sozialen Interaktionen der Mitarbeiter geprägt ist.

Die aus theoretischer Sicht eingenommene strukturationstheoretische Perspektive[1002] kann dabei problemlos mit der Methode der Grounded Theory verknüpft werden, da – vor allem bei der Analyse des strategischen Handelns – ein „verstehender“ Zugang vorteilhaft ist.[1003] Eine strukturationstheoretische Betrachtung von Controllingphänomenen bietet das Potenzial nicht nur zu einer Integration verschiedener theoretischer Perspektiven[1004]

998 *Strübing* (2004), S. 14.
999 Vgl. *Strauss* (1998), S. 45f.
1000 Vgl. *Strauss* (1998), S. 46. Zur Erläuterung der Arbeitsschritte „Kodieren“ und „Memo schreiben“ vgl. die Abschnitte 5.3.2 und 5.3.3.
1001 Vgl. *Schneider* (2011), S. 12.
1002 Zur Strukturationstheorie vgl. Abschnitt 4.2.
1003 Vgl. *Cappallo* (2006), S. 29, 31.
1004 Vgl. hierzu detailliert die Ausführungen in Abschnitt 4.2.

sondern auch zu einer komplexen Erfassung von Controllingprozessen.[1005] Der Ansatz geht gleichwohl mit einer starken Fokussierung auf eine einzelfallorientierte und qualitative bzw. ethnografische Vorgehensweise einher, da er die Erfassung der Controllingpraxis durch Rekonstruktion unter Einbeziehung unterschiedlicher beteiligter Akteure erfordert.[1006]

Das vorliegende Forschungsprojekt bedient sich einer vergleichenden Fallstudie, die methodisch auf der Grounded Theory fundiert. Hierbei wird der Variante von *Strauss/ Corbin* gefolgt und ein theoretisches Grundverständnis zugrunde gelegt. Nachdem vorstehend die methodischen Grundlagen der Untersuchung dargelegt wurden, erfolgt im nächsten Kapitel die Festlegung des Forschungsdesigns.

5.3 Forschungsdesign

5.3.1 Fallauswahl

Die Auswahl der Fälle hat sich im Rahmen des Forschungsziels zu bewegen, kann jedoch ansonsten beliebig, wenn auch begründet erfolgen.[1007] Im vorliegenden Forschungsprojekt wurden drei börsennotierte Unternehmen mit Sitz in Deutschland untersucht. Alle drei **Unternehmen** sind in der produzierenden Industrie tätig. Eine Branchenindikation wird aufgrund der zugesicherten Anonymität nicht vorgenommen.

Basierend auf den in Kapitel 2.3 identifizierten vier Informationsquellen „Organisationsstruktur und Berichtswesen", „Planungsrechnungen", „Chancen- und Risikomanagementsystem" und „Projektcontrolling" wurden Gesprächspartner in den drei Unternehmen identifiziert und kontaktiert. In einem Fall entfiel das Thema Projektcontrolling, da weder Entwicklungskosten aktiviert, noch langfristige Fertigungsaufträge durchgeführt werden. Die **Gesprächspartner** waren meist (leitende) Mitarbeiter aus dem Konzerncontrolling, -rechnungswesen, Investor Relations und Controller aus Geschäftsbereichen. Insgesamt wurden 6–8 Gesprächspartner pro Unternehmen – insgesamt 21 Personen – befragt (vgl. Tab. 5-1). Die Gesprächsdauer betrug pro Interview zwischen 30 und 90 Minuten. Größtenteils wurden die Interviews persönlich und vor Ort im jeweiligen Unternehmen geführt. In einigen Fällen wurde jedoch aufgrund zeitlicher Restriktionen der Unternehmensvertreter und der räumlichen Distanz auf ein telefonisches Interview zurückgegriffen, um nicht auf die Erkenntnisse dieser Gespräche verzichten zu müssen.

Alle Gesprächspartner wurden vor dem eigentlichen Interview telefonisch **kontaktiert** und überblicksartig über das Thema des Forschungsprojektes informiert. Neben einer Projektskizze erhielten die Gesprächspartner den jeweils auf ihr Tätigkeitsgebiet zugeschnittenen Interviewleitfaden zugeschickt. Nach Projektabschluss erhielten die Befragten jeweils einen Ergebnisbericht.

[1005] Vgl. *Becker* (2004a), S. 771.

[1006] Vgl. *Becker* (2004a), S. 772, der mit Verweis auf *Giddens* darlegt, dass eine zweigleisige oder interdependente Vorgehensweise ideal ist.

[1007] Vgl. *Eisenhardt* (1989), S. 537; *Stake* (1995), S. 4; *Borchardt/Göthlich* (2007), S. 37.

	Umsatz	Mitarbeiter	Interviewpartner
Alpha AG	10–50 Mrd. €	< 50.000	Management Berichterstattung
			Investor Relations
			Konzernplanung
			Konzernplanung, weiterer Mitarbeiter
			Planung & Analyse
			Konzernkonsolidierung
			Risikomanagement
			Controlling Geschäftsbereich
Beta AG	10–50 Mrd. €	> 100.000	Controlling Geschäftsbereich
			Rechnungswesen Geschäftsbereich
			Finanzplanung Geschäftsbereich
			Controlling Profit Center
			Konzernrechnungswesen
			Konzerncontrolling
			Projektcontrolling und -rechnungswesen
Gamma AG	50–100 Mrd. €	> 100.000	Konzernrechnungswesen
			Projektcontrolling und -rechnungswesen
			Projektcontrolling
			Management Berichterstattung
			Konzernplanung
			Risikomanagement

Tab. 5-1: Fälle und Interviewpartner

5.3.2 Datenerhebung

Die im Rahmen der Fallstudie anwendbaren Datenerhebungsmethoden wurden bereits in Abschnitt 5.1 vorgestellt. Im Rahmen der Grounded Theory werden keine bestimmten Datenerhebungsmethoden vorgeschrieben.[1008] Da im vorliegenden Forschungsprojekt das Handeln der organisationalen Akteure im Kontext der Berichterstattung nach dem Management Approach untersucht wurde, kam das **halbstrukturierte, problemzentrierte Experteninterview** als Datenerhebungsmethode zur Anwendung. Das Interview als Befragungsmethode bietet im Vergleich zu einem standardisierten Fragebogen den Vorteil,

[1008] Vgl. *Corbin/Strauss* (2008), S. 27f.

einen umfassenden Einblick zu erhalten und gibt die Möglichkeit, durch Nachfragen unklare oder unbekannte Aspekte zu vertiefen und „Situationsdeutungen oder Handlungsmotive in offener Form zu erfragen"[1009]. Die Befragten waren Unternehmensangehörige, die als Experten dienten.

> *„Das Experteninterview ist eines der am häufigsten eingesetzten Verfahren in der empirischen Sozialforschung."*[1010]

Die Durchführung und Auswertung von **Experteninterviews** war jedoch lange Zeit von einer pragmatischen und wenig reflektierten Methodologie, einer „Hemdsärmeligkeit" geprägt, was zu einer unübersichtlichen und uneinheitlichen Auffassung des Verfahrens führte.[1011] Das Experteninterview wird teilweise als ein wenig strukturiertes Erhebungsinstrument verstanden, das sich insbesondere in explorativen Designs einsetzen lässt – teilweise jedoch auch als eine Variante des Leitfadeninterviews.[1012] Das Verständnis im Rahmen dieses Forschungsprojektes ist jedoch weiter gefasst, da insbesondere die erhobenen Daten als Expertenwissen charakterisiert werden können. Das Experteninterview zielt auf den Wissensvorsprung, den der Experte nicht notwendigerweise alleine hat, auf den aber dennoch nicht jeder im Handlungsfeld zugreifen kann.[1013] Dadurch unterscheidet sich das Expertenwissen und -handeln vom Alltagswissen und -handeln.[1014]

Witzel entwickelte das **problemzentrierte Interview** als weitere Datenerhebungsmethode,[1015] die ein hohes Maß an Flexibilität aufweist.[1016] Das problemzentrierte Interview stellt eine offene, halbstrukturierte Befragung dar, in welcher der Forscher trotz des erwünschten freien zu Wort Kommens der Befragten stets die Problemstellung in den Vordergrund rückt.[1017] Das problemzentrierte Interview ist weitgehend an die Grounded Theory angelehnt und betont, dass Vorwissen in der Erhebungsphase als heuristisch-analytischer Rahmen für Frageideen dient.[1018] Die Methode eignet sich daher für Fragestellungen, die nicht primär explorativ sind, sondern bei denen das theoretische Vorwissen zu überprüfen oder zu vertiefen ist.[1019] *Witzel* skizziert die drei Grundpositionen des problemzentrierten Interviews wie folgt:[1020]

- Problemzentrierung: Im Mittelpunkt steht die Orientierung an der Problemstellung. Hieraus leitet sich auch die Organisation des Erkenntnisprozesses ab. Der Forscher stellt einerseits anhand der Äußerungen der Interviewten Fragen und Nachfragen, die sich am Problem orientieren. Andererseits interpretiert der For-

[1009] *Hopf* (2008), S. 350.
[1010] *Meuser/Nagel* (2009), S. 465.
[1011] Vgl. *Meuser/Nagel* (2009), S. 465 m.w.N.
[1012] Vgl. *Meuser/Nagel* (2009), S. 465f. m.w.N.
[1013] Vgl. *Meuser/Nagel* (2009), S. 467.
[1014] Vgl. *Meuser/Nagel* (2009), S. 467.
[1015] Vgl. *Schneider* (2011), S. 14.
[1016] Vgl. *Witzel* (2000), Abs. 4.
[1017] Vgl. *Kurz et al.* (2009), S. 464.
[1018] Vgl. *Witzel* (2000), Abs. 3.
[1019] Vgl. *Kurz et al.* (2009), S. 464.
[1020] Vgl. die drei Grundpositionen ausführlich *Witzel* (2000), Abs. 4.

scher parallel dazu die subjektive Sichtweise der Befragten und leitet das Interview immer mehr in Richtung des Forschungsproblems.

- Gegenstandsorientierung: Die spezifischen Anforderungen des zu untersuchenden Gegenstandes stehen im Vordergrund. Die konkrete Ausgestaltung der Datenerhebung muss an diese Anforderungen angepasst werden.[1021] Zwar stellt das Interview das wichtigste Instrument dar, allerdings können auch Gruppendiskussionen, die biographische Methode oder Fragebögen zum Einsatz kommen – auch Methodenkombinationen sind denkbar.[1022]
- Prozessorientierung: Hierbei geht es „um die flexible Analyse des wissenschaftlichen Problemfelds, eine schrittweise Gewinnung und Prüfung von Daten, wobei Zusammenhang und Beschaffenheit der einzelnen Elemente sich erst langsam in ständigem reflexiven Bezug auf die dabei verwandten Methoden herausschälen.“[1023]

Gleichzeitig ist dabei stets das Offenheitsprinzip anzuwenden, um zu verhindern, dass nicht die Problemsicht des Forschers diejenige der Befragten überdeckt.[1024] Die Offenheit kann z.B. durch das freie Erzählen (Narration) der Befragten sichergestellt werden.[1025]

Bei der Durchführung der halbstrukturierten Interviews wurde ein **Leitfaden** eingesetzt.[1026] Die Methode des problemzentrierten Interviews sieht einen solchen Einsatz vor, da dieser die Durchführung unterstützen kann:[1027]

> *„Im Leitfaden sind die Forschungsthemen als Gedächtnisstütze und Orientierungsrahmen zur Sicherung der Vergleichbarkeit der Interviews festgehalten. Darüber hinaus sind einige Frageideen zur Einleitung einzelner Themenbereiche und eine vorformulierte Frage zum Gesprächsbeginn enthalten. Im Idealfall begleitet der Leitfaden den Kommunikationsprozess als eine Art Hintergrundfolie, die zur Kontrolle dient, inwieweit seine einzelnen Elemente im Laufe des Gesprächs behandelt worden sind.“*[1028]

In einigen Interviews wurde an verschiedenen Stellen vom Leitfaden abgewichen, wenn sich der Themenfokus auf relevante neue Aspekte lenkte. In diesen Fällen wurde der Leitfaden anschließend weiterentwickelt.

Grundsätzlich richtete sich der **Ablauf der Interviews** nach den von *Witzel* vorgeschlagenen Kommunikationsstrategien, die auch in die Entwicklung des Leitfadens eingeflossen sind:[1029]

[1021] Vgl. *Kurz et al.* (2009), S. 466.
[1022] Vgl. *Witzel* (2000), Abs. 4.
[1023] *Witzel* (1982), S. 71.
[1024] Vgl. *Witzel* (2000), Abs. 3; *Kurz et al.* (2009), S. 467.
[1025] Vgl. *Witzel* (2000), Abs. 3.
[1026] Der Interview-Leitfaden findet sich in Anhang A.
[1027] Vgl. *Witzel* (2000), Abs. 5.
[1028] *Witzel* (2000), Abs. 8.
[1029] Vgl. *Witzel* (2000), Abs. 10–17.

- Erzählungsgenerierende Kommunikationsstrategien: Hierdurch soll der inhaltliche Ablauf des Interviews sichergestellt werden. Mittels einer „vorformulierten Einleitungsfrage", die eine explizite Erzählaufforderung enthält, wird das Gespräch eröffnet und auf das Thema der Problemstellung gelenkt.[1030] Für jeden Themenblock (z.B. Mittelfristplanung, Impairment Test etc.) wurde eine vorformulierte Einleitungsfrage bereitgestellt, welche den Experten aufforderte, die Ausgestaltung des jeweiligen Themas zu beschreiben. Im Anschluss kann der Forscher durch sogenannte „allgemeine Sondierungen" den Gesprächsverlauf lenken und die subjektive Problemsicht des Befragten offenlegen (z.B. mit Fragen nach Erfahrungsbeispielen).[1031] Um alle Themenbereiche abzudecken und somit die Vergleichbarkeit der Interviews sicherzustellen kann der Interviewer außerdem „Ad-hoc-Fragen" stellen.[1032]
- Verständnisgenerierende Kommunikationsstrategien: Hierbei nutzt der Interviewer sein Vorwissen oder das Wissen, das ihm (z.B. in Form von sich ergebenden theoretischen Mustern) im Gesprächsverlauf zukommt, um durch „spezifische Sondierungen" gezielte Nachfragen zu stellen.[1033]

Die **Struktur der Interviews** gliederte sich in mehrere Teilbereiche: Nach der Begrüßung der Befragten erfolgte eine kurze Erläuterung des Themas und des Ablaufs. Darüber hinaus wurde den Befragten der vertrauliche und anonyme Umgang mit ihren Daten zugesichert. Je nach fachlichem Tätigkeitsgebiet des Befragten hatte dieser einen individuellen Leitfaden zugeschickt bekommen, der mindestens einen der vier in Kapitel 2.3 identifizierten Themenbereiche enthielt. Im ersten Themengebiet wurde das Gespräch auf die Organisationsstruktur und das Berichtswesen gelenkt, an welcher sich die Bewertung und Publizität orientiert (z.B. bei der Segmentberichterstattung und bei der CGU-Abgrenzung). Das zweite Themengebiet umfasste Fragen zur Bereitstellung und Ausgestaltung von Planungsrechnungen (z.B. bei Impairment Tests oder bei der Prognoseberichterstattung). Im dritten Themengebiet sollten sich die Befragten zu der Ausgestaltung der Chancen- und Risikomanagementsysteme des Unternehmens äußern und darüber berichten, wie und in welchem Umfang von der externen Berichterstattung darauf zurückgegriffen wird (z.B. im Rahmen von Impairment Tests). Schließlich stand das Projektcontrolling im Rahmen von Fertigungsaufträgen und der Bilanzierung von selbsterstellten immateriellen Vermögenswerten im Mittelpunkt des fünften Teils. Der letzte Teil des Leitfadens wurde nur in zwei Fällen behandelt, da ein Unternehmen keine Fertigungsaufträge abwickelt und außerdem mindestens ein Kriterium für die Aktivierung von Entwicklungskosten pauschal ablehnt.[1034] Von besonderem Interesse waren in den jeweiligen Themengebieten die Rollenverteilungen der Beteiligten.

[1030] Vgl. *Witzel* (2000), Abs. 13.
[1031] Vgl. *Witzel* (2000), Abs. 14.
[1032] Vgl. *Witzel* (2000), Abs. 15.
[1033] Vgl. *Witzel* (2000), Abs. 16f. Die sinnvolle Kombination der Strategien kann sehr hohe Anforderungen an den Interviewer stellen, denn um das Offenheitsprinzip zu befolgen darf trotz der Verwendung des eigenen Vorwissens zur Fragestellung nicht die Problemsicht des Befragten überdeckt werden, vgl. *Witzel* (2000), Abs. 17.
[1034] Vgl. detailliert Abschnitt 5.4.1.4.

Die Interviews wurden immer mit **Personen** geführt, die an der Berichterstattung nach dem Management Approach **beteiligt** sind. In den Interviews wurden jeweils die weiteren an diesem Prozess beteiligten Personen erfragt. Ein besonderes Interesse lag an der Rekonstruktion der Interaktion zwischen diesen Personen und den jeweiligen Umständen. Dies konnte zum Beispiel die Standardisierung des Berichterstattungsprozesses betreffen oder die Vorgabe bestimmter Aspekte durch Konzernrichtlinien etc. Es wurde nach dem Grad der Arbeitsteilung z.B. im Rahmen der Bereitstellung von Cashflowplanungen gefragt. Darüber hinaus wurde nach der Verteilung von Kompetenzen gefragt (z.B. Weisungsbefugnisse).

Die Interviews wurden mit einem digitalen Diktiergerät aufgezeichnet und anschließend transkribiert. Dies ermöglichte „die authentische und präzise Erfassung des Kommunikationsprozesses."[1035] Darüber hinaus wurden, wie von *Witzel* vorgeschlagen, unmittelbar nach den Interviews Postskripte angefertigt, welche Skizzen der Inhalte und Anmerkungen (z.B. zu thematischen Auffälligkeiten) enthalten und somit Anregungen für die Analyse geben können.[1036]

5.3.3 Datenanalyse

Wie in Abschnitt 5.2 bereits angedeutet, liefert die Grounded Theory verschiedene Verfahren zur Analyse der empirischen Daten. Durch diese Verfahren soll vor allem der Auswertungsprozess systematisiert werden und die intersubjektive Geltung der Ergebnisse verbessert werden.[1037] Die erhobenen Daten treten dem Forscher als „geschlossene Oberfläche entgegen, denen es einen Sinn erst noch abzugewinnen gilt."[1038] Für *Glaser* und *Strauss* läuft die Datenanalyse in einem mehrstufigen Auswertungsverfahren ab, das auch als Kodieren bezeichnet wird und dessen Leitidee die **Methode des ständigen Vergleichens** ist („constant comparative method").[1039]

> *„This constant comparison of the incidents very soon starts to generate theoretical properties of the category."*[1040]

Ziel des Kodierens ist es folglich, **Kategorien** zu bilden. Häufig ist in Texten zur Grounded Theory neben „Kategorien" auch die Rede von „Konzepten".[1041] Diese Begriffe sind jedoch keinesfalls synonym zu verwenden:

> *„Concepts are the basic units of analysis [...] Concepts that are found to pertain to the same phenomenon are grouped to form categories. Not all concepts become categories. The latter are higher level, more abstract concepts, than those they represent. They are generated through the same analytical process of making comparisons for similarities and differences as was used to produce the lower level concepts. Catego-*

1035 *Witzel* (2000), Abs. 7.
1036 Vgl. *Witzel* (2000), Abs. 9.
1037 Vgl. *Strübing* (2004), S. 18f.
1038 *Strübing* (2004), S. 19.
1039 Vgl. *Strübing* (2004), S. 19.
1040 *Glaser* (1965), S. 439.
1041 Vgl. *Strübing* (2004), S. 21.

ries are the ‚cornerstones' of a developing theory. They provide the means by which a theory is integrated."[1042]

Konzepte und Kategorien können also durch systematische Betrachtung der Daten hinsichtlich Unterschieden und Ähnlichkeiten entwickelt werden, was die Erarbeitung von Besonderheiten und Typologien der untersuchten Phänomene ermöglicht.[1043] *Glaser* und *Strauss* unterscheiden zwischen zwei Arten des **Kodierens:**[1044]

- Daten können erst kodiert und anschließend analysiert werden. Dies entspricht z.B. dem von *Mayring* entwickelten Verfahren der qualitativen Inhaltsanalyse und kann bei hypothesenüberprüfenden Untersuchungen sinnvoll sein.[1045]
- Kodieren kann der Prozess der Konzeptentwicklung durch Auseinandersetzung mit empirischen Daten sein. Die Grounded Theory zielt auf diese Methode ab, da hierbei noch kein konkreter theoretischer Rahmen mit Eigenschaften oder Zusammenhangsmodellen vorhanden ist, welcher auf das Datenmaterial angewendet werden kann.[1046]

Strauss hat die Methode des ständigen Vergleichens zu einem dreistufigen Kodierprozess weiterentwickelt, dessen Stufen jedoch nicht als sequentiell angeordnet zu sehen sind (vgl. auch Abb. 5-2).[1047] Die grundlegende Kodierungsform ist das **offene Kodieren.**

„*Dieses offene Kodieren geht so vor sich [...], daß das Beobachtungsprotokoll, ein Interview oder ein anderes Dokument sehr genau analysiert wird, und zwar Zeile für Zeile oder sogar Wort für Wort. Das Ziel dabei ist es, Konzepte zu entwickeln, die den Daten angemessen erscheinen.*"[1048]

Das Verfahren zeichnet sich durch eine besondere Offenheit aus, die auch durch weithergeholtes Vergleichen mit möglichst vielen Phänomenen erreicht werden soll.[1049] Ähnliche Bestandteile können zwar unter einem Begriff zusammengefasst werden – eine Selektion folgt aber erst später.[1050] Dabei kann auch die sogenannte dimensionale Analyse (bzw. das Dimensionalisieren) zum Einsatz kommen, die als Äquivalent zum offenen Kodieren fungiert und auf die Erzeugung analytischer Vielfalt abzielt.[1051]

[1042] *Corbin/Strauss* (1990), S. 420.

[1043] Vgl. *Strübing* (2004), S. 18. Diese Methodik wurde zuerst von *Glaser* erarbeitet und später in das Begründungswerk übernommen, vgl. *Glaser* (1965).

[1044] Vgl. *Strübing* (2004), S. 19.

[1045] Vgl. *Strübing* (2004), S. 19. Die qualitative Inhaltsanalyse umfasst die sogenannte „deduktive Kategorienanwendung", bei welcher theoretisch begründete Auswertungsaspekte an die erhobenen Daten herangetragen werden, also zuvor festgelegte Kategorien auf das anschließend erhobene Material angewendet werden, vgl. *Mayring* (2000), Abs. 13. Zum Verfahren der qualitativen Inhaltsanalyse vgl. ausführlich *Mayring* (2008).

[1046] Vgl. *Strübing* (2004), S. 19.

[1047] Vgl. detailliert *Strauss* (1998), S. 57–68; *Strübing* (2004), S. 19f.

[1048] *Strauss* (1998), S. 57f.

[1049] Vgl. *Strübing* (2004), S. 22f.

[1050] Vgl. *Osann* (2010), S. 96.

[1051] Vgl. *Strübing* (2004), S. 23f.

> *„Im Arbeitsschritt des Dimensionalisierens wird also die Spezifik eines einzelnen Vorkommnisses in den Daten als Summe von ‚Merkmalsausprägungen' beschrieben, die im Wege systematischen Vergleichens gewonnen wurden."*[1052]

Beim **axialen Kodieren** werden die Zusammenhänge zwischen den einzelnen Kategorien analysiert.[1053] Hierbei müssen auch Relevanzentscheidungen getroffen werden, um nur bestimmte Phänomene mit Bedeutung für die Forschungsfrage zu untersuchen. Dies entspricht einer vagen Form der Hypothesenbildung und -überprüfung. Im Idealfall kann ein kausaler Erklärungszusammenhang für den Untersuchungsgegenstand identifiziert werden.[1054]

> *„Das Verfahren des selektiven Kodierens kann schon relativ früh im Forschungsprojekt eingesetzt werden, aber es tritt in dessen Verlauf zunehmend in den Vordergrund, weil es per se systematischer ist als das offene Kodieren."*[1055]

Das **selektive Kodieren** zielt auf die Bildung von Schlüssel- oder Kernkategorien ab, die das Ergebnis der standhaftesten Hypothesen bilden.[1056] Es stellt sich vor allem die Frage nach der Art des Verhältnisses, das zwischen den Kategorien besteht. Gleichwohl impliziert das selektive Kodieren eine Überarbeitung des vom Forscher bisher aufgestellten Koderierungsschemas, bei der er sich insbesondere die Frage nach der Gültigkeit der Kategorien stellen muss.[1057]

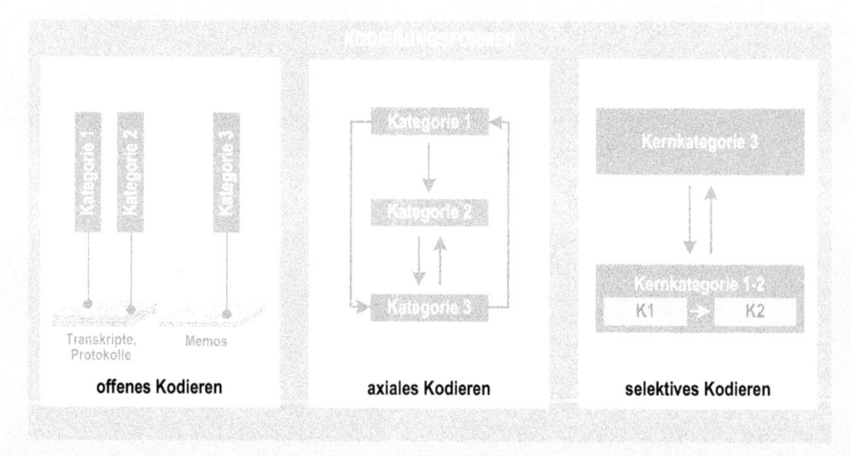

Abb. 5-2: Kodierungsformen in der Grounded Theory

1052 *Strübing* (2004), S. 26.
1053 Vgl. zu diesen Ausführungen *Strübing* (2004), S. 21.
1054 Vgl. *Osann* (2010), S. 96f.
1055 *Strauss* (1998), S. 64.
1056 Vgl. *Strübing* (2004), S. 21.
1057 Vgl. ausführlich *Strübing* (2004), S. 21f.

Im Kodierprozess hat der Forscher sich stets den Grundgedanken des Vergleichens vor Augen zu halten. Denn das Vergleichen der Vorkommnisse einer Kategorie ermöglicht die Herausarbeitung von bestimmten Merkmalen dieser Kategorie.[1058]

> *„While coding an incident for a category, compare it with the previous incidents in the same and different groups coded in the same category."*[1059]

Der Kodierungsprozess im Rahmen dieser Arbeit wurde computergestützt mit der Software MAXQDA durchgeführt. Die transkribierten Interviews, die Memos und die von Unternehmen zur Verfügung gestellten Inhalte (z.B Präsentationen, Unterlagen) wurden in MAXQDA importiert und dort gesichtet. Der Datenanalyseprozess resultierte in dem bei qualitativen Studien gebräuchlichen hierarchischen Schema mit drei Ebenen (First-order Categories, Second-Order Themes, Aggregated Dimensions), in welchem die Konzepte und Kategorien angeordnet sind.[1060] Zunächst wurde ein offenes Kodieren durchgeführt.[1061] Beim offenen Kodieren lagen die Konzepte und Kategorien lediglich in einer einzigen Hierarchieebene vor. Sofern im Rahmen des offenen Kodierens bereits Zusammenhänge zwischen Kategorien festgestellt wurden, verschwammen die Grenzen zum anschließend durchgeführten axialen Kodieren. Insbesondere bei der Verdichtung zu den aggregierten theoretischen Dimensionen spielte das selektive Kodieren eine Rolle.

Glaser und *Strauss* fordern den Forscher auf, bereits zu Beginn der Datenanalyse zusammenhängende Texte zu schreiben.[1062] Mit diesen **theoretischen Memos** soll der Forscher vage Ideen festhalten, die sich im Falle ihres Bestehens später detaillierter mit anderen Aspekten zu einer Theorie verarbeiten lassen.[1063] Die Memos aus frühen Phasen des Forschungsprojektes können auch Erinnerungsnotizen oder „Geistesblitze" enthalten, während in späteren Phasen vermehrt Ergebnisse im Hinblick auf zu entwickelnde Hauptkategorien integriert werden.[1064] Im Rahmen der Datenerhebung und -analyse wurden Memos z.B. unmittelbar nach Interviews oder bei der Kodierung geschrieben.

5.4 Ergebnisse

Die Ergebnisse der qualitativen Untersuchung werden im folgenden Abschnitt dargestellt. Hierbei wird in Abschnitt 5.4.1 zuerst auf die Umsetzung des Management Approach anhand der vier Teilgebiete in den drei analysierten Fällen eingegangen. Die Darstellung setzt hierbei zuerst an der Organisationsstruktur und dem Berichtswesen an, da dieser Themenblock von den weiteren Teilbereichen aufgegriffen wird – z.B. bei der Bereitstel-

---

[1058] Vgl. *Strübing* (2004), S. 20.

[1059] *Glaser/Strauss* (1967), S. 106.

[1060] Vgl. *Van Maanen* (1979), S. 540–542. Im weiteren Verlauf der Arbeit wird zum Teil von Codes gesprochen. Die Software MAXQDA arbeitet – wie die meisten Inhaltsanalyseprogramme – nicht mit dem Begriff Konzept bzw. Kategorie, sondern verwendet stattdessen „Codes".

[1061] Bei der offenen Kodierung wurde meist auf die klassische Kodierfunktion oder auf das In-Vivo-Kodieren zurückgegriffen, bei welchem sich der Code direkt aus der markierten Textstelle ergibt. Vgl. zur In-Vivo-Kodierung mit MAXQDA *Kuckartz* (2010), S. 69f.

[1062] Vgl. *Strauss* (1998), S. 151–153; *Glaser/Strauss* (2010), S. 113f.

[1063] Vgl. *Strübing* (2004), S. 35.

[1064] Vgl. *Strauss* (1998), S. 151.

lung von Planungsinformationen durch Organisationseinheiten. In diesen Ausführungen werden keine Implikationen der angesprochenen Anwendungsgebiete des Management Approachs beurteilt. Der deskriptive Teil enthält keine direkten Zitate der Interviewten. Zitate werden erst im Anschluss daran bei der Darstellung der Ergebnisse des Datenanalyseprozesses integriert. Dies ist eine übliche Vorgehensweise in qualitativen Studien, um die Interpretationsleistung offen zu legen und somit die interne Validität zu erhöhen.[1065] Schließlich erfolgt im letzten Kapitel eine kritische Gesamtwürdigung (Abschnitt 5.5).

5.4.1 Umsetzung des Management Approach in den betrachteten Fällen

5.4.1.1 Organisationsstruktur und Berichtswesen

5.4.1.1.1 Alpha AG

Die Alpha AG ist ein börsennotierter Konzern mit weniger als 50.000 Mitarbeiter und hat im vergangenen Geschäftsjahr einen Umsatz zwischen zehn und 50 Mrd. Euro erwirtschaftet. Das Unternehmen ist divisional nach Produkt- und Kundengruppen **organisiert** (vgl. Abb. 5-3). Aus statuarischer Sicht[1066] besteht für jede Region eine Legaleinheiten, welche die Geschäfte aller Produktgruppen umfasst. Die organisatorischen Teileinheiten dieser divisionalen Strukturierung sind auf oberster Ebene Geschäftsbereiche, die sich an den Produktgruppen Unternehmens orientieren. Unterhalb dieser Ebene existiert eine weitere Ebene von strategischen Geschäftseinheiten (SGE), die produkt- und kundengruppenorientiert strukturiert ist. Das Unternehmen wird hauptsächlich über die strategischen Geschäftseinheiten und Geschäftsbereiche gesteuert – zum Teil auch nach regionalen Bereichen dieser Einheiten (Legaleinheiten). Eine Organisation mittels Responsibility Center (z.B. Profit Center) wird von der Alpha AG nicht vorgenommen.

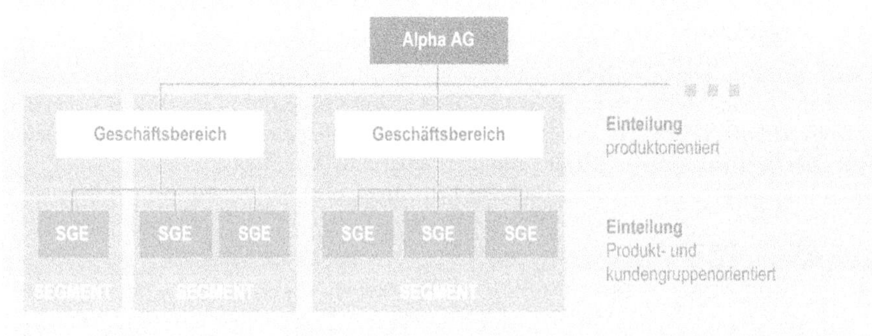

Abb. 5-3: Organisation der Alpha AG

[1065] Vgl. *Osann* (2010), S. 113.
[1066] Vgl. zur Einteilung in statuarische und führungsbezogene Organisation Abschnitt 2.3.2.1.

Im **Berichtswesen** kann auf Konzernebene zwischen zwei Standardberichtstypen unterschieden werden: Zum einen werden regelmäßig „Board Präsentationen" abgehalten, in denen der Konzernvorstand über die aktuelle Geschäftsentwicklung informiert wird. Darin enthalten sind eine Gesamtergebnisrechnung und eine Betrachtung der Kapitalseite. Die Inhalte werden für den Vorstand jedoch auf das Wesentliche beschränkt und im Zeitvergleich (z.B. Vorjahr) sowie im Vergleich zu Planwerten (Budget) präsentiert. Zum anderen existiert auch eine detaillierte Monatsberichterstattung (Umfang ca. 120 Seiten), die jeweils spätestens am vierten Arbeitstag eines Monats vorliegt. Es wird eine konsolidierte Ergebnisrechnung (Umsatzgröße bis EBIT, in ca. 40–50 Zeilen) erstellt und eine Betrachtung der Kapitalstruktur (Berechnung des Capital Employed in ca. 20 Zeilen) vorgenommen. Die Daten werden von den Legaleinheiten geliefert und schließlich anhand der Geschäftsbereiche oder der strategischen Geschäftseinheiten abgebildet. Auch auf Geschäftsbereichsebene erfolgt eine Standardberichterstattung an die Vorstände des jeweiligen Geschäftsbereichs. Während die „Board Präsentation" und die Monatsberichterstattung hauptsächlich an den Vorstand erfolgen, können Controller und Verantwortliche aus Geschäftsbereichen jeweils für ihren Verantwortungsbereich Standard- und Bedarfsberichte aus dem SAP-System[1067] abrufen. Abweichungen sind stets in einer Abweichungsspalte integriert (z.B. Ist-Plan, Ist-Vorjahr).

Die **Segmentabgrenzung** in der Segmentberichterstattung wird bei der Alpha AG anhand der Geschäftsbereiche vorgenommen. Mit einer Ausnahme stellt jeder Geschäftsbereich ein Segment dar. Bei dieser Ausnahme handelt es sich um einen Geschäftsbereich, der aufgrund seiner Kundenstruktur in zwei Segmente aufgespaltet ist. Die Einteilung des Geschäftsbereichs in zwei berichtspflichtige Segmente ist jedoch aggregierter als die unternehmensinterne Einteilung des Geschäftsberichts in strategischen Geschäftseinheiten. Die **Abgrenzung der CGUs** für den Goodwill Impairment Test liegt auf einer Ebene zwischen der Abgrenzung der Geschäftsbereiche und der strategischen Geschäftseinheiten. Einige CGUs entsprechen strategischen Geschäftseinheiten, andere stellen eine Aggregation von mehreren strategischen Geschäftseinheiten dar.

Die in der Segmentberichterstattung verwendeten **Segmentdaten** sind in aggregierter Form aus dem Berichtswesen entnommen: Die Segmentinformationen sind größtenteils mit den IFRS-Größen kongruent und stellen eine Auswahl an intern verwendeten Steuerungsgrößen dar (z.B. Umsatz, EBIT, Capital Employed). Kalkulatorische Größen sind nicht vorhanden.

5.4.1.1.2 Beta AG

Auch die Beta AG ist ein börsennotiertes Mutterunternehmen und erwirtschaftete im vergangenen Geschäftsjahr mit über 150.000 Mitarbeitern einen Umsatz von zehn bis 50 Mrd. Euro. Der Konzern ist divisional **organisiert** und differenziert sich – größtenteils produktorientiert – in mehrere Geschäftsbereiche (vgl. Abb. 5-4). Die einzelnen Geschäftsbereiche setzen sich wiederrum jeweils aus verschiedenen operativen Einheiten und diese gegebenenfalls noch aus weiteren operativen Untereinheiten (OUA) zusammen. Un-

[1067] Es wird ein SAP BW System eingesetzt, vgl. zum Berichtswesen mit SAP BW *Marx Gómez et al.* (2006), S. 83–110.

terhalb dieser Ebene existiert lediglich noch die Einzelgesellschaftsebene. Die Einteilung der operativen Einheiten variiert je nach Geschäftsbereich. In einem Geschäftsbereich liegt eine Matrixstruktur vor, da dort regionale operative Einheiten gebildet sind. Neben den Geschäftsbereichen existieren zentrale Einheiten, die unternehmensspezifische Dienstleistungen (z.B. IT, Controlling) erbringen. Die Legaleinheiten der Geschäftsbereiche sind zum Teil produktspezifisch, zum Teil aber auch regionalspezifisch gebildet. Die strategische Steuerung erfolgt über die Geschäftsbereiche. Ein Geschäftsbereich, der mit mehreren Interviews mit Gesprächspartnern aus diesem Bereich detaillierter untersucht wurde, setzt sich aus mehreren produktspezifischen Legaleinheiten zusammen, wovon eine wiederrum eine Profit Center Struktur einsetzt. Ergänzend zu der Profit Center Struktur bestand auch eine funktionale Struktur (z.B. Vertrieb, Produktion).

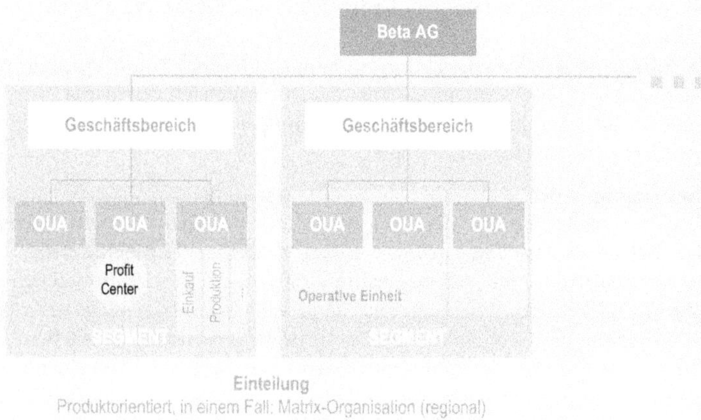

Abb. 5-4: Organisation der Beta AG

Im **Berichtswesen** der Beta AG ist die Monatsberichterstattung hervorzuheben. Die Berichtseinheiten aus Konzernsicht sind die Geschäftsbereiche, die jeden Monat einen kompletten Monatsabschluss aufstellen, der aus einer Bilanz, einer Gewinn- und Verlustrechnung und einer Kapitalflussrechnung besteht. Der Monatsabschluss wird allerdings nicht im gleichen Detaillierungsgrad wie dem des Quartals- oder Jahresabschlusses erstellt. Die Monatsberichterstattung umfasst ca. 200 Konten pro Gesellschaft, die Quartalsberichte ca. 200 weitere. In der Monatsberichterstattung erfolgt ebenfalls ein Vergleich mit den Plan-Werten in einer Abweichungsspalte. Hierzu wird die Planung, welche den gleichen Kontenumfang umfasst, im Nachgang in die einzelnen Monate des zukünftigen Geschäftsjahres zerlegt und dient als Vergleichsbasis. Der Umfang eines Monatsberichts des detaillierter untersuchten Geschäftsbereichs beträgt ca. 30–40 Seiten. Die unterste Ebene, die in den Standardberichten dargestellt wird, ist die Ebene der operativen Untereinheiten. Bedarfsberichte sind auf Basis des genannten Kontenplans verfügbar. Zusätzlich besteht die Möglichkeit, ad hoc Abfragen abzugeben. In der unternehmensinternen Berichterstattung sind keine kalkulatorischen Größen, wie z.B. kalkulatorische Abschreibungen, vorhanden. In Geschäftsbereichen, die Fertigungsaufträge durchführen und hohe Anzahlungen erhalten, kommt es zu einer internen Kosten- und Ertragsverrechnung. Da die Anzahlungen zur Konzernfinanzierung verwendet werden, erfolgt eine Anrechnung eines Nettoanzahlungsüberschusses im EBIT dieser Geschäftsbereiche.

Für die **Segmentberichterstattung** nach IFRS 8 hat die Beta AG die Segmente anhand der Einteilung in die Geschäftsbereiche abgegrenzt. **Die Abgrenzung der CGUs** ist von der Homogenität des jeweiligen Geschäfts abhängig. Zum Teil sind ganze Geschäftsbereiche – und damit auch Segmente – CGUs. Andererseits gibt es auch Geschäftsbereiche, in denen grundsätzlich die operativen Einheiten die CGUs bilden.

Als Hauptsteuerungsgröße wird EBIT berichtet. Bis auf die Geschäftsbereiche, die Fertigungsaufträge durchführen, ist die Größe mit der internen EBIT-Größe identisch.

5.4.1.1.3 Gamma AG

Von der börsennotierten Gamma AG, die über 100.000 Mitarbeiter hat, wurde im letzten Geschäftsjahr ein Umsatz von 50 bis 100 Mrd. Euro erwirtschaftet. Die Gamma AG ist in Form einer Matrix **organisiert** (vgl. Abb. 5-5). Neben einer Einteilung des operativen Geschäfts in mehrere produktspezifische Geschäftssegmente besteht außerdem eine regionale Gliederung. Die produktspezifischen Geschäftssegmente unterteilen sich in einer ersten Stufe in mehrere Unternehmensbereiche (Operating Divisions), die ebenfalls produktorientiert sind, und in einer weiteren Stufe in Geschäftsbereiche (Business Units), die sowohl global als auch regional abgegrenzt sind. Unabhängig von dieser Strukturierung erfolgt eine Abgrenzung in branchen- und produktorientierte strategische Geschäftseinheiten (Strategic Business Units) und die Bildung von Profit Centern mit unterschiedlichem Umfang (von einzelnen Sachanlagen bis hin zu kompletten Geschäftseinheiten). Die Legaleinheiten der Gamma AG umfassen meist mehrere Unternehmensbereiche, zum Teil gibt es auch Einbereichsgesellschaften. In mehreren Zentraleinheiten werden zudem unternehmensspezifische Dienstleistungen erbracht, wie z.B. Controlling, Investor Relations etc.

Das **Berichtswesen** wird bei der Gamma AG organisatorisch vom Controlling verantwortet. Die Berichtsinformationen werden der Matrixorganisation entsprechend nach Legaleinheiten, nach Regionen und nach strategischen Geschäftseinheiten dargestellt. Für die monatliche Berichterstattung an den Vorstand erfolgt eine Aggregation der Informationen aus den strategischen Geschäftseinheiten zu Berichten über die Unternehmensbereiche und außerdem in noch aggregierter Form über die Segmente (vgl. zur Segmentabgrenzung unten). Gleichwohl erfolgt aufgrund der Matrixstruktur ebenfalls eine Darstellung der Geschäftsbereiche nach Regionen. Der monatliche Standardbericht an den Vorstand umfasst ca. 35 Seiten und enthält neben vom Unternehmen verwendeten Steuerungsgrößen vor allem eine Ergebnisrechnung nach dem Umsatzkostenverfahren (mit Deckungsbeiträgen und Fixkosten). Auf niedrigeren Hierarchieebenen erfolgt ebenfalls eine monatliche Berichterstattung an die Leiter der Unternehmensbereiche und Geschäftsbereichen. Diese kann je nach Bedarf auch umfangreicher sein („Standardbericht mit Zusätzen"). Grundlage des Berichtswesens ist ebenfalls ein SAP-System, auf dem ein weiteres konzerneigenes Datenbanksystem aufbaut, das sich besser zu Auswertungszwecken eignet.

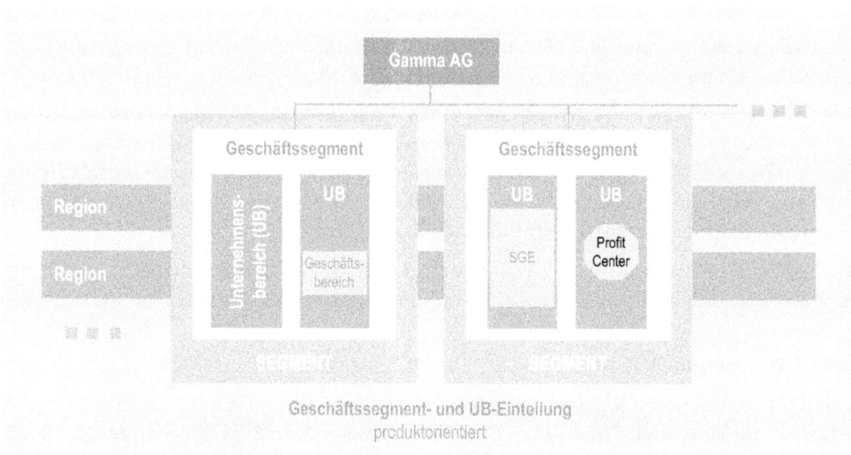

Abb. 5-5: Organisation der Gamma AG

Die externe **Segmentberichterstattung** stellt eine Aggregation der internen Berichterstattung dar (für die produktspezifischen Segmente) und ist strukturell mit ihr identisch. Die **Abgrenzung der CGUs** für den Goodwill Impairment Test erfolgt nicht durchgehend auf derselben Ebene. So stellen einige Unternehmensbereiche CGUs dar. Andererseits sind auch auf einer Ebene tiefer, auf der Geschäftsbereichsebene, CGUs gebildet. Die Einteilung richtet sich nach der globalen Steuerung des operativen Geschäfts. Für den Impairment Test für immaterielle Vermögenswerte ist die CGU-Einteilung häufig mit der soeben beschriebenen deckungsgleich. Teilweise befinden sich hierfür jedoch auch CGUs auf einer noch tieferen Ebene (z.B. regionale Ebene).

Die **Segmentdaten** werden ebenfalls aggregiert aus dem Berichtswesen entnommen: Es werden Umsatz und EBIT-Steuerungsgrößen berichtet. Kalkulatorische Elemente werden nicht eingesetzt.

5.4.1.1.4 Vergleich der Fälle

In den vorstehenden Abschnitten wurde die Organisationsstruktur und das Berichtswesen der drei Unternehmen Alpha AG, Beta AG und Gamma AG dargestellt. Außerdem wurde darauf eingegangen, wie sich im Rahmen der Berichterstattung nach dem Management Approach die Bewertung und die Publizität an der jeweiligen Organisationsstruktur und dem Berichtswesen orientiert. Abschließend sollen die drei Fälle direkt miteinander verglichen werden (vgl. Tab. 5-2).

	Alpha AG	Beta AG	Gamma AG
Organisationsstruktur	divisional, produkt- und kundengruppenorientiert	divisional, größtenteils produktorientiert	Matrixorganisation, produktspezifisch und regional
Berichtswesen	regelmäßige „Board Präsentationen", Monatsberichterstattung (Ergebnisrechnung und Kapitalstruktur)	Monatsberichterstattung (Bilanz, GuV, Kapitalflussrechnung)	Monatsberichterstattung (Ergebnisrechnung, Steuerungskennzahlen)
regelmäßige Berichtseinheiten	Geschäftsbereiche, strategische Geschäftseinheiten	Geschäftsbereiche, opertive Einheiten, operative Untereinheiten, Profit Center	Regionen, Geschäftssegmente, Unternehmensbereiche, Geschäftsbereiche, strategische Geschäftseinheiten
Segmentabgrenzung	teilweise Geschäftsbereiche, teilweise zwischen Geschäftsbereich und strategischer Geschäftseinheit	Geschäftsbereiche	Geschäftssegmente
CGU-Abgrenzung	zwischen Geschäftsbereichen und strategischen Geschäftseinheiten	Geschäftsbereiche, operative Einheiten	Unternehmensbereiche, Geschäftsbereiche
Segmentdaten: berichtete Kennzahlen	Umsatz, EBIT, Capital Employed	EBIT	Umsatz, EBIT-Steuerungsgrößen

Tab. 5-2: Organisationsstruktur und Berichtswesen im Vergleich

Während bei der Alpha AG und der Beta AG eine divisionale Organisationsform gewählt wurde, liegt bei der Gamma AG eine Matrix-Organisation vor. Die betrachteten Unternehmen strukturieren ihre Organisation alle produktorientiert – zum Teil wird zusätzlich eine kundenorientierte oder regionale Strukturierung in Teilbereichen vorgenommen (Alpha AG und Gamma AG). Alle drei Unternehmen haben eine unterschiedlich detaillierte Monatsberichterstattung. Die Beta AG verfügt hierbei über die am detailliertesten ausgestaltete Monatsberichterstattung. Bei der Alpha AG sind zusätzlich regelmäßige „Board Präsentationen" vorgesehen.

Die Abgrenzung der Berichtseinheiten im Berichtswesen erfolgt unterschiedlich: Während die Alpha AG lediglich nach Geschäftsbereichen und strategischen Geschäftseinheiten berichtet, werden in der Beta AG und der Gamma AG Berichtseinheiten auf wesentlich niedrigeren Ebenen (bis hin zu Profit Center bestehend aus einer Sachanlage) gebildet. Die Segmentabgrenzung im Rahmen des Management Approach wird bei der Beta AG und der Gamma AG auf höchster Ebene vorgenommen, während dies bei der Alpha AG auch teilweise auf einer niedrigeren Ebene stattfindet. Alle Unternehmen grenzen ihre CGUs etwas tiefer als die Segmente ab. EBIT stellt in den drei Konzernen jeweils die zentrale Steuerungsgröße dar.

Nachdem vorstehend die Organisationsstruktur und das Berichtswesen im Rahmen des Management Approach bei den drei untersuchten Unternehmen dargestellt wurde, sollen im folgenden Kapitel die Planungsrechnungen analysiert werden.

5.4.1.2 Planungsrechnungen

5.4.1.2.1 Alpha AG

Die Alpha AG setzt für die **Mittelfristplanung** keinen rollierenden Zeithorizont ein. In regelmäßigen Zeitabständen werden vom Vorstand die strategischen Ziele mit einem bestimmten Zeithorizont (z.B. fünf Jahre) verabschiedet. Danach richtet sich der Zeithorizont der Mittelfristplanung. Das heisst, das mit jedem Jahr der Zeithorizont schrumpft, bis das Zieljahr der strategischen Planung erreicht wird. Die Mittelfristplanung beginnt im Sommer und wird Ende des dritten Quartals verabschiedet. Grundsätzlich liegt der Mittelfristplanung eine Top-down-Vorgehensweise zugrunde. Ausgehend von globalen Annahmen (Anstieg des realen BIP, Wechselkursveränderungen, Branchentwicklungen, etc.) und Vergangenheitswerten werden Eckziele für die Geschäftsbereiche festgelegt, die anschließend auf die strategischen Geschäftsbereiche pro Region heruntergebrochen werden. Das erste Jahr der Mittelfristplanung bildet dann den Ausgangspunkt für die **Budgetierung**, die nach Verabschiedung der Mittelfristplanung (September/Oktober) bis zum Dezember stattfindet. Hierfür werden die aus der Mittelfristplanung abgeleiteten Ziele auf die jeweils niedrigste Ebene heruntergebrochen (z.B. auf die Ebene einzelner Legaleinheiten). Bottom-up werden anschließend die detaillierten Planungen für das nächste Jahr erstellt, berichtet und auf Konsistenz geprüft. Auf der Ebene der Geschäftseinheit wird das Budget verabschiedet. Im Rahmen der Mittelfristplanung werden eine interne Ergebnisplanung und eine Bilanzplanung erstellt. Erstere enthält die **Größen** Umsatz bis EBIT in einigen wenigen Zeilen. Die Planung der Kapitalstruktur wird ebenfalls mittels einer reduzierten operativen Bilanz vorgenommen. Dort sind z.B. Pensionsverpflichtungen und Finanzschulden enthalten. Für den Konzern wird eine Plan-GuV, eine Plan-Bilanz und eine Plan-Kapitalflussrechnung erstellt. Für die Planung wird ein eigenes Software System eingesetzt.

Für den **Impairment Test** wird ein Planungshorizont von drei Jahren verwendet. In den Fällen, in denen aufgrund des festgelegten strategischen Zieljahres im Rahmen der Mittelfristplanung weniger Jahre geplant werden, muss eine zusätzliche Planung erstellt werden. Hierdurch liegt je nach Abstand zum stategischen Zieljahr ein Zusatzaufwand vor (vgl. die weiteren Auswertungen in Abschnitt 5.4.2.1). Ausgehend von dem geplanten EBIT wird der Free Cashlow ermittelt. Das dritte Planjahr wird mit einer Wachstumsrate fortgeschrieben. Der Planungsprozess wird vom Controlling koordiniert und abgewickelt. Das Konzernrechnungswesen stellt hingegen ein Excel-Template für den Impairment Test zur Verfügung. Da Wartungs- und Instandhaltungsinvestitionen bereits in der Mittelfristplanung enthalten sind und keine Restrukturierungen und Erweiterungen geplant werden, sind bereits durch die unternehmensinterne Planung die Anforderungen von IAS 36.39(a)–(b) und IAS 36.44 erfüllt.[1068] Somit müssen hierbei keine gesonderten Be-

[1068] Vgl. detailliert die Ausführungen in Abschnitt 2.3.3.4.1.

rechnungen durchgeführt werden. Daher liegt – was die Datenübernahme betrifft – eine unmittelbarere Form des Management Approach vor.

Der **Prognosebericht** im Konzernlagebericht wird von der Investor Relations Abteilung entworfen. Hierfür sind zum einen die strategischen Ziele und zum anderen die Daten aus der Mittelfristplanung bzw. der Budgetierung relevant. Die Investor Relations Abteilung greift auf das Ergebnis der Planung zu und entwirft basierend auf dem geplanten Umsatz, Ergebnis und Wachstum einen Formulierungsvorschlag für den Prognosebericht, der vom Vorstand redigiert und verabschiedet wird. Es wird neben gesamtwirtschaftlichen und Branchenentwicklungen ein Ausblick für den Konzern gegeben, der die Marktentwicklung der Geschäftsbereiche, die Umsatz- und Ergebnisentwicklung sowie die geplanten Investitionen des Konzerns für das Folgejahr quantifiziert. Es werden sowohl prozentuale Punkt- als auch Intervallprognosen (Wachstumsangaben) formuliert. Da die detaillierten Informationen aus der Mittelfristplanung mit weiteren Informationen gemischt werden und im Ergebnis weniger detaillierte Angaben gemacht werden, liegt streng genommen keine unmittelbare Form des Management Approach vor.

5.4.1.2.2 Beta AG

In der Beta AG ist der Prozess für **Mittelfristplanung und Budgetierung** zusammengelegt („operative Planung") und findet im Sommer (Mai bis August) statt. Die gesamte Planung läuft im Gegenstromverfahren ab. Aus einem im Frühjahr stattfindenden strategischen Dialog zwischen Konzern und operativen Einheiten, in dem langfristige bottom-up Planungen und Zielvorstellungen des Konzerns aufeinandertreffen, werden „Leitplanken" für den operativen Planungsprozess auf Ebene der Geschäftsbereiche abgeleitet. Darüber hinaus werden zentrale Planungsparameter vom Konzern vorgegeben, wie z.B. Wachstumsrate in Ländern, Wechselkursentwicklungen, Lohn- und Gehaltssteigerungen etc. Zudem wird ein Planungshorizont von drei Jahren für die Mittelfristplanung vorgegeben. Der Planungsprozess beginnt nach Bereitstellung der Top-down-Vorgaben in den Geschäftsbereichen. In dem detaillierter untersuchten Geschäftsbereich liefern einzelne Legaleinheiten und Funktionsbereiche innerhalb des Geschäftsbereichs Planwerte bottom-up. Diese werden anschließend in Planungsgesprächen mit dem Controlling des Geschäftsbereichs diskutiert, ggf. geändert, beschlossen und an das Zentralcontrolling des Konzerns geleitet. Dort werden die Planwerte mit dem Vorstand diskutiert und ggf. geändert. **Inhalt** des operativen Planungsprozesses ist eine komplette GuV, eine Bilanz und eine Kapitalflussrechnung. Auf Ebene der Geschäftsbereiche erfolgt die Planung in verschiedenen Verhandlungsrunden mit den Beteiligten aus den Funktionsbereichen der Ablauforganisation[1069] (z.B. Vertrieb, Produktion) und dem Controlling. Hierfür werden die identischen Kontenrahmen wie für die monatliche Berichterstattung herangezogen (vgl. Abschnitt 5.4.1.1.2). Die Planung erfolgt systemgesützt durch die Software Hyperion Financial Management (HFM) von Oracle.

Im Rahmen des **Impairment Test** wird auf die Mittelfristplanung zurückgegriffen, deren Daten unverändert übernommen werden. Basis hierfür ist die im Planungsprozess erstellte Kapitalflussrechnung. Der Terminal Value wird in der Regel als ewige Rente über den

[1069] Vgl. zur Ablauforganisation Abschnitt 2.3.2.1.

Durchschnittswert der Planjahre berechnet. Der Impairment Test wird vom Konzernrechnungswesen durchgeführt. Hierbei kommt es allerdings zu einem Austausch mit der Finanzabteilung dem Zentralcontrolling, um z.B. bestimmte Parameter wie Zinssätze zu fundieren. Die Anforderungen von IAS 36 hinsichtlich Wartungs- und Instandhaltungsaufwendungen sowie Restrukturierungen und Erweiterungsinvestitionen werden bereits in der Mittelfristplanung der Geschäftsbereiche berücksichtigt. Insofern liegt hier eine unmittelbare Datenübernahme im Rahmen des Management Approach vor.

In der **Prognoseberichterstattung** sind die Zentralbereiche des Konzerns Finanzen, Controlling, Rechnungswesen und Investor Relations involviert. Von den Zentralbereichsleitern wird ein entsprechender Vorschlag entworfen, der vom Vorstand diskutiert wird. Da der Prognosebericht eine sehr hohe Bedeutung für den Vorstand der Beta AG hat, gibt der Vorstand die dort enthaltenen Formulierungen sehr stark vor. Im Konzernlagebericht führt die Beta AG neben Konjunktur- und Absatzmarktentwicklungen auch Prognosen für das nächste Geschäftsjahr für die Größen Umsatz (Intervallprognose) und Ergebnis (Punktprognose) auf. Außerdem werden qualitative Prognosen für die Geschäftsbereiche abgegeben. Für die Erstellung des Prognoseberichts sind daher die Werte aus der Budgetplanung relevant. Die qualitativen Angaben für das zweite Prognosejahr basieren auf der Mittelfristplanung. Allerdings liegt auch hier nur eine mittelbare Form des Management Approach vor, da die übernommenen Daten im Rahmen der Prognoseberichterstellung zum Teil verändert werden (Umsatz als Intervallprognose).

5.4.1.2.3 Gamma AG

Die **Budgetierung** bei der Gamma AG wird grundsätzlich im Bottom-up-Verfahren durchgeführt. Beginnend im Sommer planen die Unternehmensbereiche für sich das nächste Kalenderjahr. Die Gamma AG verfügt über eine eigene volkswirtschaftliche Abteilung, welche globale Parameter vorgibt. Der Matrixstruktur entsprechend, erhalten die Unternehmensbereiche selbst die Daten von den regionalen Einheiten. Anfang Oktober werden die Plan-Daten der Budgetplanung an die zentrale Planungsabteilung auf Konzernebene berichtet. Dort erfolgen eine Prüfung und gegebenenfalls Korrekturen. Im November wird in einer Vorstandssitzung, an welcher die Unternehmensbereichsleiter teilnehmen, das Budgets beschlossen. Die **Mittelfristplanung** ist bei der Gamma AG weniger stark ausgeprägt. Sie erfolgt umfasst keine Bottom-up-Analyse der nächsten drei Jahre aus Sicht der Unternehmensbereiche. Vielmehr wird zentral die Einjahresplanung für einen Mittelfristzeitraum von drei Jahren extrapoliert. **Planungsinhalt** sind jeweils einige zentrale Key Performance Indicators (KPIs), wie Nettoumsatz, Deckungsbeitrag 1 und 2, EBIT und EBIT nach Kapitalkosten. Die Kapitalstruktur wird nicht dezentral geplant, sondern zentral von der Finanzierungsabteilung. An die Budgetplanung schließt sich die Bilanzplanung durch die Finanzabteilung des Konzerns an. Diese umfasst auch einen Finanzplan (Verschuldungsquoten etc.). Hintergrund ist, dass bei der Gamma AG die Finanzierung weitestgehend zentral auf Konzernebene stattfindet. Außerdem erfolgt eine Investitionsplanung für die nächsten fünf Jahre. Investitions- und Finanzplanung sind im Top-down-Verfahren ausgestaltet.

Für den **Impairment Test** werden bei der Gamma AG zwei weitere Jahre (viertes und fünftes Jahr) geplant. Diese zwei zusätzlichen Jahre werden ausschließlich für den Impairment Test geplant und stellen daher einen Zusatzaufwand dar. Die dezentralen Einheiten planen für die fünf Jahren keine Restrukturierungsaufwendungen und Erweiterungsinvestitionen, Wartungs- und Instandhaltungsaufwendungen hingegen schon. Im Zusammenhang mit der Investitions- und Finanzplanung werden die Working Capital Veränderungen und die geplanten Investitionen herangezogen, mittels welchen sich die Free Cashflows ermitteln lassen. Der Terminal Value wird über die ewige Rente berechnet, wofür das fünfte Jahr die Ausgangsposition bildet. Der Impairment Test für den Goodwill und für Intangible Assets wird vom Rechnungswesen und der M&A-Abteilung (gehört zur Finanzabteilung) – jeweils in Zusammenarbeit mit den Unternehmensbereichen – durchgeführt, die auch auf die Planwerte zurückgreifen. Die zentrale Planungsabteilung des Konzerns ist hingegen nicht involviert. Trotz der zusätzlich geplanten zwei Jahre liegt bezüglich der Datenübernahme eine unmittelbare Form des Management Approach vor.

Grundlage für die **Prognoseberichterstattung** ist die Budgetplanung (insbesondere die Ergebnisplanung) für das nächste Kalenderjahr. Es wird eine Punktprognose für das Umsatzwachstum des Konzerns abgegeben. Für das zweite Jahr werden auch von der Gamma AG nur qualitative Angaben gemacht. Hierfür spielen die gesamtwirtschafltichen Entwicklungen eine Rolle. Darüber hinaus können auch Informationen aus der Mittelfristplanung und strategischen Zielen miteinfließen. Der Entwurf des Prognoseberichts wird von der zentralen Planungsabteilung auf Konzernebene entwickelt, der vom Vorstand weiterverarbeitet und verabschiedet wird. Auch hierbei ist nur eine mittelbare Datenübernahme gegeben.

5.4.1.2.4 Vergleich der Fälle

Vorstehend wurden Planungsrechnungen und der Rückgriff auf diese im Rahmen der Berichterstattung nach dem Management Approach bei der Alpha AG, der Beta AG und der Gamma AG analysiert. Nun werden die drei Fälle verglichen.

Lediglich die Beta AG setzt ein Gegenstromverfahren zur Planung ein. Bei der Alpha AG dominiert das Top-down-Verfahren, obwohl auch Bottom-up-Komponenten im Rahmen der Budgetierung enthalten sind. Die Planungsinhalte unterscheiden sich stark: Während die Planung der Beta AG eine komplette Bilanz, GuV und Kapitalflussrechnung umfasst, werden bei der Gamma AG lediglich einige KPIs (z.B. Nettoumsatz, Deckungsbeitrag 1 und 2, EBIT und EBIT nach Kapitalkosten) geplant. Bei der Alpha AG hängt der Planungszeitraum der Mittelfristplanung vom aktuellen strategischen Zieljahr ab. Je weiter dies entfernt ist, desto mehr Jahre müssen geplant werden. Die Beta AG hat hingegen einen festen Planungshorizont von drei Jahren. Durch Extrapolation der Einjahresplanung (Budgetierung) um zwei weitere Jahre kommt auch die Gamma AG auf einen Planungshorizont von drei Jahren.

Der mögliche Zusatzaufwand bei der Übernahme der Planungsdaten im Rahmen des Impairment Tests hängt vom jeweiligen Planungshorizont ab: Da bei der Alpha AG die Anzahl der geplanten Jahre vom strategischen Zieljahr abhängt, kann Zusatzaufwand anfallen. Bei der Gamma AG hingegen werden zusätzlich zur Einjahresplanung und der Extrapolation um zwei Jahre immer zwei weitere Jahre für den Impairment Test geplant (fünf Planjahre).

Bei allen Unternehmen ist beim Impairment Test die Datenübernahme im Rahmen des Management Approach unmittelbar. Es werden also bei keinem Unternehmen Änderungen an den geplanten Cashflowreihen vorgenommen. Bei der Prognoseberichterstattung hingegen ist die Datenübernahme immer mittelbar, da die Informationen verändert werden.

Die Ausgestaltung der Planungsrechnungen bei den drei Unternehmen und die Übernahme dieser Plandaten ist nochmals in Tab. 5-3 zusammengefasst. Der folgende Abschnitt befasst sich mit den Chancen- und Risikomanagementsystemen der drei Konzerne.

	Alpha AG	**Beta AG**	**Gamma AG**
Planungsverfahren	Top-down, mit bottom-up-Elementen	Gegenstromverfahren	Bottom-up
Planungsinhalt	Ergebnisrechnung und Bilanzplanung	Bilanz, GuV, Kapitalflussrechnung	Key Performance Indicators (KPIs), z.B. Nettoumsatz, Deckungsbeitrag 1 und 2, EBIT, EBIT nach Kapitalkosten
Planungszeitraum der Mittelfristplanung	abhängig vom strategischen Zieljahr	drei Jahre	Extrapolation der Einjahresplanung um zwei weitere Jahre
Zusatzaufwand bei der Planung	zusätzlich geplante Jahre in Abhängigkeit vom strategischen Zieljahr	keiner	zwei zusätzlich geplante Jahre
Übernahme der Planung beim Impairment Test	unmittelbar	unmittelbar	unmittelbar
Übernahme der Planung bei der Prognoseberichterstattung	mittelbar	mittelbar	mittelbar

Tab. 5-3: Planungsrechnungen im Vergleich

5.4.1.3 Chancen- und Risikomanagementsystem

5.4.1.3.1 Alpha AG

Die Alpha AG verfügt über ein integriertes **Risikomanagementsystem.** Es ist Bestandteil des Controllingsystems und ist sowohl in den Legaleinheiten als auch in den Geschäftsbereichen und den darunter liegenden strategischen Geschäftseinheiten verankert. Da in diesen Einheiten die Verantwortung für die interne Risikoberichterstattung liegt und einer zentralen Einheit (Corporate Risk Management) auf Konzernebene nur koordinierende Funktion zukommt, ist die Ausgestaltung des Risikomanagementsystems dezentral. Es werden nicht nur funktionale und operative Risiken erfasst, sondern im Zusammenhang mit der Planung auch Chancen (z.B. Abweichung eines geplanten Rohstoffpreises nach oben: Risiko, nach unten: Chance). Die Chancen- und Risikoidentifikation erfolgt auf Länderebene: Anhand einer Checkliste prüfen die Länderverantwortlichen das Vorliegen bestimmter Risiken und können hierbei auch Überprüfungen beispielsweise für einzelne Standorte innerhalb ihres Verantwortungsbereiches vornehmen. Die Erfassung der Chancen und Risiken erfolgt im Rahmen der Risikoinventur einmal im Jahr. Der Prozess findet parallel zur Planung statt, da diese für die Chancen- und Risikoerfassung elementar ist. Ergebnis dieses Prozesses ist ein interner Chancen- und Risikobericht. Die Chancen und Risiken werden – sofern möglich – von den Länderverantwortlichen vorbewertet. Es erfolgt sowohl eine Brutto- als auch eine Netto-Betrachtung. Darüber hinaus wird eine Wahrscheinlichkeits-Schaden-Matrix eingesetzt. Es existiert ferner eine Materialitätsgrenze, ab der Chancen und Risiken berichtet werden. Bei Überschreiten eines kritischen Betrages müssen Risiken auch außerhalb der jährlichen Risikoinventur sofort berichtet werden. Eine Endbewertung erfolgt in der Konzernzentrale durch Fachgremien und schließlich durch ein „Risikoboard". Im Rahmen dieser bottom-up Chancen- und Risikokommunikation haben die jeweils in der Hierarchie höher angesiedelten Verantwortlichen oder Fachexperten ein Überstimmungsrecht. Die Mitarbeiter dieser Fachgremien sind meist Controller. Die erfassten und bewerteten Chancen und Risiken werden jahresübergreifend weitergeführt, um auch Vorjahresvergleiche vornehmen zu können. Zum Teil erfolgt auch eine Zuordnung von Chancen und Risiken auf die (strategischen) Geschäftsbereiche (z.B. wenn steigende Preise für einen spezifischen Rohstoff einen oder mehrere Geschäftsbereiche betreffen).

Bei der **Chancen-/Risikoberichterstattung** im Konzernlagebericht werden vom Corporate Risk Management auf Konzernebene Textbausteine vorbereitet und an die Fachgremien weitergeleitet, die auch die finale Bewertung der Risiken vorgenommen haben (siehe oben). Diese finalisieren den Text entsprechend der vorliegenden Informationen. Der Chancen-/Risikobericht ist jedoch im Vergleich zum internen Risikoinventar nicht quantifiziert – es werden auch keine einzelnen Rechtsfälle angegeben. Neben der koordinierenden Stelle auf Konzernebene können auch andere leitende Funktionen (z.B. für die Konzernabschlusserstellung, Controlling) Vorschläge bezüglich der aufgenommenen Inhalte machen. Die Entscheidungskompetenz über die auf Inhalte und Formulierungen liegt letztendlich beim Vorstand.

Eine Verknüpfung der internen Risikoberichterstattung mit der Identifikation von Triggering Events im Rahmen des **Impairment Tests** ist nicht durch spezifisch eingerichtete Prozesse vorhanden. Die Verantwortlichen für den Impairment Test erhalten daher auch nicht speziell für diesen Zweck den internen Risikobericht und es erfolgt auch keine Kommunikation hierfür über den Corporate Risk Manager. Im Rahmen der Risikoidentifikation kann eine Berichterstattung con dezentralen Controllern und Risikoverantwortlichen an die für den Impairment Test Verantwortlichen stattfinden.

5.4.1.3.2 Beta AG

Das **Risikomanagement** der Beta AG ist konzernweit in allen operativen Einheiten und Untereinheiten sowie Legaleinheiten integriert. Es wird zentral koordiniert und es erfolgt eine dezentrale Berichterstattung. Vom Vorstand werden die risikopolitischen Grundsätze (z.B. Risikodefinition, Verhaltens- und Compliancevorgaben) festgelegt. Bei der konzerneigenen Risikoauffassung wird auf die Auswirkung eines Sachverhalts auf EBIT abgestellt. Es existiert weiterhin ein zentrales Risikokommittee, an das die Risikoberichterstattung erfolgt, und das die Schnittstelle zum Vorstand bildet. Das Controlling ist für die Koordination des Risikomanagements verantwortlich und ist das Bindeglied zu den Geschäftsbereichen. Grundsätzlich können bei der Beta AG drei Berichterstattungsprozesse unterschieden werden: Erstens erfolgt eine Betrachtung operativer Chancen und Risiken im Rahmen der monatlichen Berichterstattung. Hierbei werden maximale und minimale Auswirkungen der Sachverhalte auf das EBIT (z.B. von Geschäftsbereichen) berichtet. Die zweite Komponente umfasst die Abweichungen im Rahmen des monatlichen Forecasts, die sich auf die operative Planung auswirken. Bei den beiden genannten Komponenten liegt der Fokus auf operativen Risiken und Marktrisiken. Diese Berichterstattung erfasst nicht nur die Geschäftsbereiche, sondern auch die operativen Einheiten und die operativen Untereinheiten. Schließlich existiert als drittes Element die Risikoinventur: Diese hat den Fokus aber nicht auf operative Risiken und auf der Marktentwicklung, sondern auf übergeordneten Risiken, die gegebenenfalls existenzbedrohend sind. Die Risikoinventur wird halbjährlich durchgeführt. Sie läuft systemgestützt über ein Webtool ab. Die Risikoidentifikation findet bei Risikoverantwortlichen auf dezentraler Ebene statt (z.B. in den einzelnen Legaleinheiten und in den Funktionsbereichen der Ablauforganisation, wie Vertrieb). Auch bei der Beta AG ist das Risikomanagementsystem an das Planungssystem angekoppelt. Die Risikoidentifikation ist geprägt von einem System mit Schwellenwerten und Eintrittswahrscheinlichkeiten. Hierdurch können drei Risikoklassen differenziert werden (A-, B- und C-Risiken). Im Rahmen der bottom-up Kommunikation der Risiken werden diese hinsichtlich der Risikokategorien aggregiert. Auf der Konzernebene sind in der Risikomatrix nur noch A-Risiken ab einem bestimmten Schwellenwert enthalten. Die Beta AG sieht außerdem eine Ad-hoc-Berichterstattung für außergewöhnliche Fälle vor.

Da die prozessuale Verantwortung für das Risikomanagement beim Konzerncontrolling liegt, erstellt dieses bei der Beta AG den **Risikobericht**. Weil auch wesentliche Rechtsstreitigkeiten angegeben werden, ist zusätzlich die Rechtsabteilung bei der Anfertigung des Risikoberichts involviert. Das Controlling als Bindeglied im Risikomanagementsystem zu den operativen Einheiten, fertigt anhand der vorliegenden Risiken der anderen Kategorien (z.B. Auftrags- oder Absatzrisiken) einen Entwurf für den Risikobericht an. Der ausgearbeitete Vorschlag wird in den entsprechenden Vorstandssitzungen diskutiert und gegebenenfalls angepasst.

In der Beta AG sind keine konkreten Prozesse für die Identifikation von **Triggering Events** mittels Rückgriff auf das Risikomanagementsystem eingerichtet. Allerdings fließen die identifizierten Risiken auch in Planungskommentare ein und können somit im Rahmen der Planung Hinweise für die Durchführung eines Impairment Tests geben. Schließlich besteht über die Verbindung mit der monatlichen Planung die Möglichkeit zur Identifikation von Triggering Events.

5.4.1.3.3 Gamma AG

In der Gamma AG ist das **Risikomanagementsystem** dezentral in den Geschäftsbereichen und strategischen Geschäftseinheiten integriert. Es ist dabei in das Controlling der jeweiligen Einheiten und zum Teil auch in das Konzerncontrolling integriert. Es existieren spezielle Riskmanager im Controlling dieser Geschäftsbereich. Das Risikomanagementsystem ist eng mit der Planung verknüpft. Durch Festlegung eines Basisszenarios in der Planung werden sowohl Chancen (positive Abweichungen) als auch Risiken (negative Abweichungen) erfasst. Das Risikomanagementsystem der Gamma AG ist an das Enterprise Risk Management – Integrated Framework[1070] angelehnt und umfasst eine strategische und eine operative Komponente. Chancen und Risiken werden anhand der übergeordneten Kategorien operative Chancen und Risiken, Markt-, Finanz-, Rechtschancen -risiken und andere Chancen und Risiken erfasst (alle Kategorien haben detaillierte Unterteilungen). Im Rahmen eines halbjährlichen Risikoreporting-Prozesses (Risikoinventur) werden von den dezentralen Einheiten (z.B. Unternehmensbereiche bzw. Geschäftseinheiten) die identifizierten und bewerteten Risiken an das Konzernrisikomanagement kommuniziert, das in der gleichen Abteilung wie die Konzernplanung angesiedelt ist. Hierfür wird eine Software eingesetzt, die gleichermaßen die Identifikation und die Bewertung erlaubt. Bei der Chancen- und Risikobewertung wird auf die Auswirkungen auf EBIT abgestellt. Für die Berichterstattung der Risiken existiert eine Wesentlichkeitsgrenze. Nach der Plausibilisierung (z.B. anhand von Vergangenheitswerten) der Chancen und Risiken werden diese auf Konzernebene mittels Monte-Carlo-Simulation aggregiert. Nach Prüfung des Berichtes durch den Bereichsleiter Finanzen und Strategie geht der Bericht an den Konzernvorstand. Neben dem halbjährlichen Risikoberichterstattungsprozess gibt es monatliche Management Information Meetings von Vorstand und leitenden Mitarbeitern der Geschäftsbereiche, in deren Rahmen auch eine schriftliche oder mündliche Risikoberichterstattung erfolgen kann. Schließlich gibt es für besondere Ereignisse eine Ad-hoc-Risikoberichterstattung direkt an den Vorstand.

Vom Corporate Risk Management wird der Entwurf des **Risikoberichts** für den Konzernlagebericht geschrieben. Dies geschieht auf Basis des internen Risikoberichts und in Rücksprache mit den Facheinheiten. Anschließend wird der Bericht in den Geschäftsberichtserstellungs- und -überprüfungsprozess eingespeist, sodass der Risikobericht schließlich vom Vorstand gelesen und gegebenenfalls angepasst werden kann. Auch die Gamma AG quantifiziert die Risiken im Konzernlagebericht nicht. Allerdings wird ein Balkendiagramm abgebildet, das potenzielle positive (Chancen) und potenzielle negative Abweichungen (Risiken) vom Planwert (nicht explizit genannt) für einzelne Risikokategorien darstellt.

Die Gamma AG hat ebenfalls keine spezifischen Prozesse implementiert, die **Triggering Events** durch einen direkten Rückgriff auf das Risikomanagementsystem identifizieren. Allerdings erfolgt der Risikoberichterstattungsprozess an einem der beiden Termine paral-

[1070] Vgl. zum Aufbau *Bungartz* (2008), S. 56–61.

lel zum Planungsprozess, sodass eine Identifikation von entsprechenden Risiken einen direkten Hinweis auf die Notwendigkeit zur Durchführung eines Impairment Test liefern kann.

5.4.1.3.4 Vergleich der Fälle

In den vorstehenden Abschnitten wurden die Chancen- und Risikomanagementsysteme der drei Unternehmen sowie der Rückgriff hierauf im Rahmen der Risikoberichterstattung und des Impairment Tests dargestellt. In Tab. 5-4 werden die drei Fälle direkt miteinander verglichen.

	Alpha AG	Beta AG	Gamma AG
Ausgestaltung	integriert (in Legaleinheiten, Geschäftsbereiche und strategische Geschäftseinheiten)	integriert (in Legaleinheiten, operative Einheiten und operative Untereinheiten)	integriert (in Geschäftsbereichen und strategischen Geschäftseinheiten)
Erfassung von Chancen/Risiken	Chancen und Risiken	Chancen und Risiken	Chancen und Risiken
Risikoidentifikation	jährliche Risikoinventur, Ad-hoc-Berichterstattung	halbjährliche Risikoinventur, im Rahmen der monatlichen Planung, Ad-hoc-Berichterstattung	halbjährliche Risikoinventur, monatliche Management Meetings, Ad-hoc-Berichterstattung
Risikoberichterstattung im Lagebericht	Entwurf durch das Corporate Risk Management, Weiterverarbeitung durch Fachgremien, Verabschiedung durch den Vorstand	Entwurf durch das Controlling und die Rechtsabteilung, Anpassung durch den Vorstand	Entwurf durch das Corporate Risk Management auf Basis eines internen Risikoberichts, Anpassung durch den Vorstand
Verknüpfung mit Triggering Events	nicht vorhanden	nicht vorhanden	nicht vorhanden

Tab. 5-4: Chancen- und Risikomanagementsysteme im Vergleich

Der Vergleich zeigt ein relativ homogenes Bild. Alle drei Unternehmen haben ihr Chancen- und Risikomanagementsystem integriert ausgestaltet. Bei der Alpha AG und der Beta AG ist diese Integration in den Legaleinheiten und den oberen organisatorischen Einheiten vorgenommen worden. Die Gamma AG hingegen hat das Chancen- und Risikomanagementsystem in den Geschäftsbereichen und den strategischen Geschäftseinheiten integriert. Von allen drei Unternehmen werden sowohl Chancen als auch Risiken erfasst. Bei der Risikoidentifikation bestehen Unterschiede: Die Alpha AG führt nur eine jährliche Risikoinventur durch, während die beiden anderen Konzerne ein halbjähriges Vorgehen wählten. Gleichzeitig gibt es bei der Beta und der Gamma AG monatliche Berichterstattungsmöglichkeiten. Alle Unternehmen sehen eine Ad-hoc-Berichterstattung vor.

Auch bezüglich des Rückgriffs auf das Chancen- und Risikomanagementsystem im Rahmen der Berichterstattung nach dem Management Approach bestehen nur wenig Unterschiede: In allen drei Fällen wird ein entsprechender Entwurf für den Risikobericht von der Institution erstellt, welche die Koordination des Chancen- und Risikomanagementsystem inne hat. Lediglich bei der Alpha AG erfolgt eine Weiterverarbeitung durch Fachgremien. Anschließend verabschiedet der jeweilige Vorstand den Risikobericht. Keines der betrachteten Unternehmen sieht eine Verknüpfung des Chancen- und Risikomanagementsystems mit dem Impairment Test zur Prüfung der Triggering Events vor. Da dieses Thema in der Literatur aus konzeptioneller Sicht diskutiert wird,[1071] deuten die Befunde darauf hin, dass möglicherweise hierin eine Lücke zwischen Theorie und Unternehmenspraxis besteht.

Nachfolgend wird die Ausgestaltung des Projektcontrollings und der Rückgriff hierauf im Rahmen der Berichterstattung nach dem Management Approach dargestellt.

5.4.1.4 Projektcontrolling

Bei der Alpha AG kommt der Management Approach im Rahmen der Bilanzierung selbst erstellter immaterieller Vermögenswerte nicht zur Anwendung, da über alle F&E-Projekte hinweg die Auffassung vertreten wird, dass die Aktivierungskriterien des IAS 36 nicht erfüllt sind. Dies wäre vor allem auf die Unsicherheit darüber, welche Produkte die Marktreife erreichen, zurückzuführen. Da die Alpha AG außerdem keine Fertigungsaufträge durchführt, entfiel dieses Themengebiet bei der Untersuchung des Unternehmens. Nachfolgend wird das Thema Projektcontrolling anhand der Beta AG und Gamma AG betrachtet.

5.4.1.4.1 Beta AG

Die Beta AG führt sowohl F&E-Aktivitäten durch, bei denen Entwicklungskosten aktiviert werden, als auch Fertigungsaufträge. Im Folgenden wird die Tätigkeit innerhalb einer detaillierter betrachteten operativen Einheit dargestellt. Diese Einheit ist in mehrere Bereiche gegliedert, wovon ein Bereich technologieorientiert ist und sowohl für die F&E-Tätigkeit als auch für den Vertrieb verantwortlich ist. Ein weiterer Bereich ist für die Durchführung des Fertigungsauftrages zuständig. Zudem existiert ein Bereich für Aufträge, bei denen Technologie neu entwickelt werden muss. Dann gibt es den Bereich Finance und Controlling, der ein zentrales Rechnungswesen und Controlling und ein dezentrales, operatives Controlling für die genannten Bereiche umfasst. Das Projektcontrolling wird durch das dezentrale Controlling durchgeführt. Hierfür existieren Einheiten in den Bereichen, aus denen jeweils einzelne Mitarbeiter für ein Projekt zuständig sind.

In der betrachteten operativen Einheit der Beta AG gibt es eine zentale **F&E-Abteilung**, die für die Entwicklung von Grundlagen und neuen Technologien und Verfahren zuständig ist. Diese Projekte weisen einen hohen Forschungsanteil auf. Hierfür werden für die F&E-Tätigkeit spezialisierte Experten aus dem oben erwähnten technologieorientierten Bereich hinzugezogen. Darüber hinaus werden auch Weiterentwicklungen von bisherigen Technologien und Verfahren durchgefüht. Für die F&E-Tätigkeit gibt es ein F&E-Controlling, das ein Projektberichtswesen, Projektstrukturpläne, eine Budgetplanung,

[1071] Vgl. die Ausführungen in Abschnitt 2.3.4.2.1.

eine Projektkalkulation etc. einsetzt. F&E-Projekten werden außerdem in der Projektkostenrechnung erfasst. Hierzu werden interne Kostenträger gebildet (für Fertigungsaufträge werden externe Kostenträger erstellt). Wie unten dargestellt, wird analog bei Fertigungsaufträgen vorgegangen. Allerdings erfolgt dort eine stärkere Aufschlüsselung. Anhand der Projektkostenrechnung können Eigen- und Fremdleistungen erkannt werden. Auch eine monatsgenaue Verfolgung der F&E-Projekte wird durchgeführt.

Grundsätzlich ist für die Aktivierung ausschlaggebend, ob das Ergebnis vermarktungsfähig ist. Dies wird vom F&E-Controlling und dem Leiter Rechnungswesen der operativen Einheit überprüft. Es wird ein vom Konzernrechnungswesen aus IAS 38 abgeleiteter Kriterienkatalog für jedes Projekt abgearbeitet. Hierbei spielt insbesondere die kostenträgerbezogene Erfassung eine Rolle. Es wird außerdem ein Phasenmodell eingesetzt, welches die Trennung der Forschungs- von der Entwicklungsphase ermöglicht. Anhand dieses Phasenmodells wird für jedes Projekt bestimmt, in welcher Phase es sich befindet. Bei der Aktivierung, insbesondere bei dem Nachweis des zukünftigen Nutzens spielen auch Erfahrungswerte aus der Vergangenheit eine Rolle. Folglich ist es wahrscheinlich, dass sich auch die Weiterentwicklung vermarkten lässt, wenn das Ergebnis der Entwicklungsarbeit eine Weiterentwicklung einer bestehenden Technologie ist, die bereits verkauft wurde. Das Vorliegen eines Auftrages stellt auch einen Hinweis für eine Möglichkeit zur Vermarktung und somit für die Wahrscheinlichkeit eines zukünftigen Nutzenzuflusses dar.

Im Rahmen von **Fertigungsaufträgen** ist das Projektcontrolling nicht für die Angebotserstellung zuständig, da dieses vom Vertrieb übernommen wird. Allerdings liefern die Controller Informationen aus aktuellen Projekten. Hauptaufgabe der Controller ist die Pflege der mitlaufenden Kalkulation. Diese ist in Spaltenform angelegt: Der Angebotskalkulation wird die aktualisierte Kalkulation (Veränderungen durch Kunden, Kostenerhöhungen, Kostenreduzierungen) in der Abwicklung gegenübergestellt. Die mitlaufende Kalkulation kann detailliert für einzelne technische Aspekte (Einkauf, Engineering, Montageaktivitäten etc.) aufgegliedert werden. Daneben werden zum jeweiligen Monatsabschluss die aufgelaufenen Ist-Kosten und die noch offenen Positionen erfasst. Die Controller ermitteln hierdurch monatlich die Gesamterwartung für das Auftragsergebnis (inklusive der Differenz zur ursprünglichen Erwartung). Hierdurch ermittelte Überschreitungen können dann auf ihre Ursachen geprüft werden (z.B. Fehlbuchungen, höhere Bestellkosten). Neben der mitlaufenden Kalkulation werden auch unter anderem eine Budgetplanung, ein Termincontrolling und ein technisches Controlling eingesetzt. Es ist, genauso wie bei F&E-Projekten, eine Projektkostenrechnung vorhanden, in welcher jeder Auftrag einen Kostenträger bildet.

Ausgangspunkt ist die Ermittlung des Fertigstellungsgrades über die Cost-to-Cost-Methode. Hierzu wird vor allem die mitlaufende Kalkulation eingesetzt. Die monatlich ermittelte Gesamterwartung eines Auftrags unter Berücksichtigung der Kalkulation und der realisierten Kosten ist die Bilanzierungsbasis: Auf der einen Seite stehen die Erlöserwartungen, auf der anderen Seite die POC-relevanten Kosten und die nicht POC-relevanten Kosten (wie z.B. Versicherungskosten) sowie kalkulatorische Zuschläge. Hieraus ermittelt sich der Nettoerfolg. Über die Ist-Kosten wird der Fertigstellungsgrad ermittelt. Das ermittelte POC-Auftragsergebnis wird auch intern berichtet. Die Beta AG stellte bislang alle seine Projekte fertig. Allerdings können unter Umständen erhebliche

Mehrkosten entstehen, wenn technische Probleme auftreten. Bei „First of its kind" Projekten erfolgen Gewinnrealisierungen häufig erst nach Fertigstellung. Diese Projekte sind von einer hohen Unsicherheit geprägt, da häufig Nacharbeiten, Modifikationen oder Ähnliches notwendig ist, um unerwartete Probleme zu beseitigen. In solchen Fällen ist die Anwendung der POC-Methode nicht möglich – es muss auf die modifizierte Completed-Contract-Methode zurückgegriffen werden.

5.4.1.4.2 Gamma AG

Die Gamma AG führt F&E-Tätigkeiten durch, jedoch keine Fertigungsaufträge für externe Abnehmer. Bei den F&E-Tätigkeiten der Gamma AG wird zwischen den beiden Bereichen Sachanlagen-Projekten und immateriellen Projekten unterschieden, wobei die Ausgestaltung der Prozesse für beide Bereiche gleich ist. Für die Projektbewilligung gibt es für beide Bereiche jeweils eine Kommission, die ab einem bestimmten Schwellenwert über die Genehmigung entscheidet (2 Mio. Euro), da dann das Projekt nicht mehr in den Abteilungen genehmigt werden kann. Projekte über 10 Mio. Euro müssen vom Vorstand genehmigt werden. Nach der Genehmigung hat der Projektleiter die volle Kostenverantwortung. Das zentrale **Projektcontrolling** richtet im Anschluss zusammen mit dem Projektleiter das Projekt im System ein (SAP PS). Hierdurch kann eine mitlaufende Kalkulation gewährleistet werden. Das zentrale Projektcontrolling ist für die Aufstellung und bilanzielle Beurteilung sowie Abbildung verantwortlich. Daneben existiert ein dezentrales Projektcontrolling in der projektdurchführenden Geschäftseinheit. Von diesem wird das operative Controlling des Projektes übernommen. Die Träger des dezentralen Projektcontrollings sind wechselnde Mitarbeiter aus dem Controlling.

Innerhalb der selbst erstellten immateriellen Vermögenswerte (F&E-Projekte) unterscheidet die Gamma AG zwischen zwei großen Blöcken: Zum einen sind dies Entwicklungskosten im Rahmen der Forschung und Entwicklung von neuen Produkten und Prozessen sowie zum anderen die Entwicklung von selbst erstellter Software. Für die **Entwicklung neuer Produkte und Prozesse** wird ein Phase-Gate-Modell (entspricht einem Stage-Gate-Modell)[1072] eingesetzt. Hierfür besteht auch eine Applikation. F&E-Projekte werden hierin in fünf Phasen abgebildet: Die erste Phase ist die Ideen- und Lösungsfindung, die zweite Phase ist die Business Case Phase, die dritte Phase ist die Laborphase (z.B. Test eines neuen Verfahrens im Labor), die vierte Phase ist die Pilotphase (z.B. Bau einer Pilotanlage für das Verfahren) und die fünfte Phase ist die Launch-Phase. Die Gamma AG definiert die Phasen eins bis vier als Forschung, ab Gate fünf liegt die Entwicklungsphase vor. Dies ist vor allem der Art der F&E-Tätigkeit der Gamma AG geschuldet, bei der insbesondere das Kriterium der technischen Realisierbarkeit problembehaftet ist. Da ab der fünften Phase vom Vorstand die finanziellen Mittel genehmigt werden, um z.B. eine Großanlage zu bauen, wird die Realisierbarkeit und der spätere Nutzenzufluss als sicher angenommen.

Auch bei der Entwicklung von **selbst erstellter Software** ist die Trennung der Forschungs- von der Entwicklungsphase für die Aktivierung ausschlaggebend. Allerdings wird hierfür kein Phase-Gate-Prozess eingesetzt. Stattdessen werden die Phasen eines Informa-

[1072] Vgl. zum Stage-Gate-Modell die Ausführungen in Kapitel 2.3.5.1.

tik-Projektes innerhalb des ebenfalls eingesetzten SAP PS Systems anhand der Projektstruktur abgegrenzt. So fallen Tätigkeiten, wie z.B. die Erstellung von Anforderungsprofilen, Machbarkeitsstudien und Suche nach Alternativen, in die Forschungsphase. Ab dem Zeitpunkt, bei dem man sich für die Erstellung eines Softwareprojektes entschieden hat, wird die Projektstruktur um die Entwicklungsphase erweitert (z.B. technische Konzeption, Customizing, Konfiguration von Standardsoftware). Ab dem Entwicklungszeitpunkt können dann die Kosten anhand definierter Kostenarten entsprechend zugewiesen werden (z.B. Installation, technische Konzeption, Programmierleistung). Nicht aktivierbare Leistungen können gleichermaßen herausgerechnet werden (z.B. sachliche Abnahmetests, Schulungen). Die entsprechenden Buchungsregeln sind im System hinterlegt.

5.4.1.4.3 Vergleich der Fälle

Die vorstehend dargestellte Ausgestaltung des Projektcontrollings und der Rückgriff hierauf im Rahmen des Management Approach bei der Beta AG und der Gamma AG sollen im Folgenden verglichen werden. Aufgrund der asymmetrischen Sachverhalte (Beta AG: F&E-Tätigkeit bei Produktentwicklung, Fertigungsaufträge – Gamma AG: F&E-Tätigkeit bei Produkt-, Prozess- und Softwareentwicklung) werden einzelne Aspekte punktuell verglichen und nicht wie in den vorhergehenden Vergleichen eine tabellarische Übersicht dargestellt.

Beide Unternehmen verfolgen einen anderen Ansatz, um die Forschungs- von der Entwicklungsphase zu trennen. Während bei der Beta AG eine Konzernrichtlinie existiert, die eine Art Checkliste und ein eigenes Phasenmodell zur Überprüfung vorsieht, definiert die Gamma AG einzelne Phasen in Abhängigkeit von der Projektart, die dann entweder der Forschungs- oder der Entwicklungsphase zugeordnet sind. Bei der Entwicklung neuer Produkte und Prozesse setzt die Gamma AG dabei auf ein Stage-Gate-System nach *Cooper*. Für die Entwicklung von Software wird eine Strukturierung anhand des typischen Ablaufs einer Softwareentwicklung vorgenommen. Während bei der Beta AG das Kriterium des zukünftigen Nutzenzuflusses individuell und unter Einbeziehung von Erfahrungswerte aus der Vergangenheit prüft, ist bei der Gamma AG die Erfüllung an das Erreichen einer bestimmten Phase gekoppelt. Beide Unternehmen setzen eine Projektkostenrechnung ein. Insgesamt ist eine stärkere Vorstrukturierung des Projektcontrollings bei der Gamma AG zu beobachten.

Nachdem die Befunde zur Ausgestaltung der vier Informationsquellen im Rahmen der Berichterstattung nach dem Management Approach beschrieben wurden, werden im folgenden Abschnitt die Ergebnisse der in Kapitel 5.3.3 beschriebenen Datenanalyse behandelt.

5.4.2 Ergebnisse der Datenanalyse

Die Datenanalyse erfolgte, wie bereits erläutert, mittels der Methode des ständigen Vergleichens. Hierbei wurden mittels des dreistufigen Kodierungsprozesses verschiedene Kategorienebenen gebildet. Die Ergebnisdarstellung in diesem Kapitel orientiert sich am Resultat des Kodierungsprozesses, der in Abb. 5-6 abgebildeten Datenstruktur.

Das Auswertungsverfahren lief von „links nach rechts" ab. Folglich wurden ausgehend vom offenen Kodieren (bzw. In Vivo Kodieren) die Codes zu theoretischen Dimensionen verdichtet. Die Ergebnisse werden nun in umgekehrter Reihenfolge dargestellt. Die Implikationen der Berichterstattung nach dem Management Approach werden im Folgenden anhand der Dimensionen „Erweiterung des Arbeitsprofils/der Fachkompetenzen" (Kapitel 5.4.2.1), „Organisationale/prozessuale Veränderungen" (Kapitel 5.4.2.2) und „Auswirkungen auf die Abschlusserstellung" (Kapitel 5.4.2.3) erläutert.

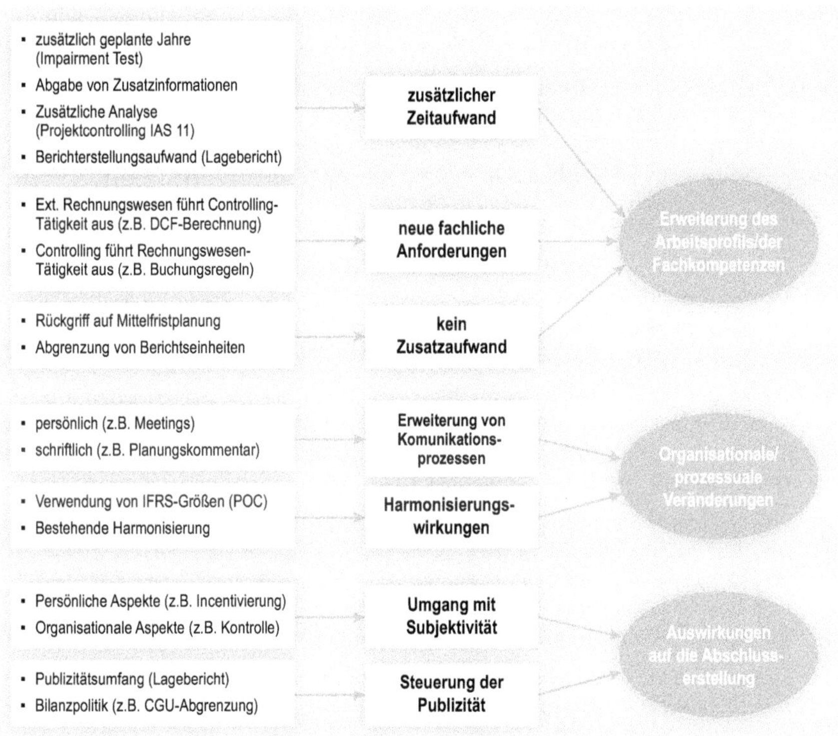

Abb. 5-6: Datenstruktur

5.4.2.1 Erweiterung des Arbeitsprofils und der Fachkompetenzen

Im Rahmen der Berichterstattung nach dem Management Approach konnte in den untersuchten Fällen eine Erweiterung des Arbeitsprofils und/oder der Fachkompetenzen der am Berichterstattungsprozess beteiligten Akteure beobachtet werden. Zum einen konnte dies anhand des **zusätzlichen Zeitaufwandes** festgestellt werden, der sich durch die zusätzlich zu erledigenden Tätigkeiten ergab, die aufgrund der Anforderungen der externen Berichterstattung durchgeführt werden müssen. Zum anderen konnte auch eine Ausdehnung der erforderlichen fachlichen Kompetenzen erkannt werden (vgl. unten). Zusätzliche Tätigkeiten waren beispielsweise bei der Gamma AG erforderlich, da zwei weitere Jahre für den Impairment Test zu planen waren:

> *„Für die Impairment Tests werden von der Unternehmensführung genehmigte Planungen für die nächsten fünf Jahre verwendet. Davon sind die beiden letzten Jahre separat für den Impairment Test geplant worden." (Konzernrechnungswesen, Gamma AG)*

Auch bei der Alpha AG war die Erstellung zusätzlicher Planjahre erforderlich, da kein rollierender Zeithorizont eingesetzt wird. Allerdings hängt der Zusatzaufwand dort vom Zeitpunkt ab. Ist das strategische Zieljahr weit genug entfernt, so entsteht kein Zusatzaufwand, da über einen längeren Zeitraum geplant wird.

> *„Ob es zusätzlichen Aufwand gibt, der nur gemacht wird, um Impairment Tests durchführen zu können? Dieses Jahr ja, weil wir das sonst halt nicht hätten. Wenn ich jetzt vor ein paar Jahren geantwortet hätte, da hätte ich gesagt nein, weil da hätte man sowieso bis [Jahreszahl] geplant und hätte diese Perioden einfach auch für den Impairment Test verwendet." (Konzernplanung, Alpha AG)*

Das Konzernrechnungswesen der Beta AG hat in den Planungsprozess die Abgabe eines Planungskommentares explizit für den Impairment Test eingeführt. Mittels dieses Kommentars sollen die der Planung zugrunde liegenden Annahmen erfasst werden (vgl. auch das nachfolgende Kapitel 5.4.2.2).

Im Rahmen des Impairment Tests für Marken fällt zusätzlicher Arbeitsaufwand bei der Alpha AG an. Auch bei der Gamma AG ist dies der Fall: Das Rechnungswesen hat dort spezifisch für den Impairment Test eine Scorecard entwickelt. Mittels dieser kann die Notwendigkeit eines Impairment Tests abgeschätzt werden.

> *„Was man nicht unbedingt macht, ist dann sozusagen eine Planung für die Marke über fünf Jahre. So detailliert macht man keine Markenplanung. Das macht man explizit nur für den Test. Sonst haben wir einen Planungshorizont von einem Jahr und darüber hinaus ist es eher auch eine Planung auf höherer Ebene." (Management Berichterstattung, Alpha AG)*

> *„Beim Goodwill werden einmal jährlich Impairment Tests durchgeführt. Bei sonstigen Intangibles wird zunächst ein Triggering Event Test durchgeführt. Zeigt dieser ein Triggering Event an, wird ein Impairment Test durchgeführt. Bei den Intangibles besteht schon durch IAS 36 ein zusätzlicher Aufwand für das Rechnungswesen." (Konzernrechnungswesen, Gamma AG)*

Auch beim Projektcontrolling – insbesondere von Fertigungsaufträgen – hat der Management Approach eine erhebliche Implikation für die Beta AG. Im Rahmen der Percentage-of-Completion-Methode fällt zusätzlicher Zeitaufwand an. Das Unternehmen musste hierfür zusätzliche Personalkapazitäten zur Verfügung stellen:

> *„Das dezentrale Projektcontrolling würde in gleicher Form stattfinden, wenn es kein IAS 11 gäbe. […] Wir, im zentralen Controlling und Rechnungswesen, sind hier dabei, praktisch täglich, eine Prognose zu ermitteln, wo landen denn welche*

Fertigstellungsgrade, welche Umsätze haben wir, welche Auftragsergebnisse generieren wir denn daraus. Also, das Netz ist viel enger geworden. Ich würde mal sagen, mindestens zwei Mitarbeiter sind dafür zusätzlich angestellt." (Projektcontrolling und -rechnungswesen, Beta AG)

Ein eher geringer Zusatzaufwand, als in den soeben betrachteten Sachverhalten, fällt bei den betrachteten Unternehmen bei der Erstellung des Lageberichts an. Der Aufwand ist vor dem Hintergrund der zuvor angesprochenen mittelbaren Übernahme der Informationen aus den Planungsrechnungen bzw. dem Chancen- und Risikomanagementsystem (vgl. die Abschnitte 5.4.1.2.4 und 5.4.1.3.4) beim Anfertigen der jeweiligen Berichtsteile (Prognosebericht, Chancen- und Risikobericht) zu sehen. Zwar liegt mit der Mittelfristplanung und dem internen Risikobericht jeweils eine detaillierte Informationsbasis vor. Allerdings werden die Informationen für den Lagebericht modifiziert und vor dem Hintergrund des jeweiligen Publizitätsverhaltens (vgl. Abschnitt 5.4.2.3) komprimiert:

„Wenn es den Standard nicht gäbe, dann würde ich wenig weniger machen, also würde nicht viel wegfallen. Vielleicht bei mir 5%." (Risikomanagement, Alpha AG)

„Die Instrumente, um eine Prognose abzuleiten lagen, unabhängig vom DRS 15, schon vor." (Konzernrechnungswesen, Beta AG)

„Das ist jetzt kein gewaltiger Zusatzaufwand, da wir das letztlich aus dem internen Bericht ableiten." (Risikomanagement, Gamma AG)

Darüber hinaus konnte in den betrachteten Fällen festgestellt werden, dass der Rückgriff auf die vier Informationsquellen unter Umständen **fachliche Zusatzanforderungen** stellt. Zum einen müssen sich Mitarbeiter aus dem Controlling oder aus Finanzabteilungen mit IFRS-Sachverhalten auseinandersetzen, um im Rahmen der mittelbaren Informationsbereitstellung Tätigkeiten ausführen zu können. Andererseits sind aus dem gleichen Grund auch Mitarbeiter des externen Rechnungswesens gezwungen, sich mit controllingnahen Themen zu befassen. Bei der Alpha AG ist das Konzernrechnungswesen für die Durchführung des Impairment Tests verantwortlich und führt basierend auf den Plandaten eine DCF-Berechnung durch. Auch bei der Beta AG werden DCF-Berechnungen durch das Rechnungswesen durchgeführt.

„Die Berechnung läuft sozusagen auf Basis der abgegebenen Daten der Business Units [des Geschäftsbereichs], aber da die operativen Kollegen dafür verantwortlich sind, diskutieren wir [Konzernrechnungswesen] das natürlich mit ihnen und laden sie letztendlich zu Vorgesprächen ein, um einfach mal das Thema zu hinterfragen, ob es auch keine Planungsfehler gibt oder Einmaleffekte, die vielleicht in irgendeinen Plan reingeplant worden sind. Insbesondere in das letzte Planungsjahr, was ja sehr wichtig ist, weil das ja mit einer Perpetual Growth Rate gerechnet wird und wenn da Einmaleffekte enthalten sind, dann schreib ich die ja für die Ewigkeit fort." (Konzernkonsolidierung, Alpha AG)

„Also im Rechnungswesen gibt es ja immer mehr controllingspezifische Anforderungen. Dieses Thema mit Abzinsung und Barwert, das waren ja früher Controlling-Geschichten, im Rahmen von DCF-Ermittlungen und Investionsrechnung. [...]

> *Und bei der Planung: Vorher war das bei uns immer so: Das Controlling hat sich nur mit dem Ergebnis beschäftigt und die haben beim Ergebnis aufgehört. Und alles was dann die Bilanz anging, war beim Rechnungswesen. Also, Cashflow war kein Thema für einen Controller, da wusste er nichts von, grob gesprochen." (Controlling Geschäftsbereich, Beta AG)*

Das Projektcontrolling von der Gamma AG hat durch IAS 38 zusätzlich bilanzielle Aufgaben erhalten. So muss die bilanzielle Abbildung z.B. durch Definition von Buchungsregeln im SAP PS System gewährleistet werden. Hierdurch mussten und müssen sich die Mitarbeiter des Projektcontrollings mit dem Sachverhalt von IAS 38 befassen:

> *„Die [Projektcontrolling-]Instrumente waren da, was wir halt eingebaut haben, ist die Möglichkeit – was vorher keinen interessiert hat – zu sagen, ab Phase fünf führen wir das einem Systemzweig zu, dass wir eine maschinell unterstützte Aktivierung hinkriegen." (Projektcontrolling und -rechnungswesen, Gamma AG)*

Bei der Beta AG, in dem das Controlling die Prozessverantwortung für das Risikomanagement hat, ist dieses auch mit der Erstellung des Risikoberichts für den Konzernlagebericht betraut. Auch bei der Gamma AG ist das Risikomanagement in der zentralen Planungsabteilung angesiedelt und erstellt den Risikobericht. Hierdurch müssen sich die Controllingmitarbeiter mit den Regelungen von DRS 5 und DRS 15 befassen.

Neben den genannten Implikationen konnte auch eine Reihe von Sachverhalten identifiziert werden, in denen der Management Approach in Reinform existiert. Hierbei kommt es zu **keinem zusätzlichen Aufwand** bei der Berichterstattung mittels eines Rückgriffs auf interne Informationsquellen. Vor allem beim Impairment Test erfolgt der Rückgriff auf die Informationen aus der Mittelfristplanung bei allen drei Unternehmen ohne Modifikation:

> *„Die Planung wird nicht durch einen Goodwill Impairment Test, durch einen technischen Umstand beeinflusst. Die Planung hat bei uns eine ganz andere Funktion. Der Goodwill Impairment Test ist ein Beiwerk. Bei uns ist die Planung ein klassisches Steuerungsinstrument. Wir sind nicht auf diese klassischen Vorjahres-Istdatenvergleiche gemünzt, sondern wir steuern Plan versus Ist. Wir wollen wissen, was fehlt uns, um unser Ziel zu erreichen." (Planung & Analyse, Alpha AG)*

> *„Basis für den Goodwill Impairment Test ist die Planung, d.h. die Mittelfristplanung, die auch unverändert für Zwecke des Impairment Tests verwendet wird. [...] IAS 36 macht da kein Unterschied. Es liegt ja auch in unserem eigenen Interesse, eine möglichst gute Planung zu haben." (Konzernrechnungswesen, Beta AG)*

> *„Bei den Goodwill Impairment Tests werden von der Unternehmensführung genehmigte Planungen verwendet. Unternehmensrisiken werden grundsätzlich über den WACC berücksichtigt. Zusätzliche Risiken bestimmter Länder, werden durch Risikozuschläge berücksichtigt." (Konzernrechnungswesen, Gamma AG)*

Insbesondere führt der Management Approach zu keinem zusätzlichen Aufwand bei der Ausgestaltung der Organisationsstruktur oder des Berichtswesens. Einzige Ausnahme ist die Abgrenzung von CGUs für Marken, wie bereis weiter oben dargestellt.

5.4.2.2 Organisationale und prozessuale Veränderungen

Die Berichterstattung nach dem Management Approach kann jedoch nicht nur Implikationen hinsichtlich einer Erweiterung des Arbeitsprofils und der erforderlichen Fachkompetenzen aufweisen. Es bestehen in den untersuchten Fällen auch organisationale und prozessuale Auswirkungen. Zunächst werden prozessuale Auswirkungen betrachtet: Der Rückgriff auf unternehmensintern für das Management erstellte Informationen im Rahmen der externen Berichterstattung kann zu einer **Erweiterung** von bestehenden oder zu einer Schaffung von neuen **Kommunikationsprozessen** führen. Dies betrifft vor allem den Impairment Test. Die Alpha AG hat regelmäßige Meetings des Konzernrechnungswesens mit den operativen Bereichen eingerichtet, welche die Planungsdaten im Rahmen der Mittelfristplanung und Budgetierung abgeben. Hierdurch sollen die geplanten Werte plausibilisiert werden. Die Meetings dienen gleichzeitig zur Vorbereitung auf die Abschlussprüfung. Das Konzernrechnungswesen der Beta AG fordert die Abgabe eines Planungskommentars, der für den Impairment Test herangezogen wird. Dort werden Parameter abgefragt, welche die Annahmen des Planerstellers umfassen.

Die den Planungskommentaren zugrunde gelegten Erhebungs- bzw. Auswertungsraster stellen Modalitäten dar, die im Sinne von Signifikationsregeln Sinn- und Wertzuweisungen vermitteln. Sie stellen folglich Modalitäten dar, welche die Kommunikation zwischen den Akteuren im Rahmen des Planungsprozesses ermöglichen. So können die Plandaten besser vom Empfänger, also z.B. dem Mitarbeiter im Konzernrechnungswesen, der den Impairment Test durchführt, oder vom Wirtschaftsprüfer nachvollzogen werden. Hierdurch sind auch Diskussionen, z.B. darüber, ob die Höhe der Planwerte angemessen sind, besser möglich, da die zugrunde liegenden Annahmen bekannt sind. Gleichwohl besteht auch eine mittelbare Wirkung der Legitimationsdimension auf die Signifikationsdimension: Da der Planungskommentar vom Konzern in standardisierter Weise entworfen wurde und bestimmte Kriterien enthält, werden die im Konzern gültigen Normen darin umgesetzt. Auf Ebene der reflexiven Handlungssteuerung ist der planende Akteur durch den Planungskommentar, die im Handlungskontext anzusiedeln ist, möglicherweise zur kritischen Hinterfragung seiner Planentwicklung gezwungen (vgl. hierzu auch die Ausführungen zur Subjektivität im folgenden Abschnitt 5.4.2.3).

Bei der Gamma AG stehen die M&A-Abteilung und das Konzernrechnungswesen mit den Unternehmensbereichen in regelmäßigem Kontakt, um die geplanten Werte für den Goodwill Impairment Test zu validieren.

> *„Die Berechnung läuft sozusagen auf Basis der abgegebenen Daten der Business Units [des Geschäftsbereichs], aber da die operativen Kollegen dafür verantwortlich sind, diskutieren wir [Konzernrechnungswesen] das natürlich mit ihnen und laden sie letztendlich zu Vorgesprächen ein, um einfach mal das Thema zu hinterfragen […]. Und diese Dinge steuern wir dann so, um einfach auch fachlich da nochmal einwirken zu können, und um die Kollegen von den operativen Bereichseinheiten auf die Gespräche mit dem Wirtschaftsprüfer vorzubereiten, in denen wir letztendlich unsere Impairment Tests entsprechend vorstellen und auch verteidigen müssen." (Konzernkonsolidierung, Alpha AG)*

„Jede Einzelgesellschaft gibt einen Planungskommentar mit ab, in dem dann auch qualitative Aussagen getroffen werden und in dem man auch angeben muss, wie konservativ oder wie realistisch nach persönlicher Einschätzung des Planungserstellers diese Planung dann gemacht wurde. […] Da müssen Sie eine qualitative Aussage treffen, also von … bis, konservativ, realistisch oder aggressiv. […] Dieser Planungskommentar ist im Wesentlichen immer so verkauft worden, dass wir qualitative Aussagen für die Prüfer benötigen." (Controlling Profit Center, Beta AG)

„Neben der Abteilung für das externe Reporting, ist vor allem die Einheit für Mergers & Acquisitions, bei der Durchführung der Impairment Tests und bei der Kommunikation mit den Unternehmensbereichen beteiligt." (Konzernrechnungswesen, Gamma AG)

Die Erweiterung von Kommunikationsprozessen durch die Berichterstattung nach dem Management Approach kann sich aus globalerer Sicht positiv in der Organisation auswirken: So können sich Verbesserungen im Controlling beim Ablauf der Planung ergeben. Die Kommunikation der Akteure einzelner Abteilungen oder zwischen Abteilungen kann sich intensivieren. Die genannten Punkte können z.B. dazu führen, dass Planungsfehler frühzeitig entdeckt oder verhindert werden.

Neben der Erweiterung von Kommunikationsprozessen können auch weitere, globalere Auswirkungen auf die Organisation bestehen. In den untersuchten Fällen betraf dies Folgen und Zusammenhänge, welche durch die **Harmonisierung des Rechnungswesens** bestehen. Insbesondere in Bereichen, in denen ein unmittelbarer Rückgriff auf unternehmensinterne Informationen besteht, setzt der Management Approach Anreize zur Harmonisierung, da somit kein zweites Datenset mehr notwendig ist. In den betrachteten Fällen konnte bei einer betrachteten operativen Einheit der Beta AG, die Fertigungsaufträge durchführt, eine Konvergenzwirkung festgestellt werden. Da der Konzern für die Steuerung auf EBIT abstellt, würde die operative Einheit, die durch ihre Tätigkeit hohe Anzahlungen erhält, schlechter dargestellt werden. Aus diesem Grund erhält die Einheit dem Ergebnis ein Nettoanzahlungsüberschuss gutgeschrieben.[1073] Für diese Gutschrift müssen die POC-Berechnungen herangezogen werden. Dies führte dazu, dass sich die Kommunikation zwischen Akteuren auf das pagatorische POC-Auftragsergebnis stützt anstatt auf den kalkulatorischen Netto-Erfolg. Die Auswirkungen betreffen daher nicht nur die Datenbasis, sondern auch zusätzlich das Verhalten der Akteure, z.B. im Rahmen der Steuerung von Aufträgen oder der Planung. Gleichzeitig ist es z.B. bei der Beta AG im Rahmen der Behandlung von Fertigungsaufträgen zu beobachten, dass die organisatorischen Grenzen zwischen externem und internem Rechnungswesen schwinden (vgl. auch die Ausführungen zum fachlichen Anforderungsprofil in Abschnitt 5.4.2.1).

„Es gibt zwar immer noch Leute, die schauen sich den Netto-Erfolg an. Aber wir aus dem Rechnungswesen/Controlling versuchen da ganz stark gegenzusteuern und zu sagen: Alles das, was kalkulatorisch ist, muss sich hier keiner anschauen, interessiert keinen. Der Auftragsverantwortliche ist für das POC-Auftragsergebnis und im Zweifel noch für die Gross Margin verantwortlich. […] Und das wird dann auch

[1073] Vgl. auch die Darstellung in Kapitel 5.4.1.4.1.

in der Produktbereichserfolgsrechnung abgebildet." (Projektcontrolling und -rechnungswesen, Beta AG)

„Das Zinsergebnis wird aus der internen Vergleichsrechnung rausgenommen. Dafür wird dann gesagt: ‚Was habt Ihr denn aus Euren Aufträgen an Mittelzufluss generiert?' Das wird mit 9% dem Ergebnis gutgeschrieben. [...] Im internen Vergleich ist das schon ein erheblicher Darstellungsgewinn. Und diese ganzen Daten wollen die vom Konzern ja monatlich von uns hochgerechnet haben. Und das kriegen Sie ja nur aus den POC-Aufträgen raus." (Projektcontrolling und -rechnungswesen, Beta AG)

„Ich habe es geschafft, dass meine Bilanzbuchhalterin auch die Bilanzplanung macht. Und die macht sie natürlich auf Basis ihrer vorhandenen Bilanzen, aber auch auf Basis der geplanten Aufträge und deren Abwicklung. Da ist wirklich eine sehr enge Verzahnung [zwischen internem und externem Rechnungswesen]." (Projektcontrolling und -rechnungswesen, Beta AG)

Neben diesem Fall ist jedoch jeweils die Datenbasis des Konzernrechnungswesens der betracheten Unternehmen fast vollumfänglich harmonisiert (**bestehende Harmonisierung**). Nur in Einzelfällen wird z.B. in der internen Ergebnisrechnung der Alpha AG beim Aufriss zwischen Umsatz und EBIT in einer von der externen GuV abweichenden Form gerechnet. Umsatz und EBIT sind jedoch mit dem IFRS-Abschluss konvergente Größen.

5.4.2.3 Auswirkungen auf die Abschlusserstellung

Da bei der Berichterstattung nach dem Management Approach ein Rückgriff auf interne Informationsquellen erfolgt, bestehen neben den Implikationen für das Unternehmen auch Implikationen für externe Adressaten, wenn die internen Informationen in die Berichterstattung einfließen. Die Auswirkungen auf die Abschlusserstellung wurden daher anhand der unternehmensintern ausgestalteten Informationsbereitstellung für den Abschluss analysiert. Diese Informationsbereitstellung im Rahmen der Berichterstattung nach dem Management Approach kann durch ein hohes Maß an Subjektivität geprägt sein. Darüber hinaus eröffnet der Management Approach für Unternehmen Möglichkeiten, die eigene Publizität zu steuern.

Die Berichterstattung an das Management ist in vielen Bereichen durch ein hohes Maß an Subjektivität geprägt. Es ist daher von Interesse, wie der **Umgang mit dieser Subjektivität** in den betrachteten Fällen erfolgt. Insbesondere im Zusammenhang mit der Planung können persönliche Aspekte der Subjektivität ausgemacht werden. Dadurch dass die Planwerte von einzelnen Personen abgegeben werden, liegt stets eine subjektive Einschätzung hinter diesen Werten. Diese Problematik stellt sich insbesondere bei einer Planung mit Bottom-up-Komponente. Besondere Relevanz erhält das Thema, wenn eine Incentivierung von Mitarbeitern an das Erreichen von Planwerten gekoppelt ist, wie bei der Alpha AG:

„Ich würde da mal so an Incentivierungspolitik denken. Ich meine, das Board hat auch eine Incentivierung und so eine Planung wird dem Gesellschafterausschuss als höchstem Gremium vorgelegt und auch da möchte man sich natürlich selber nicht

die Latte zu hoch legen, vorsichtig gesprochen. Gleichzeitig muss man natürlich auch ambitioniert planen, weil sonst gesagt wird: ‚Was macht Ihr denn da?' Ich glaube, das ist immer ein Punkt, wenn eine Planung und Incentivierung aneinander geknüpft sind, was einerseits auch gut ist, andererseits auch solch taktisches Verhalten herbeiruft." (Konzernplanung, Alpha AG)

Auch dezentrale Einheiten können als Ganzes einen – bewussten oder unbewussten – Gestaltungsspielraum bei der Planung wahrnehmen:

„Ich glaube, wenn man eine Ebene tiefer geht, ist es aber auch so, dass das jeweilige Business Unit Controlling [Geschäftsbereichscontrolling] natürlich schon auch sehr aktive Möglichkeiten hat." (Konzernplanung, Alpha AG)

„Also ich mein, die operativen Plandaten, also EBIT und so weiter, die kommen natürlich erstmal von dem Unternehmensbereich selbst. Planung ist immer gewissermaßen subjektiv, da sie von einzelnen Personen kommt." (Konzernrechnungswesen, Gamma AG)

Allerdings sind in allen Unternehmen die Planungsprozesse so ausgestaltet, dass eine Reihe von Beteiligten involviert ist. Somit kann durch organisatorische Aspekte Subjektivität vermindert werden. Einerseits erfolgt auf dezentraler Ebene eine Abstimmung z.B. zwischen einzelnen Funktionsbereichen und dem Controlling. Andererseits sind in allen betrachteten Fällen zwischen zentraler und dezentraler Ebene stark ausgeprägte Aushandlungsprozesse vorhanden, die insbesondere eine aus Top-down-Sicht erwünschte Objektivierung oder gewisse Ambitionierung der Planung im Hinblick auf strategische Ziele erreichen soll. Eine bewusste opportunistische Manipulation durch einzelne Personen ist de facto ausgeschlossen, da stets andere Mitarbeiter, die sich mindestens auf der gleichen hierarchischen Ebene befinden, eine Kontroll- oder Mitgestaltungsfunktion wahrnehmen. Die einzelnen Planersteller stimmen ihre Handlung folglich im Planungsprozess im Rahmen ihrer reflexiven Handlungssteuerung auf die Handlungsbedingungen ab. Diese können die Planwerte anderer Beteiligten umfassen.

„Also wenn man sich die Kurzfristplanung anschaut: Da wird bottom-up erstmal etwas geliefert und dann schaut man, wenn man das hochaggregiert, wo kommt man raus? Und dann sieht man, dass das nicht ambitioniert genug ist und dann kommt da nochmal eine Top-down-Ansage: ‚Bitte nochmal machen, und zwar ambitionierter!'" (Konzernplanung, Alpha AG)

„Wir haben da auch ein ausgefeiltes, dezentrales System. Eingebunden sind alle Bereiche – angefangen vom Vertrieb über die Einkaufsbereiche, Produktion – wir im Controlling koordinieren das alles. Das sind nicht nur wir im Controlling, die die Planung machen. Das erfolgt in enger Abstimmung, auch in mehreren Runden, wo wir uns mit den Beteiligten dann zusammensetzen." (Controlling Geschäftsbereich, Beta AG)

„Die Planung wird aber durch die zentralen Planungsabteilung und auch von der Mergers & Acquisitions-Abteilung hinterfragt. […] Wenn dort Unklarheiten bestehen, dann wird die Planung nochmals überprüft, ob dort irgendetwas ziemlich überraschend ist oder irgendetwas seltsam erscheint. Dadurch, dass verschiedene

Leute an der Planung beteiligt sind, wird die Subjektivität vermindert." (Konzernrechnungswesen, Gamma AG)

Auch der bereits im Zusammenhang mit den Kommunikationsprozessen dargestellte Planungskommentar bei der Beta AG kann eine positive Auswirkung auf den Umgang mit Subjektivität haben. Akteure sind durch die Abgabe eines solchen Kommentars gezwungen, ihre Planungsprämissen kritisch zu reflektieren und offenzulegen. Andere Akteure wiederrum können die subjektiven Planwerte besser nachvollziehen, wenn sie die zugrunde liegenden Prämissen kennen.

Denkbar ist allerdings ein bilanzpolitisch motivierter Umgang mit Subjektivität. Dies könnte im Rahmen der Planung erfolgen, um ein potenzielles Impairment zu vermeiden. Allerdings würde dies die Modifikation der eigenen Mittelfristplanung erfordern. Darüber hinaus könnte die sehr stark von subjektiven Schätzungen abhängende Kriterienüberprüfung von IAS 36 einen bilanzpolitischen Hintergrund haben. In der untersuchten operativen Einheit der Beta AG führt jedoch das Rechnungswesen und das Controlling gemeinsam anhand von einer Konzernrichtlinie die Kriterienüberprüfung durch.

„Also bilanzpolitisch im Sinne von externer Rechnungslegung wenig, höchstens wenn man mal sagt: ‚So wie wir jetzt im Moment die Planung haben, haben wir die Gefahr, dass wir beim Impairment Test durchfallen.' Das wäre der einzige Punkt, wo man ja von Bilanzpolitik sprechen könnte, um das zu vermeiden." (Konzernplanung, Alpha AG)

„Da gibt es hier in dieser Richtlinie zehn Fragen oder so. Das macht mein Leiter Rechnungswesen zusammen mit dem F&E-Controller für jedes Projekt durch und sagt ja oder nein." (Projektcontrolling und -rechnungswesen, Beta AG)

„Wenn ein Goodwill Impairment Test auf Unternehmensbereichsebene durchgeführt wird, und wenn der ist knapp ist, so dass es zum Impairment kommen könnte, dann wird dort natürlich eine sehr detaillierte Betrachtung vorgenommen. Das könnte sein." (Konzernrechnungswesen, Gamma AG)

Keiner der befragten Planungsbeteiligten führte jedoch auf, dass bilanzpolitische Anweisungen im Rahmen des Planungsprozesses (z.B. durch Top-down-Vorgaben) bestehen. Vielmehr wird die Ambitionierung der Planung betont.

Im engen Zusammenhang damit steht die bewusste **Steuerung der unternehmenseigenen Publizität**, die im Rahmen der Berichterstattung nach dem Management Approach auf legale Weise ermöglicht wird. Bei der Lageberichtserstellung bestehen insbesondere beim Prognosebericht oder beim Risikobericht große Spielräume. Trotz Möglichkeiten zur reduzierten Publizität besteht dennoch ein „Transparenz-Bewusstsein". Die Akteure in den betrachteten Unternehmen waren sich demnach bewusst, dass der Kapitalmarkt und insbesondere Finanzanalysten Informationsbedürfnisse haben und dass eine Nicht-Erfüllung dieser Bedürfnisse eine negative Auswirkung nach sich ziehen könnte. Das Publizitätsverhalten der Organisation wird im Rahmen der reflexiven Handlungssteuerung am Bedingungsrahmen ausgerichtet. Die Organisation und deren Akteure sehen in ihrem Handlungskontext das Publikationsverhalten anderer Organisationen (Quantität, Qualität, Form) und richten ihre (Publikations)Handlung danach. Folglich verwenden die betrachteten Organisationen bzw. deren Akteure keinen zweijährigen Prognosezeitraum, weil andere Unternehmen dies ebenfalls nicht verwenden. Gleichermaßen gilt dies für die Offenlegung von sensiblen Informationen: Sofern die Handlungskonsequenzen in einem Einblick der Konkurrenz in empfindliche Daten bestünde, würde die Handlung darauf abgestimmt und das Publizitätsverhalten reduziert werden.

> *„Der Leiter Finanzen und Controlling hat die Gesamtverantwortung für die Geschäftsberichterstellung und der Risikobericht als Teil davon ist dann in meiner Verantwortung, den ich koordiniere. Ich muss natürlich auch schauen, dass da die Aussagen sinnvoll sind. […] Ich weiß aber nicht, was wäre wenn? Würden wir dann gar nichts über Risiko sagen, wenn es solche Standards nicht gäbe? Vielleicht wären wir dann auch eher getrieben von den Analysten." (Risikomanagement, Alpha AG)*

> *„DRS 15 verlangt zwei Prognosejahre; das zweite Jahr wird, glaube ich, nicht von allen Unternehmen detailliert umgesetzt. […] Gerade in Krisenjahren wie 2008/2009, konnte man die Mittelfristplanung für solche Prognoseaussagen sowieso nicht mehr verwenden." (Konzernrechnungswesen, Beta AG)*

> *„Sie haben da immer den Widerstreit: Sie wollen die Transparenz gegenüber dem Kapitalmarkt, andererseits wollen Sie natürlich auch nicht mit dem Finger darauf zeigen, wo die Konkurrenz Sie treffen kann." (Risikomanagement, Gamma AG)*

Eine Steuerung der Publizität wäre auch über die Abgrenzung der CGUs denkbar. Sofern die einzelnen Einheiten eines Unternehmens auf möglichst hoher Ebene gewählt sind, ließe sich unter Umständen ein Impairment vermeiden, da sich gegenläufige Effekte kompensieren würden. Doch auch in den untersuchten Fällen spielten diese Zielsetzungen bei der CGU-Abgrenzung keine Rolle.

> *„Der Wirtschaftsprüfer hat mal gefragt, warum macht Ihr das auf der hohen Ebene? Ihr habt doch da Gesellschaften, macht doch die CGUs auf Gesellschaftsebene. Also, das gab es schon mal, die Diskussion, aber wir haben ihn überzeugt mit den Argumenten, dass wir quasi durch das Geschäftsmodell so eng zusammenhängen, dass es keinen Sinn macht aus unserer Sicht, sich darüber zu unterhalten, ob die [Gesellschaftsname] eine eigene Cash Generating Unit ist. Weil, die kriegen das Vormaterial nicht auf dem Markt, sondern die kriegen das, weil das so spezifisch ist, nur von uns. Und deswegen ist die Verbindung so eng, dass wir uns auch nur zusammen betrachten." (Controlling Geschäftsbereich, Beta AG)*

5.5 Zusammenfassung und kritische Würdigung der Ergebnisse

5.5.1 Zusammenfassung der Ergebnisse

Mittels einer qualitativen, vergleichenden Fallstudie wurden im Rahmen des vorliegenden Forschungsprojektes die Implikationen der Berichterstattung nach dem Management Approach auf der Unternehensebene anhand von drei Fällen untersucht. Hierzu wurden halbstrukturierte Experteninterviews mit Vertretern von drei Unternehmen geführt, die vor allem im Controlling und im Rechnungswesen auf Konzernebene oder auf dezentraler

Ebene in Geschäftseinheiten arbeiten. Zudem wurden Inhaltsanalysen der Geschäftsberichte und von unternehmensinternen Informationen (Präsentationen, Kommentaren) durchgeführt. Somit konnte das Konzept Management Approach umfassend und im Kontext der betrachteten Untersuchungsobjekte analysiert werden.

Zunächst wurde die **Umsetzung des Management Approach** in den drei betrachteten Unternehmen anhand der vier in Kapitel 2.3 identifizierten Informationsquellen untersucht. Hierbei konnte festgestellt werden, dass die berichtspflichtigen Segmente in der Segmentberichterstattung der drei betrachteten Unternehmen auf jeweils sehr hoher Ebene abgegrenzt werden. Unterhalb dieser Ebene existiert je Unternehmen mindestens eine weitere operative Ebene, welche für die Steuerung eine Rolle spielt. Alle Unternehmen verwenden keine kalkulatorischen Größen, die in der Segmentberichterstattung angegeben werden. EBIT ist die zentrale Größe in allen Fällen. Die Abgrenzung der CGUs erfolgt in allen betrachteten Unternehmen unterhalb der Segmentebene, meist jedoch nicht durchgehend auf der gleichen Ebene. Im Rahmen des Impairment Tests greifen alle drei Unternehmen in unveränderter Form auf die Mittelfristplanung und zum Teil auf die Budgetierung zurück. Hier kommt der Management Approach mit großem Umsetzungspotenzial und in unmittelbarer Form zur Anwendung. Anpassungen werden lediglich im Rahmen der Diskontierung vorgenommen (welche hier nicht zum Management Approach Konzept gezählt wird). Die Ausgestaltung der Mittelfristplanung ist in den drei betrachteten Fällen stark unterschiedlich, was dazu führt, dass zum Teil zusätzliche Jahre geplant werden müssen (Alpha AG und vor allem Gamma AG). Bei der Prognoseberichterstattung wird insbesondere auf die Budgetierung zurückgegriffen, da keines der betrachteten Unternehmen den zweijährigen Planungshorizont von DRS 15 in quantitativer Form erfüllt. Dennoch kommen auch für die qualitativen Angaben die Mittelfristplanung und strategische Planungen zum Einsatz. Analog konnte im Rahmen der Risikoberichterstattung im Lagebericht festgestellt werden, dass jeweils die gleichen Verantwortlichen den internen und den externen Risikobericht anfertigen. Obwohl der interne Risikobericht in allen Unternehmen sehr detailliert ist, werden keine quantifizierten Risiken angegeben. Alle betrachteten Unternehmen sehen keinen direkten Rückgriff auf das Risikomanagementsystem für die Identifikation der Triggering Events vor. Allerdings ist insbesondere bei der Gamma AG das Risikomanagement direkt mit der Planung verknüpft, sodass im Rahmen des Planungsprozesses identifizierte Risiken direkt einen Hinweis auf einen durchzuführenden Impairment Test geben können. Da nur die Beta AG und die Gamme AG F&E-Aktivitäten bzw. Fertigungsaufträge (Beta AG) durchführen, wurde das Projektcontrolling nur in diesen beiden Fällen betrachtet. Im Rahmen der Bilanzierung von selbst erstellten immateriellen Vermögenswerten werden in beiden Unternehmen Phasenmodelle zur Trennung der Forschungs- von der Entwicklungsphase eingesetzt. Für den Nachweis des zukünftigen Nutzens spielen die Erfüllung bestimmter vom Konzern festgelegter Kriterien und Vergangenheitswerte sowie Genehmigungsaspekte eine Rolle. Beide Unternehmen setzen neben der Projektkostenrechnung weitere Instrumente ein. Für die Abwicklung von Fertigungsaufträgen in der Beta AG ist die mitlaufende Kalkulation das zentrale Instrumentarium, um den Fertigstellungsgrad zu messen.

Mittels des weiteren **Datenanalyseprozesses** konnten ausgehend von den erhobenen Daten, die durch ständiges Vergleichen und Kodieren in einem Prozess mit zunehmender

Aggregation, drei Dimensionen identifiziert werden. Die drei Dimensionen bilden die Implikationen des Management Approach auf der Unternehmensebene in den drei betrachteten Fällen ab. Erstens ergibt sich durch die Berichterstattung nach dem Management Approach eine Erweiterung des Arbeitsprofils und der erforderlichen Fachkompetenzen der betrachteten Akteure. Die Berichterstattung führt zu einem zeitlichen Mehraufwand, wenn zusätzliche Jahre für den Impairment Test geplant werden müssen oder wenn zusätzliche Informationen, wie z.B. Planungskommentare für den Impairment Test, abgegeben werden müssen. Zum Teil sind im Rahmen des Projektcontrollings zusätzliche Analysen für IAS 11 notwendig. Die Berichterstattung im Lagebericht ist zwar grundsätzlich durch einen Rückgriff auf das Risikomanagementsystem oder die Budgetierung bzw. Mittelfristplanung möglich, erfordert aber zusätzlichen Aufwand bei der eigentlichen Berichterstellung. Der identifizierte, zusätzlich erforderliche Aufwand hielt sich jedoch in den betrachteten Fällen in Grenzen und spricht nicht gegen das Konzept des Management Approach. Auch die befragten Akteure empfanden den zusätzlichen Aufwand als nicht allzu groß. Ferner konnte festgestellt werden, dass zusätzliche fachliche Kompetenzen der Akteure erforderlich sind, um die Berichtspflicht erfüllen zu können. So ist häufig das Rechnungswesen mit originären Controllingaufgaben betraut, wie der Durchführung der DCF-Berechnung. Auch das Controlling nimmt zum Teil Aufgaben des externen Rechnungswesens wahr, wie die Festlegung von Buchungsregeln bei der Aktivierung von Entwicklungskosten. Im Einklang mit den obenstehenden Ausführungen konnte in den drei Fällen vor allem beim Rückgriff auf die Mittelfristplanung und bei der Abgrenzung von CGUs festgestellt werden, dass der Management Approach dort meist ohne zusätzlichen Aufwand umgesetzt war.

Außerdem konnten durch die Berichterstattung nach dem Management Approach verursachte organisationale bzw. prozessuale Veränderungen ausgemacht werden. Zum einen fand eine Erweiterung bestehender oder eine Schaffung von neuen Kommunikationsprozessen statt. Diese können persönlicher Natur sein, wenn z.B. die Planverantwortlichen Meetings mit dem Konzernrechnungswesen abhalten, um die Planungsannahmen hinsichtlich des Impairment Tests zu besprechen. Darüber hinaus kann wie bei der Beta AG durch die Abgabe eines Planungskommentars für Zwecke des Impairment Tests eine zusätzliche schriftliche Kommunikation stattfinden. Die Auswirkungen auf die Kommunikation sind in den dargestellten Fällen nicht in einem negativen Licht zu sehen. Vielmehr bieten sie Möglichkeiten zur eigenen Prozessverbesserung. So können die abgehaltenen Meetings und die Abgabe eines Planungskommentars neben dem Impairment Test auch die eigene Mittelfristplanung und Budgetierung validieren. Den Planungskommentaren kommt hierbei eine Modalitäten-Funktion zu, denn sie sind der Kommunikation zwischen den Akteuren im Rahmen des Planungsprozesses dienlich. Der Management Approach bietet zum Teil auch bei vorliegen einer mittelbaren Informationsverwendung Potenzial zur Harmonisierung des Rechnungswesens (z.B. bei der operativen Einheit der Beta AG). Dennoch ist das Konzernrechnungswesen der drei betrachteten Fälle fast ausnahmslos harmonisiert.

Darüber hinaus hat der Management Approach durch seinen Rückgriff auf unternehmensinterne Quellen nicht nur Implikationen auf Unternehmensebene, sondern in einem zweiten Schritt auch auf Ebene der externen Berichtsadressaten. Hierbei steht insbesondere der Umgang mit Subjektivität im Vordergrund. Im Rahmen der Berichterstattung nach dem Management Approach können sowohl persönliche als auch organisationale Aspekte der Subjektivität ausgemacht werden. Erstere können vorliegen, wenn z.B. wie bei der Alpha AG die Planung an die Incentivierung angeschlossen ist. Akteure könnten bewusst niedrige Planwerte abgeben, um diese erreichen zu können. Allerdings werden diese Effekte durch den organisationalen Umgang mit Subjektivität eingedämmt. In allen drei betrachteten Unternehmen sind z.B. an der Planung stets mehrere Akteure beteiligt und es erfolgt eine Planfestlegung durch Kommunikationsprozesse. Subjektive Gestaltungsspielräume, die von einzelnen dezentralen Akteuren ausgehen, sind de facto ausgeschlossen. Insbesondere konnte nicht, wie in der Literatur zum Teil angenommen,[1074] ein Manipulationseffekt festgestellt werden, bei welchem dezentrale Entscheider bewusst falsche Informationen bottom-up kommunizieren, um ihren eigenen Handlungsspielraum zu vergrößern. Vielmehr stimmen diese ihr Handeln reflexiv auf den Handlungskontext und insbesondere die Handlungen anderer Akteure ab (z.B. Plan- bzw. Wertvorstellungen von weiteren Beteiligten). Es ist allerdings anzumerken, dass aufgrund des gewählten Forschungsdesigns (Befragung der beteiligten Akteure) eine Aufdeckung von Manipulationshandlungen kaum möglich ist. Eine solche Handlung würde kaum zugegeben werden und könnte lediglich durch den Vergleich von mehreren Gesprächen entdeckt werden.

Schließlich konnte festgestellt werden, dass die Möglichkeit zur aktiven Steuerung der eigenen Publizität besteht. Dies betrifft vor allem den Lagebericht, bei welchem die Prognoseangaben und die Angaben zu den Risiken häufig nicht quantifiziert werden oder ein verkürzter Prognosehorizont verwendet wird. Auch hierbei findet eine reflexive Handlungssteuerung der Organisation statt, da eine solche Berichterstattung von anderen Unternehmen ebenfalls nicht praktiziert wird und darüber hinaus befürchtet wird, dass zu große Einblicke in die eigene Organisation gewährt werden.

5.5.2 Grenzen und Implikationen der Untersuchung

Wie jede empirische Untersuchung unterliegt auch die Vorliegende gewissen **Limitationen**. Die qualitative Forschungsstrategie wurde aufgrund des größtenteils unerforschten Gebiets des Management Approach und dessen Komplexität gewählt, die sich aus der Vielzahl der Anwendungsgebiete ergibt. Die Vorgehensweise ist daher als explorativ einzustufen. Obwohl basierend auf einer methodisch starken Vorgehensweise Techniken zur Validierung der Ergebnisse eingesetzt wurden, wie z.B. die Methode des ständigen Vergleichens oder der dreistufige Kodierprozess, kann keine Verallgemeinerung der gewonnenen Erkenntnisse stattfinden. Diese gelten nur für die drei betrachteten Unternehmen.

Darüber hinaus kann auch das Vorgehen innerhalb der Datenerhebung und der Datenanalyse eine Grenze der Untersuchung darstellen. Die Auswahl der Ansprechpartner erfolgte teilweise über persönliche Kontakte und größtenteils über das Schneeballsystem. Der Kodierungsprozess unterliegt der Subjektivität des jeweiligen Forschers. Im Idealfall wäre eine erneute Kodierung durch einen weiteren Forscher zur Validierung des Codesystems sinnvoll.

[1074] Vgl. z.B. *Weißenberger/Maier* (2006), S. 2083; *Maier* (2009), S. 247f.

Trotz möglicher Grenzen der Untersuchung können aus dieser **Implikationen** abgeleitet werden. Es zeigte sich, dass das Konzept des Management Approach in den betrachteten Fällen grundsätzlich geeignet ist, da es zu keinem wesentlichen Mehraufwand führt. Dennoch bestehen aus der Sicht der berichterstattenden Unternehmen gewisse Anforderungen an die Akteure der Organisation. Denn für die vorliegenden Fälle zeigte sich, dass der Management Approach den interdisziplinären Austausch zwischen Rechnungswesen und Controlling fördert. Zusätzliche fachliche Kompetenzen sind in beiden Bereichen notwendig. Ein Rückgriff auf unternehmensinterne Informationen für die externe Berichterstattung bietet – je nach Ausgestaltung der Kommunikationsprozesse – die Möglichkeit, das unternehmenseigene Rechnungswesen- und Controlling-System zu verbessern. Auch für Standardsetter können die hier festgestellten Ergebnisse relevant sein. Es zeigte sich, dass in den betrachteten Fällen der Management Approach zu keinen wesentlichen Umsetzungsproblemen führt.

Nachdem vorstehend die Ergebnisse der Untersuchung auf der Unternehmensebene dargestellt wurden, erfolgt im Anschluss die Analyse des Management Approach auf Kapitalmarktebene. Hierzu wurde ein Experiment durchgeführt, das die Auswirkungen auf die Entscheidungsnützlichkeit betrachtet.

6 Untersuchung des Management Approach auf der Kapitalmarktebene

6.1 Methodik der experimentellen Forschung

Experimente stellen mittlerweile im Methodenkanon der betriebswirtschaftlichen Forschung ein unverzichtbares Instrument dar, da sie sich gut zur Untersuchung von kausalen Zusammenhängen eignen.[1075] Die experimentelle Forschung unterscheidet sich von der nicht-experimentellen Forschung im Wesentlichen durch ein gezieltes Eingreifen in das Geschehen.[1076] Dabei sind die folgenden Bedingungen konstituierend:

- Der Forscher, der das Experiment durchführt (Experimentator bzw. Versuchsleiter), variiert systematisch mindestens eine unabhängige Variable (in Experimenten häufig auch als Faktor oder Treatment bezeichnet), um die Auswirkung auf eine abhängige Variable zu registrieren.
- Dabei eliminiert der Experimentator die Wirkung von Störvariablen, die sich ebenfalls auf die abhängige Variable auswirken.

Charakteristisch für das Experiment sind folglich streng vergleichbare Untersuchungsbedingungen.[1077] Der experimentellen Forschungsmethode ist der Vorzug zu geben, wenn bereits erhobene Primärdaten („archival data“) schlecht zugänglich sind oder wenn der Effekt, der von der unabhängigen Variable ausgeht, nicht eindeutig isolierbar ist.[1078] Beide Aspekte treffen auf die Untersuchung des Management Approach auf der Kapitalmarktebene im Rahmen des vorliegenden Forschungsprojektes zu: Viele Informationen, wie z.B. Planungsrechnungen für Impariment Tests, sind nicht öffentlich zugänglich (z.B. in Geschäftsberichten). Darüber hinaus kann der Effekt der Berichterstattung nach dem Management Approach nicht von Effekten anderer Berichterstattung isoliert werden.[1079]

Meist wird mit Experimenten in der betriebswirtschaftlichen Forschung beobachtbares Verhalten von Individuen untersucht – in einigen Teilgebieten kommen auch sogenannte „Vignetten-Experimente“ zum Einsatz (z.B. Conjoint-Studien), um kognitive und motivationale Vorläufer von Verhalten (z.B. Einstellung, Verhaltensintention) zu untersuchen.[1080] Das vorliegende Forschungsprojekt fokussiert sich auf das beobachtbare Verhalten von Investoren.

Es können verschiedene **Arten von Experimenten** unterschieden werden (vgl. Abb. 6-1): In einem Feldexperiment findet die Untersuchung in der natürlichen Umwelt der Ver-

---

[1075] Vgl. *Kunz/Linder* (2011), S. 212.

[1076] Vgl. zu diesen und den folgenden Ausführungen *Huber* (2005), S. 69; Zu den verschiedenen Auffassungen einzelner Autoren über das Experiment vgl. *Obermaier/Müller* (2008), S. 333.

[1077] Vgl. *Hussy et al.* (2010), S. 114.

[1078] Vgl. *Sprinkle/Williamson* (2007), S. 416; *Libby et al.* (2002), S. 806.

[1079] Dies gilt insbesondere, wenn die nach dem Management Approach berichteten Informationen z.B. in einem Geschäftsbericht veröffentlicht sind, der zu einem bestimmten Stichtag erscheint. Eine Isolation des Effektes von dem Effekt der restlichen Daten ist nicht möglich.

[1080] Vgl. *Kunz/Linder* (2011), S. 212.

suchsteilnehmer statt.[1081] Die Untersuchungsergebnisse entstehen in einem möglichst unbeeinflussten Umfeld und weisen daher aufgrund des unverfälschten Realitätsausschnitts eine hohe externe Validität[1082] auf.[1083] Demgegenüber steht das Laborexperiment, das in Umgebungen durchgeführt wird, in denen die gezielte Ausschaltung von Störvariablen möglich ist (Labore).[1084] Laborexperimente weisen eine hohe interne Validität auf, können aber problematisch im Hinblick auf die Generalisierbarkeit auf natürliche Situationen sein.[1085]

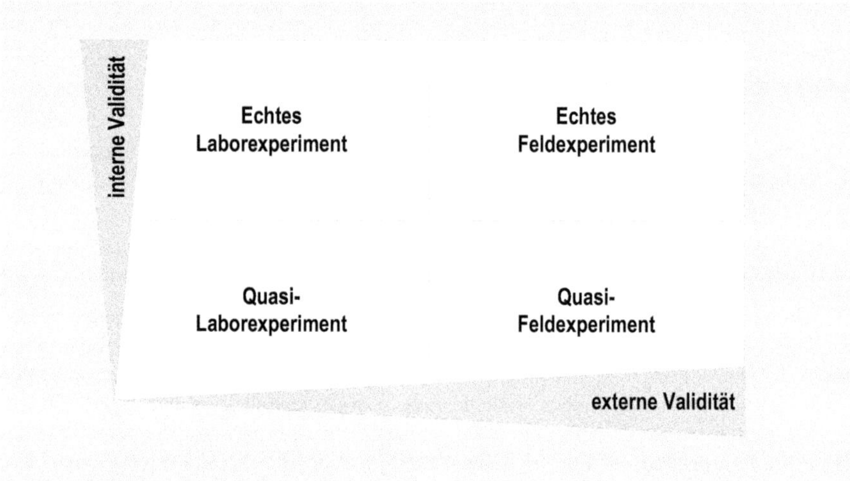

Abb. 6-1: Arten von Experimenten
Quelle: In Anlehnung an *Bortz/Döring* (2006), S. 58

Neben der Unterscheidung hinsichtlich des Untersuchungsraumes können Experimente auch nach der Möglichkeit, Störvariablen auszuschalten differenziert werden. In einem „echten" Experiment (bzw. einer experimentellen Untersuchung) können Störeinflüsse umfassend ausgeschaltet oder kontrolliert werden, während in einem Quasi-Experiment (bzw. einer quasi-experimentellen Untersuchung) mindestens eine Störvariable unkontrollierbar bleibt.[1086] Da in strengen experimentellen Untersuchungen die kausale Aussage aufgrund der besseren Kontrolle der Störeinflüsse eindeutiger ist, weisen diese Untersuchungen eine höhere interne Validität auf.[1087]

[1081] Vgl. *Huber* (2005), S. 77.

[1082] Unter externer Validität wird die Generalisierbarkeit der Ergebnisse aus der spezifischen Untersuchungssituation auf allgemeinere Situation verstanden. Die interne Validität hingegen ist ein Maß für die Eindeutigkeit der kausalen Interpretation der Untersuchungsergebnisse. Vgl. ausführlich *Bortz/Döring* (2006), S. 53.

[1083] Vgl. *Bortz/Döring* (2006), S. 57.

[1084] Vgl. *Rack/Christophersen* (2007), S. 18f.

[1085] Vgl. *Huber* (2005), S. 77.

[1086] Vgl. *Rack/Christophersen* (2007), S. 21f.

[1087] Vgl. *Bortz/Döring* (2006), S. 56; *Rack/Christophersen* (2007), S. 22.

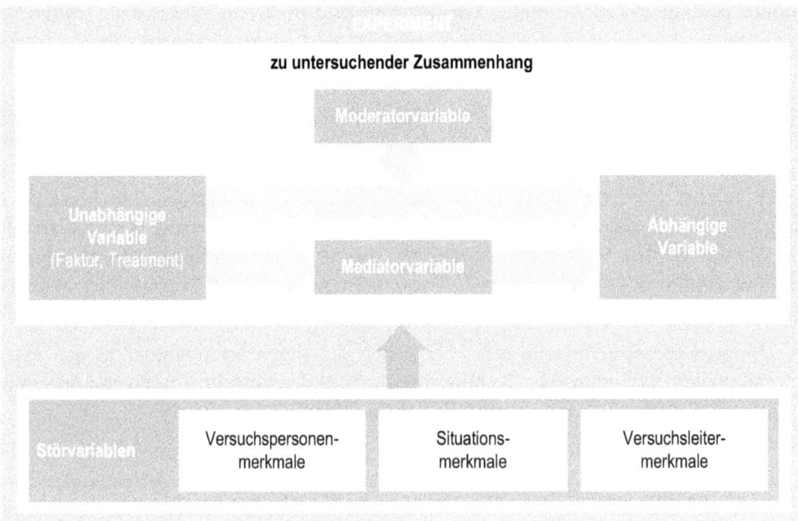

Abb. 6-2: Variablen und Einflüsse im Experiment

Im Experiment tauchen verschiedene Variablentypen auf (vgl. Abb. 6-2). Eckpunkte des zu untersuchenden Kausalzusammenhangs bilden die unabhängige und die abhängige Variable. Eine Variable weist immer mindestens zwei Abstufungen auf (z.B. Geschlecht: männlich, weiblich).[1088] Die Stufen der unabhängigen Variable(n) sind bei einem Experiment für den Versuchsaufbau von entscheidender Bedeutung und werden als (experimentelle) Bedingungen bezeichnet.[1089] Wie bereits angedeutet, ist der Kausalzusammenhang in einem Experiment nicht immer direkt, sondern kann auch durch **Drittvariablen** beeinflusst sein.[1090] Moderatorvariablen nehmen Einfluss auf die Richtung oder auf die Stärke der Beziehung zwischen einer unabhängigen (Prädikatorvariable) und einer abhängigen Variable (Prognosevariable).[1091] Trotz theoretischer Überlegungen können Moderatoreffekte häufig aufgrund von Multikollinearität[1092], Messfehlern, unangemessenen Metriken, zu kleinen Stichproben oder Fehlspezifikationen des Modells unentdeckt bleiben.[1093] Wirkt eine Prädikatorvariable zuerst auf andere Variable, die dann wiederrum die Prognosevariable beeinflusst, so wird diese andere Variable als Mediatorvariable bezeichnet.[1094] Die Wirkung kann vom Mediator vollständig oder aber auch nur teilweise über-

[1088] Vgl. *Huber* (2005), S. 23.

[1089] Vgl. *Huber* (2005), S. 72, 157–160.

[1090] Vgl. *Rack/Christophersen* (2007), S. 19.

[1091] Vgl. *Müller* (2007), S. 245f.

[1092] Unter Multikollinearität wird die lineare Abhängigkeit zwischen mindestens zwei unabhängigen Variablen verstanden, vgl. *Schneider* (2007), S. 183.

[1093] Vgl. ausführlich *Müller* (2007), S. 252f.

[1094] Vgl. *Müller* (2007), S. 253.

tragen werden. Häufig findet sich diese Beziehungsart in Modellen, in denen soziologische oder psychologische Momente wichtig sind und in denen Prozesse abgebildet werden, bei denen Kausalbeziehungen die Einflussgrößen des Prozesses miteinander verbinden.[1095]

Gibt es Einflussgrößen, welche die eindeutige Interpretierbarkeit der Kausalrelation zwischen der unabhängigen und der abhängigen Variable verzerren, so spricht man von **Störvariablen.**[1096] Der Begriff „Störvariable" ist nicht wertend zu verstehen, sondern resultiert lediglich aus der gestörten Interpretierbarkeit.[1097] Diese Einflussgrößen, die ebenfalls die abhängige Variable determinieren, werden erst durch Konfundierung zu Störvariablen. Unter Konfundierung wird die systematische Variation der Einflussgröße mit den verschiedenen Stufen der unabhängigen Variable verstanden.[1098] Bei Störvariablen wird zwischen Versuchspersonen-, Situations- und Versuchsleitermerkmalen differenziert:[1099]

- **Versuchspersonenmerkmale:** Sofern sich die Versuchsteilnehmer in den experimentellen Bedingungen z.B. hinsichtlich Alter, Geschlecht, Intelligenz unterscheiden, handelt es sich um potenzielle Störvariablen.
- **Situationsmerkmale:** Potenzielle Störvariablen liegen vor, wenn sich mit dem Untersuchungskontext verbundene Situationsmerkmale, wie beispielsweise die Tageszeit, die Beleuchtung oder das Untersuchungsmaterial, für die Versuchspersonen in den verschiedenen Bedingungen systematisch unterscheiden.
- **Versuchsleitermerkmale:** Unterscheiden sich Versuchsleitermerkmale in den verschiedenen Bedingungen, z.B. hinsichtlich Alter, Geschlecht oder Zuwendung, so kann eine potenzielle Störvariable vorliegen. Dies kann auftreten, wenn verschiedene experimentelle Gruppen von unterschiedlichen Versuchsleitern untersucht werden.

Potenzielle Störvariablen können durch eine Reihe von Techniken kontrolliert werden. Obwohl der Einfluss von Störvariablen nach der Datenerhebung durch statistische Verfahren (z.B. Kovarianzanalyse) berücksichtigt werden kann, sollte sich eine Versuchsplanung im Idealfall den nachfolgend aufgeführten Techniken bedienen, die bereits vor der Durchführung des Experiments angewandt werden können:[1100]

- **Konstanthaltung:** Für die komplette Versuchsdauer wird die Störvariable (z.B. Beleuchtung im Raum) auf allen Bedingungen konstant gehalten.[1101] Eine Konfundierung kann somit ausgeschlossen werden. Die potenzielle Störvariable muss allerdings dem Forscher bekannt sein.[1102] Die Konstanthaltung kann sich nachtei-

[1095]Vgl. mit Beispiel *Müller* (2007), S. 253f.
[1096]Vgl. *Hussy et al.* (2010), S. 121f.
[1097]Vgl. *Huber* (2005), S. 72; *Hussy et al.* (2010), S. 122.
[1098]Vgl. *Huber* (2005), S. 112f.; *Hussy et al.* (2010), S. 115.
[1099]Vgl. *Hussy et al.* (2010), S. 115f.
[1100]Vgl. *Rack/Christophersen* (2007), S. 29.
[1101]Vgl. *Huber* (2005), S. 110.
[1102]Vgl. *Rack/Christophersen* (2007), S. 29.

lig auf die Generalisierbarkeit der Ergebnisse auswirken (es ist z.B. unklar, ob das Ergebnis auch auf andere Beleuchtungszustände verallgemeinert werden kann).[1103]

- **Elimination:** Bei der radikalsten und wirksamsten Technik wird die Störvariable ausgeschaltet (z.B. störender Lärm durch Schalldämmung verhindern).[1104] Auch hierfür muss der Störeffekt bekannt sein.
- **Systematische Variation:** Hierbei wird eine potenzielle Störvariable zu einer zusätzlichen unabhängigen Variablen gemacht.[1105] Die Bekanntheit des Störfaktors ist ebenfalls Voraussetzung.
- **Zufällige Variation:** Eine Konfundierung wird bei der zufälligen Variation durch eine Realisation von möglichst vielen Ausprägungen der potenziellen Störvariable und eine zufällige Zuordnung der Versuchspersonen zu diesen Ausprägungen erreicht.[1106] Ist die Anzahl der Versuchspersonen hinreichend groß, so treten die Ausprägungen der potenziellen Störvariable vergleichbar häufig in den Bedingungen auf.[1107]
- **Randomisieren:** Diese sehr bedeutende Kontrolltechnik setzt auf eine zufällige Zuteilung der Versuchspersonen zu den experimentellen Bedingungen, um die Versuchsgruppen im Wege des statistischen Fehlerausgleichs vergleichbar zu machen (Äquivalenz).[1108] Vorteil dieser Methode ist, dass die potenziellen Störvariablen weder bekannt noch operationalisiert oder gemessen werden müssen.[1109] Nachteilig hingegen ist die Voraussetzung einer großen Stichprobe, da ansonsten durch Zufall der gegenteilige Effekt eintreten kann.[1110] Allgemein wird eine Mindestgröße von 20 Untersuchungsteilnehmern pro experimenteller Gruppe bzw. Treatment empfohlen.[1111]
- **Parallelisieren (matching):** Hierbei wird die potenzielle Störvariable in einem ersten Schritt bei allen Versuchspersonen gemessen, um dann im zweiten Schritt die Teilnehmer in Gruppen mit annähernd gleichen Anteils- oder Mittelwerten einzuteilen.[1112] Diese Technik kann bei kleineren Stichproben eingesetzt werden, allerdings nur bis zu maximal drei (bereits bekannten) Variablen.[1113] Außerdem

[1103] Vgl. *Huber* (2005), S. 110; *Bortz/Döring* (2006), S. 526.
[1104] Vgl. *Huber* (2005), S. 109.
[1105] Vgl. *Hussy et al.* (2010), S. 117.
[1106] Vgl. *Huber* (2005), S. 110; *Hussy et al.* (2010), S. 117.
[1107] Vgl. *Hussy et al.* (2010), S. 117.
[1108] Vgl. *Bortz/Döring* (2006), S. 524.
[1109] Vgl. *Huber* (2005), S. 109; *Rack/Christophersen* (2007), S. 29.
[1110] Vgl. *Hussy et al.* (2010), S. 118. Zu den Grenzen der Randomisierung vgl. außerdem *Bortz/Döring* (2006), S. 525f.
[1111] Vgl. *Bortz/Döring* (2006), S. 524.
[1112] Vgl. *Bortz/Döring* (2006), S. 526; *Hussy et al.* (2010), S. 118. Vgl. mit Beispiel zur Störvariable Intelligenz *Huber* (2005), S. 106–108.
[1113] Vgl. *Hussy et al.* (2010), S. 118.

geht die Parallelisierung häufig zu Lasten der externen Validität (sog. Regressionseffekte).[1114]

- **Blindversuche:** Bei dieser speziellen Technik kennt der Versuchsleiter die der Untersuchung zugrundeliegenden Hypothese(n) nicht und kann somit keine systematische Erwartungshaltung aufbauen oder gar an Versuchsteilnehmer weitergeben.[1115]

Für die Kontrolle von Versuchspersonenmerkmalen bietet sich das Parallelisieren und das Randomisieren an, für die Kontrolle der Situations- und Versuchsleitermerkmale hingegen die Elimination, die Einführung einer Kontrollgruppe und die Konstanthaltung.[1116] Darüber hinaus können Blindversuche zur Kontrolle von Versuchsleitererwartungseffekten eingesetzt werden.[1117] Die systematische Variation und die zufällige Variation sind bei allen drei Arten von Störvariablen anwendbar.[1118] Im Rahmen der vorliegenden Arbeit wurde die Randomisieren-Technik angewendet.[1119]

In Anlehnung an *Huber* (2005) liegt dieser Untersuchung ein **strukturiertes Ablaufschema** für das Experiment zugrunde, das nachfolgend kurz dargestellt wird. Im ersten Schritt, den Grundlagen, geht es um die Fragestellung, die Hypothesenbildung und die Operationalisierung. Diese Punkte wurden bereits in den Abschnitten 1.1 und 4.4.2 abgehandelt. Anschließend erfolgt die Festlegung des Versuchsplans bzw. der Versuchsplananlage. Im dritten Schritt wird das Experiment durch den Entwurf des Arbeitsmaterials, der Festlegung der Störvariablen und der Stichprobe im Konkreten erstellt. Bevor das Experiment durchgeführt wird, soll es einem Pretest unterzogen werden. Nach der Datenerhebung wird das Experiment mit der Auswertung und Publikation abgeschlossen.

Abb. 6-3: Schritte des in der vorliegenden Arbeit durchgeführten Experiments

Die Schritte zwei bis vier werden im nachfolgenden Abschnitt unter dem Stichpunkt „Forschungsdesign" zusammengefasst. Daran schließen sich letztlich die Auswertung und die Interpretation der Ergebnisse in den Abschnitten 6.3 und 6.4 an.

[1114] Vgl. *Bortz/Döring* (2006), S. 526, 554.
[1115] Vgl. *Hussy et al.* (2010), S. 118f.
[1116] Vgl. *Huber* (2005), S. 105–111; *Hussy et al.* (2010), S. 118.
[1117] Vgl. *Hussy et al.* (2010), S. 118f.
[1118] Vgl. *Hussy et al.* (2010), S. 117.
[1119] Vgl. das Experimentdesign in Abschnitt 6.2.2.

6.2 Forschungsdesign

6.2.1 Versuchsplan

Das geplante Experiment erfasst den zu untersuchenden Kausalzusammenhang über zwei unabhängige und fünf abhängige Variablen. Die beiden Subkausalzusammenhänge orientieren sich an der konzeptionellen Ausarbeitung des Management Approach. Dieser lässt sich, wie in Abschnitt 2.2.1 skizziert, grundsätzlich in zwei Teilgebiete differenzieren: Im Rahmen der IFRS-Rechnungslegung werden zum einen Informationen zur Bewertung und Publizität herangezogen (Teilbereich 1), und zum anderen orientieren sich die Bewertung und die Publizität an internen Organisationsstrukturen und dem Berichtswesen (Teilbereich 2). Stellvertretend für die beiden Teilbereiche werden die Anwendungsgebiete mit dem größten Umsetzungspotenzial für den Management Approach betrachtet. Die **unabhängige Variable** (Faktor/Treatment) für Teilbereich 1 stellt die Angabe über Herkunft der Planungsrechnungen dar, die dem Impairment Test nach IAS 36 und der Prognoseberichterstattung zugrunde liegen und weist zwei Stufen auf. Auf der ersten Stufe wird den Investoren vermittelt, dass die Planungsrechnungen aus der Mittelfristplanung des Unternehmens entstammen und zuvor dem Management als Grundlage für eigene Entscheidungen dienten. Auf der zweiten Stufe wird betont, dass die Planungsrechnung nicht aus Management-Informationen entnommen wurde. Analog stellt sich die unabhängige Variable des Teilbereichs 2 dar, welche die Ausgestaltung der Segmentberichterstattung des Unternehmens erfasst. Auf der ersten Stufe erhalten die Investoren die Information, dass die Segmentberichterstattung kongruent mit der internen Organisationsstruktur und dem Berichtswesen des Unternehmens ist. Demgegenüber liegt auf der zweiten Stufe eine Inkongruenz vor.

Um zu untersuchen, ob die nach dem Management Approach berichteten Informationen einen Einfluss auf die Entscheidungsnützlichkeit für Investoren haben, wurden in Kapitel 4.4.2 Forschungshypothesen für fünf **abhängige Variablen** formuliert, welche das Kriterium Entscheidungsnützlichkeit konkretisieren: Die Streuung von Investorenschätzungen, die Zufriedenheit der Investoren mit ihren Schätzungen, die Investitionsbereitschaft, die Einschätzung der Nützlichkeit von berichteten Informationen und die Einschätzung von Relevanz und Verlässlichkeit der berichteten Informationen. Um diese Proxys für die Entscheidungsnützlichkeit messbar zu machen, bedarf es einer Operationalisierung der grundlegenden Hypothesen, die in Kapitel 6.2.3 vorgenommen wird.

Ausgehend von dem zu untersuchenden Kausalzusammenhang und den damit verbundenen Variablen, lässt sich der Versuchsplan ableiten. Die beiden unabhängigen Variablen (Verwendung von Planungsrechnungen und Ausgestaltung der Segmentberichterstattung) weisen jeweils zwei Stufen auf und können somit in einem **2x2-Between-Subject-Design** angeordnet werden. Die Kombination aller Faktoren führt zu vier experimentellen Bedingungen, welche durch die vier Zellen des Versuchsplans in Abb. 6-4 dargestellt sind. Im Between-Subject-Design wird jede experimentelle Bedingung einer Gruppe zugeordnet. Die Bezeichnung der Gruppen orientiert sich an der jeweils vorliegenden Stufe (binäre Kodierung) der beiden unabhängigen Variablen: Gruppen, denen kommuniziert wird, der Impairment Test und der Prognosebericht beruhen auf der Mittelfristplanung, tragen die

Bezeichnung P_1 – der jeweilige Gegenpart die Bezeichnung P_0. Gleiches gilt analog für die Orientierung der Segmentberichterstattung an der internen Organisationsstruktur und dem Berichtswesen (S_1/S_0). Somit ergeben sich die abgebildeten Gruppen P_1S_1, P_1S_0, P_0S_1 und P_0S_0.

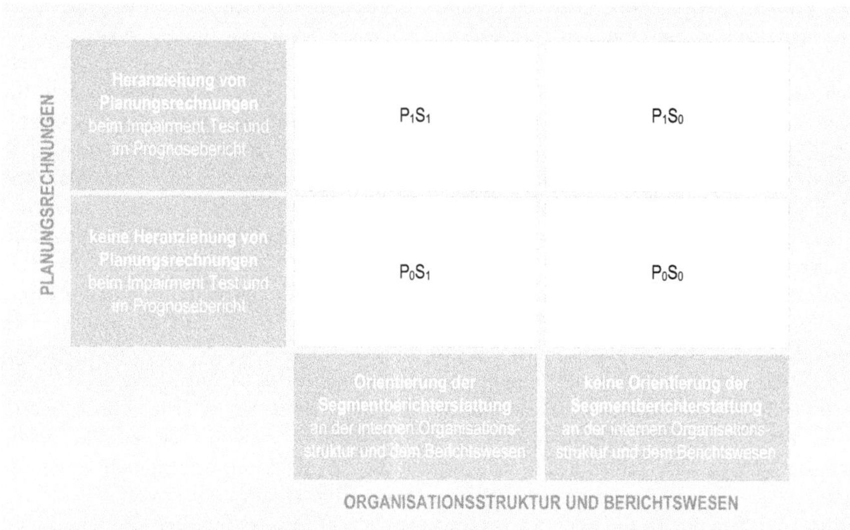

Abb. 6-4: Multifaktorieller Versuchsplan des Experimentes (2x2-Between-Subject-Design)

6.2.2 Experimentdesign

Das im vorliegenden Forschungsprojekt durchgeführte Experiment stellt ein computergestütztes Laborexperiment dar. Die Experimentteilnehmer waren fortgeschrittene Studierende der Betriebswirtschaftslehre an der Westfälischen Wilhelms-Universität Münster. Auch in experimentellen Studien, die in hochrangigen Journals publiziert wurden, übernehmen häufig Studierende die Rolle von nicht-professionellen Investoren.[1120] Darüber hinaus gehen Standardsetter davon aus, dass Rechnungslegung primär an Investoren bzw. an Empfänger mit gewissen wirtschaftlichen Kenntnissen adressiert ist.[1121] Aus diesem Grund wurden für die Experimentteilnahme Master-Studierende mit Major oder Minor Accounting und Bachelor-Studierende aus dem dritten Studienjahr mit Vertiefung Ac-

[1120] Vgl. *Libby et al.* (2002), S. 803 m.w.N. Studien die ebenfalls Studierende als Proxy für nicht-professionelle Investoren eingesetzt haben sind beispielsweise *Kroll et al.* (1988); *Bloomfield/Libby* (1996); *Lipe* (1998); *Lachmann et al.* (2010). Vgl. zur Eignung von Studierenden (insbesondere in höheren Semestern) als Proxy für nicht-professionelle Investoren *Libby et al.* (2002), S. 803; *Elliott et al.* (2007), S. 166.

[1121] So wird im IFRS-Framework erwähnt, dass „primary users of general purpose financial reporting are present and potential investors"; im Framework der US-GAAP, in SFAC No. 2, wird davon ausgegangen, dass die Informationen nützlich für diejenigen sind, „who have a reasonable understanding of business and economic activities", vgl. auch *Frederickson et al.* (2006), S. 1081.

counting[1122] ausgewählt. Insgesamt konnten 91 Studierende als Experimentteilnehmer gewonnen werden. Um eine Konfundierung zu vermeiden, wurden die Studierenden anhand einer Vorabumfrage ausgewählt, in welcher die Anzahl der besuchten Accountingveranstaltungen und die bisherige Investitionserfahrung abgefragt wurden. Vor der eigentlichen Durchführung des Experimentes wurde außerdem ein Pretest mit den Mitgliedern des Accounting Centers der Westfälischen Wilhelms-Universität Münster durchgeführt, um die Qualität des experimentellen Designs sicherzustellen.

Das computergestützte Experiment wurde in den PC-Pools der Wirtschaftswissenschaftlichen Fakultät durchgeführt. Aufgrund der beschränkten räumlichen Kapazität dieser PC-Pools musste das Experiment in vier Sessions an jeweils unterschiedlichen Tagen durchgeführt werden. In jeder Session wurden die Teilnehmer zufällig auf die vier Experimentalgruppen verteilt, die sich aus dem 2x2-Between-Subject-Design ergeben (vgl. Abb. 6-4). Durch diese Anwendung der Randomisieren-Technik wird versucht, eine Konfundierung zu vermeiden. Wie bereits dargestellt,[1123] ist hierfür eine Mindestgruppengröße von 20 Teilnehmern erforderlich. Dies ist für das vorliegende Projekt gegeben – auch nach Ausschluss von Teilnehmern durch Manipulationskontrollen.[1124] Nachdem die Teilnehmer instruiert worden sind, erhielten sie das **Arbeitsmaterial** zur Durchsicht. Das Arbeitsmaterial bestand aus einem verkürzten Geschäftsbericht eines fiktiven Unternehmens der Maschinenbaubranche (Manufacturing AG, siehe Anhang B), der ein Deckblatt und drei Seiten umfasste. Die finanziellen Daten des fiktiven Unternehmens sind an ein reales Beispiel angelehnt und wurden aus Komplexitätsgründen und zur besseren Isolation des Sachverhalts reduziert. Alle Teilnehmer erhielten das identische Arbeitsmaterial. Der verkürzte Geschäftsbericht bestand aus einem Lagebericht, einschließlich eines Prognoseberichts, aus der Gewinn- und Verlustrechnung, aus der Bilanz, der Segmentberichterstattung und aus dem Anhang. Die Experimentteilnehmer hatten 15 Minuten Zeit, um das Arbeitsmaterial zu studieren.

Im Arbeitsmaterial waren die folgenden Basisinformationen enthalten, auf die sich die im weiteren Verlauf des Experiments am Monitor angezeigten Manipulationen der beiden unabhängigen Variablen Planungsrechnungen und Segmentberichterstattung bezogen: Der Lagebericht enthielt eine Umsatz- und Ergebnisprognose. Im Lagebericht, in der Bilanz und im Anhang war außerdem eine außerplanmäßige Abschreibung im Sachanlagevermögen aufgeführt. Die Segmentberichterstattung umfasste zwei Segmente und wies die typischen Segmentinformationen aus (z.B. Umsatz, Ergebnis, Segmentvermögen).

Für die Durchführung des **computergestützten Experiments** wurde die Software z-Tree verwendet, die von der Universität Zürich entwickelt wurde und frei erhältlich ist.[1125] Die Software besteht aus zwei Komponenten: Ein erstes Programm ist für den Betrieb auf ei-

[1122] Im Bachelorstudiengang Betriebswirtschaftslehre an der Westfälischen Wilhelms-Universität Münster erfolgt eine Spezialisierung im dritten Studienjahr durch Wahlpflichtmodule. Die Vertiefung Accounting stellt eine solche Spezialisierung dar. Im Rahmen dieser Vertiefung werden Themen der internationalen Rechnungslegung und der Konzernrechnungslegung sowie der Unternehmensanalyse behandelt.

[1123] Vgl. die Ausführungen in Abschnitt 6.1.

[1124] Vgl. hierzu die Auswertung in Kapitel 6.3.

[1125] Vgl. den Beitrag von *Fischbacher*, der die Software entwickelt hat *Fischbacher* (2007).

nem Server konzipiert und für die Koordination des Experiments verantwortlich. Das zweite Programm wird auf den Client-Rechnern der Experimentteilnehmer betrieben und ermöglicht die Interaktion mit diesen (z.B. durch die Möglichkeit zur Beantwortung eines Fragebogens oder zur Durchführung einer Auktion). Die auf die vier experimentellen Gruppen aufgeteilten Teilnehmer erhielten nach der Einarbeitungszeit auf ihren jeweiligen Monitoren zusätzliche Informationen zu den verkürzten Geschäftsberichten, welche die Manipulation für die Treatments enthielten (vgl. vorstehenden Abschnitt 6.2.1). In jeder Session wurden die Teilnehmer in einer Weise angeordnet, dass sie nicht auf die Monitore der anderen Teilnehmer blicken konnten.

Im Anschluss an die Instruktion und die Einarbeitungszeit wurde das Experiment gestartet. Die Teilnehmer wurden nun mittels der Software z-Tree aufgefordert, ihre Einschätzungen und Beurteilungen abzugeben. Der **Fragenkatalog** teilte sich grob in die vier folgenden Bereiche:

- Die Teilnehmer gaben Beurteilungen für die zukünftigen Werte von Umsatz und betrieblichem Ergebnis (EBIT) auf Ebene des gesamten Unternehmens und der beiden Segmente ab.
- Anschließend wurden die Teilnehmer aufgefordert, ihr Vertrauen in ihre abgegebenen Einschätzungen auszudrücken. Diese Fragen wurden mit siebenstufigen Likert-Skalen[1126] operationalisiert.
- Darüber hinaus wurde abgefragt, ob und in welchem Umfang die Teilnehmer in das fiktive Unternehmen investieren möchten.
- Die Teilnehmer wurden gebeten, Einschätzungen der Nützlichkeit einzelner Teile des Geschäftsberichts sowie der Relevanz und der Verlässlichkeit der darin enthaltenen Informationen abzugeben.

Zusätzlich zu diesen vier Fragenkategorien wurden weitere Fragen gestellt, um mögliche andere Entscheidungsparameter, wie die Einschätzung der finanziellen Lage, der Wachstumsperspektiven, des Investitionsrisikos und des bilanzpolitischen Ermessensspielraumes abzudecken.[1127] Diese wurden ebenfalls mit siebenstufigen Likert-Skalen operationalisiert.

Schließlich durchliefen die Teilnehmer einen zweiten Fragebogen, der Fragen zu den Manipulationen, zur Selbstüberschätzung und zur Risikoeinstellung enthielt. Die bewusste Manipulation von unabhängigen Variablen ist ein zentrales Merkmal von Experimenten (vgl. Abschnitt 6.1). Da zwar dem Forscher diese Manipulation bewusst ist, die Auswirkung auf die einzelnen Experimentteilnehmer jedoch unbekannt ist, werden üblicherweise Manipulationskontrollen („manipulation checks") durchgeführt.[1128] Durch die Manipulationskontrollen kann überprüft werden, ob die Manipulation der unabhängigen Variable(n) von den Teilnehmern verstanden wurde. Insgesamt wurden drei Manipulationskontrollen eingesetzt (vgl. detailliert die Auswertung in Abschnitt 6.3.1). Außerdem wurden drei Fragen zur Selbstüberschätzung („overconfidence") gestellt. Hierbei wurde dem von

[1126] Vgl. zur Likert-Skala *Bortz/Döring* (2006), S. 224; *Broda* (2006), S. 86; *Kuckartz et al.* (2010), S. 220–226.
[1127] Die Fragen wurden in Anlehnung an die Studie von *Belzile et al.* (2006), S. 156f., gestellt.
[1128] Vgl. *Gravetter/Forzano* (2011), S. 216–218.

Griffin/Tversky vorgeschlagenen Vorgehen gefolgt,[1129] welches eine leichte, eine schwere und eine beinahe unbeantwortbare Frage vorsieht, um den Effekt der Schwierigkeit zu berücksichtigen (vgl. detailliert die Auswertung in Abschnitt 6.3.2). In der „overconfidence" Forschung wird bei schwierigen Fragen häufig ein höheres Maß an „overconfidence" beobachtet, während bei leichten Fragen ein umgekehrter Effekt eintritt – da sich die Teilnehmer ihres Wissens unsicher sind, liegt „underconfidence" vor („hard-easy effect").[1130] Mit einem von *Holt/Laury* entwickelten Lotterieverfahren[1131] wurde detailliert die Risikoneigung festgestellt, um gegebenenfalls das Sample bei der Auswertung bereinigen zu können (vgl. detailliert die Auswertung in Abschnitt 6.3.2). Nach Beantwortung des zweiten Fragebogens wurde die Experimentsession abgeschlossen.

6.2.3 Operationalisierte Hypothesen

Aufbauend auf dem Versuchsplan und dem Experimentdesign lassen sich die in Kapitel 4.4.2 aus der Theorie und Literatur abgeleiteten Forschungshypothesen operationalisieren (**operationalisierte Hypothesen**).[1132] Hypothese 1 bezog sich auf die Streuung von Investorenschätzungen (abhängige Variable, AV) und nimmt an, dass diese Variable eine geringere Höhe aufweist, wenn nach dem Management Approach berichtet wird. Im vorliegenden Experiment soll – wie vorstehend erläutert – neben dem Umsatz auch eine Ergebnisgröße (EBIT) geschätzt werden. Um darüber hinaus auch den Einfluss der Segmentberichterstattung genauer analysieren zu können, sollen Schätzungen nicht nur für die Gesamtunternehmensebene, sondern auch für die beiden Segmente der Manufacturing AG abgegeben werden. Als unabhängige Variablen (UV) kommen, basierend auf dem Versuchsplan, jeweils der Rückgriff auf Planungsrechnungen (im Folgenden: „Planungsrechnungen") und der Rückgriff auf Organisationsstrukturen und das Berichtswesen (im Folgenden: „Organisationsstrukturen") zum Einsatz. Hieraus ergeben sich pro unabhängige Variable jeweils sechs operationalisierte Hypothesen (Planungsrechnungen: a–f, Organisationsstrukturen: g–l).

Hypothese 1: Streuung der Investorenschätzungen (AV), Planungsrechnungen (UV)

H_{1a}: *Die Streuung der Umsatzschätzungen von Investoren für das Gesamtunternehmen ist geringer, wenn der Impairment Test und der Prognosebericht auf der Mittelfristplanung beruhen.*

H_{1b}: *Die Streuung der EBIT-Schätzungen von Investoren für das Gesamtunternehmen ist geringer, wenn der Impairment Test und der Prognosebericht auf der Mittelfristplanung beruhen.*

H_{1c}: *Die Streuung der Umsatzschätzungen von Investoren für Segment 1 ist geringer, wenn der Impairment Test und der Prognosebericht auf der Mittelfristplanung beruhen.*

– wird fortgesetzt –

[1129] Vgl. *Griffin/Tversky* (1992), S. 426.
[1130] Vgl. *Schweizer* (2005), S. 262f. m.w.N.
[1131] Vgl. *Holt/Laury* (2002), S. 1645–1647.
[1132] Vgl. dazu die Ausführungen in Abschnitt 4.4.1.

H_{1d}: *Die Streuung der EBIT-Schätzungen von Investoren für Segment 1 ist geringer, wenn der Impairment Test und der Prognosebericht auf der Mittelfristplanung beruhen.*

H_{1e}: *Die Streuung der Umsatzschätzungen von Investoren für Segment 2 ist geringer, wenn der Impairment Test und der Prognosebericht auf der Mittelfristplanung beruhen.*

H_{1f}: *Die Streuung der EBIT-Schätzungen von Investoren für Segment 2 ist geringer, wenn der Impairment Test und der Prognosebericht auf der Mittelfristplanung beruhen.*

Hypothese 1: Streuung der Investorenschätzungen (AV), Organisationsstrukturen (UV)

H_{1g}: *Die Streuung der Umsatzschätzungen von Investoren für das Gesamtunternehmen ist geringer, wenn die berichteten Segmente in der Segmentberichterstattung mit der internen Organisationsstruktur und dem Berichtswesen übereinstimmen.*

H_{1h}: *Die Streuung der EBIT-Schätzungen von Investoren für das Gesamtunternehmen ist geringer, wenn die berichteten Segmente in der Segmentberichterstattung mit der internen Organisationsstruktur und dem Berichtswesen übereinstimmen.*

H_{1i}: *Die Streuung der Umsatzschätzungen von Investoren für Segment 1 ist geringer, wenn die berichteten Segmente in der Segmentberichterstattung mit der internen Organisationsstruktur und dem Berichtswesen übereinstimmen.*

H_{1j}: *Die Streuung der EBIT-Schätzungen von Investoren für Segment 1 ist geringer, wenn die berichteten Segmente in der Segmentberichterstattung mit der internen Organisationsstruktur und dem Berichtswesen übereinstimmen.*

H_{1k}: *Die Streuung der Umsatzschätzungen von Investoren für Segment 2 ist geringer, wenn die berichteten Segmente in der Segmentberichterstattung mit der internen Organisationsstruktur und dem Berichtswesen übereinstimmen.*

H_{1l}: *Die Streuung der EBIT-Schätzungen von Investoren für Segment 2 ist geringer, wenn die berichteten Segmente in der Segmentberichterstattung mit der internen Organisationsstruktur und dem Berichtswesen übereinstimmen.*

Neben der Streuung der Investorenschätzung steht auch das Vertrauen der Investoren in ihre eigenen Schätzungen (Hypothese 2) im Zentrum der Analyse. Im Anschluss an die Abgabe der Schätzungen für jede Ebene (Gesamtunternehmen, Segment 1, Segment 2) wurden die Teilnehmer gebeten, ihr Vertrauen in diese Schätzungen mitzuteilen. Hypothese 2 nimmt an, dass dieses Vertrauen höher ausfällt, wenn nach dem Management Approach berichtet wird. Analog zu Hypothese 1 wird diese nun ebenfalls anhand der beiden unabhängigen Variablen „Planungsrechnungen" und „Organisationsstrukturen" operationalisiert. Hierdurch ergeben sich jeweils drei Hypothesen (Planungsrechnungen: a–c, Organisationsstrukturen: d–f).

Hypothese 2: Vertrauen der Investoren (AV), Planungsrechnungen (UV)

H_{2a}: Das Vertrauen der Investoren in ihre Schätzungen für das Gesamtunternehmen ist höher, wenn der Impairment Test und der Prognosebericht auf der Mittelfristplanung beruhen.

H_{2b}: Das Vertrauen der Investoren in ihre Schätzungen für Segment 1 ist höher, wenn der Impairment Test und der Prognosebericht auf der Mittelfristplanung beruhen.

H_{2c}: Das Vertrauen der Investoren in ihre Schätzungen für Segment 2 ist höher, wenn der Impairment Test und der Prognosebericht auf der Mittelfristplanung beruhen.

Hypothese 2: Vertrauen der Investoren (AV), Organisationsstrukturen (UV)

H_{2d}: Das Vertrauen der Investoren in ihre Schätzungen für das Gesamtunternehmen ist höher, wenn die berichteten Segmente in der Segmentberichterstattung mit der internen Organisationsstruktur und dem Berichtswesen übereinstimmen.

H_{2e}: Das Vertrauen der Investoren in ihre Schätzungen für Segment 1 ist höher, wenn die berichteten Segmente in der Segmentberichterstattung mit der internen Organisationsstruktur und dem Berichtswesen übereinstimmen.

H_{2f}: Das Vertrauen der Investoren in ihre Schätzungen für Segment 2 ist höher, wenn die berichteten Segmente in der Segmentberichterstattung mit der internen Organisationsstruktur und dem Berichtswesen übereinstimmen.

Die letzten beiden theoriegeleiteten Hypothesen 3 und 4 umfassen das Investitionsverhalten. So wurden die Teilnehmer erst gefragt, ob sie zu einem Investment in die Manufacturing AG bereit wären. Teilnehmer, die ihre Bereitschaft signalisierten, wurden außerdem nach der Höhe des zu investierenden Betrages befragt. Beide Hypothesen nehmen ein investitionsfreudigeres Verhalten im Falle einer Berichterstattung nach dem Management Approach an (höhere Investitionsbereitschaft und größerer Investitionsbetrag). Erneut wird für jede unabhängige Variable eine operationalisierte Hypothese gebildet (Planungsrechnungen: jeweils a, Organisationsstrukturen: jeweils b).

Hypothese 3: Investitionsbereitschaft (AV),
Planungsrechnungen/Organisationsstrukturen (UV)

H_{3a}: Die Investitionsbereitschaft der Investoren ist höher, wenn der Impairment Test und der Prognosebericht auf der Mittelfristplanung beruhen.

H_{3b}: Die Investitionsbereitschaft der Investoren ist höher, wenn die berichteten Segmente in der Segmentberichterstattung mit der internen Organisationsstruktur und dem Berichtswesen übereinstimmen.

– wird fortgesetzt –

Hypothese 4: Investitionshöhe (AV), Planungsrechnungen/Organisationsstrukturen (UV)

H_{4a}: *Der Betrag, den Investoren bereit sind zu investieren, ist höher, wenn der Impairment Test und der Prognosebericht auf der Mittelfristplanung beruhen.*

H_{4b}: *Der Betrag, den Investoren bereit sind zu investieren, ist höher, wenn die berichteten Segmente in der Segmentberichterstattung mit der internen Organisationsstruktur und dem Berichtswesen übereinstimmen.*

Schließlich wurden die Teilnehmer aufgefordert, die zur Verfügung gestellten Informationen in den einzelnen Teilbereichen nach IFRS-nahen Kriterien zu beurteilen. Hypothese 5 nimmt dabei an, dass die Nützlichkeit der berichteten Informationen bei einer Berichterstattung nach dem Management Approach höher ist. Die Operationalisierung von Hypothese 5 orientiert sich an dem im Experiment zur Verfügung gestellten verkürzten Geschäftsbericht (vgl. Anhang B). Die Teilnehmer beurteilten die darin enthaltenen Teile Lagebericht, Jahresabschluss (GuV und Bilanz), Segmentberichterstattung und Anhang jeweils separat. In Verbindung mit den beiden unabhängigen Variablen ergeben sich somit jeweils vier operationalisierte Hypothesen (Planungsrechnungen: a–d, Organisationsstrukturen: e–h).

Hypothese 5: Nützlichkeit der Informationen (AV), Planungsrechnungen (UV)

H_{5a}: *Die Nützlichkeit der Informationen aus dem Lagebericht für die Abgabe von Schätzungen wird von Investoren höher eingeschätzt, wenn der Impairment Test und der Prognosebericht auf der Mittelfristplanung beruhen.*

H_{5b}: *Die Nützlichkeit der Informationen aus dem Jahresabschluss (GuV und Bilanz) für die Abgabe von Schätzungen wird von Investoren höher eingeschätzt, wenn der Impairment Test und der Prognosebericht auf der Mittelfristplanung beruhen.*

H_{5c}: *Die Nützlichkeit der Informationen aus der Segmentberichterstattung für die Abgabe von Schätzungen wird von Investoren höher eingeschätzt, wenn der Impairment Test und der Prognosebericht auf der Mittelfristplanung beruhen.*

H_{5d}: *Die Nützlichkeit der Informationen aus dem Anhang für die Abgabe von Schätzungen wird von Investoren höher eingeschätzt, wenn der Impairment Test und der Prognosebericht auf der Mittelfristplanung beruhen.*

Hypothese 5: Nützlichkeit der Informationen (AV), Organisationsstrukturen (UV)

H_{5e}: *Die Nützlichkeit der Informationen aus dem Lagebericht für die Abgabe von Schätzungen wird von Investoren höher eingeschätzt, wenn die berichteten Segmente in der Segmentberichterstattung mit der internen Organisationsstruktur und dem Berichtswesen übereinstimmen.*

– wird fortgesetzt –

H_{5f}: *Die Nützlichkeit der Informationen aus dem Jahresabschluss (GuV und Bilanz) für die Abgabe von Schätzungen wird von Investoren höher eingeschätzt, wenn die berichteten Segmente in der Segmentberichterstattung mit der internen Organisationsstruktur und dem Berichtswesen übereinstimmen.*

H_{5g}: *Die Nützlichkeit der Informationen aus der Segmentberichterstattung für die Abgabe von Schätzungen wird von Investoren höher eingeschätzt, wenn die berichteten Segmente in der Segmentberichterstattung mit der internen Organisationsstruktur und dem Berichtswesen übereinstimmen.*

H_{5h}: *Die Nützlichkeit der Informationen aus dem Anhang für die Abgabe von Schätzungen wird von Investoren höher eingeschätzt, wenn die berichteten Segmente in der Segmentberichterstattung mit der internen Organisationsstruktur und dem Berichtswesen übereinstimmen.*

Neben der Nützlichkeit der Informationen stellen aus IFRS-Sicht die Relevanz und die Verlässlichkeit zentrale Kriterien für die Entscheidungsnützlichkeit dar.[1133] Aus diesem Grund wurden die Teilnehmer aufgefordert, eine solche Einschätzung der Informationen aus dem Geschäftsbericht vorzunehmen. Hypothese 6 nimmt an, dass die Relevanz und die Verlässlichkeit höher sind, wenn die Berichterstattung nach dem Management Approach erfolgt. Da die Beurteilung dieser beiden Kriterien für den gesamten Geschäftsbericht abgegeben wurden, liegen in Kombination mit den beiden unabhängigen Variablen jeweils zwei operationalisierte Hypothesen vor (Planungsrechnungen: a–b, Organisationsstrukturen: c–d).

Hypothese 6: Relevanz und Verlässlichkeit (AV), Planungsrechnungen (UV)

H_{6a}: *Die Relevanz der berichteten Informationen wird von Investoren höher eingeschätzt, wenn der Impairment Test und der Prognosebericht auf der Mittelfristplanung beruhen.*

H_{6b}: *Die Verlässlichkeit der berichteten Informationen wird von Investoren höher eingeschätzt, wenn der Impairment Test und der Prognosebericht auf der Mittelfristplanung beruhen.*

Hypothese 6: Relevanz und Verlässlichkeit (AV), Organisationsstrukturen (UV)

H_{6c}: *Die Relevanz der berichteten Informationen wird von Investoren höher eingeschätzt, wenn die berichteten Segmente in der Segmentberichterstattung mit der internen Organisationsstruktur und dem Berichtswesen übereinstimmen.*

H_{6d}: *Die Verlässlichkeit der berichteten Informationen wird von Investoren höher eingeschätzt, wenn die berichteten Segmente in der Segmentberichterstattung mit der internen Organisationsstruktur und dem Berichtswesen übereinstimmen.*

[1133] Es wurde hierfür auf das frühere Framework zurückgegriffen, vgl. Abschnitt 4.4.2.5.

6.2.4 Erläuterungen zu den Auswertungsverfahren

Zur Theorieüberprüfung in der quantitativen Forschung werden die induktive Statistik und die Ökonometrie herangezogen.[1134] Mit Hypothesentests wird die Tragfähigkeit von theoretischen Aussagen im Sinne des kritischen Rationalismus durch Falsifikation überprüft.[1135] In diesem Abschnitt werden die hierfür eingesetzten statistischen Verfahren beleuchtet, um die Grundlage für die in Abschnitt 6.3 behandelten Ergebnisse der empirischen Untersuchung zu schaffen.

Der statistischen Auswertung der erhobenen Daten vorangegangen ist jedoch eine Aufbereitung der aus z-Tree stammenden Rohdaten. Zum einen wurden diese in die Form einer Datenmatrix gebracht, welche in tabellarischer Form die einzelnen Fälle enthält.[1136] Zum anderen erfolgte eine Datenbereinigung, deren Zweck es ist, fehlerhafte Werte zu finden, zu diagnostizieren und zu korrigieren oder auszuschließen.[1137] Nach *Lück* können verschiedene Arten von Fehlern im Datensatz unterschieden werden, wie z.B. Werte außerhalb des gültigen oder des realistischen Bereichs, ungültige fehlende Werte, inkonsistente Eingaben im gleichen Fall etc.[1138] Je nach Fehlerart können die einzelnen fehlerhaften Eingaben (z.B. anhand des Fragebogens oder durch andere Informationen) korrigiert werden oder müssen andernfalls (als „missing value") ausgeschlossen werden.[1139] Tab. 6-1 gibt einen Überblick über die hier angewandten Datenbereinigungsmaßnahmen.

Fehlertyp	Beispiel	Korrektur
Tippfehler bei der Eingabe	Umsatz: 210 Tsd. Euro statt 210.000 Tsd. Euro EBIT: 4 Tsd. Euro statt 4.000 Tsd. Euro	Identifikation durch Vergleich mit Fragebogen und anderen Fällen, wenn möglich anschließende Korrektur, ansonsten: Ausschluss der betroffenen Werte („missing value")
Missverständliche Interpretation durch den Teilnehmer oder Irrtum	Aktienpreis: 1.245.000 Euro, Median: 58 Euro	Ausschluss der betroffenen Werte („missing value")

Tab. 6-1: Datenbereinigung in der vorliegenden Arbeit

6.2.4.1 Verfahren der deskriptiven Statistik

In einem ersten Schritt werden die Teilnehmerdaten und die im Experiment erhobenen Daten deskriptiv ausgewertet. Bei der beschreibenden bzw. **deskriptiven Statistik** steht die Beschreibung der (möglicherweise sehr umfassenden) Daten im Hinblick auf einzelne Variablen und der Beziehung zwischen Variablen durch Kennzahlen oder Grafiken im

---

[1134] Vgl. *Bartel* (1990), S. 56.
[1135] Vgl. auch die wissenschaftstheoretischen Grundlagen in Abschnitt 1.3.
[1136] Vgl. *Raithel* (2006), S. 83.
[1137] Vgl. *Raithel* (2006), S. 93; *Lück* (2011), S. 66, 73f.
[1138] Vgl. ausführlich und mit Beispielen *Lück* (2011), S. 73.
[1139] Vgl. ausführlich *Raithel* (2006), S. 95f; *Lück* (2011), S. 74–79.

Vordergrund.[1140] Hierbei wurden zum einen Häufigkeitsverteilungen der teilnehmerbezogenen Merkmale (Abschnitt 6.3.2) und der Antworten aus dem experimentellen Fragebogen (Abschnitt 6.3.3) in absoluter und relativer (prozentualer) Form untersucht, um einen ersten Überblick über die gewonnenen Daten zu erhalten.[1141] Zum anderen wurden verschiedene statistische Maßzahlen zur quantitativen Beurteilung der Lage (z.B. Mittelwert, Median) und der Streuung (z.B. Spannweite, Interquartilsabstand, Standardabweichung) verwendet.[1142]

Zur grafischen Veranschaulichung der Daten im Rahmen der deskriptiven Auswertung wurden z.B. Balkendiagramme, Kreisdiagramme und Liniendiagramme eingesetzt.[1143] Die Darstellungselemente (Balken oder Kreisteile) beziehen sich dabei auf die einzelnen Kategorien einer Variablen und verschaffen einen Überblick über die Verteilung von deren Ausprägungen. Im Rahmen der deskriptiven Gruppenvergleiche wurden Streudiagramme („scatterplots") und Boxplots (bzw. Box-Whisker-Plots) verwendet.[1144] Während Streudiagramme die Ausprägung meist zweier Variablen in einer Punktewolke veranschaulichen, kann anhand eines Boxplots durch die Visualisierung von Median, Quartilen, „Whisker" und Ausreißern die Lage einzelner Werte einer Variable beurteilt werden.

Im nachfolgenden Abschnitt werden die im vorliegenden Projekt zusätzlich angewandten Verfahren der induktiven Statistik beschrieben, durch welche Schlussfolgerungen bezüglich der Entscheidungsnützlichkeit der Berichterstattung nach dem Management Approach ermöglicht werden. Generell können dabei univariate, bivariate und multivariate Verfahren unterschieden werden.

6.2.4.2 Verfahren der induktiven Statistik

Da die deskriptive Statistik keine Rückschlüsse darüber zulässt, ob die gewonnenen Informationen einer Teilerhebung auch für die Grundgesamtheit gelten, wurden ebenso Verfahren der schließenden bzw. **induktiven Statistik** angewandt, durch welche eine Beurteilung der Resultate hinsichtlich der Generalisierbarkeit ermöglicht werden kann.[1145] Hierbei kommt vor allem das statistische Testen von Hypothesen über Verteilungen oder Parameter von Verteilungen eines Merkmals in der Grundgesamtheit zum Einsatz.[1146] Den statistischen Testverfahren liegt jeweils ein Schema zugrunde,[1147] in welchem sich einander ausschließende statistische Hypothesen gebildet werden – die Nullhypothese (H_0) und die Alternativhypothese (H_1).[1148] Die Alternativhypothese postuliert eine den Wissensstand ergänzende Erkenntnis, während in der Nullhypothese lediglich angenom-

---

1140 Vgl. hierzu ausführlich *Bol* (2004), S. 3–8; *Benninghaus* (2007), S. 11–15; *Rottmann/Auer* (2010), S. 3f.

1141 Vgl. zu Häufigkeitsverteilungen ausführlich *Toutenburg/Heumann* (2008a), S. 21–44.

1142 Vgl. zu den univariaten statistischen Maßzahlen ausführlich *Toutenburg/Heumann* (2008a), S. 49–91.

1143 Vgl. zur Erstellung dieser Diagramme *Brosius* (2011), S. 939–959.

1144 Vgl. zur Erstellung von Streudiagrammen *Brosius* (2011), S. 961–998, und zur Erstellung von Boxplots *Brosius* (2011), S. 991–995.

1145 Vgl. *Benninghaus* (2007), S. 14f.; *Rottmann/Auer* (2010), S. 307.

1146 Vgl. *Schira* (2005), S. 473; *Rottmann/Auer* (2010), S. 349.

1147 Vgl. ausführlich zum allgemeinen Testschema *Rottmann/Auer* (2010), S. 349f.

1148 Vgl. *Bortz/Döring* (2006), S. 492; *Raithel* (2006), S. 33.

men wird, dass der Sachverhalt der Alternativhypothese nicht zutrifft – und damit in Kombination mit dieser inhaltslos ist.[1149] Kann nachgewiesen werden, dass die Nullhypothese verworfen werden muss, so gilt die Alternativhypothese.[1150] Hierfür bedienen sich die statistischen Tests eines Signifikanzniveaus (α), welches die Fehlerwahrscheinlichkeit für eine irrtümliche Ablehnung der Nullhypothese angibt.[1151] Üblicherweise wird das Signifikanzniveau möglichst klein gewählt – die gebräuchlichsten Werte, die auch in dieser Arbeit herangezogen werden sind $\alpha = 0{,}1$, $\alpha = 0{,}05$ und $\alpha = 0{,}001$.[1152] Die Indikation des Signifikanzniveaus erfolgt jeweils durch das typografische Zeichen Asterisk: * = signifikant auf einem 10%-Niveau, ** = signifikant auf einem 5%-Niveau und *** = signifikant auf einem 1%-Niveau.

Im ersten Schritt werden im Rahmen von univariaten Verfahren Merkmale einzeln betrachtet. Im Fokus stehen dabei der T-Test und die ANOVA sowie analoge nichtparametrische Verfahren. Mit dem **T-Test** kann überprüft werden, ob sich zwei Gruppen hinsichtlich des Mittelwertes eines Merkmals unterscheiden.[1153] Da im vorliegenden Experiment vier Gruppen gebildet wurden, dient dieser Test dazu, die zwei experimentellen Manipulationen separat zu untersuchen. So wird z.B. überprüft, ob sich die Gruppe der Experimentteilnehmer, denen kommuniziert wurde, dass die außerplanmäßige Abschreibung und der Prognosebericht auf der Mittelfristplanung beruhen (P_1), von der Gruppe der verbleibenden Teilnehmer unterscheidet, denen das Gegenteil kommuniziert wurde (P_0).[1154] Die Nullhypothese für den T-Test besagt, dass die Mittelwerte beider Gruppen identisch sind.[1155] Es wird ein empirischer T-Wert berechnet und anschließend mit dem kritischen T-Wert verglichen, so dass sich ein Signifikanzniveau ermitteln lässt.[1156] Liegt dieses unter dem gewählten, so ist die Nullhypothese zu verwerfen. Die Mittelwerte beider Gruppen sind demnach gemäß der Alternativhypothese unterschiedlich.

Der T-Test für zwei unabhängige Stichproben ist an bestimmte Anforderungen geknüpft:[1157] Zum einen werden intervallskalierte Daten benötigt, da Mittelwerte berechnet werden. Darüber hinaus sollte das zu untersuchende Merkmal in der Population normalverteilt sein. Schließlich gilt die Annahme, dass die Varianzen beider Stichproben gleich sind (Varianzhomogenität).[1158] Bei Gruppengrößen von über 30 kommt aufgrund des zentralen Grenzwertsatzes der strengen Normalverteilungsannahme eine nachrangige Bedeutung zu.[1159] Da die Normalverteilungsannahme als nicht allzu kritisch angesehen wird, liegt die Durchführung des Tests bei einer Verletzung der Prämisse meist im Ermessen des

---

[1149] Vgl. *Raithel* (2006), S. 33.

[1150] Vgl. *Eckstein* (2010), S. 238.

[1151] Vgl. *Bortz/Döring* (2006), S. 26; *Rottmann/Auer* (2010), S. 350f.

[1152] Vgl. *Rottmann/Auer* (2010), S. 351; *Eckstein* (2010), S. 237.

[1153] Vgl. *Bortz/Schuster* (2010), S. 117.

[1154] Vgl. ausführlich die operationalisierten Hypothesen in Abschnitt 6.2.1 und die Ergebnisse der T-Tests in Abschnitt 6.3.4.1.

[1155] Vgl. zu dem Vorgehen beim T-Test ausführlich *Bortz/Schuster* (2010), S. 120–123.

[1156] Vgl. *Schäfer* (2011), S. 105f.

[1157] Vgl. *Rasch et al.* (2006b), S. 59; *Brosius* (2011), S. 478–480.

[1158] Vgl. *Eckstein* (2010), S. 262.

[1159] Vgl. *Schira* (2005), S. 405–410, S. 413; *Eckstein* (2010), S. 265, der allerdings einen Stichprobenumfang von 50 nennt.

Forschers.[1160] Die Voraussetzung der Varianzhomogenität kann mit dem Levene-Test überprüft werden.[1161] Liefert der Levene-Test einen signifikanten Wert (z.B. $\alpha < 0{,}05$), so ist die Nullhypothese der Varianzhomogenität zu verwerfen – gleichzeitig liegt eine Verletzung der Annahme vor.[1162] Es kann dennoch die gewünschte Analyse mittels des Welch-Tests durchgeführt werden, welcher eine modifizierte Variante des T-Tests darstellt.[1163] Obwohl aus Monte-Carlo-Studien bekannt ist, dass der T-Test auf Verletzungen seiner Voraussetzungen robust reagiert,[1164] wird zusätzlich ein nicht-parametrisches Verfahren herangezogen: Mittels des Mann-Whitney-U-Tests, dem zum T-Test analogen, auf Rangzahlen basierenden Verfahren, kann auch bei nur ordinalskalierten Daten oder bei fehlender Normalverteilung und Varianzinhomogenität die Nullhypothese überprüft werden, ob kein Unterschied zwischen den beiden betrachteten Gruppen existiert.[1165]

Da mit dem T-Test lediglich geprüft werden kann, ob sich jeweils zwei Gruppen voneinander unterscheiden, kommt zusätzlich eine einfaktorielle Varianzanalyse (**ANOVA**, „analysis of variance“)[1166] zum Einsatz, mit der beliebig viele Mittelwerte simultan und ohne Fehlerkumulierung verglichen werden können.[1167] Bei der einfaktoriellen ANOVA wird in der Nullhypothese angenommen, dass die Mittelwerte aller zu vergleichenden Gruppen gleich sind.[1168] Nachdem eine F-Verteilung gebildet wurde, erfolgt eine Signifikanzprüfung des F-Wertes anhand dieser Verteilung.[1169] Wird die gewählte Signifikanzgrenze unterschritten, so ist die Nullhypothese zu verwerfen.

Die Voraussetzungen der ANOVA entsprechen denen des T-Tests:[1170] Die betrachtete Variable muss Intervallskalenniveau besitzen, die Daten müssen aus einer normalverteilten Grundgesamtheit gezogen worden sein und schließlich muss Varianzhomogenität vorliegen. Bezüglich der Normalverteilungsannahme kann wie beim T-Test mittels des zentralen Grenzwertsatzes argumentiert werden. Darüber hinaus reagiert auch die Varianzanalyse robust auf kleinere Verletzungen der Annahme.[1171] Genau wie beim T-Test wird mittels eines Levene-Tests auf Varianzhomogenität geprüft. Auch bei Varianzinhomogenität reagiert die ANOVA relativ robust – insbesondere wenn die Stichproben gleich groß sind.[1172] Dennoch wird auch hier ein nicht-parametrischer Test zur Absicherung eingesetzt. Für die einfaktorielle Varianzanalyse bei unabhängigen Stichproben stellt der

[1160] Vgl. *Brosius* (2011), S. 479.
[1161] Vgl. *Rasch et al.* (2006b), S. 60; *Eckstein* (2010), S. 262f.; Akremi et al. 2011, S. 260.
[1162] Vgl. *Eckstein* (2010), S. 262f.
[1163] Vgl. *Eckstein* (2010), S. 265f. Vgl. ausführlich zum Welch-Test *Toutenburg/Heumann* (2008b), S. 145.
[1164] Vgl. *Bortz/Schuster* (2010), S. 122.
[1165] Vgl. *Rasch et al.* (2006a), S. 144–161; *Toutenburg/Heumann* (2008b), S. 174–176.
[1166] Der Begriff Varianzanalyse ist eigentlich irreführend, da sich die zugrundeliegenden statistischen Hypothesen auf Mittelwertunterschiede und nicht auf Varianzen beziehen, vgl. *Bortz/Schuster* (2010), S. 204.
[1167] Vgl. *Rasch et al.* (2006a), S. 2–6.
[1168] Vgl. *Rasch et al.* (2006a), S. 23.
[1169] Vgl. ausführlich *Rasch et al.* (2006a), S. 21–27.
[1170] Vgl. *Brosius* (2011), S. 500.
[1171] Vgl. *Bühner/Ziegler* (2009), S. 368.
[1172] Vgl. *Bühner/Ziegler* (2009), S. 369.

Kruskal-Wallis-Test (bzw. H-Test) das entsprechende analoge Verfahren dar.[1173] Wie der Mann-Whitney-U-Test ist auch der Kruskal-Wallis-Test rangbasiert und hat daher geringere Anforderungen an die Datenbasis.[1174] Analog zur ANOVA nimmt die Nullhypothese eine identische Verteilung der zu untersuchenden Gruppen an.[1175]

In einem nächsten Schritt soll mithilfe der **Korrelationsanalyse** (bivariates Analyseverfahren) untersucht werden, ob und in welchem quantitativen Ausmaß ein Zusammenhang zwischen einzelnen Merkmalen besteht.[1176] Hierbei wird ein Korrelationskoeffizient (r) berechnet, der die Stärke eines linearen Zusammenhangs auf einem Intervall von -1 bis +1 beschreibt:[1177] Bei r = -1 liegt ein perfekt negativer, bei r = 1 ein perfekt positiver und bei r = 0 kein Zusammenhang vor. Nach der von *Cohen* entwickelten Konvention[1178] liegt bei einem Korrelationskoeffizienten ab +/-0,1 ein „kleiner" Effekt, ab +/-0,3 ein „mittlerer" Effekt und ab +/-0,5 ein „großer" Effekt vor. Auch für Korrelationen lässt sich ein Signifikanztest durchführen, nach welchem überprüft wird, ob eine Korrelation von null besteht (Nullhypothese).[1179]

Je nach Skalierung der Variablen sind unterschiedliche Koeffizienten heranzuziehen: Sind beide der zu untersuchenden Variablen intervallskaliert, so kann der Produkt-Moment-Korrelationskoeffizient berechnet werden.[1180] Wird der Zusammenhang zwischen einer intervallskalierten und einer dichotomen Variable („Dummy-Variable") betrachtet, so wird eine punktbiseriale Korrelation berechnet.[1181] Der punktbiseriale Korrelationskoeffizient entspricht seinem Wesen nach dem Produkt-Moment-Korrelationskoeffizient[1182] und findet vor allem bei der Zusammenhangsanalyse mit den experimentellen Manipulationen Anwendung (Planungsrechnungen: 0/1; Organisationsstrukturen: 0/1). Eine Ausnahme stellt die Berechnung der Korrelation von experimentellen Manipulationen und der Investitionsbereitschaft dar, da diese als dichotome Variablen vorliegen. Hierfür muss auf den Phi-Koeffizient zurückgegriffen werden.[1183] Liegen hingegen nur ordinalskalierte Daten vor oder sind die Variablen in der Grundgesamtheit nicht normalverteilt, so kann auf den Rang-Korrelationskoeffizienten nach Spearman (Spearman Rho) zurückgegriffen werden.[1184] In der vorliegenden Arbeit wird Letzterer eingesetzt, um die zuvor genannten Korrelationskoeffizienten zu validieren.

1173 Vgl. *Schäfer* (2011), S. 143.
1174 Vgl. *Rasch et al.* (2006a), S. 164–167; *Schäfer* (2011), S. 142f.
1175 Vgl. *Rasch et al.* (2006a), S. 164.
1176 Vgl. zur Korrelationsanalyse *Bortz/Schuster* (2010), S. 153, S. 156–170; *Rottmann/Auer* (2010), S. 92–98.
1177 Vgl. *Bortz/Schuster* (2010), S. 157.
1178 Vgl. *Cohen* (1988), S. 115. Diese Konvention sollte jedoch nur als Orientierungshilfe verstanden werden, vgl. *Bortz/Schuster* (2010), S. 165; *Schäfer* (2010), S. 119.
1179 Vgl. *Rasch et al.* (2006b), S. 130.
1180 Vgl. *Bortz/Schuster* (2010), S. 171. Synonym für den Produkt-Moment-Korrelationskoeffizient kann auch vom Maßkorrelationskoeffizient oder vom Korrelationskoeffizient nach *Bravais* und *Pearson* gesprochen werden, vgl. *Eckstein* (2010), S. 302.
1181 Vgl. *Rasch et al.* (2006b), S. 140; *Bortz/Schuster* (2010), S. 171.
1182 Vgl. *Eckstein* (2006), S. 297.
1183 Vgl. dazu ausführlich *Bortz/Schuster* (2010), S. 174–177.
1184 Vgl. *Brosius* (2011), S. 521.

Nach der Durchführung einer Korrelationsanalyse ist zu beachten, dass eine Interpretation eines entdeckten Zusammenhangs im kausalen Sinne stets vom Forscher vorzunehmen ist. Die Korrelationsanalyse liefert keinen Aufschluss darüber, welche Interpretation richtig ist (z.B. ob die erste Variable die zweite kausal beeinflusst oder umgekehrt, ob eine Beeinflussung durch Drittvariablen gegeben ist).[1185] Da zumeist eine Beeinflussung beider Variablen durch mindestens eine dritte Variable gegeben ist, dürfen Korrelationen nicht ohne Zusatzinformationen interpretiert werden.[1186]

Aus diesem Grunde wird schließlich eine multivariate Analyse vorgenommen, um zusätzliche Zusammenhänge zu kontrollieren. Die Ökonometrie liefert mit ihrem bedeutendsten Teilgebiet, der **Regressionsanalyse**, ein zentrales Werkzeug zur Analyse von Zusammenhängen, das im Gegensatz zur Korrelationsanalyse die Veränderung einer (abhängigen) Variable durch die Veränderung einer oder mehrerer (unabhängigen) Variablen erklären kann.[1187] Es wird ein stochastischer Zusammenhang spezifiziert, mit dessen Hilfe je nach Höhe des betrachteten Zusammenhangs unterschiedlich präzise Vorhersagen von Merkmalsausprägungen möglich sind.[1188] Im vorliegenden Projekt wurden sowohl die lineare als auch die logistische Regressionsanalyse angewandt. Beide Varianten unterscheiden sich im Rechenansatz und in den Voraussetzungen. Im Folgenden soll zuerst die lineare Regressionsanalyse betrachtet werden.

Die Vorgehensweise bei der linearen Regressionsanalyse teilt sich in fünf Schritte:[1189] In einem ersten Schritt erfolgt die Modellformulierung. Die in Abschnitt 6.3.4.2 durchgeführten Analysen basieren auf einem Grundmodell, in welchem jeweils die abhängige Variable ausgetauscht wird. Nach der Schätzung der Regressionsfunktion[1190] ist die Modellgüte anhand des Bestimmtheitsmaßes und der F-Statistik zu prüfen. Im Anschluss daran können die Regressionskoeffizienten anhand des Beta-Wertes und des Signifikanzwertes analysiert werden. Schließlich sind die Modellprämissen zu überprüfen.

Das Bestimmtheitsmaß (R^2) – häufig auch als „Fit" der Regressionsgleichung bezeichnet – gibt den Anteil der erklärten Streuung an der Gesamtstreuung an und kann einen Wert zwischen null und eins einnehmen.[1191] Da sich durch die zusätzliche Aufnahme weiterer Variablen in das Modell das Bestimmtheitsmaß R^2 niemals verschlechtern würde, ist die Variablenanzahl miteinzubeziehen und ein korrigiertes R^2 zu berechnen.[1192] In Querschnittserhebungen gilt ein R^2 von 20% als beachtenswert.[1193] Mit einem F-Test für die Gesamtsignifikanz kann durch Überprüfung der Nullhypothesen, nach welcher alle Regressionskoeffizienten gleich null sind, die Gültigkeit des Modells über die Stichprobe

[1185] Vgl. *Bortz/Schuster* (2010), S. 159.
[1186] Vgl. *Bortz/Schuster* (2010), S. 159f.
[1187] Vgl. *Rottmann/Auer* (2010), S. 413.
[1188] Vgl. *Bortz/Schuster* (2010), S. 183. Vgl. auch *Hartung et al.* (2005), S. 569, die von einem funktionalen Zusammenhang sprechen.
[1189] Vgl. zur Vorgehensweise detailliert *Backhaus et al.* (2011), S. 61.
[1190] Vgl. ausführlich zur Durchführung einer Regressionsanalyse *Fahrmeir et al.* (2007), S. 494–501; *Bortz/Schuster* (2010), S. 183–192; *Rottmann/Auer* (2010), S. 418–434; *Brosius* (2011), S. 543–549.
[1191] Vgl. *Brosius* (2011), S. 554.
[1192] Vgl. *Brosius* (2011), S. 565–567.
[1193] Vgl. *Greene* (2003), S. 37.

hinaus getestet werden.[1194] Weist die F-Statistik eine hohe Signifikanz auf, so ist diese Nullhypothese zu verwerfen und eine Gültigkeit über die Stichprobe hinaus anzunehmen. Die unabhängigen Variablen können nicht ohne weiteres hinsichtlich ihres Erklärungsgehalts anhand der Regressionskoeffizienten beurteilt werden, da diese in unterschiedlichen Dimensionen gemessen sein können.[1195] Vielmehr müssen die durch z-Transformation[1196] standardisierten Beta-Koeffizienten herangezogen werden, die direkt miteinander vergleichbar sind.[1197]

Wie die zuvor dargestellten univariaten Tests ist auch die Anwendung einer Regressionsanalyse an bestimmte Voraussetzungen (Modellprämissen) geknüpft:[1198] Die Residuen müssen normalverteilt sein, dürfen nicht autokorreliert sein und zwischen den erklärenden Variablen darf keine Korrelation bestehen. Für alle Regressionsmodelle wurden daher verschiedene Tests durchgeführt. Zwar ist die Regressionsanalyse zum einen wenig empfindlich gegenüber geringfügigen Verletzungen der Normalverteilungsannahme[1199] und zum anderen kann nach dem zentralen Grenzwertsatz davon ausgegangen werden, dass ab einer Stichprobe von größer gleich 30 eine **Normalverteilung** vorliegt.[1200] Dennoch wurden zur Absicherung der Ergebnisse sogenannte Rang-Regressionsanalysen durchgeführt,[1201] bei denen die Variablen der Regressionen in Ränge transformiert werden.

Eine weitere wichtige Modellprämisse ist die Annahme, dass in der Grundgesamtheit die Residuen nicht miteinander korrelieren, da ansonsten **Autokorrelation** gegeben ist.[1202] Um dies zu prüfen, wird auf die rechnerische Methode des Durbin-Watson-Tests zurückgegriffen.[1203] In diesem Test wird eine Aggregation der Differenzen zwischen Residuen aufeinander folgender Beobachtungswerte vorgenommen. Eine niedrige Ausprägung des somit berechneten Wertes (Durbin-Watson-Koeffizient) deutet auf eine positive, eine hohe Ausprägung auf eine negative Autokorrelation. Der Durbin-Watson-Koeffizient kann einen Wert zwischen null und vier einnehmen, wobei Werte zwischen 1,5 und 2,5 als akzeptabel gelten.[1204]

Darüber hinaus wurde für sämtliche Regressionsmodelle untersucht, ob ein oder mehrere Regressoren eine lineare Funktion anderer Regressoren darstellen (Test auf **Multikollinearität**). Hierzu wurden zum einen Korrelationsanalysen für die unabhängigen Variablen durchgeführt[1205] und zum anderen zwei Kollinearitätsmaße herangezogen: Die Toleranz

---

[1194] Vgl. *Backhaus et al.* (2011), S. 77f.; *Rottmann/Auer* (2010), S. 468–470.

[1195] Vgl. *Brosius* (2011), S. 572.

[1196] Durch die z-Transformation wird eine Mittelwertzentrierung und eine Normierung durchgeführt, vgl. *Diaz-Bone* (2006), S. 60; *Janssen/Laatz* (2007), S. 226f; *Kuckartz et al.* (2010), S. 122f.

[1197] Vgl. *Brosius* (2011), S. 573.

[1198] Vgl. *Backhaus et al.* (2011), S. 85f.; *Brosius* (2011), S. 574–584.

[1199] Vgl. *Backhaus et al.* (2011), S. 97.

[1200] Vgl. *Schira* (2005), S. 413. Zum zentralen Grenzwertsatz vgl. *Schira* (2005), S. 405–410.

[1201] Vgl. *Barth* (2009), S. 138, die auch weitere Accounting-Studien aufführt, welche Rang-Regressionen anwenden.

[1202] Vgl. *Backhaus et al.* (2011), S. 92f.

[1203] Vgl. zu diesen und den folgenden Ausführungen zum Durbin-Watson-Test *Backhaus et al.* (2011), S. 93.

[1204] Vgl. *Brosius* (2011), S. 579.

[1205] Vgl. *Brosius* (2011), S. 582.

und der Varianzinflationsfaktor (VIF). Die Toleranz ist die Differenz zwischen dem Wert eins und dem Bestimmtheitsmaß eines Regressors und deutet für Werte kleiner 0,1 auf das Vorliegen von Kollinearität (bei einem Bestimmtheitsmaß eines Regressors, das nahe oder gleich eins ist, ließe sich diese Variable durch eine Linearkombination der anderen unabhängigen Variablen darstellen und wäre überflüssig).[1206] Der VIF stellt den Kehrwert der Toleranz dar und ist um so höher, je größer die Multikollinearität ist.[1207] Bei VIF-Werten ab ca. zehn ist von einer multiplen Korrelation auszugehen.[1208]

Neben der linearen Regression kommt auch zur Untersuchung der abhängigen Variablen für die Investitionsentscheidung eine **binär logistische Regression** zum Einsatz. Mittels einer binär logistischen Regression kann bestimmt werden, mit welcher Wahrscheinlichkeit ein 0/1-Ereignis in Abhängigkeit von verschiedenen Einflussgrößen zu erwarten ist.[1209] Die Ablaufschritte entsprechen im Wesentlichen denen der linearen Regression.[1210] Für die Durchführung einer logistischen Regression werden wie bei der linearen Regression keine Autokorrelation sowie keine Korrelation zwischen den unabhängigen Variablen vorausgesetzt.[1211] Daneben ist eine Mindestfallzahl erforderlich, über deren Höhe jedoch unterschiedliche Auffassungen vorherrschen: Zum Teil wird eine Fallzahl von größer 100 gefordert[1212] und zum Teil wird eine Fallzahl von 25 pro Kategorie der abhängigen Variablen vorgeschlagen (bei mehreren unabhängigen Variablen sollte der Wert jedoch höher sein).[1213]

Die Modellgüte wird für die logistische Regression ebenfalls mit einem Bestimmtheitsmaß gemessen. Hierfür dienen sogenannte Pseudo-R^2-Statistiken wie das Cox & Snell R^2 oder das Nagelkerkes R^2.[1214] Letzteres erlaubt eine eindeutige inhaltliche Interpretation und ist daher zu bevorzugen.[1215] Da die Höhe der jeweiligen Ausprägungen mit in die Logit-Funktion einfließt, ist die Interpretation der Regressionskoeffizienten bei der logistischen Regression schwierig – ein Vergleich der Koeffizienten ist nicht möglich.[1216] Aus diesem Grund wird der Effekt-Koeffizient („odds ratio") betrachtet, der angibt, wie sich eine Erhöhung einer unabhängigen Variable um eine Einheit auf das Verhältnis von Eintrittswahrscheinlichkeit zu Gegenwahrscheinlichkeit eines Ereignisses („odds") auswirkt.[1217] Der Effekt-Koeffizient kann nur Werte größer null einnehmen und deutet bei Werten größer als eins auf eine steigende Wahrscheinlichkeit hin, dass die abhängige Variable den

[1206] Vgl. *Backhaus et al.* (2011), S. 95; *Brosius* (2011), S. 583.
[1207] Vgl. *Backhaus et al.* (2011), S. 95.
[1208] Vgl. *Brosius* (2011), S. 583.
[1209] Vgl. *Backhaus et al.* (2011), S. 250.
[1210] Vgl. *Backhaus et al.* (2011), S. 256f.
[1211] Vgl. *Rohrlack* (2007), S. 199.
[1212] Vgl. *Rohrlack* (2007), S. 199.
[1213] Vgl. *Backhaus et al.* (2011), S. 295.
[1214] Vgl. *Rohrlack* (2007), S. 202f.; *Backhaus et al.* (2011), S. 269–271.
[1215] Vgl. *Backhaus et al.* (2011), S. 270.
[1216] Vgl. *Rohrlack* (2007), S. 211.
[1217] Vgl. *Rohrlack* (2007), S. 211; *Backhaus et al.* (2011), S. 264–266.

Wert eins einnimmt – umgekehrt deuten Werte kleiner eins auf eine sinkende Wahrscheinlichkeit.[1218]

Nachdem mit den vorstehenden Ausführungen die Grundlagen für die Auswertung der im Experiment erhobenen Daten gelegt worden sind, werden nachfolgend die Ergebnisse der Analysen dargestellt. Dabei wird zuerst das Sample durch Überprüfung der Manipulationskontrollen angepasst.

6.3 Ergebnisse der experimentellen Untersuchung

6.3.1 Manipulationskontrollen

Wie bereits in Abschnitt 6.2.2 angedeutet, ist es in experimentellen Studien elementar, dass die Teilnehmer die experimentellen Manipulationen verstanden haben. Dies wird durch Manipulationskontrollen („manipulation checks") überprüft. Die Datensätze der Teilnehmer, welche die Manipulation nicht nachvollzogen haben, müssen ausgeschlossen werden, da ansonsten Gruppenunterschiede nicht mehr auf die bewusste Manipulation zurückgeführt werden können.

Das Experiment des vorliegenden Forschungsprojektes beinhaltete insgesamt drei Kontrollen für die Manipulation der beiden entscheidenden unabhängigen Variablen („Planungsrechnungen" und „Organisationsstrukturen").[1219] Da sich die Manipulation der ersten Variable „Planungsrechnungen" an zwei Stellen befand (Umsatz- und Ergebnisprognose im Lagebericht, außerplanmäßige Abschreibung im Sachanlagevermögen), wurden hierfür zwei Kontrollen durchgeführt – für die zweite Variable „Organisationsstrukturen" (Segmentberichterstattung) genügte eine.

Für die Manipulationskontrollen der **unabhängigen Variable „Planungsrechnungen"** wurden die Teilnehmer gefragt, ob die Umsatz- und Ergebnisprognosen im Lagebericht (Manipulationscheck 1) bzw. die Ermittlung des Bedarfs für die außerplanmäßige Abschreibung (Manipulationscheck 2) jeweils auf der Mittelfristplanung beruhen oder nicht.[1220] Von den 91 Experimentteilnehmern beantworteten 83 (91%) die erste Frage richtig, die zweite Kontrolle passierten 80 (88%) mit der korrekten Antwort. Tab. 6-2 enthält darüber hinaus die nach Gruppen differenzierten Ergebnisse. Für die zweite **unabhängige Variable „Organisationsstrukturen"** wurde den Teilnehmern analog die Frage gestellt, ob das Unternehmen die Segmentberichterstattung nach derselben Organisationsstruktur erstellt, nach der auch das Management die Segmente intern steuert oder nicht (Manipulationscheck 3). Insgesamt 86 (95%) der 91 Experimentteilnehmer konnten die Frage richtig beantworten.

Die Personen, welche Manipulationscheck 1 falsch beantworteten, haben teilweise Manipulationscheck 2 richtig beantwortet und umgekehrt. Daher wurden für die weitere Auswertung nur Teilnehmer zugelassen, die mindestens eine Manipulationskontrolle pro unabhängige Variable korrekt beantwortet haben (d.h. es musste entweder Manipulations-

---

[1218] Vgl. *Backhaus et al.* (2011), S. 266.

[1219] Vgl. zu den unabhängigen Variablen Abschnitt 6.2.1.

[1220] Vgl. zu den Fragen Anhang C.

check 1 oder Manipulationscheck 2 und in jedem Fall Manipulationscheck 3 richtig beantwortet worden sein). Insgesamt reduzierte sich die Anzahl der Teilnehmer, die für die Auswertung herangezogen wurden, von 91 auf 82 (91%). Im folgenden Abschnitt werden diese 82 Teilnehmer hinsichtlich verschiedener Merkmale beschrieben.

	Gruppe 1 P_1S_1	Gruppe 2 P_1S_0	Gruppe 3 P_0S_0	Gruppe 4 P_0S_1	Summe
Manipulationscheck 1 Umsatz-/Ergebnisprognosen	20 (91%)	19 (83%)	22 (96%)	22 (96%)	83 (91%)
Manipulationscheck 2 außerplanm. Abschreibung	21 (95%)	17 (74%)	21 (91%)	21 (91%)	80 (88%)
Manipulationscheck 3 Segmentberichterstattung	21 (95%)	22 (96%)	20 (87%)	23 (100%)	86 (95%)
Manipulationscheck 1/2 & 3 1 Check je Variable	20 (91%)	21 (91%)	20 (87%)	21 (91%)	82 (91%)

Tab. 6-2: Ergebnis der Manipulationskontrollen

6.3.2 Beschreibung der Experimentteilnehmer

Alle Experimentteilnehmer waren Studierende der Wirtschaftswissenschaftlichen Fakultät an der Westfälischen Wilhelms-Universität Münster teil. Von den 82 Teilnehmern des mittels Manipulationskontrollen bereinigten Samples waren 28 weiblich (34%) und 54 männlich (66%). Die Teilnehmer waren im Durchschnitt (Mittelwert $\bar{x}$) 24,9 Jahre alt (Standardabweichung s = 1,5 Jahre). Abb. 6-5 veranschaulicht die **demographischen Daten** der Teilnehmer.

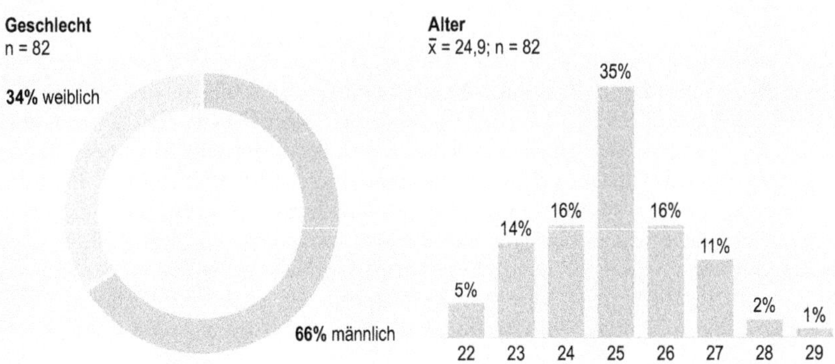

Abb. 6-5: Demographische Angaben der Teilnehmer

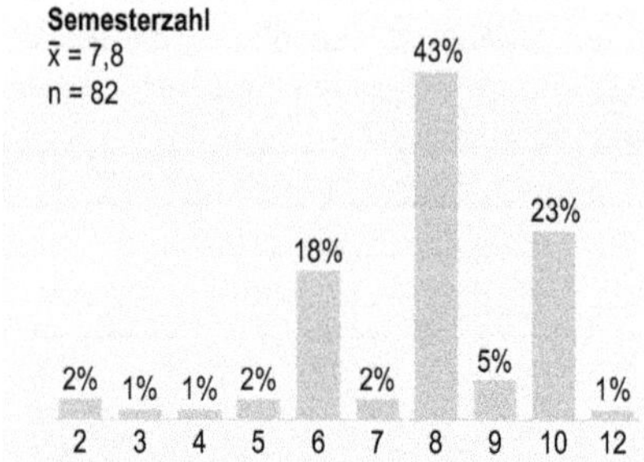

Weitere Variablen n = 82	x̄	s	R
Notendurchschnitt	2,3	0,5	4,0–1,2
Anzahl Accounting-Veranstaltungen	7,7	5,1	30–0
Anzahl Finance-Veranstaltungen	3,3	2,8	15–0

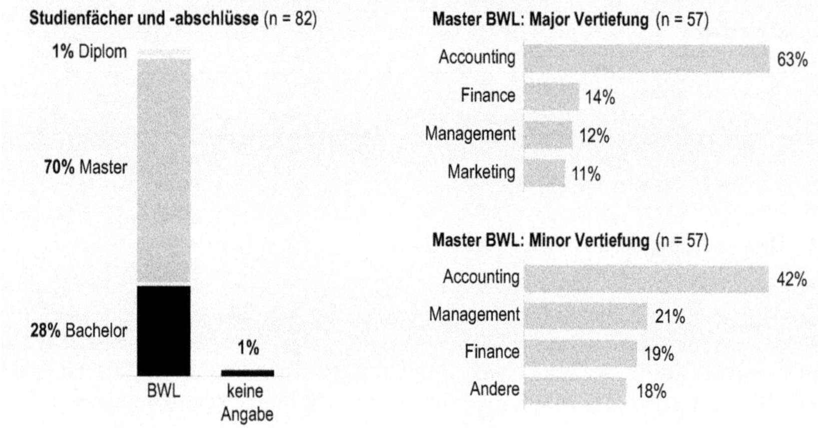

Abb. 6-6: Angaben zum Studium der Teilnehmer

Neben den demographischen Angaben zu Alter und Geschlecht wurden außerdem spezifische Angaben zum Studium bzw. zum Wissensstand sowie zur Praxis- und Anlageerfahrung der Teilnehmer abgefragt. Bei den **Angaben zum Studium bzw. zum Wissensstand** (vgl. Abb. 6-6) standen insbesondere die Semesterzahl, der angestrebte Abschluss, die Vertiefungsfächer und die Anzahl belegter Fachveranstaltungen im Vordergrund. Da durch den Bologna-Prozess ein zweistufiges System mit konsekutiven Studiengängen eingeführt wurde, mussten die Angaben zum Teil transformiert werden, um diese über alle Studienabschlüsse hinweg vergleichbar zu machen.[1221] Im Durchschnitt betrug die Semesterzahl somit 7,8 (s = 1,9 Semester). Von den 82 Studierenden waren 81 Personen BWL-Studierende, wovon 23 einen Bachelorabschluss (28%), 57 einen Masterabschluss (70%)

[1221] Studierende aus Master-Studiengängen gaben oft die Semesterzahl ihres aktuellen Studiengangs an, ohne jedoch die bereits absolvierten Semester des Bachelorabschlusses hinzuzuaddieren. In diesen Fällen wurde die Semesterzahl um sechs erhöht, da die Mindestleistung eines Bachelorstudiums nach dem Bologna-Prozess 180 ECTS darstellt, die sich auf drei Studienjahre mit sechs Semestern verteilt.

und einer einen Diplomabschluss anstreben (1%). Ein Studierender machte keine Angaben zu seinem Studienfach und -abschluss (1%).

Über alle Teilnehmer hinweg beträgt der Notendurchschnitt 2,3 (s = 0,5; Spannweite R = 2,8). Die Studierenden absolvierten im Schnitt 7,7 Accounting- (s = 5,1; R = 30) und 3,3 Finance-Veranstaltungen (s = 2,8; R = 15). Die Experimentteilnehmer, die in Master-Studiengängen eingeschrieben sind, wurden bevorzugt ausgewählt, wenn sie ihre Vertiefungen (Major oder Minor) im Accounting- oder Finance-Bereich gewählt haben. So haben von den 57 BWL-Master-Studierenden 36 Personen den Major in Accounting (63%), acht in Finance (14%), sieben in Management (12%) und sechs in Marketing (11%) belegt. 24 der 57 Teilnehmer wählten als Minor Accounting (42%), zwölf Management (21%), elf Finance (19%) und zehn eine andere Vertiefung (18%).

Neben dem Wissensstand der Teilnehmer kann auch deren Erfahrung (Anlage- und Berufserfahrung) einen Einfluss auf die Übernahme der Rolle eines Investors haben.[1222] Daher wurden in der Vorabumfrage ebenfalls Daten zu diesen Aspekten erhoben. Bei der **Berufserfahrung** waren neben der Frage, ob vor dem Studium bereits eine Ausbildung absolviert wurde, auch die insgesamt angeeignete Berufserfahrung (in Jahren) von Interesse (vgl. Abb. 6-7). Dies beinhaltete Berufstätigkeit mit betriebswirtschaftlichem Hintergrund in unbefristeten Anstellungen oder auch in Praktika. Von den 82 Experimentteilnehmern absolvierten 25 Personen (30%) eine Berufsausbildung vor ihrem Bachelor- oder Masterstudium, während die anderen 57 (70%) ihr Hochschulstudium direkt nach dem Schulabschluss begannen. Der Großteil der Studierenden hat sich bereits eine Berufserfahrung zwischen einem und vier Jahren angeeignet: Nur neun Personen (11%) haben unter einem Jahr Berufserfahrung, 46 (56%) zwischen einem und zwei Jahren, 24 (29%) zwischen drei und vier Jahren sowie weitere drei (4%) mehr als vier Jahre. Die durchschnittliche Berufserfahrung liegt bei 1,8 Jahren (s = 1,3 Jahre).

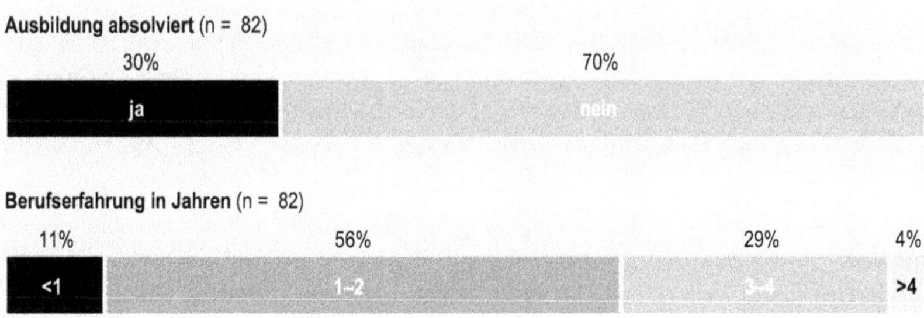

Abb. 6-7: Berufserfahrung der Teilnehmer

Um die **Anlageerfahrung** der Experimentteilnehmer zu erfassen, wurden diese nach bisherigen Anlagetätigkeiten und nach einer eigenen Einschätzung gefragt (vgl. Abb. 6-8). Es zeigte sich, dass 46 Personen (56%) bereits in festverzinsliche Anlagen investiert hatten. 44 Person (54%) haben bereits Erfahrungen mit Aktieninvestments. Ihre eigene Anlageer-

[1222] Vgl. ähnlich *Libby et al.* (2002), S. 803.

fahrung im Allgemeinen konnten die Experimentteilnehmer auf einer siebenstufigen Likert-Skala einschätzen, welche von Stufe „sehr gering" bis Stufe „sehr groß" skaliert war. Der Großteil der Teilnehmer schätzte die eigene Anlageerfahrung im unteren bis mittleren Bereich ein ($\bar{x}$ = 3,5; s = 1,7). 13% der Teilnehmer gaben an, eine sehr geringe Anlageerfahrung zu besitzen und lediglich 1% schätzten diese als sehr groß ein.

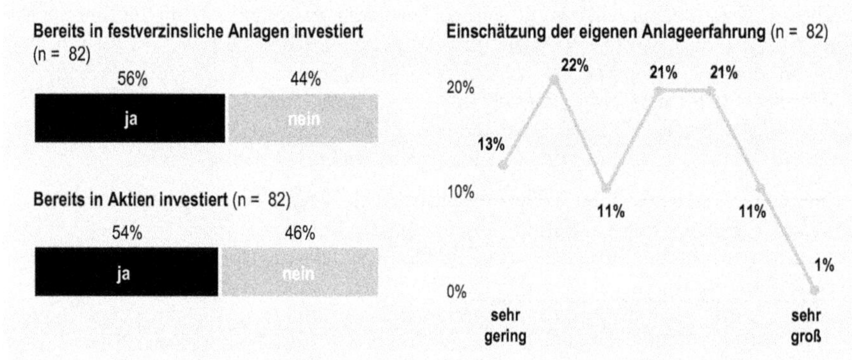

Abb. 6-8: Anlageerfahrung der Teilnehmer

Da auch die **Risikoeinstellung** von Investoren einen Einfluss auf die Anlageentscheidungen haben kann, wurde mittels eines dreistufigen Ansatzes versucht, das Risikoprofil der Experimentteilnehmer zu erheben. In einer ersten Frage wurden die Teilnehmer dazu aufgefordert, einen Betrag in Höhe von 50.000 Euro zu investieren. Hierzu bestand die Möglichkeit, einen bestimmten Teil (zwischen 0% und 100%, mit 10%igen Zwischenstufen) des Betrages in eine (risikobehaftete) Aktienanlage zu investieren, während der verbleibende Anteil (risikoneutral) zum EURIBOR-Zinssatz angelegt wird (vgl. Abb. 6-9). Der Anteil des Aktieninvestments stellt folglich den Grad der Risikofreudigkeit der Teilnehmer dar. Der Großteil (61 Personen, 74%) investierte zwischen 30% und 70% des Betrages in Aktien. Während ein Prozent der Teilnehmer gar nicht in Aktien investieren würde, wären vier Prozent dazu bereit, für den kompletten Betrag Aktien zu erwerben.

In einer zweiten Frage zur Risikoeinstellung wurden die Experimentteilnehmer direkt aufgefordert, ihre eigene Risikoeinstellung auf einer Likert-Skala einzuschätzen, welche von Stufe eins („sehr risikoavers") bis Stufe sieben („sehr risikofreudig") skaliert war (vgl. Abb. 6-9). Auch hierbei reiht sich die Mehrheit der Teilnehmer im mittleren Bereich ein ($\bar{x}$ = 3,6; s = 1,3). Lediglich zwei Prozent der Teilnehmer gaben an, sehr risikoavers zu sein und kein Teilnehmer schätzte sich selbst als sehr risikofreudig ein.

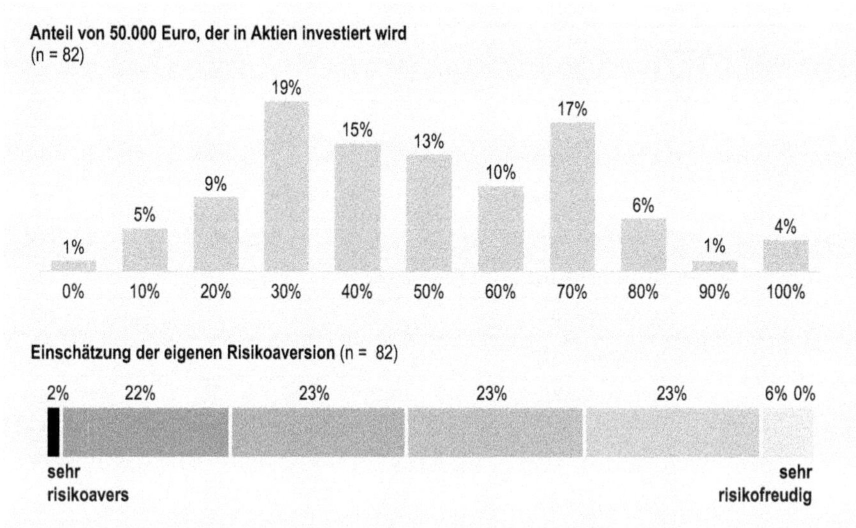

Abb. 6-9: Risikoversion der Teilnehmer

Die Daten der ersten beiden Analysen zur Risikoeinstellung der Teilnehmer wurden in der Vorabfrage vor dem eigentlichen Experiment erhoben. Zusätzlich wurde in einem dritten Schritt am Ende jeder Experimentsession eine Lotterie durchgeführt, die es ermöglichte, mittelbar die Risikoeinstellung der Teilnehmer zu überprüfen. Hierzu wurde auf das Lotterieverfahren von *Holt/Laury* zurückgegriffen, in welchem die Teilnehmer nacheinander zehn gepaarte Lotterieentscheidungen unter hypothetischen Bedingungen zu treffen haben (vgl. zu den Fragen Anhang C).[1223] In jeder der zehn Lotterierunden mussten sich die Teilnehmer entweder für Option A oder für Option B entscheiden, wobei jede Option zu einem von zwei Gewinnbeträgen führte – einem Höheren und einem Niedrigeren. Die Eintrittswahrscheinlichkeit jedes Gewinnbetrages war angegeben und änderte sich mit jeder Runde der Lotterie, während die jeweiligen Gewinnbeträge konstant blieben. In Option A war der Unterschied zwischen den Gewinnbeträgen geringer (20 Euro versus 16 Euro) als in Option B (38,50 Euro versus 1 Euro). Option A stellte folglich die sichere Entscheidung („safe choice") dar, Option B die Riskante. Da die Wahrscheinlichkeit für den Gewinn der höheren Beträge (Option A: 20 Euro, Option B: 38,50 Euro) zu Beginn nur 10% betrug und im Verlauf der zehn Runden kontinuierlich in 10%-Schritten anstieg, wählen anfänglich nur risikosuchende Subjekte Option B. Risikoaverse Personen wählen hingegen eher die sichere Entscheidung und wechseln ab einer bestimmten Runde zu Option B – selbst sehr risikoaverse Teilnehmer sollten spätestens in Runde zehn Option B wählen, da zu 100% der höhere Gewinnbetrag zu erwarten ist. Basierend auf diesen Erwartungen haben *Holt/Laury* eine Risikoklassifizierung in Abhängigkeit der Anzahl getroffener sicherer Entscheidungen entwickelt. In Tab. 6-3 wurden die Experimentteilnehmer des vorliegenden Projektes in dieses Schema eingeordnet.

[1223] Vgl. *Holt/Laury* (2002), S. 1645–1647.

Anzahl sicherer Entscheidungen	Risikoeinstellungskategorie	Anteil der Teilnehmer (n = 82)
9–10	„stay in bed"	4%
8	höchst risikoavers	11%
7	sehr risikoavers	11%
6	risikoavers	24%
5	leicht risikoavers	22%
4	risikoneutral	21%
3	risikofreudig	5%
2	sehr risikofreudig	2%
0–1	höchst risikofreudig	0%

Tab. 6-3: Risikokategorien der Lotterie

Abb. 6-10 vergleicht abschließend die drei Messungen der Risikoeinstellung der Experimentteilnehmer. Insgesamt zeigt sich in allen drei Analysen ein ähnliches Bild: Die Teilnehmer weisen eine mittlere Risikoeinstellung auf, wobei eine leichte Tendenz zur Risikoaversion vorliegt. Dies ist insbesondere anhand der Einteilung in die Risikokategorien der Lotterie zu erkennen, da die Mehrheit der Teilnehmer innerhalb der risikoaversen Kategorien (5–10 sichere Entscheidungen) eingeordnet wurde.

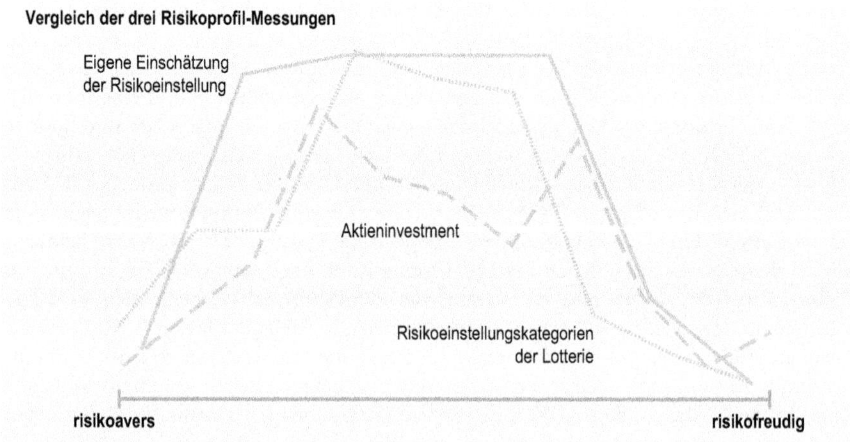

Abb. 6-10: Vergleich der drei Risikoprofil-Messungen

Wie in Abschnitt 6.2.2 erläutert, wurden im Anschluss an das Experiment drei im Schwierigkeitsgrad ansteigende Fragen zur Messung einer potenziellen „overconfidence" gestellt. Ein sog. „overconfidence bias" ist zu vermeiden, da dieser sich verzerrend auf die Ergebnisse auswirken kann.[1224] Für jede der drei Fragen hatten die Teilnehmer eine Auswahlmöglichkeit zwischen zwei Antworten – wovon eine die Richtige war. Im Anschluss wurden die Teilnehmer jeweils aufgefordert, die Sicherheit bzw. das Vertrauen in die Richtigkeit der Beantwortung („confidence") auf einer siebenstufigen Likert-Skala (1 = „Ich könnte auch eine Münze werfen" bis 7 = „Ich bin mir todsicher") anzugeben. Während Frage 1 von 75 Teilnehmern (91%) richtig beantwortet wurde, lagen 32 Personen bei Frage 2 (39%) und 42 Personen bei Frage 3 (68%) richtig. Wie Abb. 6-11 zeigt, waren sich viele Teilnehmer ihren Antworten für Frage 1 sehr sicher (79% wählten Stufe 5–7). Bei den beiden anderen Fragen war sich der Großteil unsicher und wählte die erste Stufe auf der Likert-Skala (Frage 1: 85%, Frage 2: 96%). Aus diesem Grund kann davon ausgegangen werden, dass das Sample keinen „overconfidence bias" aufweist.

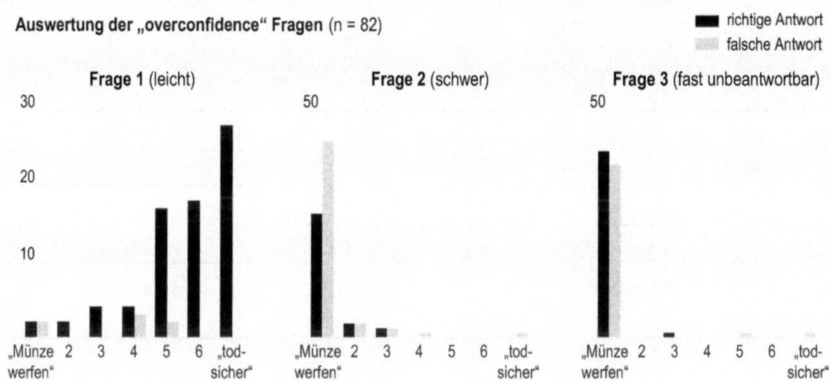

Abb. 6-11: Auswertung der „overconfidence" Fragen

Die vorstehende Analyse zeigt, dass die Experimentteilnehmer, welche die Manipulationskontrollen bestanden haben, insgesamt solide Accounting-Kenntnisse und ein gewisses Maß an Berufs- und Anlageerfahrung aufweisen. Hiermit entsprechen sie den Anforderungen, um als Proxy für private Investoren zu dienen. Im Anschluss werden nun die von den Teilnehmern abgegebenen Einschätzungen und Entscheidungen betrachtet.

6.3.3 Einschätzungen und Entscheidungen der Investoren

Um einen ersten Überblick über die im Experiment erhobenen Daten zu erhalten, werden diese im Folgenden deskriptiv ausgewertet. Im Vordergrund stehen dabei die abhängigen Variablen (Streuung der Investorenschätzungen, Vertrauen der Investoren, Investitionsbereitchaft, Nützlichkeit der Informationen sowie Relevanz und Verlässlichkeit) aus den in Abschnitt 6.2.1 operationalisierten Hypothesen, die auch anschließend in den Regressionsanalysen betrachtet werden.

[1224] Vgl. zum „overconfidence bias" *Oskamp* (1965), S. 264f.; *Weber/Schäffer* (2011), S. 263.

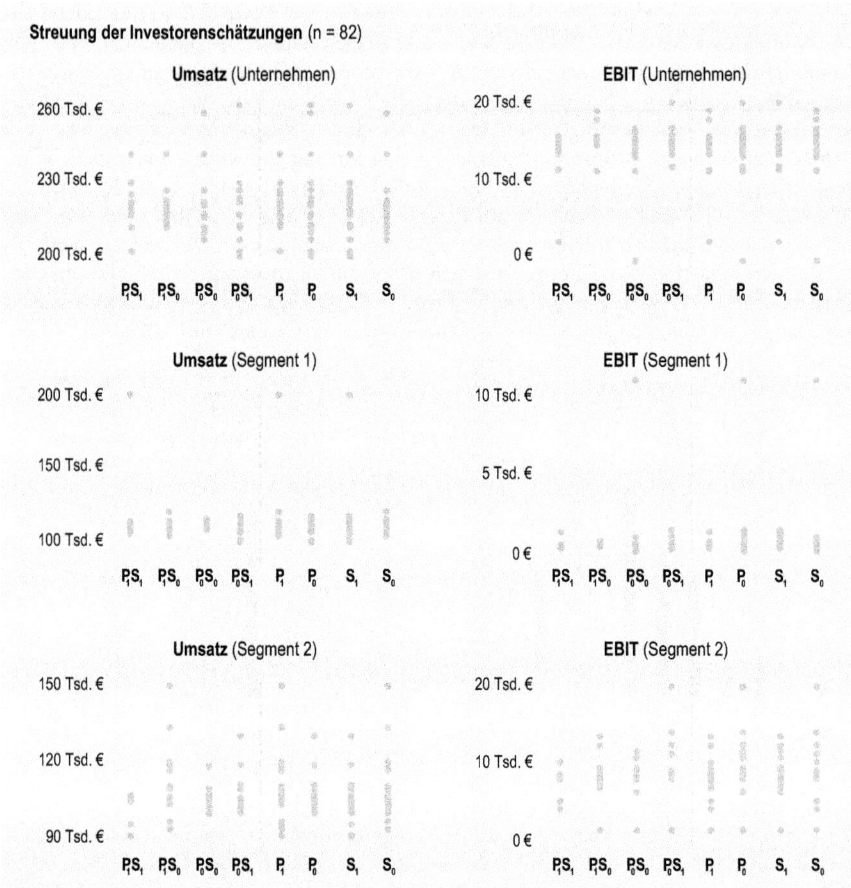

Abb. 6-12: Deskriptive Auswertung der Streuung der Investorenschätzungen

Abb. 6-12 stellt die **Streuung** der von den Investoren abgegebenen Umsatz- und EBIT-Schätzungen auf Unternehmens- und Segmentebene grafisch dar. Auf Unternehmensebene betrug der Mittelwert 218.334,7 Euro, der höchste Schätzwert (Maximum) lag bei 260.000 Euro, der niedrigste (Minimum) bei 198.000 Euro. Damit liegt die Spannweite bei 62.000 Euro (s = 9.545,1 Euro). In den beiden Gruppen, in denen der Management Approach in den Planungsrechnungen verankert war, ist eine geringere Spannweite zu beobachten (P_1S_1: R = 39.908 Euro; s = 7.495,8 Euro; P_1S_0: R = 30.000 Euro; s = 5.983,1

Euro), als in den anderen beiden Gruppen (P_0S_0: R = 51.554 Euro; s = 11.449,2 Euro; P_0S_1: R = 62.000 Euro; s = 12.356,1 Euro). Alle Gruppen weisen Extremwerte auf.[1225]

Deutlicher als beim Vergleich der experimentellen Gruppen wird die separate Betrachtung der experimentellen Manipulationen: Die Spannweite der Schätzung aller Teilnehmer, bei denen der Prognosebericht und der Impairment Test auf der Mittelfristplanung beruhten (P_1), betrug 40.000 Euro (s = 6.679,3 Euro). Für die anderen Teilnehmer (P_0), betrug die Spannweite der Umsatzschätzungen hingegen 62.000 Euro (s = 11.807,2 Euro). Die Spannweite für die zweite experimentelle Manipulation ist für die Teilnehmer geringer, bei denen die Segmentberichterstattung nicht auf der unternehmensinternen Organisationsstruktur und dem Berichtswesen beruhen (S_0: R = 51.554 Euro; s = 8.954,1 Euro) als für die anderen Teilnehmer (S_1: R = 62.000 Euro; s = 10.185,1 Euro). S_1 ist jedoch von Extremwerte geprägt.

Bei der Streuung der EBIT-Schätzungen zeigt sich folgendes Bild: Erneut ist die geringste Spannweite in Höhe von 7.000 Euro (s = 1.253,3 Euro) bei der Gruppe P_1S_0 zu beobachten. Allerdings weist nunmehr die Gruppe ohne Berichterstattung nach dem Management Approach (P_0S_0) die höchste Spannweite in Höhe von 15.440 Euro (s = 3.304, 6 Euro) auf. Die Gruppen P_1S_1 und P_0S_0 enthalten jedoch jeweils sehr niedrige Extremwerte.[1226] Gruppenübergreifend kann ein Mittelwert von 14.037,1 Euro, ein Maximum von 19.000 Euro und ein Minimum von 500 Euro festgestellt werden. Die separate Betrachtung der experimentellen Manipulationen zeigt, dass die Gruppen P_1 und S_1 geringere Spannweiten (P_1: R = 15.271 Euro; s = 2.208,4 Euro; S_1: R = 16.271 Euro; s = 2.240,8 Euro) aufweisen als ihre Gegengruppe (P_0: R = 18.500 Euro; s = 2.550 Euro; S_0: R = 17.500; s = 2.514,8 Euro) – die Unterschiede sind jedoch sehr gering.

Für die Schätzungen auf Segmentebene liegt ein sehr heterogenes Bild vor: Sowohl Umsatz- als auch EBIT-Schätzungen für beide Segmente weisen in jeweils unterschiedlichen Gruppen viele Ausreißer und Extremwerte auf. Insbesondere die positiven Extremwerte sind zum Teil sehr hoch und liegen im Bereich der Gesamtunternehmenszahlen. Dies könnte möglicherweise ein Indikator dafür sein, dass die Teilnehmer in ihrer Rolle als private Investoren mit der Abgabe von Schätzungen auf Segmentebene überfordert waren. Eine Interpretierbarkeit der Ergebnisse hinsichtlich einer möglicherweise erwarteten geringeren Streuung der Schätzungen in Gruppen, bei der Management Approach in der Segmentberichterstattung implementiert war, erweist sich daher als schwierig. Für die deskriptive Auswertung auf Segmentebene wurde daher der Interquartilsabstand (IQR) als Streuungsmaß herangezogen, der im Vergleich zur Spannweite robuster gegenüber Aus-

[1225] Die Gruppe P_1S_1 weist einen Ausreißer nach oben und jeweils einen oberen und einen unteren Extremwert auf. Die Gruppe P_1S_0 weist einen oberen Extremwert auf. In P_0S_0 liegen ein Ausreißer nach unten und zwei obere Extremwerte vor. Gruppe P_0S_1 enthält einen oberen Extremwert. Ausreißer sind in der Regel Werte, die mit einem Abstand von mehr als dem 1,5fachen des Interquartilsabstands (IQR) außerhalb der 75%- und 25%-Perzentile liegen. Für Extremwerte wird für den Abstand meist das Dreifache des IQR gewählt. Vgl. *Brosius* (2011), S. 401f.

[1226] In Gruppe P_1S_1 sind zwei negative Ausreißer und ein unterer Extremwert zu beobachten. Gruppe P_1S_0 weist untere und obere Extremwerte auf, die allerdings nicht so weit entfernt sind wie in Gruppe P_1S_1 und P_0S_0. In P_0S_0 liegen ein Ausreißer nach unten und ein unterer Extremwert vor. Gruppe P_0S_1 hat einen Ausreißer nach unten und einen oberen Extremwert.

reißern ist.[1227] Hierbei kann festgestellt werden, dass bei Segment zwei der Interquartilsabstand bei den Umsatz- (P_1: IQR = 757 Euro; P_0: IQR = 2.084 Euro; S_1: IQR = 945 Euro; S_0: IQR = 2.963,5 Euro) und bei den EBIT-Schätzungen (P_1: IQR = 356 Euro; P_0: IQR = 671 Euro; S_1: IQR = 318 Euro; S_0: IQR = 673 Euro) von den Gruppen mit Management Approach Informationen geringer ist. Für Segment 1 sind die Ergebnisse eher undeutlich (Umsatz: P_1: IQR = 1.450 Euro; P_0: IQR = 1.000 Euro; S_1: IQR = 644 Euro; S_0: IQR = 1.500 Euro; EBIT: P_1: IQR = 457 Euro; P_0: IQR = 472,5; S_1: IQR = 457 Euro; S_0: IQR = 445,5 Euro), was möglicherweise auf die außerplanmäßige Abschreibung in diesem Segment zurückzuführen ist (vgl. Arbeitsmaterialien in Anhang B). Die Abschreibung könnte eine Verunsicherung bei den Investoren hervorgerufen haben.

Das **Vertrauen der Investoren** in die von ihnen abgegebenen Umsatz- und EBIT-Schätzungen wurde auf jeder Ebene (Unternehmen, Segment 1, Segment 2) mit einer siebenstufigen Likert-Skala gemessen. Abb. 6-13 zeigt die grafische Auswertung mittels Boxplots. Für die Schätzungen auf der Unternehmensebene wird deutlich, dass die beiden Gruppen P_1S_1 (Median $\tilde{x}$ = 4,5) und P_1S_0 ($\tilde{x}$ = 5) höhere Vertrauenswerte aufweisen als die beiden anderen Gruppen P_0S_0 ($\tilde{x}$ = 3,5) und P_0S_1 ($\tilde{x}$ = 3). Das 25%-Perzentil der beiden ersten Gruppen liegt bei vier, während es für P_0S_0 zwei und für P_0S_1 drei beträgt. Das höchste 75%-Perzentil ist das der Gruppe P_1S_0 und beträgt sechs. Werden die beiden experimentellen Manipulationen separat betrachtet, so zeigt sich, dass bei Teilnehmern, bei denen der Prognosebericht und der Impairment Test auf der Mittelfristplanung beruhten (P_1), eine deutlich höheres Vertrauen aussprachen, als bei die Teilnehmern, bei denen das Gegenteil der Fall war (P_0). Für die zweite experimentelle Manipulation (S_1/S_0) sind kaum Unterschiede festzustellen. Die Gruppe P_1S_1 bzw. P_1 weist zwei Ausreißer nach unten auf, welche jeweils den Wert zwei einnehmen.

Für die Schätzungen auf Segmentebene sind die deskriptiven Befunde ähnlich: Der Median der beiden Gruppen P_1S_1 und P_1S_0 ist jeweils höher als der jeweilige Median der anderen Gruppen – lediglich beim Vertrauen in die Schätzungen für Segment 2 ist der Median von P_1S_0 und P_0S_0 identisch. Besonders die Differenz innerhalb der ersten experimentellen Manipulation lässt einen Zusammenhang zwischen der Bereitstellung von Planungsrechnungen im Rahmen des Management Approach und der Zufriedenheit vermuten.

Bemerkenswert ist, dass bei den Schätzungen auf Unternehmensebene und für Segment 2 die Gruppe ohne Management Approach Informationen (P_0S_0) einen höheren Median aufweist, als die Gruppe, in der nur die Segmentberichterstattung auf dem Management Approach beruht (P_0S_1). Möglicherweise könnte der Rückgriff auf lediglich die Organisationsstruktur und das Berichtswesen einen unbefriedigenderen Charakter besitzen als der komplette Verzicht auf Management Approach Informationen („ganz oder gar nicht“). Bei Segment 1 könnte der niedrigere Wert von Gruppe P_0S_0 speziell auf den Impairment Test zurückzuführen sein, der nicht auf dem Management Approach beruht.

[1227] Vgl. *Bücker* (2003), S. 61f.; *Eckstein* (2010), S. 115f.

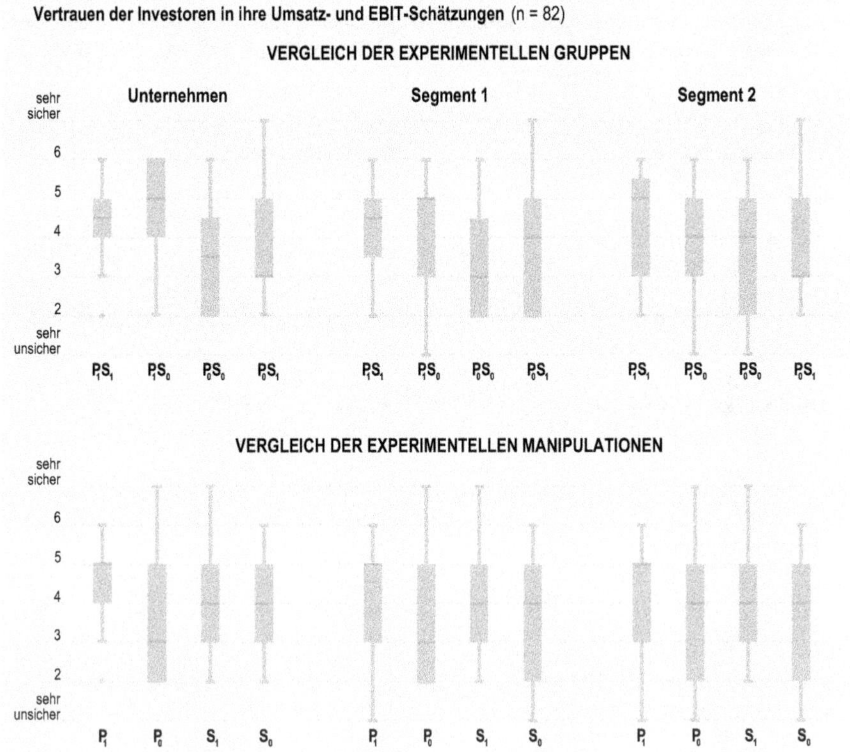

Abb. 6-13: Deskriptive Auswertung des Investorenvertrauens

Die deskriptive Auswertung der **Investitionsbereitschaft** ist grafisch in Abb. 6-14 dargestellt. Es zeigt sich, dass 34 Teilnehmer (41%) in das Unternehmen investieren würden, 48 Teilnehmer (59%) hingegen entschieden sich gegen ein Investment. Der Vergleich der vier experimentellen Gruppen zeigt, dass die Diskrepanz zwischen den Entscheidungsalternativen in den Gruppen höher ist, in denen keine Planungsrechnungen nach dem Management Approach enthalten waren (P_0S_0: 6% ja; 18% nein; P_0S_1: 10% ja; 16% nein), als in den beiden anderen Gruppen (P_1S_1: 11% ja; 13% nein; P_1S_0: 15% ja; 11% nein). In der Gruppe P_1S_1, in welcher der Management Approach vollständig umgesetzt ist, überwiegen jedoch Entscheidungen gegen ein Investment.

Eine separate Analyse der ersten experimentellen Manipulation zeigt, dass sich die Menge der Teilnehmer, die sich für ein Investment entschieden haben, zu einem größeren Teil aus Personen von P_1-Gruppen zusammensetzt (ja: 26% P_1; 16% P_0; nein: 24% P_1; 34% P_0). Die Diskrepanz zwischen den Entscheidungsalternativen ja/nein ist jedoch innerhalb der Gruppe P_1 gering (ja: 26%; nein: 24%). Die isolierte Betrachtung der zweiten experimentellen Manipulation führt zu keinen auffälligen Befunden: Die Entscheidungen für oder gegen ein Investment wurden jeweils zu gleichen Teilen von Teilnehmern getroffen, bei denen die Segmentberichterstattung auf der internen Organisationsstruktur und dem Berichtswesen basierte und jenen, bei denen das Gegenteil der Fall war (ja: 20,5% S_1; 20,5% S_0; nein: 20,5% S_1; 29,5% S_0).

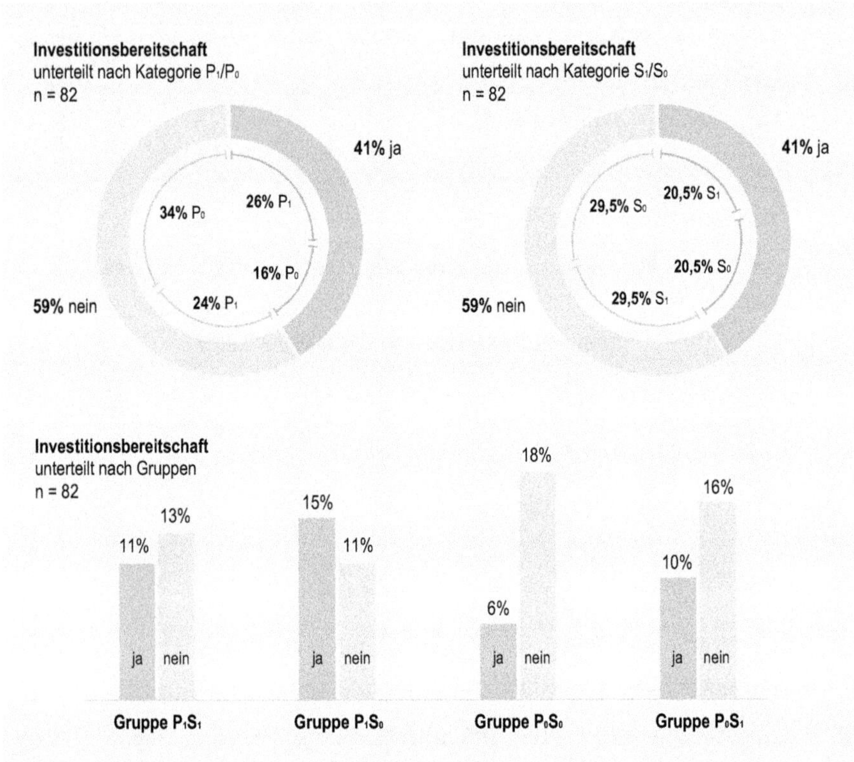

Abb. 6-14: Deskriptive Auswertung der Investitionsbereitschaft

Wie sich zeigte, haben sich nur 34 Teilnehmer für ein Investment entschieden. Diese mussten anschließend eine weitere Entscheidung über die **Investitionshöhe** treffen, die über eine siebenstufige Likert-Skala operationalisiert wurde. Die Streuung der Werte für die Investitionshöhe ist in den Gruppen P_1S_1 (R = 3; IQR = 1) und P_0S_1 (R = 3; IQR = 1,75) am geringsten (P_1S_0: R = 4; IQR = 3; P_0S_0: R = 5; IQR = 4). Entgegen den Erwartungen ist der Mittelwert der Gruppe ohne Management Approach Informationen (P_0S_0: $\overline{x}$ = 4,2) am höchsten. Dies zeigt sich auch beim isolierten Vergleich der experimentellen Manipulationen: Die Teilnehmermengen P_0 ($\overline{x}$ = 3,9) und S_0 ($\overline{x}$ = 3,7) weisen die höchsten Mittelwerte auf, die Mengen mit Management Approach Informationen hingegen die Niedrigsten (P_1: $\overline{x}$ = 3,4; S_1: $\overline{x}$ = 3,5). Allerdings erweist sich eine Beurteilung aufgrund der geringen Stichprobengrößen als sehr schwierig – insbesondere bei Gruppe P_0S_0 (n = 5).

Für die IFRS-nahen Kriterien der Entscheidungsnützlichkeit wurden die Teilnehmer um eine Einschätzung der **Nützlichkeit** von verschiedenen Bestandteilen des Geschäftsberichts für die Abgabe ihrer Umsatz- und EBIT-Schätzungen gebeten. Die Beurteilungen der Informationen aus dem Lagebericht und aus der Segmentberichterstattung sind in Abb. 6-15 durch Boxplots grafisch veranschaulicht. Es zeigt sich, dass die P_1-Gruppen, in denen der Prognosebericht auf der Mittelfristplanung beruht, jeweils einen höheren Median für die Einschätzung der Nützlichkeit von Lagebericht und Segmentberichterstattung aufweisen (P_1S_1: $\tilde{x}$ = 5; P_1S_0: $\tilde{x}$ = 5) als die anderen beiden Gruppen (P_0S_0: $\tilde{x}$ = 3; P_0S_1 $\tilde{x}$ = 3). Dieser Eindruck wird bei der separaten Betrachtung der experimentellen Manipulationen bestätigt: Dort zeigt sich, dass bei der Berichterstattung nach dem Management Approach höhere Median-Werte vorliegen. Zwischen den Gruppen P_1 ($\tilde{x}$ = 5) und P_0 ($\tilde{x}$ = 3) besteht eine Median-Differenz von zwei, während für S_1 und S_0 der Median jeweils bei vier liegt.

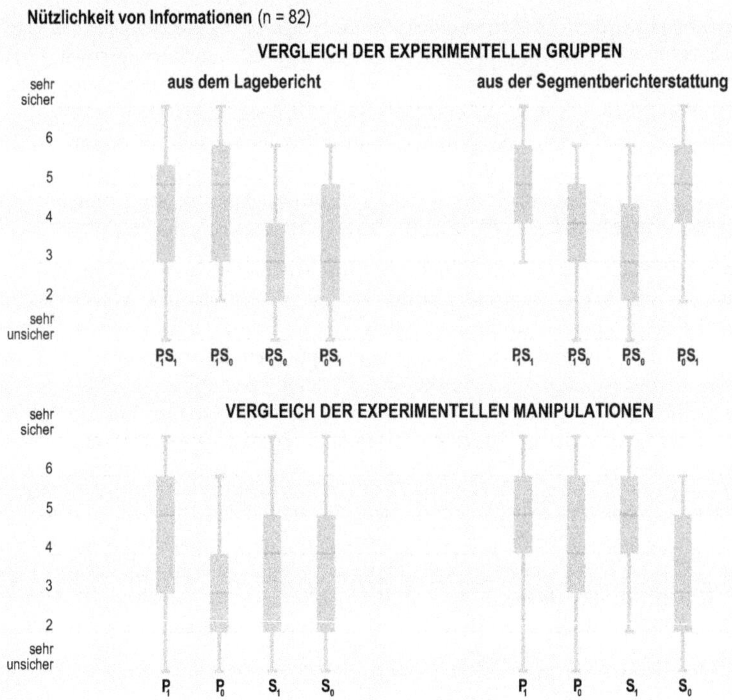

Abb. 6-15: Deskriptive Auswertung der Nützlichkeit von Informationen

Die Analyse der Nützlichkeit von Informationen aus der Segmentberichterstattung zeigt sehr deutliche Unterschiede zwischen der Gruppe P_0S_0 ($\tilde{x}$ = 3), die keine Management Approach Informationen erhielt, und der Gruppe P_1S_1 ($\tilde{x}$ = 5), in welcher der Management Approach für beide Manipulationen implementiert war. Daneben weist Gruppe

P_0S_1 ebenfalls einen hohen Median in Höhe von fünf auf. Ein Blick auf die experimentellen Manipulationen zeigt, dass P_1 und S_1 jeweils den höchsten Median mit fünf aufweisen. Auffällig ist der deutlich niedrigere Median der Gruppe S_0 in Höhe von drei, in der die Segmentberichterstattung nicht auf den internen Organisationsstruktur und dem Berichtswesen beruhte.

Weniger starke Unterschiede können bei den Ergebnissen für die Nützlichkeit der Informationen aus dem Jahresabschluss (GuV und Bilanz) festgestellt werden. Während für die Gruppe ohne Management Approach Informationen (P_0S_0) der Median bei drei liegt, ist dieser für alle anderen Gruppen identisch und beträgt fünf. Nur geringfügige Unterschiede können bei der separaten Betrachtung der experimentellen Manipulationen festgestellt werden: Die Nützlichkeit in den Management Approach Gruppen (P_1/S_1: $\tilde{x} = 5$) liegt leicht über der Nützlichkeit in der jeweiligen Gegengruppe (P_0/S_0: $\tilde{x} = 4$). Die geringeren Gruppenunterschiede könnten darauf zurückzuführen sein, dass von den Teilnehmern insbesondere der Lagebericht und die Segmentberichterstattung zur Abgabe von Schätzungen herangezogen wurden. Die Nützlichkeit des Anhangs wird generell etwas niedriger eingeschätzt als die Nützlichkeit von Lagebericht, Segmentberichterstattung sowie GuV und Bilanz: Mit Ausnahme von Gruppe P_0S_0 ($\tilde{x} = 2$) liegt der Median aller Gruppen bei drei. Für die Teilnehmermengen P_1, S_1 und S_0 beträgt der Median ebenfalls jeweils drei, für P_0 beträgt er zwei. Im Unterschied zwischen P_1 und P_0 könnten sich die Angaben zum Impairment Test niederschlagen, die sich im Anhang des Geschäftsberichts befanden. Die geringe Einschätzung der Nützlichkeit des Anhangs könnte auch auf dessen geringen Umfang zurückzuführen sein, welcher der Durchführbarkeit des Experiments geschuldet ist.

Darüber hinaus gaben die Experimentteilnehmer Einschätzungen zur **Relevanz** und zur **Verlässlichkeit** der Informationen ab. Die Einschätzung der Relevanz bewegt sich bei den vier experimentellen Gruppen auf ähnlichem Niveau (P_1S_1: $\tilde{x} = 4{,}5$; P_1S_0: $\tilde{x} = 5$; P_0S_0: $\tilde{x} = 4$; P_0S_1: $\tilde{x} = 5$).[1228] Die Gruppe ohne Management Approach Informationen weist die niedrigste Relevanzeinschätzung auf (Minimum = 1; 25%-Perzentil = 3). Die separate Analyse der experimentellen Manipulationen offenbart, dass der Median von Gruppe S_0 am niedrigsten ist ($\tilde{x} = 4$), während dieser für die anderen drei Gruppen ($P_1/P_0/S_1$) jeweils bei fünf liegt.

Bei der Einschätzung der Verlässlichkeit lässt sich ein deutlicher Unterschied zwischen Gruppe P_0S_0 ($\tilde{x} = 3$) und Gruppe P_1S_0 ($\tilde{x} = 5$) beobachten. Der Median der Gruppen P_1S_1 ($\tilde{x} = 4{,}5$) und P_0S_1 ($\tilde{x} = 4$) liegt jeweils innerhalb dieser Spanne. Es zeigt sich darüber hinaus, dass die Teilnehmer, die Management Approach Informationen erhielten, im Schnitt die Verlässlichkeit höher einschätzten (P_1: $\tilde{x} = 5$; S_1: $\tilde{x} = 5$), als die Teilnehmer, die andere Informationen erhielten (P_0: $\tilde{x} = 4$; S_0: $\tilde{x} = 4$).

[1228] In den Gruppen P_1S_1 (nach unten) und P_0S_1 (nach oben) ist jeweils ein Ausreißer zu beobachten.

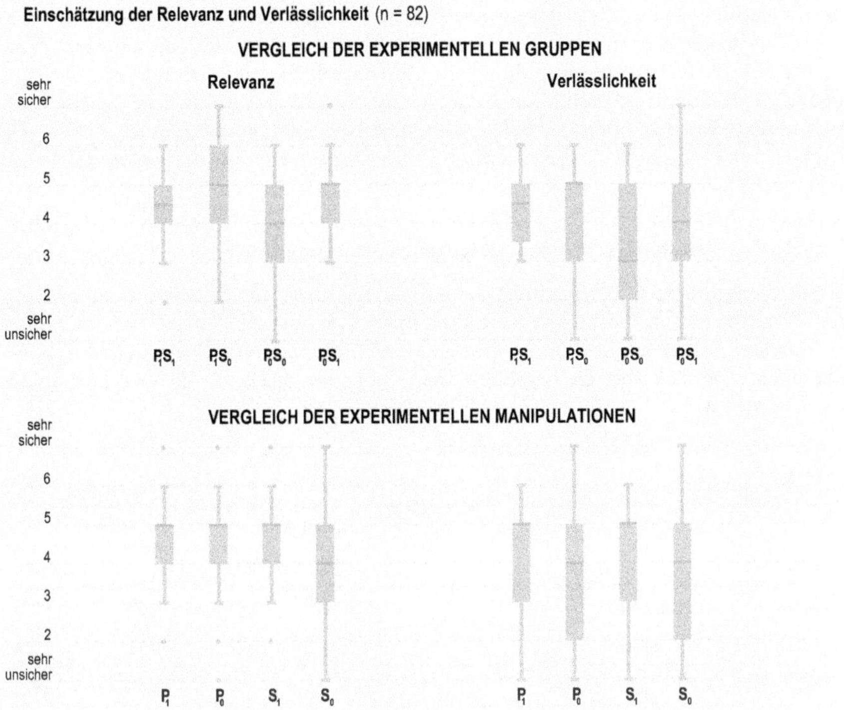

Abb. 6-16: Deskriptive Auswertung der Einschätzung von Relevanz und Verlässlichkeit

Die vorstehende deskriptive Auswertung zeigte, dass insbesondere beim Vertrauen der Investoren in ihre eigenen Schätzungen, bei der Einschätzung der Nützlichkeit von Lagebericht und Segmentberichterstattung sowie bei der Einschätzung von Relevanz und Verlässlichkeit Unterschiede bestehen. Bei den genannten abhängigen Variablen lag der Median in Management Approach Gruppen meist höher.

6.3.4 Auswirkungen Berichterstattung nach dem Management Approach auf die Entscheidungsnützlichkeit

Nachdem im vorstehenden Kapitel die Einschätzungen und Entscheidungen der Investoren in deskriptiver Form ausgewertet wurden, ist das Ziel des folgenden Abschnittes, durch statistische Tests Rückschlüsse auf die Grundgesamtheit zu ziehen. Im Fokus stehen dabei die experimentellen Manipulationen „Planungsrechnungen" (P_0/P_1) und „Organisationsstrukturen" (S_0/S_1), die in den vorstehenden Ausführungen parallel zu den experimentellen Gruppen ($P_1S_1/P_1S_0/P_0S_0/P_0S_1$) ausgewertet wurden. Da die Hypothesen der Untersuchung analog für die beiden Manipulationen aufgestellt wurden und da sich durch Kombination der beiden Manipulationen die experimentellen Gruppen nachbilden lassen (z.B. P_0S_1 durch P=0, S=1), beschränken sich einige der folgenden Analysen hierauf.

Die Auswirkung der Berichterstattung nach dem Management Approach auf die Entscheidungsnützlichkeit soll in einem ersten Schritt isoliert betrachtet werden (Abschnitt 6.3.4.1). Hierbei werden Gruppenunterschiede durch T-Tests und einfaktorielle Varianzanalysen (ANOVA) durchgeführt sowie Zusammenhänge im Rahmen der Korrelationsanalyse betrachtet. Anschließend erfolgt eine simultane (multivariate) Analyse der Auswirkung verschiedener Faktoren auf die Entscheidungsnützlichkeit (Abschnitt 6.3.4.2), bei welcher die Regressionsanalyse das zentrale Untersuchungsinstrument darstellt.

6.3.4.1 Isolierte Analyse der experimentellen Manipulationen

In einem ersten Schritt soll überprüft werden, ob sich jeweils die Mittelwerte der abhängigen Variablen der vier experimentellen Gruppen P_1S_1, P_1S_0, P_0S_0 und P_0S_1 signifikant voneinander unterscheiden. Hierzu wird eine einfaktorielle **ANOVA** eingesetzt. Tab. 6-4 gibt einen Überblick über die Ergebnisse des Gruppenvergleichs für die einzelnen abhängigen Variablen.

ANOVA

	Levene-Test		ANOVA	
Testvariable	F	Signifikanz	F	Signifikanz
Streuung der Umsatzschätzungen	0,018	0,997	0,001	1,000
Streuung der EBIT-Schätzungen	0,388	0,762	0,167	0,918
Streuung Umsatzschätzungen (Seg. 1)	0,194	0,900	0,072	0,975
Streuung EBIT-Schätzungen (Seg. 1)	0,100	0,960	0,697	0,557
Streuung Umsatzschätzungen (Seg. 2)	0,167	0,919	0,084	0,969
Streuung EBIT-Schätzungen (Seg. 2)	0,058	0,981	0,116	0,950
Vertrauen Schätzungen	0,639	0,592	3,187	** 0,028
Vertrauen Schätzungen (Seg. 1)	0,648	0,587	1,138	0,339
Vertrauen Schätzungen (Seg. 2)	0,731	0,537	1,417	0,244
Investitionshöhe	4,007	** 0,016	0,460	0,712
Nützlichkeit Lagebericht	0,316	0,814	3,394	** 0,022
Nützlichkeit Jahresabschluss	0,129	0,942	1,810	0,152
Nützlichkeit Anhang	2,376	* 0,076	1,161	0,330
Nützlichkeit Segmentberichterstattung	3,463	** 0,020	7,972	*** 0,000
Relevanz	0,790	0,503	2,579	* 0,060
Verlässlichkeit	1,062	0,370	2,420	* 0,072

Tab. 6-4: Ergebnis der einfaktoriellen ANOVA

Es kann festgestellt werden, dass sich die Streuung der Umsatz- und EBIT-Schätzungen sowohl auf Unternehmens- als auch auf Segmentebene in den einzelnen Gruppen nicht signifikant voneinander unterscheiden. Demgegenüber ist ein stark signifikanter Unterschied (auf einem 5%-Niveau) bei der abhängigen Variable des Investorenvertrauens in die eigenen Schätzungen auf Unternehmensebene zu beobachten. Auf Segmentebene hingegen liegen keine signifikanten Gruppenunterschiede für das Investorenvertrauen vor. Für die Investitionsbereitschaft, die in Abschnitt 6.3.4.2.4 im Rahmen einer logistischen Regression untersucht wird, kann aufgrund der fehlenden Intervallskalierung (Variable ist nur nominal bzw. dichotom skaliert) keine einfaktorielle ANOVA eingesetzt werden.[1229] Allerdings lässt sich der Test für die Investitionshöhe durchführen – dieser weist aber ebenfalls keine signifikanten Unterschiede auf. Der Levene-Test deutet auf eine Verletzung der Varianzhomogenitätsannahme hin. Ein Blick auf die verschiedenen Operationalisierungen der Informationsnützlichkeit zeigt, dass bei der Einschätzung der Nützlichkeit von Lagebericht (5%-Signifikanzniveau) und von Segmentberichterstattung (1%-Signifikanzniveau) deutliche Unterschiede zwischen den Gruppen bestehen. Bei zwei der Variablen (Anhang, Segmentberichterstattung) weist der Levene-Test ebenfalls signifikante Werte auf. Schließlich liegen jeweils auf einem 10%-Signifikanzniveau Gruppenunterschiede bei der Einschätzung von Relevanz und Verlässlichkeit vor.

Die Ergebnisse wurden mittels nicht-parametrischer **Kruskal-Wallis-Tests** abgesichert. Die signifikanten Gruppenunterschiede liegen hierbei ebenfalls vor und befinden sich jeweils auf dem gleichen Signifikanzniveau.[1230] Darüber hinaus konnte festgestellt werden, dass die mittleren Rangwerte der vier Gruppen in der Grundgesamtheit bei den folgenden abhängigen Variablen ungleich sind: „Streuung der EBIT-Schätzungen“, „Streuung EBIT-Schätzungen (Seg. 1)“, „Streuung EBIT-Schätzungen (Seg. 2)“.[1231]

Im Anschluss an den Vergleich der vier experimentellen Gruppen wurde ein separater Vergleich der beiden experimentellen Manipulationen (P_1/P_0 und S_1/S_0) durchgeführt. Da hierbei jeweils zwei unabhängige Stichproben miteinander verglichen werden, kommt der **T-Test** zum Einsatz. Tab. 6-5 fasst die Ergebnisse der T-Tests für den Vergleich der ersten experimentellen Manipulation „Planungsrechnungen“ (P_1/P_0) tabellarisch zusammen. Für keine der abhängigen Variablen der Streuung von Investorenschätzungen kann festgestellt werden, dass sich die Mittelwerte signifikant voneinander unterscheiden. Wie bei der einfaktoriellen ANOVA können auch Unterschiede bei der Variablen „Vertrauen Schätzungen“ auf Unternehmensebene festgestellt werden (1%-Signifikanzniveau). Darüber hinaus liegen schwach signifikante Unterschiede (10%-Niveau) für das Investorenvertrauen auf Segmentebene vor. Die Variable „Investitionsbereitschaft“ kann aufgrund ihrer nominalen Skalierung weder mittels eines T-Tests noch mittels eines Mann-Whitney-U-Tests analysiert werden. Für die experimentelle Manipulation „Planungsrechnungen“ kann außerdem ein höchst signifikanter Unterschied (1%-Niveau) zwischen den

[1229] Vgl. zu den Voraussetzungen Abschnitt 6.2.4.2.

[1230] „Vertrauen Schätzungen“: p = 0,028; „Nützlichkeit Lagebericht“: p = 0,028; „Nützlichkeit Segmentberichterstattung“: p = 0,000; „Relevanz“: p = 0,076; „Verlässlichkeit“: p = 0,081.

[1231] „Streuung der EBIT-Schätzungen“: p = 0,080; „Streuung EBIT-Schätzungen (Seg. 1)“: 0,000; „Streuung EBIT-Schätzungen (Seg. 2)“: p = 0,026.

Gruppen beobachtet werden. Schließlich ist eine Mittelwertdifferenz auf einem 5%-Signifikanzniveau für die Einschätzung der Verlässlichkeit zu berichten.

T-TEST: PLANUNGSRECHNUNGEN

	Mittelwerte		Levene-Test		T-Test	
Testvariable	P_0	P_1	F	Signifikanz	Signifikanz	Differenz
Streuung der Umsatzschätzungen	0,617	0,625	0,000	0,985	0,963	0,008
Streuung der EBIT-Schätzungen	0,604	0,543	0,038	0,846	0,732	-0,061
Streuung Umsatzschätzungen (Seg. 1)	0,656	0,577	0,398	0,530	0,644	-0,078
Streuung EBIT-Schätzungen (Seg. 1)	0,541	0,676	0,010	0,919	0,429	0,135
Streuung Umsatzschätzungen (Seg. 2)	0,610	0,625	0,086	0,770	0,930	0,015
Streuung EBIT-Schätzungen (Seg. 2)	0,550	0,539	0,011	0,916	0,952	-0,011
Vertrauen Schätzungen	3,585	4,463	0,730	0,395	*** 0,003	0,878
Vertrauen Schätzungen (Seg. 1)	3,585	4,146	0,069	0,793	* 0,083	0,561
Vertrauen Schätzungen (Seg. 2)	3,683	4,317	1,660	0,201	* 0,060	0,634
Investitionshöhe	3,846	3,429	0,852	0,363	0,381	-0,418
Nützlichkeit Lagebericht	3,268	4,317	0,530	0,469	*** 0,003	1,049
Nützlichkeit Jahresabschluss	3,902	4,390	0,009	0,926	0,133	0,488
Nützlichkeit Anhang	2,854	3,415	0,718	0,399	0,110	0,561
Nützlichkeit Segmentberichterstattung	4,073	4,439	1,091	0,299	0,313	0,366
Relevanz	4,390	4,610	0,003	0,957	0,411	0,220
Verlässlichkeit	3,585	4,268	1,887	0,173	** 0,026	0,683

Tab. 6-5: Ergebnis der T-Tests zur experimentellen Manipulation „Planungsrechnungen“

Für alle betrachteten abhängigen Variablen lieferte der jeweilige Levene-Test keine signifikanten Ergebnisse. Es ist also von keiner Varianzheterogenität auszugehen und es besteht somit auch kein bedarf anstatt des T-Tests ein Welch-Test durchzuführen.[1232] Die Ergebnisse wurden darüber hinaus mit einem nicht-parametrischen **Mann-Whitney-U-Test** abgesichert:[1233] In allen oben dargestellten Fällen mit signifikanten Werten ist demnach ebenfalls die Nullhypothese abzulehnen, nach welcher die Verteilungen der Gruppen P_0

[1232] Vgl. auch die grundlegenden Ausführungen in Abschnitt 6.2.4.2.
[1233] Vgl. zum Mann-Whitney-U-Test Abschnitt 6.2.4.2.

und P_1 gleich sind.[1234] Nach dem Mann-Whitney-U-Test unterscheiden sich zudem die beiden Gruppen für die Variable „Streuung EBIT-Schätzungen (Seg. 1)“.[1235]

Werden die Erkenntnisse aus der deskriptiven Auswertung (insbesondere die Mittelwerte der Gruppen) miteinbezogen, so deutet sich an, dass die Berichterstattung nach dem Management Approach im Bereich der Planungsrechnungen teilweise zu einer höheren Entscheidungsnützlichkeit führen kann. Diese schlägt sich in durchschnittlich höheren Werten des Investorenvertrauens in eigene Schätzungen und der Beurteilung der Informationsnützlichkeit des Lageberichts sowie der Einschätzung der Verlässlichkeit von berichteten Informationen nieder.

T-TEST: ORGANISATIONSSTRUKTUREN

	Mittelwerte		Levene-Test		T-Test/Welch-Test	
Testvariable	S_0	S_1	F	Signifikanz	Signifikanz	Differenz
Streuung der Umsatzschätzungen	0,619	0,623	0,008	0,927	0,981	0,004
Streuung der EBIT-Schätzungen	0,521	0,627	0,111	0,740	0,548	0,106
Streuung Umsatzschätzungen (Seg. 1)	0,616	0,617	0,175	0,677	0,995	0,001
Streuung EBIT-Schätzungen (Seg. 1)	0,599	0,618	0,033	0,857	0,910	0,019
Streuung Umsatzschätzungen (Seg. 2)	0,616	0,618	0,250	0,618	0,989	0,002
Streuung EBIT-Schätzungen (Seg. 2)	0,500	0,590	0,100	0,752	0,622	0,089
Vertrauen Schätzungen	4,049	4,000	0,004	0,950	0,873	-0,049
Vertrauen Schätzungen (Seg. 1)	3,780	3,951	1,145	0,288	0,600	0,171
Vertrauen Schätzungen (Seg. 2)	3,878	4,122	0,200	0,889	0,474	0,244
Investitionshöhe	3,706	3,471	7,569	*** 0,010	0,614	-0,235
Nützlichkeit Lagebericht	3,707	3,878	0,032	0,858	0,635	0,171
Nützlichkeit Jahresabschluss	3,927	4,366	0,804	0,373	0,177	0,439
Nützlichkeit Anhang	3,049	3,220	0,063	0,803	0,629	0,171
Nützlichkeit Segmentberichterstattung	3,512	5,000	8,284	*** 0,005	*** 0,000	1,488
Relevanz	4,293	4,707	2,778	* 0,099	0,118	0,415
Verlässlichkeit	3,732	4,122	5,627	** 0,020	0,207	0,390

Tab. 6-6: Ergebnis der T-Tests zur experimentellen Manipulation „Organisationsstrukturen“

[1234] Die Signifikanzwerte des Mann-Whitney-U-Tests sind: „Vertrauen Schätzungen“ p = 0,003; „Vertrauen Schätzungen (Seg. 1)“ p = 0,045; „Vertrauen Schätzungen (Seg. 2)“ p = 0,048; „Nützlichkeit Lagebericht“ p = 0,004; „Verlässlichkeit“ p = 0,023;

[1235] Der Mann-Whitney-U-Test lieferte eine Signifikanz von p = 0,013.

Darüber hinaus wurden die Gruppenunterschiede für die zweite experimentelle Manipulation „Organisationsstrukturen" (S_1/S_0) mittels **T-Tests** für unabhängige Stichproben analysiert. Die Ergebnisse sind in Tab. 6-6 aufgeführt. Es fällt auf, dass sich lediglich für die Einschätzung der Nützlichkeit der Segmentberichterstattung die Mittelwerte von S_0 und S_1 signifikant unterscheiden. Allerdings liegt hier ein höchst signifikanter Zusammenhang auf einem 1%-Niveau vor. Bei allen anderen Variablen kann kein signifikanter Mittelwertunterschied beobachtet werden.

Der Levene-Test lieferte für die Variablen „Investitionshöhe", „Nützlichkeit Segmentberichterstattung", „Relevanz" und „Verlässlichkeit" signifikante Ergebnisse. Für diese Testvariablen muss folglich die Varianzhomogenitätsannahme als verletzt betrachtet werden und anstatt eines T-Tests ein Welch-Test durchgeführt werden. Außer für die Variable „Investitionshöhe" sind die Ergebnisse des Welch-Tests mit denen des jeweiligen T-Tests vollständig identisch.[1236] Für die genannten Variablen wurde in Tab. 6-6 das Ergebnis des Welch-Tests dargestellt, für die anderen Variablen das Ergebnis des T-Tests.

Die Überprüfung der Ergebnisse mittels des **Mann-Whitney-U-Tests** ergab, dass für die Variable „Nützlichkeit Segmentberichterstattung" sich die beiden Gruppen ebenfalls unterscheiden.[1237] Darüber hinaus unterschieden sich die Gruppen für die Variablen „Streuung der EBIT-Schätzungen" und „Streuung EBIT-Schätzungen (Seg. 2)".[1238]

Auch für die Berichterstattung nach dem Management Approach im Bereich der Segmentberichterstattung kann unter Einbezug der bisherigen deskriptiven Befunde ein erstes Zwischenfazit getroffen werden: Die experimentelle Manipulation bei der Segmentberichterstattung scheint zu keinen deutlichen Unterschieden bei den Schätzungen der Investoren, dem Investorenvertrauen und dem Investitionsverhalten zu führen. Die Segmentberichterstattung nach dem Management Approach führt jedoch zu deutlich höheren Beurteilungen deren Nützlichkeit. Die Ergebnisse könnten darauf hindeuten, dass die Segmentberichterstattung kein zentrales Analyseinstrument für private Investoren ist. Diese führen häufig weniger detaillierte Analysen durch und beschränken sich auf die Betrachtung des Gesamtkonzerns.[1239]

Schließlich wurden **Korrelationsanalysen** zwischen den einzelnen abhängigen Variablen und den experimentellen Manipulationen (unabhängigen Variablen) durchgeführt, um die Stärke der Zusammenhänge zwischen diesen zu beurteilen. Tab. 6-7 gibt einen tabellarischen Überblick über die Ergebnisse. Wie bereits in Abschnitt 6.2.4.2 dargestellt, wird die punktbiseriale Korrelationsanalyse eingesetzt, um die Zusammenhänge zwischen intervallskalierten Variablen (abhängige Variablen) und dichotomen Variablen (experimentelle Manipulationen) zu betrachten. Für die einzige nicht intervallskalierte Variable „Investitionsbereitschaft" wird der Phi-Koeffizient berechnet.

[1236] Die Abweichung für „Investitionshöhe" betraf nur die zweiseitige Signifikanz und betrug 0,001 (höheres Signifikanzniveau).

[1237] Der Signifikanzwert für „Nützlichkeit Segmentberichterstattung" des Mann-Whitney-U-Tests beträgt p = 0,000.

[1238] Die Signifikanzwerte des Mann-Whitney-U-Tests sind: „Streuung der EBIT-Schätzungen" p = 0,031; „Streuung EBIT-Schätzungen (Seg. 2)" p = 0,013.

[1239] Vgl. *Ernst et al.* (2009), S. 20–25.

KORRELATIONSANALYSE				
Testvariable (n = 82) Punktbiseriale Korrelation/Spearman Rho jeweilige Signifikanz	**Planungsrechnungen**		**Organisationsstrukturen**	
Streuung der Umsatzschätzungen	-0,215 * 0,052	-0,271 ** 0,014	0,069 0,537	0,099 0,374
Streuung der EBIT-Schätzungen	-0,038 0,732	-0,145 0,194	0,067 0,548	0,240 ** 0,030
Streuung Umsatzschätzungen (Seg. 1)	-0,052 0,644	-0,035 0,758	0,001 0,995	0,094 0,399
Streuung EBIT-Schätzungen (Seg. 1)	0,089 0,429	0,277 ** 0,012	0,013 0,910	0,096 0,389
Streuung Umsatzschätzungen (Seg. 2)	0,010 0,930	0,087 0,436	0,002 0,989	0,073 0,516
Streuung EBIT-Schätzungen (Seg. 2)	-0,007 0,952	-0,047 0,675	0,055 0,622	0,277 ** 0,012
Vertrauen Schätzungen	0,323 *** 0,003	0,329 *** 0,003	-0,018 0,873	-0,022 0,847
Vertrauen Schätzungen (Seg. 1)	0,193 * 0,083	0,222 ** 0,045	0,059 0,600	0,040 0,721
Vertrauen Schätzungen (Seg. 2)	0,208 * 0,060	0,220 ** 0,047	0,080 0,474	0,070 0,530
Investitionsbereitschaft (Phi-Koeffizient)		0,198 * 0,073		0,000 1,000
Investitionshöhe (n = 34)	-0,155 0,381	-0,149 0,401	-0,090 0,613	-0,111 0,533
Nützlichkeit Lagebericht	0,327 *** 0,003	0,322 *** 0,003	0,053 0,653	0,051 0,647
Nützlichkeit Jahresabschluss	0,167 0,133	0,160 0,151	0,151 0,177	0,152 0,173
Nützlichkeit Anhang	0,178 0,110	0,181 0,104	0,054 0,629	0,059 0,598
Nützlichkeit Segmentberichterstattung	0,113 0,313	0,110 0,327	0,459 *** 0,000	0,441 *** 0,000
Relevanz	0,092 0,411	0,096 0,390	0,174 0,118	0,151 0,175
Verlässlichkeit	0,246 ** 0,026	0,253 ** 0,022	0,141 0,207	0,121 0,279

Tab. 6-7: Ergebnis der Korrelationsanalysen

Die Zusammenhangsstärke soll anhand der von *Cohen* entwickelten Konvention beurteilt werden.[1240] Es stellt sich heraus, dass für die experimentelle Manipulation „Planungsrechnungen" signifikante Korrelationen mit der Streuung der Umsatzschätzungen auf Unternehmensebene (leicht negativ), mit dem Investorenvertrauen auf Unternehmens- (mittelmäßig positiv) und Segmentebene (leicht positiv), mit der Nützlichkeit des Lageberichts (mittelmäßig positiv) und mit der Verlässlichkeit (leicht positiv) vorliegen. Für die Streuung der EBIT-Schätzungen für Segment eins liegt nur für die nicht-parametrische Korrelationsanalyse ein signifikanter Wert vor. Nach dem Phi-Koeffizienten kann auch von einem leicht positiven Zusammenhang mit der Investitionsbereitschaft ausgegangen werden.

Die Korrelationsanalysen der abhängigen Variablen mit der zweiten experimentellen Manipulation „Organisationsstrukturen" ergibt nur einen signifikanten Wert (1%-Niveau): Der Zusammenhang zwischen der Art der Segmentberichterstattung und der Beurteilung der Nützlichkeit von Informationen aus der Segmentberichterstattung ist mittelmäßig positiv. Für die Variablen „Streuung der EBIT-Schätzungen" auf Unternehmensebene und „Streuung EBIT-Schätzungen (Seg. 2)" liegen nur für die nicht-parametrische Korrelationsanalyse signifikante, leicht positive Zusammenhänge vor.

Bisher führten sowohl ANOVA und T-Tests als auch die Korrelationsanalyse zu signifikanten Ergebnissen für das Investorenvertrauen für die Schätzungen auf Unternehmensebene, für die Einschätzung der Nützlichkeit von Informationen aus dem Lagebericht und der Segmentberichterstattung sowie für die Einschätzung der Verlässlichkeit von Informationen. Die Kombination der bisherigen Befunde deutet darauf hin, dass die Berichterstattung nach dem Management Approach zu einem mittleren positiven Effekt beim Vertrauen der Investoren in ihre Einschätzungen sowie bei der Beurteilung der Nützlichkeit von Informationen aus dem Lagebericht und der Segmentberichterstattung führt. Ein leicht positiver Effekt deutet sich für die Einschätzung der Verlässlichkeit der berichteten Informationen an.

Die bisherigen Analysen betrachteten stets die experimentellen Manipulationen isoliert. Im nachfolgenden Kapitel werden die im Experiment erhobenen Daten multivariat ausgewertet, was die zusätzliche Berücksichtigung von Kontrollvariablen erlaubt. Durch den Einsatz von Regressionsanalysen können außerdem die Veränderungen der abhängigen Variablen durch die Veränderung der unabhängigen Variablen erklärt werden.

6.3.4.2 Simultane Analyse der experimentellen Manipulationen und Kontrollvariablen

6.3.4.2.1 Grundlegender Aufbau der Regressionsmodelle

In den nachfolgenden Abschnitten wird anhand mehrerer Regressionsmodelle der simultane Einfluss verschiedener Faktoren (unabhängige Variablen) auf die Entscheidungsnützlichkeit analysiert, die jeweils durch einen anderen Proxy als abhängige Variable operatio-

[1240] Vgl. *Cohen* (1988), S. 115. Danach werden die Werte wie folgt interpretiert: +/-0,1 „kleiner" Effekt, ab +/-0,3 „mittlerer" Effekt und ab +/-0,5 „großer" Effekt.

nalisiert wurde. Die Zusammensetzung der unabhängigen Variablen ist in allen Regressionsmodellen identisch (vgl. Gleichung 6.1): Zwei unabhängige Variablen bilden die Manipulationen des Experiments ab, während zehn weitere unabhängige Variablen als Kontrollvariablen fungieren.

$$\begin{aligned} \textit{Entscheidungsnützlichkeit} = {} & \beta_0 + \beta_1\,\textit{Planungsrechnung} + \beta_2\,\textit{Organisationsstrukturen} + \\ & \beta_3\,\textit{Finanzielle Lage} + \beta_4\,\textit{Wachstumsperspektiven} + \\ & \beta_5\,\textit{Investitionsrisiko} + \beta_6\,\textit{Bilanzpol. Ermessensspielraum} + \\ & \beta_7\,\textit{Semesterzahl} + \beta_8\,\textit{Berufserfahrung} + \\ & \beta_9\,\textit{Accounting-Veranstaltungen} + \\ & \beta_{10}\,\textit{Finance-Veranstaltungen} + \\ & \beta_{11}\,\textit{Anlageerfahrung} + \beta_{12}\,\textit{Risikoaversion} + \varepsilon \end{aligned} \tag{6.1}$$

Die unabhänge Variable **Planungsrechnung** ist eine Dummy-Variable und stellt die erste Manipulation des Experimentes dar. Für Experimentteilnehmer, die sich in einer der beiden Gruppen befanden, in denen der Impairmenttest und die Prognoseberichterstattung auf der Basis der Mittelfristplanung des Managements fundiert, nahm diese Variable den Wert eins ein.[1241] Für die Fälle der anderen Gruppen betrug die Ausprägung der Variable null. Gleichermaßen stellte die unabhängige Variable **Organisationsstrukturen** eine Dummy-Variable dar: Den Wert eins nahm sie für Fälle derjenigen Gruppen ein, die Segmentberichterstattungen nach dem Management Approach erhielten,[1242] den Wert null hingegen für die anderen Gruppen.

Die ersten vier **Kontrollvariablen** bezogen sich auf das fiktive Unternehmen, das Gegenstand des Experiments war. Jeder Teilnehmer schätzte die finanzielle Lage und die Wachstumsperspektiven der Manufacturing AG sowie das Risiko einer Investition in das Unternehmen und den bilanzpolitischen Ermessensspielraum des Managements auf einer siebenstufigen Likert-Skala ein. Für jeden der 82 Fälle konnten die vier Variablen folglich jeweils einen Wert zwischen eins und sieben einnehmen. Die letzten sechs Kontrollvariablen bezogen sich auf den jeweiligen Experimentteilnehmer. Mit ihnen sollte überprüft werden, ob die Ausprägung der jeweiligen abhängigen Variable auf eine persönliche Einstellung (z.B. hohe Risikoaversion oder niedrige Anlageerfahrung) zurückzuführen ist. Die Variablen Semesterzahl und Anzahl der belegten Accounting- sowie Finance-Veranstaltungen stellen hierbei Indikatoren für den Wissensstand der Experimentteilnehmer dar, während die Variablen Anzahl der Jahre an Berufserfahrung sowie Anlageerfahrung ein Maß für die Erfahrenheit der Teilnehmer sind. Für die letztgenannte Variable und für die Variable Risikoaversion wurde jeweils die auf einer siebenstufigen Likert-Skala abgefragte eigene Einschätzung der Teilnehmer herangezogen.

Vor der Durchführung der einzelnen Regressionsanalysen wurden, wie bereits in Abschnitt 6.2.4.2 erläutert, Korrelationsanalysen für die unabhängigen Variablen vorge-

---

[1241] Dies waren die Gruppen 1 (P_1S_1) und 2 (P_1S_0), vgl. zu den Gruppen Abschnitt 6.2.1.

[1242] Dies waren die Gruppen 1 (P_1S_1) und 4 (P_0S_1), vgl. zu den Gruppen Abschnitt 6.2.1.

nommen, um eine mögliche Multikollinearität aufzudecken. Die Ergebnisse dieser Korrelationsanalysen finden sich in Tab. A-1 in Anhang D. In beiden Testvarianten (Produkt-Moment-Korrelationskoeffizient und Spearman Rho) konnten signifikante Zusammenhänge mit den angegebenen Stärken zwischen den folgenden Variablen festgestellt werden:[1243] Die Einschätzung der finanziellen Lage korreliert mit der Einschätzung der Wachstumsperspektiven (schwach positiv: 0,259/0,234)[1244], mit der Einschätzung des Risikos (schwach negativ: -0,376/-0,365) und mit der Semesterzahl (schwach positiv: 0,236/0,221). Die Einschätzung des bilanzpolitischen Ermessensspielraums korreliert mit der Anzahl der absolvierten Accounting-Veranstaltungen (schwach positiv: 0,344/0,269). Die Semesterzahl korreliert neben dem bereits angegebenen Zusammenhang mit der Anzahl der Jahre an Berufserfahrung (schwach negativ: -0,189/-0,194) mit der Anzahl der absolvierten Accounting-Veranstaltungen (mittelmäßig positiv: 0,511/0,521), mit der Anzahl der absolvierten Finance-Veranstaltungen (schwach positiv: 0,274/0,272) und mit der Einschätzung der eigenen Anlageerfahrung (schwach negativ: -0,199/-0,244). Darüber hinaus bestehen Korrelationen zwischen der Anzahl der Jahre an Berufserfahrung und der Anzahl der absolvierten Finance-Veranstaltungen (schwach negativ: -0,219/-0,224) und zwischen der Einschätzung der eigenen Anlageerfahrung und der Einschätzung der eigenen Risikoaversion (mittelmäßig positiv: 0,521/0,521). Da alle Korrelationskoeffizienten höchstens einen mittleren Effekt aufweisen, wird von einer geringen Gefahr der Multikollinearität ausgegangen. Dennoch werden im Rahmen der jeweiligen Regressionsanalysen weitere Tests durchgeführt.

In den folgenden Unterabschnitten wird das beschriebene Regressionsmodell mit verschieden operationalisierten abhängigen Variablen berechnet. Die Abschnitte 6.3.4.2.2 bis 6.3.4.2.4 stellen die Ergebnisse für die Regressionen mit den aus der Theorie abgeleiteten abhängigen Variablen „Streuung der Investorenschätzungen", „Zufriedenheit der Investoren mit ihren Schätzungen" sowie „Investitionsentscheidung und Investitionshöhe" dar. In Abschnitt 6.3.4.2.5 werden weitere Regressionen für IFRS-nahe Varianten der abhängigen Variable Entscheidungsnützlichkeit aufgeführt.

6.3.4.2.2 Streuung der Investorenschätzungen

Die erste operationalisierte abhängige Variable, die als Proxy für die Entscheidungsnützlichkeit dient, ist die Streuung der Investorenschätzungen. Im Experiment mussten die Teilnehmer Schätzungen für den Umsatz und für das EBIT sowohl auf Unternehmens- als auch auf Segmentebene abgeben. Um die Streuung dieser Schätzwerte zu ermitteln, wurden die jeweiligen Werte einer experimentellen Gruppe durch eine z-Transformation standardisiert.[1245] Da z-Werte kleiner null unterdurchschnittliche und z-Werte größer null überdurchschnittliche Werte darstellen,[1246] wurde darüber hinaus eine weitere Transfor-

[1243] Bei vier weiteren Zusammenhängen wies jeweils nur ein Test ein signifikantes Ergebnis auf, das aus diesem Grund hier nicht aufgeführt wird.

[1244] Erster Wert: Produkt-Moment-Korrelationskoeffizient, zweiter Wert: Spearman Rho.

[1245] Durch die z-Transformation wird eine Mittelwertzentrierung und eine Normierung durchgeführt, wodurch Werte unterschiedlicher Gruppen besser verglichen werden können, vgl. *Diaz-Bone* (2006), S. 60. Vgl. zur z-Transformation auch *Janssen/Laatz* (2007), S. 226f; *Kuckartz et al.* (2010), S. 122f.

[1246] Vgl. *Diaz-Bone* (2006), S. 61.

mation zum Absolutwert vorgenommen. Je höher die somit berechneten Werte sind, desto höher ist auch die Abweichung vom Durchschnitt (Streuung).

Für die Streuung der Investorenschätzung wurden sechs Regressionsmodelle berechnet (jeweils Umsatz- und EBIT-Schätzung für das Unternehmen, für Segment 1 und für Segment 2). Tab. 6-8 fasst die wesentlichen Regressionsergebnisse dieser sechs Modelle zusammen. Darüber hinaus finden sich die ausführlichen Ergebnisse der einzelnen Regressionsmodelle dieses Abschnittes in Anhang D).

Vorerst soll die Streuung der **Umsatzschätzungen auf Unternehmensebene** betrachtet werden (vgl. Tab. A-2 in Anhang D): Die Modellgüte kann anhand des Bestimmtheitsmaßes (korrigiertes R^2 = 0,069) und der Gültigkeit über die Stichprobe hinaus (F-Statistik: p = 0,146) als relativ gering betrachtet werden. Folglich sind nur 6,9% der gesamten Streuung durch das Modell erklärt und aufgrund der niedrigen Signifikanz des F-Tests muss die Nullhypothese beibehalten werden, nach welcher alle Regressionskoeffizienten null sind.[1247] Für die vorliegende Stichprobe mag daher kein Zusammenhang zwischen den unabhängigen und der abhängigen Variable bestehen – allerdings könnte ein solcher Zusammenhang auch durch andere Einflüsse überlagert sein oder aufgrund des geringen Stichprobenumfanges nicht deutlich werden.[1248] Bei Betrachtung der Regressionskoeffizienten kann festgestellt werden, dass die Streuung der Umsatzschätzungen signifikant durch sowohl die Höhe der Semesterzahl (Beta-Koeffizient = 0,380; p = 0,008; signifikant auf einem 1%-Niveau) als auch die Anzahl der Jahre an Berufserfahrung (Beta-Koeffizient = 0,285; p = 0,016; signifikant auf einem 5%-Niveau) beeinflusst wird. Alle anderen unabhängigen Variablen weisen keinen signifikanten Zusammenhang mit der Streuung der Umsatzschätzungen auf. Die jeweils zur Absicherung durchgeführte Rang-Regressionsanalyse[1249] liefert für das vorliegende Modell nur wenig aussagekräftige Werte (korrigiertes R^2 = -0,42) – der statistisch signifikante Zusammenhang für die Variablen Semesterzahl und Berufserfahrung konnte nicht bestätigt werden (vgl. Tab. A-9 in Anhang D).[1250]

Schließlich sind die Modellprämissen zu überprüfen:[1251] Sowohl der Breusch-Pagan-Godfrey-Test (p = 0,098) als auch der White-Test (p = 0,142) lassen Heteroskedastizität ausschließen, da für beide Tests auf einem Signifikanzniveau von 5% die Nullhypothese der Homoskedastizität nicht verworfen werden muss. Da sich auch der Durbin-Watson-Koeffizient (DW = 2,264) innerhalb der unkritischen Spanne von 1,5 und 2,5 befindet,[1252] kann von einem geringen Ausmaß an Autokorrelation ausgegangen werden. Eine

1247 Vgl. *Backhaus et al.* (2011), S. 77f.

1248 Vgl. *Backhaus et al.* (2011), S. 77, S. 80.

1249 Vgl. die Ausführungen in Abschnitt 6.2.4.2.

1250 Bei der Rang-Regressionsanalyse ist hingegen ein Zusammenhang mit der Einschätzung der finanziellen Lage auf einem niedrigen 10%-Signifikanzniveau festzustellen (Beta-Faktor = -0,230).

1251 Vgl. *Backhaus et al.* (2011), S. 61. Vgl. auch die Ausführungen zu den Prämissen der Regressionsanalyse – insbesondere zur Normalverteilung Abschnitt 6.2.4.2.

1252 Vgl. die Ausführungen in Abschnitt 6.2.4.2.

multiple Korrelation kann nach einer Analyse der Toleranz- und VIF-Werte ebenfalls ausgeschlossen werden (vgl. Tab. A-2 in Anhang D).[1253]

Regressionsanalyse: Streuung der Investorenschätzungen

ZUSAMMENGEFASSTE ERGEBNISSE

Modell	**Umsatz** gesamt	**EBIT** gesamt	**Umsatz** Segment 1	**EBIT** Segment 1	**Umsatz** Segment 2	**EBIT** Segment 2
Korrigiertes R^2	0,069	0,022	-0,016	-0,097	0,030	-0,001
Durbin-Watson-Statistik	2,264	2,215	2,152	2,051	1,890	1,744
F	1,498	1,151	0,897	0,404	1,207	0,994
Signifikanz	0,146	0,335	0,554	0,957	0,296	0,464
Breusch-Pagan-Godfrey-Test	0,098	0,066	0,939	0,965	0,404	0,510
White-Test	0,142	0,073	0,927	0,974	0,416	0,558

Koeffizienten (Beta)	**Umsatz** gesamt	**EBIT** gesamt	**Umsatz** Segment 1	**EBIT** Segment 1	**Umsatz** Segment 2	**EBIT** Segment 2
Planungsrechnungen	0,058	-0,007	-0,031	0,075	0,040	-0,007
Organisationsstrukturen	-0,062	0,083	-0,092	0,011	-0,032	-0,072
Finanzielle Lage	-0,213	* -0,233	** -0,331	-0,165	0,080	-0,212
Wachstumsperspektiven	-0,018	0,151	-0,064	0,085	-0,158	-0,030
Investitionsrisiko	0,084	0,116	-0,074	-0,099	0,191	0,130
Bilanzpol. Ermessensspielraum	-0,048	** -0,331	-0,064	0,084	-0,054	0,117
Semesterzahl	*** 0,380	0,159	0,233	-0,063	-0,033	0,089
Berufserfahrung	** 0,285	0,036	-0,017	-0,004	** 0,290	* 0,230
Accounting-Veranstaltungen	-0,113	0,115	-0,024	0,009	-0,024	-0,115
Finance-Veranstaltungen	-0,156	-0,054	-0,027	-0,086	-0,055	0,039
Anlageerfahrung	0,053	0,181	0,051	0,020	-0,187	-0,199
Risikoaversion	0,146	0,086	-0,055	0,053	0,037	0,056

Tab. 6-8: Ergebnisse der Regressionsanalysen zu den Investorenschätzungen

Auch für die Streuung der **EBIT-Schätzungen auf Unternehmensebene** lässt sich eine geringe Modellgüte feststellen (korrigiertes R^2 = 0,022; p = 0,335). Die Analyse der Regressoren zeigt, dass keine der manipulierten unabhängigen Variablen, sondern lediglich die zwei Kontrollvariablen Einschätzung der finanziellen Lage (Beta-Koeffizient = -0,233;

[1253] Toleranz-Werte ab 0,1 und VIF-Werte unter 10 sind als unkritisch zu betrachten, vgl. Abschnitt 6.2.4.2.

p = 0,092) und Einschätzung des bilanzpolitischen Ermessensspielraumes (Beta-Koeffizient = -0,331; p = 0,012) einen negativen signifikanten Zusammenhang aufweisen (Tab. A-3 in Anhang D). Im Vergleich mit dem zuvor analysierten Modell (Streuung der Umsatzschätzungen) kann kein gemeinsamer signifikanter Zusammenhang ausgemacht werden.

Bei der Überprüfung der Modellprämissen konnte keine Verletzung durch Heteroskedastizität (p = 0,066 bzw. p = 0,073), durch Autokorrelation (DW = 2,215) oder durch Multikollinearität (Toleranz- und VIF-Werte alle im Rahmen) festgestellt werden. Die analog durchgeführte Rang-Regressionsanalyse lieferte ebenfalls keine besseren Ergebnisse (vgl. Tab. A-9 in Anhang D).[1254]

Bei Betrachtung der Regressionsmodelle für die Streuung der Investorenschätzungen auf **Segmentebene** fallen die noch schlechteren Werte der Modellgüte auf (vgl. die detaillierten Ergebnisse in Tab. A-4 bis Tab. A-7 im Anhang D): Das korrigierte R^2 liegt sehr nahe bei null, bei der Schätzung von Umsatz und EBIT für Segment 1 sowie von EBIT für Segment 2 ist der Wert sogar negativ. Hinsichtlich der Regressionskoeffizienten lässt sich erkennen, dass zwischen der Einschätzung der finanziellen Lage und der Streuung der Umsatzschätzung für Segment 1 ein signifikanter negativer Zusammenhang besteht und zwischen der Anzahl der Jahre an Berufserfahrung und der Streuung der Umsatz- und der EBIT-Schätzung für Segment 2 ein signifikanter positiver Zusammenhang besteht. Insbesondere ist zu erwähnen, dass ein aus theoretischer Sicht möglicherweise erwarteter signifikanter Zusammenhang der Streuungen auf Segmentebene mit der Variable „Organisationsstrukturen“ nicht vorliegt. Hierbei könnte – wie bereits zuvor in Abschnitt 6.3.4.1 vermutet – die Tatsache eine Rolle spielen, dass private Investoren in der Regel keine detaillierten Analysen auf Segmentebene durchführen.

Die Prüfung der Modellprämissen zeigte, dass in allen Fällen weder Heteroskedastizität noch Autokorrelation oder Multikollinearität vorliegen. Die Überprüfung der Ergebnisse durch Rang-Regressionsanalysen (vgl. Tab. A-9 in Anhang D) ergab nur für die Streuung der Umsatzschätzungen für Segment 1 eine Übereinstimmung: Auch hierbei liegt ein negativer Zusammenhang mit der Einschätzung der finanziellen Lage vor.[1255]

Nach einer übergreifenden Betrachtung der sechs Regressionsmodelle für die Streuung der Investorenschätzungen kann festgehalten werden, dass keine der im Fokus stehenden experimentellen Manipulationen einen wesentlichen Einfluss auf die Streuung hat. In einzelnen Fällen zeigte sich ein signifikanter Zusammenhang mit einer oder mehreren Kontrollvariablen. Während die Anzahl der Jahre an Berufserfahrung in drei der sechs Modelle einen signifikanten positiven Einfluss und die Einschätzung der finanziellen Lage in zwei der sechs Modelle einen signifikanten negativen Einfluss auf die Streuung hatte, sind die anderen aufgetretenen Zusammenhänge bei den Kontrollvariablen Einzelfälle. Je posi-

[1254] Anstatt bei der Einschätzung der finanziellen Lage und des bilanzpolitischen Ermessensspielraumes ist ein positiver Zusammenhang bei der Semesterzahl auf einem Signifikanzniveau von 10% festzustellen.

[1255] Bemerkenswert ist, dass beim Rang-Regressionsmodell für die Streuung der EBIT-Schätzungen für Segment 2 ein statistisch signifikanter Zusammenhang mit der unabhängigen variablen Planungsrechnung (experimentelle Manipulation) vorliegt. Jedoch liegt auch hier eine geringe Modellgüte (korrigiertes R^2 = 0,004; p = 0,433) vor.

tiver die finanzielle Lage des Unternehmens angesehen wurde, desto geringer war die Streuung der Investorenschätzungen. Eine höhere Streuung der Schätzungen in Fällen mit mehr Berufserfahrung könnte möglicherweise auf eine höhere Entschlossenheit zurückgeführt werden, die durch Berufserfahrung angeeignet wurde. Diese Aussagen sind allerdings vor dem Hintergrund der jeweils geringen Modellgüte zu relativieren. Eine Gesamtwürdigung in Verbindung mit den anderen abhängigen Variablen und im Hinblick auf die aufgestellten Hypothesen erfolgt in Abschnitt 6.4. Im nachfolgenden Abschnitt wird das Regressionsmodell modifiziert und anstelle der Streuung der Investorenschätzungen das Vertrauen der Investoren in ihre eigenen Schätzungen als abhängige Variable herangezogen.

6.3.4.2.3 Vertrauen der Investoren in die eigenen Schätzungen

Neben der Streuung der Investorenschätzungen wurde auch das Vertrauen der Investoren in ihre eigenen Schätzungen als Proxy für die Entscheidungsnützlichkeit der Management Approach Informationen eingesetzt. Das auf einer siebenstufigen Likert-Skala im Anschluss an die abgegebenen Schätzungen gemessene Vertrauen wird nachfolgend in das Regressionsmodell (vgl. Gleichung 6.1) als abhängige Variable implementiert. Jeweils für das Gesamtunternehmen, das Segment 1 und das Segment 2 wurde das Vertrauen in die Umsatz- und EBIT-Schätzung gemeinsam abgefragt. Somit ergeben sich drei Regressionsmodelle.

Die Ergebnisse der Regressionsanalyse für das Investorenvertrauen auf **Unternehmensebene** werden tabellarisch in Tab. 6-9 aufgeführt. Die Analyse der Modellgüte bringt folgende Erkenntnisse zum Vorschein: Es können 14,5% der gesamten Streuung durch das Modell erklärt werden (korrigiertes $R^2 = 0,145$). Darüber hinaus besitzt das Modell über die Stichprobe hinaus Gültigkeit ($p = 0,025$; signifikant auf einem 5%-Niveau). Die Modellgüte ist folglich als geeignet zu beurteilen – insbesondere im Vergleich mit den zuvor durchgeführten Regressionsanalysen zur Streuung der Investorenschätzungen. Bei Betrachtung der Regressionskoeffizienten zeigt sich ein positiver, höchst signifikanter Zusammenhang (Beta-Koeffizient = 0,350; $p = 0,002$) zwischen der experimentellen Manipulation der Planungsrechnungen und dem Investorenvertrauen in die Schätzungen auf Unternehmensebene auf einem 1%-Niveau. Folglich sind die Experimentteilnehmer, die Planungsdaten aus dem Abschluss basierend auf dem Management Approach erhielten, zufriedener mit ihren Umsatz- und EBIT-Schätzungen als die anderen Teilnehmer. Für die zweite experimentelle Manipulation bei den Organisationsstrukturen konnte kein signifikanter Zusammenhang festgestellt werden. Bei den Kontrollvariablen lagen zwei signifikante Zusammenhänge vor: Auf einem niedrigen Signifikanzniveau von 1% besteht jeweils ein positiver Zusammenhang zwischen der Einschätzung der finanziellen Lage und der Anzahl der Jahre an Berufserfahrung der Teilnehmer mit der Zufriedenheit ihrer Schätzungen. Es leuchtet ein, dass eine besser eingeschätzte finanzielle Lage auch zu einer höheren Zufriedenheit mit den eigenen Umsatz-/EBIT-Schätzungen führt. Eine höhere Zufriedenheit aufgrund einer umfangreicheren Berufserfahrung könnte auf die durch die Berufstätigkeit gewonnene Entschlossenheit zurückgeführt werden.

Regressionsanalyse: Investorenvertrauen in Umsatz-/EBIT-Schätzungen (Unternehmen)

MODELLZUSAMMENFASSUNG

Korrigiertes R^2	Standardfehler des Schätzers	Durbin-Watson-Statistik
0,145	1,267	2,159

ANOVA

	Quadratsumme	df	Mittel der Quadrate	F	Signifikanz
Regression	41,246	12	3,437	2,142	** 0,025
Residuen	110,706	69	1,604		
Gesamt	151,951	81			

KOEFFIZIENTEN

Variablen	B	Std.fehler	Beta	T	Signifikanz	Toleranz	VIF
(Konstante)	3,342	1,456		2,295	0,025		
Planungsrechnungen	0,952	0,293	0,350	3,254	*** 0,002	0,915	1,093
Organisationsstrukturen	0,140	0,318	0,051	0,440	0,661	0,775	1,291
Finanzielle Lage	0,297	0,178	0,213	1,672	* 0,099	0,648	1,542
Wachstumsperspektiven	-0,170	0,146	-0,130	-1,163	0,249	0,845	1,183
Investitionsrisiko	-0,147	0,122	-0,143	-1,205	0,232	0,747	1,339
Bilanzpol. Ermessensspielraum	0,051	0,139	0,043	0,365	0,716	0,743	1,347
Semesterzahl	0,019	0,098	0,026	0,192	0,849	0,586	1,705
Berufserfahrung	0,195	0,114	0,188	1,708	* 0,092	0,870	1,150
Accounting-Veranstaltungen	-0,034	0,036	-0,125	-0,931	0,355	0,586	1,706
Finance-Veranstaltungen	-0,034	0,058	-0,069	-0,582	0,562	0,745	1,342
Anlageerfahrung	0,159	0,110	0,193	1,447	0,153	0,596	1,678
Risikoaversion	-0,160	0,134	-0,151	-1,196	0,236	0,662	1,510

Tab. 6-9: Ergebnisse der Regressionsanalyse zum Investorenvertrauen (Umsatz/EBIT Unternehmen)

Die Prüfung der Modellprämissen führte zu folgendem Ergebnis: Sowohl der Breusch-Pagan-Godfrey-Test (p = 0,201) als auch der White-Test (p = 0,187) deuten darauf hin, dass keine Heteroskedastizität vorliegt. Aufgrund der Durbin-Watson-Statistik (DW = 2,159) und der Toleranz- sowie der VIF-Werte können außerdem Autokorrelation und Multikollinearität ausgeschlossen werden. Die Rang-Regressionsanalyse (vgl. Tab. A-10 in

Anhang D), die zur Überprüfung der Ergebnisse durchgeführt wurde, bestätigt die Ergebnisse.[1256]

Regressionsanalyse: Investorenvertrauen in Umsatz-/EBIT-Schätzungen (Segment 1)

MODELLZUSAMMENFASSUNG

Korrigiertes R^2	Standardfehler des Schätzers	Durbin-Watson-Statistik
0,097	1,391	2,143

ANOVA

	Quadratsumme	df	Mittel der Quadrate	F	Signifikanz
Regression	40,072	12	3,339	1,727	* 0,080
Residuen	133,453	69	1,934		
Gesamt	173,524	81			

KOEFFIZIENTEN

Variablen	B	Std.fehler	Beta	T	Signifikanz	Toleranz	VIF
(Konstante)	1,176	1,599		0,735	0,465		
Planungsrechnungen	0,803	0,321	0,276	2,500	** 0,015	0,915	1,093
Organisationsstrukturen	0,284	0,349	0,098	0,813	0,419	0,775	1,291
Finanzielle Lage	0,411	0,195	0,276	2,106	** 0,039	0,648	1,542
Wachstumsperspektiven	-0,148	0,160	-0,106	-0,924	0,359	0,845	1,183
Investitionsrisiko	0,133	0,134	0,122	0,995	0,323	0,747	1,339
Bilanzpol. Ermessensspielraum	-0,044	0,152	-0,036	-0,290	0,772	0,743	1,347
Semesterzahl	0,096	0,107	0,123	0,892	0,375	0,586	1,705
Berufserfahrung	0,049	0,126	0,044	0,387	0,700	0,870	1,150
Accounting-Veranstaltungen	-0,027	0,040	-0,095	-0,691	0,492	0,586	1,706
Finance-Veranstaltungen	-0,154	0,063	-0,298	-2,433	** 0,018	0,745	1,342
Anlageerfahrung	0,298	0,121	0,337	2,465	** 0,016	0,596	1,678
Risikoaversion	-0,124	0,147	-0,109	-0,842	0,402	0,662	1,510

Tab. 6-10: Ergebnisse der Regressionsanalyse zum Investorenvertrauen (Umsatz/EBIT Segment 1)

Ein weiteres Regressionsmodell (vgl. Tab. 6-10) untersucht die Auswirkungen auf das Investorenvertrauen in die Schätzungen für **Segment 1**, in welchem eine außerplanmäßige

[1256] Das Rang-Regressionsmodell weist zudem eine höhere Modellgüte auf. Darüber hinaus ist zusätzlich ein signifikanter Zusammenhang mit der Anlageerfahrung auf einem 10%-Niveau zu beobachten.

Abschreibung durchgeführt werden musste. Die Modellgüte ist mit einem Bestimmtheitsmaß (korrigiertes R^2) von 9,7% und einer Signifikanz auf einem 10%-Niveau (p = 0,080) als noch zufriedenstellend zu beurteilen. Auch auf Ebene von Segment 1 liegt ein signifikanter positiver Zusammenhang (Beta-Faktor = 0,276; p = 0,015; signifikant auf einem 5%-Niveau) mit der unabhängigen Variablen „Planungsrechnungen" vor, welche die erste experimentelle Manipulation beinhaltet. Ein für die Segmentebene erwarteter Zusammenhang mit der zweiten experimentellen Variable „Organisationsstrukturen" konnte hingegen nicht mit ausreichender Signifikanz festgestellt werden. Die Analyse der Kontrollvariablen ergibt drei Zusammenhänge auf einem Signifikanzniveau von 5%: Während eine bessere Einschätzung der finanziellen Lage des Unternehmens und eine höhere Anlageerfahrung zu einem höheren Maß an Zufriedenheit führten (positive Zusammenhänge), resultiert aus einer höheren Anzahl an belegten Finance-Veranstaltungen ein niedriges Maß an Zufriedenheit (negativer Zusammenhang). Eine bessere Einschätzung der finanziellen Lage lässt auf eine positive Grundhaltung schließen, was die höhere Zufriedenheit erklärt. Der positive Zusammenhang der Kontrollvariable „Anlageerfahrung" lässt Rückschlüsse darauf zu, dass für die Beurteilung eines Segments ein gewisser Kenntnis- und Erfahrungsstand Sicherheit verleiht. Der negative Zusammenhang mit der Anzahl der Finance-Veranstaltungen bleibt ungeklärt.

Auch für das Regressionsmodell für Segment 1 konnte keine Heteroskedastizität (Breusch-Pagan-Godfrey-Test: p = 0,451; White-Test: p = 0,377), keine Autokorrelation (DW = 2,143) und keine multiple Korrelation (Toleranz- und VIF-Werte im Rahmen) beobachtet werden. Die Durchführung einer Rang-Regressionsanalyse (vgl. Tab. A-10 in Anhang D) lieferte identische Ergebnisse.[1257]

Die Regressionsanalyse für das Vertrauen der Investoren in ihre Umsatz-/EBIT-Schätzungen für **Segment 2** (vgl. Tab. 6-11) weist eine etwas bessere Modellgüte als die für Segment 1 auf: Das Bestimmtheitsmaß (korrigiertes R^2) liegt bei 11,8%, die Signifikanz auf einem 5%-Niveau (p = 0,049). Bei Betrachtung der Regressoren lässt sich eine starke Analogie mit dem Modell für Segment 1 beobachten: Es besteht auch ein positiver Zusammenhang auf einem 5%-Signifikanzniveau zwischen der ersten experimentellen Manipulation „Planungsrechnungen" und dem Investorenvertrauen (Beta-Koeffizient = 0,281; p = 0,011), während für die zweite Manipulation ebenfalls kein signifikanter Zusammenhang vorliegt. Die Kontrollvariable, welche die Einschätzung der finanziellen Lage des Unternehmens beinhaltet, hängt nicht signifikant mit dem Investorenvertrauen zusammen. Dafür verstärkt sich die Signifikanz des negativen Zusammenhangs für die Finance-Veranstaltungen. Für die Interpretation wird auf die obenstehenden Ausführungen zu Segment 1 verwiesen.

[1257] Das Rang-Regressionsmodell weist eine höhere Modellgüte auf. Die Signifikanzniveaus der Zusammenhänge unterscheiden sich leicht: „Planungsrechnungen" ist auf einem 1%-Niveau, „finanzielle Lage" auf einem 10%-Niveau und „Finance-Veranstaltungen" sowie „Anlageerfahrung" ebenfalls auf einem 1%-Niveau signifikant.

Regressionsanalyse: Investorenvertrauen in Umsatz-/EBIT-Schätzungen (Segment 2)

MODELLZUSAMMENFASSUNG

Korrigiertes R^2	Standardfehler des Schätzers	Durbin-Watson-Statistik
0,118	1,438	1,945

ANOVA

	Quadratsumme	df	Mittel der Quadrate	F	Signifikanz
Regression	47,255	12	3,938	1,904	** 0,049
Residuen	142,745	69	2,069		
Gesamt	190,000	81			

KOEFFIZIENTEN

Variablen	B	Std.fehler	Beta	T	Signifikanz	Toleranz	VIF
(Konstante)	1,543	1,654		0,933	0,354		
Planungsrechnungen	0,866	0,332	0,284	2,607	** 0,011	0,915	1,093
Organisationsstrukturen	0,289	0,361	0,095	0,800	0,426	0,775	1,291
Finanzielle Lage	0,289	0,202	0,186	1,432	0,157	0,648	1,542
Wachstumsperspektiven	-0,166	0,166	-0,114	-1,001	0,320	0,845	1,183
Investitionsrisiko	0,030	0,138	0,026	0,215	0,831	0,747	1,339
Bilanzpol. Ermessensspielraum	0,060	0,158	0,046	0,378	0,706	0,743	1,347
Semesterzahl	0,172	0,111	0,211	1,550	0,126	0,586	1,705
Berufserfahrung	0,051	0,130	0,044	0,393	0,696	0,870	1,150
Accounting-Veranstaltungen	-0,051	0,041	-0,171	-1,252	0,215	0,586	1,706
Finance-Veranstaltungen	-0,200	0,065	-0,370	-3,061	*** 0,003	0,745	1,342
Anlageerfahrung	0,261	0,125	0,283	2,091	** 0,040	0,596	1,678
Risikoaversion	-0,071	0,152	-0,060	-0,466	0,643	0,662	1,510

Tab. 6-11: Ergebnisse der Regressionsanalyse zum Investorenvertrauen (Umsatz/EBIT Segment 2)

Die Prüfung der Modellprämissen war ebenfalls unauffällig: Sowohl der Breusch-Pagan-Godfrey-Test (p = 0,144) als auch der White-Test (p = 0,092) verneinen das Vorliegen von Heteroskedastizität. Aufgrund der Durbin-Watson-Statistik (DW = 1,945) und der Toleranz- und VIF-Werte der Koeffizienten können auch Autokorrelation und Multikollinearität ausgeschlossen werden. Auch für Segment 2 werden die Ergebnisse durch die Rang-Regressionsanalyse bestätigt.[1258]

Übergreifend kann festgehalten werden, dass sowohl die Zufriedenheit der Teilnehmer für Umsatz-/EBIT-Schätzungen auf Unternehmens- als auch auf Segmentebene damit zusammenhängt, ob im Rahmen des Management Approach auf Planungsrechnungen zurückgegriffen wurde: Teilnehmer, die Planungsinformationen erhielten, die offensichtlich auf der Mittelfristplanung beruhten, äußerten eine signifikant höhere Zufriedenheit als Teilnehmer, bei denen dies nicht der Fall war. Ein solcher Zusammenhang konnte nicht für die zweite experimentelle Manipulation der Organisationsstrukturen festgestellt werden. Zumindest auf Segmentebene hätte erwartet werden können, dass in Fällen, bei denen sich die Segmentberichterstattung an die interne Organisationsstruktur und das Berichtswesen anlehnt, die Zufriedenheit der Investoren höher ist. Eine mögliche Begründung hierfür ist die „Überforderung" von privaten Investoren mit disaggregierten Informationen auf Segmentebene. Gestützt wird diese Vermutung durch den signifikanten positiven Zusammenhang zwischen der Kontrollvariable „Anlageerfahrung" und der Investorenzufriedenheit bei den Schätzungen für beide Segmente. Dies deutet darauf hin, dass Teilnehmer mit einer höheren Anlageerfahrung sich durch Segmentinformationen weniger stark überfordert fühlten und eine höhere Entschlossenheit und Sicherheit empfanden. Eine Interpretation der negativen Veränderung des Investorenvertrauens durch eine Erhöhung der Anzahl an belegten Finance-Veranstaltungen bleibt jedoch mangels einer einleuchtenden Begründung offen. Das höhere Vertrauen in die eigenen Schätzungen aufgrund der positiveren Einschätzung der finanziellen Lage (Unternehmensebene, Segment 1) könnte auf eine positive Grundeinstellung zurückzuführen sein. Generell deuten die signifikant positiven Zusammenhänge zwischen der Berufserfahrung (Unternehmensebene) und der Anlageerfahrung (alle drei Modelle) darauf hin, dass Teilnehmer durch eine größere Erfahrung auch mehr Vertrauen in ihre eigenen Beurteilungen haben.

6.3.4.2.4 Investitionsentscheidung und Investitionshöhe

Wie bereits in Abschnitt 6.2.4.2 erwähnt, erfolgt die multivariate Auswertung für die abhängige Variable der **Investitionsbereitschaft** mit einer binären logistischen Regressionsanalyse. Hierbei stellt sich die besondere Problematik, dass auch die unabhängigen Variablen in „Dummy Variablen" transformiert werden müssen.[1259] Die mit einer siebenstufigen Likert-Skala operationalisierten Variablen (Einschätzung der finanziellen Lage, Einschätzung der Wachstumsperspektiven, Einschätzung des Investitionsrisikos, Einschätzung des bilanzpolitischen Ermessensspielraumes, Einschätzung der eigenen Anlageerfahrung und Einschätzung der eigenen Risikoaversion) wurden daher in binäre Dummy-Variablen transformiert. Als problematisch erweist sich hierbei ein fehlender exakter Mittelpunkt aufgrund der ungeraden Skalierung. Daher wurden die Werte der Stufen eins bis vier in null und die Werte der Stufen fünf bis sieben in eins umkodiert. Zusätzlich wurde

[1258] Neben einer höheren Modellgüte liegen die Variablen „Planungsrechnungen" und „Anlageerfahrung" auf dem höheren 1%-Signifikanzniveau. Daneben sind die Wachstumsperspektiven und die Semesterzahl leicht signifikant.

[1259] Vgl. *Backhaus et al.* (2011), S. 251.

eine Regression mit alternativer Kodierung durchgeführt (eins bis drei = null, vier bis sieben = eins), bei der sich die Ergebnisse für die relevanten unabhängigen Variablen hinsichtlich der experimentellen Manipulationen nicht merklich verändern (vgl. Tab. A-8 in Anhang D). Für die Zusammenhänge zwischen den Kontrollvariablen und der abhängigen Variable liegen für die alternative Berechnung keine signifikanten Werte vor. Die verbleibenden metrisch skalierten Variablen (Semesterzahl, Anzahl der Jahre an Berufserfahrung, Anzahl der absolvierten Accounting-Veranstaltungen und Anzahl der absolvierten Finance-Veranstaltungen) wurden ebenfalls in binäre Dummy-Variablen transformiert. Als Mittelpunkt wurde hierfür jeweils der Median herangezogen (Werte kleiner gleich Median = null, Werte größer Median = eins).

Regressionsanalyse: Investitionsentscheidung

MODELLZUSAMMENFASSUNG

Cox & Snell R^2	Nagelkerkes R^2
0,297	0,401

VARIABLEN

Variablen	B	Std.fehler	Wald	df	Signifikanz	Exp(B)
(Konstante)	-3,056	1,323	5,338	1	0,021	0,047
Planungsrechnungen	0,596	0,573	1,082	1	0,298	1,814
Organisationsstrukturen	0,631	0,628	1,010	1	0,315	1,880
Finanzielle Lage	1,086	0,650	2,792	1	* 0,095	2,962
Wachstumsperspektiven	3,091	1,145	7,287	1	*** 0,007	21,992
Investitionsrisiko	-0,667	0,594	1,260	1	0,262	0,513
Bilanzpol. Ermessensspielraum	-0,159	0,586	0,073	1	0,787	0,853
Semesterzahl	-0,069	0,695	0,010	1	0,921	0,934
Berufserfahrung	-0,673	0,609	1,223	1	0,269	0,510
Accounting-Veranstaltungen	-1,071	0,649	2,719	1	* 0,099	0,343
Finance-Veranstaltungen	0,033	0,578	0,003	1	0,954	1,034
Anlageerfahrung	-0,297	0,764	0,152	1	0,697	0,743
Risikoaversion	0,415	0,717	0,335	1	0,563	1,514

Tab. 6-12: Ergebnisse der Regressionsanalyse zur Investitionsentscheidung

Die anhand des Bestimmtheitsmaßes Nagelkerkes R^2 gemessene Modellgüte kann mit einem Wert von 40,1% als gut bezeichnet werden.[1260] Die Betrachtung der Effekt-Koeffizienten („odds ratios") führt zu den folgenden Befunden:[1261] Signifikante Zusammenhänge mit der Investitionsbereitschaft liegen nur bei drei der Kontrollvariablen vor, nicht jedoch bei den experimentellen Manipulationen. Die Effekt-Koeffizienten für „Planungsrechnungen" (Exp(B) = 1,814) und „Organisationsstrukturen" (Exp(B) = 1,880) sind zwar größer als eins, was auf eine steigende Wahrscheinlichkeit für die Investitionsbereitschaft bei der Berichterstattung nach dem Management Approach deutet. Der Zusammenhang kann allerdings mangels niedriger Signifikanz („Planungsrechnungen": p = 0,298; „Organisationsstrukturen": p = 0,315) nicht verallgemeinert werden. Demgegenüber ist der Zusammenhang zwischen der Einschätzung der unternehmensspezifischen Wachstumsperspektiven und der Investitionsbereitschaft höchst signifikant (p = 0,007; auf einem 1%-Niveau). Die Wahrscheinlichkeit für ein Investment steigt demnach durch den Anstieg dieser Einschätzung von einer Einheit um das 22-fache (Exp(B) = 21,992). Schwach signifikante Zusammenhänge (jeweils auf einem 10%-Niveau) können bei der Einschätzung der finanziellen Lage und bei der Anzahl der belegten Accounting-Veranstaltungen beobachtet werden. Während bei einem Anstieg der erstgenannten Variable sich die Wahrscheinlichkeit einer Investition um das dreifache erhöht (Exp(B) = 2,962), wirkt sich ein Anstieg der Zweiten negativ auf die Investitionswahrscheinlichkeit aus (Exp(B) = 0,343). Es scheint naheliegend, dass die Investitionsbereitschaft mit unternehmensspezifischen Zukunftserwartungen (finanzielle Lage, Wachstumsperspektive) zusammenhängt. Möglicherweise kann dabei auch die Berichterstattung nach dem Management Approach unterstützend wirken.

Schließlich wurde für die Teilnehmer, die sich für ein Investment entschieden haben, die **Investitionshöhe** in einem weiteren Regressionsmodell untersucht (vgl. Tab. 6-13). Hierbei konnte eine insgesamt sehr gute Modellgüte ausgemacht werden: Das Bestimmtheitsmaß (korrigiertes R^2) beträgt 39,3% und das Modell besitzt über die Stichprobe hinaus Gültigkeit (p = 0,019; signifikant auf einem 5%-Niveau). Es konnten allerdings keine signifikanten Einflüsse der beiden experimentellen Manipulationen auf die Investitionshöhe festgestellt werden. Bei den Kontrollvariablen zeigen sich zwei signifikante Werte: Eine Erhöhung der Anzahl an Jahren der Berufserfahrung führt zu einer Erhöhung der Investitionssumme (Beta-Koeffizient = 0,454; p = 0,011). Steigt hingegen die Anzahl der absolvierten Finance-Veranstaltungen, so sinkt die Investitionshöhe (Beta-Koeffizient = -0,350; p = 0,036). Ähnlich wie bei den Regressionsanalysen zum Vertrauen der Investoren deutet die höhere Anzahl an Jahren Berufserfahrung, die zu einem höheren Investitionsvolumen führt, auf ein größeres Maß an Entschlossenheit hin während der Zusammenhang mit den absolvierten Finance-Veranstaltungen ungeklärt bleibt.

[1260] Das Nagelkerkes R^2 kann ähnlich wie das korrigierte R^2 bei linearen Regressionen interpretiert werden und ist ab einem Wert von 0,2 akzeptabel, ab 0,4 gut und ab 0,5 sehr gut, vgl. *Backhaus et al.* (2011), S. 276.

[1261] Vgl. die spezifischen Ausführungen zur Interpretation bei logistischen Regressionen in Kapitel 6.2.4.2.

Regressionsanalyse: Investitionshöhe

MODELLZUSAMMENFASSUNG

Korrigiertes R^2	Standardfehler des Schätzers	Durbin-Watson-Statistik
0,393	1,035	2,311

ANOVA

	Quadratsumme	df	Mittel der Quadrate	F	Signifikanz
Regression	35,738	12	2,978	2,780	** 0,019
Residuen	22,497	21	1,071		
Gesamt	58,235	33			

KOEFFIZIENTEN

Variablen	B	Std.fehler	Beta	T	Signifikanz	Toleranz	VIF
(Konstante)	-2,470	2,330		-1,060	0,301		
Planungsrechnungen	-0,424	0,403	-0,158	-1,052	0,305	0,820	1,220
Organisationsstrukturen	-0,441	0,421	-0,168	-1,047	0,307	0,711	1,406
Finanzielle Lage	0,107	0,257	0,074	0,416	0,682	0,578	1,730
Wachstumsperspektiven	0,365	0,283	0,194	1,290	0,211	0,811	1,232
Investitionsrisiko	0,012	0,188	0,011	0,065	0,949	0,593	1,686
Bilanzpol. Ermessensspielraum	0,319	0,215	0,234	1,485	0,152	0,738	1,355
Semesterzahl	0,101	0,102	0,158	0,985	0,336	0,717	1,396
Berufserfahrung	0,458	0,163	0,454	2,799	** 0,011	0,698	1,433
Accounting-Veranstaltungen	-0,017	0,052	-0,053	-0,329	0,745	0,721	1,387
Finance-Veranstaltungen	-0,147	0,066	-0,350	-2,239	** 0,036	0,755	1,325
Anlageerfahrung	0,136	0,141	0,161	0,960	0,348	0,656	1,524
Risikoaversion	0,289	0,192	0,268	1,499	0,149	0,577	1,732

Tab. 6-13: Ergebnisse der Regressionsanalyse zur Investitionshöhe

Die Überprüfung der Modellprämissen führte zu keinen Einschränkungen: Sowohl der Breusch-Pagan-Godfrey-Test (p = 0,952) als auch der White-Test (p = 0,961) weisen darauf hin, dass keine Heteroskedastizität vorliegt. Aufgrund der Durbin-Watson-Statistik (DW = 2,311) und der Toleranz- und VIF-Werte der Koeffizienten kann davon ausgegangen werden, dass weder Autokorrelation noch Multikollinearität vorliegen. Die Rang-Regressionsanalyse ergab keine abweichenden Ergebnisse (vgl. Tab. A-10 in Anhang D).

6.3.4.2.5 IFRS-nahe Kriterien der Entscheidungsnützlichkeit

Zusätzlich zu den aus der Theorie abgeleiteten Kriterien für Entscheidungsnützlichkeit wurden auch IFRS-nahe Kriterien überprüft. Zum einen sind dies die im früheren Framework[1262] verankerten Anforderungen Relevanz und Verlässlichkeit. Zum anderen wurden die Teilnehmer direkt nach der Nützlichkeit einzelner Bestandteile der Finanzberichterstattung (Lagebericht, Bilanz und GuV, Anhang, Segmentberichterstattung) befragt. Diese sechs konzeptionell abgeleiteten Kriterien wurden auf einer siebenstufigen Likert-Skala gemessen und jeweils in das bereits erläuterte Regressionsmodell (vgl. Gleichung 6.1) als abhängige Variable implementiert.

Die erste Regressionsanalyse, die in diesem Abschnitt betrachtet wird, analysiert den Einfluss auf die **Nützlichkeit der Informationen aus dem Lagebericht** (vgl. Tab. 6-14). Die Modellgüte ist mit einem Bestimmtheitsmaß (korrigiertes R^2) von 16,2% und einer Signifikanz ($p = 0{,}015$) auf dem 5%-Niveau gut. Hinsichtlich der Regressionskoeffizienten lässt sich erkennen, dass die unabhängige Variable „Planungsrechnung", welche die erste experimentelle Manipulation beinhaltet, eine statistisch signifikante Einflussgröße darstellt ($p = 0{,}010$; signifikant auf einem 1%-Niveau). Der Zusammenhang mit der Einschätzung der Nützlichkeit des Lageberichts ist positiver Natur (Beta-Koeffizient = 0,283), d.h. Teilnehmer, bei denen Planungsinformationen nach dem Management Approach berichtet wurden, empfanden die Informationen aus dem Lagebericht als nützlicher. Für die zweite experimentelle Manipulation „Organisationsstrukturen" konnte kein signifikanter Zusammenhang beobachtet werden. Die Kontrollvariablen „Wachstumsperspektiven" (Beta-Koeffizient = 0,185; $p = 0{,}098$) und „Investitionsrisiko" (Beta-Koeffizient = -0,226; $p = 0{,}059$) konnten ebenfalls als signifikante Einflussfaktoren identifiziert werden. Während eine positivere Einschätzung der Wachstumsperspektiven mit einer höheren Nützlichkeit der Informationen aus dem Lagebericht verbunden war, sind diese als weniger nützlich beurteilt worden, falls das Investitionsrisiko höher eingeschätzt wurde. Es scheint, als ob nicht nur die Art und Weise der Berichterstattung (basierend auf der Mittelfristplanung oder nicht), sondern auch die Erwartungen über die zukünftige Entwicklung des Unternehmens eine Rolle für die Nützlichkeit der Informationen aus dem Lagebericht spielen. Es hätte allerdings vermutet werden können, dass Investoren die Nützlichkeit der Informationen aus dem Lagebericht bei größerem Investitionsrisiko höher eingeschätzt hätten, da sie sich mit dem Lagebericht besser über die Investition informieren können. Der beobachtete gegenteilige Zusammenhang könnte jedoch darauf zurückzuführen sein, dass bei einem höheren Investitionsrisiko von Investoren eine geringere Qualität der Finanzberichterstattung erwartet wird. Eine ähnliche Feststellung wird im Folgenden bei der Einschätzung der Verlässlichkeit gemacht.

[1262] Der Grundsatz der Verlässlichkeit wurde in den Grundsatz der glaubwürdigen Darstellung untergebracht. Vgl. die Ausführungen zur Auswahl der Kriterien in Abschnitt 4.4.2.5.

Regressionsanalyse: Nützlichkeit der Informationen aus dem Lagebericht

MODELLZUSAMMENFASSUNG

Korrigiertes R^2	Standardfehler des Schätzers	Durbin-Watson-Statistik
0,162	1,479	2,060

ANOVA

	Quadratsumme	df	Mittel der Quadrate	F	Signifikanz
Regression	60,541	12	5,045	2,306	** 0,015
Residuen	150,934	69	2,187		
Gesamt	211,476	81			

KOEFFIZIENTEN

Variablen	B	Std.fehler	Beta	T	Signifikanz	Toleranz	VIF
(Konstante)	3,430	1,700		2,017	0,048		
Planungsrechnungen	0,909	0,342	0,283	2,660	*** 0,010	0,915	1,093
Organisationsstrukturen	0,392	0,371	0,122	1,055	0,295	0,775	1,291
Finanzielle Lage	0,127	0,207	0,077	0,613	0,542	0,648	1,542
Wachstumsperspektiven	0,286	0,171	0,185	1,676	** 0,098	0,845	1,183
Investitionsrisiko	-0,274	0,142	-0,226	-1,923	** 0,059	0,747	1,339
Bilanzpol. Ermessensspielraum	0,142	0,162	0,104	0,877	0,383	0,743	1,347
Semesterzahl	-0,100	0,114	-0,116	-0,875	0,385	0,586	1,705
Berufserfahrung	-0,205	0,134	-0,167	-1,533	0,130	0,870	1,150
Accounting-Veranstaltungen	0,007	0,042	0,023	0,172	0,864	0,586	1,706
Finance-Veranstaltungen	-0,082	0,067	-0,144	-1,220	0,226	0,745	1,342
Anlageerfahrung	-0,035	0,128	-0,036	-0,270	0,788	0,596	1,678
Risikoaversion	-0,060	0,156	-0,048	-0,384	0,702	0,662	1,510

Tab. 6-14: Ergebnisse der Regressionsanalyse zur Nützlichkeit des Lageberichts

Die Prüfung der Modellprämissen zeigte, dass in allen Fällen weder Heteroskedastizität (Breusch-Pagan-Godfrey-Test: p = 0,667; White-Test: p = 0,711) noch Autokorrelation (DW = 2,060) oder Multikollinearität (Toleranz- und VIF-Werte im Rahmen) vorliegen. Die Überprüfung der Ergebnisse durch Rang-Regressionsanalysen (vgl. Tab. A-11 in Anhang D) ergab im Wesentlichen eine Übereinstimmung mit den dargestellten Ergebnissen.[1263]

Regressionsanalyse: Nützlichkeit der Informationen aus dem Jahresabschluss

MODELLZUSAMMENFASSUNG

Korrigiertes R^2	Standardfehler des Schätzers	Durbin-Watson-Statistik
0,010	1,460	2,212

ANOVA

	Quadratsumme	df	Mittel der Quadrate	F	Signifikanz
Regression	27,246	12	2,271	1,066	0,402
Residuen	146,997	69	2,130		
Gesamt	174,244	81			

KOEFFIZIENTEN

Variablen	B	Std.fehler	Beta	T	Signifikanz	Toleranz	VIF
(Konstante)	7,441	1,678		4,434	0,000		
Planungsrechnungen	0,425	0,337	0,146	1,261	0,211	0,915	1,093
Organisationsstrukturen	0,544	0,366	0,187	1,486	0,142	0,775	1,291
Finanzielle Lage	-0,133	0,205	-0,089	-0,649	0,519	0,648	1,542
Wachstumsperspektiven	-0,201	0,168	-0,144	-1,193	0,237	0,845	1,183
Investitionsrisiko	-0,317	0,141	-0,289	-2,257	** 0,027	0,747	1,339
Bilanzpol. Ermessensspielraum	0,057	0,160	0,046	0,359	0,721	0,743	1,347
Semesterzahl	-0,105	0,113	-0,135	-0,936	0,353	0,586	1,705
Berufserfahrung	0,056	0,132	0,050	0,421	0,675	0,870	1,150
Accounting-Veranstaltungen	0,003	0,042	0,011	0,080	0,937	0,586	1,706
Finance-Veranstaltungen	0,016	0,066	0,030	0,236	0,814	0,745	1,342
Anlageerfahrung	-0,095	0,127	-0,107	-0,750	0,456	0,596	1,678
Risikoaversion	-0,019	0,154	-0,017	-0,124	0,902	0,662	1,510

Tab. 6-15: Ergebnisse der Regressionsanalyse zur Nützlichkeit des Jahresabschlusses

In einer weiteren Analyse wurde der Einfluss der unabhängigen Variablen auf die Einschätzung der **Nützlichkeit der Informationen aus dem Jahresabschluss** (Bilanz und

[1263] Die Variable „Planungsrechnungen" ist nur auf einem 5%-Niveau signifikant, die Variable „Wachstumsperspektiven" ist nicht signifikant.

GuV) betrachtet (vgl. Tab. 6-15). Die Modellgüte der Regression zeichnet sich durch ein unbefriedigendes Bestimmtheitsmaß (korrigiertes R^2 = 1%) sowie durch eine geringe Generalisierbarkeit aus (Signifikanz p = 0,402). Bei Betrachtung der Regressionskoeffizienten fällt auf, dass zwischen jeweils den unabhängigen Variablen, die eine experimentelle Manipulation darstellten, und der Nützlichkeit von Jahresabschlussinformationen (Bilanz und GuV) kein statistisch signifikanter Zusammenhang besteht. Lediglich eine der Kontrollvariablen, die Einschätzung des Investitionsrisikos, wirkt sich in seiner Höhe signifikant negativ auf die Einschätzung der Nützlichkeit von Bilanz und GuV aus (Beta-Koeffizient = -0,289; p = 0,027). Auch hier scheinen sich die Erwartungen über die zukünftige Entwicklung des Unternehmens niederzuschlagen. Wie bei den Ausführungen zum Regressionsmodell über die Nützlichkeit von Informationen aus dem Lagebericht könnten Investoren, die von einem hohen Investitionsrisiko ausgehen, gleichzeitig eine schlechte Qualität der Finanzberichterstattung unterstellen. Die aufgeführten Interpretationen sind allerdings vor dem Hintergrund der geringen Modellgüte relativiert zu sehen.

Schließlich wurden die Modellprämissen überprüft: Beide Tests auf Heteroskedastizität lieferten keine auffälligen Befunde (Breusch-Pagan-Godfrey-Test: p = 0,341; White-Test: p = 0,348), die Durbin-Watson-Statistik (DW = 2,212) sowie die Toleranz- und VIF-Werte der Koeffizienten deuten darauf hin, dass weder Autokorrelation noch Multikollinearität vorliegen. Die Rang-Regressionsanalyse (vgl. Tab. A-11 in Anhang D) führte zu keinen abweichenden Ergebnissen.

Darüber hinaus wurden die Experimentteilnehmer aufgefordert, die **Nützlichkeit der Informationen aus dem Anhang** einzuschätzen (vgl. Tab. 6-16). Hierbei konnte eine insgesamt relativ schlechte Modellgüte ausgemacht werden: Das Bestimmtheitsmaß ist mit einem korrigierten R^2 von -3,7% sogar negativ. Das Modell hat außerdem über die Stichprobe hinaus keine Gültigkeit (p = 0,692). Weder eine der experimentellen Manipulationen noch eine der Kontrollvariablen hat einen statistisch signifikanten Einfluss auf die abhängige Variable. Die Überprüfung der Modellprämissen führte zu keinen Einschränkungen: Sowohl der Breusch-Pagan-Godfrey-Test (p = 0,938) als auch der White-Test (p = 0,927) weisen darauf hin, dass keine Heteroskedastizität vorliegt. Aufgrund der Durbin-Watson-Statistik (DW = 2,136) und der Toleranz- und VIF-Werte der Koeffizienten können auch Autokorrelation und Multikollinearität ausgeschlossen werden. Die Rang-Regressionsanalyse ergab keine abweichenden Ergebnisse (vgl. Tab. A-11 in Anhang D).

Regressionsanalyse: Nützlichkeit der Informationen aus dem Anhang

MODELLZUSAMMENFASSUNG

Korrigiertes R^2	Standardfehler des Schätzers	Durbin-Watson-Statistik
-0,037	1,615	2,136

ANOVA

	Quadratsumme	df	Mittel der Quadrate	F	Signifikanz
Regression	23,652	12	1,971	0,756	0,692
Residuen	179,872	69	2,607		
Gesamt	203,524	81			

KOEFFIZIENTEN

Variablen	B	Std.fehler	Beta	T	Signifikanz	Toleranz	VIF
(Konstante)	2,402	1,856		1,294	0,200		
Planungsrechnungen	0,499	0,373	0,158	1,338	0,185	0,915	1,093
Organisationsstrukturen	0,442	0,405	0,140	1,092	0,279	0,775	1,291
Finanzielle Lage	-0,142	0,226	-0,088	-0,625	0,534	0,648	1,542
Wachstumsperspektiven	0,299	0,186	0,198	1,606	0,113	0,845	1,183
Investitionsrisiko	-0,190	0,155	-0,160	-1,223	0,225	0,747	1,339
Bilanzpol. Ermessensspielraum	-0,171	0,177	-0,127	-0,964	0,339	0,743	1,347
Semesterzahl	0,018	0,124	0,022	0,146	0,884	0,586	1,705
Berufserfahrung	-0,018	0,146	-0,015	-0,126	0,900	0,870	1,150
Accounting-Veranstaltungen	0,047	0,046	0,151	1,021	0,311	0,586	1,706
Finance-Veranstaltungen	0,042	0,074	0,074	0,567	0,572	0,745	1,342
Anlageerfahrung	0,083	0,140	0,086	0,589	0,558	0,596	1,678
Risikoaversion	0,035	0,170	0,028	0,203	0,840	0,662	1,510

Tab. 6-16: Ergebnisse der Regressionsanalyse zur Nützlichkeit des Anhangs

In einem weiteren Regressionsmodell wurde die **Nützlichkeit der Informationen aus der Segmentberichterstattung** untersucht (vgl. Tab. 6-17). Diese wurde als abhängige Variable im nachfolgenden Regressionsmodell untersucht. Mit einem korrigierten R^2 von 15,7% und einer Gültigkeit über die Stichprobe hinaus ($p = 0{,}018$; signifikant auf einem 5%-Niveau) ist die Modellgüte als zufriedenstellend zu beurteilen. Ein Blick auf die Regressionskoeffizienten offenbart einen signifikanten, stark positiven Zusammenhang zwischen der zweiten experimentellen Manipulation („Organisationsstrukturen“) und der

Einschätzung der Nützlichkeit von Informationen aus der Segmentberichterstattung. Experimentteilnehmer, die Segmentinformationen basierend auf dem Management Approach erhalten haben, schätzten deren Nützlichkeit höher ein. Investoren halten es folglich für geeigneter, die Segmentberichterstattung nach dem Management Approach statt nach einem anderen Konzept zu erstellen und empfinden diese nützlicher bei der Abgabe von Schätzungen. Keine der Kontrollvariablen wirkt sich statistisch signifikant auf die Nützlichkeit der Segmentberichterstattung aus.

Regressionsanalyse: Nützlichkeit der Informationen aus der Segmentberichterstattung

MODELLZUSAMMENFASSUNG

Korrigiertes R^2	Standardfehler des Schätzers	Durbin-Watson-Statistik
0,157	1,498	1,657

ANOVA

	Quadratsumme	df	Mittel der Quadrate	F	Signifikanz
Regression	60,782	12	5,065	2,257	** 0,018
Residuen	154,840	69	2,244		
Gesamt	215,622	81			

KOEFFIZIENTEN

Variablen	B	Std.fehler	Beta	T	Signifikanz	Toleranz	VIF
(Konstante)	4,058	1,722		2,356	0,021		
Planungsrechnungen	0,327	0,346	0,101	0,944	0,349	0,915	1,093
Organisationsstrukturen	1,664	0,376	0,513	4,428	*** 0,000	0,775	1,291
Finanzielle Lage	0,087	0,210	0,053	0,416	0,679	0,648	1,542
Wachstumsperspektiven	0,106	0,173	0,068	0,615	0,541	0,845	1,183
Investitionsrisiko	-0,198	0,144	-0,162	-1,375	0,173	0,747	1,339
Bilanzpol. Ermessensspielraum	-0,003	0,164	-0,002	-0,017	0,987	0,743	1,347
Semesterzahl	-0,071	0,115	-0,082	-0,617	0,539	0,586	1,705
Berufserfahrung	0,088	0,135	0,071	0,649	0,519	0,870	1,150
Accounting-Veranstaltungen	0,014	0,043	0,043	0,326	0,746	0,586	1,706
Finance-Veranstaltungen	-0,003	0,068	-0,006	-0,048	0,962	0,745	1,342
Anlageerfahrung	-0,050	0,130	-0,051	-0,383	0,703	0,596	1,678
Risikoaversion	-0,093	0,158	-0,073	-0,586	0,560	0,662	1,510

Tab. 6-17: Ergebnisse der Regressionsanalyse zur Nützlichkeit der Segmentberichterstattung

Für das vorliegende Regressionsmodell kann Heteroskedastizität ausgeschlossen werden (Breusch-Pagan-Godfrey-Test: p = 0,419; White-Test: p = 0,219). Aufgrund eines Durbin-Watson-Koeffizienten von 1,657 und der sich im akzeptablen Rahmen befindenden Toleranz- und VIF-Werte ist darüber hinaus davon auszugehen, dass keine Probleme aufgrund von Autokorrelation oder Multikollinearität bestehen. Auch für dieses Modell bestätigte die Rang-Regressionsanalyse die Ergebnisse (vgl. Tab. A-11 in Anhang D).

Im IFRS-Framework werden unter anderem die Kriterien Relevanz und Verlässlichkeit für die Entscheidungsnützlichkeit von Informationen herangezogen. Daher sollen diese beiden Kriterien ebenfalls in das grundlegende Regressionsmodell als abhängige Variablen einfließen.

In einem ersten Schritt wurden daher die Zusammenhänge der unabhängigen Variablen mit der **Einschätzung der Relevanz** der Informationen durch die Experimentteilnehmer analysiert. Die Überprüfung der Modellgüte ergab, dass mit einem korrigierten R^2 von 16,2% ein akzeptables Bestimmtheitsmaß vorliegt. Außerdem besitzt das Modell über die Stichprobe hinaus Gültigkeit (p = 0,013; signifikant auf einem 5%-Niveau). Die Analyse der Regressionskoeffizienten lässt erkennen, dass die Einschätzung der Relevanz statistisch signifikant (p = 0,008) von der Tatsache beeinflusst wird, ob die Struktur der Segmentberichterstattung sich an der internen Organisationsstruktur und dem Berichtswesen orientiert. Ist dies der Fall, so wird die Relevanz durch die Experimentteilnehmer höher eingeschätzt (Beta-Koeffizient = 0,313). Für die andere experimentelle Manipulation, der Übereinstimmung der Planungsrechnungen mit der Mittelfristplanung, konnte kein analoger Zusammenhang mit ausreichender Signifikanz festgestellt werden. Bei den Kontrollvariablen können hingegen einige Zusammenhänge identifiziert werden: Die Einschätzung der Relevanz wird sowohl von der Einschätzung der finanziellen Lage als auch von der Berufserfahrung und den absolvierten Finance-Veranstaltungen beeinflusst. Während der Zusammenhang mit der Einschätzung der finanziellen Lage positiv ist (Beta-Koeffizient = 0,303; p = 0,019), sind die anderen beiden negativ (Anzahl der Jahre Berufserfahrung: Beta-Koeffizient = -0,215; p = 0,052; Anzahl der belegten Finance-Veranstaltungen: Beta-Koeffizient = -0,212; p = 0,076). Folglich führte eine positivere Einschätzung der finanziellen Lage auch zu einer höheren Einschätzung der Relevanz. Teilnehmer mit einer größeren Berufserfahrung und einer höheren Anzahl belegter Finance-Veranstaltungen hingegen schätzen die Relevanz weniger hoch ein. Der Zusammenhang mit der Einschätzung der finanziellen Lage könnte sich – analog zu den Erkenntnissen aus Abschnitt 6.3.4.2.3 – auf eine positivere Grundhaltung zurückführen lassen. Die beiden anderen Zusammenhänge könnten andeuten, dass Teilnehmer mit einer größeren Erfahrung oder einem höheren Kenntnisstand die Relevanz geringer einschätzen, da sie in der Realität neben dem Geschäftsbericht möglicherweise weitere Quellen in die Entscheidungsfindung einfließen lassen.

Regressionsanalyse: Einschätzung der Relevanz

MODELLZUSAMMENFASSUNG

Korrigiertes R^2	Standardfehler des Schätzers	Durbin-Watson-Statistik
0,168	1,094	2,177

ANOVA

	Quadratsumme	df	Mittel der Quadrate	F	Signifikanz
Regression	33,952	12	2,829	2,365	** 0,013
Residuen	82,548	69	1,196		
Gesamt	116,500	81			

KOEFFIZIENTEN

Variablen	B	Std.fehler	Beta	T	Signifikanz	Toleranz	VIF
(Konstante)	5,946	1,258		4,728	0,000		
Planungsrechnungen	0,147	0,253	0,062	0,584	0,561	0,915	1,093
Organisationsstrukturen	0,747	0,274	0,313	2,722	*** 0,008	0,775	1,291
Finanzielle Lage	0,369	0,153	0,303	2,405	** 0,019	0,648	1,542
Wachstumsperspektiven	-0,045	0,126	-0,039	-0,354	0,724	0,845	1,183
Investitionsrisiko	-0,144	0,105	-0,161	-1,370	0,175	0,747	1,339
Bilanzpol. Ermessensspielraum	-0,195	0,120	-0,191	-1,625	0,109	0,743	1,347
Semesterzahl	-0,098	0,084	-0,154	-1,163	0,249	0,586	1,705
Berufserfahrung	-0,195	0,099	-0,215	-1,978	* 0,052	0,870	1,150
Accounting-Veranstaltungen	-0,011	0,031	-0,045	-0,343	0,733	0,586	1,706
Finance-Veranstaltungen	-0,090	0,050	-0,212	-1,804	* 0,076	0,745	1,342
Anlageerfahrung	-0,085	0,095	-0,117	-0,893	0,375	0,596	1,678
Risikoaversion	0,025	0,115	0,026	0,213	0,832	0,662	1,510

Tab. 6-18: Ergebnisse der Regressionsanalyse zur Einschätzung der Relevanz

Für das vorliegende Regressionsmodell konnte keine Heteroskedastizität (Breusch-Pagan-Godfrey-Test: p = 0,174; White-Test: p = 0,314), keine Autokorrelation (DW = 2,177) und keine multiple Korrelation (Toleranz- und VIF-Werte im Rahmen) beobachtet werden. Die Durchführung einer Rang-Regressionsanalyse (vgl. Tab. A-10 in Anhang D) bestätigte im Wesentlichen die Ergebnisse.[1264]

Im zweiten Schritt wurde der Einfluss der unabhängigen Variablen auf die **Einschätzung der Verlässlichkeit** untersucht (vgl. Tab. 6-19). Die Modellgüte ist insgesamt als beachtenswert zu bezeichnen: Das Bestimmtheitsmaß (korrigiertes R^2) liegt bei 22,3% und das Modell besitzt – wie die F-Statistik zeigt – über die Stichprobe hinaus Gültigkeit (p = 0,002; signifikant auf einem 1%-Niveau). Beide experimentellen Manipulationen weisen einen signifikant positiven Einfluss auf die Einschätzung der Relevanz auf (Planungsrechnungen: Beta-Koeffizient = 0,185; p = 0,076; Organisationsstrukturen: Beta-Koeffizient = 0,316; p = 0,006). Folglich stuften sowohl die Teilnehmer, bei denen sich die Segmentberichterstattung an der internen Organisationsstruktur und dem Berichtswesen orientierten, als auch die Teilnehmer, bei denen die Planungsrechnungen im Geschäftsbericht mit der Mittelfristplanung übereinstimmten, die Verlässlichkeit der Informationen höher ein.

Die Analyse der Kontrollvariablen ergab, dass auch eine Beeinflussung durch die Einschätzung der finanziellen Lage (Beta-Koeffizient = 0,340; p = 0,007), durch die Einschätzung des Investitionsrisikos (Beta-Koeffizient = -0,276; p = 0,017) und durch die Semesterzahl (Beta-Koeffizient = -0,228; p = 0,078) vorliegt. Analog zum zuvor betrachteten Regressionsmodell (Relevanz) führt hier eine positivere Einschätzung der finanziellen Lage des Unternehmens zu einer höheren Einschätzung der Verlässlichkeit. Dies könnte wie zuvor auf eine positivere Grundhaltung zurückgeführt werden. Möglicherweise könnten Teilnehmer auch den Gedankengang verfolgt haben, dass ein Unternehmen mit einer positiven finanziellen Lage auch eine verlässliche Finanzberichterstattung aufweist. Darüber hinaus führte die höhere Einstufung des Investitionsrisikos zu einer geringeren Einschätzung der Verlässlichkeit. Dies könnte spiegelbildlich zum soeben dargestellten Gedankengang interpretiert werden: Teilnehmer könnten die Vermutung gehegt haben, Unternehmen mit einem höheren Investitionsrisiko hätten auch eine weniger verlässliche Finanzberichterstattung. Eine ähnliche Feststellung wurde bei der Regressionsanalyse zur Einschätzung der Nützlichkeit von Informationen aus dem Lagebericht gemacht. Die Beeinflussung durch die Semesterzahl in negativer Richtung könnte dadurch bedingt sein, dass fortgeschrittenere Studierende die Informationen kritischer beurteilten.

Auch für das vorliegende Regressionsmodell kann Heteroskedastizität ausgeschlossen werden (Breusch-Pagan-Godfrey-Test: p = 0,973; White-Test: p = 0,933). Aufgrund eines Durbin-Watson-Koeffizienten von 1,811 und der sich im akzeptablen Rahmen befindenden Toleranz- und VIF-Werte ist darüber hinaus davon auszugehen, dass keine Probleme aufgrund von Autokorrelation oder Multikollinearität bestehen. Die Rang-Regressionsanalyse (vgl. Tab. A-10 in Anhang D) bestätigt im Wesentlichen die Ergebnisse.[1265]

[1264] Die Variable „Organisationsstrukturen" ist nur auf einem 5%-Niveau signifikant. Bei den Kontrollvariablen liegen leichte Unterschiede vor: Die Variable „Finanzielle Lage" ist nicht signifikant, dafür liegt ein auf einem 10%-Niveau signifikanter negativer Zusammenhang bei der Variable „Investitionsrisiko" vor. Auch die beiden Kontrollvariablen „Jahre Berufserfahrung" und „Finance-Veranstaltungen" sind signifikant, erstere jedoch auf einem 5%-Niveau.

[1265] Die Variable „Planungsrechnungen" ist nicht signifikant. Die Variable „Finanzielle Lage" ist nur auf einem 5%-Niveau signifikant. Die Variable „Semesterzahl" ist ebenfalls nicht signifikant.

Regressionsanalyse: Einschätzung der Verlässlichkeit

MODELLZUSAMMENFASSUNG

Korrigiertes R^2	Standardfehler des Schätzers	Durbin-Watson-Statistik
0,223	1,229	1,811

ANOVA

	Quadratsumme	df	Mittel der Quadrate	F	Signifikanz
Regression	53,301	12	4,442	2,940	*** 0,002
Residuen	104,260	69	1,511		
Gesamt	157,561	81			

KOEFFIZIENTEN

Variablen	B	Std.fehler	Beta	T	Signifikanz	Toleranz	VIF
(Konstante)	4,913	1,413		3,476	0,001		
Planungsrechnungen	0,512	0,284	0,185	1,803	* 0,076	0,915	1,093
Organisationsstrukturen	0,876	0,308	0,316	2,839	*** 0,006	0,775	1,291
Finanzielle Lage	0,481	0,172	0,340	2,793	*** 0,007	0,648	1,542
Wachstumsperspektiven	-0,086	0,142	-0,064	-0,604	0,548	0,845	1,183
Investitionsrisiko	-0,289	0,118	-0,276	-2,439	** 0,017	0,747	1,339
Bilanzpol. Ermessensspielraum	-0,042	0,135	-0,036	-0,312	0,756	0,743	1,347
Semesterzahl	-0,169	0,095	-0,228	-1,786	* 0,078	0,586	1,705
Berufserfahrung	-0,081	0,111	-0,077	-0,730	0,468	0,870	1,150
Accounting-Veranstaltungen	-0,040	0,035	-0,145	-1,131	0,262	0,586	1,706
Finance-Veranstaltungen	0,000	0,056	0,000	-0,003	0,998	0,745	1,342
Anlageerfahrung	-0,086	0,107	-0,102	-0,803	0,425	0,596	1,678
Risikoaversion	0,063	0,130	0,058	0,484	0,630	0,662	1,510

Tab. 6-19: Ergebnisse der Regressionsanalyse zur Einschätzung der Verlässlichkeit

6.4 Zusammenfassung und kritische Würdigung der Ergebnisse

6.4.1 Ergebnisse der Hypothesenüberprüfung

Mit einer experimentellen Studie wurden im Rahmen dieser Arbeit die Auswirkungen der Berichterstattung nach dem Management Approach auf die Entscheidungsnützlichkeit der berichteten Informationen analysiert. Die 82 Experimentteilnehmer waren fortgeschrittene BWL-Studierende der Westfälischen-Wilhelms Universität Münster, die im Experiment die Rolle von privaten Investoren einnahmen. Diese hatten den verkürzten Geschäftsbericht eines fiktiven Unternehmens erhalten und mussten nach dessen kritischer Durchsicht Fragen beantworten. Das 2x2-Between-Subject Design des Experimentes ermöglichte es, zwei große Anwendungsgebiete abzudecken: Die Verwendung von Planungsinformationen aus der Mittelfristplanung im Rahmen des Impairment Tests und des Prognoseberichts und den Rückgriff auf die interne Organisationsstruktur und dem Berichtswesen in der Segmentberichterstattung.

Die von den Experimentteilnehmern beantworteten Fragen stellen Proxys für die Entscheidungsnützlichkeit dar und dienen der Überprüfung der operationalisierten Hypothesen (vgl. 6.2.3). Zur Überprüfung dieser Hypothesen wurden uni-, bi- und multivariate Verfahren der induktiven Statistik angewandt. Befunde aus einer zusätzlichen deskriptiven Analyse dienten als Interpretationshilfe. Die Operationalisierung der ersten Hypothese hatte die **Streuung der Umsatz- und EBIT-Schätzungen** von Investoren zum Gegenstand. Ein deskriptiver Vergleich der Streuung indizierte einen leichten Unterschied zwischen Gruppen, bei denen im Rahmen des Management Approach berichtet wurde (P_1/S_1), und Gruppen, bei denen dies nicht der Fall war (P_0/S_0). Allerdings zeichnete sich bereits ein durchwachsenes Bild ab, da die Streuungen in den Gruppen mit Berichterstattung nach dem Management Approach zum Teil höher und zum Teil geringer waren. Während die einfaktorielle ANOVA ergab, dass keine signifikanten Unterschiede zwischen den experimentellen Gruppen ($P_1S_1/P_1S_0/P_0S_0/P_0S_1$) vorliegen, konnten solche für die EBIT-Schätzungen im Rahmen des nicht-parametrischen analogen Verfahrens, dem Kruskal-Wallis-Test, identifiziert werden. Ein ähnliches Bild ergab die Durchführung von T-Tests und nicht-parametrischen Mann-Whitney-U-Tests zum jeweiligen direkten Vergleich der beiden experimentellen Manipulationen (P_1/P_0 und S_1/S_0): Erneut bestehen laut des ersten Tests keine signifikanten Unterschiede in der Streuung – lediglich im zweiten Testverfahren konnte die Gruppendifferenz für die EBIT-Streuungen bestätigt werden. Mittels der nicht-parametrischen Korrelationsanalyse konnte eine jeweils leicht positive Zusammenhangsstärke zwischen der EBIT-Streuung und den experimentellen Manipulationen („Planungsrechnungen" für Segment 1 und „Organisationsstrukturen" für die Unternehmensebene und für Segment 2) festgestellt werden.

Im Rahmen der multivariaten Auswertung mittels linearer Regressionsanalyse wurden zusätzliche Kontrollvariablen (z.B. Einschätzung der finanziellen Lage, Semesterzahl, Anlageerfahrung) mit einbezogen. Es konnte keine signifikante Beeinflussung der Streuung durch die beiden experimentellen Manipulationen festgestellt werden. Eine Veränderung einiger Kontrollvariablen führt jedoch in signifikantem Ausmaß zu einer Veränderung der abhängigen Variable Streuung der Investorenschätzungen (z.B. höhere Semesterzahl oder höhere Anzahl an Jahren Berufserfahrung führt zu höheren Streuungen). Im Rahmen der Ergebnisabsicherung durch rangbasierte Regressionsanalysen konnten die Erkenntnisse weitestgehend bestätigt werden. Allerdings ist hierbei ein signifikanter positiver Zusammenhang zwischen der experimentellen Manipulation „Planungsrechnungen" und der Streuung der EBIT-Schätzungen für Segment 1 zu beobachten (d.h. eine Berichterstattung nach dem Management Approach im Teilbereich Planungsrechnungen führt zu einer höheren Streuung). Einschränkend ist anzumerken, dass die Modellgüte der einzelnen Regressionsanalysen unbefriedigend ist. Da sich die Befunde insgesamt als durchwachsen darstellen, müssen die Hypothesen zur Streuung der Investorenschätzungen (H_{1a-l}) abgelehnt werden (vgl. Abb. 6-17). Eine geringere Streuung, die auf den Management Approach zurückzuführen ist, liegt nicht vor.

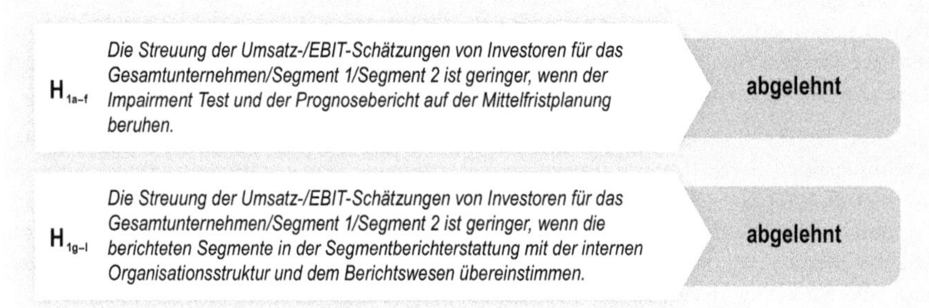

Abb. 6-17: Ergebnisse der Hypothesentests zur Streuung von Investorenschätzungen

Hypothese 2 umfasste das **Vertrauen der Investoren**, in die von ihnen zuvor abgegebenen Umsatz- und EBIT-Schätzungen. Das Vertrauen wurde jeweils für beide Schätzungen auf Gesamtunternehmensebene und auf Ebene der beiden Segmente erfasst. Bereits die deskriptiven Befunde wiesen Unterschiede im Median des ausgesprochenen Vertrauens zwischen den vier experimentellen Gruppen auf. Besonders deutlich wurden die Unterschiede bei separater Betrachtung der Manipulationen: Es zeigte sich, dass die Teilnehmer eine höhere Zufriedenheit aussprachen, wenn der Impairment Test und der Prognosebericht auf der Mittelfristplanung beruhten. Diese Tendenz war sowohl für die Zufriedenheit mit den Schätzungen auf Unternehmens- als auch auf Segmentebene zu beobachten. Für die zweite experimentelle Manipulation („Organisationsstrukturen") konnte keine bemerkenswerte Differenz registriert werden. Die einfaktorielle Varianzanalyse zeigte, dass die Mittelwertunterschiede zwischen den vier Gruppen signifikant sind und damit auch für die Grundgesamtheit gelten. Gleichwohl erreichen die Signifikanzwerte für die Gruppenunterschiede auf Segmentebene nicht das erforderliche Signifikanzniveau. Der isolierte Vergleich der experimentellen Manipulationen P_1 mit P_0 und S_1 mit S_0 bekräftigt die bereits in der deskriptiven Analyse beobachteten Unterschiede: Höchstsignifikante Werte deuten darauf hin, dass Gruppen, bei denen die Planungsrechnungen auf dem Management Approach basierten, ein durchschnittlich um einen Punkt auf der siebenstufigen Likert-Skala höheres Vertrauen in ihre Umsatz- und EBIT-Schätzungen für das Gesamtunternehmen aussprechen. Auf Segmentebene ist ein weniger starker Mittelwertunterschied festzustellen, der zudem auf einem niedrigeren Niveau signifikant ist. Im nichtparametrischen Test-Verfahren (Mann-Whitney-U) liegen die Unterschiede auf Segmentebene auf einem höheren Signifikanzniveau. Wie nach einem ersten Blick im Rahmen der deskriptiven Analyse bereits vermutet, können auch die statistischen Testverfahren keine Unterschiede feststellen. Aus diesem Grund liefert die Korrelationsanalyse auch nur für den Zusammenhang zwischen der experimentellen Manipulation „Planungsrechnungen" und den Vertrauenswerten (auf allen Ebenen) einen signifikanten Wert. Der Zusammenhang ist leicht positiv und etwas stärker auf Unternehmensebene.

Im Rahmen der linearen Regressionsanalyse konnte schließlich eine erneute Bestätigung der Resultate beobachtet werden: Die Berichterstattung nach dem Management Approach im Teilbereich „Planungsrechnungen" führt zu einem Vertrauensanstieg für die Schätzungen auf der Unternehmensebene und bei beiden Segmenten. Die Zusammenhänge sind signifikant – auf Unternehmensebene sogar höchst signifikant. Zusammenhänge mit der zweiten experimentellen Manipulation für die „Organisationsstrukturen" können aufgrund mangelnder Signifikanzwerte und sehr geringen Beta-Koeffizienten ausgeschlossen werden. Da auch die Modellgüte jeweils ein akzeptables Bestimmtheitsmaß hat und Gültigkeit über die Stichprobe hinaus besteht, können die Ergebnisse verallgemeinert werden. Zum Teil bestehen darüber hinaus vereinzelt signifikante Zusammenhänge mit Kontrollvariablen (z.B. führen die höhere Einschätzung der finanziellen Lage, eine größere Anlage- oder Berufserfahrung in einigen Fälle zu höheren Vertrauenswerten). Eine zusätzliche Absicherung der Ergebnisse durch Rang-Regressionsanalysen lieferte keine abweichenden Erkenntnisse. Die Befunde liefern eindeutige Hinweise darauf, dass die operationalisierten Hypothesen für das Investorenvertrauen mit der unabhängigen Variablen „Organisationsstrukturen" (H_{2a}–H_{2c}) abzulehnen sind. Diejenigen (H_{2d}–H_{2f}) mit der unabhängigen Variablen „Planungsrechnungen" können jedoch nicht abgelehnt werden und haben im Sinne des kritischen Rationalismus weiterhin Gültigkeit. Abb. 6-18 stellt die Ergebnisse der Hypothesenüberprüfung zusammenfassend dar.

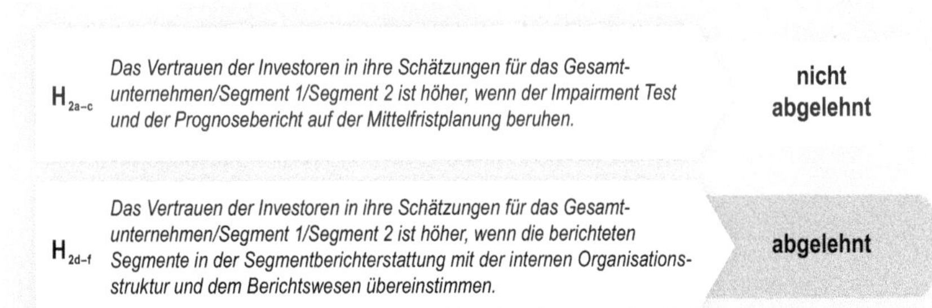

Abb. 6-18: Ergebnisse der Hypothesentests zum Investorenvertrauen

Darüber hinaus stand das **Investitionsverhalten** im Zentrum der Analyse: Hypothese 3 bzw. Hypothese 4 fokussierten die Investitionsbereitschaft bzw. die Investitionshöhe in Abhängigkeit von der Berichterstattung nach dem Management Approach. Deskriptiv konnte festgestellt werden, dass zwar zwei Drittel der Teilnehmer nicht in das Unternehmen des Experimentes investieren würden, allerdings in der Gruppe ohne Management Approach die Diskrepanz zwischen den Entscheidungsalternativen am Höchsten war. Vor allem bei separater Betrachtung der experimentellen Manipulation „Planungsrechnungen" konnte eine höhere Investitionsbereitschaft bei Teilnehmern festgestellt werden, bei denen der Impairment Test und der Prognosebericht auf der Mittelfristplanung beruhten. Dem spricht entgegen, dass von den Teilnehmern, welche eine Investitionsbereitschaft zeigten, diejenigen im Durchschnitt höhere Summen investieren würden, die in P_0- oder S_0-Gruppen waren. Die Aussagekraft wird indessen durch die zum Teil geringen Gruppengrößen der investitionsbereiten Teilnehmermenge eingeschränkt. Im Rahmen der ANOVA und des T-Tests konnte nur die Variable „Investitionshöhe" ausgewertet werden, da die „Investitionsbereitschaft" nominal skaliert ist und aus diesem Grund nicht für die beiden Testverfahren geeignet ist. Beide Tests wiesen auf keine signifikanten Gruppenunterschiede hin. Die Korrelationsanalyse ergab, dass auf einem niedrigen Signifikanzniveau ein leicht positiver Zusammenhang zwischen der Investitionsbereitschaft und der experimentellen Manipulation „Planungsrechnungen" besteht.

Im Rahmen der multivariaten Auswertung kam eine binärlogistische Regression zum Einsatz, um die Auswirkungen der Berichterstattung nach dem Management Approach auf die Investitionsbereitschaft zu untersuchen. Hierbei konnte festgestellt werden, dass die beiden experimentellen Manipulationen bei einer Berichterstattung nach dem Management Approach zu einer höheren Wahrscheinlichkeit für eine Investition führen können. Allerdings sind diese Beobachtungen nicht auf einem signifikanten Niveau zu registrieren. Sehr deutlich und auf einem sehr hohen Signifikanzniveau wirkt sich die Einschätzung der finanziellen Lage des Unternehmens positiv auf die Investitionsbereitschaft aus. Für die Teilstichprobe, die sich für eine Investition entschied wurde zudem die Investitionshöhe im Rahmen einer linearen Regressionsanalyse untersucht. Trotz guter Modellgüte konnten keine signifikanten Zusammenhänge zwischen den experimentellen Manipulationen und der Investitionshöhe beobachtet werden. Übergreifend betrachtet liefern die Erkenntnisse zum Investitionsverhalten nicht ausreichend Anhaltspunkte, um die Hypothesen beizubehalten. Daher müssen H_{3a-b} und H_{4a-b} abgelehnt werden (vgl. Abb. 6-19).

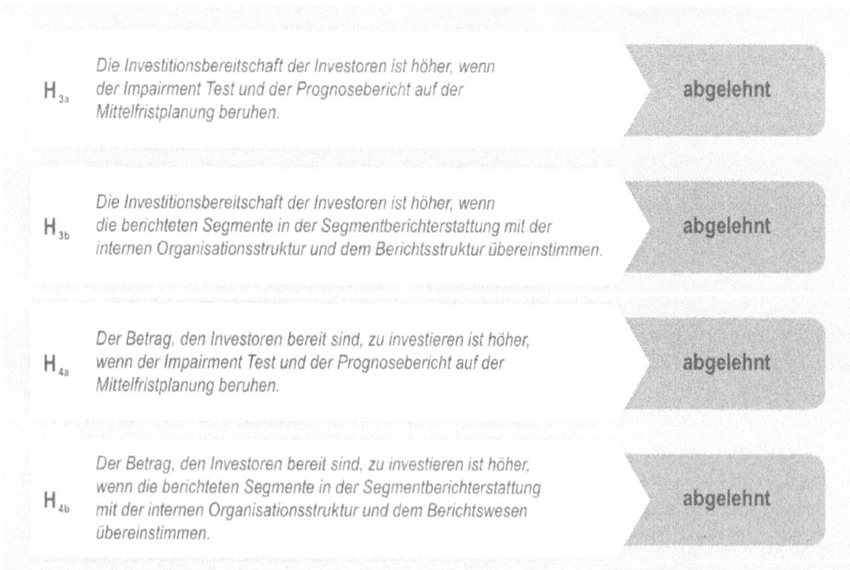

Abb. 6-19: Ergebnisse der Hypothesentests zum Investitionsverhalten

Hypothese 5 hat die Einschätzung der **Nützlichkeit von Informationen** einzelner Bestandteile der Finanzberichterstattung (Lagebericht, Bilanz und GuV, Anhang und Segmentberichterstattung) für die Abgabe von Schätzungen zum Gegenstand. Es wird angenommen, dass bei einer Berichterstattung nach dem Management Approach die Nützlichkeit höher beurteilt wird. Die deskriptive Analyse lieferte Indizien dafür, dass bei der Beurteilung des Lageberichts durchschnittlich (Median) höhere Werte für die Nützlichkeit vorliegen, wenn der Impairment Test und der Prognosebericht auf der Mittelfristplanung beruhen. Eine analoge Beobachtung konnte für die Segmentberichterstattung gemacht werden, wenn die berichteten Segmente sich an der internen Organisationsstruktur und dem Berichtswesen orientieren. Die Beurteilung der Nützlichkeit von GuV und Bilanz weist weniger starke Unterschiede auf. Dennoch kann jeweils ein leicht höherer Median für die Gruppen P_1/S_1 registriert werden. Für den Anhang liegen die Werte etwas niedriger und weisen kaum Unterschiede auf. Die einfaktorielle Varianzanalyse bestätigt die Vermutungen aus der deskriptiven Analyse: Die Mittelwertunterschiede zwischen den vier experimentellen Gruppen sind signifikant bei der Einschätzung der Nützlichkeit für den Lagebericht und höchst signifikant bei der Segmentberichterstattung. Für die anderen beiden Bestandteile liegen keine Unterschiede auf einem signifikanten Niveau vor. Der T-Test verdeutlicht den Befund: Beim Vergleich der ersten experimentellen Manipulationen (P_1/P_0) kann auf höchst signifikantem Niveau ein höherer Mittelwert bei den Teilnehmern festgestellt werden, bei denen der Impairment Test und der Prognosebericht auf der Mittelfristplanung beruhten. Für die andere experimentelle Manipulation (S_1/S_0) können auf gleichem Signifikanzniveau höhere Mittelwerte bei einer Berichterstattung nach dem Management Approach festgestellt werden. Die Korrelationsanalyse indiziert für diese beiden Zusammenhänge eine mittlere Stärke (jeweils auf höchstem Signifikanzniveau).

Die anschließend für jeden Geschäftsberichtsbestandteil durchgeführten linearen Regressionsanalysen liefern nur für die Nützlichkeitseinschätzungen von Lagebericht und Segmentberichterstattung brauchbare Ergebnisse. Bei einer Berichterstattung nach dem Management Approach im Bereich der „Planungsrechnungen“ wird die Nützlichkeit des Lageberichts als höher eingeschätzt als bei keiner Berichterstattung nach dem Management Approach – analog führt der Rückgriff auf die internen Organisationsstrukturen und das Berichtswesen zu höheren Werten für die Segmentberichterstattung. Diese Ergebnisse können jeweils aufgrund höchster Signifikanzwerte und akzeptabler Modellgüte verallgemeinert werden. Zwar können auch für die anderen Bestandteile (Bilanz und GuV, Anhang) positive Zusammenhänge mit den beiden experimentellen Manipulationen anhand der Beta-Koeffizienten vermutet werden, allerdings liegen keine signifikanten Werte und jeweils eine schlechte Modellgüte vor. Es können somit nur die Hypothesen H_{5a} und H_{5h} beibehalten werden (vgl. Abb. 6-20).

H_{5a}	*Die Nützlichkeit der Informationen aus dem Lagebericht für die Abgabe von Schätzungen wird von Investoren höher eingeschätzt, wenn der Impairment Test und der Prognosebericht auf der Mittelfristplanung beruhen.*	**nicht abgelehnt**
H_{5b}	*Die Nützlichkeit der Informationen aus dem Jahresabschluss (Bilanz und GuV) für die Abgabe von Schätzungen wird von Investoren höher eingeschätzt, wenn der Impairment Test und der Prognosebericht auf der Mittelfristplanung beruhen.*	**abgelehnt**
H_{5c}	*Die Nützlichkeit der Informationen aus dem Anhang für die Abgabe von Schätzungen wird von Investoren höher eingeschätzt, wenn der Impairment Test und der Prognosebericht auf der Mittelfristplanung beruhen.*	**abgelehnt**
H_{5d}	*Die Nützlichkeit der Informationen aus der Segmentberichterstattung für die Abgabe von Schätzungen wird von Investoren höher eingeschätzt, wenn der Impairment Test und der Prognosebericht auf der Mittelfristplanung beruhen.*	**abgelehnt**
H_{5e}	*Die Nützlichkeit der Informationen aus dem Lagebericht für die Abgabe von Schätzungen wird von Investoren höher eingeschätzt, wenn die berichteten Segmente in der Segmentberichterstattung mit der internen Organisationsstruktur und dem Berichtswesen übereinstimmen.*	**abgelehnt**
H_{5f}	*Die Nützlichkeit der Informationen aus dem Jahresabschluss (Bilanz/GuV) für die Abgabe von Schätzungen wird von Investoren höher eingeschätzt, wenn die berichteten Segmente in der Segmentberichterstattung mit der internen Organisationsstruktur und dem Berichtswesen übereinstimmen.*	**abgelehnt**
H_{5g}	*Die Nützlichkeit der Informationen aus dem Anhang für die Abgabe von Schätzungen wird von Investoren höher eingeschätzt, wenn die berichteten Segmente in der Segmentberichterstattung mit der internen Organisationsstruktur und dem Berichtswesen übereinstimmen.*	**abgelehnt**
H_{5h}	*Die Nützlichkeit der Informationen aus der Segmentberichterstattung für die Abgabe von Schätzungen wird von Investoren höher eingeschätzt, wenn die berichteten Segmente in der Segmentberichterstattung mit der internen Organisationsstruktur und dem Berichtswesen übereinstimmen.*	**nicht abgelehnt**

Abb. 6-20: Ergebnisse der Hypothesentests zur Einschätzung der Nützlichkeit der Finanzberichterstattung

Schließlich wurden die Auswirkungen der Berichterstattung nach dem Management Approach auf die im IFRS Framework verankerten Kriterien **Relevanz und Verlässlichkeit** analysiert. Hypothese 6 geht von einer positiven Auswirkung aus. Im Rahmen der deskriptiven Analyse konnte festgestellt werden, dass sich die Einschätzung der Relevanz und der Verlässlichkeit in allen Gruppen auf einem ähnlichen Niveau bewegt – lediglich in der Gruppe ohne Management Approach Informationen liegen jeweils niedrigere Werte vor. Die separate Betrachtung der experimentellen Manipulationen offenbarte bei der Relevanz und bei der Verlässlichkeit geringere durchschnittliche Nützlichkeitswerte, falls die Segmentberichterstattung inkongruent mit der internen Organisationsstruktur und dem Berichtswesen ist. Bei der Verlässlichkeit sind niedrigere Werte auch für Teilnehmer zu beobachten, bei denen der Impairment Test und der Prognosebericht nicht auf der Mittelfristplanung beruhten. Die einfaktorielle ANOVA bestätigte auf einem niedrigen Signifikanzniveau Mittelwertunterschiede zwischen den vier experimentellen Gruppen sowohl bei der Einschätzung der Relevanz als auch bei der Verlässlichkeit. Im Rahmen des T-Tests konnte nur ein höherer durchschnittlicher Mittelwert für die Verlässlichkeit bei Gruppen, die Planungsrechnungen auf Basis des Management Approach erhielten, im Vergleich zu Gruppen, welche diese nicht erhielten, auf einem signifikanten Niveau festgestellt werden. Dieser Zusammenhang mit leichter Stärke wird auch durch die Korrelationsanalyse mit signifikanten Werten bestätigt.

H_{6a}	*Die Relevanz der berichteten Informationen wird von Investoren höher eingeschätzt, wenn der Impairment Test und der Prognosebericht auf der Mittelfristplanung beruhen.*	**abgelehnt**
H_{6b}	*Die Verlässlichkeit der berichteten Informationen wird von Investoren höher eingeschätzt, wenn der Impairment Test und der Prognosebericht auf der Mittelfristplanung beruhen.*	**nicht abgelehnt**
H_{6c}	*Die Relevanz der berichteten Informationen wird von Investoren höher eingeschätzt, wenn die berichteten Segmente in der Segmentberichterstattung mit der internen Organisationsstruktur und dem Berichtswesen übereinstimmen.*	**nicht abgelehnt**
H_{6d}	*Die Verlässlichkeit der berichteten Informationen wird von Investoren höher eingeschätzt, wenn die berichteten Segmente in der Segmentberichterstattung mit der internen Organisationsstruktur und dem Berichtswesen übereinstimmen.*	**nicht abgelehnt**

Abb. 6-21: Ergebnisse der Hypothesentests zur Einschätzung der Relevanz und Verlässlichkeit

Anhand der linearen Regressionsanalyse konnte festgestellt werden, dass die Einschätzung der Relevanz höchst signifikant durch die Ausgestaltung der Segmentberichterstattung hinsichtlich der Orientierung an internen Organisationsstrukturen und dem Berichtswesen beeinflusst wird. Eine Berichterstattung nach dem Management Approach führt in diesem Bereich zu einer höheren Einschätzung der Relevanz. Allerdings können auch statistisch signifikante Zusammenhänge bei Kontrollvariablen wie z.B. der Einschätzung der finanziellen Lage (höhere Einschätzung führt zu höherer Relevanz) beobachtet werden.

Auf die Einschätzung der Verlässlichkeit wirken sich beide experimentellen Manipulationen auf signifikantem Niveau positiv aus. Folglich führt eine Berichterstattung nach dem Management Approach in den beiden untersuchten Gebieten zu einer höheren Einschätzung der Verlässlichkeit. Allerdings können ebenso signifikante Zusammenhänge mit Kontrollvariablen beobachtet werden: So wirkt sich z.B. eine höhere Einschätzung der finanziellen Lage positiv und eine höhere Einschätzung des Investitionsrisikos negativ auf die Einschätzung der Verlässlichkeit aus. Neben der Berichterstattung nach dem Management Approach scheinen auch die Erwartungen der Investoren über die zukünftige Entwicklung einen Einfluss auf deren Beurteilung der Relevanz und Verlässlichkeit zu haben. Für beide Regressionsanalysen ist die Modellgüte gut und eine Verallgemeinerung möglich. Aus diesem Grund können die operationalisierten Hypothesen H_{6b}, H_{6c} und H_{6d} beibehalten werden (vgl. Abb. 6-21).

6.4.2 Kritische Würdigung der Ergebnisse und Grenzen der Untersuchung

In einer übergreifenden Gesamtbetrachtung kann festgestellt werden, dass das Konzept des Management Approach in den beiden untersuchten Teilbereichen – wie an vielen Stellen aus konzeptioneller Sicht im Schrifttum angenommen[1266] – eine positive Auswirkung auf die Entscheidungsnützlichkeit von Rechnungslegungsinformationen für Investoren hat.

Insbesondere konnte durch verschiedene Analysen gezeigt werden, dass durch die Kommunikation mittels Management Approach im ersten Teilbereich, dem **Rückgriff auf Planungsrechnungen**, ein höheres Maß an Vertrauen bei Investoren in deren eigene Prognosen für das berichterstattende Unternehmen erzielt werden kann. In diesem Sinne zeigt das Konzept des Management Approach auch aus agencytheoretischer Betrachtung eine gewisse konfliktreduzierende Funktion. Wie in den Ausführungen zur Prinzipal-Agent-Theorie in Abschnitt 4.3.6 erläutert, setzt der Management Approach an der Beziehung zwischen Investor (Prinzipal) und Management (Agent) an. Die Überprüfung der aus dieser Theorie abgeleiteten Hypothesen zeigte, dass der Management Approach ein geeignetes Konzept darstellt, diese Informationsasymmetrie zu reduzieren. Obwohl in der Literatur die Berichterstattung nach dem Management Approach mit dem Manipulations- und Zirkularitätsproblem in Verbindung gebracht wird,[1267] zeigte sich im ersten Teilbereich, dem Rückgriff auf Planungsrechnungen, der ein hohes Manipulationspotenzial aufweist, dass seitens der Investoren eine höhere Verlässlichkeit empfunden wird und ein höheres Vertrauen in die eigenen Schätzungen vorliegt.

Die von den Investoren abgegebenen Prognosen stellen eine elementare Grundlage für die Beurteilung des Unternehmens als (potenzielles) Anlageobjekt dar. Zwar konnten sich die Erkenntnisse nicht derart verdichten, dass ebenfalls mit hinreichender Sicherheit von geringeren Streuungen der Prognosen im Falle einer Berichterstattung nach dem Management Approach ausgegangen werden kann. Dies könnte allerdings auch auf die Tatsache zurückzuführen sein, dass die Experimentteilnehmer keine professionellen Finanzanalys-

[1266] Vgl. z.B. *Haller/Park* (1999), S. 63; *Lopatta* (2008), S. 407;

[1267] Vgl. beispielsweise *Weißenberger/Maier* (2006), S. 2082f.

ten waren und dass der Experimentgegenstand ein fiktives Beispiel mit reduziertem Realitätsausschnitt darstellte (vgl. die unten dargestellten Limitationen der Studie).

Dies geht auch mit der Erkenntnis einher, dass die Berichterstattung nach dem Management Approach im zweiten Teilbereich, der **Segmentberichterstattung**, keinen signifikanten Einfluss auf die Schätzungen und die Zufriedenheit mit diesen hat. Eine zentrale Erkenntnis ist darüber hinaus, dass die Berichterstattung nach dem Management Approach keine unmittelbare Auswirkung auf das Investitionsverhalten hat. Vielmehr spielen dort andere Kriterien eine Rolle, wie z.B. die Einschätzung der finanziellen Lage des Unternehmens. Dennoch scheint die nach dem Management Approach berichtete Segmentberichterstattung ein höheres Maß an von den Investoren empfundener Nützlichkeit der Segmentberichterstattung hervorzurufen. Es wird außerdem eine höhere Relevanz und eine höhere Verlässlichkeit empfunden, wenn eine Berichterstattung nach dem Management Approach stattfindet.

Grund für die durchwachsenen Ergebnisse könnte sein, dass die Teilnehmer in ihrer Rolle als private Investoren weniger differenzierte Auswertungen zur Beurteilung einer Investition durchführen würden und daher nicht auf die Segmentberichterstattung zurückgreifen würden, um beispielsweise einzelne Geschäftsbereiche eines Unternehmens separat zu analysieren. Private Investoren sind häufig nicht mit der Abgabe von Schätzungen auf Segmentebene vertraut (vgl. die unten dargestellten Limitationen der Studie). Die im Experiment notwendige Abgabe von Schätzungen auf Segmentebene könnte dazu geführt haben, dass sich die Teilnehmer aus logischen Gründen mit der Segmentberichterstattung befasst haben, da ansonsten eine Schätzung für die Segmente reine Willkür darstellen würde. Die Segmentberichterstattung nach dem Management Approach könnte auf diese Weise ein höheres Nützlichkeitsempfinden bei den Teilnehmern hervorgerufen haben. Auch in der mit Finanzanalysten durchgeführten experimentellen Studie von *Maines et al.* (1997), die sich allerdings nur auf die Segmentberichterstattung fokussierte, konnte festgestellt werden, dass die Verlässlichkeit der Segmentberichterstattung nach dem Management Approach als höher empfunden wird.

Die vom *IASB* über die Jahre verfolgte Strategie, das Konzept des Management Approach in diverse Standards zu implementieren,[1268] scheint sich als zielführend zu erweisen. Es konnte festgestellt werden, dass die IFRS-nahen Kriterien Relevanz und Verlässlichkeit durch die Berichterstattung nach dem Management Approach positiv beeinflusst werden. Vor allem der Lagebericht und – trotz des zuvor festgestellten mangelnden Einflusses auf das Investorenvertrauen – die Segmentberichterstattung werden von Investoren als nützliche Elemente des Geschäftsberichtes angesehen. Dies könnte auf die stark ausgeprägte Umsetzung des Management Approach in den beiden genannten Bestandteilen zurückzuführen sein.

Wie jede Untersuchung ist auch das vorliegende Forschungsprojekt mit **Limitationen** und Restriktionen verbunden. Vor allem aufgrund der gewählten experimentellen Forschungsmethode können Einschränkungen ausgemacht werden. Das durchgeführte Experiment stellt ein Laborexperiment dar. Generell weisen Laborexperimente eine hohe in-

[1268] Vgl. dazu Abschnitt 2.1.4.

terne Validität auf, können jedoch hinsichtlich der Generalisierbarkeit der Ergebnisse auf natürliche Situationen problematisch sein.[1269] Im Experiment wurde ein fiktives Unternehmen mit einem verkürzten Geschäftsbericht eingesetzt, der nur einen Ausschnitt eines in der Realität auffindbaren Geschäftsberichts darstellt. Aus verschiedenen Gründen wurde hier bewusst die Entscheidung für ein Laborexperiment mit einem fiktiven Unternehmen getroffen: So ist es aus forschungspragmatischen Gründen so gut wie unmöglich, ein Experiment mit einem realen Unternehmen und an einem realen Kapitalmarkt durchzuführen (Feldexperiment). Darüber hinaus würde sich das Problem der Isolierbarkeit des zu untersuchenden Kausalzusammenhangs stellen. Zielsetzung des Forschungsprojektes war es, die Auswirkung der Berichterstattung nach dem Management Approach auf die Entscheidungsnützlichkeit anhand von zwei Teilgebieten zu untersuchen. Der Management Approach stellt ein Konzept dar, der in den verschiedenen Stellen der Jahresabschlusserstellung zur Anwendung kommt. Dem Investor ist jedoch nur der Geschäftsbericht als Endprodukt zugänglich. Somit kann nicht mehr zwischen Berichterstattung nach dem Management Approach und Berichterstattung ohne Management Approach getrennt werden. Die mit der gewählten Untersuchungsform zusammenhängenden Limitationen mussten daher aus Machbarkeitsgründen in Kauf genommen werden. Zentraler Vorteil des Laborexperimentes ist jedoch die hohe interne Validität. Es kann folglich davon ausgegangen werden, dass die im vorliegenden Experiment entdeckten Zusammenhänge sehr eindeutig sind.

Eine weitere Einschränkung ist die Durchführung des Experimentes mit Studierenden. Zwar werden fortgeschrittene BWL-Studierende auch in anderen Studien als Proxy für nicht professionelle Investoren herangezogen. Allerdings werden von privaten Investoren meist weniger umfangreiche Analysen durchgeführt und hauptsächlich die Gewinn- und Verlustrechnung aus dem Geschäftsbericht verwendet – weniger die Segmentberichterstattung und der Anhang.[1270] Institutionelle Anleger hingegen verwenden diese genannten Berichtsteile häufiger.[1271] Darüber hinaus gehört das Abgeben von Prognosen z.B. auf Segmentebene zu den routinierteren Aufgaben von professionellen Investoren und Finanzanalysten. Auch die an einigen Stellen als signifikante Einflussgröße identifizierte Berufserfahrung ist in diesem Licht zu sehen. Durch praxisorientierte Tätigkeiten und einer größeren Erfahrung könnten die Sachverhalte des Experiments von den Teilnehmern als weniger herausfordernd angesehen werden und mit einer entsprechenden Routine bearbeitet werden. Eine hierdurch vorhandene größere Entschlossenheit bei den Teilnehmern könnte sich in den Einschätzungen zur Nützlichkeit oder dem Vertrauen niedergeschlagen haben. Die Durchführung des Experimentes mit Finanzanalysten oder mit Berufstätigen naheliegender Berufe (Laborexperiment mit anderer Teilnehmergruppe) könnte daher unter Umständen zu anderen Ergebnissen führen.

Möglicherweise hätte auch durch die Fallzahl bei einigen Regressionsmodellen eine höhere Modellgüte erzielt werden können. Insbesondere die Kontrolltechnik des Randomisierens gewinnt an zusätzlicher Wirkung bei Erhöhung der Anzahl an Experimentteilneh-

[1269] Vgl. *Huber* (2005), S. 77.
[1270] Vgl. *Ernst et al.* (2009), S. 20–25.
[1271] Vgl. *Ernst et al.* (2009), S. 33–36.

mern. Gleichwohl ist vor dem Hintergrund der vorstehenden Ausführungen zur Erfahrung der Teilnehmer von einer erhöhten Schwierigkeit auszugehen, entsprechende Probanden zu gewinnen.

Schließlich ist anzumerken, dass aufgrund der umfangreichen Anwendungsgebiete des Management Approach nur zwei Teilbereiche betrachtet wurden: Die Heranziehung von Planungsrechnungen zur Bewertung im Rahmen des Impairment Test und bei der Prognoseberichterstattung sowie der Rückgriff auf interne Organisationsstrukturen und das Berichtswesen im Rahmen der Segmentberichterstattung. Von diesen Ergebnissen wurden verallgemeinernd Schlüsse auf die generelle Entscheidungsnützlichkeit des Konzeptes gezogen. Allerdings ist aus konzeptioneller Sicht anzumerken, dass mit den untersuchten Anwendungsgebieten beide Teilbereiche des Management Approach abgedeckt wurden. Darüber hinaus sind diese Anwendungsgebiete diejenige, mit dem größten Umsetzungspotenzial.

Unbeschadet der dargestellten Einschränkungen können aus den Ergebnissen der experimentellen Studie **Implikationen** abgeleitet werden. Es kann davon ausgegangen werden, dass die Berichterstattung nach dem Management Approach bei Verwendung von Planungsrechnungen zu einer höheren Entscheidungsnützlichkeit führt. Dies gilt vor allem für das Vertrauen von Investoren in ihre eigenen Prognosen, die basierend auf den Finanzberichten erstellt wurden. Auch für die Segmentberichterstattung kann von einer erhöhten Einschätzung der Nützlichkeit sowie der Relevanz und Verlässlichkeit seitens der Investoren ausgegangen werden. Unternehmen können diese Erkenntnis in ihre „kundenorientierte" Finanzberichterstattungspraxis einfließen lassen. So können z.B. bei der Lageberichtserstellung durch das Konzernrechnungswesen oder durch die Investor Relations feste Prozesse implementiert werden, um eine starke Verbindung zur Mittelfristplanung des Unternehmens herzustellen. Hierdurch könnten insbesondere die Regelungen des DRS 15 besser erfüllt werden. Außerdem könnten Unternehmen in der Kommunikation mit Investoren durch die Investor Relations den Rückgriff auf interne Planungsrechnungen und deren Verwendung im Geschäftsbericht (z.B. im Lagebericht oder im Rahmen des Impairment Tests) stärker hervorheben. Generell kann auf der Unternehmensseite durch die Erkenntnis, dass die Berichterstattung nach dem Management Approach zusätzliches Vertrauen bei Investoren generiert, ein besseres Verständnis für Mitarbeiter z.B. im Controlling geschaffen werden, die unter Umständen im Rahmen der Informationsbereitstellung zusätzlichen Arbeitsaufwand haben.

Auch für Standardsetter können die hier festgestellten Ergebnisse relevant sein. Sie geben Anhaltspunkte, die bisherige Strategie, das Konzept des Management Approach kontinuierlich in IFRS-Standards zu verankern, weiter zu verfolgen. Die Ergebnisse weisen darauf hin, dass insbesondere der Rückgriff auf Planungsrechnungen, z.B. bei der Prognoseberichterstattung, zu einer Verbesserung der Entscheidungsnützlichkeit führt. Dies kann ein Hinweis für den *IASB* sein, in Zukunft den Management Commentary weiterzuentwickeln und diesen möglicherweise verpflichtend in das Regelwerk zu implementieren.

Implikationen können basierend auf diesen Erkenntnissen auch für das Enforcement bestehen: Die *DPR* könnte in Zukunft entsprechende Prüfungsschwerpunkte in den Bereichen wählen, in denen die Berichterstattung nach dem Management Approach eine besondere Nützlichkeit hervorruft (Prognoseberichterstattung und Segmentberichterstattung). Diese Implikation lässt sich auch auf den Berufsstand der Wirtschaftsprüfer übertragen. Wirtschaftsprüfer können im Rahmen der Abschlussprüfung auf diese Bereiche besonderes Augenmerk legen. Ebenso können die gewonnenen Erkenntnisse für die Adressaten der Rechnungslegung von Bedeutung sein: Bei der Analyse potenzieller Anlageobjekte können sie sich verstärkt auf die hier als nützlich empfundenen Bestandteile der Finanzbericherstattung (Lage- bzw. Prognosebericht und Segmentberichterstattung) fokussieren.

7 Schlussbetrachtung

Mit der vorliegenden Schlussbetrachtung wird der in der Einleitung aufgespannte inhaltliche Bogen geschlossen. Hierzu werden die wesentlichen Erkenntnisse zusammengefasst, miteinander verknüpft und ferner Implikationen abgeleitet (Abschnitt 7.1). Daran schließt sich ein Ausblick für mögliche zukünftige Forschungsprojekte und die mögliche zukünftige Entwicklung des Management Approach in der Finanzberichterstattungspraxis an (Abschnitt 7.2).

7.1 Zusammenfassung der Ergebnisse

Bereits in den 1960er/1970er Jahren begann in den USA ein Prozess, der zunehmend die Vermittlung von entscheidungsnützlichen und zukunftsorientierten Informationen für Investoren in den Fokus rückte. Neben Studien zum Informationsbedarf stellte die Entwicklung der US-amerikanischen MD&A-Berichterstattung einen zweiten Treiber dieses Prozesses dar. Kontinuierlich rückte hierdurch die Sichtweise des Managements in das Zentrum der externen Rechnungslegung. Mit der Forderung einer Berichterstattung „through the eyes of management" im Rahmen der MD&A sowie später der Segmentberichterstattung nach SFAS 131 nahm das Konzept des Management Approach Gestalt an. Es floss mit der Zeit auch in eine Vielzahl von IFRS-Standards ein und erhielt durch deren zunehmende Verbreitung eine weltweit steigende Relevanz. Dennoch blieben die Implikationen des Konzeptes auf der Unternehmensebene empirisch bislang nur sehr spärlich betrachtet. Auf der Ebene des Kapitalmarktes wurden die Auswirkungen des Management Approach nur anhand der Segmentberichterstattung untersucht – in anderen Teilgebieten lag der Fokus empirischer Untersuchungen nicht auf dem hier betrachteten Konzept.

Daher waren die Implikationen des Management Approach für Unternehmen und für den Kapitalmarkt Gegenstand der vorliegenden Arbeit. Dieses Themengebiet wurde mit den drei **Teilzielen** untersucht,

1. eine Konzeption für die Berichterstattung nach dem Management Approach zu erarbeiten, welche die relevanten Informationsquellen identifiziert,
2. die Implikationen des Management Approach auf der Unternehmensebene im Hinblick auf die Ausgestaltung der Controllingsysteme zur Informationsbereitstellung und der ablaufenden intersubjektiven Kommunikationsprozesse zu analysieren,
3. die Auswirkungen der Berichterstattung nach dem Management Approach auf der Kapitalmarktebene anhand der Entscheidungsnützlichkeit von Informationen für private Investoren zu untersuchen.

Das Erreichen der drei Teilziele konnte durch die Auswahl einer empirischen Forschungsstrategie mit unterschiedlichen **Forschungsmethoden** für die beiden Untersuchungsfelder (Unternehmens- und Kapitalmarktebene) sichergestellt werden. Auf der Unternehmensebene kam eine explorative, vergleichende Fallstudie zum Einsatz, die methodisch auf der Grounded Theory fundiert. Hierbei wurden die Umsetzung des Management Approach und dessen Implikationen anhand von drei Unternehmen aus der produzierenden Industrie untersucht. Anschließend konnte mittels eines quantitativen Experimentes analysiert werden, welche Implikationen die Berichterstattung nach dem Management Approach auf der Kapitalmarktebene hat. Hierzu nahmen fortgeschrittene Studierende der BWL die Rollen von privaten Investoren ein und beurteilten die Entscheidungsnützlichkeit der berichteten Informationen.

Zuvor wurden jedoch die konzeptionellen Grundlagen des Management Approach erarbeitet. Hierbei stand im zweiten Kapitel zunächst die historische Entwicklung des Management Approach im Vordergrund, um anhand von dessen Entstehungsprozess einen detaillierten Einblick in den Hintergrund des Konzeptes zu erhalten. Es folgten terminologische Abgrenzungen und die Identifikation von vier Informationsquellen (Organisationsstruktur und Berichtswesen, Planungsrechnungen, Chancen-/Risikomanagementsystem und Projektcontrolling), auf welche im Rahmen der Berichterstattung nach dem Management Approach zurückgegriffen werden kann. Hierbei stand neben den expliziten Anforderungen der entsprechenden Standards insbesondere die Ausgestaltung der Informationsgrundlage in Unternehmen im Vordergrund. Das vorliegende Forschungsprojekt wurde im dritten Kapitel, der Betrachtung des Forschungsstandes zum Thema Managment Approach, von anderen Arbeiten abgegrenzt. Das vierte Kapitel spannte den theoretischen Rahmen der Arbeit auf. Dieser gliedert sich aufgrund der zwei durchgeführten Teilstudien in zwei große Bereiche: Während die Strukturationstheorie die Grundlage für die qualitative Untersuchung auf Unternehmensebene bildet, wurde für die Hypothesenentwicklung im Rahmen des Experimentes die Prinzipal-Agent-Theorie herangezogen. Daran schließt sich im fünften Kapitel die erwähnte qualitative Untersuchung des Management Approach auf Unternehmensebene an. Nach der Festlegung des Forschungsdesigns wurden die Befunde aus den drei analysierten Fällen dargestellt. Neben der Umsetzung des Management Approach in den drei Unternehmen hinsichtlich der vier Informationsquellen konnten die Ergebnisse anhand von drei aus der Datenanalyse resultierenden Dimensionen diskutiert werden. Im sechsten Kapitel wird zunächst das Experimentdesign festgelegt, woran sich die Darstellung der Ergebnisse anschließt. Diese gliedern sich nach der Auswertung der Teilnehmer, nach den deskriptiven Befunden und nach den Einschätzungen und Entscheidungen der Teilnehmer sowie der multivariaten Analyse der Auswirkungen des Management Approach.

Die zentralen **Ergebnisse** der beiden Teilstudien lassen sich in die drei Bereiche Umsetzung des Management Approach auf Unternehmensebene, Dimensionen der Implikationen auf Unternehmensebene sowie Entscheidungsnützlichkeit der Informationen für den Kapitalmarkt unterteilen.

Die **Umsetzung des Management Approach** wurde in den drei betrachteten Unternehmen basierend auf der in Kapitel 2.3 entwickelten Konzeption anhand der vier identifizierten Informationsquellen Organisationsstruktur und Berichtswesen, Planungsrechnungen, Chancen-/Risikomanagementsystem und Projektcontrolling untersucht. Das Projektcontrolling wurde nur für zwei Unternehmen untersucht, da das dritte Unternehmen weder Entwicklungskosten aktiviert, noch Fertigungsaufträge abwickelt. Für die zweite Informationsquelle, der Organisationsstruktur und dem Berichtswesen, konnte ein sehr hoher Umsetzungsgrad des Management Approach in den drei Fällen festgestellt werden.

Alle Unternehmen verwenden keine kalkulatorischen Größen in der Segmentberichterstattung und grenzen die Segmente zwar auf relativ hoher, aber auf steuerungsrelevanter Ebene ab. CGUs werden in allen drei Unternehmen unterhalb der Segmentebene, meist jedoch nicht durchgehend auf der gleichen Ebene abgegrenzt. Hinsichtlich der ersten Informationsquelle, den Planungsrechnungen, kommt es beim Impairment Test in allen drei Unternehmen zu einem unmittelbaren Rückgriff auf die Mittelfristplanung und teilweise auch auf die Budgetierung. Der Management Approach weist hierbei ein großes Umsetzungspotenzial auf. Anpassungen werden bei allen Unternehmen im Rahmen der Diskontierung vorgenommen (welche hier nicht zum Management Approach Konzept gezählt wird). Da sich die Ausgestaltung der Mittelfristplanung bei den drei betrachteten Unternehmen stark unterscheidet, müssen teilweise zusätzliche Jahre geplant werden. Für die Prognoseberichterstattung ist insbesondere ein Rückgriff auf die Budgetierung notwendig. Hintergrund ist, dass keines der betrachteten Unternehmen den zweijährigen Planungshorizont von DRS 15 in quantitativer Form erfüllt. Teilweise werden die qualitativen Prognosen auf Basis der Mittelfristplanung und der strategischen Planung abgeleitet. Folgende Erkenntisse liegen für die dritte Informationsquelle, dem Chancen-/ Risikomanagement vor: Die Chancen-/Risikoberichterstattung im Lagebericht wird jeweils von den Verantwortlichen erstellt, die auch den internen Risikobericht anfertigen. Obwohl der interne Risikobericht in allen Unternehmen sehr detailliert ist, werden keine quantifizierten Risiken angegeben. Für die Identifikation von Triggering Events sieht keines der untersuchten Unternehmen einen direkten Rückgriff auf das Risikomanagementsystem vor. Da mitunter eine direkte Verknüpfung zur Planung besteht, kann in derem Rahmen eine Risikoidentifikation einen Hinweis auf einen durchzuführenden Impairment Test geben. Das Projektcontrolling als vierte Informationsquelle ist für den Einsatz von Phasenmodellen zur Trennung der Forschungs- von der Entwicklungsphase im Rahmen der Bilanzierung von selbst erstellten immateriellen Vermögenswerten in den beiden betrachteten Unternehmen verantwortlich. Beim Nachweis des zukünftigen Nutzens spielen die Erfüllung bestimmter vom Konzern festgelegter Kriterien und Vergangenheitswerte sowie Genehmigungsaspekte eine Rolle. Von den Unternehmen werden unterschiedliche Projektcontrolling Instrumente eingesetzt, wie z.B. die Projektkostenrechnung, Projektstrukturpläne oder die mitlaufende Kalkulation.

Drei **Dimensionen** bilden die Implikationen des Management Approach auf der Unternehmensebene in den drei betrachteten Fällen ab. Die Erweiterung des Arbeitsprofils und der erforderlichen Fachkompetenzen der betrachteten Akteure stellt die erste Dimension dar. Die Berichterstattung führt zu einem zeitlichen Mehraufwand (z.B. Planung zusätzlicher Jahre für den Impairment Test) oder zu zusätzlich erforderlichen fachlichen Kompetenzen der Akteure (z.B. Rechnungswesen führt DCF-Berechnung durch). Daneben liegt in den drei Fällen vor allem beim Rückgriff auf die Mittelfristplanung und bei der Abgrenzung von CGUs ein Management Approach in Reinform vor, der in diesen Bereichen meist ohne zusätzlichen Aufwand umgesetzt war. Der in den anderen Bereichen bzw. Fällen identifizierte zusätzlich erforderliche Aufwand spricht nicht gegen das Konzept des Management Approach. Die zweite Dimension stellen organisationale bzw. prozessuale Veränderungen durch den Management Approach dar. Dies kann durch eine Erweiterung bestehender oder die Schaffung von neuen Kommunikationsprozessen (z.B. persönlich in zusätzlichen Meetings, schriftlich durch Abgabe von Planungskommentaren) erfolgen. Diese Auswirkungen können auch positiver Natur sein, wenn sie zur eigenen Prozessverbesserung (z.B. Validierung der Mittelfristplanung) eingesetzt werden. Obwohl die drei Unternehmen über jeweils ein stark harmonisiertes Rechnungswesen verfügen, bietet der Management Approach bei der langfristigen Auftragsfertigung Möglichkeiten zur weiteren Harmonisierung. Die dritte Dimension umfasst die sich in einem zweiten Schritt auch auf Ebene der externen Berichtsadressaten ergebenden Implikationen durch die Umsetzung des Management Approach in den drei betrachteten Fällen. Dies betrifft insbesondere den Umgang mit Subjektivität im Unternehmen: Während persönliche Aspekte (z.B. Incentivierung) eine Subjektivität einräumen, wird diese aufgrund organisationaler Aspekte eingedämmt (z.B. Kommunikationsprozesse). Insbesondere konnte im Rahmen der Untersuchung kein Manipulationseffekt festgestellt werden, wie er in der Literatur zum Teil angenommen wird.[1272] Schließlich besteht die Möglichkeit zur aktiven Steuerung der eigenen Publizität (z.B. Prognoseangaben und die Angaben zu den Chancen und Risiken im Lagebericht). Durch reflexive Handlungssteuerung der Organisation wird die eigene Berichterstattung an den Handlungsbedingungen (Berichterstattung anderer Unternehmen; Befürchtung, sensible Daten zu publizieren) ausgerichtet.

Bezüglich der **Entscheidungsnützlichkeit** der berichteten Informationen konnte im Rahmen des Experimentes festgestellt werden, dass der Management Approach in den beiden untersuchten Teilbereichen eine positive Auswirkung auf die Entscheidungsnützlichkeit von Informationen für Investoren hat. Insbesondere im ersten Teilbereich, dem Rückgriff auf Planungsrechnungen, liegt ein höheres Maß an Vertrauen bei Investoren in deren eigene Prognosen für das berichterstattende Unternehmen vor. Es kann allerdings nicht mit hinreichender Sicherheit von geringeren Streuungen der Prognosen im Falle einer Berichterstattung nach dem Management Approach ausgegangen werden. Grund hierfür könnte die Tatsache sein, dass die Experimentteilnehmer keine professionellen Finanzanalysten waren und dass der Experimentgegenstand ein fiktives Beispiel mit reduziertem Realitätsausschnitt darstellte. Im zweiten Teilbereich, der Segmentberichterstattung, konnte bei einer Berichtertattung nach dem Management Approach kein signifikanter Einfluss auf die Schätzungen und die Zufriedenheit mit diesen festgestellt werden. Eine zentrale Erkenntnis ist ferner, dass die Management Approach Berichterstattung keine direkte Auswirkung auf das Investitionsverhalten hat. Außerdem zeigte sich, dass die IFRS-nahen Kriterien Relevanz und Verlässlichkeit durch die Berichterstattung nach dem Management Approach in positiver Weise beeinflusst werden. Vor allem der Lagebericht und – trotz des zuvor festgestellten mangelnden Einflusses auf das Investorenvertrauen – die Segmentberichterstattung werden von Investoren als nützliche Elemente des Geschäftsberichtes angesehen.

Weitere Erkenntnisse ergeben sich durch **Verbindung der Ergebnisse** beider Teilstudien: Im Rahmen des Experimentes auf der Kapitalmarktebene stellte sich heraus, dass die Verwendung von Planungsrechnungen, insbesondere bei der Prognoseberichterstattung, eine hohe Relevanz für Investoren aufweist. Die Untersuchung auf Unternehmensebene zeigte anhand der drei betrachteten Unternehmen, dass zwar ein Rückgriff auf die Budge-

---

[1272] Vgl. z.B. *Weißenberger/Maier* (2006), S. 2083; *Maier* (2009), S. 247f.

tierung und ggf. auf die Mittelfristplanung und strategische Ziele erfolgt, dennoch aber meist qualitative Aussagen (insbesondere für das zweite Prognosejahr und die Segmente) abgegeben werden. Als besondere Problematik ist hierbei aufzuführen, dass die berichterstattenden Unternehmen im Rahmen der Prognose- und Chancen-/Risikoberichterstattung einerseits empfindliche Einblicke befürchten und andererseits ihre Lageberichterstattung innerhalb ihrer reflexiven Handlungssteuerung an der Berichterstattung anderer Unternehmen messen – die ebenfalls keine Risiken und kein zweites Prognosejahr quantifizieren. Es stehen sich folglich einerseits eine hohe Entscheidungsnützlichkeit der Informationen und andererseits Hemmungen seitens der Unternehmen, diese Informationen zu publizieren, gegenüber. Dieses Problem könnte sich beispielsweise dadurch lösen, dass sich berichterstattende Unternehmen der Nützlichkeit dieser Informationen für die Adressaten bewusst werden und zukünftig eine offenere Berichterstattung verfolgen. Alternativ könnte – insbesondere bei der Prognoseberichterstattung – Handlungsbedarf seitens des Standardsetters bestehen, um eine entsprechende Berichterstattung zu gewährleisten. Die Konkretisierung der Prognosegenauigkeit in E-DRS 27.130 stellt einen Schritt in diese Richtung dar. Es bleibt ferner abzuwarten, wie sich die Berichterstattung im Rahmen des IFRS Practice Statements Management Commentary entwickelt. Möglicherweise besteht im internationalen Vergleich eine liberalere Managementberichterstattungspraxis, die dann einen Einfluss auf die reflexive Handlungssteuerung der Unternehmen hätte.

Sowohl die Relevanz als auch die Verlässlichkeit der berichteten Informationen werden höher eingeschätzt, wenn nach dem Management Approach berichtet wird. Auf der Unternehmensebene hingegen, bleibt in den drei betrachteten Fällen die Segmentberichterstattung ohne nennenswerte Implikationen. Es fällt weder ein zusätzlicher Aufwand bei der Erstellung an, noch bestehen bei den Unternehmen Befürchtungen, einen Einblick in sensible Daten zu geben. Somit kann das Vorgehen des *IASB*, den Management Approach vollständig von den Regelungen des SFAS 131 zu übernehmen, als der richtige Weg beurteilt werden.

Wie für jedes andere empirische Forschungsprojekt ergeben sich auch für die vorliegende Arbeit aufgrund der gewählten Methoden und der jeweiligen Durchführung gewisse **Grenzen**. Die erste Teilstudie (Unternehmensebene) wurde aufgrund des größtenteils unerforschten Gebiets des Management Approach und dessen Komplexität, die sich durch die zahlreichen Anwendungsgebiete ergibt, als qualitative, vergleichende Fallstudie durchgeführt. Die qualitative Studie ist daher als explorativ einzustufen und basiert methodisch auf der Grounded Theory. Mit einer qualitativen Studie geht meist die mangelnde Möglichkeit zur Generalisierung einher. Zwar wurden aus dem Methodenspektrum der Grounded Theory Techniken zur Validierung der Ergebnisse herangezogen (Methode des ständigen Vergleichens, dreistufiger Kodierprozess), dennoch können die Erkenntnisse auf Unternehmensebene nur für die drei betrachteten Unternehmen gelten. Auch innerhalb der Datenerhebung und der Datenanalyse können Limitationen (z.B. Auswahl der Ansprechpartner, Kodierung durch einzelnen Forscher) bestehen.

Auch für die zweite Teilstudie kann die gewählte Forschungsmethode, das Experiment, zu Einschränkungen führen. Da das durchgeführte Experiment ein Laborexperiment darstellt, können Probleme hinsichtlich der Generalisierbarkeit bestehen, da die hohe interne

Validität dieser Methodik zu einer geringeren externen Validität führen kann.[1273] Weiterhin wurde im Experiment ein fiktives Unternehmen mit einem verkürzten Geschäftsbericht eingesetzt, der nur einen Ausschnitt eines in der Realität auffindbaren Geschäftsberichts darstellt. Die Entscheidung für ein Laborexperiment wurde aus zwei Gründen getroffen: Einerseits ist aus forschungspragmatischen Gründen die Durchführung eines Experimentes am Kapitalmarkt nicht machbar und andererseits bestehen eine mangelnde Datenverfügbarkeit (keine Controllinginformationen in Geschäftsberichten oder Datenbanken) und eine schwierige Isolation von anderen Effekten. Obwohl fortgeschrittene BWL-Studierende auch in anderen Experimenten die Rollen von nicht professionellen Investoren einnahmen, können hierin weitere Einschränkungen bestehen. Denn von privaten Investoren werden meist weniger umfangreiche Analysen durchgeführt und hauptsächlich die Gewinn- und Verlustrechnung aus dem Geschäftsbericht verwendet – weniger die Segmentberichterstattung und der Anhang.[1274] Institutionelle Anleger hingegen verwenden diese genannten Berichtsteile häufiger.[1275] Ferner wurden aus den zahlreichen Anwendungsgebieten des Management Approach nur zwei Teilbereiche ausgewählt – welche allerdings das größte Umsetzungspotenzial aufweisen.

Unbeschadet der möglichen Einschränkungen können aus den Ergebnissen des Forschungsprojektes **Implikationen** für Unternehmen, für Standardsetter, für das Enforcement, für Wirtschaftsprüfer und für Adressaten der Rechnungslegung abgeleitet werden. Eine zentrale Erkenntnis mit Relevanz für Unternehmen stellt die Tatsache dar, dass der Management Approach gewisse Anforderungen an die Akteure der Organisation stellt. Zum einen kann sich – wie an den drei untersuchten Fällen gezeigt – eine Auswirkung auf das Arbeitsprofil hinsichtlich zeitlichem Zusatzaufwand oder hinsichtlich interdisziplinärem Austausch (im Sinne von zusätzlichen fachlichen Kompetenzen) ergeben. Darüber hinaus bestehen mögliche Auswirkungen auf organisationale und prozessuale Aspekte. So können zusätzliche oder neue Kommikationsprozesse notwendig sein. Gleichwohl ist dies auch ein zentraler Vorteil der Umsetzung des Managment Approach. Die Möglichkeit zur Validierung der Mittelfristplanung und der Budgetierung durch Meetings von Planersteller und Impairment-Test-Verantwortlichen, wie bei der Alpha AG, oder durch die Abgabe von Planungskommentaren für den Impairment Test, wie bei der Beta AG, stellen Gestaltungshinweise für die Unternehmenspraxis dar.

Aufgrund der Erkenntnisse aus dem Experiment kann von einer höheren Entscheidungsnützlichkeit der Informationen ausgegangen werden, wenn im Rahmen der Berichterstattung nach dem Management Approach unternehmensinterne Planungsrechnungen verwendet werden. Dies gilt vor allem für das Vertrauen von Investoren in ihre eigenen Prognosen, die basierend auf den Finanzberichten erstellt wurden. Gleichermaßen liegt eine höhere Einschätzung von Nützlichkeit, Relevanz und Verlässlichkeit vor, wenn die Segmentberichterstattung nach dem Management Approach erstellt wird. Diese Erkenntnis kann für Unternehmen von Bedeutung sein, die eine „kundenorientierte" Finanzberichterstattungspraxis erzielen wollen. Aus diesen Erkenntnissen leitet sich ein weiterer

[1273] Vgl. *Huber* (2005), S. 77.
[1274] Vgl. *Ernst et al.* (2009), S. 20–25.
[1275] Vgl. *Ernst et al.* (2009), S. 33–36.

Gestaltungshinweis für die Berichterstattungspraxis ab: Insbesondere bei der Lageberichtserstellung durch das Konzernrechnungswesen oder durch die Investor Relations sollten Unternehmen feste Prozesse implementieren, um eine starke Verbindung zur Mittelfristplanung des Unternehmens (z.B. standardisierte Prozesse für die Datenübermittlung an das Rechnungswesen, detaillierte Vorgaben und Templates) herzustellen. Hierdurch könnten insbesondere die Regelungen des DRS 15 besser erfüllt werden (zweijähriger Prognosezeitraum). Außerdem sollten Unternehmen in der Kommunikation mit Investoren durch die Investor Relations den Rückgriff auf interne Planungsrechnungen und deren Verwendung im Geschäftsbericht hervorheben. Schließlich kann ein letzter Gestaltungshinweis für Unternehmen herausgestellt werden: Die Möglichkeit, bei Investoren durch die Berichterstattung nach dem Management Approach zusätzliches Vertrauen zu generieren, sollte auch unternehmensintern an die Akteure kommuniziert werden, da somit den möglicherweise entstehenden zusätzlichen Anforderungen an Arbeitsprofile mit mehr Verständnis entgegen getreten wird.

Für den Standardsetter könnte vor allem die Erkenntnis von Interesse sein, dass das Konzept des Management Approach auf der Unternehmensebene in den betrachteten Fällen zu keinem wesentlichen Mehraufwand und zu keinen Umsetzungsproblemen führt. Darüber hinaus bestätigen die Ergebnisse aus dem Experiment die bisherige Strategie des *IASB*, das Konzept des Management Approach kontinuierlich in IFRS-Standards zu verankern. Die Ergebnisse weisen darauf hin, dass insbesondere der Rückgriff auf Planungsrechnungen, z.B. bei der Prognoseberichterstattung, zu einer Verbesserung der Entscheidungsnützlichkeit führt. Dies kann ein Hinweis für den *IASB* sein, den Management Commentary in Zukunft zu stärken, indem dieser z.B. zu einem verpflichtenden Bestandteil der Finanzberichterstattung wird.

Weitere Implikationen ergeben sich für das Enforcement: Die *DPR* könnte in Zukunft Prüfungsschwerpunkte in den Bereichen wählen, in denen im Rahmen der durchgeführten Fallstudie auf Unternehmensebene besondere Ermessensspielräume festgestellt wurden. Dies ist vor allem beim Rückgriff auf Planungsrechnungen im Rahmen des Impairment Tests und der Prognoseberichterstattung der Fall. Dementsprechend könnten zukünftige Prüfungen z.B. ein besonderes Augenmerk auf die Auswirkung der Incentivierung legen. Außerdem könnten Prüfungsschwerpunkte aus den Anwendungsgebieten gewählt werden, die – wie im Rahmen des Experimentes festgestellt – eine hohe Nützlichkeit für Investoren haben (Prognoseberichterstattung und Segmentberichterstattung). Die Implikationen für das Enforcement sind gleichermaßen für Wirtschaftsprüfer gültig: Im Rahmen der Abschlussprüfung könnte ein besonderes Augenmerk auf die genannten Anwendungsgebiete gelegt werden.

Die gewonnenen Erkenntnisse spielen schließlich auch für die Adressaten der Rechnungslegung eine Rolle: Bei der Analyse potenzieller Anlageobjekte können sie sich verstärkt auf die als nützlich empfundenen Bestandteile der Finanzbericherstattung (Lage- bzw. Prognosebericht und Segmentberichterstattung) fokussieren.

7.2 Ausblick

Das vorliegende Forschungsprojekt untersuchte das Konzept des Management Approach auf Unternehmens- und Kapitalmarktebene. Weitere Forschungsprojekte können an den Erkenntnissen und den Grenzen anknüpfen. So könnte beispielsweise eine vergleichbare Fallstudie im US-amerikanischen Raum durchgeführt werden. Dies wäre insbesondere vor dem Hintergrund der historischen Wurzeln des Management Approach interessant, der im Rahmen der US-amerikanischen MD&A- und Segmentberichterstattung entstand. Durch die zunehmende Relevanz der IFRS für US-amerikanische Unternehmen würden gleichermaßen auch die Erkenntnisse einer solchen Studie an Bedeutung gewinnen. Zudem liegen mit dem Financial und dem Management Accounting andere unternehmensinterne Strukturen vor, welche insbesondere im Vergleich mit den hier untersuchten deutschen Strukturen interessant erscheinen (z.B. andere Aufgabenverteilung, andere Kommunikationsprozesse etc.).

Darüber hinaus könnte in einem oder mehreren Forschungsprojekten die Fragestellung auf der Unternehmensebene auf die Vielzahl der (kleineren) Anwendungsgebiete des Management Approach ausgedehnt werden. Denn im vorliegenden Forschungsprojekt wurden anhand der vier Informationsquellen lediglich mehrere Anwendungsgebiete untersucht, die jeweils ein großes Umsetzungspotenzial aufweisen. Denkbar wäre auch die Ausdehnung der Forschungsbemühungen in die andere Richtung: Anhand einer Einzelfallstudie könnte der Management Approach beispielsweise über eine komplette Berichtsperiode analysiert werden. Somit könnte durch Inhaltsanalysen, Befragungen und Beobachtungen ein umfassendes Bild über die Kommunikationsprozesse erstellt werden. Denkbar wäre auch eine umfassende Längsschnittsstudie, mit welcher die Umsetzung von Anforderungen eines neuen Standards untersucht wird, der den Management Approach enthält. Schließlich könnte auch eine breite Feldstudie durchgeführt werden, welche alle Anwendungsgebiete des Management Approach großzahlig erfasst.

Forschungsprojekte, welche die Untersuchung des Management Approach auf der Kapitalmarktebene zum Ziel haben, könnten das hier durchgeführte Experiment mit Finanzanalysten wiederholen. Ferner könnten weitere Experimente mit anderen Teilthemengebieten des Management Approach Gegenstand zukünftiger Forschung sein. Schließlich wäre auch ein komplexes Experiment denkbar, in welchem sowohl die Unternehmens- als auch die Kapitalmarktebene abgedeckt wird, indem Experimentteilnehmer sowohl die Rollen des Managements als auch der Investoren einnehmen. Hiermit könnte bilanzpolitisches Verhalten und insbesondere die reflexive Handlungssteuerung im Rahmen der Berichterstattung analysiert werden.

Das Konzept Management Approach könnte dazu beitragen, die Rechnungslegung weiterzuentwickeln. Es zeigte sich, dass der *IASB* bislang unsystematisch mit dem Konzept des Management Approach umgegangen ist. Dieses ist in unterschiedlicher Form in verschiedene Standards implementiert worden. Dies ist gleichwohl vor dem Hintergrund zu sehen, dass auch in der Literatur das Konzept Management Approach nicht klar etabliert ist und häufig nur im Zusammenhang mit der Segmentberichterstattung gesehen wird. Die Auffassung des Management Approach durch den *IASB* und den *FASB* als eigenständiges Konzept könnte daher für die Entwicklung der Rechnungslegung von Vorteil sein.

Ähnlich wie bei IFRS 13 könnte ein solches eigenständiges Konzept „Management Approach“ in einem eigenen Standard verankert oder in das Conceptual Framework integriert werden. Hiervon würden vor allem Rechnungslegungsanwender profitieren.

Anhang A: Interviewleitfäden

Themenblock 1: Organisationsstruktur und Berichtswesen

1. Bitte beschreiben Sie kurz die Organisationsstruktur und deren Zusammenhang mit dem Berichtswesen in Ihrem Unternehmen!
   Nachfragen zu: Einsatz von Center-Strukturen, Gestaltung der Organisationsstruktur, Berichtseinheiten, Berichtsinhalte
2. Bitte beschreiben Sie, wie in Ihrem Unternehmen die Segmentberichterstattung ausgestaltet ist!
   Nachfragen zu: Interne Steuerungsgrößen, Abweichungen zwischen intern und extern, Änderungen und Implikationen durch den Standard
3. Bitte beschreiben Sie, wie in Ihrem Unternehmen Cash Generating Units abgegrenzt sind!
   Nachfragen zu: Abgrenzungsebene, Zuständigkeiten, Berichtsinhalte, Änderungen und Implikationen durch den Standard
4. Bitte erläutern Sie, wie Controlling-Informationen für CGUs im Rahmen des Impairment Tests verwendet werden und wie sich die Anforderungen des Standards auswirken!
   Nachfragen zu: Planungsrechnungen auf CGU-Ebene, Risikomanagement auf CGU-Ebene

Themenblock 2: Planungsrechnungen

1. Bitte beschreiben Sie, wie in Ihrem Unternehmen die Mittelfristplanung und die Budgetierung ausgestaltet sind!
   Nachfragen zu: Planungsverfahren, Planungsinhalte, Strukturierung/Standardisierung des Planungsprozesses, Beteiligte und Zusammenarbeit, subjektiver Einfluss
2. Bitte beschreiben Sie, wie in Ihrem Unternehmen Informationen aus der Mittelfristplanung und aus der Budgetierung für den Impairment-Test nach IAS 36 verwendet werden!
   Nachfragen zu: Verwendete Planungsrechnungen, Modifikationen, Bereitstellungsprozess, subjektiver Einfluss, Änderungen und Implikationen durch den Standard
3. Bitte beschreiben Sie, wie in Ihrem Unternehmen Informationen aus der Mittelfristplanung und aus der Budgetierung für die Prognoseberichterstattung nach DRS 15 verwendet werden!
   Nachfragen zu: Verwendete Planungsrechnungen, Modifikationen, Bereitstellungsprozess, subjektiver Einfluss, Änderungen und Implikationen durch den Standard

Themenblock 3: Chancen- und Risikomanagement

1. Bitte beschreiben Sie kurz die Ausgestaltung des Risikomanagementsystems in Ihrem Unternehmen!
   Nachfragen zu: Integration, Zentralisation, Risikoidentifikation, Risikobewertung, Risikokommunikation
2. Bitte beschreiben Sie die Verwendung von Informationen aus dem (Chancen- und) Risikomanagementsystem in Ihrem Unternehmen für den Chancen-/Risikobericht nach DRS 5/15!
   Nachfragen zu: Informationsbereitstellung, Beteiligte und subjektive Einflüsse, Änderungen und Implikationen durch den Standard
3. Bitte erläutern Sie, wie Informationen aus dem (Chancen- und) Risikomanagementsystem im Rahmen des Impairment Tests verwendet werden und wie sich die Anforderungen des Standards auswirken!
   Nachfragen zu: Risikoidentifikation/Triggering Events, Integration der CGUs, Risikokommunikation, Beteiligte

Themenblock 4: Projektcontrolling

1. Bitte beschreiben Sie die Ausgestaltung des Projektcontrollings (für F&E-Projekte und Projekte im Rahmen von Fertigungsaufträgen) in Ihrem Unternehmen!
   Nachfragen zu: Organisatorische Verankerung, Entscheidungsfindung, Beteiligte
2. Bitte beschreiben Sie den Einsatz des Projektcontrollings bei der Bilanzierung von selbst erstellten immateriellen Vermögenswerten nach IAS 38!
   Nachfragen zu: Anforderungen des Standards (Phasentrennung, Aktivierungskriterien), Einsatz von Instrumenten, Änderungen und Implikationen durch den Standard
3. Bitte beschreiben Sie den Einsatz des Projektcontrollings bei der Bilanzierung eines Fertigungsauftrages nach IAS 11!
   Nachfragen zu: Anforderungen des Standards (z.B. Ermittlung des Fertigstellungsgrades, Nachweis des ökonomischen Nutzenzuflusses), Einsatz von Instrumenten, Änderungen und Implikationen durch den Standard

Anhang B: Experimentelles Arbeitsmaterial

Lagebericht 1

LAGEBERICHT DER MANUFACTURING AG

Die Manufacturing AG ist ein Unternehmen der produzierenden Industrie, das sich auf die Produktion von Spezialwerkzeugen spezialisiert hat. Weltweit beliefert die Manufacturing AG Maschinenbauunternehmen und Automobilhersteller mit Werkzeugen für deren Produktion. Das deutsche Traditionsunternehmen hat seinen Sitz in Essen.

Durch die Euro-Krise 2010 entstand im Geschäftsbereich Präzisionsmaschinenbau aufgrund des Materialkostenanstiegs und der rückläufigen Auftragslage in Europa ein außerplanmäßiger Abschreibungsbedarf im Sachanlagevermögen. Aufgrund des hohen Technologiestandards und des stabilen Transatlantikgeschäfts ist die wirtschaftliche Lage des Geschäftsbereichs im Branchenvergleich jedoch weiterhin überdurchschnittlich. Insbesondere die im zweiten Geschäftsfeld der Manufacturing AG angebotenen Engineering- und Prozessoptimierungslösungen zeigen sich als ein selbst in schwierigen wirtschaftlichen Situationen solides Geschäftsmodell.

Für das Jahr 2011 wird ein konjunktureller Aufschwung der Weltwirtschaft erwartet. Da sich 2011 der internationale Fahrzeugmarkt weiter erholen wird und der internationale Maschinenbau wachsen wird, rechnen wir mit einem Produktionszuwachs von 10%. Für die Manufacturing AG erwarten wir in 2011 eine Steigerung des Umsatzes um 10% bis 15%. Wir gehen außerdem von einer Steigerung des Betriebsergebnisses (EBIT) um 20% bis 25% aus. Im Segment Präzisionsmaschinenbau erwarten wir eine Umsatz- und Ergebnissteigerung um etwa 8%. Im Bereich Engineering- und Prozessoptimierungslösungen erwarten wir hingegen einen Anstieg von Umsatz und Ergebnis um ca. 12%.

Zum 31.12.2010 notierte die Aktie der Manufacturing AG zu einem Jahresschlusskurs von 55 Euro. Das Branchen-Kurs-Gewinn-Verhältnis (KGV) liegt bei 12.

Auftragseingang (Mio. €)

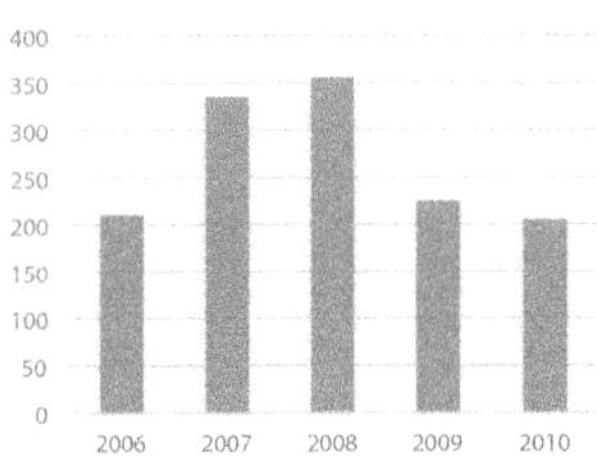

Anzahl Mitarbeiter Jahresende

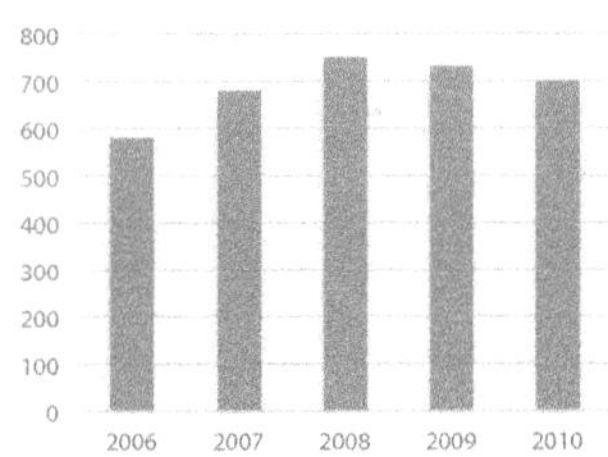

Auftragseingang 2009 nach Regionen

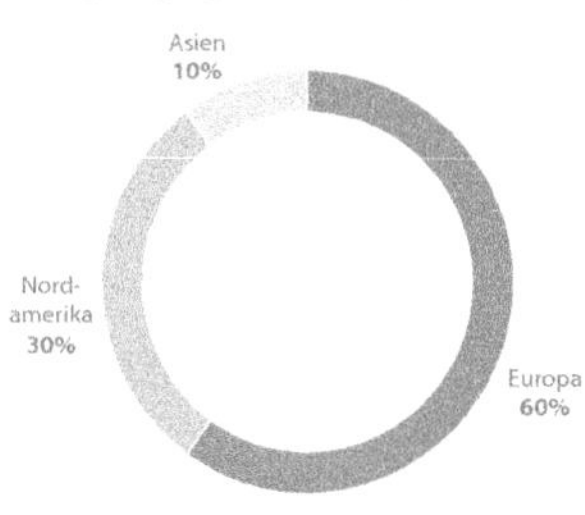

Auftragseingang 2010 nach Regionen

GEWINN- UND VERLUSTRECHNUNG FÜR DAS GESCHÄFTSJAHR 2010

In Tausend Euro, mit Ausnahme Ergebnis je Aktie

	Anhang	2010	2009
Umsatzerlöse		195.843	264.239
Bestandsänderung selbsterstellte Erzeugnisse		- 924	- 5.789
Materialaufwand		- 88.692	- 122.963
Personalaufwand		- 55.497	- 73.556
Sonstige betriebliche Aufwendungen		- 27.755	- 34.381
Abschreibungen		- 10.845	- 8.227
Betriebliches Ergebnis (EBIT)		**12.130**	**19.323**
Finanzergebnis		622	- 832
Ergebnis vor Steuern		**12.752**	**18.491**
Steuern vom Einkommen und vom Ertrag		- 3.635	- 4.637
Jahresüberschuss		**9.117**	**13.854**
Ergebnis je Aktie (in Euro)		**4,60**	**6,99**

BILANZ ZUM 31. DEZEMBER 2010

AKTIVA in Tausend Euro

	Anhang	2010	2009
Immaterielle Vermögenswerte		38.176	42.838
Sachanlagen	1	5.786	8.975
Langfristige Vermögenswerte		**43.962**	**51.813**
Vorräte		42.451	50.387
Forderungen aus Lieferungen und Leistungen		53.590	63.845
Zahlungsmittel und -äquivalente		18.756	12.134
Kurzfristige Vermögenswerte		**114.797**	**126.366**
Summe Vermögenswerte		**158.759**	**178.179**

PASSIVA in Tausend Euro

	Anhang	2010	2009
Gezeichnetes Kapital		18.645	18.645
Kapitalrücklage		32.132	32.132
Gewinnrücklagen		5.848	15.621
Eigenkapital		**56.625**	**66.398**
Rückstellungen		8.446	12.756
Finanzverbindlichkeiten		36.854	34.633
Langfristige Schulden		**45.300**	**47.389**
Verbindlichkeiten aus Lieferungen und Leistungen		56.834	64.392
Kurzfristige Schulden		**56.834**	**64.392**
Summe Eigenkapital und Verbindlichkeiten		**158.759**	**178.179**

SEGMENTBERICHTERSTATTUNG

in Tausend Euro

	Business Unit 1 **Präzisionsmaschinenbau**		Business Unit 2 **Engineering-/ Prozessoptimierung**		**Übrige/ Konsolidierung**		**Total**	
	2010	**2009**	**2010**	**2009**	**2010**	**2009**	**2010**	**2009**
Umsatzerlöse mit Dritten	101.256	134.493	94.372	129.115	215	631	195.843	264.239
Umsatzerlöse intern	1.895	2.261	9.788	7.996	11.683	10.257	–	–
Betriebsergebnis (EBIT)	2.855	11.564	7.476	4.833	1.799	2.926	12.130	19.323
Segmentvermögen	66.468	86.326	55.274	75.298	5.413	4.789	127.155	166.413
Abschreibungen	– 4.657	– 2.976	– 2.548	– 1.956	– 360	– 450	– 7.565	– 5.382
Segmentschulden	– 35.770	– 38.844	– 38.785	– 39.813	– 766	– 990	– 75.321	– 79.647
Investitionen	1.596	2.774	2.231	3.475	865	694	4.692	6.943

Grundlage der Segmentberichterstattung

Die Segmentberichterstattung wurde nach den Vorgaben des entsprechenden Rechnungslegungsstandards erstellt.

ANHANG

1 Sachanlagen

Aufgrund der rückläufigen Ertragslage im Bereich des Präzisionsmaschinenbaus ergab sich ein außerplanmäßiger Abschreibungsbedarf in Höhe von 1.573 Tsd. Euro. Der Abschreibungsbedarf wurde nach den Vorgaben des entsprechenden Rechnungslegungsstandards ermittelt.

BESTÄTIGUNGSVERMERK

Wir haben den von der Manufacturing AG aufgestellten Jahresabschluss sowie den Lagebericht für das Geschäftsjahr vom 1. Januar 2010 bis zum 31. Dezember 2010 geprüft. Wir haben unsere Abschlussprüfung nach den gesetzlichen Regelungen vorgenommen.

Unsere Prüfung hat zu keinen Einwendungen geführt.

Berlin, den 10. Februar 2011

Berliner Treuhand AG
Wirtschaftsprüfungsgesellschaft

Anhang C: Fragen und Manipulationen des Experiments

Erster Fragebogen (UNIPARK – Vorabauswahl der Teilnehmer)

Teil 1: Begrüßung

Liebe Teilnehmerinnen und Teilnehmer,

herzlich Willkommen und vielen Dank für Ihr Interesse an unserem Experiment. Auf den folgenden Seiten werden einige Daten erhoben, die für die Anmeldung notwendig sind. Die Eingabe wird nur 2–3 Minuten dauern. Ihre Angaben werden anonym behandelt und nicht in Verbindung mit Ihren persönlichen Daten gespeichert (diese sind nur für die Kontaktaufnahme und für Ihre Vergütung notwendig).

Das Experiment wird in der Zeit vom 9. bis 12. Mai 2011 stattfinden und dauert ca. 50 Minuten. Sie erhalten für die Teilnahme eine Vergütung, die im Durchschnitt 20 € betragen wird.

Nachdem Sie sich erfolgreich registriert haben, werden wir in den nächsten Tagen per E-Mail mit Ihnen in Kontakt treten.

Vielen Dank für Ihre Bemühungen!

Prof. Dr. Peter Kajüter

Teil 2: Erfassung personenbezogener Daten

1. Bitte geben Sie Ihre Daten an:

Name: ______________________ Vorname: ______________________

Geburtsjahr: 1980

	männlich	weiblich
Geschlecht:	o	o

2. Bitte geben Sie eine E-Mail-Adresse an, über die wir Sie kontaktieren sollen: ______________________ (2x)

3. Bitte geben Sie die Kontoverbindung an, auf welche die Experimentvergütung überwiesen werden soll:

Kontoinhaber: ______________________

Kontonummer: ______________________

Bankleitzahl: ______________________

Geldinstitut: ______________________

4. Bitte kreuzen Sie die Termine an, an denen Sie an unserem Experiment teilnehmen können. Je mehr Termine Sie ankreuzen, desto höher ist die Teilnahmechance.

o Montag, 9. Mai 2011, 18:15–19:15 Uhr

o Dienstag, 10. Mai 2011, 18:15–19: 15 Uhr

- ○ Mittwoch, 11. Mai 2011, 16:15–17:15 Uhr
- ○ Donnerstag, 12. Mai 2011, 18:15–19:15 Uhr

Teil 3: Erfassung des Wissensniveaus, der Investitionserfahrung und der Risikoeinstellung

Diese Daten werden anonym (ohne Ihre zuvor eingegebenen persönlichen Daten) gespeichert!

1. Welches Studienfach belegen Sie?

Betriebswirtschaftslehre	**Volkswirtschaftslehre**	**Wirtschaftsinformatik**	**anderes**
○	○	○	○

2. Welchen Studienabschluss streben Sie an?

Bachelor	**Master**	**Diplom**	**anderen**
○	○	○	○

3. **FILTER** (bei Master): Welchen Major und welchen Minor belegen Sie?

Major: ______________________________

Minor: ______________________________

4. In welchem Semester studieren Sie? _______________

5. Wie ist Ihr aktueller Notendurchschnitt? _______________

6. Haben Sie vor Ihrem Studium eine Ausbildung absolviert?

ja	**nein**
○	○

7. Wie viele Jahre Berufserfahrung haben Sie im betriebswirtschaftlichen Bereich?
(inklusive Praktika, Ausbildung und Nebenjobs; bitte auf volle Jahre aufrunden)

__________ Jahre

8. Wie viele Lehrveranstaltungen zum Thema Accounting (Rechnungswesen/-legung, Controlling, Steuern) haben Sie bislang belegt?

__________ Lehrveranstaltungen

9. Wie viele Lehrveranstaltungen zum Thema Finanzierung (Wertpapiermanagement, Banken, etc.) haben Sie bislang belegt?

__________ Lehrveranstaltungen

10. Haben Sie in der Vergangenheit einmal Geld in festverzinsliche Anlagen (z.B. Anleihen) angelegt?

ja	**nein**
○	○

11. Haben Sie in der Vergangenheit einmal Geld in Aktien angelegt?

ja	**nein**
○	○

12. Wie schätzen Sie Ihre Anlageerfahrung ein?

sehr gering			**mittel-mäßig**			**sehr groß**
○	○	○	○	○	○	○

13. Sie erhalten 50.000 Euro, die Sie festverzinslich zum EURIBOR-Zinssatz anlegen können. Alternativ könnten Sie das Geld auch an der deutschen Börse in Aktien investieren. Welchen Anteil würden Sie in Aktien investieren?

0%	**10%**	**20%**	**30%**	**40%**	**50%**	**60%**	**70%**	**80%**	**90%**	**100%**
○	○	○	○	○	○	○	○	○	○	○

14. Wie schätzen Sie Ihre Risikoeinstellung bei finanziellen Anlagen ein?

sehr risikoavers			**mittel-mäßig**			**sehr risikofreudig**
○	○	○	○	○	○	○

Zweiter Fragebogen (z-Tree – Experimentdurchführung)

Ihnen ist aus verschiedenen Informationsquellen bekannt, dass:

- die **Umsatz- und Ergebnisprognose im Lagebericht** auf der Budgetierung und der Mittelfristplanung der Manufacturing AG beruhen. Die Budgetierung und die Mittelfristplanung wurden zuvor auch vom Management als Entscheidungsgrundlage genutzt.
- die **berichteten Segmente in der Segmentberichterstattung** mit der internen Organisationsstruktur und dem Berichtswesen der Manufacturing AG übereinstimmen, nach der auch das Management die Geschäftsbereiche steuert.
- der Bedarf für die **außerplanmäßige Abschreibung im Sachanlagevermögen im Bereich Präzisionsmaschinenbau** auf Basis der Mittelfristplanung der Manufacturing AG ermittelt wurde. Die Mittelfristplanung wurde zuvor auch vom Management als Entscheidungsgrundlage genutzt.

– dauerhaft sichtbare Box (nur im zweiten Fragebogen) – Plan 1, Segment 1 –

Ihnen ist aus verschiedenen Informationsquellen bekannt, dass:

- die **Umsatz- und Ergebnisprognose im Lagebericht** auf der Budgetierung und der Mittelfristplanung der Manufacturing AG beruhen. Die Budgetierung und die Mittelfristplanung wurden zuvor auch vom Management als Entscheidungsgrundlage genutzt.
- die **berichteten Segmente in der Segmentberichterstattung** nicht mit der internen Organisationsstruktur und dem Berichtswesen der Manufacturing AG übereinstimmen, da das Management die Geschäftsbereiche nach einer anderen Struktur steuert.
- der Bedarf für die **außerplanmäßige Abschreibung im Sachanlagevermögen im Bereich Präzisionsmaschinenbau** auf Basis der Mittelfristplanung der Manufacturing AG ermittelt wurde. Die Mittelfristplanung wurde zuvor auch vom Management als Entscheidungsgrundlage genutzt.

– dauerhaft sichtbare Box (nur im zweiten Fragebogen) – Plan 1, Segment 0 –

Ihnen ist aus verschiedenen Informationsquellen bekannt, dass:

- die **Umsatz- und Ergebnisprognose im Lagebericht** nicht auf der Budgetierung und der Mittelfristplanung der Manufacturing AG beruhen. Die Budgetierung und die Mittelfristplanung wurden zuvor vom Management als Entscheidungsgrundlage genutzt.
- die **berichteten Segmente in der Segmentberichterstattung** nicht mit der internen Organisationsstruktur und dem Berichtswesen der Manufacturing AG übereinstimmen, da das Management die Geschäftsbereiche nach einer anderen Struktur steuert.
- der Bedarf für die **außerplanmäßige Abschreibung im Sachanlagevermögen im Bereich Präzisionsmaschinenbau** nicht auf Basis der Mittelfristplanung der Manufacturing AG ermittelt wurde. Die Mittelfristplanung wurde zuvor vom Management als Entscheidungsgrundlage genutzt.

– dauerhaft sichtbare Box (nur im zweiten Fragebogen) – Plan 0, Segment 0 –

Ihnen ist aus verschiedenen Informationsquellen bekannt, dass:

- die **Umsatz- und Ergebnisprognose im Lagebericht** nicht auf der Budgetierung und der Mittelfristplanung der Manufacturing AG beruhen. Die Budgetierung und die Mittelfristplanung wurden zuvor vom Management als Entscheidungsgrundlage genutzt.
- die **berichteten Segmente in der Segmentberichterstattung** mit der internen Organisationsstruktur und dem Berichtswesen der Manufacturing AG übereinstimmen, nach der auch das Management die Geschäftsbereiche steuert.
- der Bedarf für die **außerplanmäßige Abschreibung im Sachanlagevermögen im Bereich Präzisionsmaschinenbau** nicht auf Basis der Mittelfristplanung der Manufacturing AG ermittelt wurde. Die Mittelfristplanung wurde zuvor vom Management als Entscheidungsgrundlage genutzt.

– dauerhaft sichtbare Box (nur im zweiten Fragebogen) – Plan 0, Segment 1 –

1. Welchen **Umsatz** und welches **betriebliche Ergebnis (EBIT)** würden Sie heute unter Berücksichtigung der Ihnen vorliegenden Informationen für **die Manufacturing AG** (Gesamtunternehmen) für das Geschäftsjahr 2011 erwarten? (Angaben in Euro, bitte runden Sie auf Werte ohne Dezimalstellen)

   Umsatz: `FutureSales` €

   EBIT: `FutureEBIT` €

2. Der von Ihnen erwartete Umsatz bzw. das von Ihnen erwartete EBIT der Manufacturing AG beträgt `FutureSales` Euro bzw. `FutureEBIT` Euro. Wie **sicher** sind Sie sich, dass diese Einschätzungen die tatsächlichen Werte am Ende des Geschäftsjahres 2011 **widerspiegeln**?

sehr unsicher			**mittelmäßig**			**sehr sicher**	**keine Angabe**
o	o	o	o	o	o	o	o

3. Welchen **Umsatz mit Dritten** und welches **betriebliche Ergebnis (EBIT)** würden Sie heute unter Berücksichtigung der Ihnen vorliegenden Informationen für das **Segment Präzisionsmaschinenbau** für das Geschäftsjahr 2011 erwarten? (Angaben in Euro, bitte runden Sie auf Werte ohne Dezimalstellen)

   Umsatz: `FutureSalesBU1` €

   EBIT: `FutureEBITBU1` €

4. Der von Ihnen erwartete Umsatz bzw. das von Ihnen erwartete EBIT des **Segments Präzisionsmaschinenbau** beträgt `FutureSalesBU1` Euro bzw. `FutureEBITBU1` Euro. Wie **sicher** sind Sie sich, dass diese Einschätzungen die tatsächlichen Werte am Ende des Geschäftsjahres 2011 **widerspiegeln**?

sehr unsicher			**mittelmäßig**			**sehr sicher**	**keine Angabe**
o	o	o	o	o	o	o	o

5. Welchen **Umsatz mit Dritten** und welches **betriebliche Ergebnis (EBIT)** würden Sie heute unter Berücksichtigung der Ihnen vorliegenden Informationen für das **Segment Engineering-/Prozessoptimierung** für das Geschäftsjahr 2011 erwarten? (Angaben in Euro, bitte runden Sie auf Werte ohne Dezimalstellen)

   Umsatz: `FutureSalesBU2` €

   EBIT: `FutureEBITBU2` €

6. Der von Ihnen erwartete Umsatz bzw. das von Ihnen erwartete EBIT des **Segments Engineering-/Prozessoptimierung** beträgt `FutureSalesBU2` Euro bzw. `FutureEBITBU2` Euro. Wie **sicher** sind Sie sich, dass diese Einschätzungen die tatsächlichen Werte am Ende des Geschäftsjahres 2011 **widerspiegeln**?

sehr unsicher			**mittelmäßig**			**sehr sicher**	**keine Angabe**
o	o	o	o	o	o	o	o

7. Wären Sie bereit, auf Basis der Ihnen vorliegenden Informationen in Aktien der Manufacturing AG **zu investieren**?

ja	nein	keine Angabe
○	○	○

Bei Antwort „ja":
Wie viel Geld würden Sie in Aktien der Manufacturing AG investieren?

sehr wenig			mittel-mäßig			sehr viel	keine Angabe
○	○	○	○	○	○	○	○

8. Wie schätzen Sie auf Basis der Ihnen vorliegenden Informationen die **finanzielle Lage** der Manufacturing AG ein?

sehr schlecht			mittel-mäßig			sehr gut	keine Angabe
○	○	○	○	○	○	○	○

9. Wie schätzen Sie auf Basis der Ihnen vorliegenden Informationen die **Wachstumsperspektiven** der Manufacturing AG ein?

sehr schlecht			mittel-mäßig			sehr gut	keine Angabe
○	○	○	○	○	○	○	○

10. Wie schätzen Sie auf der Basis der Ihnen vorliegenden Informationen die **Nützlichkeit der Informationen aus dem Lagebericht** für die Prognose von zukünftigen Umsätzen und Ergebnissen der Manufacturing AG ein?

sehr gering			mittel-mäßig			sehr hoch	keine Angabe
○	○	○	○	○	○	○	○

11. Wie schätzen Sie auf der Basis der Ihnen vorliegenden Informationen die **Nützlichkeit der Informationen aus dem Jahresabschluss (Bilanz und GuV)** für die Prognose von zukünftigen Umsätzen und Ergebnissen der Manufacturing AG ein?

sehr gering			mittel-mäßig			sehr hoch	keine Angabe
○	○	○	○	○	○	○	○

12. Wie schätzen Sie auf der Basis der Ihnen vorliegenden Informationen die **Nützlichkeit der Informationen aus der Segmentberichterstattung** für die Prognose von zukünftigen Umsätzen und Ergebnissen der Manufacturing AG ein?

sehr gering			mittel-mäßig			sehr hoch	keine Angabe
○	○	○	○	○	○	○	○

13. Wie schätzen Sie auf der Basis der Ihnen vorliegenden Informationen die **Nützlichkeit der Informationen aus dem Anhang** für die Prognose von zukünftigen Umsätzen und Ergebnissen der Manufacturing AG ein?

sehr gering			**mittel-mäßig**			**sehr hoch**	**keine Angabe**
o	o	o	o	o	o	o	o

14. Wie schätzen Sie auf der Basis der Ihnen vorliegenden Informationen das **Risiko einer Investition** in Aktien der Manufacturing AG ein?

sehr gering			**mittel-mäßig**			**sehr hoch**	**keine Angabe**
o	o	o	o	o	o	o	o

15. Wie schätzen Sie auf der Basis der Ihnen vorliegenden Informationen den **bilanzpolitischen Ermessensspielraum** der Manufacturing AG ein?

sehr gering			**mittel-mäßig**			**sehr hoch**	**keine Angabe**
o	o	o	o	o	o	o	o

16. Wie schätzen Sie auf Basis der Ihnen vorliegenden Informationen die **Relevanz der Informationen** im Geschäftsbericht 2010 der Manufacturing AG ein?

sehr gering			**mittel-mäßig**			**sehr hoch**	**keine Angabe**
o	o	o	o	o	o	o	o

17. Wie schätzen Sie auf Basis der Ihnen vorliegenden Informationen die **Verlässlichkeit der Informationen** im Geschäftsbericht 2010 der Manufacturing AG ein?

sehr gering			**mittel-mäßig**			**sehr hoch**	**keine Angabe**
o	o	o	o	o	o	o	o

Dritter Fragebogen (z-Tree – Manipulationschecks etc.)

1. Beruhen die Umsatz- und Ergebnisprognose im Lagebericht auf der Budgetierung und der Mittelfristplanung, die zuvor auch vom Management als Entscheidungsgrundlage genutzt wurden?

Ja	**Nein**
O	O

2. Ermittelt die Manufacturing AG den Bedarf für die außerplanmäßige Abschreibung im Sachanlagevermögen im Bereich Präzisionsmaschinenbau auf Basis der Mittelfristplanung, die zuvor auch vom Management als Entscheidungsgrundlage genutzt wurde?

Ja	**Nein**
O	O

3. Erstellt die Manufacturing AG ihre Segmentberichterstattung nach der Organisationsstruktur, nach welcher das Management auch die Segmente intern steuert?

Ja	**Nein**
O	O

4. Welche Stadt hat mehr Einwohner?

Essen	**Münster**
O	O

Wie sicher sind Sie sich, dass Ihre Antwort richtig ist?

„Ich könnte auch eine Münze werfen"					„Ich bin mir todsicher"
50%	**60%**	**70%**	**80%**	**90%**	**100%**
O	O	O	O	O	O

5. Wie hoch ist der Messeturm in Frankfurt am Main?

243 Meter	**257 Meter**
O	O

Wie sicher sind Sie sich, dass Ihre Antwort richtig ist?

„Ich könnte auch eine Münze werfen"					„Ich bin mir todsicher"
50%	**60%**	**70%**	**80%**	**90%**	**100%**
O	O	O	O	O	O

6. Wie hoch ist die spezifische Dichte von Osmium unter Normalbedingungen?

22,61 g/cm^3	**36,28 g/cm^3**
O	O

Wie sicher sind Sie sich, dass Ihre Antwort richtig ist?

„Ich könnte auch eine Münze werfen"					„Ich bin mir todsicher"
50%	**60%**	**70%**	**80%**	**90%**	**100%**
O	O	O	O	O	O

7. Im Folgenden erhalten Sie mehrmals die Möglichkeit, sich zwischen zwei Lotterien zu entscheiden, bei denen Sie unterschiedlichen Auszahlungen zu unterschiedlichen Wahrscheinlichkeiten erhalten. Bitte geben Sie jeweils an, für welche Option (A oder B) Sie sich jeweils (pro Zeile) entscheiden würden.

Option A	**Option B**	**Bitte jeweils ankreuzen**	
zu 1/10 erhalten Sie 20,00 EUR, zu 9/10 erhalten Sie 16,00 EUR	zu 1/10 erhalten Sie 38,50 EUR, zu 9/10 erhalten Sie 1,00 EUR	O Option A	O Option B
zu 2/10 erhalten Sie 20,00 EUR, zu 8/10 erhalten Sie 16,00 EUR	zu 2/10 erhalten Sie 38,50 EUR, zu 8/10 erhalten Sie 1,00 EUR	O Option A	O Option B
zu 3/10 erhalten Sie 20,00 EUR, zu 7/10 erhalten Sie 16,00 EUR	zu 3/10 erhalten Sie 38,50 EUR, zu 7/10 erhalten Sie 1,00 EUR	O Option A	O Option B
zu 4/10 erhalten Sie 20,00 EUR, zu 6/10 erhalten Sie 16,00 EUR	zu 4/10 erhalten Sie 38,50 EUR, zu 6/10 erhalten Sie 1,00 EUR	O Option A	O Option B
zu 5/10 erhalten Sie 20,00 EUR, zu 5/10 erhalten Sie 16,00 EUR	zu 5/10 erhalten Sie 38,50 EUR, zu 5/10 erhalten Sie 1,00 EUR	O Option A	O Option B
zu 6/10 erhalten Sie 20,00 EUR, zu 4/10 erhalten Sie 16,00 EUR	zu 6/10 erhalten Sie 38,50 EUR, zu 4/10 erhalten Sie 1,00 EUR	O Option A	O Option B
zu 7/10 erhalten Sie 20,00 EUR, zu 3/10 erhalten Sie 16,00 EUR	zu 7/10 erhalten Sie 38,50 EUR, zu 3/10 erhalten Sie 1,00 EUR	O Option A	O Option B
zu 8/10 erhalten Sie 20,00 EUR, zu 2/10 erhalten Sie 16,00 EUR	zu 8/10 erhalten Sie 38,50 EUR, zu 2/10 erhalten Sie 1,00 EUR	O Option A	O Option B
zu 9/10 erhalten Sie 20,00 EUR, zu 1/10 erhalten Sie 16,00 EUR	zu 9/10 erhalten Sie 38,50 EUR, zu 1/10 erhalten Sie 1,00 EUR	O Option A	O Option B
zu 10/10 erhalten Sie 20,00 EUR, zu 0/10 erhalten Sie 16,00 EUR	zu 10/10 erhalten Sie 38,50 EUR, zu 0/10 erhalten Sie 1,00 EUR	O Option A	O Option B

Anhang D: Weitere statistische Auswertungen

Korrelationsanalyse der unabhängigen Variablen Testvariable (n = 82) P-M-Korrelation Spearman Rho	(1)	(2)	(3)	(4)	(5)	(6)	(7)	(8)	(9)	(10)
(1) Finanzielle Lage	1,000	** 0,259 ** 0,234	*** -0,376 *** -0,365	0,045 0,068	** 0,236 ** 0,221	0,061 0,063	0,182 0,130	* 0,215 0,142	0,172 0,162	0,145 0,163
(2) Wachstums-perspektiven	** 0,259 ** 0,234	1,000	-0,110 -0,139	0,093 0,077	-0,105 -0,058	-0,008 -0,058	-0,050 -0,111	-0,080 -0,175	0,124 0,109	0,004 0,009
(3) Investitionsrisiko	*** -0,376 *** -0,365	-0,110 -0,139	1,000	0,138 0,155	-0,128 -0,119	0,014 0,025	-0,014 -0,007	0,106 0,070	0,031 0,016	-0,044 -0,028
(4) Bilanzpol. Ermes-sensspielraum	0,045 0,068	0,093 0,077	0,138 0,155	1,000	0,104 0,121	-0,026 -0,037	*** 0,344 ** 0,269	0,071 0,043	* 0,208 0,168	0,028 0,013
(5) Semesterzahl	** 0,236 ** 0,221	-0,105 -0,058	-0,128 -0,119	0,104 0,121	1,000	* -0,189 * -0,194	*** 0,511 *** 0,521	** 0,274 ** 0,272	* -0,199 ** -0,244	-0,112 -0,120
(6) Jahre Berufserfahrung	0,061 0,063	-0,008 -0,058	0,014 0,025	-0,026 -0,037	* -0,189 * -0,194	1,000	-0,055 -0,148	** -0,219 ** -0,224	0,167 0,177	0,014 0,016
(7) Accounting-Veranstaltungen	0,182 0,130	-0,050 -0,111	-0,014 -0,007	*** 0,344 ** 0,269	*** 0,511 *** 0,521	-0,055 -0,148	1,000	0,154 *** 0,314	-0,106 -0,110	-0,167 ** -0,233
(8) Finance-Veranstaltungen	* 0,215 0,142	-0,080 -0,175	0,106 0,070	0,071 0,043	** 0,274 ** 0,272	** -0,219 ** -0,224	0,154 *** 0,314	1,000	0,148 0,139	0,161 0,090
(9) Anlageerfahrung	0,172 0,162	0,124 0,109	0,031 0,016	* 0,208 0,168	* -0,199 ** -0,244	0,167 0,177	-0,106 -0,110	0,148 0,139	1,000	*** 0,521 *** 0,521
(10) Risikoaversion	0,145 0,163	0,004 0,009	-0,044 -0,028	0,028 0,013	-0,112 -0,120	0,014 0,016	-0,167 ** -0,233	0,161 0,090	*** 0,521 *** 0,521	1,000

Tab. A-1: Korrelationsanalyse der unabhängigen Variablen

Regressionsanalyse: Streuung der Umsatzschätzungen (Unternehmen)

MODELLZUSAMMENFASSUNG

Korrigiertes R^2	Standardfehler des Schätzers	Durbin-Watson-Statistik
0,069	0,730	2,264

ANOVA

	Quadratsumme	df	Mittel der Quadrate	F	Signifikanz
Regression	9,589	12	0,799	1,498	0,146
Residuen	36,797	69	0,533		
Gesamt	46,386	81			

KOEFFIZIENTEN

Variablen	B	Std.fehler	Beta	T	Signifikanz	Toleranz	VIF
(Konstante)	-0,287	0,840		-0,342	0,734		
Planungsrechnungen	0,088	0,169	0,058	0,520	0,605	0,915	1,093
Berichtsstrukturen	-0,093	0,183	-0,062	-0,505	0,615	0,775	1,291
Finanzielle Lage	-0,164	0,102	-0,213	-1,600	0,114	0,648	1,542
Wachstumsperspektiven	-0,013	0,084	-0,018	-0,158	0,875	0,845	1,183
Investitionsrisiko	0,047	0,070	0,084	0,674	0,502	0,747	1,339
Bilanzpol. Ermessensspielraum	-0,031	0,080	-0,048	-0,389	0,699	0,743	1,347
Semesterzahl	0,153	0,056	0,380	2,711	*** 0,008	0,586	1,705
Jahre Berufserfahrung	0,163	0,066	0,285	2,476	** 0,016	0,870	1,150
Accounting-Veranstaltungen	-0,017	0,021	-0,113	-0,809	0,421	0,586	1,706
Finance-Veranstaltungen	-0,042	0,033	-0,156	-1,254	0,214	0,745	1,342
Anlageerfahrung	0,024	0,063	0,053	0,379	0,706	0,596	1,678
Risikoaversion	0,085	0,077	0,146	1,104	0,273	0,662	1,510

Tab. A-2: Ergebnisse der Regressionsanalyse zur Streuung der Umsatzschätzungen (Unternehmen)

Regressionsanalyse: Streuung der EBIT-Schätzungen (Unternehmen)

MODELLZUSAMMENFASSUNG

Korrigiertes R^2	Standardfehler des Schätzers	Durbin-Watson-Statistik
0,022	0,785	2,215

ANOVA

	Quadratsumme	df	Mittel der Quadrate	F	Signifikanz
Regression	8,509	12	0,709	1,151	0,335
Residuen	42,499	69	0,616		
Gesamt	51,009	81			

KOEFFIZIENTEN

Variablen	B	Std.fehler	Beta	T	Signifikanz	Toleranz	VIF
(Konstante)	0,343	0,902		0,380	0,705		
Planungsrechnungen	-0,011	0,181	-0,007	-0,061	0,951	0,915	1,093
Berichtsstrukturen	0,131	0,197	0,083	0,664	0,509	0,775	1,291
Finanzielle Lage	-0,188	0,110	-0,233	-1,708	* 0,092	0,648	1,542
Wachstumsperspektiven	0,114	0,091	0,151	1,261	0,212	0,845	1,183
Investitionsrisiko	0,069	0,076	0,116	0,914	0,364	0,747	1,339
Bilanzpol. Ermessensspielraum	-0,223	0,086	-0,331	-2,594	** 0,012	0,743	1,347
Semesterzahl	0,067	0,060	0,159	1,108	0,272	0,586	1,705
Jahre Berufserfahrung	0,021	0,071	0,036	0,302	0,763	0,870	1,150
Accounting-Veranstaltungen	0,018	0,022	0,115	0,803	0,425	0,586	1,706
Finance-Veranstaltungen	-0,015	0,036	-0,054	-0,425	0,672	0,745	1,342
Anlageerfahrung	0,087	0,068	0,181	1,270	0,208	0,596	1,678
Risikoaversion	0,053	0,083	0,086	0,640	0,524	0,662	1,510

Tab. A-3: Ergebnisse der Regressionsanalyse zur Streuung der EBIT-Schätzungen (Unternehmen)

Regressionsanalyse: Streuung der Umsatzschätzungen (Segment 1)

MODELLZUSAMMENFASSUNG

Korrigiertes R^2	Standardfehler des Schätzers	Durbin-Watson-Statistik
-0,016	0,766	2,152

ANOVA

	Quadratsumme	df	Mittel der Quadrate	F	Signifikanz
Regression	6,320	12	0,527	0,897	0,554
Residuen	40,528	69	0,587		
Gesamt	46,848	81			

KOEFFIZIENTEN

Variablen	B	Std.fehler	Beta	T	Signifikanz	Toleranz	VIF
(Konstante)	1,803	0,881		2,046	0,045		
Planungsrechnungen	-0,047	0,177	-0,031	-0,265	0,792	0,915	1,093
Berichtsstrukturen	-0,138	0,192	-0,092	-0,719	0,474	0,775	1,291
Finanzielle Lage	-0,256	0,107	-0,331	-2,384	** 0,020	0,648	1,542
Wachstumsperspektiven	-0,046	0,088	-0,064	-0,521	0,604	0,845	1,183
Investitionsrisiko	-0,042	0,074	-0,074	-0,574	0,568	0,747	1,339
Bilanzpol. Ermessensspielraum	-0,042	0,084	-0,064	-0,496	0,622	0,743	1,347
Semesterzahl	0,094	0,059	0,233	1,591	0,116	0,586	1,705
Jahre Berufserfahrung	-0,010	0,069	-0,017	-0,141	0,889	0,870	1,150
Accounting-Veranstaltungen	-0,004	0,022	-0,024	-0,162	0,872	0,586	1,706
Finance-Veranstaltungen	-0,007	0,035	-0,027	-0,205	0,838	0,745	1,342
Anlageerfahrung	0,023	0,067	0,051	0,352	0,726	0,596	1,678
Risikoaversion	-0,032	0,081	-0,055	-0,401	0,689	0,662	1,510

Tab. A-4: Ergebnisse der Regressionsanalyse zur Streuung der Umsatzschätzungen (Segment 1)

Regressionsanalyse: Streuung der EBIT-Schätzungen (Segment 1)

MODELLZUSAMMENFASSUNG

Korrigiertes R^2	Standardfehler des Schätzers	Durbin-Watson-Statistik
-0,097	0,803	2,051

ANOVA

	Quadratsumme	df	Mittel der Quadrate	F	Signifikanz
Regression	3,128	12	0,261	0,404	0,957
Residuen	44,511	69	0,645		
Gesamt	47,639	81			

KOEFFIZIENTEN

Variablen	B	Std.fehler	Beta	T	Signifikanz	Toleranz	VIF
(Konstante)	0,914	0,923		0,990	0,326		
Planungsrechnungen	0,114	0,185	0,075	0,615	0,540	0,915	1,093
Berichtsstrukturen	0,017	0,202	0,011	0,084	0,934	0,775	1,291
Finanzielle Lage	-0,129	0,113	-0,165	-1,145	0,256	0,648	1,542
Wachstumsperspektiven	0,063	0,093	0,085	0,675	0,502	0,845	1,183
Investitionsrisiko	-0,057	0,077	-0,099	-0,737	0,464	0,747	1,339
Bilanzpol. Ermessensspielraum	0,055	0,088	0,084	0,619	0,538	0,743	1,347
Semesterzahl	-0,025	0,062	-0,063	-0,412	0,682	0,586	1,705
Jahre Berufserfahrung	-0,002	0,073	-0,004	-0,034	0,973	0,870	1,150
Accounting-Veranstaltungen	0,001	0,023	0,009	0,059	0,953	0,586	1,706
Finance-Veranstaltungen	-0,023	0,037	-0,086	-0,640	0,524	0,745	1,342
Anlageerfahrung	0,009	0,070	0,020	0,135	0,893	0,596	1,678
Risikoaversion	0,031	0,085	0,053	0,371	0,712	0,662	1,510

Tab. A-5: Ergebnisse der Regressionsanalyse zur Streuung der EBIT-Schätzungen (Segment 1)

Regressionsanalyse: Streuung der Umsatzschätzungen (Segment 2)

MODELLZUSAMMENFASSUNG

Korrigiertes R^2	Standardfehler des Schätzers	Durbin-Watson-Statistik
0,030	0,748	1,890

ANOVA

	Quadratsumme	df	Mittel der Quadrate	F	Signifikanz
Regression	8,106	12	0,675	1,207	0,296
Residuen	38,618	69	0,560		
Gesamt	46,724	81			

KOEFFIZIENTEN

Variablen	B	Std.fehler	Beta	T	Signifikanz	Toleranz	VIF
(Konstante)	0,693	0,860		0,805	0,423		
Planungsrechnungen	0,060	0,173	0,040	0,350	0,727	0,915	1,093
Berichtsstrukturen	-0,048	0,188	-0,032	-0,255	0,799	0,775	1,291
Finanzielle Lage	0,062	0,105	0,080	0,591	0,556	0,648	1,542
Wachstumsperspektiven	-0,114	0,086	-0,158	-1,327	0,189	0,845	1,183
Investitionsrisiko	0,109	0,072	0,191	1,506	0,137	0,747	1,339
Bilanzpol. Ermessensspielraum	-0,035	0,082	-0,054	-0,425	0,672	0,743	1,347
Semesterzahl	-0,014	0,058	-0,033	-0,234	0,816	0,586	1,705
Jahre Berufserfahrung	0,167	0,068	0,290	2,467	** 0,016	0,870	1,150
Accounting-Veranstaltungen	-0,004	0,021	-0,024	-0,170	0,865	0,586	1,706
Finance-Veranstaltungen	-0,015	0,034	-0,055	-0,437	0,663	0,745	1,342
Anlageerfahrung	-0,086	0,065	-0,187	-1,322	0,190	0,596	1,678
Risikoaversion	0,022	0,079	0,037	0,276	0,783	0,662	1,510

Tab. A-6: Ergebnisse der Regressionsanalyse zur Streuung der Umsatzschätzungen (Segment 2)

Regressionsanalyse: Streuung der EBIT-Schätzungen (Segment 2)

MODELLZUSAMMENFASSUNG

Korrigiertes R^2	Standardfehler des Schätzers	Durbin-Watson-Statistik
-0,001	0,814	1,744

ANOVA

	Quadratsumme	df	Mittel der Quadrate	F	Signifikanz
Regression	7,907	12	0,659	0,994	0,464
Residuen	45,743	69	0,663		
Gesamt	53,649	81			

KOEFFIZIENTEN

Variablen	B	Std.fehler	Beta	T	Signifikanz	Toleranz	VIF
(Konstante)	0,509	0,936		0,543	0,589		
Planungsrechnungen	-0,012	0,188	-0,007	-0,062	0,951	0,915	1,093
Berichtsstrukturen	-0,117	0,204	-0,072	-0,574	0,568	0,775	1,291
Finanzielle Lage	-0,175	0,114	-0,212	-1,534	0,130	0,648	1,542
Wachstumsperspektiven	-0,023	0,094	-0,030	-0,246	0,807	0,845	1,183
Investitionsrisiko	0,079	0,078	0,130	1,013	0,315	0,747	1,339
Bilanzpol. Ermessensspielraum	0,081	0,089	0,117	0,909	0,367	0,743	1,347
Semesterzahl	0,038	0,063	0,089	0,612	0,542	0,586	1,705
Jahre Berufserfahrung	0,142	0,074	0,230	1,929	* 0,058	0,870	1,150
Accounting-Veranstaltungen	-0,018	0,023	-0,115	-0,790	0,432	0,586	1,706
Finance-Veranstaltungen	0,011	0,037	0,039	0,302	0,763	0,745	1,342
Anlageerfahrung	-0,098	0,071	-0,199	-1,383	0,171	0,596	1,678
Risikoaversion	0,036	0,086	0,056	0,413	0,681	0,662	1,510

Tab. A-7: Ergebnisse der Regressionsanalyse zur Streuung der EBIT-Schätzungen (Segment 2)

Regressionsanalyse: Investitionsentscheidung (alternative Dummy-Berechnung)

MODELLZUSAMMENFASSUNG

Cox & Snell R^2	Nagelkerkes R^2
0,167	0,225

VARIABLEN

Variablen	B	Std.fehler	Wald	df	Signifikanz	Exp(B)
(Konstante)	-1,571	1,535	1,048	1	0,306	0,208
Planungsrechnungen	0,752	0,520	2,094	1	0,148	2,122
Berichtsstrukturen	0,272	0,548	0,246	1	0,620	1,313
Finanzielle Lage	0,732	0,684	1,145	1	0,285	2,080
Wachstumsperspektiven	1,320	1,199	1,212	1	0,271	3,743
Investitionsrisiko	-0,879	0,610	2,080	1	0,149	0,415
Bilanzpol. Ermessensspielraum	0,401	0,768	0,273	1	0,601	1,494
Semesterzahl	0,220	0,633	0,121	1	0,728	1,246
Jahre Berufserfahrung	-0,553	0,544	1,034	1	0,309	0,575
Accounting-Veranstaltungen	-0,907	0,580	2,440	1	0,118	0,404
Finance-Veranstaltungen	-0,488	0,555	0,773	1	0,379	0,614
Anlageerfahrung	0,341	0,644	0,281	1	0,596	1,406
Risikoaversion	-0,390	0,595	0,429	1	0,513	0,677

Tab. A-8: Ergebnisse der Regressionsanalyse zur Investitionsentscheidung (alternative Berechnung)

Rang-Regressionsanalysen: Zusammengefasste Ergebnisse (Teil 1)

	Streuung der Investorenschätzungen					
Modell	**Umsatz** gesamt	**EBIT** gesamt	**Umsatz** Segment 1	**EBIT** Segment 1	**Umsatz** Segment 2	**EBIT** Segment 2
Korrigiertes R^2	-0,42	0,023	-0,06	0,004	-0,062	0,001
Durbin-Watson-Statistik	2,071	1,986	1,994	1,567	1,756	1,625
F	0,726	1,162	0,957	1,029	0,607	1,006
Signifikanz	0,721	0,328	0,497	0,433	0,829	0,453
Koeffizienten (Beta)	**Umsatz** gesamt	**EBIT** gesamt	**Umsatz** Segment 1	**EBIT** Segment 1	**Umsatz** Segment 2	**EBIT** Segment 2
Planungsrechnungen	0,051	-0,102	0,013	** 0,239	0,088	-0,042
Berichtsstrukturen	-0,107	0,198	0,007	0,140	0,072	0,197
Finanzielle Lage	* -0,230	-0,050	* -0,252	-0,130	0,078	-0,025
Wachstumsperspektiven	-0,156	0,099	-0,204	0,183	-0,048	-0,034
Investitionsrisiko	0,004	0,093	-0,102	-0,104	0,136	0,044
Bilanzpol. Ermessensspielraum	-0,036	-0,124	0,056	0,037	0,043	0,089
Semesterzahl	0,175	* 0,250	0,165	-0,169	-0,115	0,047
Jahre Berufserfahrung	0,063	0,151	0,128	0,006	0,167	0,079
Accounting-Veranstaltungen	-0,062	0,014	0,030	0,133	-0,001	0,013
Finance-Veranstaltungen	-0,130	-0,057	-0,015	0,023	-0,012	0,064
Anlageerfahrung	0,034	0,137	0,061	-0,040	-0,212	-0,195
Risikoaversion	0,072	-0,126	-0,050	0,107	0,127	-0,066

Tab. A-9: Zusammengefasste Ergebnisse der Rang-Regressionen (Teil 1)

Rang-Regressionsanalysen: Zusammengefasste Ergebnisse (Teil 2)

	Investorenvertrauen				Entscheidungsnützlichkeit	
Modell	**gesamt**	**Segment 1**	**Segment 2**	**Investitionshöhe**	**Relevanz**	**Verlässlichkeit**
Korrigiertes R^2	0,191	0,160	0,201	0,250	0,122	0,195
Durbin-Watson-Statistik	2,127	2,131	1,940	2,181	2,150	1,818
F	2,597	2,285	2,699	1,918	1,941	2,633
Signifikanz	*** 0,007	** 0,016	*** 0,005	* 0,092	** 0,044	*** 0,006
Koeffizienten (Beta)	**gesamt**	**Segment 1**	**Segment 2**	**Investitionshöhe**	**Relevanz**	**Verlässlichkeit**
Planungsrechnungen	*** 0,364	*** 0,314	*** 0,319	-0,127	0,078	0,201
Berichtsstrukturen	0,050	0,082	0,087	-0,092	** 0,262	*** 0,298
Finanzielle Lage	* 0,207	* 0,239	0,166	0,093	0,189	** 0,304
Wachstumsperspektiven	-0,116	-0,134	* -0,204	0,133	-0,155	-0,065
Investitionsrisiko	-0,153	0,075	-0,017	-0,036	* -0,230	** -0,287
Bilanzpol. Ermessensspielraum	0,044	-0,045	0,021	0,139	-0,125	-0,029
Semesterzahl	0,106	0,172	* 0,254	0,053	-0,156	-0,185
Jahre Berufserfahrung	* 0,189	0,032	0,008	* 0,316	** -0,249	-0,068
Accounting-Veranstaltungen	-0,195	-0,111	-0,187	0,044	-0,038	-0,157
Finance-Veranstaltungen	-0,088	*** -0,335	*** -0,415	** -0,384	* -0,217	0,010
Anlageerfahrung	* 0,235	*** 0,423	*** 0,392	0,199	-0,061	-0,106
Risikoaversion	-0,181	-0,166	-0,141	0,204	0,001	0,057

Tab. A-10: Zusammengefasste Ergebnisse der Rang-Regressionen (Teil 2)

Rang-Regressionsanalysen: Zusammengefasste Ergebnisse (Teil 3)				
	Nützlichkeit der Informationen aus			
Modell	**Lagebericht**	**Jahresabschluss**	**Segmentberichterstattung**	**Anhang**
Korrigiertes R^2	0,145	-0,008	0,135	-0,043
Durbin-Watson-Statistik	2,084	2,172	1,632	2,002
F	2,147	0,949	2,054	0,721
Signifikanz	** 0,024	0,505	** 0,032	0,726
Koeffizienten (Beta)	**Lagebericht**	**Jahresabschluss**	**Segmentberichterstattung**	**Anhang**
Planungsrechnungen	** 0,276	0,135	0,109	0,164
Berichtsstrukturen	0,101	0,188	*** 0,468	0,123
Finanzielle Lage	0,046	-0,091	0,048	-0,051
Wachstumsperspektiven	0,150	-0,116	0,021	0,147
Investitionsrisiko	** -0,253	** -0,273	-0,159	-0,155
Bilanzpol. Ermessensspielraum	0,130	0,041	0,022	-0,125
Semesterzahl	-0,095	-0,143	-0,011	0,088
Jahre Berufserfahrung	-0,165	-0,012	0,061	-0,058
Accounting-Veranstaltungen	-0,036	0,045	0,008	0,000
Finance-Veranstaltungen	-0,099	-0,001	-0,051	-0,011
Anlageerfahrung	-0,025	-0,130	-0,034	0,125
Risikoaversion	-0,078	0,042	-0,101	-0,017

Tab. A-11: Zusammengefasste Ergebnisse der Rang-Regressionen (Teil 3)

Literaturverzeichnis

A

Adelt, Bruno (2003): Überlegungen zur Weiterentwicklung der Unternehmensplanung bei Volkswagen, in: Horváth, Péter/Gleich, Ronald (Hrsg.), Neugestaltung der Unternehmensplanung – Innovative Konzepte und erfolgreiche Praxislösungen, Stuttgart 2003, S. 451–467.

Aichele, Christian (2006): Intelligentes Projektmanagement, Stuttgart 2006.

AICPA (1973): Report of the Study Group on the Objectives of Financial Statements – Objectives of Financial Statements, New York 1973.

AICPA (1994): Improving business reporting - a customer focus – Meeting the information needs of investors and creditors, New York 1994.

AIMR (1993): Financial reporting in the 1990s and beyond – prepared by Peter H. Knutson, Charlottesville, Va. 1993.

Akerlof, George A. (1970): The market for "Lemons": Quality uncertainty and the market mechanism, in: Quarterly Journal of Economics, 84. Jg., Heft 3, 1970, S. 488–500.

Akremi, Leila/Baur, Nina/Fromm, Sabine (2011): Datenanalyse mit SPSS für Fortgeschrittene 1 – Datenaufbereitung und uni- und bivariate Statistik, 3. Aufl., Wiesbaden 2011.

Albert, Hans (1976): Wissenschaftstheorie, in: Grochla, Erwin/Wittmann, Waldemar (Hrsg.), HWB, 4. Aufl., Stuttgart 1976, Sp. 4674–4692.

Albrecht, W. David/Chipalkatti, Niranjan (1998): New segment reporting, in: CPA Journal, 68. Jg., Heft 5, 1998, S. 46–52.

Alparslan, Adem (2006): Strukturalistische Prinzipal-Agent-Theorie – Eine Reformulierung der Hidden-Action-Modelle aus der Perspektive des Strukturalismus, Wiesbaden 2006, zugl. Diss., Univ. Duisburg-Essen 2005.

Alvarez, Manuel (2004): Segmentberichterstattung und Segmentanalyse, Wiesbaden 2004, zugl. Diss., Univ. Augsburg 2003.

Alvarez, Manuel/Fink, Christian (2003): Qualität der Segmentberichterstattung in Deutschland – Eine empirische Analyse der Unternehmen des DAX100 und NEMAX50, in: Zeitschrift für internationale und kapitalmarktorientierte Rechnungslegung, 3. Jg., Heft 6, 2003, S. 275–288.

Ansari, Shahid/Euske, K. J. (1995): Breaking Down the Barriers Between Financial and Managerial Accounting: – A Comment on the Jenkins Committee Report, in: Accounting Horizons, 9. Jg., Heft 2, 1995, S. 40–43.

Arnegger, Martin/Hofmann, Christian (2007): Periodisierung von Erfolgskomponenten zur Steuerung langfristiger Aufträge – Completed-Contract-Methode versus Percentage-of-Completion-Methode, in: Zeitschrift für Betriebswirtschaft, 77. Jg., Heft 2, 2007, S. 115–139.

Atteslander, Peter (2010): Methoden der empirischen Sozialforschung, 13. Aufl., Berlin 2010.

Auer, Kurt V. (2004): IAS 14 (Segment Reporting): Inhalte/Schnittstellen zum Controllin, in: Weißenberger, Barbara E. (Hrsg.), IFRS und Controlling. Zeitschrift für Controlling & Management, Sonderheft Nr. 2, 2004, S. 4–11.

B

Backhaus, Klaus/Erichson, Bernd/Plinke, Wulff/Weiber, Rolf (2011): Multivariate Analysemethoden – Eine anwendungsorientierte Einführung, 13. Aufl., Berlin 2011.

Baetge, Jörg/Keitz, Isabel von (2010): IAS 38 – Immaterielle Vermögenswerte, in: Baetge, Jörg/Wollmert, Peter/Kirsch, Hans-Jürgen/Oser, Peter/Bischof, Stefan (Hrsg.), Rechnungslegung nach IFRS – Kommentar auf der Grundlage des deutschen Bilanzrechts, 2. Aufl., Stuttgart, Stand: 12. Ergänzungslieferung, Oktober, 2010.

Baier, Peter (2008): Praxishandbuch Controlling – Controllinginstrumente, Unternehmensplanung und Reporting, 2. Aufl., München 2008.

Baiman, Stanley/Verrecchia, Robert E. (1995): Earnings and price-based compensation contracts in the presence of discretionary trading and incomplete contracting, in: Journal of Accounting and Economics, 20. Jg., Heft 1, 1995, S. 93–121.

Baiman, Stanley/Verrecchia, Robert E. (1996): The Relation Among Capital Markets, Financial Disclosure, Production Efficiency, and Insider Trading, in: Journal of Accounting Research, 34. Jg., Heft 1, 1996, S. 1–22.

Ballwieser, Wolfgang (1997): Die Lageberichte der DAX-Gesellschaften im Lichte der Grundsätze ordnungsmäßiger Lageberichterstattung, in: Fischer, Thomas R./Hömberg, Reinhold (Hrsg.), Jahresabschluß und Jahresabschlußprüfung – Probleme, Perspektiven, internationale Einflüsse. Festschrift zum 60. Geburtstag von Jörg Baetge, Düsseldorf 1997, S. 153–187.

Ballwieser, Wolfgang (2009): IFRS-Rechnungslegung – Konzept, Regeln und Wirkungen, 2. Aufl., München 2009.

Bannier, Christina (2005): Vertragstheorie – Eine Einführung mit finanzökonomischen Beispielen und Anwendungen, Heidelberg 2005.

Bannow, Willi (1983): Controlling ist wichtiger denn je – Anmerkungen zur Akzeptanz der Controlling-Funktion in der Praxis, in: Harvard-Manager, 5. Jg., Heft 1, 1983, S. 20–25.

Bartel, Rainer (1990): Charakteristik, Methodik und wissenschaftsmethodische Probleme der Wirtschaftswissenschaften, in: Wirtschaftswissenschaftliches Studium, 19. Jg., Heft 2, 1990, S. 54–59.

Bartelheimer, Jörn/Kückelhaus, Markus/Wohlthat, Andreas (2004): Auswirkungen des Impairment of Asset auf die interne Steuerung, in: Weißenberger, Barbara E. (Hrsg.), IFRS und Controlling. Zeitschrift für Controlling & Management, Sonderheft Nr. 2, 2004, S. 22–30.

Bartels, Peter/Jonas, Martin (2009): § 27 Wertminderung und Wertaufholung, in: Bohl, Werner/Riese, Joachim/Schlüter, Jörg (Hrsg.), Beck'sches IFRS-Handbuch – Kommentierung der IFRS/IAS, 3. Aufl., München 2009, S. 993–1041.

Barth, Daniela (2009): Prognoseberichterstattung – Praxis, Determinanten und Kapitalmarktwirkungen bei deutschen börsennotierten Unternehmen, Frankfurt a. M. et al. 2009, zugl. Diss., Univ. Münster 2009.

Barth, Daniela/Beyhs, Oliver (2010): Prognoseberichterstattung in der Praxis – Analyse der Berichtsqualität in Deutschland mithilfe eines gewichteten Disclosure Index-Verfahrens für die Jahre 2004-2009, in: Zeitschrift für internationale und kapitalmarktorientierte Rechnungslegung, 10. Jg., Heft 11, 2010, S. 560–570.

Barth, Thomas/Barth, Daniela (2008): Controlling, 2. Aufl., München 2008.

Baum, Heinz-Georg/Coenenberg, Adolf G. (1987): Strategisches Controlling – Grundfragen der strategischen Planung und Kontrolle, Stuttgart 1987.

Bea, Franz X./Scheurer, Steffen/Hesselmann, Sabine (2008): Projektmanagement, Stuttgart 2008.

Becker, Albrecht (2004a): Controlling als Praxis: Eine strukturationstheoretische Perspektive auf Controlling, in: Scherm, Ewald/Pietsch, Gotthard (Hrsg.), Controlling – Theorien und Konzeptionen, München 2004, S. 753–777.

Becker, Albrecht (2004b): Jenseits des Kerns des Controlling: Management Accounting as Social and Institutional Practice, in: Zeitschrift für Controlling & Management, 48. Jg., Heft 2, 2004, S. 95–106.

Behn, Bruce K./Nichols, Nancy B./Street, Donna L. (2002): The Predictive Ability of Geographic Segment Disclosures by U.S. Companies: – SFAS No. 131 vs. SFAS No. 14, in: Journal of International Accounting Research, 1. Jg., Heft 1, 2002, S. 31–44.

Behrens, Gerold (1993): Wissenschaftstheorie und Betriebswirtschaftslehre, in: Wittmann, Waldemar/Kern, Werner/Köhler, Richard/Küpper, Hans-Ulrich/Wysocki, Klaus von (Hrsg.), Handwörterbuch der Betriebswirtschaft, 5. Aufl., Stuttgart 1993, Sp. 4763–4772.

Belzile, Réjean/Fortin, Anne/Viger, Chantal (2006): Recognition versus Disclosure of Stock Option Compensation: An Analysis of Judgements and Decisions of Nonprofessional Investors, in: Canadian Accounting Perspectives, 5. Jg., Heft 2, 2006, S. 147–179.

Benecke, Birka (2000): Internationale Rechnungslegung und Management Approach – Bilanzierung derivativer Finanzinstrumente und Segmentberichterstattung, Wiesbaden 2000, zugl. Diss., Univ. Mannheim 1999.

Benninghaus, Hans (2007): Deskriptive Statistik – Eine Einführung für Sozialwissenschaftler, 11. Aufl., Wiesbaden 2007.

Berentzen, Christoph (2010): Die Bilanzierung von finanziellen Vermögenswerten im IFRS-Abschluss nach IAS 39 und IFRS 9, Lohmar/Köln 2010, zugl. Diss., Univ. Münster 2010.

Berg, Nicola (2006): Fallstudien als Methode betriebswirtschaftlicher Forschung, in: Wirtschaftswissenschaftliches Studium, 35. Jg., Heft 7, 2006, S. 362–367.

Berger, Philip G./Hann, Rebecca (2003): The Impact of SFAS No. 131 on Information and Monitoring, in: Journal of Accounting Research, 41. Jg., Heft 2, 2003, S. 163–223.

Berger, Philip G./Hann, Rebecca N. (2007): Segment Profitability and the Proprietary and Agency Costs of Disclosure, in: Accounting Review, 82. Jg., Heft 4, 2007, S. 869–906.

Berndlmaier, Alexander F./Klein, Georg A. (1997): Kundenorientierung in der US-amerikanischen Rechnungslegung: – Der Comprehensive Report des Special Committee on Financial Reporting des AICPA, in: Der Betrieb, 50. Jg., Heft 22, 1997, S. 1089–1095.

Beyhs, Oliver (2002): Impairment of assets nach International Accounting Standards – Anwendungshinweise und Zweckmäßigkeitsanalyse, Frankfurt a. M. et al. 2002, zugl. Diss., Univ. Bochum 2001.

Bhimani, Alnoor/Horngren, Charles T./Datar, Srikant M./Foster, George (2008): Management and cost accounting, Upper Saddle River, NJ 2008.

Bieg, Hartmut/Hossfeld, Christopher/Kußmaul, Heinz/Waschbusch, Gerd (2009): Handbuch der Rechnungslegung nach IFRS – Grundlagen und praktische Anwendung, 2. Aufl., Düsseldorf 2009.

Blohm, Hans (1974): Die Gestaltung des betrieblichen Berichtswesens als Problem der Leistungsorganisation, 2. Aufl., Herne/Berlin 1974.

Bloomfield, Robert/Libby, Robert (1996): Market Reactions to Differentially Available Information in the Laboratory, in: Journal of Accounting Research, 34. Jg., Heft 2, 1996, S. 183–207.

Böcking, Hans-Joachim (1998): Zum Verhältnis von Rechnungslegung und Kapitalmarkt: – Vom "financial accounting" zum "business reporting", in: Ballwieser, Wolfgang/Schildbach, Thomas (Hrsg.), Rechnungslegung und Steuern international – Tagung des Ausschusses Unternehmensrechnung im Verein für Socialpolitik am 9. und 10. Mai 1997 in Evelle/Frankreich, Zeitschrift für Betriebswirtschaftliche Forschung, Sonderheft Nr. 40, Düsseldorf 1998, S. 17–53.

Böcking, Hans-Joachim/Benecke, Birka (1998): Neue Vorschriften zur Segmentberichterstattung nach IAS und US-GAAP unter dem Aspekt des Business Reporting, in: Die Wirtschaftsprüfung, 51. Jg., Heft 3, 1998, S. 92–107.

Bol, Georg (2004): Deskriptive Statistik, 6. Aufl., München 2004.

Boland, Richard J., Jr. (1993): Accounting and the interpretive act, in: Accounting, Organizations and Society, 18. Jg., Heft 2/3, 1993, S. 125–146.

Borchardt, Andreas/Göthlich, Stephan E. (2007): Erkenntnisgewinn durch Fallstudien, in: Albers, Sönke/Klapper, Daniel/Konradt, Udo/Walter, Achim/Wolf, Joachim (Hrsg.), Methodik der empirischen Forschung, 2. Aufl., Wiesbaden 2007, S. 33–48.

Bortz, Jürgen/Döring, Nicola (2006): Forschungsmethoden und Evaluation für Human- und Sozialwissenschaftler, 4. Aufl., Heidelberg 2006.

Bortz, Jürgen/Schuster, Christof (2010): Statistik für Human- und Sozialwissenschaftler, 7. Aufl., Berlin et al. 2010.

Botosan, Christina A. (2006): Disclosure and the cost of capital: what do we know?, in: Accounting and Business Research, 36. Jg., Sonderheft, 2006, S. 31–40.

Broda, Stephan (2006): Marktforschungs-Praxis – Konzepte, Methoden, Erfahrungen, Wiesbaden 2006.

Brosius, Felix (2011): SPSS 19, Heidelberg et al. 2011.

Brown, William D./Tucker, Karen J./Pfeiffer, Ray J. (1999): A Prospective Look at the Usefulness of Separately Reporting Goodwill Charges – An Evaluation of 'Cash Earnings', Working Paper 1999.

Brücks, Michael/Kerkhoff, Guido/Richter, Michael (2005): Impairment Test für den Goodwill nach IFRS – Vergleich mit den Regelungen nach US-GAAP: Gemeinsamkeiten und Unterschiede, in: Zeitschrift für internationale und kapitalmarktorientierte Rechnungslegung, 5. Jg., Heft 1, 2005, S. 1–7.

Brühl, Rolf (2009): Controlling – Grundlagen des Erfolgscontrollings, 2. Aufl., München 2009.

Brühl, Rolf/Horch, Nils/Orth, Mathias (2008): Grounded Theory und ihre bisherige Anwendung in der empirischen Controlling- und Rechnungswesenforschung, in: Zeitschrift für Planung & Unternehmenssteuerung, 19. Jg., Heft 3, 2008, S. 299–323.

Bryan, Stephen (2003): Management Discussion and Analysis, in: Carmichael, Dan R./Rosenfield, Paul H. (Hrsg.), Accountants' Handbook – Volume 1: Financial Accounting and General Topics, Hoboken, NJ, 2003, S. 6.1-6.33.

Bücker, Rüdiger (2003): Statistik für Wirtschaftswissenschaftler, 5. Aufl., München 2003.

Buhleier, Claus (2011): Der IFRS Goodwill Impairment Test – Schnittpunkt zwischen Internationaler Rechnungslegung und Internationalem Controlling, in: Funk, Wilfried/Rossmanith, Jonas (Hrsg.), Internationale Rechnungslegung und Internationales Controlling – Herausforderungen – Handlungsfelder – Erfolgspotenziale, 2. Aufl., Wiesbaden 2011, S. 479–513.

Bühner, Markus/Ziegler, Matthias (2009): Statistik für Psychologen und Sozialwissenschaftler, München 2009.

Bungartz, Oliver (2008): Die Rolle der Internen Revision im Enterprise Risk Management (ERM) des Committee of Sponsoring Organizations of the Treadway Commission (COSO), in: Henke, Michel/Siebert, Hilmar (Hrsg.), Accounting, Auditing und Management – Festschrift für Wolfgang Lück, Berlin 2008, S. 53–71.

Burger, Anton/Ulbrich, Philipp R./Knoblauch, Jens (2006): Zur Reform der Bilanzierung von Forschungs- und Entwicklungsaufwendungen nach IAS 38, in: Zeitschrift für internationale und kapitalmarktorientierte Rechnungslegung, 6. Jg., Heft 12, 2006, S. 729–737.

Burghardt, Manfred (2007): Einführung in das Projektmanagement – Definition, Planung, Kontrolle, Abschluss, 5. Aufl., Erlangen 2007.

Burrell, Gibson/Morgan, Gareth (1979): Sociological Paradigms and Organisational Analysis, London 1979.

Bushee, Brian/Leuz, Christian (2005): Economic consequences of SEC disclosure regulation: Evidence from the OTC bulletin board, in: Journal of Accounting & Economics, 39. Jg., Heft 2, 2005, S. 233–264.

C

Camfferman, Kees/Zeff, Stephen A. (2007): Financial reporting and global capital markets – A history of the International Accounting Standards Committee, 1973-2000, New York 2007.

Camphausen, Bernd (2007): Strategisches Management – Planung, Entscheidung, Controlling, 2. Aufl., München 2007.

Cappallo, Stephan (2005): Die strukturationstheoretische Analyse von Branchen – Möglichkeiten und Grenzen dargestellt am Beispiel der deutschen Strombranche, Wiesbaden 2005, zugl. Diss., Univ. Duisburg-Essen 2005.

Cappallo, Stephan (2006): Funktionen und Ziele wissenschaftlichen Fortschritts aus strukturationstheoretischer Perspektive, in: Zelewski, Stephan/Akca, Naciye (Hrsg.), Fortschritt in den Wirtschaftswissenschaften – Wissenschaftstheoretische Grundlagen und exemplarische Anwendungen, Wiesbaden 2006, S. 19–48.

Cappallo, Stephan (2008): Die Strukturationstheorie als Grundlage der Strategischen Managementforschung, in: Wrona, Thomas (Hrsg.), Strategische Managementforschung – Aktuelle Entwicklungen und internationale Perspektiven, Wiesbaden 2008, S. 105–126.

Castadello, Marc/Klingbeil, Christian/Schröder, Jakob (2006): IDW RS HFA 16: Bewertungen bei der Abbildung von Unternehmenserwerben und bei Werthaltigkeitsprüfungen nach IFRS, in: Die Wirtschaftsprüfung, 59. Jg., Heft 16, 2006, S. 1028–1036.

Chandler, Alfred D. (1962): Strategy and structure – Chapters in the history of the industrial enterprise, Cambridge, Mass. 1962.

Charmaz, Kathy (2006): Constructing grounded theory: A practical guide through qualitative analysis, London 2006.

Chatraphorn, Pongprot (2001): Accounting for Business Combinations – A Test for Long-Term Market Memory, Blacksburg, Virginia 2001.

Chen, Changling/Kohlbeck, Mark J./Warfield, Terry (2004): Goodwill Valuation Effects of the Initial Adoption of SFAS 142, Working Paper 2004.

Chmielewicz, Klaus (1994): Forschungskonzeptionen der Wirtschaftswissenschaft, 3. Aufl., Stuttgart 1994.

Clarke, Adele E. (2004): Situational Analysis: Grounded Theory after the Postmodern Turn, Thousand Oaks 2004.

Coenenberg, Adolf G. (1995): Einheitlichkeit oder Differenzierung von internem und externem Rechnungswesen – Die Anforderungen der internen Steuerung, in: Der Betrieb, 48. Jg., Heft 42, 1995, S. 2077–2083.

Coenenberg, Adolf G./Fischer, Thomas M./Günther, Thomas (2009): Kostenrechnung und Kostenanalyse, 7. Aufl., Stuttgart 2009.

Coenenberg, Adolf G./Fischer, Thomas M./Raffel, Andreas (1992): Abweichungsanalyse bei Projekten im F&E-Bereich, in: Männel, Wolfgang (Hrsg.), Handbuch Kostenrechnung, Wiesbaden 1992, S. 767–781.

Cohen, Ira J. (1989): Structuration Theory: Anthony Giddens and the Constitution of Social Life, Houndmills et al. 1989.

Cohen, Jacob (1988): Statistical power analysis for the behavioral sciences, 2. Aufl., Hillsdale, New Jersey 1988.

Cooper, Robert G. (1990): Stage-Gate Systems: A New Tool for Managing New Products, in: Business Horizons, 33. Jg., Heft 3, 1990, S. 44–54.

Corbin, Juliet M./Strauss, Anselm L. (1990): Grounded Theory Research: Procedures, Canons and Evaluative Criteria, in: Zeitschrift für Soziologie, 19. Jg., Heft 6, 1990, S. 418–427.

Corbin, Juliet M./Strauss, Anselm L. (2008): Basics of Qualitative Research: Techniques and Procedures for Developing Grounded Theory, 3. Aufl., Thousand Oaks 2008.

Croft, Mark S. (1994): MD&A: The Tightrope of Disclosure, in: South Carolina Law Review, 45. Jg., Heft 3, 1994.

D

D'Arcy, Anne (2006): Berichtspflichten nach IFRS und Anforderungen an das Controlling, in: Wagenhofer, Alfred (Hrsg.), Controlling und IFRS-Rechnungslegung – Konzepte, Schnittstellen, Umsetzung, Berlin 2006, S. 203–224.

de Vaus, David A. (2001): Research design in social research, London 2001.

Delfmann, Werner/Reihlen, Markus (2002): Planung, in: Küpper, Hans-Ulrich (Hrsg.), Handwörterbuch Unternehmensrechnung und Controlling, 4. Aufl., Stuttgart 2002, Sp. 1439–1449.

Denzin, Norman K. (1978): The research act – A theoretical introduction to sociological methods, 2. Aufl., New York 1978.

Dey, Ian (1999): Grounding Grounded Theory: Guidelines for Qualitative Inquiry, London et al. 1999.

Diamond, Douglas W./Verrecchia, Robert E. (1991): Disclosure, liquidity and the cost of capital, in: Journal of Finance, 46. Jg., Heft 2, 1991, S. 1325–1359.

Diaz-Bone, Rainer (2006): Statistik für Soziologen, Konstanz 2006.

Diederichs, Marc (2010): Risikomanagement und Risikocontrolling, 2. Aufl., München 2010.

Dieter, Richard/Sandefur, Keith (1989): Spotlight on Management's Discussion and Analysis – What does the SEC expect this year?, in: Journal of Accountancy, 168. Jg., Heft 6, 1989, S. 64–70.

Dietsche, Marcel/Fink, Christian (2008): Die Qualität der Lageberichterstattung in Deutschland – Empirische Analyse der Unternehmen des HDAX, in: Zeitschrift für internationale und kapitalmarktorientierte Rechnungslegung, 8. Jg., Heft 4, 2008, S. 250–261.

Ding, Yuan/Jeanjean, Thomas/Lesage, Cédric/Stolowy, Hervé (2009): An Experiment in the Economic Consequences of Additional Disclosure: The Case of the Fair Value of Unlisted Equity Investments, Working Paper.

Dobler, Michael (2008): Safe Harbor Rules, in: Die Betriebswirtschaft, 68. Jg., Heft 6, 2008, S. 749–753.

Domschke, Wolfgang/Drexl, Andreas (2005): Einführung in Operations Research, 6. Aufl., Berlin et al. 2005.

Dreyer, Jennifer (2008): Prozessmodell zur Gestaltung einer Public Private Partnership für den kommunalen Strassenunterhalt in der Schweiz, URL: http://e-collection.library.ethz.ch/eserv/eth:30826/eth-30826-02.pdf (11.07.2011), Zürich 2008, zugl. Diss., ETH Zürich 2008.

DRSC (2011): DRSC-Quartalsbericht, Q4/2011, URL: http://www.standardsetter.de/drsc/docs/press_releases/2012/drsc_qb_q4_2011.pdf (26.01.2012), Berlin 2011.

E

Ebers, Mark/Gotsch, Wilfried (2006): Institutionenökonomische Theorien der Organisation, in: Kieser, Alfred/Ebers, Mark (Hrsg.), Organisationstheorien, 6. Aufl., Stuttgart 2006, S. 247–308.

Ebers, Mark/Maurer, Indre/Graumann, Matthias (2011): Organisation, in: Busse von Colbe, Walther/Coenenberg, Adolf G./Kajüter, Peter/Linnhoff, Ulrich/Pellens, Bernhard (Hrsg.), Betriebswirtschaft für Führungskräfte – Eine Einführung für Ingenieure, Naturwissenschaftler, Juristen und Geisteswissenschaftler, 4. Aufl., Stuttgart 2011, S. 170–205.

Eckstein, Peter P. (2006): Angewandte Statistik mit SPSS – Praktische Einführung für Wirtschaftswissenschaftler, 5. Aufl., Wiesbaden 2006.

Eckstein, Peter P. (2010): Statistik für Wirtschaftswissenschaftler – Eine realdatenbasierte Einführung mit SPSS, 2. Aufl., Wiesbaden 2010.

Egger, Anton (2002): Planungsebenen, in: Küpper, Hans-Ulrich (Hrsg.), Handwörterbuch Unternehmensrechnung und Controlling, 4. Aufl., Stuttgart 2002, Sp. 1450–1457.

Ehlers, Peter (1997): Integriertes Projekt- und Prozeßmanagement auf Basis innovativer Informations- und Kommunikationstechnologien: Das GroupProject-System, Online verfügbar unter http://gcc.upb.de/K-Pool/Diss-Peter-Ehlers, zuletzt geprüft am 30.05.2011, zugl. Diss., Univ. Paderborn 1997.

Eigler, Joachim (2002): Dezentrale Organisation und interne Unternehmensrechnung, Wiesbaden 2002, zugl. Habil., Univ. Regensburg 2001.

Eisele, Wolfgang/Knobloch, Alois P. (2011): Technik des betrieblichen Rechnungswesens – Buchführung und Bilanzierung, Kosten- und Leistungsrechnung, Sonderbilanzen, 8. Aufl., München 2011.

Eisenhardt, Kathleen M. (1989): Building Theories From Case Study Research, in: The Academy of Management Review, 14. Jg., Heft 4, 1989, S. 532–550.

Eisenschmidt, Karsten (2011a): Die Risikoberichterstattung deutscher Konzerne – eine empirische Analyse der Unternehmen des HDAX und SDAX, in: Zeitschrift für internationale und kapitalmarktorientierte Rechnungslegung, 11. Jg., Heft 4, 2011, S. 203–213.

Eisenschmidt, Karsten (2011b): Zur Umsetzung der Chancenberichterstattung im Lagebericht – Eine empirische Analyse der Unternehmen des HDAX und SDAX, in: Zeitschrift für internationale und kapitalmarktorientierte Rechnungslegung, 11. Jg., Heft 7-8, 2011, S. 351–358.

Elliott, W. Brooke/Hodge, Frank D./Kennedy, S. Jane/Pronk, Maarten (2007): Are MBA Students a Good Proxy for Non-Professional Investors?, in: Accounting Review, 82. Jg., Heft 1, 2007, S. 139–168.

Ellrott, Helmuth (2010): § 289 HGB Lagebericht, in: Ellrott, Helmuth/Förschle, Gerhart/Kozikowski, Michael/Winkeljohann, Norbert (Hrsg.), Beck'scher Bilanz-Kommentar – Handels- und Steuerbilanz, 7. Aufl., München 2010, S. 1393–1464.

Elschen, Rainer (1991): Shareholder Value und Agency-Theorie – Anreiz- und Kontrollsysteme für Zielsetzungen der Anteilseigner, in: Betriebswirtschaftliche Forschung und Praxis, 43. Jg., Heft 3, 1991, S. 209–219.

Epstein, Barry J./Jermakowicz, Eva K. (2010): Wiley IFRS 2010: Interpretation and Application of International Financial Reporting Standards, Hoboken, NJ 2010.

Epstein, Rolf/Pellens, Bernhard/Ruhwedel, Peter (2005): Goodwill bilanzieren und steuern – Anwendung der neuen IFRS-Regeln in der Praxis, hrsg. von Deloitte, Frankfurt a. M./Düsseldorf 2005.

Ernst, Edgar/Gassen, Joachim/Pellens, Bernhard (2009): Verhalten und Präferenzen deutscher Aktionäre – Eine Befragung privater und institutioneller Anleger zu Informationsverhalten, Dividendenpräferenz und Wahrnehmung von Stimmrechten, Studien des Deutschen Aktieninstituts, Heft 42, Frankfurt a. M. 2009.

Eschenbach, Rolf/Niedermayr, Rita (1996): Controlling in der Literatur, in: Eschenbach, Rolf (Hrsg.), Controlling, 2. Aufl., Stuttgart 1996, S. 49–64.

Esser, Hartmut (1999): Soziologie – Allgemeine Grundlagen, 3. Aufl., Frankfurt a. M./New York 1999.

Ettredge, Michael L./Kwon, Soo Young/Smith, David B./Zarowin, Paul A. (2005): The Impact of SFAS No. 131 Business Segment Data on the Market's Ability to Anticipate Future Earnings, in: The Accounting Review, 80. Jg., Heft 3, 2005, S. 773–804.

Ewert, Ralf/Wagenhofer, Alfred (2008): Interne Unternehmensrechnung, 7. Aufl., Berlin 2008.

F

Fahrmeir, Ludwig/Künstler, Rita/Pigeot, Iris/Tutz, Gerhard (2007): Statistik – Der Weg zur Datenanalyse, 6. Aufl., Berlin et al. 2007.

Fama, Eugene F./Jensen, Michael C. (1983): Agency Problems and Residual Claims, in: Journal of Law and Economics, 26. Jg., Heft 2, 1983, S. 327–349.

Fandel, Günter/Fey, Andrea/Heuft, Birgit/Pitz, Thomas (2004): Kostenrechnung, 2. Aufl., Berlin/Heidelberg 2004.

Fey, Gerd/Mujkanovic, Robin (1999): Segmentberichterstattung im internationalen Umfeld – Analyse der aktuellen FASB- und IASC-Bestimmungen, in: Die Betriebswirtschaft, 59. Jg., Heft 2, 1999, S. 261–276.

Fiedler, Rudolf (2008): Controlling von Projekten – Mit konkreten Beispielen aus der Unternehmenspraxis – Alle Aspekte der Projektplanung, Projektsteuerung und Projektkontrolle, 4. Aufl., Wiesbaden 2008.

Fiege, Stefanie (2006): Risikomanagement- und Überwachungssystem nach KonTraG – Prozess, Instrumente, Träger, Wiesbaden 2006, zugl. Diss., Techn. Univ. Berlin 2005.

Fiege, Stefanie (2009): Risikomanagement und KonTraG, in: Reimer, Marco/Fiege, Stefanie (Hrsg.), Perspektiven des Strategischen Controllings – Festschrift für Professor Dr. Ulrich Krystek, Wiesbaden 2009, S. 301–312.

Fink, Christian/Kajüter, Peter (2011): Das IFRS Practice Statement „Management Commentary", in: Zeitschrift für internationale und kapitalmarktorientierte Rechnungslegung, 11. Jg., Heft 4, 2011, S. 177–181.

Fink, Christian/Keck, Barbara (2005): Lageberichterstattung nach BiReG und DRS 15: Eine kritische Würdigung, in: Zeitschrift für internationale und kapitalmarktorientierte Rechnungslegung, 5. Jg., Heft 4, 2005, S. 137–146.

Finlay, Paul N. (2000): Strategic Management – An Introduction to Business and Corporate Strategy, Harlow/Essex 2000.

Fischbacher, Urs (2007): z-Tree: Zurich Toolbox for Ready-made Economic Experiments, in: Experimental Economics, 10. Jg., Heft 2, 2007, S. 171–178.

Flick, Uwe (2008a): Konstruktivismus, in: Flick, Uwe/Kardorff, Ernst von/Steinke, Ines (Hrsg.), Qualitative Forschung – Ein Handbuch, 6. Aufl., Reinbek bei Hamburg 2008, S. 150–164.

Flick, Uwe (2008b): Triangulation in der qualitativen Forschung, in: Flick, Uwe/Kardorff, Ernst von/Steinke, Ines (Hrsg.), Qualitative Forschung – Ein Handbuch, 6. Aufl., Reinbek bei Hamburg 2008, S. 309–318.

Flick, Uwe (2009): Sozialforschung – Methoden und Anwendungen, Reinbek bei Hamburg 2009.

Flick, Uwe/Kardorff, Ernst von/Steinke, Ines (2008): Was ist qualitative Forschung? Einleitung und Überblick, in: Flick, Uwe/Kardorff, Ernst von/Steinke, Ines (Hrsg.), Qualitative Forschung – Ein Handbuch, 6. Aufl., Reinbek bei Hamburg 2008, S. 13–29.

Frank, Ulrich (2007): Wissenschaftstheorie, in: Köhler, Richard/Küpper, Hans-Ulrich/Pfingsten, Andreas (Hrsg.), Handwörterbuch der Betriebswirtschaft, 6. Aufl., Stuttgart 2007, Sp. 2010–2017.

Franz, Klaus-Peter (2004): Die Ergebnisorientierung des Controlling als Unterstützungsfunktion, in: Scherm, Ewald/Pietsch, Gotthard (Hrsg.), Controlling – Theorien und Konzeptionen, München 2004, S. 271–288.

Franz, Klaus-Peter/Winkler, Carsten (2006): Unternehmenssteuerung und IFRS – Grundlagen und Praxisbeispiele, München 2006.

Frederickson, James R./Hodge, Frank D./Pratt, Jamie H. (2006): The Evolution of Stock Option Accounting: Disclosure, Voluntary Recognition, Mandated Recognition, and Management Disavowals, in: Accounting Review, 81. Jg., Heft 5, 2006, S. 1073–1093.

Freiberg, Jens/Lüdenbach, Norbert (2005): Ermittlung des Diskontierungszinssatzes nach IAS 36, in: Zeitschrift für internationale und kapitalmarktorientierte Rechnungslegung, 5. Jg., Heft 11, 2005, S. 479–487.

Freidank, Carl-Christian/Paetzmann, Karsten (2003): Bedeutung des Controlling im Rahmen der Reformbestrebung zur Verbesserung der Corporate Governance, in: Zeitschrift für Planung & Unternehmenssteuerung, 13. Jg., Heft 14, 2003, S. 303–325.

Freidank, Carl-Christian/Paetzmann, Karsten (2004): Die Wirkung von Rechtsnormen auf das Controlling: Ein Analysedefizit konzeptioneller Forschung?, in: Scherm, Ewald/Pietsch, Gotthard (Hrsg.), Controlling – Theorien und Konzeptionen, München 2004, S. 893–919.

Friedl, Birgit (2003): Controlling, Stuttgart 2003.

Fülbier, Rolf U. (2005): Wissenschaftstheorie und Betriebswirtschaftslehre, in: Horsch, Andreas/Meinhövel, Harald/Paul, Stephan (Hrsg.), Institutionenökonomie und Betriebswirtschaftslehre, München 2005, S. 15–29.

G

Gebhardt, Günther (2002): Risikocontrolling, in: Küpper, Hans-Ulrich/Wagenhofer, Alfred (Hrsg.), Handwörterbuch Unternehmensrechnung und Controlling, 4. Aufl., Stuttgart 2002, Sp. 1713–1726.

Giddens, Anthony (1976): New Rules of Sociological Method: A Positive Critique of Interpretative Sociologies, London 1976.

Giddens, Anthony (1979): Central Problems in Social Theory: Action, Structure and Contradiction in Social Analysis, London et al. 1979.

Giddens, Anthony (1984): The constitution of society – Outline of the theory of structuration, Cambridge 1984.

Giddens, Anthony (1989): A reply to my critics, in: Held, David/Thompson, John B. (Hrsg.), Social theory of modern societies: Anthony Giddens and his critics, Cambridge, 1989, S. 249–301.

Gierga, Ralph L. (2008): Freiwillige Publizität und Eigenkapitalkosten – Die Auswirkungen freiwilliger Unternehmenspublizität auf die Eigenkapitalkosten am Beispiel börsennotierter Unternehmen in Deutschland, Marburg 2008, zugl. Diss., Univ. Marburg 2008.

Gilbert, Dirk U. (2003): Vertrauen in strategischen Unternehmensnetzwerken – Ein strukturationstheoretischer Ansatz, Wiesbaden 2003, zugl. Habil., European Business School Oestrich-Winkel 2003.

Gill, Michael J./Swann, William B., Jr./Silvera, David H. (1998): On the Genesis of Confidence, in: Journal of Personality and Social Psychology, 75. Jg., Heft 5, 1998, S. 1101–1114.

Glaser, Barney G. (1965): The Constant Comparative Method of Qualitative Analysis, in: Social Problems, 12. Jg., Heft 4, 1965, S. 436–445.

Glaser, Barney G./Strauss, Anselm L. (1967): The Discovery of Grounded Theory: Strategies for Qualitative Research, Chicago 1967.

Glaser, Barney G./Strauss, Anselm L. (2010): Grounded Theory – Strategien qualitativer Forschung, 3. Aufl., Bern 2010.

Gleich, Ronald (2002): Projektkostenrechnung, in: Küpper, Hans-Ulrich/Wagenhofer, Alfred (Hrsg.), Handwörterbuch Unternehmensrechnung und Controlling, 4. Aufl., Stuttgart 2002, Sp. 1592–1602.

Göbel, Elisabeth (2002): Neue Institutionenökonomik – Konzeption und betriebswirtschaftliche Anwendungen, Stuttgart 2002.

Goldbach, Maria (2003): Koordination von Wertschöpfungsketten durch Target Costing und Öko-Target Costing – Eine agentur- und strukturationstheoretische Reflexion, Wiesbaden 2003, zugl. Diss., Univ. Oldenburg 2003.

Göpfert, Ingrid (1993): Budgetierung, in: Wittmann, Waldemar/Kern, Werner/Köhler, Richard/Küpper, Hans-Ulrich/Wysocki, Klaus von (Hrsg.), Handwörterbuch der Betriebswirtschaft, 5. Aufl., Stuttgart 1993, Sp. 589–602.

Götze, Uwe (2010): Kostenrechnung und Kostenmanagement, 5. Aufl., Berlin/Heidelberg 2010.

Grau, Andreas (2002): Gewinnrealisierung nach International Accounting Standards, Wiesbaden 2002, zugl. Diss., Univ. Mainz 2002.

Gravetter, Frederick J./Forzano, Lori-Ann B. (2011): Research Methods for the Behavioral Sciences, 4. Aufl., Wadsworth 2011.

Greene, William H. (2003): Econometric analysis, 5. Aufl., Upper Saddle River, NJ 2003.

Griffin, Dale/Tversky, Amos (1992): The Weighing of Evidence and the Determinants of Confidence, in: Cognitive Psychology, 24. Jg., Heft 3, 1992, S. 411–435.

Grochla, Erwin (1978): Einführung in die Organisationstheorie, Stuttgart 1978.

Guserl, Richard (1996): Risiko-Management im industriellen Anlagengeschäft, in: Zeitschrift für Betriebswirtschaft, 66. Jg., Heft 5, 1996, S. 519–533.

H

Haas, Cornelia A. (2009): Goodwill-Bilanzierung nach IFRS und Implikationen für das Controlling, Köln 2009, zugl. Diss., Univ. Gießen 2008.

Hachmeister, Dirk (2003): Das Controlling als Objekt der handelsrechtlichen Abschlussprüfung, in: Zeitschrift für Planung & Unternehmenssteuerung, 14. Jg., Heft 4, 2003, S. 437–456.

Hacker, Bernd/Dobler, Michael (2000): Empirische Untersuchung der Segmentpublizität in Deutschland, in: Die Wirtschaftsprüfung, 53. Jg., Heft 17, 2000, S. 811–819.

Hacker, Wolfgang (2007): Funktionalstrategieformation, Lohmar/Köln 2007, zugl. Diss., Univ. Bayreuth 2007.

Hahn, Dietger/Hungenberg, Harald/Hahn-Hungenberg (2001): PuK – Planung und Kontrolle, Planungs- und Kontrollsysteme, Planungs- und Kontrollrechnung, Wertorientierte Controllingkonzepte, 6. Aufl., Wiesbaden 2001.

Hahn, Klaus (2000): Ausgestaltung und Aussage der Segmentberichterstattung nach § 297 Abs. 1 HGB – Vergleichende Analyse der Normen nach SFAS 131, IAS 14 und DRS 3 zur Schließung der Regelungslücke in § 297 Abs. 1 HGB, in: Lachnit, Laurenz/Freidank, Carl-Christian (Hrsg.), Investororientierte Unternehmenspublizität – Neue Entwicklungen von Rechnungslegung, Prüfung und Jahresabschlussanalyse, 1. Aufl., Wiesbaden 2000, S. 667–697.

Hall, Crystal C./Ariss, Lynn/Todorov, Alexander (2007): The illusion of knowledge: When more information reduces accuracy and increases confidence, in: Organizational Behavior and Human Decision Processes, 102. Jg., Heft 2, 2007, S. 277–290.

Haller, Axel (2006): Segmentberichterstattung – Schnittstelle zwischen Controlling und Rechnungslegung, in: Wagenhofer, Alfred (Hrsg.), Controlling und IFRS-Rechnungslegung – Konzepte, Schnittstellen, Umsetzung, Berlin 2006, S. 143–168.

Haller, Axel/Dietrich, Ralph (2001): Kapitalmarktorientierte Gestaltung der Lageberichterstattung, in: Zeitschrift für internationale und kapitalmarktorientierte Rechnungslegung, 1. Jg., Heft 4, 2001, S. 206–211.

Haller, Axel/Park, Peter (1999): Segmentberichterstattung auf Basis des „Management Approach" – Inhalt und Konsequenzen, in: Männel, Wolfgang/Küpper, Hans-Ulrich (Hrsg.), Integration der Unternehmensrechnung – Harmonisierung – Internationale Rechnungslegung – Shareholder Value – Investitionsrechnung, Kostenrechnungspraxis, Sonderheft Nr. 3, 1999, S. 59–66.

Haller, Axel/Permanschlager, Dominik (2002): Anspruch und Wirklichkeit der Segmentberichterstattung nach US-GAAP, in: Betriebs-Berater, 57. Jg., Heft 27, 2002, S. 1411–1417.

Hambleton, Wendy/Rouse, Robert W./Weirich, Thomas R. (2004): MD&A: Latest Guidelines Force Even More Disclosure, in: Journal of Corporate Accounting & Finance, 15. Jg., Heft 5, 2004, S. 65–71.

Hamprecht, Markus (1996): Controlling von Konzernplanungssystemen – Theoretische Ableitung und betriebliche Realität führungsstrukturabhängiger Ausprägungsmuster, Wiesbaden 1996, zugl. Diss., Wissenschaftliche Hochschule für Unternehmensführung Koblenz 1996.

Harbert, Ludger (1982): Controlling-Begriffe und Controlling-Konzeptionen – Eine kritische Betrachtung des Entwicklungsstandes des Controlling und Möglichkeiten seiner Fortentwicklung, Bochum 1982.

Harder, Theodor (1974): Werkzeuge der Sozialforschung, München 1974.

Haring, Nikolai/Prantner, Renate (2005): Konvergenz des Rechnungswesens – State-of-the-art in Deutschland und Österreich, in: Controlling, 17. Jg., Heft 3, 2005, S. 147–154.

Hartung, Joachim/Elpelt, Bärbel/Klösener, Karl-Heinz (2005): Statistik – Lehr- und Handbuch der angewandten Statistik, 14. Aufl., München 2005.

Hax, Herbert (2002): Integration externer und interner Unternehmensrechnung, in: Küpper, Hans-Ulrich/Wagenhofer, Alfred (Hrsg.), Handwörterbuch Unternehmensrechnung und Controlling, 4. Aufl., Stuttgart 2002, Sp. 758–767.

Hay, Paul H./Hieronimus, Albert/Hus, Hans-Peter (1993): Projektabrechnung, in: Chmielewicz, Klaus/Schweitzer, Marcell (Hrsg.), Handwörterbuch des Rechnungswesens, 3. Aufl., Stuttgart 1993, Sp. 1635–1643.

Hayn, Sven (1994): Die International Accounting Standards (Teil I) – Ihre grundlegende Bedeutung für die internationale Harmonisierung der Rechnungslegung sowie eine Darstellung der wesentlichen Unterschiede zu den einzelgesellschaftlichen Normen des HGB, in: Die Wirtschaftsprüfung, 47. Jg., Heft 21, 1994, S. 713–721.

Henecka, Hans P. (2009): Grundkurs Soziologie, 9. Aufl., Konstanz 2009.

Herriott, Robert E./Firestone, William A. (1983): Multisite Qualitative Policy Research: Optimizing Description and Generalizability, in: Educational Researcher, 12. Jg., Heft 2, 1983, S. 14–19.

Herrmann, Don/Thomas, Wayne B. (2000): An Analysis of Segment Disclosures under SFAS No. 131 and SFAS No. 14, in: Accounting Horizons, 14. Jg., Heft 3, 2000, S. 287–302.

Himmel, Holger (2004): Konvergenz von interner und externer Unternehmensrechnung am Beispiel der Segmentberichterstattung, Aachen 2004, zugl. Diss., Univ. Bayreuth 2003.

Hirsch, Bernhard/Hufschlag, Klaus/Pieroth, Guido (2005): Die Mittelfristplanung als verknüpfendes Element zwischen Strategieformulierung und operativer Umsetzung von Zielen, in: Zeitschrift für Planung & Unternehmenssteuerung, 16. Jg., Heft 3, 2005, S. 249-166.

Hoffjan, Andreas (2009): Internationales Controlling, Stuttgart 2009.

Hoffmann, Kai/Renner, Lothar (2008): Projektcontrolling mit der Earned Value Methode, in: Controller Magazin, 33. Jg., Heft 11, 2008, S. 48–52.

Hofmann, Niko/Müller, Michael/Sasse, Alexander (2003): Implikationen der IAS/IFRS-Rechnungslegung für das Controlling am Beispiel langfristiger Fertigungsaufträge, in: Zeitschrift für Buchführung, Bilanzen, Kostenrechnung, o. Jg., Heft 24, 2003, S. 1159–1166.

Hofmann, Niko/Müller, Michael/Sasse, Alexander (2004): Methoden der Projektkostenrechnung zur Bewertung langfristiger Fertigungsprojekte nach IAS 11, in: Der Controlling-Berater, o. Jg., Heft 3, 2004, S. 379–396.

Hoitsch, Hans-Jörg/Lingnau, Volker (2007): Kosten- und Erlösrechnung – Eine controllingorientierte Einführung, 6. Aufl., Berlin et al. 2007.

Holt, Charles A./Laury, Susan K. (2002): Risk Aversion and Incentive Effects, in: The American Economic Review, 92. Jg., Heft 5, 2002, S. 1644–1655.

Hopf, Christel (2008): Qualitative Interviews – ein Überblick, in: Flick, Uwe/Kardorff, Ernst von/Steinke, Ines (Hrsg.), Qualitative Forschung – Ein Handbuch, 6. Aufl., Reinbek bei Hamburg 2008, S. 349–360.

Horváth, Péter (1978): Controlling – Entwicklung und Stand einer Konzeption zur Lösung der Adaptions- und Koordinationsprobleme der Führung, in: Zeitschrift für Betriebswirtschaft, 48. Jg., Heft 3, 1978, S. 194–208.

Horváth, Péter (2008): Grundlagen des Management Reporting, in: Gleich, Ronald/Horváth, Péter/Michel, Uwe (Hrsg.), Management Reporting – Grundlagen, Praxis und Perspektiven, Freiburg et al. 2008, S. 15–42.

Horváth, Péter (2009): Controlling, 11. Aufl., München 2009.

Howe, Kenneth R. (1988): Against the Quantitative-Qualitative Incompatibility Thesis or Dogmas Die Hard, in: Educational Researcher, 17. Jg., Heft 8, 1988, S. 10–16.

Huber, Oswald (2005): Das psychologische Experiment: Eine Einführung, 4. Aufl., Bern 2005.

Hüfner, Bernd (2007): MD&A- und OFR-Berichtregelungen der U.S.-amerikanischen SEC, in: Betriebswirtschaftliche Forschung und Praxis, 59. Jg., Heft 3, 2007, S. 289–310.

Hussy, Walter/Schreier, Margrit/Echterhoff, Gerald (2010): Forschungsmethoden in Psychologie und Sozialwissenschaften, Berlin et al. 2010.

I

IDW (2005): IDW Stellungnahme zur Rechnungslegung: Bewertungen bei der Abbildung von Unternehmenserwerben und bei Werthaltigkeitsprüfungen nach IFRS (IDW RS HFA 16), in: Die Wirtschaftsprüfung, 58. Jg., Heft 24, 2005, S. 1415–1426.

International Group of Controlling/Weißenberger, Barbara E. (2006): Controller und IFRS – Konsequenzen für die Controlleraufgaben durch die Finanzberichterstattung nach IFRS, Weißbuch der IGC-Arbeitsgruppe „Controller und IFRS", Freiburg et al. 2006.

Irani, Afshad J./Karamanou, Irene (2003): Regulation Fair Disclosure, Analyst Following, and Analyst Forecast Dispersion, in: Accounting Horizons, 17. Jg., Heft 1, 2003, S. 15–29.

Ittner, Christopher D./Larcker, David F. (2002): Empirical managerial accounting research: are we just describing management consulting practice, in: The European Accounting Review, 11. Jg., Heft 4, 2002, S. 787–794.

Jansen, Harald (2005a): Neoklassische Theorie und Betriebswirtschaftslehre, in: Horsch, Andreas/Meinhövel, Harald/Paul, Stephan (Hrsg.), Institutionenökonomie und Betriebswirtschaftslehre, München 2005, S. 49–64.

Jansen, Harald (2005b): Verfügungsrechte und Transaktionskosten, in: Horsch, Andreas/Meinhövel, Harald/Paul, Stephan (Hrsg.), Institutionenökonomie und Betriebswirtschaftslehre, München 2005, S. 101–117.

Janssen, Jürgen/Laatz, Wilfried (2007): Statistische Datenanalyse mit SPSS für Windows – Eine anwendungsorientierte Einführung in das Basissystem und das Modul Exakte Tests, Berlin et al. 2007.

Jensen, Michael C. (1983): Organization Theory and Methodology, in: The Accounting Review, 58. Jg., Heft 2, 1983, S. 305–318.

Jensen, Michael C./Meckling, William H. (1976): Theory of the firm: Managerial behavior, agency costs and ownership structure, in: Journal of Financial Economics, 4. Jg., Heft 4, 1976, S. 305–360.

Johnson, R. B./Onwuegbuzie, Anthony J. (2004): Mixed Methods Research: A Research Paradigm Whose Time Has Come, in: Educational Researcher, 33. Jg., Heft 7, 2004, S. 14–26.

K

Kajüter, Peter (2008): Harmonisierung des Rechnungswesens – Ein Ansatz zur Vereinfachung des Controllings?, in: Vom Brocke, Jan/Becker, Jörg (Hrsg.), Einfachheit in Wirtschaftsinformatik und Controlling – Festschrift für Heinz Lothar Grob, München 2008, S. 347–364.

Kajüter, Peter (2009): Konzernweites Risikomanagement – Konzeptionelle Grundlagen und empirische Befunde, in: Reimer, Marco/Fiege, Stefanie (Hrsg.), Perspektiven des Strategischen Controllings – Festschrift für Professor Dr. Ulrich Krystek, Wiesbaden 2009, S. 313–328.

Kajüter, Peter (2010): Financial Reporting under IFRS and Implications for Management Accounting and Control in MNEs, in: Westerman, Wim/van der Meer-Kooistra, Jeltje/Langfield-Smith, Kim (Hrsg.), International Management Accounting and Control, London 2010, S. 37–55.

Kajüter, Peter (2011): IFRS Practice Statement Management Commentary: Anwendungsperspektiven in Deutschland und international, in: Zeitschrift für Internationale Rechnungslegung, 6. Jg., Heft 5, 2011, S. 221–226.

Kajüter, Peter (2011a): §§ 289, 289a HGB, in: Küting, Karlheinz/Pfitzer, Norbert/Weber, Claus-Peter (Hrsg.), Handbuch der Rechnungslegung – Einzelabschluss, 5. Aufl., Stuttgart, Stand: 11. Ergänzungslieferung, April, 2011.

Kajüter, Peter (2012): Risikomanagement im Konzern – Eine empirische Analyse börsennotierter Aktienkonzerne, München 2012.

Kajüter, Peter/Bachert, Kristian/Blaesing, Daniel/Kleinmanns, Hermann (2010): Die DRS zur Lageberichterstattung auf dem Prüfstand – Empirische Befunde zur Beurteilung und Anwendungspraxis der DRS, in: Der Betrieb, 63. Jg., Heft 9, 2010, S. 457–465.

Kajüter, Peter/Barth, Daniela (2007a): Segmentberichterstattung in diversifizierten Konzernen – Eine Fallstudie zur Anwendung der neuen Regelungen nach IFRS 8, in: Zeitschrift für internationale und kapitalmarktorientierte Rechnungslegung, 7. Jg., Heft 2, 2007, S. 110–116.

Kajüter, Peter/Barth, Daniela (2007b): Segmentberichterstattung nach IFRS 8 – Übernahme des Management Approach, in: Betriebs-Berater, 62. Jg., Heft 8, 2007, S. 428–434.

Kajüter, Peter/Esser, Simon (2007): Risiko- und Chancenberichterstattung im Lagebericht, in: Zeitschrift für Internationale Rechnungslegung, 2. Jg., Heft 6, 2007, S. 381–390.

Kajüter, Peter/Guttmeier, Matthias (2009): Der Exposure Draft des IASB zum Management Commentary – Kritische Analyse und Vergleich mit DRS 15, in: Der Betrieb, 62. Jg., Heft 44, 2009, S. 2333–2339.

Kaplan, Robert S./Atkinson, Anthony A. (1989): Advanced management accounting, 2. Aufl., Englewood Cliffs, NJ 1989.

Karatzoglu, Benjamin (2006): Traditional Accounting Return Ratios and Business Sustainability – An Incompatible Relationship in the Context of Greek Strategic Business Units, in: Schaltegger, Stefan/Bennett, Martin/Burritt, Roger (Hrsg.), Sustainability Accounting and Reporting, Dordrecht 2006, S. 231–250.

Kasperzak, Rainer (2011): Wertminderungstest nach IAS 36 – Ein Plädoyer für die Abschaffung des Konzepts des erzielbaren Betrages, in: Betriebswirtschaftliche Forschung und Praxis, 63. Jg., Heft 1, 2011, S. 1–17.

Kassner, Karsten/Wassermann, Petra (2005): Nicht überall, wo Methode draufsteht, ist auch Methode drin – Zur Problematik der Fundierung von ExpertInneninterviews, in: Bogner, Alexander/Littig, Beate/Menz, Wolfgang (Hrsg.), Das Experteninterview – Theorie, Methode, Anwendung, 2. Aufl., Wiesbaden 2005, S. 95–111.

Kelle, Udo (2001): Sociological Explanations between Micro and Macro and the Integration of Qualitative and Quantitative Methods, in: Forum Qualitative Sozialforschung, 2. Jg., Heft 1, 2001, Art. 5.

Kelle, Udo (2007): Theoretisches Vorwissen und Kategorienbildung in der „Grounded Theory", in: Kuckartz, Udo/Grunenberg, Heiko/Dresing, Thorsten (Hrsg.), Qualitative Datenanalyse: computergestützt – Methodische Hintergründe und Beispiele aus der Forschungspraxis, 2. Aufl., Wiesbaden 2007, S. 32–49.

Kelle, Udo (2008): Die Integration qualitativer und quantitativer Methoden in der empirischen Sozialforschung – Theoretische Grundlagen und methodologische Konzepte, 2. Aufl., Wiesbaden 2008.

Kelle, Udo/Erzberger, Christian (1999): Integration qualitativer und quantitativer Methoden – Methodologische Modelle und ihre Bedeutung für die Forschungspraxis, in: Kölner Zeitschrift für Soziologie und Sozialpsychologie, 51. Jg., Heft 3, 1999, S. 509–531.

Keßler, Heinrich/Winkelhofer, Georg (2002): Projektmanagement – Leitfaden zur Steuerung und Führung von Projekten, 3. Aufl., Berlin 2002.

Kieser, Alfred (2006): Der Situative Ansatz, in: Kieser, Alfred/Ebers, Mark (Hrsg.), Organisationstheorien, 6. Aufl., Stuttgart 2006, S. 213–245.

Kirsch, Hanno (2003): Anforderungen an das Controlling durch internationale Rechnungslegungsstandards, in: Controlling, 15. Jg., Heft 1, 2003, S. 11–17.

Kirsch, Hanno (2005): Informationsmanagement für den IFRS-Abschluss – Nutzung des Finanz- und Rechnungswesens als Potenzial, München 2005.

Kirsch, Hanno (2006): Bewertung von Fertigungsaufträgen nach der Percentage-of-Completion-Methode – Eine Fallstudie zur Bilanzierung nach IAS 11, in: Zeitschrift für internationale und kapitalmarktorientierte Rechnungslegung, 6. Jg., Heft 1, 2006, S. 52–58.

Kirsch, Hans-Jürgen/Koelen, Peter/Köhling, Kathrin (2010): Möglichkeiten und Grenzen des management approach – Eine Analyse unter besonderer Berücksichtigung des Nutzungswerts des IAS 36, in: Zeitschrift für internationale und kapitalmarktorientierte Rechnungslegung, 10. Jg., Heft 4, 2010, S. 200–207.

Kirsch, Hans-Jürgen/Koelen, Peter/Tinz, Oliver (2008a): Die Berichterstattung der DAX-30-Unternehmen in Bezug auf die Neuregelung des impairment only approach des IASB (Teil 1), in: Zeitschrift für internationale und kapitalmarktorientierte Rechnungslegung, 8. Jg., Heft 2, 2008, S. 88–97.

Kirsch, Hans-Jürgen/Koelen, Peter/Tinz, Oliver (2008b): Die Berichterstattung der DAX-30-Unternehmen in Bezug auf die Neuregelung des impairment only approach des IASB (Teil 2), in: Zeitschrift für internationale und kapitalmarktorientierte Rechnungslegung, 8. Jg., Heft 3, 2008, S. 188–193.

Klein, Georg A. (1999): Konvergenz von internem und externem Rechnungswesen auf Basis der International Accounting Standards (IAS), in: Männel, Wolfgang/Küpper, Hans-Ulrich (Hrsg.), Integration der Unternehmensrechnung – Harmonisierung – Internationale Rechnungslegung – Shareholder Value – Investitionsrechnung, Kostenrechnungspraxis, Sonderheft Nr. 3, 1999, S. 67–77.

Klingels, Bernd (2005): Die cash generating unit nach IAS 36 im IFRS-Jahresabschluss – Bildung, Gestaltungsmöglichkeiten und Auswirkungen, Berlin 2005, zugl. Diss., Univ. der Bundeswehr Hamburg 2005.

Knauer, Thorsten/Wömpener, Andreas (2010): Prognoseberichterstattung gemäß DRS 15 – Eine empirische Analyse der Unternehmen des Prime Standard, in: Corporate Finance biz, 1. Jg., Heft 2, 2010, S. 84–92.

Knauer, Thorsten/Wömpener, Andreas (2011): Prognoseberichterstattung: Externalisierung der Planung?, in: Zeitschrift für Planung & Unternehmenssteuerung, 21. Jg., Heft 4, 2011, S. 483–491.

Koch, Rembert (1994): Betriebliches Berichtswesen als Informations- und Steuerungsinstrument, Frankfurt a.M. et al. 1994, zugl. Diss., Technische Hochschule Darmstadt 1992.

Koelen, Peter (2009): Investitionstheoretische Bewertungskalküle in der IFRS-Rechnungslegung – Möglichkeiten und Grenzen einer unternehmenswertorientierten Berichterstattung, Lohmar/Köln 2009, zugl. Diss., Univ. Münster 2009.

Köhling, Kathrin (2011): Barwertorientierte Fair Value-Ermittlung für Renditeimmobilien in der IFRS-Rechnungslegung – Empfehlungen zur Konkretisierung eines Bewertungskalküls, Lohmar/Köln 2011, zugl. Diss., Univ. Münster 2011.

Kopp, Thomas (2002): Finanz- und Ertragslage des Emittenten in Verkaufs- und Börsenzulassungsprospekten – Darstellung und Analyse (MD&A), in: Recht der internationalen Wirtschaft, 48. Jg., Heft 9, 2002, S. 661–668.

Koreimann, Dieter S. (2005): Projekt-Controlling – Methoden zur Sicherung des Projekterfolgs, Weinheim 2005.

Kornmeier, Martin (2007): Wissenschaftstheorie und wissenschaftliches Arbeiten – Eine Einführung für Wirtschaftswissenschaftler, Heidelberg 2007.

Kosaiyakanont, Amonlaya (2011): The influence of corporate disclosure on investor confidence in Thai listed companies, Southampton 2011, zugl. Diss., Univ. of Southampton 2011.

Kosiol, Erich (1966): Die Unternehmung als wirtschaftliches Aktionszentrum – Einführung in die Betriebswirtschaftslehre, Hamburg 1966.

Köster, Kathrin (2010): International Project Management, London 2010.

Krain, Thorsten (2008): Rechenparameter im POC-Verfahren nach IAS 11, in: Praxis der internationalen Rechnungslegung, 4. Jg., Heft 4, 2008, S. 120–125.

Krawitz, Norbert/Hartmann, Christina (2006): Aktueller handelsrechtlicher Lage- und Konzernlagebericht im Rahmen eines IAS/IFRS-Abschlusses, in: Die Wirtschaftsprüfung, 59. Jg., Heft 20, 2006, S. 1262–1270.

Kroll, Yoram/Levy, Haim V./Rapoport, Amnon (1988): Experimental tests of the mean-variance model for portfolio selection, in: Organizational Behavior and Human Decision Processes, 42. Jg., Heft 3, 1988, S. 388–410.

Kromrey, Helmut (2006): Empirische Sozialforschung, 11. Aufl., Stuttgart 2006.

Krüger, Andreas (2002): Projektcontrolling, in: Küpper, Hans-Ulrich/Wagenhofer, Alfred (Hrsg.), Handwörterbuch Unternehmensrechnung und Controlling, 4. Aufl., Stuttgart 2002, Sp. 1582–1590.

Kubicek, Herbert (1975): Empirische Organisationsforschung – Konzeption und Methodik, Stuttgart 1975.

Kuckartz, Udo (2010): Einführung in die computergestützte Analyse qualitativer Daten, 3. Aufl., Wiesbaden 2010.

Kuckartz, Udo/Rädiker, Stefan/Ebert, Thomas/Schehl, Julia (2010): Statistik – Eine verständliche Einführung, Wiesbaden 2010.

Kuhn, Thomas S. (1962): The structure of scientific revolutions, Chicago 1962.

Kuhner, Christoph/Hitz, Jörg-Markus (2009): IAS 36 – Wertminderung von Vermögenswerten (Impairment of Assets), in: Hennrichs, Joachim/Watrin, Christoph/Kleindiek, Detlef (Hrsg.), Münchener Kommentar zum Bilanzrecht – Band 1 IFRS, München 2009, S. 1–33.

Kunz, Jennifer/Linder, Stefan (2011): ZP-Stichwort: Vignetten-Experiment, in: Zeitschrift für Planung & Unternehmenssteuerung, 21. Jg., Heft 2, 2011, S. 211–222.

Küpper, Hans-Ulrich (2002): Unternehmensrechnung, Struktur und Teilsysteme, in: Küpper, Hans-Ulrich/Wagenhofer, Alfred (Hrsg.), Handwörterbuch Unternehmensrechnung und Controlling, 4. Aufl., Stuttgart 2002, Sp. 2030–2043.

Küpper, Hans-Ulrich (2008): Controlling – Konzeption, Aufgaben, Instrumente, 5. Aufl., Stuttgart 2008.

Kurz, Andrea/Stockhammer, Constanze/Fuchs, Susanne/Meinhard, Dieter (2009): Das problemzentrierte Interview, in: Buber, Renate/Holzmüller, Hartmut H. (Hrsg.), Qualitative Marktforschung – Konzepte – Methoden – Analysen, 2. Aufl., Wiesbaden 2009, S. 463–474.

L

Lachmann, Maik/Wöhrmann, Arnt/Wömpener, Andreas (2010): Investorenreaktionen auf die Fair Value-Bilanzierung von Verbindlichkeiten nach IFRS – eine experimentelle Untersuchung, in: Zeitschrift für Betriebswirtschaft, 80. Jg., Heft 11, 2010, S. 1179–1206.

Lachnit, Laurenz/Ammann, Helmut/Becker, Bernhard (1994): Controllingkonzeption für Unternehmen mit Projektleistungstätigkeit – Modell zur systemgestützten Unternehmensführung bei auftragsgebundener Einzelfertigung, Großanlagenbau und Dienstleistungsgroßaufträgen, München 1994.

Lamnek, Siegfried (2005): Qualitative Sozialforschung – Lehrbuch, 4. Aufl., Weinheim 2005.

Langmann, Christian/Gräf, Jens (2011): Kennzahlen im F&E- und Innovations-Controlling, in: Gleich, Ronald/Schimank, Christof (Hrsg.), Innovations-Controlling, Freiburg 2011, S. 69–86.

Laux, Helmut (2006): Wertorientierte Unternehmenssteuerung und Kapitalmarkt – Fundierung finanzwirtschaftlicher Entscheidungskriterien und (Anreize für) deren Umsetzung, 2. Auflage, Berlin/Heidelberg 2006.

Leinfellner, Werner (1980): Einführung in die Erkenntnis- und Wissenschaftstheorie, 3. Aufl., Mannheim et al. 1980.

Lenz, Hansrudi (2002): Kontrollprozess, in: Küpper, Hans-Ulrich/Wagenhofer, Alfred (Hrsg.), Handwörterbuch Unternehmensrechnung und Controlling, 4. Aufl., Stuttgart 2002, Sp. 975–985.

Libby, Robert/Bloomfield, Robert/Nelson, Mark W. (2002): Experimental research in financial accounting, in: Accounting, Organizations and Society, 27. Jg., Heft 8, 2002, S. 775–810.

Lienau, Achim/Zülch, Henning (2006): Die Ermittlung des value in use nach IFRS – Eine Betrachtung der Einflussfaktoren des value in use vor dem Hintergrund der Vermittlung entscheidungsnützlicher Abschlussinformationen, in: Zeitschrift für internationale und kapitalmarktorientierte Rechnungslegung, 6. Jg., Heft 5, 2006, S. 319–329.

Lingnau, Volker (1995): Kritischer Rationalismus und Betriebswirtschaftslehre, in: Wirtschaftswissenschaftliches Studium, 24. Jg., Heft 3, 1995, S. 124–129.

Lipe, Marlys G. (1998): Individual investors' risk judgments and investment decisions: The impact of accounting and market data, in: Accounting, Organizations and Society, 23. Jg., Heft 7, 1998, S. 625–640.

Litke, Hans-D. (2007): Projektmanagement – Methoden, Techniken, Verhaltensweisen, 5. Aufl., München 2007.

Lopatta, Kerstin (2008): IFRS und Controlling – Die Segmentberichterstattung als Schnittstelle zwischen externer und interner Unternehmensrechnung, in: Funk, Wilfried/Rossmanith, Jonas (Hrsg.), Internationale Rechnungslegung und internationales Controlling – Herausforderungen – Handlungsfelder – Erfolgspotenziale, 1. Aufl., Wiesbaden 2008, S. 405–423.

Lorson, Peter/Gattung, Andreas (2008): Die Forderung nach einer „faithful representation" – Verhältnis zur Objektivität, Neutralität und Nachprüfbarkeit, in: Zeitschrift für internationale und kapitalmarktorientierte Rechnungslegung, 8. Jg., Heft 9, 2008, S. 556–565.

Lück, Detlev (2011): Mängel im Datensatz beseitigen, in: Akremi, Leila/Baur, Nina/Fromm, Sabine (Hrsg.), Datenanalyse mit SPSS für Fortgeschrittene 1 – Datenaufbereitung und uni- und bivariate Statistik, 3. Aufl., Wiesbaden 2011, S. 66–80.

Lück, Wolfgang/Holzer, H. Peter (1993): Die Krise des wirtschaftsprüfenden Berufsstands in den USA, in: Der Betrieb, 46. Jg., Heft 5, 1993, S. 237–242.

Lüdenbach, Norbert (2010): IFRS – Der Ratgeber zur erfolgreichen Anwendung von IFRS, 6. Aufl., Freiburg 2010.

Lüdenbach, Norbert (2011): § 18 Fertigungsaufträge, in: Lüdenbach, Norbert/Hoffmann, Wolf-Dieter (Hrsg.), Haufe IFRS-Kommentar, 9. Aufl., Freiburg 2011, S. 861–909.

Lukka, Kari/Kasanen, Eero (1995): The problem of generalizabilty: anecdotes and evidence in accounting research, in: Accounting, Auditing & Accountability Journal, 8. Jg., Heft 5, 1995, S. 71–90.

Lukka, Kari/Mouritsen, Jan (2002): Homogeneity or Heterogeneity of Management Accounting Research, in: The European Accounting Review, 11. Jg., Heft 4, 2002, S. 805–811.

M

Macharzina, Klaus/Wolf, Joachim (2010): Unternehmensführung: Das internationale Managementwissen – Konzepte – Methoden – Praxis, 7. Aufl., Wiesbaden 2010.

Macintosh, Norman B./Scapens, Robert (1990): Structuration theory in management accounting, in: Accounting, Organizations and Society, 15. Jg., Heft 5, 1990, S. 455–477.

Maier, Andreas (2008): Rahmenkonzept zur Abwägung von Kosten und Nutzen im Standardsetzungsprozess der internationalen Rechnungslegung, URL: http://www1.unisg.ch/www/edis.nsf/SysLkpByIdentifier/3395/$FILE/dis3395.pdf (22.01.2011), St. Gallen 2008, zugl. Diss., Univ. St. Gallen 2008.

Maier, Michael T. (2009): Der Management Approach – Herausforderungen für Controller und Abschlußprüfer im Kontext der IFRS-Finanzberichterstattung, Frankfurt a. M. 2009, zugl. Diss., Univ. Gießen 2008.

Maines, Laureen A./McDaniel, Linda S./Harris, Mary S. (1997): Implications of Proposed Segment Reporting Standards for Financial Analysts' Investment Judgments, in: Journal of Accounting Research, 35. Jg., Heft 3, 1997, S. 1–24.

Mansch, Helmut (2002): Langfristige Fertigung, in: Ballwieser, Wolfgang/Coenenberg, Adolf G./Wysocki, Klaus von (Hrsg.), Handwörterbuch der Rechnungslegung und Prüfung, 3. Aufl., Stuttgart 2002, Sp. 1447–1461.

Martin, Peter (1997): The management approach, in: CA Magazine, 130. Jg., Heft 9, 1997, S. 29.

Marx, Karl (1960): Der achtzehnte Brumaire des Louis Bonaparte, in: Marx, Karl/Engels, Friedrich (Hrsg.), Werke, Band 8, Berlin/DDR 1960, S. 111–207.

Marx Gómez, Jorge/Rautenstrauch, Claus/Cissek, Peter/Grahlher, Björn (2006): Einführung in SAP Business Information Warehouse, Berlin/Heidelberg 2006.

Mayring, Philipp (2000): Qualitative Inhaltsanalyse, in: Forum Qualitative Sozialforschung, 1. Jg., Heft 2, 2000, Art. 20.

Mayring, Philipp (2001): Kombination und Integration qualitativer und quantitativer Analyse, in: Forum Qualitative Sozialforschung, 2. Jg., Heft 1, 2001, Art. 6.

Mayring, Philipp (2008): Qualitative Inhaltsanalyse – Grundlagen und Techniken, 10. Aufl., Weinheim 2008.

Meinhövel, Harald (2005): Grundlagen der Principal-Agent-Theorie, in: Horsch, Andreas/Meinhövel, Harald/Paul, Stephan (Hrsg.), Institutionenökonomie und Betriebswirtschaftslehre, München 2005, S. 65–80.

Mensch, Gerhard (1999): Agency-Theorie – Modelle und Aussagen, in: Das Wirtschaftsstudium, 28. Jg., Heft 7, 1999, S. 937–940.

Mensel, Nils (2004): Organisierte Initiativen für Innovationen, Wiesbaden 2004, zugl. Diss., Univ. Kiel 2003.

Meuser, Michael (2006): Interpretatives Paradigma, in: Bohnsack, Ralf/Marotzki, Winfried/Meuser, Michael (Hrsg.), Hauptbegriffe Qualitativer Sozialforschung, 2. Aufl., Opladen 2006, S. 92–94.

Meuser, Michael/Nagel, Ulrike (2009): Das Experteninterview – konzeptionelle Grundlagen und methodische Anlage, in: Pickel, Susanne/Pickel, Gert/Lauth, Hans-Joachim/Jahn, Detlef (Hrsg.), Methoden der vergleichenden Politik- und Sozialwissenschaft – Neue Entwicklungen und Anwendungen, Wiesbaden 2009, S. 465–479.

Meyer, Jörn-Axel (2003): Die Fallstudie in der betriebswirtschaftlichen Forschung und Lehre, in: Wirtschaftswissenschaftliches Studium, 32. Jg., Heft 8, 2003, S. 475–479.

Meyer, Marco (2005): Unternehmenswertorientierte Berichterstattung auf Basis der IAS/IFRS – Eine bilanztheoretische und bilanzpolitische Betrachtung aus deutscher Sicht, Wiesbaden 2005, zugl. Diss., Univ. Hamburg 2004.

Miller, Paul B. W./Bahnson, Paul R. (2002): Quality Financial Reporting, New York 2002.

Möller, Hans P./Hüfner, Bernd (2002): Zur Bedeutung der Rechnungslegung für den deutschen Aktienmarkt – Begründung, Messprobleme und Erkenntnisse empirischer Forschung, in: Seicht, Gerhard (Hrsg.), Jahrbuch für Controlling und Rechnungswesen, Wien 2002, S. 405–463.

Moxter, Adolf (2003): Grundsätze odnungsgemäßer Rechnungslegung, Düsseldorf 2003.

Müller, Dirk (2007): Moderatoren und Mediatoren in Regressionen, in: Albers, Sönke/Klapper, Daniel/Konradt, Udo/Walter, Achim/Wolf, Joachim (Hrsg.), Methodik der empirischen Forschung, 2. Aufl., Wiesbaden 2007, S. 245–260.

Müller, Karsten (2008): Strategieprozess und Marktkonvergenz – Der Zusammenhang zwischen unternehmensstrategischem Handeln, Unternehmensstrategie und konvergierenden Märkten aus der Perspektive der Strukturationstheorie, Diss., Univ. Flensburg 2008, Online verfügbar unter http://www.zhb-flensburg.de/dissert/mueller%20karsten/Strategieprozess_und_Marktkonvergenz__Karsten_M%C3%BCller.pdf, zuletzt geprüft am 28.03.2010.

Müller, Martin (2006): Harmonisierung des externen und internen Rechnungswesens – Eine empirische Untersuchung, Wiesbaden 2006, zugl. Diss., Univ. Ulm 2005.

Müller, Stefan/Reinke, Jens (2009): Zahlungsmittelgenerierende Einheiten im Rahmen des Impairment-Tests – Gestaltungsmöglichkeiten bei der Bildung und sich ergebende abschlusspolitische Potenziale, in: Zeitschrift für Internationale Rechnungslegung, 4. Jg., Heft 12, 2009, S. 523–529.

Müller, Stefan/Reinke, Jens (2010): Abgrenzung von zahlungsmittelgenerierenden Einheiten aus Sicht der internen Unternehmenssteuerung, in: Zeitschrift für Controlling & Management, 54. Jg., Heft 4, 2010, S. 229–235.

Müller, Wolfgang (1974): Die Koordination von Informationsbedarf und Informationsbeschaffung als zentrale Aufgabe des Controlling, in: Zeitschrift für Betriebswirtschaftliche Forschung, 26. Jg., Heft 10, 1974, S. 683–693.

Müßig, Anke (2008): Lagebericht und Value Reporting, in: Funk, Wilfried/Rossmanith, Jonas (Hrsg.), Internationale Rechnungslegung und internationales Controlling – Herausforderungen – Handlungsfelder – Erfolgspotenziale, 1. Aufl., Wiesbaden 2008, S. 187–221.

N

Nagl, Anna (2010): Der Businessplan – Geschäftspläne professionell erstellen: Mit Checklisten und Fallbeispielen, 5. Aufl., Wiesbaden 2010.

Neuberger, Oswald (1995): Führungstheorien – Rollentheorie, in: Kieser, Alfred/Reber, Gerhard/Wunderer, Rolf (Hrsg.), Handwörterbuch der Führung, Stuttgart 1995, Sp. 979–993.

Noll, Daniel J./Weygandt, Jerry J. (1997): Business Reporting: What Comes Next?, in: Journal of Accountancy, 183. Jg., Heft 2, 1997, S. 59–62.

North, Douglass C. (1992): Institutionen, institutioneller Wandel und Wirtschaftsleistung, Tübingen 1992.

O

o.V. (2011): Fortbestand des DRSC geregelt, in: Zeitschrift für internationale und kapitalmarktorientierte Rechnungslegung, 11. Jg., Heft 7-8, 2011, S. 391.

Obermaier, Robert/Müller, Felix (2008): Management accounting research in the lab – method and application, in: Zeitschrift für Planung & Unternehmenssteuerung, 19. Jg., Heft 3, 2008, S. 325–351.

OECD (1993): Frascati Manual 1993 – The Measurement of Scientific and Technological Activities, Proposed Standard Practice for Surveys of Research and Experimental Development, Paris 1993.

Ortmann, Günther (1994): „Lean" – Zur rekursiven Stabilisierung von Kooperation, in: Schreyögg, Georg/Conrad, Peter (Hrsg.), Managementforschung 4, Berlin/New York 1994, S. 143–184.

Ortmann, Günther/Sydow, Jörg (2001): Strukturationstheorie als Metatheorie des strategischen Managements – Zur losen Integration der Paradigmenvielfalt, in: Ortmann, Günther/Sydow, Jörg (Hrsg.), Strategie und Strukturation – Strategisches Management von Unternehmen, Netzwerken und Konzernen, Wiesbaden 2001, S. 421–447.

Ortmann, Günther/Sydow, Jörg/Windeler, Arnold (2000): Organisation als reflexive Strukturation, in: Ortmann, Günther/Sydow, Jörg/Türk, Klaus (Hrsg.), Theorien der Organisation – Die Rückkehr der Gesellschaft, 2. Aufl., Wiesbaden 2000, S. 315–354.

Osann, Mathias (2010): Freiwillige Berichterstattung über immaterielle Ressourcen – Ein deskriptiv-explikatives Mehrebenenmodell, Lohmar/Köln 2010, zugl. Diss., ESCP Europe Wirtschaftshochschule Berlin 2010.

Oskamp, Stuart (1965): Overconfidence in case-study judgments, in: Journal of Consulting Psychology, 29. Jg., Heft 3, 1965, S. 261–265.

Ossadnik, Wolfgang/Lange, Oliver (2008): Risikomanagement international agierender Unternehmen, in: Funk, Wilfried/Rossmanith, Jonas (Hrsg.), Internationale Rechnungslegung und internationales Controlling – Herausforderungen – Handlungsfelder – Erfolgspotenziale, 1. Aufl., Wiesbaden 2008, S. 319–342.

P

Pattloch, Annette (2003): Customer Relationship Management in Organisationen: Ein Modell der Strukturierung, Saarbrücken 2003, zugl. Diss., Univ. des Saarlands 2003.

Paul, Jack W./Largay, James A. (2005): Does the "management approach" contribute to segment reporting transparency?, in: Business Horizons, 48. Jg., Heft 4, 2005, S. 303–310.

Peirce, Charles S. (1878): How to Make Our Ideas Clear, in: Popular Science Monthly, 12. Jg., Heft January, 1878, S. 286–302.

Pellens, Bernhard/Fülbier, Rolf U./Gassen, Joachim/Sellhorn, Thorsten (2011): Internationale Rechnungslegung – IFRS 1 bis 9, IAS 1 bis 41, IFRIC-Interpretationen, Standardentwürfe, mit Beispielen, Aufgaben und Fallstudie, 8. Aufl., Stuttgart 2011.

Petersen, Karl/Bansbach, Florian/Dornbach, Eike (2011): IFRS Praxishandbuch – Ein Leitfaden für die Rechnungslegung mit Fallbeispielen, 6. Aufl., München 2011.

Pfaff, Dieter/Zweifel, Peter (1998): Die Principal-Agent Theorie – Ein fruchtbarer Beitrag der Wirtschaftstheorie zur Praxis, in: Wirtschaftswissenschaftliches Studium, 27. Jg., Heft 4, 1998, S. 184–190.

Popper, Karl R. (1994): Logik der Forschung, 10. Aufl., Tübingen 1994 (1. Aufl. 1935).

Preißler, Peter R. (2007): Controlling – Lehrbuch und Intensivkurs, 13. Aufl., München 2007.

Q

Quick, Reiner/Reus, Michael (2009): Zur Qualität der Prognoseberichterstattung der DAX 30-Gesellschaften, in: Zeitschrift für internationale und kapitalmarktorientierte Rechnungslegung, 9. Jg., Heft 1, 2009, S. 18–32.

R

Rack, Oliver/Christophersen, Timo (2007): Experimente, in: Albers, Sönke/Klapper, Daniel/Konradt, Udo/Walter, Achim/Wolf, Joachim (Hrsg.), Methodik der empirischen Forschung, 2. Aufl., Wiesbaden 2007, S. 17–32.

Raffée, Hans (1974): Grundprobleme der Betriebswirtschaftslehre, Göttingen 1974.

Raffée, Hans/Abel, Bodo (1979): Aufgaben und aktuelle Tendenzen der Wissenschaftstheorie in den Wirtschaftswissenschaften, in: Raffée, Hans/Abel, Bodo (Hrsg.), Wissenschaftstheoretische Grundfragen der Wirtschaftswissenschaften, München 1979, S. 1–10.

Raithel, Jürgen (2006): Quantitative Forschung, Wiesbaden 2006.

Rapp, Matthias J. (2010): Bilanzorientiertes Risikomanagement in Industrieunternehmen, in: Zeitschrift für Controlling & Management, 54. Jg., Heft 4, 2010, S. 236–240.

Rapp, Matthias J./Wullenkord, Axel (2011): Unternehmenssteuerung durch den Finanzvorstand (CFO) – Aktuelle Herausforderungen und Lösungen, Wiesbaden 2011.

Rasch, Björn/Friese, Malte/Hofmann, Wilhelm/Naumann, Ewald (2006a): Quantitative Methoden – Einführung in die Statistik, Band 2, 2. Aufl., Heidelberg 2006.

Rasch, Björn/Friese, Malte/Hofmann, Wilhelm/Naumann, Ewald (2006b): Quantitative Methoden – Einführung in die Statistik, Band 1, 2. Aufl., Heidelberg 2006.

Reichmann, Thomas (2006): Controlling mit Kennzahlen und Management-Tools – Die systemgestützte Controlling-Konzeption, 7. Aufl., München 2006.

Reinke, Jens (2010): Impairment Test nach IAS 36 – Grundlagen, Durchführung, abschlusspolitisches Potenzial, Berlin 2010, zugl. Diss., Univ. der Bundeswehr Hamburg 2009.

Reuter, Norbert (1998): Institutionen in der Ökonomik – zum Verhältnis von „alter" und „neuer" Institutionenökonomik, in: Elsner, Wolfram/Engelhardt, Werner W./Glastetter, Werner (Hrsg.), Ökonomie in gesellschaftlicher Verantwortung – Sozialökonomik und Gesellschaftsreform heute – Festschrift zum 65. Geburtstag von Siegfried Katterle, Berlin 1998, S. 61–91.

Riahi-Belkaoui, Ahmed (2004): Accounting theory, 5. Aufl., London 2004.

Richter, Frank/Rogler, Silvia (2009): Erstellung einer Segmentberichterstattung nach IFRS – Eine Fallstudie zur Anwendung von IFRS 8, in: Zeitschrift für internationale und kapitalmarktorientierte Rechnungslegung, 9. Jg., Heft 1, 2009, S. 74–83.

Richter, Rudolf/Furubotn, Eirik G. (2003): Neue Institutionenökonomik – Eine Einführung und kritische Würdigung, 3. Aufl., Tübingen 2003.

Riese, Joachim (2009): § 9 Fertigungsaufträge, in: Bohl, Werner/Riese, Joachim/Schlüter, Jörg (Hrsg.), Beck'sches IFRS-Handbuch – Kommentierung der IFRS/IAS, 3. Aufl., München 2009, S. 365–394.

Ripperger, Tanja (1998): Ökonomik des Vertrauens: – Analyse eines Organisationsprinzips, Tübingen 1998, zugl. Diss., Univ. München 1997.

Rogler, Silvia (2009): Segmentberichterstattung nach IFRS 8 im Fokus von Bilanzpolitik und Bilanzanalyse (Teil 1), in: Zeitschrift für internationale und kapitalmarktorientierte Rechnungslegung, 9. Jg., Heft 9, 2009, S. 500–505.

Rohrlack, Christian (2007): Logistische und Ordinale Regression, in: Albers, Sönke/Klapper, Daniel/Konradt, Udo/Walter, Achim/Wolf, Joachim (Hrsg.), Methodik der empirischen Forschung, 2. Aufl., Wiesbaden 2007, S. 199–214.

Rossmanith, Jonas/Heß, Diana (2011): Zur Problematik von Forschungs- und Entwicklungskosten und deren Ausweis nach IFRS, in: Funk, Wilfried/Rossmanith, Jonas (Hrsg.), Internationale Rechnungslegung und internationales Controlling – Herausforderungen – Handlungsfelder – Erfolgspotenziale, 2. Aufl., Wiesbaden 2011, S. 183–219.

Rost, Jürgen (2003): Zeitgeist und Methoden empirischer Analysemethoden, in: Forum Qualitative Sozialforschung, 4. Jg., Heft 2, 2003.

Rottmann, Horst/Auer, Benjamin (2010): Statistik und Ökonometrie für Wirtschaftswissenschaftler – Eine anwendungsorientierte Einführung, Wiesbaden 2010.

Ruhnke, Klaus/Canitz, Ilka (2010): Indikatoren für eine Wertminderung gem. IAS 36 – Eine empirische Analyse unter besonderer Berücksichtigung eines die Marktkapitalisierung übersteigenden Buchwerts des Reinvermögens, in: Zeitschrift für internationale und kapitalmarktorientierte Rechnungslegung, 10. Jg., Heft 1, 2010, S. 13–22.

Ruhwedel, Franca/Schultze, Wolfgang (2002): Value reporting: theoretische Konzeption und Umsetzung bei den DAX 100-Unternehmen, in: Zeitschrift für Betriebswirtschaftliche Forschung, 54. Jg., Heft 7, 2002, S. 602–632.

Ruhwedel, Franca/Sellhorn, Thorsten/Lerchenmüller, Julia (2009): Prognoseberichterstattung in Aufschwung und Krise – Eine empirische Untersuchung der DAX-Unternehmen, in: Der Betrieb, 62. Jg., Heft 25, 2009, S. 1305–1313.

S

Sasse, Alexander (2005): Die Earned Value Methode als integrierter Ansatz für das interne und externe Rechnungswesen, in: Der Controlling-Berater, o. Jg., Heft 8, 2005, S. 373–382.

Sasse, Alexander (2006): Earned-Value-Methode: Ergebnisausweis für langfristige Fertigungsaufträge nach IAS 11, in: Der Controlling-Berater, o. Jg., Heft 5, 2006, S. 583–596.

Sasse, Alexander/Riedrich, Timo (2004): Kostensteuerung bei langlaufenden Projekten und langfristiger Fertigung, in: Zeitschrift für Buchführung, Bilanzen, Kostenrechnung, o. Jg., Heft 12, 2004, S. 559–566.

Scapens, Robert W. (1990): Researching management accounting practice: The role of case study methods, in: The British Accounting Review, 22. Jg., Heft 3, 1990, S. 259–281.

Schaefer, Sigrid/Lange, Christoph (2004): Informationsorientierte Controllingkonzeptionen – Ein Überblick und Ansatzpunkte der Weiterentwicklung, in: Scherm, Ewald/Pietsch, Gotthard (Hrsg.), Controlling – Theorien und Konzeptionen, München 2004, S. 103–123.

Schäfer, Thomas (2010): Statistik I – Deskriptive und Explorative Datenanalyse, Wiesbaden 2010.

Schäfer, Thomas (2011): Statistik II – Inferenzstatistik, Wiesbaden 2011.

Schäffer, Utz/Brettel, Tanja (2005): Ein Plädoyer für Fallstudien, in: Zeitschrift für Controlling & Management, 49. Jg., Heft 1, 2005, S. 43–46.

Schaier, Sven (2007): Konvergenz von internem und externem Rechnungswesen – Bedarf für eine Neustrukturierung des Rechnungswesens?, Wiesbaden 2007, zugl. Diss., Wissenschaftliche Hochschule für Unternehmensführung Vallendar 2007.

Scherm, Ewald/Pietsch, Gotthard (2004): Theorie und Konzeption in der Controllingforschung, in: Scherm, Ewald/Pietsch, Gotthard (Hrsg.), Controlling – Theorien und Konzeptionen, München 2004, S. 3–19.

Schildbach, Thomas (1975): Analyse des betrieblichen Rechnungswesens aus Sicht der Unternehmensbeteiligten – dargestellt am Beispiel der Aktiengesellschaft, Wiesbaden 1975.

Schira, Josef (2005): Statistische Methoden der VWL und BWL – Theorie und Praxis, 2. Aufl., München 2005.

Schmalenbach, Eugen (1919): Selbstkostenrechnung I, in: Zeitschrift für handelswissenschaftliche Forschung, 13. Jg., o. Heft, 1919.

Schmalenbach, Eugen (1934): Selbstkostenrechnung und Preispolitik, 6. Aufl., Leipzig 1934.

Schmeisser, Wilhelm/Kantner, Alexander/Geburtig, Andrea/Schindler, Falko (2006): Forschungs- und Technologie-Controlling – Wie Unternehmen Innovationen operativ und strategisch steuern, Stuttgart 2006.

Schmidt, André/Wulbrand, Hanno (2007): Umsetzung der Anforderungen an die Lageberichterstattung nach dem BilReG und DRS 15 – Eine empirische Untersuchung der DAX-Unternehmen, in: Zeitschrift für internationale und kapitalmarktorientierte Rechnungslegung, 7. Jg., Heft 7/8, 2007, S. 417–426.

Schmidt, Andreas (1986): Das Controlling als Instrument zur Koordination der Unternehmungsführung – Eine Analyse der Koordinationsfunktion des Controlling unter entscheidungsorientierten Gesichtspunkten, Frankfurt a. M./New York 1986, zugl. Diss., Univ. Tübingen 1985.

Schmolke, Gernot (2002): Projektmanagement, in: Küpper, Hans-Ulrich/Wagenhofer, Alfred (Hrsg.), Handwörterbuch Unternehmensrechnung und Controlling, 4. Aufl., Stuttgart 2002, Sp. 1601–1611.

Schneider, Holger (2007): Nachweis und Behandlung von Multikollinearität, in: Albers, Sönke/Klapper, Daniel/Konradt, Udo/Walter, Achim/Wolf, Joachim (Hrsg.), Methodik der empirischen Forschung, 2. Aufl., Wiesbaden 2007.

Schneider, Kathrin (2011): Modernes Sourcing in der Automobilindustrie, Wiesbaden 2011, zugl. Diss., Technische Universität München 2010.

Schneidewind, Uwe/Hübscher, Marc (2005): Unternehmenszusammenschlüsse in der internationalen Rechnungslegung – Eine strukturationstheoretische Analyse, in: Müller, Stefan/Jöhnk, Thorsten/Bruns, Andreas (Hrsg.), Beiträge zum Finanz-, Rechnungs- und Bankwesen – Stand und Perspektiven, Wiesbaden 2005, S. 241–264.

Schnell, Rainer/Hill, Paul B./Esser, Elke (2008): Methoden der empirischen Sozialforschung, 8. Aufl., München 2008.

Schreckeneder, Berta C. (2005): Projektcontrolling – Projekte überwachen, steuern und präsentieren, 2. Aufl., München 2005.

Schreyögg, Georg (2008): Organisation – Grundlagen moderner Organisationsgestaltung, 5. Aufl., Wiesbaden 2008.

Schroeder, Nicholas/Gibson, Charles (1990): Readability of Management's Discussion and Analysis, in: Accounting Horizons, 4. Jg., Heft 4, 1990, S. 78–87.

Schroeder, Richard G./Clark, Mytle W./Cathey, Jack M. (2011): Financial Accounting Theory and Analysis: Text and Cases, 10. Aufl., Hoboken, NJ 2011.

Schulte-Zurhausen, Manfred (2005): Organisation, 4. Aufl., München 2005.

Schultz, Majken (1994): On studying organizational cultures: diagnosis and understanding, Berlin/New York 1994.

Schumpeter, Joseph (1908): Das Wesen und der Hauptinhalt der theoretischen Nationalökonomie, Leipzig 1908.

Schurz, Gerhard (2006): Einführung in die Wissenschaftstheorie, 2. Aufl., Darmstadt 2006.

Schwarze, Jochen (2010): Projektmanagement mit Netzplantechnik, 10. Aufl., Herne 2010.

Schweitzer, Marcell (1978): Wissenschaftsziele und Auffassungen in der Betriebswirtschaftslehre – Eine Einführung, in: Schweitzer, Marcell (Hrsg.), Auffassungen und Wissenschaftsziele der Betriebswirtschaftslehre, Darmstadt 1978, S. 1–14.

Schweitzer, Marcell (2005): Planung und Steuerung, in: Bea, Franz X./Friedl, Birgit/Schweitzer, Marcell (Hrsg.), Allgemeine Betriebswirtschaftslehre – Band 2: Führung, 9. Aufl., Stuttgart 2005, S. 16–139.

Schweitzer, Marcell/Küpper, Hans-Ulrich (2011): Systeme der Kosten- und Erlösrechnung, 10. Aufl., München 2011.

Schweizer, Mark D. (2005): Kognitive Täuschungen vor Gericht – Eine empirische Studie, URL: http://opac.nebis.ch/ediss/20050075.pdf, zuletzt geprüft am 05.08.2011, Zürich 2005, zugl. Diss., Univ. Zürich 2005.

Seal, Willie/Garrison, Ray H./Noreen, Eric W. (2006): Management accounting, 2. Aufl., London 2006.

SEC (1968): Securities Act Release No. 33-4936 vom 9. Dezember 1968.

SEC (1974): Securities Act Release No. 33-5520 vom 14. August 1974.

SEC (1979): Securities Act Release No. 33-6084 vom 25. Juni 1979.

SEC (1989): Securities Act Release No. 33-6835 vom 18. Mai 1989.

SEC (1994): Securities Act Release No. 33-7101 vom 13. Oktober 1994.

SEC (2007): Securities Act Release No. 33-8879 vom 21. Dezember 2007.

SEC (2008): Securities Act Release No. 33-8982 vom 14. November 2008.

Seiß, Manuel (2009): Projektkalkulation in der Auftragsfertigung, Graz 2009.

Selchert, Friedrich W. (1999): Die MD&A – ein Vorbild für den Lagebericht?, in: Küting, Karlheinz/Langenbucher, Günther (Hrsg.), Internationale Rechnungslegung – Festschrift für Professor Dr. Claus-Peter Weber zum 60. Geburtstag, Stuttgart 1999, S. 219–237.

Selchert, Friedrich W./Lorchheim, Ulrich (1998): Teilgewinnrealisierung bei Auftragsfertigung – Regelung nach IAS 11 und ihre Kompatibilität mit den deutschen Rechnungslegungsvorschriften, München 1998.

Sewell, William H., Jr. (1992): A Theory of Structure: Duality, Agency, and Transformation, in: The American Journal of Sociology, 98. Jg., Heft 1, 1992, S. 1–29.

Sheridan, T. T. (1995): Management accounting in global European corporations: Anglophone and continental viewpoints, in: Management Accounting Research, 6. Jg., Heft 3, 1995, S. 287–294.

Siefke, Michael (1999): Externes Rechnungswesen als Datenbasis der Unternehmenssteuerung – Vergleich mit der Kostenrechnung und Shareholder-Value-Ansätzen, Wiesbaden 1999, zugl. Diss., Univ. Münster 1998.

Sprinkle, Geoffrey B./Williamson, Michael G. (2007): Experimental Research in Managerial Accounting, in: Chapman, Christopher S./Hopwood, Anthony G./Shields, Michael D. (Hrsg.), Handbook of Management Accounting Research, Amsterdam et al. 2007, S. 415–444.

Stake, Robert E. (1995): The art of case study research, Thousand Oaks 1995.

Steiner, Manfred/Bruns, Christioph (2007): Wertpapiermanagement – Professionelle Wertpapieranalyse und Portfoliostrukturierung, 9. Aufl., Stuttgart 2007.

Steinke, Ines (2008): Gütekriterien qualitativer Forschung, in: Flick, Uwe/Kardorff, Ernst von/Steinke, Ines (Hrsg.), Qualitative Forschung – Ein Handbuch, 6. Aufl., Reinbek bei Hamburg 2008, S. 319–331.

Stiglitz, Joseph E. (1975): The Theory of 'Screening,' Education, and the Distribution of Income, in: American Economic Review, 65. Jg., Heft 3, 1975, S. 283–300.

Strauss, Anselm L. (1998): Grundlagen qualitativer Sozialforschung, 2. Aufl., München 1998.

Strauss, Anselm L./Corbin, Juliet M. (1990): Basics of Qualitative Research: Grounded Theory Procedures and Techniques, Newbury Park et al. 1990.

Street, Donna L./Nichols, Nancy B./Gray, Sidney J. (2000): Segment Disclosures under SFAS No. 131 – Has Business Segment Reporting Improved?, in: Accounting Horizons, 14. Jg., Heft 3, 2000, S. 259–285.

Strübing, Jörg (2004): Grounded Theory – Zur sozialtheoretischen und epistemologischen Fundierung des Verfahrens der empirisch begründeten Theoriebildung, 2. Aufl., Wiesbaden 2004.

Sutton, Robert I./Staw, Barry M. (1995): What Theory is Not, in: Administrative Science Quarterly, 40. Jg., Heft 3, 1995, S. 371–384.

Sydow, Jörg/Ortmann, Günther (2001): Vielfalt an Wegen und Möglichkeiten: Zum Stand des strategischen Managements, in: Ortmann, Günther/Sydow, Jörg (Hrsg.), Strategie und Strukturation – Strategisches Management von Unternehmen, Netzwerken und Konzernen, Wiesbaden 2001, S. 3–23.

T

Tanski, Joachim S. (2005): Sachanlagen nach IFRS – Bewertung, Bilanzierung und Berichterstattung, München 2005.

Tashakkori, Abbas/Teddlie, Charles (2003): Major Issues and Controversies in the Use of Mixed Methods in the Social and Behavioral Siences, in: Tashakkori, Abbas/Teddlie, Charles (Hrsg.), Handbook of Mixed Methods in Social & Behavioral Research, Thousand Oaks 2003, S. 3–50.

Thiel, Martin/Peters, Christian (2003): ED 4 „Veräußerung langfristiger Vermögenswerte und Darstellung der Aufgabe von Geschäftsbereichen" aus Sicht der Bilanzierungspraxis, in: Betriebs-Berater, 58. Jg., Heft 38, 2003, S. 1999–2006.

Thomas, Wayne B. (2000): The Value-relevance of Geographic Segment Earnings Disclosures Under SFAS 14, in: Journal of International Financial Management & Accounting, 11. Jg., Heft 3, 2000, S. 133–155.

Tiefel, Sandra (2005): Kodierung nach der Grounded Theory lern- und bildungstheoretisch modifiziert: Kodierleitlinien für die Analyse biographischen Lernens, in: Zeitschrift für qualitative Bildungs-, Beratungs- und Sozialforschung, 6. Jg., Heft 1, 2005, S. 65–84.

Toutenburg, Helge/Heumann, Christian (2008a): Deskriptive Statistik – Eine Einführung in Methoden und Anwendungen mit R und SPSS, 6. Aufl., Berlin/Heidelberg 2008.

Toutenburg, Helge/Heumann, Christian (2008b): Induktive Statistik – Eine Einführung mit R und SPSS, 4. Aufl., Heidelberg 2008.

U

Ulrich, Peter/Hill, Wilhelm (1979): Wissenschaftstheoretische Grundlagen der Betriebswirtschaftslehre, in: Raffée, Hans/Abel, Bodo (Hrsg.), Wissenschaftstheoretische Grundfragen der Wirtschaftswissenschaften, München 1979, S. 161–190.

V

Van Maanen, John (1979): The Fact of Fiction in Organizational Ethnography, in: Administrative Science Quarterly, 24. Jg., Heft 4, 1979, S. 539–550.

Vater, Hendrik (2007): IFRS auch für US-Bilanzierer: Historische Chance oder trojanisches Pferd der SEC?, in: Zeitschrift für internationale und kapitalmarktorientierte Rechnungslegung, 7. Jg., Heft 7/8, 2007, S. 427–429.

Vater, Hendrik (2009): Amendments to IAS 23 – Borrowing Costs, in: Vater, Hendrik/Ernst, Edgar/Hayn, Sven/Knorr, Liesel/Mißler, Peter (Hrsg.), IFRS Änderungskommentar 2009, 2. Aufl., Weinheim 2009, S. 93–108.

Velte, Patrick (2006a): Harmonisierungspotenziale zwischen in- und externem Rechnungswesen bei der IAS/IFRS-Umstellung, in: Steuer und Studium, 27. Jg., Heft 11, 2006, S. 565–569.

Velte, Patrick (2006b): ZP-Stichwort – Percentage-of-Completion-Methode, in: Zeitschrift für Planung & Unternehmenssteuerung, 17. Jg., Heft 2, 2006, S. 223–228.

Velte, Patrick (2008): Intangible Assets und Goodwill im Spannungsfeld zwischen Entscheidungsrelevanz und Verlässlichkeit – Eine normative, entscheidungsorientierte und empirische Analyse vor dem Hintergrund internationaler und nationaler Rechnungslegungs- und Prüfungsstandards, Wiesbaden 2008, zugl. Diss., Univ. Hamburg 2008.

Velte, Patrick (2008): ZP-Stichwort – Management Approach, in: Zeitschrift für Planung & Unternehmenssteuerung, 19. Jg., Heft 1, 2008, S. 133–138.

W

Wagenhofer, Alfred (2005): Internationale Rechnungslegungsstandards – IAS/IFRS – Grundkonzepte, Bilanzierung, Bewertung, Angaben, Umstellung und Analyse, 5. Aufl., Frankfurt a. M. 2005.

Wagenhofer, Alfred (2006): Zusammenwirken von Controlling und Rechnungslegung nach IFRS, in: Wagenhofer, Alfred (Hrsg.), Controlling und IFRS-Rechnungslegung – Konzepte, Schnittstellen, Umsetzung, Berlin 2006, S. 1–20.

Wagenhofer, Alfred (2009): Internationale Rechnungslegungsstandards – IAS/IFRS – Grundlagen und Grundsätze, Bilanzierung, Bewertung und Angaben, Umstellung und Analyse, 6. Aufl., München 2009.

Walgenbach, Peter (2006): Die Strukturationstheorie, in: Kieser, Alfred/Ebers, Mark (Hrsg.), Organisationstheorien, 6. Aufl., Stuttgart 2006, S. 404–426.

Watts, Ross L./Zimmerman, Jerold L. (1986): Positive Accounting Theory, Englewood Cliffs, NJ 1986.

Weber, Jürgen/Hufschlag, Klaus/Pieroth, Guido (2003): Mittelfristplanung heute: Ergebnisse einer Benchmarking-Studie, Vallendar 2003.

Weber, Jürgen/Nevries, Pascal/Breiter, Dominik/Jeschonowski, Daniel P./Kramer, Stephan (2009): Operative Planung – Funktionen, Umsetzung und Erfolgsfaktoren, Weinheim 2009.

Weber, Jürgen/Schäffer, Utz (1998): Einführung in das Controlling, 7. Aufl., Stuttgart 1998.

Weber, Jürgen/Schäffer, Utz (1999): Sicherstellung der Rationalität von Führung als Aufgabe des Controlling, in: Die Betriebswirtschaft, 59. Jg., Heft 6, 1999, S. 731–747.

Weber, Jürgen/Schäffer, Utz (2011): Einführung in das Controlling, 13. Aufl., Stuttgart 2011.

Weber, Jürgen/Schäffer, Utz/Prenzler, Carsten (2001): Zur Charakterisierung und Entwicklung von Controlleraufgaben, in: Zeitschrift für Planung & Unternehmenssteuerung, 12. Jg., Heft 1, 2001, S. 25–46.

Weber, Jürgen/Weißenberger, Barbara E./Liekweg, Arnim (1999): Ausgestaltung eines unternehmerischen Chancen- und Risikomanagements nach dem KonTraG, in: Deutsches Steuerrecht, 37. Jg., Heft 41, 1999, S. 1710–1716.

Weik, Elke (2003): Strukturalismus und Poststrukturalismus, in: Weik, Elke/Lang, Rainhart (Hrsg.), Moderne Organisationstheorien, Band 2: Strukturorientierte Ansätze, Wiesbaden 2003, S. 43–91.

Weißenberger, Barbara E. (2002): Controlling als Teilgebiet der Betriebswirtschaftslehre – konzeptionelle Einordnung und Konsequenzen für Forschung und Lehre, in: Weber, Jürgen/Hirsch, Bernhard (Hrsg.), Controlling als akademische Disziplin, Wiesbaden 2002, S. 389–407.

Weißenberger, Barbara E. (2003): Anreizkompatible Erfolgsrechnung im Konzern – Grundmuster und Gestaltungsalternativen, Wiesbaden 2003, zugl. Habil.-Schr., Wissenschaftliche Hochschule für Unternehmensführung Vallendar 2002.

Weißenberger, Barbara E. (2006): Integration der Rechnungslegung unter IFRS – Ergebnisse des Arbeitskreises „Controller und IFRS" der International Group of Controlling, in: Controlling, 18. Jg., Heft 8/9, 2006, S. 409–415.

Weißenberger, Barbara E. (2007a): IFRS für Controller – Einführung, Anwendung, Fallbeispiele, Freiburg et al. 2007.

Weißenberger, Barbara E. (2007b): Zum grundsätzlichen Verhältnis von Controlling und externer Finanzberichterstattung unter IFRS, in: Der Konzern, 5. Jg., Heft 5, 2007, S. 321–331.

Weißenberger, Barbara E./Franzen, Nina (2011): Herausforderung Management Approach – Theoretische und empirische Analyse der Segmentberichterstattung nach IFRS 8 in deutschen Unternehmen, in: Kajüter, Peter/Mindermann, Torsten/Winkler, Carsten (Hrsg.), Controlling und Rechnungslegung – Bestandsaufnahme, Schnittstellen, Perspektiven – Festschrift für Professor Dr. Klaus-Peter Franz, Stuttgart 2011, S. 323–352.

Weißenberger, Barbara E./Maier, Michael (2006): Der Management Approach in der IFRS-Rechnungslegung – Fundierung der Finanzberichterstattung durch Informationen aus dem Controlling, in: Der Betrieb, 59. Jg., Heft 39, 2006, S. 2077–2083.

Weißenberger, Barbara E./Sieber, Tom/Kraft, Jens-Christian (2011): Strategieberichterstattung deutscher Aktiengesellschaften im Lagebericht nach HGB: Eine Bestandsaufnahme, in: Zeitschrift für internationale und kapitalmarktorientierte Rechnungslegung, 11. Jg., Heft 5, 2011, S. 254–263.

Welge, Martin K./Al-Laham, Andreas (2008): Strategisches Management – Gundlagen - Prozess - Implementierung, 5. Aufl., Wiesbaden 2008.

Wenk, Mark O./Jagosch, Christian (2008): Konzeptionelle Neugestaltung der Segmentberichterstattung nach IFRS 8 – Was ändert sich tatsächlich?, in: Zeitschrift für internationale und kapitalmarktorientierte Rechnungslegung, 8. Jg., Heft 11, 2008, S. 661–670.

Westermann, Rainer (1987): Wissenschaftstheoretische Grundlagen der experimentellen Psychologie, in: Lüer, Gerd (Hrsg.), Allgemeine experimentelle Psychologie – Eine Einführung in die methodischen Grundlagen mit praktischen Übungen für das experimentelle Praktikum, Stuttgart 1987, S. 5–42.

Westermann, Rainer (2000): Wissenschaftstheorie und Experimentalmethodik – Ein Lehrbuch zur psychologischen Methodenlehre, Göttingen 2000.

Weymann, Ansgar (2007): Interaktion, Institution und Gesellschaft, in: Joas, Hans (Hrsg.), Lehrbuch der Soziologie, 3. Aufl., Frankfurt a. M. 2007, S. 107–135.

Willimczik, Klaus (2002): Erkenntnistheoretische Grundlagen erfahrungswissenschaftlicher Forschung, in: Singer, Roland/Willimczik, Klaus (Hrsg.), Sozialwissenschaftliche Forschungsmethoden in der Sportwissenschaft – Eine Einführung, Hamburg 2002, S. 13–28.

Wilson, Thomas P. (1973): Theorien der Interaktion und Modelle soziologischer Erklärung, in: Arbeitsgruppe Bielefelder Soziologen (Hrsg.), Alltagswissen, Interaktion und gesellschaftliche Wirklichkeit, Reinbek bei Hamburg 1973, S. 54–79.

Wirth, Johannes (2005): Firmenwertbilanzierung nach IFRS – Unternehmenszusammenschlüsse, Werthaltigkeitstest, Endkonsolidierung, Stuttgart 2005.

Withus, Karl-Heinz (2010): Standardisierungsrat überarbeitet Rechnungslegungsstandards zum Konzernlagebericht, in: Der Betrieb, 63. Jg., Heft 2, 2010, S. 68–74.

Witzel, Andreas (1982): Verfahren der qualitativen Sozialforschung – Überblick und Alternativen, Frankfurt a. M. et al. 1982.

Witzel, Andreas (2000): Das problemzentrierte Interview, in: Forum Qualitative Sozialforschung, 1. Jg., Heft 1, 2000, Art. 22.

Wohlgemuth, Frank (2007): IFRS: Bilanzpolitik und Bilanzanalyse, Berlin 2007, zugl. Diss., Univ. Saarbrücken 2006.

Wöhrmann, Arnt (2009): Intangible Impairment – Qualitativer Impairment-Test für immaterielle Vermögenswerte, Wiesbaden 2009, zugl. Diss., Univ. Münster 2009.

Wolk, Harry I./Dodd, James L./Tearney, Michael G. (2004): Accounting Theory: Conceptual Issues in a Political and Economic Environment, 6. Aufl., Mason 2004.

Y

Yin, Robert K. (2009): Case study research – Design and methods, 4. Aufl., Thousand Oaks, Calif 2009.

Yin, Robert K. (2011): Applications of Case Study Research, 3. Aufl., Thousand Oaks 2011.

Young, Joni J. (2006): Making up users, in: Accounting, Organizations and Society, 31. Jg., Heft 6, 2006, S. 579–600.

Z

Zeff, Stephen A. (1995): A Perspective on the U.S. Public/Private Sector Approach to the Regulation of Financial Reporting, in: Accounting Horizons, 9. Jg., Heft 1, 1995, S. 52–70.

Zimmermann, Jürgen/Stark, Christoph/Rieck, Julia (2010): Projektplanung – Modelle, Methoden, Management, 2. Aufl., Heidelberg 2010.

Zülch, Henning/Hendler, Matthias (2009): Bilanzierung nach IFRS, Weinheim 2009.

Zyder, Michael (2007): Die Gestaltung der Budgetierung – Eine empirische Untersuchung in deutschen Unternehmen, Wiesbaden 2007, zugl. Diss., European Business School Oestrich-Winkel 2006.

Münsteraner Schriften zur Internationalen Unternehmensrechnung

Herausgegeben von Peter Kajüter

Band 1 Daniela Barth: Prognoseberichterstattung. Praxis, Determinanten und Kapitalmarktwirkungen bei deutschen börsennotierten Unternehmen. 2009.

Band 2 Tobias Dickmann: Controllingintegration nach M&A-Transaktionen. Eine empirische Analyse. 2010.

Band 3 Simon Esser: Produktorientiertes Kostenmanagement in der chemischen Industrie. Eine empirische Analyse. 2011.

Band 4 Christian Reisloh: Influence of National Culture on IFRS Practice. An Empirical Study in France, Germany and the United Kingdom. 2011.

Band 5 Matthias Moeschler: Cost Accounting in Germany and Japan. A Comparative Analysis. 2012.

Band 6 Martin Merschdorf: Der Management Approach in der IFRS-Rechnungslegung. Implikationen für Unternehmen und Investoren. 2012.

Band 7 Kristian Bachert: Fair Value Accounting. Implications for Users of Financial Statements. 2012.

www.peterlang.de

www.ingramcontent.com/pod-product-compliance
Ingram Content Group UK Ltd.
Pitfield, Milton Keynes, MK11 3LW, UK
UKHW022105051026
15623UKWH00003B/686

9 783631 623701